2022 최신판

해커스법원직

이용배
아카데미 형법

OX 문제집

해커스공무원

머리말

본 교재는 법원직, 경찰직 등 각종 국가시험에서 자주 출제된 지문과 아직 출제가 되지 않은 중요한 판례의 내용을 지문으로 구성한 것이다. 시험이 임박한 경우 본 교재를 활용하면 짧은 시간에 형법 전반의 중요내용을 살필 수 있으므로 형법의 고득점에 도움이 될 것이다.

본 교재는 지문별로 중요도를 별표로 표시하여 두었다. 별표가 표시된 지문은 모두 중요하지만, 특히 2개 이상의 별표가 표기된 지문은 매우 중요한 지문으로서 반복하여 출제가 되는 내용이므로 반드시 숙지하여 두기 바란다.

본 교재는 2021년 12월의 공보판례까지 반영하여 최근의 판례를 모두 반영하였다. 최근 3년간의 중요판례는 시험에 자주 출제되므로 반드시 정리해야 고득점을 할 수 있을 것이다.

본 교재가 출간되기까지 도움을 주신 관계자 분들께 감사드리며, 아울러 독자들이 합격을 하는 데 본 교재가 큰 도움이 되기를 기원한다.

2022년 2월
저자 **이용배**

차례

형법총론

제1편 서 론

제 1 절 죄형법정주의

1. (★) 노역장유치는 그 실질이 신체의 자유를 박탈하는 것으로서 징역형과 유사한 형벌적 성격을 가지므로 형벌불소급원칙의 적용대상이 된다.

> 해설 [1] 노역장유치는 그 실질이 신체의 자유를 박탈하는 것으로서 징역형과 유사한 형벌적 성격을 가지므로 형벌불소급원칙의 적용대상이 된다.
> [2] 형법 제70조 제2항1)(노역장유치조항)은 1억 원 이상의 벌금형을 선고받는 자에 대하여 유치기간의 하한을 중하게 변경시킨 것이므로, 이 조항 시행 전의 범죄행위에 대해서는 범죄행위 당시에 존재하였던 법률을 적용하여야 한다.(대판 2018.2.13. 2017도17809) **정답** ○

2. (★★)판례에 의하면 형법 제62조의2 제1항의 보호관찰은 과거의 불법에 대한 책임에 기초하고 있는 제재가 아니라 장래의 위험성으로부터 행위자를 보호하고 사회를 방위하기 위한 합목적적인 조치이므로 반드시 행위 이전에 규정되어 있어야 하는 것은 아니고 재판시의 규정에 의하여 보호관찰을 받을 것을 명할 수 있다.

> 해설 형법 제62조의2 제1항의 보호관찰은 형벌이 아니라 보안처분의 성격을 갖는 것이어서, 과거의 불법에 대한 책임에 기초하고 있는 제재가 아니라 장래의 위험성으로부터 행위자를 보호하고 사회를 방위하기 위한 합목적적인 조치이므로 반드시 행위 이전에 규정되어 있어야 하는 것은 아니고 재판시의 규정에 의하여 보호관찰을 받을 것을 명할 수 있다고 보아야 할 것이고 이와 같은 해석이 형법불소급의 원칙 내지 죄형법정주의에 위배되는 것은 아니다(대판 1997.6.13. 97도703). **정답** ○

3. (★★)가정폭력범죄의 처벌 등에 관한 특례법상 사회봉사명령을 부과하면서, 행위시법상 사회봉사명령 부과시간의 상한인 100시간을 초과하여 상한을 200시간으로 올린 신법을 적용한 것은 위법하다.(판례에 의함)

> 해설 [1] 가정폭력범죄의 처벌 등에 관한 특례법이 정한 보호처분 중의 하나인 사회봉사명령은 가정폭력범죄를 범한 자에 대하여 환경의 조정과 성행의 교정을 목적으로 하는 것으로서 형벌 그 자체가 아니라 보안처분의 성격을 가지는 것이 사실이다. 그러나 한편으로 이는 가정폭력범죄행위에 대하여 형사처벌 대신 부과되는 것으로서, 가정폭력범죄를 범한 자에게 의무적 노동을 부과하고 여가시간을 박탈하여 실질적으로는 신체적 자유를 제한하게 되므로, 이에 대하여는 원칙적으로 형벌불소급의 원칙에 따라 행위시법을 적용함이 상당하다.
> [2] 가정폭력범죄의 처벌 등에 관한 특례법상 사회봉사명령을 부과하면서, 행위시법상 사회봉사명령 부과시간의 상한인 100시간을 초과하여 상한을 200시간으로 올린 신법을 적용한 것은 위법하다고 한 사례(大決 2008.7.24. 2008어4). **정답** ○

---

1) 선고하는 벌금이 1억원 이상 5억원 미만인 경우에는 300일 이상, 5억원 이상 50억원 미만인 경우에는 500일 이상, 50억원 이상인 경우에는 1,000일 이상의 유치기간을 정하여야 한다.

4. (★)2010. 7. 23. 법률 제10391호로 개정된 아동·청소년의 성보호에 관한 법률이 공개명령 제도가 시행된 2010. 1. 1. 이전에 범한 범죄에 대하여도 공개명령 제도를 적용하도록 한 것은, 소급입법금지 원칙에 반한다.

해설 공개명령 제도는 범죄행위를 한 자에 대한 응보 등을 목적으로 그 책임을 추궁하는 사후적 처분인 형벌과 구별되어 그 본질을 달리하는 것으로서 형벌에 관한 소급입법금지의 원칙이 그대로 적용되지 않으므로, 공개명령 제도가 시행된 2010. 1. 1. 이전에 범한 범죄에도 공개명령 제도를 적용하도록 아동·청소년의 성보호에 관한 법률이 2010. 7. 23. 법률 제10391호로 개정되었다고 하더라도 그것이 소급입법금지의 원칙에 반한다고 볼 수 없다(대판 2011.3.24. 2010도14393).

정답 ×

5. (★)특정 범죄자에 대한 위치추적 전자장치 부착에 관한 법률이 개정되어 부착명령 기간을 연장하도록 규정하고 있는 것은 소급입법금지의 원칙에 반하지 아니한다.

해설 특정 범죄자에 대한 위치추적 전자장치 부착에 관한 법률에 의한 전자감시제도는, 성폭력범죄자의 재범방지와 성행교정을 통한 재사회화를 위하여 그의 행적을 추적하여 위치를 확인할 수 있는 전자장치를 신체에 부착하게 하는 부가적인 조치를 취함으로써 성폭력범죄로부터 국민을 보호함을 목적으로 하는 일종의 보안처분이다. 이러한 전자감시제도는 범죄행위를 한 자에 대한 응보를 주된 목적으로 그 책임을 추궁하는 사후적 처분인 형벌과 구별되어 그 본질을 달리하는 것으로서 형벌에 관한 소급입법금지의 원칙이 그대로 적용되지 않으므로, 위 법률이 개정되어 부착명령 기간을 연장하도록 규정하고 있더라도 그것이 소급입법금지의 원칙에 반한다고 볼 수 없다(대판 2010.12.23. 2010도11996).

정답 ○

6. 판례에 의하면 신뢰보호의 요청에 우선하는 심히 중대한 공익상의 사유가 소급입법을 정당화하는 경우 등에는 예외적으로 진정소급입법이 허용된다.

해설 판례는 "신뢰보호의 요청에 우선하는 심히 중대한 공익상의 사유가 소급입법을 정당화하는 경우 등에는 예외적으로 진정소급입법이 허용된다."고 한다(헌재 1999.7.22. 97헌바76; 大判 1997.4.17. 96도3376).

정답 ○

7. (★★)행위 당시의 판례에 의하면 처벌대상이 되지 아니하는 것으로 해석되었던 행위를 판례의 변경에 따라 확인된 내용의 형법 조항에 근거하여 처벌한다고 하여 형벌불소급의 원칙에 반한다고 할 수는 없다.(판례에 의함)

해설 법률이 아닌 판례에는 형벌불소급의 원칙을 적용하지 아니한다는 입장이다(대판(전) 1999.9.17. 97도3349).

정답 ○

8. (★)대법원 양형위원회가 설정한 '양형기준'이 발효하기 전에 공소가 제기된 범죄에 대하여 위 양형기준을 참고하여 형을 양정한 경우, 피고인에게 불리한 법률을 소급하여 적용한 것이 되어 위법하다.

해설 [1] 위 양형기준은 법적 구속력을 가지지 아니하고(같은법 제81조의7 제1항 단서), 단지 위와 같은 취지로 마련되어 그 내용의 타당성에 의하여 일반적인 설득력을 가지는 것으로 예정되어 있으므로 법관의 양형에 있어서 그 존중이 요구되는 것일 뿐이다.
[2] 대법원 양형위원회가 설정한 '양형기준'이 발효하기 전에 공소가 제기된 범죄에 대하여 위 '양형기준'을 참고하여 형을 양정한 사안에서, 피고인에게 불리한 법률을 소급하여 적용한 위법이 있다고 할 수 없다고 한 사례(대판 2009.12.10. 2009도11448).   정답 ×

9. (★)명확성의 원칙이란 최대한이 아닌 최소한의 명확성을 요구하는 것이다.

해설 법규범의 문언은 어느 정도 가치개념을 포함한 일반적, 규범적 개념을 사용하지 않을 수 없는 것이기 때문에 명확성의 원칙이란 기본적으로 최대한이 아닌 최소한의 명확성을 요구하는 것이다(대판 2008.10.23. 2008초기264).   정답 ○

10. (★)구성요건이 다소 광범위하여 법관의 보충적인 해석을 필요로 하는 개념을 사용하였다고 하더라도 헌법이 요구하는 처벌법규의 명확성에 배치되는 것이 아니다.

해설 大判 2006.5.11. 2006도920.   정답 ○

11. (★)"약국을 관리하는 약사 또는 한약사는 보건복지부령으로 정하는 약국관리에 필요한 사항을 준수하여야 한다"는 약사법 제19조 제4항은 포괄위임입법금지 원칙 및 죄형법정주의의 명확성 원칙에 위반된다.

해설 "약국을 관리하는 약사 또는 한약사는 보건복지부령으로 정하는 약국관리에 필요한 사항을 준수하여야 한다"는 약사법 제19조 제4항은 '약국관리에 필요한 사항'이라는 처벌법규의 구성요건 부분에 관한 기본사항에 관하여 보다 구체적인 기준이나 범위를 정함이 없이 그 내용을 모두 하위법령인 보건복지부령에 포괄적으로 위임함으로써, 약사로 하여금 광범위한 개념인 '약국관리'와 관련하여 준수하여야 할 사항의 내용이나 범위를 구체적으로 예측할 수 없게 하고, 나아가 헌법이 예방하고자 하는 행정부의 자의적인 행정입법을 초래할 여지가 있으므로, 헌법상 포괄위임입법금지 원칙 및 죄형법정주의의 명확성 원칙에 위반된다(헌재 2000.7.20. 99헌가15).   정답 ○

12. **(★)**친고죄에 관한 고소의 주관적 불가분원칙을 규정하고 있는 형사소송법 제233조가 공정거래위원회의 고발에도 유추적용된다고 해석하는 것은 죄형법정주의에 반하여 허용될 수 없다.

> 해설 친고죄에 관한 고소의 주관적 불가분원칙을 규정하고 있는 형사소송법 제233조가 공정거래위원회의 고발에도 유추적용된다고 해석한다면 이는 공정거래위원회의 고발이 없는 행위자에 대해서까지 형사처벌의 범위를 확장하는 것으로서, 결국 피고인에게 불리하게 형벌법규의 문언을 유추해석한 경우에 해당하므로 죄형법정주의에 반하여 허용될 수 없다(대판 2010.9.30. 2008도4762).
>
> 정답 ○

13. **(★)**법정소동죄 등을 규정한 형법 제138조에서의 '법원의 재판'에 '헌법재판소의 심판'을 포함시키는 해석은 피고인에게 불리한 확장해석이나 유추해석에 해당하지 아니한다.

> 해설 법원의 재판 또는 국회의 심의를 방해 또는 위협할 목적으로 법정이나 국회회의장 또는 그 부근에서 모욕 또는 소동한 자를 처벌하는 형법 제138조(이하 '본조'라고 한다)의 규정은, 법원 혹은 국회라는 국가기관을 보호하기 위한 것이 아니라 법원의 재판기능 및 국회의 심의기능을 보호하기 위하여 마련된 것이다.
> 본조의 '법정'의 개념도 재판의 필요에 따라 법원 외의 장소에서 이루어지는 재판의 공간이 이에 해당하는 것과 같이(법원조직법 제56조 제2항) 법원의 사법권 행사에 해당하는 재판작용이 이루어지는 상대적, 기능적 공간 개념을 의미하는 것으로 이해할 수 있으므로, 헌법재판소의 헌법재판이 법정이 아닌 심판정에서 이루어진다는 이유만으로 이에 해당하지 않는다고 볼 수 없다.(대판 2021.8.26. 2020도12017)
>
> 정답 ○

14. **(★)** 이미 수신이 완료된 전기통신에 관하여 남아 있는 기록이나 내용을 열어보는 등의 행위도 통신비밀보호법에 규정된 통신제한조치 중 '전기통신의 감청'에 해당한다.

> 해설 '전기통신의 감청'은 '감청'의 개념 규정에 비추어 전기통신이 이루어지고 있는 상황에서 실시간으로 전기통신의 내용을 지득·채록하는 경우와 통신의 송·수신을 직접적으로 방해하는 경우를 의미하는 것이지, 이미 수신이 완료된 전기통신에 관하여 남아 있는 기록이나 내용을 열어보는 등의 행위는 포함하지 않는다(대판 2016.10.13. 2016도8137).
>
> 정답 ✕

15. **(★★)**형법 제170조 제2항에서 말하는 '자기의 소유에 속하는 제166조 또는 제167조에 기재한 물건'이라 함은 '자기의 소유에 속하는 제166조에 기재한 물건 또는 자기의 소유에 속하든, 타인의 소유에 속하든 불문하고 제167조에 기재한 물건'을 의미하는 것이라고 해석하여야 하며, 이렇게 해석한다고 하더라도 유추해석이나 확장해석에 해당한다고 볼 수 없다.

[해설] 그것이 법규정의 가능한 의미를 벗어나 법형성이나 법창조행위에 이른 것이라고는 할 수 없어 죄형법정주의의 원칙상 금지되는 유추해석이나 확장해석에 해당한다고 볼 수는 없을 것이다(大決(전) 1994.12.20. 94모32). **정답** ○

16. (★)대한민국 국민이던 사람이 대한민국 국적을 상실한 후 거주지인 독일에서 출발하여 북한을 방문한 경우, 국가보안법 제6조 제2항의 탈출 개념에 해당한다.

[해설] 대한민국 국민이던 사람이 대한민국 국적을 상실하기 전 4회에 걸쳐 북한의 초청에 응하여 거주하고 있던 독일에서 출발하여 북한을 방문하였고, 그 후 독일 국적을 취득함에 따라 대한민국 국적을 상실한 후에도 거주지인 독일에서 출발하여 북한을 방문한 사안에서, 대한민국 국적을 상실하기 전의 방문행위는 국가보안법 제6조 제2항의 탈출에 해당하지만 대한민국 국적을 상실한 후의 방문행위는 국가보안법 제6조 제2항의 탈출 개념에 해당하지 않는다(대판(전) 2008.4.17. 2004도4899). **정답** ×

17. (★)미성년자의제강간·강제추행죄를 규정한 형법 제305조가 "13세 미만의 부녀를 간음하거나 13세 미만의 사람에게 추행을 한 자는 제297조, 제298조의 예에 의한다"고 규정한 의미는 미성년자의제강간·강제추행죄의 처벌에 있어 그 법정형뿐만 아니라 미수범에 관하여도 강간죄와 강제추행죄의 예에 따른다는 취지로 해석되고, 이러한 해석이 형벌법규의 명확성의 원칙에 반하는 것이거나 죄형법정주의에 의하여 금지되는 확장해석이나 유추해석에 해당하는 것으로 볼 수 없다.

[해설] 미성년자의제강간·강제추행죄를 규정한 형법 제305조가 "13세 미만의 부녀를 간음하거나 13세 미만의 사람에게 추행을 한 자는 제297조, 제298조, 제301조 또는 제301조의2의 예에 의한다"로 되어 있어 강간죄와 강제추행죄의 미수범의 처벌에 관한 형법 제300조를 명시적으로 인용하고 있지 아니하나, 형법 제305조의 입법 취지는 성적으로 미성숙한 13세 미만의 미성년자를 특별히 보호하기 위한 것으로 보이는 바 이러한 입법 취지에 비추어 보면 동조에서 규정한 형법 제297조와 제298조의 '예에 의한다'는 의미는 미성년자의제강간·강제추행죄의 처벌에 있어 그 법정형뿐만 아니라 미수범에 관하여도 강간죄와 강제추행죄의 예에 따른다는 취지로 해석되고, 이러한 해석이 형벌법규의 명확성의 원칙에 반하는 것이거나 죄형법정주의에 의하여 금지되는 확장해석이나 유추해석에 해당하는 것으로 볼 수 없다(대판 2007.3.15. 2006도9453). **정답** ○

18. (★) 연습운전면허를 받은 사람이 '주행연습 외의 목적으로 운전하여서는 아니된다'는 준수사항을 위반하여 운전한 경우, 도로교통법상 무면허운전에 해당된다.

[해설] 연습운전면허를 받은 사람이 운전을 함에 있어 주행연습 외의 목적으로 운전하여서는 아니된다는 준수사항을 지키지 않았다고 하더라도 준수사항을 지키지 않은 것에 대하여 연습운전면허의 취소 등 제재를 가할 수 있음은 별론으로 하고 그 운전을 무면허운전이라고 보아 처벌할 수는 없다(大判 2015.6.24. 2013도15031). **정답** ×

19. (★★)공직선거법 제262조의 "자수"를 '범행발각 전에 자수한 경우'로 한정하는 풀이는 단순한 목적론적 축소해석에 그치는 것이 아니라, 형면제 사유에 대한 제한적 유추로서 유추해석금지의 원칙에 위반된다.

[해설] 공직선거법 제262조의 "자수"를 '범행발각 전에 자수한 경우'로 한정하는 풀이는 "자수"라는 단어가 통상 관용적으로 사용되는 용례에서 갖는 개념 외에 '범행발각 전'이라는 또 다른 개념을 추가하는 것으로서 결국은 '언어의 가능한 의미'를 넘어 공직선거법 제262조의 "자수"의 범위를 그 문언보다 제한함으로써 공직선거법 제230조 제1항 등의 처벌범위를 실정법 이상으로 확대한 것이 되고, 따라서 이는 단순한 목적론적 축소해석에 그치는 것이 아니라, 형면제 사유에 대한 제한적 유추를 통하여 처벌범위를 실정법 이상으로 확대한 것으로서 죄형법정주의의 파생원칙인 유추해석금지의 원칙에 위반된다(대판(전) 1997.3.20. 96도1167). 【정답】 ○

20. 성폭력범죄의 처벌 등에 관한 특례법 제13조 제1항은 "카메라나 그 밖에 이와 유사한 기능을 갖춘 기계장치를 이용하여 성적 욕망 또는 수치심을 유발할 수 있는 사람의 신체를 그 의사에 반하여 촬영"하는 행위를 처벌 대상으로 삼고 있는데, 다른 사람의 신체 이미지가 담긴 영상도 위 규정의 "사람의 신체"에 포함된다고 해석하는 것은 법률문언의 통상적인 의미를 벗어나는 것이므로 죄형법정주의 원칙상 허용될 수 없다.

[해설] 피고인이 피해자 갑(여, 14세)과 인터넷 화상채팅 등을 하면서 카메라 기능이 내재되어 있는 피고인의 휴대전화를 이용하여 갑의 유방, 음부 등 신체 부위를 갑의 의사에 반하여 촬영하였다고 하여 구 성폭력범죄의 처벌 등에 관한 특례법(2012. 12. 18. 법률 제11556호로 전부 개정되기 전의 것, 이하 '법'이라 한다) 위반(카메라등이용촬영)으로 기소된 사안에서, 갑은 스스로 자신의 신체 부위를 화상카메라에 비추었고 카메라 렌즈를 통과한 상의 정보가 디지털화되어 피고인의 컴퓨터에 전송되었으며, 피고인은 수신된 정보가 영상으로 변환된 것을 휴대전화 내장 카메라를 통해 동영상 파일로 저장하였으므로 피고인이 촬영한 대상은 갑의 신체 이미지가 담긴 영상일 뿐 갑의 신체 그 자체는 아니라고 할 것이어서 법 제13조 제1항의 구성요건에 해당하지 않으며, 형벌법규의 목적론적 해석도 해당 법률문언의 통상적인 의미 내에서만 가능한 것으로, 다른 사람의 신체 이미지가 담긴 영상도 위 규정의 '다른 사람의 신체'에 포함된다고 해석하는 것은 법률문언의 통상적인 의미를 벗어나는 것이므로 죄형법정주의 원칙상 허용될 수 없다는 이유로 피고인에게 무죄를 인정한 원심판단을 정당하다고 한 사례(대판 2013.6.27. 2013도4279). 【정답】 ○

21. (★) 형사소송법 제253조 제3항은 "범인이 형사처분을 면할 목적으로 국외에 있는 경우 그 기간 동안 공소시효는 정지된다."라고 규정하고 있다. 위 규정이 정한 '범인이 형사처분을 면할 목적으로 국외에 있는 경우'는 범인이 국내에서 범죄를 저지르고 형사처분을 면할 목적으로 국외로 도피한 경우에 한정되지 아니하고, 범인이 국외에서 범죄를 저지르고 형사처분을 면할 목적으로 국외에서 체류를 계속하는 경우도 포함된다고 볼 것이다.

해설 형사소송법 제253조 제3항은 "범인이 형사처분을 면할 목적으로 국외에 있는 경우 그 기간 동안 공소시효는 정지된다."라고 규정하고 있다. 위 규정의 입법 취지는 범인이 우리나라의 사법권이 실질적으로 미치지 못하는 국외에 체류한 것이 도피의 수단으로 이용된 경우에 그 체류기간 동안은 공소시효가 진행되는 것을 저지하여 범인을 처벌할 수 있도록 하여 형벌권을 적정하게 실현하고자 하는 데 있다. 따라서 위 규정이 정한 '범인이 형사처분을 면할 목적으로 국외에 있는 경우'는 범인이 국내에서 범죄를 저지르고 형사처분을 면할 목적으로 국외로 도피한 경우에 한정되지 아니하고, 범인이 국외에서 범죄를 저지르고 형사처분을 면할 목적으로 국외에서 체류를 계속하는 경우도 포함된다고 볼 것이다(대판 2015.6.24. 2015도5916). **정답 ○**

22. (★) 형사소송법 제253조 제2항은 공범 사이의 처벌에 형평을 기하기 위하여 '공범' 중 1인에 대한 공소의 제기로 다른 공범자에 대하여도 공소시효가 정지되도록 규정하고 있는데 여기의 '공범'에는 뇌물공여죄와 뇌물수수죄 사이와 같은 필요적 공범인 대향범 관계에 있는 자도 포함된다.

해설 형사소송법 제248조 제1항, 제253조 제1항, 제2항에서 규정하는 바와 같이, 형사소송법은 공범 사이의 처벌에 형평을 기하기 위하여 공범 중 1인에 대한 공소의 제기로 다른 공범자에 대하여도 공소시효가 정지되도록 규정하고 있는데, 위 공범의 개념이나 유형에 관하여는 아무런 규정을 두고 있지 아니하다. 따라서 형사소송법 제253조 제2항의 공범을 해석할 때에는 공범 사이의 처벌의 형평이라는 위 조항의 입법 취지, 국가형벌권의 적정한 실현이라는 형사소송법의 기본이념, 국가형벌권 행사의 대상을 규정한 형법 등 실체법과의 체계적 조화 등의 관점을 종합적으로 고려하여야 하고, 특히 위 조항이 공소제기 효력의 인적 범위를 확장하는 예외를 마련하여 놓은 것이므로 원칙적으로 엄격하게 해석하여야 하고 피고인에게 불리한 방향으로 확장하여 해석해서는 아니 된다.

뇌물공여죄와 뇌물수수죄 사이와 같은 이른바 대향범 관계에 있는 자는 강학상으로는 필요적 공범이라고 불리고 있으나, 서로 대향된 행위의 존재를 필요로 할 뿐 각자 자신의 구성요건을 실현하고 별도의 형벌규정에 따라 처벌되는 것이어서, 2인 이상이 가공하여 공동의 구성요건을 실현하는 공범관계에 있는 자와는 본질적으로 다르며, 대향범 관계에 있는 자 사이에서는 각자 상대방의 범행에 대하여 형법 총칙의 공범규정이 적용되지 아니한다.

이러한 점들에 비추어 보면, 형사소송법 제253조 제2항에서 말하는 '공범'에는 뇌물공여죄와 뇌물수수죄 사이와 같은 대향범 관계에 있는 자는 포함되지 않는다(대판 2015.2.12. 2012도4842).

[비교판례] 형법 제48조 제1항의 '범인'에는 공범자도 포함되므로 피고인의 소유물은 물론 공범자의 소유물도 그 공범자의 소추 여부를 불문하고 몰수할 수 있고, 여기에서의 공범자에는 공동정범, 교사범, 방조범에 해당하는 자는 물론 필요적 공범관계에 있는 자도 포함된다(대판 2006.11.23. 2006도5586). **정답 ✕**

23. '블로그' 등 사적(私的) 인터넷 게시공간의 운영자가 게시공간에 게시된 타인의 글을 삭제할 권한이 있는데도 이적표현물임을 인식하고 삭제하지 아니하고 그대로 두었다는 사정만으로는 운영자가 타인의 글을 국가보안법 제7조 제5항의 이적행위를 할 목적으로 '소지'하였다고 볼 수 없다.

> 해설 죄형법정주의로부터 파생된 유추해석금지 원칙과 국가보안법 제1조 제2항, 제7조 제1항, 제5항에 비추어 볼 때, '블로그', '미니 홈페이지', '카페' 등의 이름으로 개설된 사적(私的) 인터넷 게시공간의 운영자가 사적 인터넷 게시공간에 게시된 타인의 글을 삭제할 권한이 있는데도 이를 삭제하지 아니하고 그대로 두었다는 사정만으로 사적 인터넷 게시공간의 운영자가 타인의 글을 국가보안법 제7조 제5항[2]에서 규정하는 바와 같이 (이적행위를 할 목적으로) '소지'하였다고 볼 수는 없다(대판 2012.1.27. 2010도8336).   정답 ○

24. (★)준강도범 내지 준강도미수범도 성폭력범죄의 처벌 및 피해자보호 등에 관한 법률 제5조 제2항에 정하는 특수강도강제추행죄의 주체가 될 수 있다.

> 해설 성폭력범죄의 처벌 및 피해자보호 등에 관한 법률 제5조 제2항 소정의 특수강도강제추행죄의 주체는 형법의 제334조 소정의 특수강도범 및 특수강도미수범의 신분을 가진 자에 한정되는 것으로 보아야 하고, 형법 제335조, 제342조에서 규정하고 있는 준강도범 내지 준강도미수범은 법 제5조 제2항의 행위주체가 될 수 없다(대판 2006.8.25. 2006도2621).   정답 ✕

25. 특정 범죄자에 대한 위치추적 전자장치 부착 등에 관한 법률' 제5조 제1항 제3호에서 부착명령청구 요건으로 정한 '성폭력범죄를 2회 이상 범하여(유죄의 확정판결을 받은 경우를 포함한다)'에는 '소년보호처분을 받은 전력'이 포함된다.

> 해설 '특정 범죄자에 대한 위치추적 전자장치 부착 등에 관한 법률'(이하 '전자장치부착법'이라 한다) 제5조 제1항 제3호는 검사가 전자장치 부착명령을 법원에 청구할 수 있는 경우 중의 하나로 '성폭력범죄를 2회 이상 범하여(유죄의 확정판결을 받은 경우를 포함한다) 그 습벽이 인정된 때'라고 규정하고 있는데, 이 규정 전단은 문언상 '유죄의 확정판결을 받은 전과사실을 포함하여 성폭력범죄를 2회 이상 범한 경우'를 의미한다고 해석된다. 따라서 <u>피부착명령청구자가 소년법에 의한 보호처분(이하 '소년보호처분'이라고 한다)을 받은 전력이 있다고 하더라도, 이는 유죄의 확정판결을 받은 경우에 해당하지 아니함이 명백하므로,[3] 피부착명령청구자가 2회 이상 성폭력범죄를 범하였는지를 판단할 때 소년보호처분을 받은 전력을 고려할 것이 아니다</u>(대판(전) 2012.3.22. 2011도15057).
>   정답 ✕

---

2) 이적행위를 할 목적으로 문서·도화 기타의 표현물을 소지한 자를 처벌하는 규정이다.

3) 판례는 보호처분은 유죄판결에 해당하지 않는다고 본다.

26. (★) 계약 등에 의하여 공무와 관련되는 업무를 일부 대행하는 경우가 있다면 공무원 또는 공무소가 될 수 있다.

> 해설 공문서위조죄나 허위공문서작성죄의 객체인 공문서는 공무원 또는 공무소가 그 직무에 관하여 작성하는 문서이고, 그 행위주체가 공무원과 공무소가 아닌 경우에는 형법 또는 특별법에 의하여 공무원 등으로 의제되는 경우를 제외하고는 계약 등에 의하여 공무와 관련되는 업무를 일부 대행하는 경우가 있더라도 공무원 또는 공무소가 될 수 없다(大判 2016.1.14. 2015도9133).
>
> 정답 ✕

27. (★)면허증 대여의 상대방 즉 차용인이 무자격자인 경우는 물론, 자격 있는 약사인 경우에도 그 대여 이후 면허증 차용인에 의하여 대여인 명의로 개설된 약국 등 업소에서 대여인이 직접 약사로서의 업무를 행하지 아니한 채 차용인에게 약국의 운영을 일임하였다면 약사면허증을 대여한 것에 해당한다.

> 해설 면허증 대여의 상대방 즉 차용인이 무자격자인 경우는 물론, 자격 있는 약사인 경우에도 그 대여 이후 면허증 차용인에 의하여 대여인 명의로 개설된 약국 등 업소에서 대여인이 직접 약사로서의 업무를 행하지 아니한 채 차용인에게 약국의 운영을 일임하였다면 약사면허증을 대여한 데 해당한다(대판 2003.6.24. 2002도6829).
>
> 정답 ○

28. 구 의료법 제17조 제1항은 '의료업에 종사하고 직접 진찰한 의사'가 아니면 진단서·검안서·증명서 또는 처방전을 작성하여 환자에게 교부하지 못한다고 정하고 있다. 전화나 화상 등을 이용하여 진찰을 하였다고 하여 위 조항의 '직접 진찰'을 한 것이 아니라고 볼 수 없다.

> 해설 구 의료법(2009. 1. 30. 법률 제9386호로 개정되기 전의 것) 제17조 제1항은 '의료업에 종사하고 직접 진찰한 의사'가 아니면 처방전 등을 작성하여 환자에게 교부하지 못한다고 규정하고 있다. 위 조항은 어느 것이나 스스로 진찰을 하지 않고 처방전을 발급하는 행위를 금지하는 규정일 뿐 대면진찰을 하지 않았거나 충분한 진찰을 하지 않은 상태에서 처방전을 발급하는 행위 일반을 금지하는 조항이 아니다. 따라서 죄형법정주의 원칙, 특히 유추해석금지의 원칙상 전화 진찰을 하였다는 사정만으로 '자신이 진찰'하거나 '직접 진찰'을 한 것이 아니라고 볼 수는 없다(대판 2013.4.11. 2010도1388).
>
> [참고판례] 전화를 통하여 통화하는 것도 군형법 제64조 제1항의 상관면전모욕죄의 구성요건인 '면전에서'에 해당한다고 해석하는 경우(대판 2002.12.27. 2002도2539).
>
> 정답 ○

29. (★★) 도로교통법 제148조의2 제1항의 '제44조 제1항을 2회 이상 위반한 사람'은 2회 이상 음주운전 금지규정을 위반하여 음주운전을 하였던 사실이 인정되는 사람을 의미하며 그에 대한 형의 선고나 유죄의 확정판결 등이 있어야만 하는 것은 아니다.

해설 도로교통법(이하 '법'이라 한다) 제44조 제1항은 술에 취한 상태에서 자동차 등의 운전을 금지하고, 법 제148조의2 제1항 제1호는 '제44조 제1항을 2회 이상 위반한 사람'으로서 다시 같은 조 제1항을 위반하여 술에 취한 상태에서 자동차 등을 운전한 사람을 1년 이상 3년 이하의 징역이나 500만 원 이상 1천만 원 이하의 벌금에 처한다고 정하고 있다.

법 제148조의2 제1항 제1호는 행위주체를 단순히 2회 이상 음주운전 금지규정을 위반한 사람으로 정하고 있고, 이러한 음주운전 금지규정 위반으로 형을 선고받거나 유죄의 확정판결을 받은 경우 등으로 한정하고 있지 않으므로, 위 조항 중 '제44조 제1항을 2회 이상 위반한 사람'은 문언 그대로 2회 이상 음주운전 금지규정을 위반하여 음주운전을 하였던 사실이 인정되는 사람으로 해석해야 하고, 그에 대한 형의 선고나 유죄의 확정판결 등이 있어야만 하는 것은 아니다. (대판 2018.11.15. 2018도11378)

정답 ○

---

30. (★) 상대방의 휴대전화로 공포심이나 불안감을 유발하는 문자메시지를 전송함으로써 상대방이 별다른 제한 없이 문자메시지를 바로 접할 수 있는 상태에 이른 경우, 상대방이 실제로 문자메시지를 확인하였는지와 상관없이 정통망법 소정의 '공포심이나 불안감을 유발하는 문언을 상대방에게 도달하게 한다'는 구성요건을 충족한다.

해설 정보통신망 이용촉진 및 정보보호 등에 관한 법률 제74조 제1항 제3호, 제44조의7 제1항 제3호는 정보통신망을 통하여 공포심이나 불안감을 유발하는 부호·문언·음향·화상 또는 영상을 반복적으로 상대방에게 도달하게 하는 행위를 처벌하고 있다.

여기의 '도달하게 한다'는 것은 '상대방이 공포심이나 불안감을 유발하는 문언 등을 직접 접하는 경우뿐만 아니라 상대방이 객관적으로 이를 인식할 수 있는 상태에 두는 것'을 의미한다. 따라서 피고인이 상대방의 휴대전화로 공포심이나 불안감을 유발하는 문자메시지를 전송함으로써 상대방이 별다른 제한 없이 문자메시지를 바로 접할 수 있는 상태에 이르렀다면, 그러한 행위는 공포심이나 불안감을 유발하는 문언을 상대방에게 도달하게 한다는 구성요건을 충족한다고 보아야 하고, 상대방이 실제로 문자메시지를 확인하였는지 여부와는 상관없다.(대판 2018.11.15. 2018도14610)

정답 ○

---

31. (★) 판례에 의할 때 다음 기술의 옳고 그름을 판단하라.

(1) 공직선거법 제96조의 '여론조사결과를 왜곡하는 행위'에 실제 여론조사가 실시되지 않았음에도 마치 실시된 것처럼 결과를 만들어 내는 행위도 포함된다.

(2) 타인이 여론조사결과를 왜곡한 것을 그러한 사정을 알면서 그대로 전달받아 공표하는 행위는 여론조사결과를 왜곡하여 공표한 경우에 해당한다.

해설 공직선거법 제96조 제1항의 '여론조사결과를 왜곡하는 행위'에는 이미 존재하는 여론조사결과를 인위적으로 조작·변경하거나 실시 중인 여론조사에 인위적인 조작을 가하여 그릇된 여론조사결과를 만들어 내는 경우뿐만 아니라 실제 여론조사가 실시되지 않았음에도 마치 실시된 것처럼 결과를 만들어 내는 행위도 포함된다고 보는 것이 타당하다.

한편 타인이 위와 같이 여론조사결과를 왜곡한 것을 그러한 사정을 알면서 그대로 전달받아 공표하는 경우도 여론조사결과를 왜곡하여 공표한 경우에 해당하고, 위와 같은 인식은 미필적인 것으로도 족하다.(대판 2018.11.29. 2017도8822)　　　　　**정답** (1) ○ (2) ○

판례정리 허용되는 해석(유추해석금지 원칙에 반하지 않는 경우)

1. 링크(link)행위도 전시에 해당한다고 해석하는 경우(대판 2003.7.8. 2001도1335).
2. 청소년보호법상의 '이성혼숙'은 남녀 중 일방이 청소년이면 족하고, 반드시 남녀 쌍방이 청소년임을 요하는 것은 아니라고 해석하는 경우(대판 2003.12.26. 2003도5980).
3. 노래방에서 고객들로 하여금 노래방 기기에 녹음 또는 녹화된 음악저작물을 이용하게 하는 것을 저작권법 소정의 '공연'의 개념 중 '일반 공중에게 공개하는 것'에 해당한다고 해석하는 경우(대판 2001.9.28. 2001도4100).
4. 군형법상 상관모욕죄의 '상관'에 대통령이 포함된다고 해석하는 경우(대판 2013.12.12. 2013도4555).

판례정리 허용되지 않는 해석(유추해석금지 원칙에 반하는 경우)

1. (★)군용물을 편취당한 경우를 군형법 제74조 소정의 군용물분실죄의 '분실'에 해당한다고 해석하는 경우(대판 1999.7.9. 98도1719).
2. (★)불실기재공정증서원본행사죄의 '공정증서원본'에 공정증서의 정본이 포함된다고 해석하는 경우(대판 2002.3.26. 2001도6503).
3. (★)지방세의 수납업무를 대행하는 시중은행이 발행한 세금납부영수증을 공문서로 해석하는 경우(대판 1996.3.26. 95도3073).
4. 컴퓨터 프로그램파일을 형법 제243조 소정의 문서, 도화, 필름 기타 물건에 해당한다고 해석하는 경우(대판 1999.2.24. 98도3140).
5. 타인에 의하여 이미 생성된 주민등록번호를 단순히 사용한 것에 불과한 경우를 주민등록법 소정의 허위의 주민등록번호를 생성하여 사용한 것으로 해석하는 경우(대판 2004.2.27. 2003도6535).
6. 형법 제207조 제3항의 외국에서 통용하는 지폐에 일반인의 관점에서 통용할 것이라고 오인할 가능성이 있는 지폐까지 포함시켜 해석하는 경우(대판 2004.5.14. 2003도3487).

제 2 절 형법의 적용범위

1. 판례에 의하면 "범죄의 성립과 처벌은 행위시의 법률에 의한다"에서 행위시란 실행의 착수시를 의미한다.

> 해설 범죄의 성립과 처벌은 행위시의 법률에 의한다고 할 때의 행위시라 함은 범죄행위 종료시를 의미한다(대판 1994.5.10. 94도 563). **정답** ✕

2. (★)甲은 사전선거운동을 금지한 국회의원선거법에 위배되는 행위를 수 차례 함으로써 동법위반의 포괄일죄로 공소제기되었는데, 甲의 개개의 위반행위 도중에 선거법이 변경되어 벌금형의 상한이 150만원에서 300만원으로 중하게 변경되었다. 甲에게는 신법이 적용된다.

> 해설 포괄일죄로 되는 개개의 범죄행위가 법 개정의 전후에 걸쳐서 행하여진 경우에는 신·구법의 법정형에 대한 경중을 비교하여 볼 필요도 없이 범죄 실행 종료시의 법이라고 할 수 있는 신법을 적용하여 포괄일죄로 처단하여야 한다(대판 1998.2.24. 97도183). **정답** ○

3. 甲女는 1984.1.1.을 전후하여 계를 운영한다고 하면서 상습적으로 수인을 기망하여 수억대의 계금을 편취하였다. 그런데 1984.1.1.부터 '특정경제범죄 가중처벌 등에 관한 법률'이 시행되어 사기로 인한 이득액이 1억원 이상인 경우에는 형법상의 상습사기죄보다 중하게 처벌할 수 있게 되었는데, 甲女가 편취한 금액은 1984.1.1. 이후의 것만 합산해도 1억원이 넘었다. 甲女는 특경법위반죄로 처벌된다.

> 해설 상습으로 사기의 범죄행위를 되풀이 한 경우에 특정경제범죄 가중처벌 등에 관한 법률 시행 이후의 범행으로 인하여 취득한 재물의 가액이 위 법률 제3조 제1항 제3호의 구성요건을 충족하는 때는 그 중 법정형이 중한 위 특정경제가중처벌등에관한법률위반의 죄에 나머지 행위를 포괄시켜 특정경제범죄가중처벌등에관한법률위반의 죄로 처단하여야 한다(대판(전) 1986.7.22. 86도1012). **정답** ○

4. (★★)헌법재판소의 위헌결정으로 인하여 형벌에 관한 법률조항이 소급하여 그 효력을 상실한 경우에는 범죄 후 법률의 변경에 의하여 형이 폐지된 경우로서 면소판결을 하여야 한다.

> 해설 헌법재판소의 위헌결정으로 인하여 형벌에 관한 법률 또는 법률조항이 소급하여 그 효력을 상실한 경우에는 당해 법조를 적용하여 기소한 피고 사건은 범죄로 되지 아니하는 때에 해당하므로, 결국 이 부분 공소사실은 무죄라 할 것이다(대판 1999.12.24. 99도3003). **정답** ✕

> **판례정리** 형법 제1조 제2항의 범죄 후 "법률의 변경"에 해당하지 않는 경우

1. (★)누설한 군사기밀사항이 누설행위 이후 평문으로 저하되었거나 군사기밀이 해제되었다고 하더라도 이를 법률의 변경으로 볼 수 없으므로 재판시 법적용 여부가 문제될 여지는 없다(대판 2000.1.28. 99도4022).
2. (★)무단반출한 물품에 대한 세율이 범행당시는 100퍼센트였으나 그 후 관세법의 개정으로 40퍼센트로 변경되었다고 하더라도 조세채권의 성립요건이 충족된 후에 조세법이 개정되더라도 그 구 조세법의 규정에 의하여 발생한 조세채권의 내용에는 아무 영향이 없고, 〈세율의 변경은 형의 변경이라고 할 수도 없어〉 포탈세액을 종전의 세율에 따라 산정한 것은 적법하다(대판 1984.12.26. 83도1988).

5. (★)범죄행위 시와 재판 시 사이에 여러 차례 법령이 개정되어 형의 변경이 있는 경우에는 이 점에 관한 당사자의 주장이 없더라도 형법 제1조 제2항에 의하여 직권으로 그 전부의 법령을 비교하여 그 중 가장 형이 가벼운 법령을 적용하여야 한다.

> 해설 범죄행위 시와 재판 시 사이에 여러 차례 법령이 개정되어 형의 변경이 있는 경우에는 이 점에 관한 당사자의 주장이 없더라도 형법 제1조 제2항에 의하여 직권으로 그 전부의 법령을 비교하여 그 중 가장 형이 가벼운 법령을 적용하여야 한다(대판 2012.9.13. 2012도7760).
> **정답** ○

6. 범죄 후 법률의 개정에 의하여 법정형이 가벼워진 경우에는 형법 제1조에 의하여 당해 범죄사실에 적용될 가벼운 법정형(신법의 법정형)이 공소시효기간의 기준으로 된다.

> 해설 (대판 1987.12.22. 87도84).
> **정답** ○

7. (★)피고인이 범한 범죄가 반의사불벌죄로 개정되었고, 부칙에는 그 적용과 관련한 경과규정이 없는 경우, 피고인에 대하여는 개정법률이 적용되어야 할 것이다.

> 해설 2005.3.31. 법률 제7465호로 개정되어 2005.7.1.부터 시행된 근로기준법 제112조 제2항에 의하면, 종전에는 피해자의 의사에 상관없이 처벌할 수 있었던 근로기준법 제112조 제1항·제36조 위반죄가 반의사불벌죄로 개정되었고, 부칙에는 그 적용과 관련한 경과규정이 없지만 개정법률이 피고인에게 더 유리할 것이므로 형법 제1조 제2항에 의하여 피고인에 대하여는 개정법률이 적용되어야 할 것이다(대판 2005.10.28. 2005도4462).
> **정답** ○

8. 구 정보통신망 이용촉진 및 정보보호 등에 관한 법률의 양벌규정이 개정되어 법인에 대한 면책규정이 추가된 것은 형법 제1조 제2항에서 정한 '범죄 후 법률의 변경에 의하여 그 행위가 범죄를 구성하지 아니하거나 형이 구법보다 경한 경우'에 해당한다.

해설 구 정보통신망 이용촉진 및 정보보호 등에 관한 법률(2007. 1. 26. 법률 제8289호로 개정되어 2007. 7. 27. 시행되기 전의 것) 제66조의 양벌규정이 개정되면서 같은 조 단서에 법인이 그 대리인, 사용인, 그 밖의 종업원의 위반행위를 방지하기 위하여 해당 업무에 관하여 상당한 주의와 감독을 게을리하지 아니한 경우에는 법인을 처벌하지 아니하도록 하는 <u>면책규정이 추가</u><u>되었는바, 이는 범죄 후 법률의 변경에 의하여 그 행위가 범죄를 구성하지 아니하거나 형이 구법보다</u><u>경한 경우에 해당한다고 할 것이어서</u> 형법 제1조 제2항에 따라 피고인에게는 위와 같이 개정된 정보통신망 이용촉진 및 정보보호 등에 관한 법률의 양벌규정이 적용되어야 할 것이다(대판 2012.5.9. 2011도11264).　　　정답 ○

9. (★)종전보다 가벼운 형으로 형벌법규를 개정하면서 그 부칙에 개정된 법의 시행 전의 범죄에 대하여 종전의 형벌법규를 적용하도록 규정하는 것은 형벌불소급의 원칙이나 신법우선주의에 반한다.

해설 형법 제1조 제2항 및 제8조에 의하면 범죄 후 법률의 변경에 의하여 형이 구법보다 경한 때에는 신법에 의한다고 규정하고 있으나 신법에 경과규정을 두어 이러한 신법의 적용을 배제하는 것도 허용되는 것으로서, 형을 종전보다 가볍게 형벌법규를 개정하면서 그 부칙으로 개정된 법의 시행 전의 범죄에 대하여 종전의 형벌법규를 적용하도록 규정한다 하여 헌법상의 형벌불소급의 원칙이나 신법우선주의에 반한다고 할 수 없다(대판 1999.7.9. 99도1695).　　정답 ✕

10. (★)범죄 후에 '위계간음죄(혼인빙자간음죄)'를 규정한 구 형법 제304조가 삭제된 것은 범죄 후의 법령개폐로 범죄를 구성하지 않게 되어 형이 폐지되었을 때에 해당한다.

해설 구 형법 제304조의 삭제는 법률이념의 변천에 따라 과거에 범죄로 본 음행의 상습없는 부녀에 대한 위계간음 행위에 관하여 현재의 평가가 달라짐에 따라 이를 처벌대상으로 삼는 것이 부당하다는 반성적 고려에서 비롯된 것으로 봄이 타당하므로, 이는 범죄 후의 법령개폐로 범죄를 구성하지 않게 되어 형이 폐지되었을 때에 해당한다. 그렇다면 구 형법 제304조에 해당하는 위계간음 행위는 형사소송법 제326조 제4호에 의하여 면소판결의 대상이 될 뿐이다(대판 2014.4.24. 2012도14253).　　정답 ○

11. 구 마약류 불법거래 방지에 관한 특례법 제9조 제2항의 처벌대상이 '약물 기타 물품을 마약류로 인식하고 양도·양수하거나 이를 소지한 행위'에서 '약물이나 그 밖의 물품을 마약류라는 사실을 알면서도 양도·양수하거나 소지한 행위'로 개정되었더라도, 위 법률 개정이 종전에 마약류에 해당하지 않는 약물 기타 물품을 마약류로 인식하고 양도·양수하거나 소지한 행위를 형사처벌한 것이 부당하였다는 반성적 고려에서 비롯된 것으로 볼 수 없다.

해설 위 법률 개정이 종전에 마약류에 해당하지 않는 약물 기타 물품을 마약류로 인식하고 양도·양수하거나 소지한 행위를 형사처벌한 것이 부당하였다는 반성적 고려에서 비롯된 것으로 볼 수 없다(대판 2011.9.8. 2011도7635). **정답** ○

12. '납세의무자가 정당한 사유 없이 1회계연도에 3회 이상 체납하는 경우'를 처벌하는 구 조세범 처벌법 제10조가 삭제된 경우, 위 규정 삭제 이전에 범한 위반행위의 가벌성이 소멸된다.

> [해설] '납세의무자가 정당한 사유 없이 1회계연도에 3회 이상 체납하는 경우'를 처벌하는 구 조세범 처벌법 제10조의 삭제는 경제·사회적 여건 변화를 반영한 정책적 조치에 따른 것으로 보일 뿐 법률이념의 변천에 따른 반성적 고려에서 비롯된 것이라고 보기 어려우므로, 위 규정 삭제 이전에 범한 위반행위의 가벌성이 소멸되지 않는다(대판 2011.7.14. 2011도1303). **정답** ✕

13. 후원회의 연간 모금한도액에 전년도 이월금을 포함시키지 않는 것으로 정치자금법 규정을 개정한 취지는 구법의 처벌규정이 부당하다는 데에서 나온 반성적 조치라고 봄이 상당하다.

> [해설] [1] 개정된 정치자금법이 전년도 이월금을 연간 모금한도액에서 제외하는 것으로 규정하면서 경과규정을 별도로 두지 않고 있는 점에 비추어 볼 때, 그 개정 취지는 범죄구성요건인 연간 모금한도액을 규정함에 있어 전년도 이월금을 포함하도록 하고 있는 구법의 처벌규정이 부당하다는 데에서 나온 반성적 조치라고 봄이 상당하다.
> [2] 범죄 후 법령의 개폐로 그 형이 폐지되었을 경우 면소판결을 선고하여야 함에도, 이에 관하여 무죄로서의 실체적 재판을 한 원심판결을 위법하다고 본 사례(대판 2010.7.15. 2007도7523). **정답** ○

14. (★)후원회지정권자가 후원인으로부터 직접 정치자금을 받아 단기간 내에 후원회 회계책임자에게 전달한 경우에도 처벌하도록 하였던 구 정치자금법이 개정되어 이를 처벌하지 않도록 하는 규정이 신설 되었다면 이는 처벌대상으로 삼은 종전의 조치가 부당하다고 보아 개정한 것으로 보아야 한다.

> [해설] 정치자금법 제10조 제3항은 2010. 7. 23. 법률 개정으로 신설된 규정이기는 하지만, 이는 후원회지정권자가 후원인으로부터 직접 정치자금을 받아 단기간 내에 후원회 회계책임자에게 전달한 경우까지 후원인이 후원회에 직접 입금한 경우와 다르게 취급하여 처벌대상으로 삼은 종전의 조치가 부당하다고 보아 개정한 것으로 이해된다. 따라서 후원회지정권자의 행위 시점이 위 법률 개정 이전이었다 하더라도, 이는 "범죄 후 법률의 변경에 의하여 그 행위가 범죄를 구성하지 아니한 때"에 해당하므로 신법을 적용해야 한다(형법 제1조 제2항)(대판 2012.12.27. 2012도8421). **정답** ○

15. 법정형으로 징역형과 금고형만 규정되어 있던 구 군형법 제79조(무단이탈)가 원심판결 선고 후 개정되어 벌금형이 추가된 경우, 그 취지는 종전의 조치가 과중하다는 데에서 나온 반성적 조치라고 보아야 할 것이어서, 이는 형법 제1조 제2항의 '범죄 후 법률의 변경에 의하여 형이 구법보다 경한 때'에 해당한다.

[해설] 구 군형법(2009.11.2. 법률 제9820호로 개정되기 전의 것) 제79조는 "허가 없이 근무장소 또는 지정장소를 일시이탈하거나 지정한 시간 내에 지정한 장소에 도달하지 못한 자는 1년 이하의 징역이나 금고에 처한다"고 규정하였으나, 원심판결 선고 후 시행된 군형법 제79조는 "허가 없이 근무장소 또는 지정장소를 일시적으로 이탈하거나 지정한 시간까지 지정한 장소에 도달하지 못한 사람은 1년 이하의 징역이나 금고 또는 300만원 이하의 벌금에 처한다"고 규정하여 벌금형이 법정형으로 추가되었는 바, 그 취지는 무단이탈의 형태와 동기가 다양함에도 불구하고 죄질이 경미한 무단이탈에 대하여도 반드시 징역형 내지 금고형으로 처벌하도록 한 종전의 조치가 과중하다는 데에서 나온 반성적 조치라고 보아야 할 것이어서, 이는 형법 제1조 제2항의 '범죄 후 법률의 변경에 의하여 형이 구법보다 경한 때'에 해당한다(대판 2010.3.11. 2009도12930). **정답** ○

16. 구 의료법이 약효에 관한 광고를 허용하고 그에 대한 벌칙조항을 삭제하면서 부칙에 그 시행 전의 약효에 관한 광고행위에 대한 벌칙의 적용에 관하여 아무런 경과규정을 두지 않은 것은 약효에 대한 광고행위까지 처벌대상으로 삼은 종전의 조치가 부당하다는 반성적 고려에 의한 것이다.

[해설] 구 의료법(2007.1.3. 법률 제8203호로 개정되기 전의 것)이 약효에 관한 광고를 허용하고 그에 대한 벌칙조항을 삭제하면서 부칙에 그 시행 전의 약효에 관한 광고행위에 대한 벌칙의 적용에 관하여 아무런 경과규정을 두지 않은 것은 약효에 대한 광고행위까지 처벌대상으로 삼은 종전의 조치가 부당하다는 반성적 고려에 의한 것이다(대판 2009.2.26. 2006도9311). **정답** ○

17. ⅰ) 구 증권거래법의 개정으로 협회등록법인(장외등록법인)이 아닌 단순한 등록법인의 미공개 중요정보를 이용한 내부자거래가 처벌대상에서 제외된 경우, ⅱ) 구 자동차관리법 시행규칙이 개정되어 자동차폐차시 원동기를 압축·파쇄 또는 절단하도록 한 규정이 삭제된 것, ⅲ) 청소년보호법의 개정으로 청소년의 숙박업소 출입행위에 대한 처벌규정을 폐지한 것, ⅳ) 축산물가공처리법 시행규칙이 식육점 경영자가 사전검사를 받지 않고 견육을 판매목적으로 진열한 행위를 처벌대상에서 제외한 것, ⅴ) 공직선거및선거부정방지법의 개정으로 군의회의원에 출마한 자의 학력허위공표에 대한 처벌이 완화된 경우는 모두 법률이념의 변경에 의한 법률의 변경에 속한다.

[해설] 모두 법률이념의 변경에 속하는 사례에 해당한다. **정답** ○

18. 도로교통법상의 지정차로 제도의 폐지는 법률이념의 변천으로 종래의 규정에 따른 처벌 자체가 부당하다는 반성적 고려에서 비롯된 것이므로 그 제도 폐지 전에 이미 범하여진 위반행위에 대한 가벌성은 소멸된다.

해설 도로교통법상의 지정차로 제도가 한때 폐지된 일이 있었으나 그 폐지는 법률이념의 변천으로 종래의 규정에 따른 처벌 자체가 부당하다는 반성적 고려에서 비롯된 것이라기 보다는 당시의 특수한 필요에 대처하기 위한 정책적 조치에 따른 것이라고 판단되므로 그 제도 폐지 전에 이미 범하여진 위반행위에 대한 가벌성은 소멸되지 않는 것이다(대판 1999.11.12. 99도3567).

정답 ✕

19. 사용이 금지되었던 식품첨가물이 '건강기능식품에 관한 법률' 및 이에 의하여 고시된 '건강기능식품의 기준 및 규격' 등에 의하여 그 제한적 사용이 가능하도록 법률이 변경된 경우, 위 법률 및 고시가 시행되기 전에 이미 범하여진 위반행위에 대한 가벌성이 소멸되는 것은 아니다.

해설 건강기능식품의 국내 수요 확대 등 여건의 변화에 따른 규제범위의 합리적 조정의 필요와 건강기능식품의 안전성 제고 등 그때그때의 특수한 필요에 대처하기 위한 정책적 조치에 따른 것으로 보아, 위 법률 및 고시가 시행되기 전에 이미 범하여진 위반행위에 대한 가벌성이 소멸되는 것은 아니라고 한 원심의 판단을 수긍한 사례(대판 2005.12.23. 2005도747).

정답 ○

판례정리 일시적 사정에 대처하기 위한 변경으로 본 경우(형법 제1조 제1항 적용 – 가벌성 인정, 추급효 인정)

1. 도로교통법에 의한 운전자 준수사항 고시를 개정·고시하면서 운전자의 부당요금 징수를 운전자 준수사항의 예에서 삭제한 경우(대판 1987.3.10. 86도42).
2. 식품위생법에 근거하여 단란주점의 영업시간을 제한하고 있던 보건복지부 고시가 유효기간 만료로 실효되어 영업시간의 제한이 해제된 경우(대판 2000.6.9. 2000도764).
3. 부동산중개업법상 부동산중개업자가 둘 수 있는 중개보조원의 인원수 제한규정이 폐지된 경우(대판 2000.8.18. 2000도2943).
4. 개발제한구역의 지정 및 관리에 관한 특별조치법 제11조 제3항 및 같은법 시행규칙 관련 조항의 신설로 허가나 신고 없이 개발제한구역 내 비닐하우스 설치행위를 할 수 있도록 법령이 개정된 경우(대판 2007.9.6. 2007도4197).

20. 재판확정 후 법률의 변경에 의하여 그 행위가 범죄를 구성하지 아니하는 때에는 형의 선고가 실효된다.

해설 재판확정 후 법률의 변경에 의하여 그 행위가 범죄를 구성하지 아니하는 때에는 형의 집행을 면제한다(제1조 제3항).

정답 ✕

21. (★)미국인 甲은 한국인 乙과 국내의 한 호텔 커피숍에서 메스암페타민을 밀수입하기로 공모한 후, 홍콩으로 가서 홍콩인 丁으로부터 메스암페타민을 구입하여 그곳에서 乙에게 건네주고 자신은 빈손으로 항공편으로 서울에 왔다. 甲에게는 형법상 속지주의가 적용된다.

해설 형법 제2조를 적용함에 있어서 공모공동정범의 경우 공모지도 범죄지로 보아야 한다 (대판 1998.11.27. 98도2734). ※ 속지주의   정답 ○

22. (★)외국인이 대한민국 공무원에게 알선한다는 명목으로 금품을 수수하는 행위가 비록 대한민국 영역 내에서 이루어졌다고 하더라도, 금품수수의 명목이 된 알선행위를 하는 장소가 대한민국 영역 외라면 대한민국 영역 내에서 죄를 범한 것이라고 할 수 없으므로, 형법 제2조를 적용할 수 없다.

해설 외국인이 대한민국 공무원에게 알선한다는 명목으로 금품을 수수하는 행위가 대한민국 영역 내에서 이루어진 이상, 비록 금품수수의 명목이 된 알선행위를 하는 장소가 대한민국 영역 외라 하더라도 대한민국 영역 내에서 죄를 범한 것이라고 하여야 할 것이므로, 형법 제2조에 의하여 대한민국의 형벌법규인 구 변호사법 제90조 제1호가 적용되어야 한다(대판 2000.4.21. 99도 3403).   정답 ✕

23. 한국인이 한국 내에 있는 미국문화원에서 방화죄를 범한 경우, 미국문화원이 국제협정이나 관행에 의하여 치외법권지역이고 미국본토의 연장으로 본다고 하더라도 대한민국의 형법이 적용된다.

해설 국제협정이나 관행에 의하여 대한민국 내에 있는 미국문화원이 치외법권지역이고 그곳을 미국영토의 연장으로 본다 하더라도 그곳에서 죄를 범한 대한민국 국민에 대하여 우리 법원에 먼저 공소가 제기되고 미국이 자국의 재판권을 주장하지 않고 있는 이상 속인주의를 함께 채택하고 있는 우리나라의 재판권은 동인들에게도 당연히 미친다 할 것이며 미국문화원측이 동인들에 대한 처벌을 바라지 않았다고 하여 그 재판권이 배제되는 것도 아니다(대판 1986.6.24. 86도403).   정답 ○

24. (★) 내국 법인의 대표자인 중국인 甲은 내국 법인이 홍콩에 설립한 특수목적법인에 위탁해 둔 자금을 정해진 목적과 용도 외에 임의로 사용하였다. (횡령행위는 홍콩의 법률에 의하여 범죄를 구성한다.) 다음 기술의 옳고 그름을 판단하라.

(1) 甲에게는 당해 금전을 위탁한 내국 법인에 대한 횡령죄가 성립한다.

(2) 甲의 자금 무단사용행위가 홍콩에서 이루어 진 경우에는 우리 법원에 재판권이 인정되지 않는다.

해설 법인 소유의 자금에 대한 사실상 또는 법률상 지배·처분 권한을 가지고 있는 대표자 등은 법인에 대한 관계에서 자금의 보관자 지위에 있으므로, 법인이 특정 사업의 명목상의 주체로 특수목적법인을 설립하여 그 명의로 자금 집행 등 사업진행을 하면서도 자금의 관리·처분에 관하여는 실질적 사업주체인 법인이 의사결정권한을 행사하면서 특수목적법인 명의로 보유한 자금에 대하여 현실적 지배를 하고 있는 경우에는, 사업주체인 법인의 대표자 등이 특수목적법인의 보유 자금을 정해진 목적과 용도 외에 임의로 사용하면 위탁자인 법인에 대하여 횡령죄가 성립할 수 있다.

이는 법인의 대표자 등이 외국인인 경우에도 마찬가지이므로, 내국 법인의 대표자인 외국인이 내국 법인이 외국에 설립한 특수목적법인에 위탁해 둔 자금을 정해진 목적과 용도 외에 임의로 사용한 데 따른 횡령죄의 피해자는 당해 금전을 위탁한 내국 법인이다. 따라서 그 행위가 외국에서 이루어진 경우에도 행위지의 법률에 의하여 범죄를 구성하지 아니하거나 소추 또는 형의 집행을 면제할 경우가 아니라면 그 외국인에 대해서도 우리 형법이 적용되어(형법 제6조), 우리 법원에 재판권이 있다(大判 2017.3.22. 2016도17465).　　　　　정답　(1) ○ (2) ✕

25. 한국인 甲이 필리핀국에서 카지노에 드나들면서 상습적으로 도박을 하였다면 필리핀국에서는 외국인의 카지노출입이 허용되어 있다고 하더라도 甲에 대하여 우리 형법이 적용된다.

해설 형법 제3조는 '본법은 대한민국 영역 외에서 죄를 범한 내국인에게 적용한다'고 하여 형법의 적용 범위에 관한 속인주의를 규정하고 있는 바, 필리핀국에서 카지노의 외국인 출입이 허용되어 있다 하여도 형법 제3조에 따라 필리핀국에서 도박을 한 피고인에게 우리나라 형법이 당연히 적용된다(대판 2001.9.25. 99도3337)　　　　　정답　○

26. (★★)일본인이 유통시킬 목적으로 홍콩에서 1,000엔짜리 일본화폐를 1,000장 위조한 경우, 형법이 세계주의를 취하지 않기 때문에 형법을 적용할 수 없다.

해설 형법 제207조 제3항, 제5조 제4호에 의하여 대한민국 형법을 적용할 수 있다.　　정답　✕

27. 중국인이 중국에서 경기도 지방경찰청장 명의의 운전면허증을 위조한 경우 대한민국의 형법이 적용된다.

해설 제5조 제6호에 의하여 대한민국 형법이 적용된다.　　　　　정답　○

28. 중국인이 미국에서 미국 공무원 명의의 문서를 위조한 경우에는 우리 형법이 적용되며, 이는 형법 제5조의 보호주의에 근거한다.

해설 외국 공무원 명의의 문서는 사문서이므로 제5조 제6호가 적용되지 않는다.　　정답　✕

29. 캐나다 시민권자인 피고인이 캐나다에서 위조사문서를 행사하였다면 피고인의 행위에 대하여는 우리나라에 재판권이 없다.

> [해설] [1] 형법 제5조, 제6조의 각 규정에 의하면, 외국인이 외국에서 죄를 범한 경우에는 형법 제5조 제1호 내지 제7호에 열거된 죄를 범한 때와 형법 제5조 제1호 내지 제7호에 열거된 죄 이외에 대한민국 또는 대한민국 국민에 대하여 죄를 범한 때에만 대한민국 형법이 적용되어 우리나라에 재판권이 있게 되고, 여기서 '대한민국 또는 대한민국 국민에 대하여 죄를 범한 때'란 대한민국 또는 대한민국 국민의 법익이 직접적으로 침해되는 결과를 야기하는 죄를 범한 경우를 의미한다. [2] 캐나다 시민권자인 피고인이 캐나다에서 위조사문서를 행사하였다면, 형법 제234조의 위조사문서행사죄는 형법 제5조 제1호 내지 제7호에 열거된 죄에 해당하지 않고, 위조사문서행사를 형법 제6조의 대한민국 또는 대한민국 국민의 법익을 직접적으로 침해하는 행위라고 볼 수도 없으므로 피고인의 행위에 대하여는 우리나라에 재판권이 없다(대판 2011.8.25. 2011도6507).
>
> **정답** ○

30. (★★)중국 국적의 甲은 중국에서 대한민국 국적 주식회사의 인장을 위조하였다. 甲에 대하여 우리나라의 재판권이 인정된다.

> [해설] 형법 제239조 제1항의 사인위조죄는 형법 제6조의 대한민국 또는 대한민국국민에 대하여 범한 죄에 해당하지 아니하므로 중국 국적자가 중국에서 대한민국 국적 주식회사의 인장을 위조한 경우에는 외국인의 국외범으로서 그에 대하여 재판권이 없다(대판 2002.11.26. 2002도4929).
>
> **정답** ✕

31. (★)외국인이 중국 북경시에 소재한 대한민국 영사관 내에서 여권발급신청서를 위조한 경우, 위 사문서위조죄는 형법 제6조의 대한민국 또는 대한민국 국민에 대하여 범한 죄에 해당하지 않으므로 피고인에 대한 대한민국 법원의 재판권이 없다.

> [해설] 외국인이 중국 북경시에 소재한 대한민국 영사관 내에서 여권발급신청서를 위조하였다는 취지의 공소사실에 대하여, 외국인의 국외범에 해당한다는 이유로 피고인에 대한 재판권이 없다고 한 사례(대판 2006.9.22. 2006도5010).
>
> **정답** ○

32. 독일인이 독일 내에서 북한의 지령을 받아 베를린 주재 북한이익대표부를 방문하고 그곳에서 북한공작원을 만났다면 이는 외국인의 국외범에 해당하여, 형법 제5조와 제6조에서 정한 요건에 해당하지 않는 이상 우리 형법을 적용하여 처벌할 수 없다.

> [해설] 독일인이 독일 내에서 북한의 지령을 받아 베를린 주재 북한이익대표부를 방문하고 그곳에서 북한공작원을 만났다면 위 각 구성요건상 범죄지는 모두 독일이므로 이는 외국인의 국외범에 해당하여, 형법 제5조와 제6조에서 정한 요건에 해당하지 않는 이상 위 각 조항을 적용

하여 처벌할 수 없다(대판(전) 2008.4.17. 2004도4899). **정답** ○

33. 중국인 甲 등은 자유중국(대만)으로 탈출하기로 모의하고 대련상공에서 중국민항기를 납치하였다. 이 과정에서 甲 등은 승무원인 A와 B에게 상해를 입혔으며, 위 항공기는 강제운항 중 춘천시 부근의 비행장에 불시착하였다. 甲 등에게 우리나라 항공기운항안전법을 적용할 수 있다.

[해설] 항공기운항안전법 제3조, 항공기내에서 범한 범죄 및 기타 행위에 관한 협약(토오쿄협약) 제1조·제3조·제4조, 항공기의 불법납치 억제를 위한 협약(헤이그협약) 제1조·제3조·제4조·제7조의 각 규정들을 종합하여 보면 민간항공기납치 사건에 대하여는 항공기등록지국에 원칙적인 재판관할권이 있는 외에 항공기 착륙국인 우리나라에도 경합적으로 재판 관할권이 생기어 우리나라 항공기운항안전법은 외국인의 국외범까지도 적용대상이 된다고 할 것이다 (대판 1984.5.22. 84도39). **정답** ○

34. 외국에서 형의 전부 또는 일부의 집행을 받은 자에 대하여 형을 감경 또는 면제할 수 있다.

[해설] **제7조(외국에서 집행된 형의 산입)** 죄를 지어 외국에서 형의 전부 또는 일부가 집행된 사람에 대해서는 그 집행된 형의 전부 또는 일부를 선고하는 형에 산입한다. [전문개정 2016.12.20] **정답** ✕

35. (★★★)판례에 의할 때 다음 기술의 옳고 그름을 판단하라.

(1) 甲이 외국에서 살인죄를 범하였다가 무죄 취지의 재판을 받고 석방된 후 국내에서 다시 기소되어 제1심에서 징역 10년을 선고받게 된 경우, 甲이 외국에서 미결 상태로 구금된 5년여의 기간에 대하여도 '외국에서 집행된 형의 산입' 규정인 형법 제7조가 적용되어야 한다.
(2) 외국에서 이루어진 미결구금을 형법 제57조 제1항에서 규정한 '본형에 당연히 산입되는 미결구금'과 같다고 볼 수 없다.

[해설] [1] 형사사건으로 외국 법원에 기소되었다가 무죄판결을 받은 사람은, 설령 그가 무죄판결을 받기까지 상당 기간 미결구금되었더라도 이를 유죄판결에 의하여 형이 실제로 집행된 것으로 볼 수는 없으므로, '외국에서 형의 전부 또는 일부가 집행된 사람'에 해당한다고 볼 수 없고, 그 미결구금 기간은 형법 제7조에 의한 산입의 대상이 될 수 없다.
[2] 외국에서 무죄판결을 받고 석방되기까지의 미결구금은, 국내에서의 형벌권 행사가 외국에서의 형사절차와는 별개의 것인 만큼 우리나라 형벌법규에 따른 공소의 목적을 달성하기 위하여 필수불가결하게 이루어진 강제처분으로 볼 수 없다. 따라서 위와 같이 외국에서 이루어진 미결구금을 형법 제57조 제1항에서 규정한 '본형에 당연히 산입되는 미결구금'과 같다고 볼 수 없다.

결국 미결구금이 자유 박탈이라는 효과 면에서 형의 집행과 일부 유사하다는 점만을 근거로, 외국에서 형이 집행된 것이 아니라 단지 미결구금되었다가 무죄판결을 받은 사람의 미결구금 일수를 형법 제7조의 유추적용에 의하여 그가 국내에서 같은 행위로 인하여 선고받는 형에 산입하여야 한다는 것은 허용되기 어렵다.

[3] 피고인이 필리핀에서 살인죄를 범하였다가 무죄 취지의 재판을 받고 석방된 후 국내에서 다시 기소되어 제1심에서 징역 10년을 선고받게 되자 자신이 필리핀에서 미결 상태로 구금된 5년여의 기간에 대하여도 '외국에서 집행된 형의 산입' 규정인 형법 제7조가 적용되어야 한다고 주장하며 항소한 사안에서, 피고인의 주장을 배척한 원심판단에 형법 제7조의 적용 대상 등에 관한 법리오해의 위법이 없다고 한 사례(대판(전) 2017.8.24. 2017도5977).　　　**정답** (1) ✕ (2) ○

36. (★)외국판결에서 몰수의 선고가 있고, 그 외국에서 대상 물건이 몰수된 때에는 그 가액을 추징할 수 없다.

[해설] 국내에 밀수입하여 관세포탈을 기도하다가 외국에서 적발되어 압수된 물품이 그 후 몰수되지 아니하고 피고인의 소유 또는 점유로 환원되었으나 몰수할 수 없게 되었다면 관세법 제198조에 의하여 범칙 당시의 국내 도매가격에 상당한 금액을 추징하여야 할 것이나, 동 물품이 외국에서 몰수되어 그 소유가 박탈되어 몰수할 수 없게 된 경우에는 위 법조에 의하여 추징할 수 없다(대판 1979.4.10. 78도831).

[비교판례] 관세법 제179조 내지 제181조와 제183조, 제184조 및 제198조 규정 등 취지에 비추어 범인의 범칙물에 대하여는 범인의 소유 또는 점유로 인정되는 이상 필요적으로 몰수되어야 하고 범인의 소유 또는 점유하였던 것을 범인이 소비, 은닉, 훼손, 분실하는 등의 장애사유나 그 소재장소로 말미암은 장애사유로 인하여 몰수할 수 없는 때에는 이를 추징하여야 하므로 일본국 당국이 본건 범행당시 피고인으로부터 압수한 일본산 백금괴 15개를 일본국내에 있는 피고인의 대리인인 공소외인이 일본국 재판소로부터 환부받아 피고인을 위하여 보관하고 있는 경우에는 위 법 제198조 소정 몰수할 물품을 몰수할 수 없는 때에 해당된다 할 것이므로 그 물품의 범칙당시의 국내 도매가격에 상당한 금액을 피고인으로부터 추징하여야 마땅하다(대판(전) 1976.6.22. 73도2625).　　　**정답** ○

제2편 범죄론

제1장 범죄의 기본개념

제1절 범죄의 의의와 종류

1. 진정부작위범은 거동범에 해당하므로 형법상 진정부작위범의 미수를 처벌하는 규정은 없다.

> 해설 거동범의 미수는 있을 수 없다는 견해가 다수설이다. 그러나 형법은 진정부작위범이며 거동범인 퇴거불응죄(제319조 제2항 및 제322조) 등에 대해서 미수규정을 두고 있다. **정답** ✕

2. 도주죄의 범인이 도주행위를 하여 기수에 이른 이후일지라도 그 범인의 도주를 도와주는 행위는 도주원조죄에는 해당한다.

> 해설 도주죄는 즉시범으로서 범인이 간수자의 실력적 지배를 이탈한 상태에 이르렀을 때에 기수가 되어 도주행위가 종료하는 것이므로, 도주죄의 범인이 도주행위를 하여 기수에 이른 이후에 범인의 도피를 도와주는 행위는 범인도피죄에 해당할 수 있을 뿐 도주원조죄에는 해당하지 아니한다(대판 1991.10.11. 91도1656). **정답** ✕

3. (★)판례에 의하면 우리 형법은 제286조에서 협박죄의 미수범을 처벌하는 조항을 두고 있으므로 침해범에 해당한다.

> 해설 협박죄는 사람의 의사결정의 자유를 보호법익으로 하는 위험범이라 봄이 상당하고, 위 미수범 처벌 조항은 해악의 고지가 현실적으로 상대방에게 도달하지 아니한 경우나, 도달은 하였으나 전혀 지각하지 못한 경우, 혹은 고지된 해악의 의미를 상대방이 인식하지 못한 경우에 적용될 뿐이라 할 것이다(대판 2007.9.28. 2007도606). ※ 본 판례에서 대법원은 공포심을 일으키기에 충분한 해악을 고지함으로써 상대방이 그 의미를 인식한 이상, 상대방이 현실적으로 공포심을 일으켰는지 여부와 관계 없이 그로써 구성요건은 충족되어 협박죄의 기수에 이르는 것으로 해석하였다. **정답** ✕

제 2 절 행위의 주체

4. (★)판례에 의하면 배임죄에 있어서 타인의 사무를 처리할 의무의 주체가 법인이 되는 경우라도 법인은 사법상의 의무의 주체가 될 뿐 범죄능력이 없으므로 법인이 배임죄의 주체가 될 수 없고 그 법인을 대표하여 사무를 처리하는 자연인인 대표기관이 타인의 사무를 처리하는 자 즉 배임죄의 주체가 된다.

> 해설 형법 제355조 제2항의 배임죄에 있어서 타인의 사무를 처리할 의무의 주체는 법인이 되는 경우라도 법인은 다만 사법상의 의무주체가 될 뿐 범죄능력이 없는 것이며 그 타인의 사무는 법인을 대표하는 자연인인 대표기관의 의사결정에 따른 대표행위에 의하여 실현될 수밖에 없어 그 대표기관은 마땅히 법인이 타인에게 부담하고 있는 의무내용대로 사무를 처리할 임무가 있다할 것이므로 자연인인 대표기관이 바로 타인의 사무를 처리하는 자 즉 배임죄의 주체가 된다(대판(전) 1984.10.10. 82도2595).　　　　**정답** ○

5. (★)특별한 근거규정이 없는 한 법인이 설립되기 이전에 자연인이 한 행위에 대하여 양벌규정을 적용하여 법인을 처벌할 수는 없다.

> 해설 법인이 설립되기 이전에 어떤 자연인이 한 행위의 효과가 설립 후의 법인에게 당연히 귀속된다고 보기 어려울 뿐만 아니라, 법인이 설립되기 이전의 행위에 대하여는 법인에게 어떠한 선임감독상의 과실이 있다고 할 수 없으므로, 특별한 근거규정이 없는 한 법인이 설립되기 이전에 자연인이 한 행위에 대하여 양벌규정을 적용하여 법인을 처벌할 수는 없다고 봄이 타당하다.(대판 2018.8.1. 2015도10388)　　　　**정답** ○

6. (★)헌법재판소는 법인의 범죄능력을 부인하므로 양벌규정에 의한 법인처벌근거에 대해 무과실책임설에 따른다.

> 해설 행정형벌법규에서 양벌규정으로 사업주인 법인 또는 개인을 처벌하는 것은 위반행위를 한 피용자에 대한 선임·감독의 책임을 물음으로써 행정규제의 목적을 달성하려는 것이므로 형벌체계상 합리적인 근거가 있다(헌재 2000.6.1. 99헌바73). ※ 헌법재판소가 과실책임설을 취하고 있음을 보여주는 결정례이다.　　　　**정답** ✕

7. 합병으로 소멸한 법인이 양벌규정에 따라 부담하던 형사책임은 합병 후 존속하는 법인에 승계된다.

> 해설 합병으로 인하여 소멸한 법인이 그 종업원 등의 위법행위에 대해 양벌규정에 따라 부담하던 형사책임은 그 성질상 이전을 허용하지 않는 것으로서 합병으로 인하여 존속하는 법인에 승계되지 않는다(大判 2015.12.24. 2015도13946).　　　　**정답** ✕

8. (★)지입차주가 세무관서에 독립된 사업자등록을 하고, 지입된 차량을 직접 운행·관리하면서 그 명의로 화물운송계약을 체결하였다고 하더라도, 그 자동차가 지입회사의 소유로 등록되어 있고, 지입회사만이 화물자동차운송사업면허를 가지고 있는 이상, 지입차주는 객관적 외형상으로 보아 그 차량의 소유자인 지입회사와의 위탁계약에 의하여 그 위임을 받아 운행·관리를 대행하는 지위에 있는 자로서 도로법 제86조에서 정한 "대리인·사용인 기타의 종업원"에 해당한다.

[해설] 大判 2003.9.2. 2003도3073. 　　　　　　　　　　　　　　　　　　　　　　　　　정답 ○

9. (★)다단계판매원은 방문판매 등에 관한 법률의 양벌규정의 적용에 있어서는 다단계판매업자의 사용인의 지위에 있다.

[해설] 다단계판매업의 영업태양 및 다단계판매업자와 다단계판매원 사이의 관계에 비추어 볼 때, 다단계판매원이 하위판매원의 모집 및 후원활동을 하는 것은 실질적으로 다단계판매업자의 관리 아래 그 업무를 위탁받아 행하는 것으로 볼 수 있어, 다단계판매업자가 상품의 판매 또는 용역의 제공에 의한 이익의 귀속주체가 된다고 할 것이므로, 다단계판매원은 다단계판매업자의 통제·감독을 받으면서 다단계판매업자의 업무를 직접 또는 간접으로 수행하는 자로서, 적어도 구 방문판매 등에 관한 법률(2002.3.30. 법률 제6688호로 전문 개정되기 전의 것)의 양벌규정의 적용에 있어서는 다단계판매업자의 사용인의 지위에 있다고 봄이 상당하다(대판 2006.2.24. 2003도4966). 　정답 ○

10. 양벌규정에서 정한 '사용인 기타의 종업원'에는 법인 또는 개인과 정식으로 고용계약을 체결하고 근무하는 자뿐만 아니라 법인 또는 개인의 대리인, 사용인 등이 자기의 업무보조자로서 사용하면서 직접 또는 간접으로 법인 또는 개인의 통제·감독 아래에 있는 자도 포함된다.

[해설] 大判 2003.6.10. 2001도2573. 　　　　　　　　　　　　　　　　　　　　　　　　정답 ○

11. (★)지입차주가 고용한 운전자의 과적운행으로 인한 구 도로법 위반행위에 대하여는 '지입차주'가 구 도로법상 '사용자'로서의 형사책임을 부담한다.

[해설] 비록 지입회사가 지입차량의 운전자를 직접 고용하여 지휘·감독을 한 바 없다 하더라도, 객관적으로 지입차량의 운전자를 지휘·감독할 관계에 있는 사용자로서 그 지휘·감독의 소홀에 따른 책임을 진다(대판 2009.9.24. 2009도5302). 　　　　　　　　　정답 ×

12. (★)지방자치단체 소속 공무원이 지방자치단체 고유의 자치사무를 수행하던 중 도로법의 규정에 의한 위반행위를 한 경우 지방자치단체는 도로법 제86조의 양벌규정에 따라 처벌대상이 되는 법인에 해당하지 아니한다.

해설 국가가 본래 그의 사무의 일부를 지방자치단체의 장에게 위임하여 그 사무를 처리하게 하는 기관위임사무의 경우에는 지방자치단체는 국가기관의 일부로 볼 수 있는 것이지만, 지방자치단체가 그 고유의 자치사무를 처리하는 경우에는 지방자치단체는 국가기관의 일부가 아니라 국가기관과는 별도의 독립한 공법인이므로, 지방자치단체 소속 공무원이 지방자치단체 고유의 자치사무를 수행하던 중 도로법 제81조 내지 제85조의 규정에 의한 위반행위를 한 경우에는 지방자치단체는 도로법 제86조의 양벌규정에 따라 처벌대상이 되는 법인에 해당한다(대판 2005.11.10. 2004도2657). **정답** ✕

13. (★)지방자치단체 소속 공무원이 지정항만순찰 등의 업무를 위해 관할관청의 승인 없이 개조한 승합차를 운행함으로써 구 자동차관리법을 위반한 경우, 해당 지방자치단체는 구 자동차관리법 제83조의 양벌규정에 따른 처벌대상이 될 수 없다.

해설 위 항만순찰 등의 업무가 지방자치단체의 장이 국가로부터 위임받은 기관위임사무에 해당하여, 해당 지방자치단체가 구 자동차관리법 제83조의 양벌규정에 따른 처벌대상이 될 수 없다고 한 사례(대판 2009.6.11. 2008도65301). **정답** ○

14. (★)약국을 실질적으로 경영하는 약사가 다른 약사를 고용하여 그 고용된 약사를 명의상의 개설약사로 등록하게 해두고 실질적인 영업약사가 약사 아닌 종업원을 직접 고용하여 영업하던 중 그 종업원이 약사법위반 행위를 하였다면 약사법 제78조의 양벌규정상의 형사책임은 약국의 개설의 명의자인 고용약사가 지게 된다.

해설 약국을 실질적으로 경영하는 약사가 다른 약사를 고용하여 그 고용된 약사를 명의상의 개설약사로 등록하게 해두고 실질적인 영업약사가 약사 아닌 종업원을 직접 고용하여 영업하던 중 그 종업원이 약사법위반 행위를 하였다면 약사법 제78조의 양벌규정상의 형사책임은 그 실질적 경영자가 지게된다(대판 2000.1.27. 2000도3570). ※ 형식적 경영자와 실질적 경영자가 다를 경우 양벌규정의 수범자인 업무자는 실질적 경영자라는 것이 판례의 취지이다. **정답** ✕

15. (★)저작권법상의 양벌규정에 의하여 영업주를 처벌하기 위해서 종업원의 범죄성립이나 처벌을 요하는 것은 아니다.

해설 저작권법상의 양벌규정에 의한 영업주의 처벌은 금지위반행위자인 종업원의 처벌에 종속하는 것이 아니라 독립하여 그 자신의 종업원에 대한 선임감독상의 과실로 인하여 처벌되는 것이므로 종업원의 범죄성립이나 처벌이 영업주 처벌의 전제조건이 될 필요는 없다(대판 2006.2.24. 2005도7673). **정답** ○

16. 직접 행위자인 법인의 종업원을 처벌하는 근거가 된 저작권법 제102조는 고소가 있어야 논할 수 있는 친고죄인 바, 법인의 종업원에 대한 고소가 있었다고 하더라도 법인에 대한

별도의 고소가 없는 한 직접 위법행위를 한 자 이외에 그 업무의 주체를 처벌하도록 규정하고 있는 동법 제103조의 양벌규정에 의하여 법인을 처벌할 수는 없다.

해설 저작권법 제103조의 양벌규정은 직접 위법행위를 한 자 이외에 아무런 조건이나 면책조항 없이 그 업무의 주체 등을 당연하게 처벌하도록 되어 있는 규정으로서 당해 위법행위와 별개의 범죄를 규정한 것이라고는 할 수 없으므로, 친고죄의 경우에 있어서도 행위자의 범죄에 대한 고소가 있으면 족하고, 나아가 양벌규정에 의하여 처벌받는 자에 대하여 별도의 고소를 요한다고 할 수는 없다(대판 1996.3.12. 94도2423).
정답 ✕

17. 법인의 직원 또는 사용인이 위반행위를 하여 양벌규정에 의하여 법인이 처벌받는 경우 법인에게 자수감경에 관한 형법 제52조 제1항의 규정을 적용하기 위하여는 법인의 이사 기타 대표자가 수사책임이 있는 관서에 자수한 경우에 한한다.

해설 大判 1995.7.25. 95도391.
정답 ○

18. 회사 대표자의 위반행위에 대하여 징역형의 형량을 작량감경하고 병과하는 벌금형에 대하여 선고유예를 한 이상 양벌규정에 따라 그 회사를 처단함에 있어서도 같은 조치를 취하여야 한다.

해설 회사 대표자의 위반행위에 대하여 징역형의 형량을 작량감경하고 병과하는 벌금형에 대하여 선고유예를 한 이상 양벌규정에 따라 그 회사를 처단함에 있어서도 같은 조치를 취하여야 한다는 논지는 독자적인 견해에 지나지 아니하여 받아들일 수 없다(대판 1995.12.12. 95도1893).
정답 ✕

제2장 구성요건

제1절 부작위범

1. (★)행위자가 자신의 신체적 활동이나 물리적·화학적 작용을 통하여 적극적으로 타인의 법익 상황을 악화시킴으로써 결국 그 타인의 법익을 침해하기에 이르렀다면, 이는 작위에 의한 범죄로 봄이 원칙이고, 작위에 의하여 악화된 법익 상황을 다시 되돌이키지 아니한 점에 주목하여 이를 부작위범으로 볼 것은 아니다.

> [해설] 행위자가 자신의 신체적 활동이나 물리적·화학적 작용을 통하여 적극적으로 타인의 법익 상황을 악화시킴으로써 결국 그 타인의 법익을 침해하기에 이르렀다면, 이는 작위에 의한 범죄로 봄이 원칙이고, 작위에 의하여 악화된 법익 상황을 다시 되돌이키지 아니한 점에 주목하여 이를 부작위범으로 볼 것은 아니며, 나아가 악화되기 이전의 법익 상황이, 그 행위자가 과거에 행한 또 다른 작위의 결과에 의하여 유지되고 있었다 하여 이와 달리 볼 이유가 없다. 따라서 이 사건의 경우 피고인들(甲과 乙)은 피고인 3(丙)에게 피해자를 집으로 후송하고 호흡보조장치를 제거할 것을 지시하는 등의 적극적 행위를 통하여 원심공동피고인(丁女)의 부작위에 의한 살인행위를 도운 것이므로, 이를 작위에 의한 방조범으로 본 원심의 판단은 정당한 것으로 수긍할 수 있다(후단부의 기술은 판결이유 중에서 발췌)(대판 2004.6.24. 2002도995). **정답** ○

2. (★) 경찰공무원이 지명수배 중인 범인을 발견하고도 직무상 의무에 따른 적절한 조치를 취하지 아니하고 오히려 범인을 도피하게 하는 행위를 한 경우, 범인도피죄와 직무유기죄가 모두 성립하고 양 죄는 실체적 경합관계에 있다.

> [해설] [1] 경찰공무원이 지명수배 중인 범인을 발견하고도 직무상 의무에 따른 적절한 조치를 취하지 아니하고 오히려 범인을 도피하게 하는 행위를 하였다면, 그 직무위배의 위법상태는 범인도피행위 속에 포함되어 있다고 보아야 할 것이므로, 이와 같은 경우에는 작위범인 범인도피죄만이 성립하고 부작위범인 직무유기죄는 따로 성립하지 아니한다.
> [2] 범인도피죄는 범인을 도피하게 함으로써 기수에 이르지만, 범인도피행위가 계속되는 동안에는 범죄행위도 계속되고 행위가 끝날 때 비로소 범죄행위가 종료된다(대판 2017.3.15. 2015도1456).
>
> **정답** ✕

3. (★★★)부작위범에 있어서 작위의무는 법령, 법률행위, 선행행위에 의하여 발생하나 기타 신의성실의 원칙이나 사회상규 혹은 조리에 근거하여 작위의무를 인정하는 것은 죄형법정주의에 반한다.(판례에 의함)

해설 작위의무는 법령, 법률행위, 선행행위로 인한 경우는 물론, 기타 신의성실의 원칙이나 사회상규 혹은 조리상 작위의무가 기대되는 경우에도 인정된다(대판 1996.9.6. 95도2551). 정답 ✕

4. (★)도로교통법 제54조 제1항, 제2항에서 정한 교통사고 발생 시의 구호조치의무 및 신고의무는 교통사고를 발생시킨 차량 운전자의 고의·과실 혹은 유책·위법 유무에 관계없이 부과된 의무이다.

해설 도로교통법 제54조 제1항, 제2항이 규정한 교통사고 발생 시의 구호조치의무 및 신고의무는 차의 교통으로 인하여 사람을 사상하거나 물건을 손괴한 때에 운전자 등으로 하여금 교통사고로 인한 사상자를 구호하는 등 필요한 조치를 신속히 취하게 하고, 또 속히 경찰관에게 교통사고의 발생을 알려서 피해자의 구호, 교통질서의 회복 등에 관하여 적절한 조치를 취하게 하기 위한 방법으로 부과된 것이므로, 교통사고의 결과가 피해자의 구호 및 교통질서의 회복을 위한 조치가 필요한 상황인 이상 그 의무는 교통사고를 발생시킨 당해 차량의 운전자에게 그 사고 발생에 있어서 고의·과실 혹은 유책·위법의 유무에 관계없이 부과된 의무라고 해석함이 타당하고, 당해 사고의 발생에 귀책사유가 없는 경우에도 위 의무가 없다 할 수 없다(大判 2015.10.15. 2015도12451) 정답 ○

5. (★)의사가 특정 시술을 받으면 아들을 낳을 수 있을 것이라는 착오에 빠져있는 피해자들에게 그 시술의 효과와 원리에 관하여 사실대로 고지하지 아니한 채 아들을 낳을 수 있는 시술인 것처럼 가장하여 일련의 시술과 처방을 행하고 그 대가를 받았다면 사기죄가 성립한다.

해설 大判 2000.1.28. 99도2884. 정답 ○

6. (★)중고 자동차 매매에 있어서 매도인이 할부금융회사 또는 보증보험에 대한 할부금 채무의 존재를 매수인에게 고지하지 아니한 것은 부작위에 의한 기망에 해당하지 아니한다.

해설 중고 자동차 매매에 있어서 매도인의 할부금융회사 또는 보증보험에 대한 할부금 채무가 매수인에게 당연히 승계되는 것이 아니므로 그 할부금 채무의 존재를 매수인에게 고지하지 아니한 것은 부작위에 의한 기망에 해당하지 아니한다(대판 1998.4.14. 98도231). 정답 ○

판례정리 부작위에 의한 사기죄가 성립하는 경우

1. 토지에 대하여 도시계획이 입안되어 있어 장차 협의 매수되거나 수용될 것이라는 사정을 매수인에게 고지하지 아니한 행위는 부작위에 의한 사기죄를 구성한다(대판 1993.7.13. 93도14).
2. 임대인이 임대차계약을 체결하면서 임차인에게 임대목적물이 경매진행 중인 사실을 알리지 아니한 경우, 임차인이 등기부를 확인 또는 열람하는 것이 가능하더라도 사기죄가 성립한다(대판 1998.12.8. 98도3263).

판례정리 부작위범이 성립하는 경우

1. 폭약을 호송하는 甲이 화차 내에서 촛불을 켜 놓은 채 잠을 자다가 폭약상자에 불이 붙는 것을 발견하였으나 무서운 나머지 진화하지 않고 그대로 도주하여 폭약상자가 폭발하게 한 경우 … 부작위에 의한 폭발물파열죄(현행법상으로는 폭발물사용죄)가 성립한다(대판 1978.9.26. 78도1996).
2. 甲이 미성년자인 A를 유인하여 포박 감금한 이를 후 A가 탈진상태에 빠져 있음에도 살해의 고의로 그대로 방치하여 사망케 한 경우 … 부작위에 의한 살인죄를 구성한다(대판 1982.11.23. 82도2024).
3. 입찰담당공무원 甲은 사무원인 乙이 입찰보증금을 계속적으로 횡령하고 있다는 사실을 알면서도 계속 방치하여 새로운 횡령범행을 가능케 한 경우 … 업무상횡령죄의 방조범이 성립한다(대판 1996.9.6. 95도2551).
4. 은행지점장 甲은 부하직원 乙이 본점의 승인을 받지 아니한 채, 약속어음을 발행하는 회사에 대하여 지점장 명의의 한도를 초과하는 지급보증을 하고 있다는 사실을 알면서도 아무런 조치를 취하지 아니하여 은행에 손해를 발생케 한 경우 … 업무상배임죄의 방조범이 성립한다(대판 1984.11.27. 84도1906).

7. 일정한 기간 내에 잘못된 상태를 바로잡으라는 행정청의 지시를 이행하지 않았다는 것을 구성요건으로 하는 범죄는 이른바 진정부작위범으로서 그 의무이행기간의 경과에 의하여 범행이 기수에 이르고. 2개월 내에 작위의무를 이행하라는 행정청의 지시를 이행하지 아니하고 7개월 후 다시 같은 내용의 지시를 받고 이를 이행하지 아니한 경우는 각각 별개의 부작위범이 성립한다.

해설 일정한 기간 내에 잘못된 상태를 바로잡으라는 행정청의 지시를 이행하지 않았다는 것을 구성요건으로 하는 범죄는 이른바 진정부작위범으로서 그 의무이행기간의 경과에 의하여 범행이 기수에 이름과 동시에 작위의무를 발생시킨 행정청의 지시 역시 그 기능을 다한 것으로 보아야 한다. 따라서 2개월 내에 작위의무를 이행하라는 행정청의 지시를 이행하지 아니한 행위와 7개월 후 다시 같은 내용의 지시를 받고 이를 이행하지 아니한 행위는 성립의 근거와 일시 및 이행기간이 뚜렷이 구별되어 서로 양립이 가능한 전혀 별개의 범죄로서 동일성이 없다(대판 1994.4.26. 93도1731).
정답 ○

8. 인터넷 포털 사이트를 운영하는 회사와 그 대표이사가 정보제공업체들의 음란정보 반포 · 판매 행위를 방치한 경우 구 전기통신기본법 제48조의2 위반죄의 정범에 해당한다.

해설 [1] 인터넷 포털 사이트를 운영하는 회사와 그 대표이사에게 정보제공업체들이 음란한 정보를 반포 · 판매하지 않도록 통제하거나 저지하여야 할 조리상의 의무를 부담한다고 한 사례.
[2] 피고인들이 정보제공업체들의 전기통신기본법 위반 범행을 방조하였다고 볼 수 있음은 별론으로 하고 위와 같은 작위의무 위배만으로는 피고인들을 전기통신기본법 위반죄의 정범에 해당한다고 할 수는 없다(대판 2006.4.28. 2003도80).
정답 ✕

9. (★)부작위범 사이의 공동정범은 다수의 부작위범에게 공통된 의무가 부여되어 있고 그 의무를 공통으로 이행할 수 있을 때에만 성립한다.

> [해설] 大判 2008.3.27. 2008도89.
>
> 정답 ○

10. (★)甲은 조카인 A(10세)를 살해할 고의를 가지고 저수지로 데리고 가서 미끄러지기 쉬운 제방 쪽으로 유인하여 함께 걷다가 A가 미끄러져 물에 빠지자 구호하지 아니하여 A를 익사하게 하였다. 甲의 행위는 살인의 실행행위라고 볼 수 있다.

> [해설] 피해자가 물에 빠진 후에 피고인이 살해의 범의를 가지고 그를 구호하지 아니한 채 그가 익사하는 것을 용인하고 방관한 행위(부작위)는 피고인이 그를 직접 물에 빠뜨려 익사시키는 행위와 다름없다고 형법상 평가될 만한 살인의 실행행위라고 보는 것이 상당하다(대판 1992.2.11. 91도2951).
>
> 정답 ○

11. (★)甲은 모텔 방에 투숙하여 담배를 피운 후 재떨이에 담배를 끄게 되었으나 담뱃불이 완전히 꺼졌는지 여부를 확인하지 않은 채 불이 붙기 쉬운 휴지를 재떨이에 버리고 잠을 잤다. 그런데 채 꺼지지 않았던 담뱃불이 휴지와 침대시트에 옮겨 붙어 화재가 발생하였다. 甲은 화재 발생 사실을 안 상태에서 모텔을 빠져나오면서도 모텔 주인이나 다른 투숙객들에게 이를 알리지 아니하여 여러 사람이 화상을 입거나 사망하고 말았다. 이 경우 甲에게는 부작위에 의한 현주건조물방화치사상죄가 성립한다(중실화죄 및 중과실치사상죄의 성립은 논외로 함).

> [해설] 모텔 방에 투숙하여 담배를 피운 후 재떨이에 담배를 끄게 되었으나 담뱃불이 완전히 꺼졌는지 여부를 확인하지 않은 채 불이 붙기 쉬운 휴지를 재떨이에 버리고 잠을 잔 과실로 담뱃불이 휴지와 침대시트에 옮겨 붙게 함으로써 화재가 발생한 사안에서, 위 화재가 중대한 과실 있는 선행행위로 발생한 이상 화재를 소화할 법률상 의무는 있다 할 것이나, 화재 발생 사실을 안 상태에서 모텔을 빠져나오면서도 모텔 주인이나 다른 투숙객들에게 이를 알리지 아니하였다는 사정만으로는 화재를 용이하게 소화할 수 있었다고 보기 어렵다는 이유로, 부작위에 의한 현주건조물방화치사상죄의 공소사실에 대해 무죄를 선고한 원심의 판단을 수긍한 사례(대판 2010.1.14. 2009도12109, 2009감도38).
>
> [판결이유] 부작위에 의한 현주건조물방화치사 및 현주건조물방화치상죄가 성립하기 위하여는, 피고인에게 법률상의 소화의무가 인정되는 외에 소화의 가능성 및 용이성이 있었음에도 피고인이 그 소화의무에 위배하여 이미 발생한 화력을 방치함으로써 소훼의 결과를 발생시켜야 하는 것이다.
>
> 정답 ×

12. (★★)피고인은 갑과 토지 지상에 창고를 신축하는 데 필요한 형틀공사 계약을 체결한 후 그 공사를 완료하였는데, 갑이 공사대금을 주지 않자 공사대금을 받을 목적으로 건축자재를 치우지 않았다. 이 경우 피고인에게는 부작위에 의한 위력에 의한 업무방해죄가 성립한다.

[해설] [1] 업무방해죄와 같이 작위를 내용으로 하는 범죄를 부작위에 의하여 범하는 부진정 부작위범이 성립하기 위해서는 부작위를 실행행위로서의 작위와 동일시할 수 있어야 한다.

[2] 피고인이 갑과 토지 지상에 창고를 신축하는 데 필요한 형틀공사 계약을 체결한 후 그 공사를 완료하였는데, 갑이 공사대금을 주지 않는다는 이유로 위 토지에 쌓아 둔 건축자재를 치우지 않고 공사현장을 막는 방법으로 위력으로써 갑의 창고 신축 공사 업무를 방해하였다는 내용으로 기소된 사안에서, 피고인이 일부러 건축자재를 갑의 토지 위에 쌓아 두어 공사현장을 막은 것이 아니라 당초 자신의 공사를 위해 쌓아 두었던 건축자재를 공사 완료 후 치우지 않은 것에 불과하므로, 비록 공사대금을 받을 목적으로 건축자재를 치우지 않았더라도, 피고인이 자신의 공사를 위하여 쌓아 두었던 건축자재를 공사 완료 후에 단순히 치우지 않은 행위가 위력으로써 갑의 추가 공사 업무를 방해하는 업무방해죄의 실행행위로서 갑의 업무에 대하여 하는 적극적인 방해행위와 동등한 형법적 가치를 가진다고 볼 수 없다고 한 사례.(대판 2017.12.22. 2017도13211)

정답 ✕

[판례정리] 부작위에 의한 살인죄의 성립요건 등(세월호 사건)

1. [1] 자연적 의미에서의 부작위는 거동성이 있는 작위와 본질적으로 구별되는 무(無)에 지나지 아니하지만, 위 규정에서 말하는 부작위는 법적 기대라는 규범적 가치판단 요소에 의하여 사회적 중요성을 가지는 사람의 행태가 되어 법적 의미에서 작위와 함께 행위의 기본 형태를 이루게 되는 것이므로, 특정한 행위를 하지 아니하는 부작위가 형법적으로 부작위로서의 의미를 가지기 위해서는, 보호법익의 주체에게 해당 구성요건적 결과발생의 위험이 있는 상황에서 행위자가 구성요건 실현을 회피하기 위하여 요구되는 행위를 현실적·물리적으로 행할 수 있었음에도 하지 아니하였다고 평가될 수 있어야 한다.

나아가 살인죄와 같이 일반적으로 작위를 내용으로 하는 범죄를 부작위에 의하여 범하는 이른바 부진정 부작위범의 경우에는 보호법익의 주체가 그 법익에 대한 침해위협에 대처할 보호능력이 없고, 부작위행위자에게 그 침해위협으로부터 법익을 보호해 주어야 할 법적 작위의무가 있을 뿐 아니라, 부작위행위자가 그러한 보호적 지위에서 법익침해를 일으키는 사태를 지배하고 있어 그 작위의무의 이행으로 결과발생을 쉽게 방지할 수 있어야 그 부작위로 인한 법익침해가 작위에 의한 법익침해와 동등한 형법적 가치가 있는 것으로서 범죄의 실행행위로 평가될 수 있다. 다만 여기서의 작위의무는 법령, 법률행위, 선행행위로 인한 경우는 물론, 신의성실의 원칙이나 사회상규 혹은 조리상 작위의무가 기대되는 경우에도 인정된다고 할 것이다.

또한 부진정 부작위범의 고의는 반드시 구성요건적 결과발생에 대한 목적이나 계획적인 범행 의도가 있어야 하는 것은 아니고 법익침해의 결과발생을 방지할 법적 작위의무를 가지고 있는 자가 그 의무를 이행함으로써 그 결과발생을 쉽게 방지할 수 있었음을 예견하고도 결과의 발생을 용인하고 이를 방관한 채 그 의무를 이행하지 아니한다는 인식을 하면 족하며, 이러한 작위의무자의 예견 또는 인식 등은 확정적인 것은 물론 불확정적인 것이더라도 미필적 고의로 인정될 수 있다. 선장의 권한이나 의무, 해원의 상명하복체계 등에 관한 해사안전법, 구 선원법(2015. 1. 6. 법률 제13000호로 개정되기 전의 것)의 관련 규정들은 모두 선박의 안전과 선원 관리에 대한 포괄적이고 절대적인 권한을 가진 선장을 수장으로 한 효율적인 지휘명령체계를 갖추어 항해 중인 선박의 위험을 신속하고 안전하게 극복할 수 있도록 하기 위한 것이므로, 선장은 승객 등 선박공동체의 안전에 대한 총책임자로서 선박공동체가 위험에 직면할 경우 그 사실을 당국에 신고하거나 구조세력의 도움을 요청하는 등의 기본적인 조치뿐만 아니라 위기상황의 태양, 구조세력의 지원가능성과 그 규모, 시기 등을 종합적으로 고려하여 실현가능한 구체적인 구조계획을 신속히 수립하고 선장의 포괄적이고 절대적인 권한을 적절히 행사하여 선박공동체 전원의 안전이 종국적으로 확보될 때까지 적극적·지속적으로 구조조치를 취할 법률상 의무가 있다고 할 것이다.

또한 작위의무를 이행하였다면 그 결과가 발생하지 않았을 것이라는 관계가 인정될 경우에는 그 작위를 하지 않은 부작위와 사망의 결과 사이에 인과관계가 있는 것으로 보아야 할 것이다.

(대판 2015.11.12. 2015도6809).

제 2 절 인과관계와 객관적 귀속

13. (★)피고인은 甲의 뺨을 1회 때리고 오른손으로 목을 쳐 甲으로 하여금 뒤로 넘어지면서 머리를 땅바닥에 부딪치게 하여 상해를 가하였다. 그 후 甲은 병원에서 입원치료를 받다가 합병증으로 사망하였는데 합병증의 유발에 甲의 기왕의 간경화 등 질환이 영향을 미쳤다. 피고인에게는 상해치사죄가 성립하지 아니한다.

> 해설 [1] 피고인의 행위가 피해자를 사망하게 한 직접적 원인은 아니었다 하더라도 이로부터 발생된 다른 간접적 원인이 결합되어 사망의 결과를 발생하게 한 경우 그 행위와 사망 사이에는 인과관계가 있다고 할 것이다.
> [2] 피고인이 甲의 뺨을 1회 때리고 오른손으로 목을 쳐 甲으로 하여금 뒤로 넘어지면서 머리를 땅바닥에 부딪치게 하여 상해를 가하고 그로 인해 사망에 이르게 하였다는 내용으로 기소된 사안에서, 甲이 두부 손상을 입은 후 병원에서 입원치료를 받다가 합병증으로 사망에 이르게 되어 피고인의 범행과 甲의 사망 사이에 인과관계를 부정할 수 없고, 사망 결과에 대한 예견가능성이 있었는데도, 이와 달리 보아 상해치사의 공소사실을 무죄로 판단한 원심판결에 법리오해의 위법이 있다고 한 사례(대판 2012.3.15. 2011도17648). **정답 ✕**

※ 판례에 의할 때 인과관계의 인정(○), 부정(✕)을 판단하시오.

14. 甲 등은 A를 각목과 쇠파이프, 낫 등으로 닥치는대로 찍고 구타하였다. 이로 인해 A는 급성신부전증이 발생하였으며 음식과 수분의 섭취를 철저히 억제하여야 함에도 불구하고 콜라와 김밥 등을 함부로 먹은 탓으로 합병증이 유발되어 사망하였다. 甲 등의 행위와 A의 사망이라는 결과발생 사이

> 해설 살인의 실행행위가 피해자의 사망이라는 결과를 발생하게 한 유일한 원인이거나 직접적인 원인이어야만 되는 것은 아니므로, 살인의 실행행위와 피해자의 사망과의 사이에 다른 사실이 개재되어 그 사실이 치사의 직접적인 원인이 되었다고 하더라도 그와 같은 사실이 통상 예견할 수 있는 것에 지나지 않는다면 살인의 실행행위와 피해자의 사망과의 사이에 인과관계가 있는 것으로 보아야 한다(대판 1994.3.22. 93도3612). **정답 ○**

15. (★)연탄가스 중독환자가 퇴원시 자신의 병명을 물었으나 치료한 의사가 아무런 요양방법을 지도하여 주지 아니하여 병명을 알지 못한 환자가 퇴원하여 처음 사고가 난 방에서 다시 자다가 재차 연탄가스에 중독된 경우, 의사의 지도의무 미이행의 과실과 연탄가스 사고 사이

> 해설 (인정) 大判 1991.2.12. 90도2547. **정답 ○**

16. (★)운전자가 일단정지를 무시하고 열차건널목을 그대로 건너는 바람에 그 자동차가 열차와 충돌하였고 피해자가 자전거에서 내려 위 자동차 왼쪽에서 열차가 지나가기를 기다리고 있다가 위 충돌사고로 놀라 넘어져 상처를 입은 경우, 운전자의 과실과 피해자의 상처 사이

> 해설 (인정) 비록 위 자동차와 피해자가 직접 충돌 하지는 아니하였더라도 자동차운전자의 위 과실과 피해자가 입은 상처 사이에는 상당한 인과관계가 있다(대판 1989.9.12. 89도866).
>
> 정답 ○

17. (★)피고인이 운전하던 차가 앞차와의 안전거리를 준수하지 않은 채 정지하자 뒤쫓아오던 택시가 충돌하는 바람에 피고인의 차가 앞차와 부딪혀 사고가 난 경우, 피고인의 안전거리 준수위반과 사고 사이

> 해설 (부정) 大判 1983.8.23. 82도3222.
>
> 정답 ×

18. 피고인은 야간에 고속버스와의 안전거리를 확보하지 아니한 채 운전하면서 고속버스의 우측으로 제한최고속도를 시속 20km 초과하여 고속버스를 추월한 잘못이 있었다. 이러한 추월 과정에서 고속도로를 갑자기 무단횡단하던 보행자를 충격하여 사고를 낸 경우, 피고인의 과실과 사고 사이

> 해설 (부정) 大判 2000.9.5. 2000도2671.
>
> 정답 ×

19. 중앙선에 도달해서 도로횡단을 중단한 피해자의 팔을 갑자기 잡아당겨 피해자로 하여금 도로를 무단횡단하게 하는 도중에 지나가는 차량에 충격당하여 피해자가 사망하였다면, 피고인이 피해자의 팔을 갑자기 잡아당긴 과실과 사고 발생이라는 결과 사이

> 해설 (인정) 大判 2002.8.23. 2002도2800.
>
> 정답 ○

20. 파도수영장에서 물놀이하던 초등학교 6학년생이 수영장 안에 엎어져 있는 것을 수영장 안전요원인 피고인이 발견하여 인공호흡을 실시하다가 구급차가 오자 인공호흡을 중단하고 의료기관에 후송하였으나 후송도중 사망한 사고에 있어서 그 사망원인이 구체적으로 밝혀지지 않은 경우

> 해설 대법원은 사망원인이 구체적으로 밝혀지지 아니한 상태에서 수영장 안전요원과 수영장 관리책임자에게 업무상 주의의무를 게을리 한 과실이 있고 그 주의의무 위반으로 인하여 피해자가 사망하였다고 인정한 원심판결을 업무상과실치사죄에 있어서의 과실 및 인과관계에 관한 법리오해 및 심리미진 등의 위법을 이유로 파기하였다(대판 2002.4.9. 2001도6601).
>
> 정답 ×

21. 甲이 주먹으로 피해자의 복부를 1회 강타하여 장파열로 인한 복막염으로 사망케 하였으나, 의사의 수술지연 등 과실이 피해자의 사망의 공동원인이 된 경우

[해설] 인과관계가 인정된다(대판 1984.6.26. 84도831). **정답** ○

22. (★)甲이 교차로에서 직진신호에 따라 과속하여 직진하던 중 접속도로에서 허용되지 아니하는 좌회전을 감행하여 자기 차량의 앞을 가로질러 진행하여 오던 차량과 충돌하여 그 운전사에게 상처를 입힌 경우

[해설] 직진하는 차량의 운전자는 특별한 사정이 없는 한 왕복 2차선의 접속도로에서 진행하여 오는 다른 차량들도 교통법규를 준수하여 함부로 금지된 좌회전을 시도하지는 아니할 것으로 믿고 운전하면 족하고, 접속도로에서 진행하여 오던 차량이 아예 허용되지 아니하는 좌회전을 감행하여 직진하는 자기 차량의 앞을 가로질러 진행하여 올 경우까지 예상하여 그에 따른 사고 발생을 미리 방지하기 위하여 특별한 조치까지 강구할 주의의무는 없다 할 것이고, 또한 운전자가 제한속도를 지키며 진행하였더라면 피해자가 좌회전하여 진입하는 것을 발견한 후에 충돌을 피할 수 있었다는 등의 사정이 없는 한 운전자가 제한속도를 초과하여 과속으로 진행한 잘못이 있다 하더라도 그러한 잘못과 교통사고의 발생 사이에 상당인과관계가 있다고 볼 수는 없다(대판 1998.9.22. 98도1854). **정답** ✕

- -

[판례정리] 인과관계를 부정한 경우

1. (★)강간행위와 피해자가 수치심에 자살한 결과 사이(대판 1982.11.23. 82도1446).
2. (★)책임선 선장은 조업상의 지시권만 있고, 선박의 안전관리는 종선의 선장이 지는 상황에서, 책임선의 선장이 풍랑중에 종선에 조업지시와 종선의 풍랑으로 인한 매몰사고와의 사이(대판 1989.9.12. 89도1084).

[판례정리] 인과관계 인정여부에 관한 비교판례

1-0. (인정) 甲이 A에게 외상이 생길 정도로 심하게 폭행을 가함으로써 평소에 심장질환을 앓고 있던 A가 관상동맥부전과 허혈성심근경색 등으로 사망한 경우(대판 1989.10.13. 89도556).
1-1. (부정) 고등학교 교사인 甲이 학생 A의 뺨을 때리자 A가 뒤로 넘어져 사망하였는데, 사인이 A의 두개골이 비정상적으로 얇고 뇌수종을 앓고 있었던 데 연유하였고, 甲은 피해자가 허약함을 알고 있었으나 두뇌에 특별이상이 있음은 미처 알지 못하였던 경우(대판 1978.11.18. 78도1691).

23. (★) 판례에 의할 때 다음 기술의 옳고 그름을 판단하라.

(1) 의사가 설명의무를 위반한 채 의료행위를 하였다가 환자에게 상해 또는 사망의 결과가 발생한 경우 의사에게 업무상과실치사상죄가 성립한다.

(2) 의사인 甲은 고령의 간경변증 환자인 A에게 화상 치료를 위한 수술을 실시하기 전에 출혈과 혈액량 감소로 신부전이 발생하여 생명이 위험할 수 있다는 점에 대해 A와 A의 남편에게 설명을 하지 아니한 채 수술을 하다가 A가 신부전으로 사망하였다. 그런데 A의 남편은 A가 화상을 입기 전 다른 의사로부터 A가 간경변증을 앓고 있기 때문에 어떠한 수술이라도 받으면 사망할 수 있다는 말을 들었고, 이러한 이유로 A와 A의 남편은 甲의 거듭된 수술 권유에도 불구하고 계속 수술을 받기를 거부하였던 사실이 밝혀졌다. 이 경우 甲에게는 업무상과실치사죄가 성립한다.

해설 의사가 설명의무를 위반한 채 의료행위를 하였다가 환자에게 상해 또는 사망의 결과가 발생한 경우 의사에게 업무상 과실로 인한 형사책임을 지우기 위해서는 의사의 설명의무 위반과 환자의 상해 또는 사망 사이에 상당인과관계가 존재하여야 한다(大判 2015.6.24. 2014도11315).

[판결이유] 피해자와 공소외 2(남편)는 피고인이 수술의 위험성에 관하여 설명하였는지 여부에 관계없이 간경변증을 앓고 있는 피해자에게 이 사건 수술이 위험할 수 있다는 점을 이미 충분히 인식하고 있었던 것으로 보인다. 그렇다면 피고인이 피해자나 공소외 2에게 공소사실 기재와 같은 내용으로 수술의 위험성에 관하여 설명하였다고 하더라도 피해자나 공소외 2가 수술을 거부하였을 것이라고 단정하기 어렵다. 따라서 피고인의 설명의무 위반과 피해자의 사망 사이에 상당인과관계가 있다고 단정할 수 없다.   정답 (1) ✕ (2) ✕

제3절 구성요건적 고의

24. (★)친족상도례가 적용되기 위하여는 친족관계가 객관적으로 존재해야 하고, 행위자가 이를 인식해야 한다.

[해설] 친족상도례는 인적 처벌조각사유이므로 친족관계는 객관적으로 존재하면 족하고 행위자가 이를 인식할 필요는 없다. **정답 ✕**

25. 고의는 내심적 사실이므로 피고인이 이를 부정하는 경우에는 사물의 성질상 고의와 상당한 관련성이 있는 간접사실을 증명하는 방법에 의하여 입증할 수밖에 없다.

[해설] 大判 2005.4.29. 2003도6056. **정답 ○**

26. (★)피고인이 적성검사기간 도래 여부에 관한 확인을 게을리하여 기간이 도래하였음을 알지 못하였더라도 적성검사기간 내에 적성검사를 받지 않는 데 대한 미필적 고의는 있었다고 보아야 한다.

[해설] 제1종 운전면허 소지자인 피고인이 정기적성검사기간 내에 적성검사를 받지 아니하였다고 하여 구 도로교통법(2010. 7. 23. 법률 제10382호로 개정되기 전의 것) 위반으로 기소된 사안에서, 운전면허증 소지자가 운전면허증만 꺼내 보아도 쉽게 알 수 있는 정도의 노력조차 기울이지 않는 것은 적성검사기간 내에 적성검사를 받지 못하게 되는 결과에 대한 방임이나 용인의 의사가 존재한다고 봄이 타당한 점 등에 비추어 볼 때, 피고인이 적성검사기간 도래 여부에 관한 확인을 게을리하여 기간이 도래하였음을 알지 못하였더라도 적성검사기간 내에 적성검사를 받지 않는 데 대한 미필적 고의는 있었다고 봄이 타당하다(대판 2014.4.10. 2012도8374).

[비교판례] (★)적성검사를 받지 않아 기존의 운전면허가 취소되고 관할 경찰당국이 운전면허취소처분의 통지에 갈음하는 적법한 공고를 거쳤고, 운전면허증 앞면에 적성검사기간이 기재되어 있고, 뒷면 하단에 경고 문구가 있었던 경우 : 정기적성검사 미필로 면허가 취소된 사실을 미필적으로나마 인식하였다고 볼 수 없다(대판 2004.12.10. 2004도6480). **정답 ○**

27. (★★)신체의 일부가 집안으로 들어간다는 인식하에 타인의 집의 창문을 열고 얼굴을 들이미는 등의 행위를 한 경우 주거침입죄의 고의가 인정되며 주거침입죄의 기수에 해당한다

[해설] (인정) 大判 1995.9.15. 94도2561. **정답 ○**

28. 공무집행방해죄에 있어서의 범의는 상대방이 직무를 집행하는 공무원이라는 사실, 그리고 이에 대하여 폭행 또는 협박을 한다는 사실에 대한 인식과 그로 인하여 직무집행을 방해할 의사를 필요로 한다.

해설 공무집행방해죄에 있어서의 범의는 상대방이 직무를 집행하는 공무원이라는 사실, 그리고 이에 대하여 폭행 또는 협박을 한다는 사실을 인식하는 것을 그 내용으로 하고, 그 직무집행을 방해할 의사를 필요로 하지 아니한다(대판 1995.1.24. 94도1949).
[비교판례] 위계에 의한 공무집행방해죄가 성립하려면 자기의 위계행위로 인하여 공무집행을 방해하려는 의사가 있을 경우에 한한다(대판 1970.1.27. 69도2260). 정답 ×

29. 무고죄는 신고자가 진실하다는 확신 없는 사실을 신고함으로써 성립하고 그 신고사실이 허위라는 것을 확신함을 필요로 하지 않는다.

해설 大判 1997.3.28. 96도2417. 정답 ○

제4절 사실의 착오

30. (★)직계존속임을 인식치 못하고 살인을 한 경우 보통살인죄의 형으로 처단하여야 한다.

[해설] 大判 1960.10.31. 4293형상494.　　　　　　　　　　　　　　　　　정답 ○

31. 甲은 조카 A를 업고 있던 형수 B를 살해하려고 몽둥이로 후려쳤다. 이에 형수가 쓰러지자 다시 가격하였으나 등에 업혀 있던 조카 A가 머리에 맞아 사망하였다. 甲은 A에 대한 살인죄가 인정된다.(판례에 의함)

[해설] 소위 타격의 착오가 있는 경우라 할지라도 행위자의 살인의 범의 성립에 방해가 되지 아니한다(대판 1984.1.24. 83도2813).　　　　　　　　　　　　　　정답 ○

32. 甲이 A 등 3명과 싸우다가 힘이 달리자 식칼을 가지고 이들 3명을 상대로 휘두르다가 이를 말리면서 식칼을 뺏으려던 乙에게 상해를 입혔다면, 甲에게 乙에 대한 상해의 범의가 인정된다.(판례에 의함)

[해설] 피해를 입은 사람이 목적한 사람이 아닌 다른 사람이라 하여 과실치상죄에 해당한다고 할 수 없다(대판 1987.10.26. 87도1745).　　　　　　　　　　　　　　정답 ○

33. (★)甲을 살해할 것을 교사하였으나 피교사자가 乙을 甲으로 오인하고 乙을 살해한 경우, 법정적 부합설에 의하면 피교사자에게는 乙에 대한 살인죄의 교사범이 성립한다.

[해설] 甲을 살해할 것을 교사하였으나 피교사자가 乙을 甲으로 오인하여 乙을 살해한 경우 법정적 부합설에 따르면 乙에 대한 살인죄의 교사범을 인정한다.　　　　정답 ○

34. (★)甲이 데리고 다니던 개를 죽일 의사로 총을 발사하였으나 빗나가서 甲이 맞아 사망한 경우 구체적 부합설과 법정적 부합설은 모두 같은 결론에 이른다.

[해설] 모두 손괴미수죄와 과실치사죄를 인정한다.　　　　　　　　　　　　　　정답 ○

35. (★)甲을 살해할 의도로 총을 발사하였으나 옆에 있던 乙이 총에 맞아 사망한 경우 법정적 부합설과 추상적 부합설은 모두 같은 결론에 이른다.

[해설] 구체적 사실의 착오 중 방법의 착오의 경우 양 학설은 결론을 같이 한다(乙에 대한 살인기수죄 인정).　　　　　　　　　　　　　　　　　　　　　　　정답 ○

36. (★)甲을 살해할 의도를 가진 사람이 乙을 甲으로 오인하여 살해한 경우 구체적 부합설, 법정적 부합설, 추상적 부합설 모두 같은 결론에 이른다.

[해설] 구체적 사실의 착오 중 객체의 착오의 경우 세 가지 학설은 결론을 같이 한다(乙에 대한 살인기수죄 인정). **정답** ○

37. (★)甲은 乙을 살해할 의사로 乙을 겨냥하여 권총을 발사하였는데, 탄환이 乙에 맞아 乙에게 상처를 입히고 乙의 신체를 관통하여 乙의 뒤에 있던 丙에게 맞아 丙이 사망한 경우에 구체적 부합설에 의하면 甲은 乙에 대한 살인미수죄와 丙에 대한 과실치사죄의 상상적 경합의 죄책을 진다.

[해설] 병발사건의 한 유형으로서 구체적 부합설을 적용하면 甲은 乙에 대한 살인미수죄와 丙에 대한 과실치사죄의 상상적 경합의 죄책을 진다. **정답** ○

38. (★★★)甲은 정신지체자인 자신의 처에게 A가 젖을 달라고 하면서 희롱하자 A를 구타하면서 순간적으로 살인의 고의를 가지고 A의 머리를 돌멩이로 후려쳤다. A가 정신을 잃고 축 늘어지자 甲은 A가 죽은 것으로 오인하고 시체를 파묻어 증거를 인멸할 목적으로 개울가로 끌고가 웅덩이를 파고 매장하였다. 그 결과 A는 질식사하였다. 甲에게는 살인죄가 인정된다.(판례에 의함)

[해설] 피해자가 피고인들의 살해의 의도로 행한 구타행위에 의하여 직접 사망한 것이 아니라 죄적을 인멸할 목적으로 행한 매장행위에 의하여 사망하게 되었다 하더라도 전 과정을 개괄적으로 보면 피해자의 살해라는 처음에 예견된 사실이 결국은 실현된 것으로서 피고인들은 살인죄의 죄책을 면할 수 없다(대판 1988.6.28. 88도650). **정답** ○

제5절 과 실

39. (★)전기통신법 제110조 제1항의 '기타의 방법으로 공중통신설비의 기능에 장애를 주어'라는 기재부분을 들어 과실로 인하여 통신설비를 손괴하는 행위유형을 포함하는 것이라고 풀이할 수는 없다.

> [해설] 과실범은 법률에 특별한 규정이 있는 경우에 한하여 처벌되며 형벌법규의 성질상 과실범을 처벌하는 특별규정은 그 명문에 의하여 명백·명료하여야 한다. 전기통신법 제110조 제1항은 고의범에 관한 규정이고 동조항의 '기타의 방법으로 공중통신설비의 기능에 장애를 주어'라는 기재부분을 들어 과실로 인하여 통신설비를 손괴하는 행위유형을 포함하는 것이라고 풀이할 수는 없다(대판 1983.12.13. 83도2467). **정답** ○

40. 행위자가 법규를 준수한 이상 과실책임을 면할 수 있다.

> [해설] 주의의무의 근거는 법령에 규정되어 있는 경우가 많으나, 주의의무를 모두 법규에 유형화하는 것은 입법기술상 불가능하므로 조리·경험칙·판례 등에 의하여 주의의무가 요구되기도 한다. 따라서 행위자가 법규를 모두 준수한 것만 가지고는 과실책임을 면할 수 없다.
> [참고판례] 야간에 고속도로에서 차량을 운전하는 자는 주간에 정상적인 날씨 아래에서 고속도로를 운행하는 것과는 달리 노면상태 및 가시거리상태 등에 따라 고속도로상의 제한최고속도 이하의 속도로 감속·서행할 주의의무가 있으므로, 야간에 선행사고로 인하여 전방에 정차해 있던 승용차와 그 옆에 서 있던 피해자를 충돌한 경우 운전자에게는 고속도로상의 제한최고속도 이하의 속도로 감속운전하지 아니한 과실이 있다(대판 1999.1.15. 98도2605). **정답** ✕

41. (★)산부인과 의사가 산모의 태반조기박리에 대한 대응조치로 응급제왕절개수술을 시행하면서 수혈용 혈액을 미리 준비하지 아니하여 피해자가 수혈을 받지 못해 사망한 경우에 업무상 과실이 인정된다.

> [해설] 태반조기박리가 임신후반기에 볼 수 있는 출혈 중 가장 자주 보이는 질환이고 또 태반조기박리치료의 기본방침에 수혈이 포함되어 있기 때문에, 산모의 태반조기박리에 대한 대응조치로서 응급 제왕절개수술을 하는 산부인과의사에게는 수혈용 혈액을 미리 준비하여야 할 업무상 주의의무가 있다(대판 2000.1.14. 99도3621).
> [비교판례] (일반적인 제왕절개 수술 사건) 제왕절개분만을 함에 있어서 산모에게 수혈을 할 필요가 있을 것이라고 예상할 수 있었다는 사정이 보이지 않는 한, 산후과다출혈에 대비하여 제왕절개수술을 시행하기 전에 미리 혈액을 준비할 업무상 주의의무가 있다고 보기 어렵다(대판 1997.4.8. 96도3082). **정답** ○

42. (★)판례에 의할 때 다음 기술의 옳고 그름을 판단하라.

(1) '여호와 증인' 신도인 A(62세)는 수술을 하면서 종교적 신념에 따라 무수혈 수술로 인한 피해에 대한 책임면제각서를 제출하는 등 타가수혈을 거부하겠다는 명확한 의사를 표시하였다. 이에 의사 甲은 A의 요구에 따라 무수혈 방식으로 수술하던 도중 과다출혈로 인하여 타가수혈이 필요한 상황이 발생하였으나 A의 가족들의 수혈여부에 대한 확실한 대답을 얻지 못하자 타가수혈을 하지 아니하였고 A는 결국 사망하고 말았다. 이 경우 타가수혈하지 아니한 사정만을 가지고 甲이 의사로서 진료상의 주의의무를 다하지 아니하였다고 할 수 없다.

(2) 환자의 생명과 자기결정권을 비교형량하기 어려운 특별한 사정이 있다고 인정되는 경우에 의사가 자신의 직업적 양심에 따라 환자의 양립할 수 없는 두 개의 가치 중 어느 하나를 존중하는 방향으로 행위하였다면, 이러한 행위는 처벌할 수 없다.

[해설] [1] 환자의 명시적인 수혈 거부 의사가 존재하여 수혈하지 아니함을 전제로 환자의 승낙(동의)을 받아 수술하였는데 수술 과정에서 수혈을 하지 않으면 생명에 위험이 발생할 수 있는 응급상태에 이른 경우에, 환자의 생명을 보존하기 위해 불가피한 수혈 방법의 선택을 고려함이 원칙이라 할 수 있지만, 한편으로 환자의 생명 보호에 못지않게 환자의 자기결정권을 존중하여야 할 의무가 대등한 가치를 가지는 것으로 평가되는 때에는 이를 고려하여 진료행위를 하여야 한다.

[2] 어느 경우에 수혈을 거부하는 환자의 자기결정권이 생명과 대등한 가치가 있다고 평가될 것인지는 환자의 나이, 지적 능력, 가족관계, 수혈 거부라는 자기결정권을 행사하게 된 배경과 경위 및 목적, 수혈 거부 의사가 일시적인 것인지 아니면 상당한 기간 동안 지속되어 온 확고한 종교적 또는 양심적 신념에 기초한 것인지, 환자가 수혈을 거부하는 것이 실질적으로 자살을 목적으로 하는 것으로 평가될 수 있는지 및 수혈을 거부하는 것이 다른 제3자의 이익을 침해할 여지는 없는 것인지 등 제반 사정을 종합적으로 고려하여 판단하여야 한다. 다만 환자의 생명과 자기결정권을 비교형량하기 어려운 특별한 사정이 있다고 인정되는 경우에 의사가 자신의 직업적 양심에 따라 환자의 양립할 수 없는 두 개의 가치 중 어느 하나를 존중하는 방향으로 행위하였다면, 이러한 행위는 처벌할 수 없다. 그렇지만 이러한 판단을 위해서는 환자가 거부하는 치료방법, 즉 수혈 및 이를 대체할 수 있는 치료방법의 가능성과 안정성 등에 관한 의사의 설명의무 이행과 이에 따른 환자의 자기결정권 행사에 어떠한 하자도 개입되지 않아야 한다는 점이 전제되어야 한다. 즉 환자는 치료행위 과정에서의 수혈의 필요성 내지 수혈을 하지 아니할 경우에 야기될 수 있는 생명 등에 대한 위험성, 수혈을 대체할 수 있는 의료 방법의 효용성 및 한계 등에 관하여 의사로부터 충분한 설명을 듣고, 이러한 의사의 설명을 이해한 후 진지한 의사결정을 하여야 하고, 그 설명 및 자기결정권 행사 과정에서 예상한 범위 내의 상황이 발생되어야 하며, 또한 의사는 실제로 발생된 상황 아래에서 환자가 수혈 거부를 철회할 의사가 없는지 재확인하여야 한다.

[3] 특히 의사는 수술과정 등에서 발생되는 출혈로 인하여 환자의 생명이 위험에 빠지지 않도록 하기 위하여 환자에게 수혈하는 것이 통상적인 진료방법이고 또한 수혈을 통하여 출혈로 인한 사망의 위험을 상당한 정도로 낮출 수 있음에도 환자의 의사결정에 따라 수혈을 포기하고 이를

대체할 수 있는 수술 방법을 택하는 것인데, 그 대체 수술 방법이 수혈을 완전히 대체할 수 있을 정도의 출혈 방지 효과를 가지지 못한다면 그만큼 수술과정에서 환자가 과다출혈로 인한 사망에 이를 위험이 증가할 수 있으므로, 그럼에도 불구하고 수술을 할 필요성이 있는지에 관하여 통상적인 경우보다 더욱 세심하게 주의를 기울임으로써, 과연 수술을 하는 것이 환자를 위한 최선의 진료방법인지 신중히 판단할 주의의무가 있다. 그리고 수술을 하는 경우라 하더라도 수혈 대체 의료 방법과 함께 당시의 의료 수준에 따라 출혈로 인한 위험을 최대한 줄일 수 있는 사전준비나 시술방법을 시행함으로써 위와 같은 위험 발생 가능성을 줄이도록 노력하여야 하며, 또한 수술 과정에서 예상과 달리 다량의 출혈이 발생될 수 있는 사정이 드러남으로써 위와 같은 위험 발생 가능성이 현실화되었다면 과연 위험을 무릅쓰고 수술을 계속하는 것이 환자를 위한 최선의 진료방법인지 다시 판단하여야 한다. 환자가 수혈 대체 의료 방법을 선택하였다고 하더라도 이는 생명에 대한 위험이 현실화되지 아니할 것이라는 전제 내지 기대 아래에서의 결정일 가능성이 크므로, 위험 발생 가능성이 현실화된 상태에서 위험을 무릅쓰고 수술을 계속하는 것이 환자의 자기결정권에 기초한 진료라고 쉽게 단정하여서는 아니 된다(대판 2014.6.26. 2009도14407). **정답** (1) ○ (2) ○

43. (★)대학병원 과장이라는 이유만으로 외래담당의사 및 담당 수련의들의 처치와 치료결과를 주시하고 적절한 수술방법을 지시·감독하거나 또는 직접 수술할 주의의무가 있다고 할 수 없다.

해설 일반적으로 대학병원의 진료체계상 과장은 병원행정상의 직급으로서 다른 교수나 전문의가 진료하고 있는 환자의 진료까지 책임지는 것은 아니고, 소속 교수 등이 진료시간을 요일별 또는 오전, 오후 등 시간별로 구분하여 각자 외래 및 입원 환자를 관리하고 진료에 대한 책임을 맡게 된다. 그러한 사정을 감안하면, 피고인에게 피해자를 담당한 의사가 아니어서 그 치료에 관한 것이 아님에도 불구하고 구강악안면외과 과장이라는 이유만으로 외래담당의사 및 담당 수련의들의 처치와 치료결과를 주시하고 적절한 수술방법을 지시하거나 담당의사 대신 직접 수술을 하고, 농배양을 지시·감독할 주의의무가 있다고 단정할 수 없다(대판 1996.11.8. 95도2710).
[비교판례] (주치의사 사건) 정신과질환인 조증으로 입원한 환자의 주치의사가 전원(轉院)조치 등 적절한 조치를 이행하지 않아 환자가 사망하였다. 이러한 치료 과정에서 야간 당직의사의 과실이 일부 개입하였던 경우 주치의사 및 환자와의 관계에 비추어 볼 때 환자의 주치의사는 업무상과실치사죄의 책임을 면할 수는 없다(대판 1994.12.9. 93도2524). **정답** ○

44. 수술도중에 수술용 메스가 부러지자 담당의사가 부러진 메스조각(3×5㎜)을 찾아 제거하기 위한 노력을 다하였으나 찾지 못하여 부러진 메스조각을 그대로 둔 채 수술부위를 봉합한 경우 담당의사의 과실을 인정할 수 없다.

해설 수술과정에서 메스 끝이 부러지는 일이 흔히 있고, 부러진 메스가 쉽게 발견되지 않을 경우 수술과정에서 무리하게 제거하려고 하면 부가적인 손상을 줄 우려가 있어 일단 봉합한 후에 재수술을 통하여 제거하거나 그대로 두는 경우가 있는 점에 비추어 담당의사의 과실을 인정할 수 없다(대판 1999.12.10. 99도3711).

정답 ○

45. 건설회사가 건설공사 중 타워크레인의 설치작업을 전문업자에게 도급주어 타워크레인 설치작업을 하던 중 발생한 사고에 대하여 건설회사의 현장대리인에게 업무상과실치사상의 죄책을 물을 수 없다.

[해설] 大判 2005.9.9. 2005도3108.

[동지판례] 주택수리공사에 관하여 전문적인 지식이 없는 도급인이 주택수리공사 전문업자에게 주택수리를 의뢰하면서 구체적인 작업지시 및 감독 업무를 주택수리업자에게 일임한 경우, 도급인에게 공사상 필요한 안전조치를 취할 업무상 주의의무가 있다고 할 수 없다(대판 2002.4.12. 2000도3295).

정답 ○

46. 작업반장이 현장소장의 작업중단지시를 무시하고 작업을 지시함으로써 발생한 사고에 대하여 현장소장은 과실책임을 지지 아니한다.

[해설] 大判 1984.4.10. 83도3365.

[동지판례] 수영장의 경영자는 <u>안전요원 배치 후 그의 사고방지조치의무위반에 재차 대비할 주의의무는 없다</u>(대판 1992.11.13. 92도610).

정답 ○

47. (★)신뢰의 원칙은 상대방의 규칙위반을 이미 인식한 경우에는 적용이 제한된다. 판례도 고속도로 상을 운행하는 자동차운전자가 위 도로를 횡단하려는 피해자를 그 차의 제동거리 밖에서 발견한 경우 원칙의 적용을 제한하였다.

[해설] 고속도로를 운행하는 자동차의 운전자로서는 일반적인 경우에 고속도로를 횡단하는 보행자가 있을 것까지 예견하여 보행자와의 충돌사고를 예방하기 위하여 급정차 등의 조치를 취할 수 있도록 대비하여 운전할 주의의무가 없고, 다만 고속도로를 무단횡단하는 보행자를 충격하여 사고를 발생시킨 경우라도 운전자가 상당한 거리에서 보행자의 무단횡단을 미리 예상할 수 있는 사정이 있었고, 그에 따라 즉시 감속하거나 급제동하는 등의 조치를 취하였다면 보행자와의 충돌을 피할 수 있었다는 등의 특별한 사정이 인정되는 경우에만 자동차 운전자의 과실이 인정될 수 있다(대판 2000.9.5. 2000도2671).

정답 ○

48. 피해자가 운전하는 승용차가 중앙선에 근접하여 운전하여 오는 것을 상당한 거리에서 발견하고도 두 차가 충돌하는 것을 피하기 위하여 할 수 있는 적절한 조치를 취하지 아니하고 그대로 진행하다가 두 차가 매우 가까워진 시점에서야 급제동 조치를 취하며 조향장치를 왼쪽으로 조작하여 중앙선을 넘어가며 피해자의 승용차를 들이받은 경우 피고인에게 과실이 있다.

해설 피고인에게는 과실이 인정된다(대판 1996.6.11. 96도1049).

[비교판례] 피고인이 2차로를 따라 진행하다가 방향지시등을 작동하지 않은 채 갑자기 진행차로의 정중앙에서 벗어나 1차로와 근접한 위치에서 운전을 하자 1차로를 진행하던 피해자가 충돌을 피하기 위하여 왼쪽으로 급히 핸들을 돌리다가 중앙분리대를 들이받고 사망한 경우 피고인의 위 행위만으로는 업무상 주의의무를 위반한 과실이 있다고 할 수 없다(대판 1998.4.10. 98도297).

정답 ○

---

49. (★)신뢰의 원칙은 원칙적으로 수평적·대등적 관계에 적용되고, 지휘 감독관계가 있는 수직적 상하관계에는 그 적용이 부정되거나 제한된다.

해설 신뢰의 원칙은 상호 대등·수평적 관계일 때 적용함이 원칙이므로 불대등관계, 명령·복종관계, 지휘·감독관계 등에는 적용되지 아니한다.

정답 ○

판례정리 **의사의 주의의무를 인정한 경우(과실을 인정한 경우)**

1. (★)(마취회복실이탈사건) 마취회복담당 의사가 환자에게 자발호흡만 있는 것을 확인하고는 의식이 회복되었는지 확인하지 않고 회복실을 떠나버린 경우(회복실에는 원래 회복실 담당은 아니지만 자기 환자의 회복처치에 임하고 있던 간호사가 1명 있었다)(대판 1994.4.26. 92도3283).
2. (★)(오수혈사건) 의사가 간호사에게 수혈행위를 일임하여 의료사고가 발생한 경우(대판 1998.2.27. 97도2812).

판례정리 **의사의 주의의무를 부정한 경우(과실을 부정한 경우)**

1. 내과의사가 신경과 전문의에 대한 협의진료 결과를 믿고 의료행위를 하였으나 의료사고가 발생한 경우 내과의사의 업무상과실이 인정되지 않는다(대판 2003.1.10. 2001도3292).

---

50. (★)의사가 간호사(7년 경력)에게 정맥주사(side injection 방식)를 지시하였으나, 간호사가 간호실습생(간호학과 대학생)에게 단독으로 정맥주사를 실시하도록 하여 의료사고가 발생한 경우 정맥주사에 입회하지 아니한 의사에게 업무상과실이 인정된다.

해설 피고인으로서는 자신의 지시를 받은 간호사가 자신의 기대와는 달리 간호실습생에게 단독으로 주사하게 하리라는 사정을 예견할 수도 없었다는 점 등을 종합하여 보면, 피고인으로 하여금 그 스스로 직접 주사를 하거나 또는 직접 주사하지 않더라도 현장에 입회하여 간호사의 주사행위를 직접 감독할 업무상 주의의무가 있다고 보기 어렵다는 이유로 업무상과실치사의 공소사실에 대하여 무죄를 선고하였다(대판 2003.8.19. 2001도3667).

정답 ×

51. (★)고속도로에서는 보행으로 통행·횡단하거나 출입하는 것이 금지되어 있지만, 위 고속도로의 양측에 휴게소가 있는 경우에는 고속도로를 주행하는 차량의 운전자로서는 위 도로상에 보행자가 있음을 예상하여 감속 등의 조치를 취할 주의의무가 있다.

해설 고속국도에서는 보행으로 통행, 횡단하거나 출입하는 것이 금지되어 있으므로 고속국도를 주행하는 차량의 운전자는 도로양측에 휴게소가 있는 경우에도 동 도로상에 보행자가 있음을 예상하여 감속 등 조치를 할 주의의무가 있다 할 수 없다(대판 1977.6.28. 77도403).   정답 ✕

52. (★)차높이 제한표지가 설치되어 있는 지점을 통과하는 운전자들은 그 표지판이 차량의 통행에 장애가 없을 정도의 여유고를 계산하여 설치된 것이라고 믿고 운행하면 되는 것이고, 충돌 위험성이 있는지 여부까지 확인한 후 운행하여야 할 주의의무가 있다고 보기 어렵다.

해설 大判 1997.1.24. 95도2125.   정답 ○

판례정리 甲에게 주의의무가 부정된 경우

> 1. 甲이 신호등에 의하여 교통정리가 행하여지고 있는 ㅏ자형 삼거리의 교차로를 녹색등화에 따라 제한속도를 위반하여 과속으로 직진하던 중 대향차선 위의 다른 차량이 신호를 위반하고 직진하는 자기 차량의 앞을 가로질러 좌회전하여 사고가 난 경우(대판 1993.1.15. 92도2579).
> 2. 甲이 좌회전 금지구역에서 좌회전을 하다가 50여 m 후방에서 따라오던 후행차량이 중앙선을 넘어 피고인 운전차량의 좌측으로 돌진하는 하는 바람에 사고가 난 경우(대판 1996.5.28. 95도1200).

53. (★)과실범의 미수는 인정되지 아니하며, 형법상 처벌규정도 없다.

해설 형법상 모든 과실범은 결과범이므로 과실범의 미수는 인정되지 않는다.   정답 ○

54. 과실에 의하여 교사·방조한 경우에는 공범이 성립하지 아니하나, 과실범에 대하여 교사·방조한 경우에는 간접정범이 성립한다.

해설 공범은 고의범에 한하므로 과실에 의하여 교사·방조한 경우에는 공범이 성립하지 않는다. 한편 과실범에 대하여 교사·방조한 경우에는 간접정범이 성립한다(제34조 제1항).   정답 ○

제 6 절 결과적 가중범

55. (★)강간이 미수에 그친 경우라도 그 수단이 된 폭행에 의하여 피해자가 상해를 입었으면 강간치상죄가 성립하는 것이다.

[해설] 大判 1988.11.8. 88도1628. **정답** ○

56. (★★)甲이 승용차를 운전하던 중 음주단속을 피하기 위하여 승용차로 단속 경찰관을 들이받아 상해를 입게 한 경우, 특수공무집행방해치상죄가 성립한다.

[해설] [1] 기본범죄를 통하여 고의로 중한 결과를 발생하게 한 경우에 가중 처벌하는 부진정결과적 가중범에서, 고의로 중한 결과를 발생하게 한 행위가 별도의 구성요건에 해당하고 그 고의범에 대하여 결과적 가중범에 정한 형보다 더 무겁게 처벌하는 규정이 있는 경우에는 그 고의범과 결과적 가중범이 상상적 경합관계에 있지만, 위와 같이 고의범에 대하여 더 무겁게 처벌하는 규정이 없는 경우에는 결과적 가중범이 고의범에 대하여 특별관계에 있으므로 결과적 가중범만 성립하고 이와 법조경합의 관계에 있는 고의범에 대하여는 별도로 죄를 구성하지 않는다.
[2] 직무를 집행하는 공무원에 대하여 위험한 물건을 휴대하여 고의로 상해를 가한 경우에는 특수공무집행방해치상죄만 성립할 뿐, 이와는 별도로 폭력행위 등 처벌에 관한 법률 위반(집단·흉기 등 상해)죄를 구성하지 않는다(대판 2008.11.27. 2008도7311).[4] **정답** ○

[판례정리] (★★★)부진정결과적 가중범의 죄수

1. 사람을 살해할 목적으로 현주건조물에 방화하여 사망에 이르게 한 경우에는 현주건조물방화치사죄로 의율하여야 하고 이와 더불어 살인죄와의 상상적 경합으로 의율할 것은 아니며, 다만 존속살인죄와 현주건조물방화치사죄는 상상적 경합관계에 있으므로 법정형이 중한 존속살인죄로 의율함이 타당하다(대판 1996.4.26. 96도485).
2. 피해자의 재물을 강취한 후 그를 살해할 목적으로 현주건조물에 방화하여 사망에 이르게 한 경우 피고인의 위 행위는 강도살인죄와 현주건조물방화치사죄에 모두 해당하고 그 두 죄는 상상적 경합범관계에 있다고 할 것이다(대판 1998.12.8. 98도3416).
3. (은봉암 사건) 甲은 X를 살해하려고 X의 집에 침입하여 방에 들어가자 X는 없고 그의 처 A와 세 딸 B, C, D가 있었다. 이때 B가 甲을 알아보자 甲은 마당에 있던 절구방망이를 가져와 A와 B의 머리를 강타하여 실신시킨 후 이불로 뒤집어씌우고 석유를 뿌리고 방화하여 집을 전소케 하고 탈출하려는 C와 D를 방문 앞에서 저지하여 결과적으로 모두 사망케 하였다. 甲의 죄책은 A, B에 대해서는 현주건조물방화치사죄, C, D에 대해서는 현주건조물방화죄와 살인죄의 실체적 경합이다(대판 1983.1.18. 82도2341).

---

4) 폭처법 개정으로 현행법상 형법상 특수상해죄의 성립여부가 문제되나 특수상해죄의 법정형은 1년 이상 10년 이하의 징역으로서 특수공무방해치상죄의 법정형보다 낮으므로 판례이론에 따르면 여전히 특수공무방해치상죄만 성립한다.

57. (★)중체포·감금죄는 결과적 가중범이다.

> [해설] 중체포·감금죄는 「사람을 체포 또는 감금하여 가혹한 행위를 가한 자」에게 성립하는 범죄이므로(제277조 제1항), '중한 결과'가 아니라 '중한 행위'가 추가되는 범죄이다. 따라서 결과적 가중범에 해당하지 않는다. 참고로 '중(重)'자가 들어가는 범죄는 중체포·감금죄를 제외하고는 모두 결과적 가중범에 해당한다. **정답** ✕

58. (★★)내연관계에 있는 甲(男)과 A女는 호텔에 투숙 중 말다툼을 하다가 甲이 A女의 머리를 벽에 부딪치게 하고 가슴부위를 밟는 등의 상해를 가하여 A女는 정신을 잃고 빈사상태에 빠졌다. 甲은 A女가 죽은 것으로 오인하고 자살로 가장하기 위해서 A女를 베란다 아래로 떨어뜨렸다. 결국 A女는 추락의 충격으로 인해 사망하였다. 甲의 행위는 포괄하여 단일의 상해치사죄에 해당한다.

> [해설] 大判 1994.11.4. 94도2361. **정답** ◯

59. (★)결과적 가중범인 상해치사죄의 공동정범은 폭행 기타의 신체침해행위를 공동으로 할 의사가 있으면 성립되고 결과를 공동으로 할 의사는 필요 없다고 할 것이므로, 패싸움 중 한 사람이 칼로 찔러 상대방을 죽게 한 경우에 다른 공범자가 그 결과인식이 없다 하여 상해치사죄의 책임이 없다고 할 수 없다.

> [해설] 大判 1978.1.17. 77도2193.
> [동지판례] 결과적가중범의 공동정범은 기본행위를 공동으로 할 의사가 있으면 성립하고 결과를 공동으로 할 의사는 필요 없는바, 특수공무집행방해치상죄는 단체 또는 다중의 위력을 보이거나 위험한 물건을 휴대하고 직무를 집행하는 공무원에 대하여 폭행·협박을 하여 공무원을 사상에 이르게 한 경우에 성립하는 결과적가중범으로서 행위자가 그 결과를 의도할 필요는 없고 그 결과의 발생을 예견할 수 있으면 족하다(대판 2012.5.24. 2010도11381). **정답** ◯

60. 여러 사람이 상해의 범의로 범행 중 한 사람이 중한 상해를 가하여 피해자가 사망에 이르게 된 경우 나머지 사람들은 사망의 결과를 예견할 수 없는 때가 아닌 한 상해치사의 공동정범의 죄책을 면할 수 없다.

> [해설] 大判 2000.5.12. 2000도745. **정답** ◯

61. 피고인이 강간한 후 피해자가 자신의 장래를 책임지라고 추궁하자 피고인이 피해자를 타이르던 중 계속 반항하므로 양손으로 피해자의 목을 졸라 사망케 한 경우 결과적 가중범인 강간치사죄가 성립한다.

해설 피고인에게는 당시 살인의 확정적 범의가 있었음이 분명하고 결과적 가중범의 범의를 논할 여지가 없다(대판 1986.11.11. 86도1989).　　　　정답 ×

62. 피고인이 평소 고혈압과 혈관계질환의 증세가 있었던 피해자의 뺨을 2회 때리고 두 손으로 어깨를 잡아 땅바닥에 넘어뜨리고 머리를 시멘트벽에 부딪치게 하여 피해자가 그 후 병세가 계속 악화되어 결국 뇌손상으로 사망한 경우 피고인은 결과적 가중범의 죄책을 면할 수 없다.

해설 大判 1983.1.18. 82도697.　　　　정답 ○

※ **甲의 행위에 대하여 (　　) 속의 결과적 가중범 또는 그 교사범의 성립(○), 불성립(×)을 판단하시오.**

63. 甲이 술집에서 술집작부인 乙과 어울려 술을 마시고 성교까지 한 후 술값이 부족하여 친구집에 돈을 빌리려고 乙과 함께 봉고차를 타고 가다 甲이 乙을 강제로 추행하자 乙이 욕설을 하면서 甲의 뺨을 때린 후 갑자기 차의 문을 열고 뛰어 내려 사망하였다(강제추행치사죄).

해설 결과적 가중범은 행위자가 행위시에 그 결과의 발생을 예견할 수 없을 때는 비록 그 행위와 결과 사이에 인과관계가 있다 하더라도 중한 죄로 벌할 수 없다(대판 1988.4.12. 88도178).　　　　정답 ×

64. 甲이 피해자 乙을 강제로 승용차에 태운 뒤 운전하여 가자 겁에 질린 乙이 차에서 뛰어 내리다가 사망하였다(감금치사죄).

해설 감금행위와 피해자의 사망 사이에 상당인과관계가 있다고 할 것이므로 감금치사죄에 해당한다(대판 2000.2.11. 99도5286).　　　　정답 ○

65. 피고인이 캬바레에서 함께 춤을 추고 여관까지 따라온 피해자에게 강간을 시도하다가 피해자가 도망을 가지 못하도록 그녀의 핸드백을 가져가 소변을 보는 사이에 피해자가 위 4층 여관방의 창문 밖으로 뛰어내림으로써 상해를 입은 경우(강간치상죄)

해설 피해자가 강간을 모면하기 위하여 4층에서 창문을 넘어 뛰어내리거나 또는 이로 인하여 상해를 입기까지 되리라고는 예견할 수 없다고 봄이 경험칙에 부합한다(대판 1993.4.27. 92도3229).　　　　정답 ×

66. 대법원은 형법 제337조의 강도상해, 강도치상죄는 재물강취의 기수와 미수를 불문하고 범인이 강도범행의 기회에 사람을 상해하거나 치상하게 되면 성립한다는 입장이다.

해설 大判 1986.9.28. 86도1526.

정답 ○

67. (★)성폭력범죄처벌법은 형법과 달리 결과적 가중범의 미수범을 처벌규정을 두고 있지 아니하다.

해설 성폭력범죄처벌법도 특수강간치상죄 등에 대하여 미수범 처벌규정을 두고 있다(제15조).

정답 ×

제3장 위법성

제1절 정당방위

1. 정당방위의 성립요건으로서의 방어행위에는 순수한 수비적 방어뿐 아니라 적극적 반격을 포함하는 반격방어의 형태도 포함된다.

> 해설 大判 1992.12.22. 92도2540.
>
> 정답 ○

2. 피고인이 그 소유의 밤나무 단지에서 피해자가 밤 18개를 푸대에 주워 담는 것을 보고 푸대를 빼앗으려다 반항하는 피해자의 뺨·팔목을 때려 상처를 입혔다면 정당방위에 해당한다.

> 해설 극히 경미한 침해에 대해서는 정당방위가 제한된다.
> [참고판례] 피고인이 그 소유의 밤나무 단지에서 피해자가 밤 18개를 푸대에 주워 담는 것을 보고 푸대를 빼앗으려다 반항하는 피해자의 뺨·팔목을 때려 상처를 입혔다면 위 행위가 비록 피해자의 절취행위를 방지하기 위한 것이었다 하여도 긴박성과 상당성을 결여하여 정당방위라고 볼 수 없다(대판 1984.9.25. 84도1611).
>
> 정답 ×

판례정리 정당방위가 인정된 경우

1. A회사가 甲이 점유하던 공사현장에 실력을 행사하여 들어와 현수막 및 간판을 설치하고 담장에 글씨를 쓰자, 甲이 그 현수막을 찢고 간판 및 담장에 씌어진 글씨를 지워버렸다면 — 침해를 방어하기 위한 행위로서 상당한 이유가 있다(대판 1989.3.14. 87도3674).
2. 인적이 드문 심야에 A 등이 혼자 귀가 중인 甲女에게 느닷없이 달려들어 어두운 골목길로 끌고 들어가 담벽에 쓰러뜨린 후 음부를 만지며 옆구리를 무릎으로 차고 억지로 키스를 하자, 甲女가 정조와 신체를 지키려는 일념에서 엉겁결에 A의 혀를 깨물어 혀절단상을 입혔다. — 위법성이 결여된 행위이다(대판 1989.8.8. 89도358).

판례정리 정당방위가 부정된 경우

1. (★)(김보은양 사건) 그러한 침해행위가 그 후에도 반복하여 계속될 염려가 있었다면, 피고인들의 이 사건 범행당시 피고인 김○은의 신체나 자유 등에 대한 현재의 부당한 침해상태가 있었다고 볼 여지가 없는 것은 아니나, 그렇다고 하여도 이 사건 살인행위가 형법 제21조 소정의 정당방위나

과잉방위에 해당한다고 하기는 어렵다(대판 1992.12.22. 92도2540).

2. 종놈, 개새끼같은 놈이라는 욕설을 하는 자에 대하여 가래로 흉부를 1회 구타하여 상해를 입힌 경우 : 이를 정당방위로 논할 수는 없는 것이다(대판 1957.5.10. 4290형상73).

3. 과수원의 과일이 자주 도난당하는 것을 참다못한 신체 장애인인 과수원 주인이 멀리서 과일을 훔쳐 달아나는 피해자를 뒤쫓아 갈 수 없는 상황에서 피해자의 다리를 향해 엽총을 쏘아 상해를 입힌 경우 : 긴박성과 상당성을 결하여 정당방위라고 할 수 없다(대판 1957.5.10. 4290형상73).

판례정리 싸움의 경우 가해행위의 성질과 정당방위 및 과잉방위의 성립여부(불성립)

1. 싸움의 경우 가해행위는 방어행위인 동시에 공격행위의 성격을 가지므로 정당방위 또는 과잉방위행위라고 볼 수 없다(대판 1993.8.24. 92도1329).

판례정리 싸움과 관련되어 있지만 정당방위가 인정되는 경우

1. (초과된 공격 : 배희칠랑 사건) 격투에서 당연히 예상할 수 있는 정도를 초과하여 살인의 흉기 등을 사용하여온 경우(대판 1968.5.7. 68도370).

2. (외관상 싸움) 甲은 야간에 자전거 절도범으로 오인받아 군중들로부터 무차별 구타를 당하자 이를 방어하기 위하여 소지하고 있던 손톱깎기 칼을 휘둘러 A에게 상해를 입혔다. — 정당방위에 해당한다(대판 1970.9.17. 70도1473).

3. (중지후 재침) 싸움이 중지된 후 다시 피해자들이 새로이 도발한 별개의 가해행위를 방어하기 위하여 단도로써 상대방의 복부에 자상을 입힌 행위는 정당방위에 해당한다(대판 1957.3.8. 4290형상18).

---

3. (★)甲과 자신의 남편과의 관계를 의심하게 된 A가 자신의 아들 등과 함께 甲의 아파트에 찾아가 현관문을 발로 차는 등 소란을 피우다가, 출입문을 열어주자 곧바로 甲을 밀치고 신발을 신은 채로 거실로 들어가 A 일행이 서로 합세하여 甲을 구타하기 시작하였다. 이에 甲은 이를 벗어나기 위하여 손을 휘저으며 발버둥치는 과정에서 A 등에게 상해를 가하였다. 이 경우 甲의 행위는 위법성이 조각된다.

해설 상대방의 남편과 甲이 불륜을 저지른 것으로 생각하고 이를 따지기 위하여 甲의 집을 찾아가 甲을 폭행하기에 이른 것이라는 것만으로 상대방 등의 위 공격행위가 적법하다고 할 수 없고, 甲은 그러한 위법한 공격으로부터 자신을 보호하고 이를 벗어나기 위한 사회관념상 상당성 있는 방어행위로서 유형력의 행사에 이르렀다고 할 것이어서 위 행위의 위법성이 조각된다고 판단한 원심판결에 법리오해의 위법이 없다고 한 사례(대판 2010.2.11. 2009도12958).

[참고판례] (50대 부부와 60대 할머니의 외관상 싸움 사건) 사회통념상 허용될 만한 상당성이 있는 행위로서 위법성이 조각된다고 보아야 할 것이다(대판 1999.10.12. 99도3377). **정답** ○

4. (★)乙이 술에 만취하여 누나와 말다툼을 하다가 누나의 머리채를 잡고 때리자, 그 남편인 甲이 이를 목격하고 화가 나서 乙과 싸우는 과정에서 몸무게가 85kg 이상이나 되는 乙이 62kg 의 甲을 침대 위에 넘어뜨리고 가슴 위에 올라타 목부분을 누르자 호흡이 곤란하게 된 甲이 안간힘을 쓰면서 허둥대다가 그 곳 침대 위에 놓여있던 칼로 乙에게 상해를 입혔다. 甲의 행위는 과잉방위에 해당한다.

[해설] 싸움의 경우 가해행위는 방어행위인 동시에 공격행위의 성격을 가지므로 정당방위 또는 과잉방위행위라고 볼 수 없다(대판 2000.3.28. 2000도228). [정답] ×

5. (★)甲은 이혼소송중인 남편 乙이 찾아와 흉기로 폭행하고 변태적 성행위를 강요하자 격분하여 칼로 乙의 복부를 찔러 사망하게 하였다. 甲의 행위는 정당방위에는 해당하지 아니하나 과잉방위에 해당한다.

[해설] 정당방위 또는 과잉방위행위라고 볼 수 없다(대판 2001.5.15. 2001도1089). [정답] ×

제2절 긴급피난

6. 정당방위와 긴급피난은 위법한 침해자 또는 위난의 야기자 이외의 제3자에 대해서도 가능하다는 점은 동일하다.

> 해설 정당방위는 위법한 침해자에 대해서만 가능하나, 긴급피난은 위난의 야기자뿐만 아니라 이와 무관한 제3자에 대해서도 가능하다.　　　　　　　　　　　　　　　　　　**정답** ✕

7. (★)정당방위에 의하여 보호되는 법익은 개인적 법익은 물론 국가적·사회적 법익을 포괄하지만, 긴급피난에 의하여 보호되는 법익은 개인적 법익에 국한된다.

> 해설 정당방위는 원칙적으로 개인적 법익에 한하지만, 긴급피난의 경우에는 국가적·사회적 법익도 포함된다.　　　　　　　　　　　　　　　　　　　　　　　　**정답** ✕

8. (★)피고인이 스스로 야기한 강간범행의 와중에서 피해자가 피고인의 손가락을 깨물며 반항하자 물린 손가락을 비틀며 잡아 뽑다가 피해자에게 치아결손의 상해를 입힌 행위를 가리켜 법에 의하여 용인되는 피난행위라 할 수 없다.

> 해설 大判 1995.1.12. 94도2781.　　　　　　　　　　　　　　　　　　　　　　**정답** ○

9. (★)갑 정당 당직자인 피고인들이 국회 외교통상 상임위원회 회의장 앞 복도에서 출입이 봉쇄된 회의장 출입구를 뚫을 목적으로 회의장 출입문 및 그 안쪽에 쌓여있던 집기를 손상하고, 국회 심의를 방해할 목적으로 회의장 내에 물을 분사하였다면, 피고인들의 행위는 공용물건손상죄 및 국회회의장소동죄의 구성요건에 해당하고 위법성이 조각되는 정당행위나 긴급피난의 요건을 갖춘 행위로 평가하기 어렵다.

[해설] 갑 정당 당직자인 피고인들 등이 국회 외교통상 상임위원회 회의장 앞 복도에서 출입이 봉쇄된 회의장 출입구를 뚫을 목적으로 회의장 출입문 및 그 안쪽에 쌓여있던 책상, 탁자 등 집기를 손상하거나, 국회의 심의를 방해할 목적으로 소방호스를 이용하여 회의장 내에 물을 분사한 사안에서, 피고인들의 위와 같은 행위는 공용물건손상죄 및 국회회의장소동죄의 구성요건에 해당하고, 국민의 대의기관인 국회에서 서로의 의견을 경청하고 진지한 토론과 양보를 통하여 더욱 바람직한 결론을 도출하는 합법적 절차를 외면한 채 곧바로 폭력적 행동으로 나아가 방법이나 수단에 있어서도 상당성의 요건을 갖추지 못하여 이를 위법성이 조각되는 정당행위나 긴급피난의 요건을 갖춘 행위로 평가하기 어렵다고 한 사례(대판 2013.6.13. 2010도13609).   **정답** ○

10. (★)위난을 피하지 못할 책임 있는 자에 대한 긴급피난의 제한은 절대적인 것이 아니라 직무수행상 의무적으로 감수해야 할 범위 내에서 긴급피난을 인정하지 않는 것이다.

[해설] 위난을 피하지 못할 책임이 있는 자일지라도 타인을 위한 긴급피난이나 감수할 범위를 넘는 자기의 위난에 대해서는 긴급피난이 가능하다.   **정답** ○

제 3 절 자구행위

11. (★)자구행위에 의하여 보호되는 청구권은 원상회복이 가능한 성질의 것이어야 한다.

> 해설 자구행위에 의하여 보호되는 청구권은 보전할 수 있는 권리임을 요한다. 따라서 한 번 침해되면 원상회복이 어려운 생명·신체·자유·정조·명예 등의 권리는 청구권에 포함될 수 없다. **정답** ○

12. (★)자구행위가 야간 기타 불안스러운 상태하에서 공포, 경악, 흥분 또는 당황으로 인한 때에는 벌하지 아니한다.

> 해설 자구행위는 정당방위와 같이 "야간 기타 불안스러운 상태하에서 공포, 경악, 흥분 또는 당황으로 인한 때에는 벌하지 아니한다."는 규정이 없다. **정답** ✕

※ **다음 중 甲의 행위에 대하여 자구행위가 성립하는 사례(○)와 성립하지 않는 사례(✕)를 판단하시오.(판례에 의함)**

13. (★)채무자가 유일한 재산인 가옥을 방매하고 그 대금을 받은 즉시 부산방면으로 떠나려 하자 가옥대금을 받는 현장에서 채권자 甲이 자신의 채권을 추심하였다.

> 해설 반드시 자구행위의 요건을 갖추었다고 단정할 수 없다(대판 1966.7.26. 66도469). **정답** ✕

14. 甲은 화랑주인 乙에게 금 16만원 상당의 석고를 납품하였으나 乙이 화랑을 폐쇄하고 도주하자 甲은 야간에 폐쇄된 화랑의 베니어판 문을 미리 준비한 드라이버로 뜯고 들어가 화랑 안에 있는 물건을 몰래 가지고 나왔다.

> 해설 甲의 강제적 채권추심 내지 이를 목적으로 하는 물품의 취거행위를 형법 제23조 소정의 자구행위라고 볼 수 없다(대판 1984.12.26. 84도2582). **정답** ✕

15. 甲은 다른 친구들 앞에서 자기의 전과사실을 폭로하여 명예를 훼손하는 친구를 구타하였다.

> 해설 그 소행은 자구행위에 해당한다고 할 수 없다(대판 1969.12.30. 69도2138). **정답** ✕

제 4 절 피해자의 승낙

16. 피고인이 피해자에게 이 사건 밍크 45마리에 관하여 자기에게 그 권리가 있다고 주장하면서 이를 가져간 데 대하여 피해자의 묵시적인 동의가 있었다면 피고인의 주장이 후에 허위임이 밝혀졌더라도 피고인의 행위는 절도죄의 절취행위에는 해당하지 않는다.

[해설] 大判 1990.8.10. 90도1211.   정답 ○

17. 피해자와 피고인이 동거중에 있었고 피고인이 돈 60,000원을 지갑에서 꺼내가는 것을 피해자가 현장에서 이를 목격하고도 만류하지 아니하였다면 피해자가 이를 허용하는 묵시적 의사가 있었다고 봄이 상당하므로 피고인에게는 절도죄가 성립하지 아니한다.

[해설] 피해자가 이를 허용하는 묵시적 의사가 있었다고 봄이 상당하므로 피고인이 위 돈 60,000원을 절취하였다고 인정하기에는 부족하다 할 것이다(대판 1985.11.28. 85도1487).   정답 ○

18. 판례에 의하면 甲이 乙의 묵시적인 동의를 얻어 乙명의의 사문서를 작성하였다고 하더라도 사문서위조죄가 성립한다.

[해설] 문서의 위조라고 하는 것은 작성권한 없는 자가 타인명의를 모용하여 문서를 작성하는 것을 말하는 것이므로 사문서를 작성함에 있어 그 명의자의 명시적이거나 묵시적인 승낙(위임)이 있었다면 이는 사문서위조에 해당한다고 할 수 없다(대판 1998.2.24. 97도183).   정답 ✕

19. (★)진단상의 과오가 없었으면 당연히 설명받았을 자궁외 임신에 관한 내용을 설명받지 못한 피해자로부터 수술승낙을 받았다면 위 승낙은 부정확 또는 불충분한 설명을 근거로 이루어진 것으로서 수술의 위법성을 조각할 유효한 승낙이라고 볼 수 없다.

[해설] 大判 1993.7.27. 92도2345.   정답 ○

20. (★★)甲이 乙과 공모하여 보험사기를 목적으로 乙에게 상해를 가한 경우, 피해자의 승낙으로 위법성이 조각되지 아니한다.

[해설] 大判 2008.12.11.2008도9606.   정답 ○

제 5 절 정당행위

21. (★)피고인의 차를 손괴하고 도망하려는 피해자를 도망하지 못하게 멱살을 잡고 흔들어 피해자에게 전치 14일의 흉부찰과상을 가한 경우, 정당행위에 해당한다.

> 해설 大判 1999.1.26. 98도3029.   정답 ○

22. (★)현행범을 추적하여 그 범인의 父의 집에 들어가서 동인과 시비 끝에 상해를 입힌 경우에 주거침입죄가 성립한다.

> 해설 大判 1965.12.21. 65도899.   정답 ○

23. (★)노동조합 및 노동관계조정법 제41조 제1항을 위반하여 조합원의 직접·비밀·무기명 투표에 의한 과반수의 찬성결정을 거치지 아니하고 쟁의행위에 나아간 경우이지만 조합원의 민주적 의사결정이 실질적으로 확보된 경우라면 업무방해죄가 성립할 수 없다.

> 해설 조합원의 직접·비밀·무기명투표에 의한 찬성결정이라는 절차를 거쳐야 한다는 노동조합 및 노동관계조정법 제41조 제1항의 규정은 노동조합의 자주적이고 민주적인 운영을 도모함과 아울러 쟁의행위에 참가한 근로자들이 사후에 그 쟁의행위의 정당성 유무와 관련하여 어떠한 불이익을 당하지 않도록 그 개시에 관한 조합의사의 결정에 보다 신중을 기하기 위하여 마련된 규정이므로 위의 절차를 위반한 쟁의행위는 그 절차를 따를 수 없는 객관적인 사정이 인정되지 아니하는 한 정당성이 상실된다(대판(전) 2001.10.25. 99도4837).   정답 ✕

24. 노동조합 및 노동관계조정법 시행령 제17조의 서면신고의무의 미준수만을 이유로 쟁의행위의 정당성을 부정할 수 없다.

> 해설 노동조합 및 노동관계조정법 시행령 제17조에서 규정하고 있는 쟁의행위의 일시·장소·참가인원 및 그 방법에 관한 서면신고의무는 쟁의행위를 함에 있어 그 세부적·형식적 절차를 규정한 것으로서 쟁의행위에 적법성을 부여하기 위하여 필요한 본질적인 요소는 아니므로, 신고절차의 미준수만을 이유로 쟁의행위의 정당성을 부정할 수는 없다(대판 2007.12.28. 2007도5204).   정답 ○

25. 직장 또는 사업장시설의 점거는 이미 정당성의 한계를 벗어난 것이라고 볼 수밖에 없으므로 정당한 쟁의행위로 볼 수 없다.

> 해설 직장 또는 사업장시설의 점거는 적극적인 쟁의행위의 한 형태로서 그 점거의 범위가 직장 또는 사업장시설의 일부분이고 사용자측의 출입이나 관리지배를 배제하지 않는 병존적인

점거에 지나지 않을 때에는 정당한 쟁의행위로 볼 수 있으나, 이와 달리 직장 또는 사업장시설을 전면적, 배타적으로 점거하여 조합원 이외의 자의 출입을 저지하거나 사용자측의 관리지배를 배제하여 업무의 중단 또는 혼란을 야기케 하는 것과 같은 행위는 이미 정당성의 한계를 벗어난 것이라고 볼 수밖에 없다(대판 1991.6.11. 91도383).　　**정답** ×

26. 노동조합이 주도한 쟁의행위에 참가한 일부 소수의 근로자가 폭력행위 등의 위법행위를 하였더라도, 전체로서의 쟁의행위마저 당연히 위법하게 되는 것은 아니다.

[해설] 노동조합이 주도한 쟁의행위 자체의 정당성과 이를 구성하거나 여기에 부수되는 개개 행위의 정당성은 구별하여야 하므로, 일부 소수의 근로자가 폭력행위 등의 위법행위를 하였더라도, 전체로서의 쟁의행위마저 당연히 위법하게 되는 것은 아니다.(대판 2017.7.11. 2013도7896)　　**정답** ○

※ **다음 중 판례에 의할 때 정당행위가 성립하는 사례(○)와 성립하지 않는 사례(×)를 판단하시오.**

27. 노동조합이 노동위원회에 노동쟁의 조정신청을 하여 조정절차가 마쳐지거나 조정이 종료되지 아니한 채 조정기간이 끝난 후 쟁의행위를 하였다.

[해설] 노동조합이 노동위원회에 노동쟁의 조정신청을 하여 조정절차가 마쳐지거나 조정이 종료되지 아니한 채 조정기간이 끝나면 노동조합은 쟁의행위를 할 수 있는 것으로 노동위원회가 반드시 조정결정을 한 뒤에 쟁의행위를 하여야지 그 절차가 정당한 것은 아니다(대판 2001.6.26. 2000도2871).　　**정답** ○

28. (★)사용자가 긴박한 경영상의 필요에 의하여 정리해고를 실시하려고 하자 노동조합이 이를 막기 위하여 쟁의행위를 하였다.

[해설] 긴박한 경영상의 필요에 의하여 하는 이른바 정리해고의 실시는 사용자의 경영상의 조치라고 할 것이므로, 정리해고에 관한 노동조합의 요구내용이 사용자는 정리해고를 하여서는 아니된다는 취지라면 이는 사용자의 경영권을 근본적으로 제약하는 것이 되어 원칙적으로 단체교섭의 대상이 될 수 없고, 단체교섭사항이 될 수 없는 사항을 달성하려는 쟁의행위는 그 목적의 정당성을 인정할 수 없다(대판 2001.4.24. 99도4893).　　**정답** ×

29. 노동조합이 실질적으로 구조조정 실시 자체를 반대하기 위하여 쟁의행위에 나아간 경우, 비록 그 실시로 인하여 근로자들의 지위나 근로조건의 변경이 필연적으로 수반된다고 하더라도, 그 목적의 정당성을 인정할 수 없어 정당행위에 해당하지 않는다.

해설 정리해고나 사업조직의 통폐합 등 기업의 구조조정의 실시 여부는 경영주체의 고도의 경영상 결단에 속하는 사항으로서 이는 원칙적으로 단체교섭의 대상이 될 수 없고, 그것이 긴박한 경영상의 필요나 합리적 이유 없이 불순한 의도로 추진되는 등의 특별한 사정이 없는 한, 노동조합이 실질적으로 그 실시 자체를 반대하기 위하여 쟁의행위에 나아간다면, 비록 그 실시로 인하여 근로자들의 지위나 근로조건의 변경이 필연적으로 수반된다고 하더라도 그 쟁의행위는 목적의 정당성을 인정할 수 없다. 또한 쟁의행위에서 추구되는 목적이 여러 가지이고 그 중 일부가 정당하지 못한 경우에는 주된 목적 내지 진정한 목적의 당부에 의하여 그 쟁의목적의 당부를 판단하여야 하고, 부당한 요구사항을 제외하였다면 쟁의행위를 하지 않았을 것이라고 인정되는 경우에는 그 쟁의행위 전체가 정당성을 갖지 못한다고 보아야 한다(대판 2011.1.27. 2010도11030). 정답 ○

30. 쟁의행위에 대한 찬반투표실시를 위해 전체조합원이 참석할 수 있도록 근무시간 중에 노동조합 임시총회를 개최하고 3시간에 걸친 투표 후 1시간의 여흥을 가졌다.

해설 쟁의행위에 대한 찬반투표 실시를 위하여 전체 조합원이 참석할 수 있도록 근무시간 중에 노동조합 임시총회를 개최하고 3시간에 걸친 투표 후 1시간의 여흥시간을 가졌더라도 그 임시총회 개최행위가 전체적으로 노동조합의 정당한 행위에 해당한다고 본 사례(대판 1994.2.22. 93도613). 정답 ○

31. (★)천주교 사제가 죄를 범하고 피신하여 온 자에게 식사와 도피자금을 제공한 경우 성직자의 업무로 인한 행위로서 위법성이 조각된다.

해설 사제가 죄 지은 자를 능동적으로 고발하지 않는 것에 그치지 아니하고 은신처 마련, 도피자금 제공 등 범인을 적극적으로 은닉·도피케 하는 행위는 사제의 정당한 직무에 속하는 것이라고 할 수 없다(대판 1983.3.8. 82도3248). 정답 ✕

32. (★)신문기자인 피고인이 고소인에게 2회에 걸쳐 증여세 포탈에 대한 취재를 요구하였다가 거절당하자 인터뷰 협조요청서와 서면질의 내용을 그 자리에 두고 나오면서 취재 요구에 응하지 않으면 자신이 취재한 내용대로 보도하겠다고 말한 경우 협박죄가 성립한다.

해설 신문은 헌법상 보장되는 언론자유의 하나로서 정보원에 대하여 자유로이 접근할 권리와 취재한 정보를 자유로이 공표할 자유를 가지므로(신문 등의 진흥에 관한 법률 제3조 제2항 참조), 종사자인 신문기자가 기사 작성을 위한 자료를 수집하기 위해 취재활동을 하면서 취재원에게 취재에 응해줄 것을 요청하고 취재한 내용을 관계 법령에 저촉되지 않는 범위 내에서 보도하는 것은 신문기자의 일상적 업무 범위에 속하는 것으로서, 특별한 사정이 없는 한 사회통념상 용인되는 행위라고 보아야 한다(대판 2011.7.14. 2011도639). 정답 ✕

33. (★)피고인이 자기의 앞가슴을 잡고 있는 피해자의 손을 떼어 내기 위하여 피해자의 손을 뿌리쳤는데 그 결과로 피해자가 사망한 경우 피고인의 행위는 위법성이 조각된다.

해설 피고인의 행위는 피해자의 불법적인 공격으로부터 벗어나기 위한 본능적인 소극적 방어행위에 지나지 아니하여 사회통념상 허용될 상당성이 있는 위법성이 결여된 행위라고 볼 여지가 있다(대판 1987.10.26. 87도464).   정답 ○

34. 피해자로부터 범인으로 오인되어 경찰에 끌려가 구타당하여 입원한 경우에 피해자에게 그 치료비를 요구하고 이를 변상하지 않으면 무고죄로 고소하겠다고 언명한 경우 협박죄가 성립하지 아니한다.

해설 大判 1971.11.9. 71도1629.   정답 ○

35. 피고인 등이 비료를 매수하여 시비한 결과 딸기묘목 또는 사과나무묘목이 고사하자 그 비료를 생산한 회사에게 손해배상을 요구하면서 사장 이하 간부들에게 욕설을 하거나 응접탁자 등을 들었다 놓았다 하거나 현수막을 만들어 보이면서 시위를 할 듯한 태도를 보인 경우 피고인 등의 행위는 사회통념상 인용된 범위를 일탈한 것이라 단정하기 어렵다.

해설 大判 1980.11.25. 79도2565.   정답 ○

36. 후보자가 선거구 내 거주자에 대한 결혼축의금으로서 중앙선거관리위원회규칙이 정한 금액인 금 30,000원을 초과하여 금 50,000원을 지급하였으나 그 사유가 후보자가 모친상을 당했을 때 그로부터 받은 같은 금액의 부의금에 대한 답례취지였던 경우 정당행위에 해당한다고 볼 수 없다는 것이 판례이다.

해설 후보자가 선거구 내 거주자에 대한 결혼축의금으로서 중앙선거관리위원회규칙이 정한 금액인 금 30,000원을 초과하여 금 50,000원을 지급한 사유가 후보자가 모친상시 그로부터 받은 같은 금액의 부의금에 대한 답례취지이었다 하더라도 그것이 미풍양속으로서 사회상규에 위배되지 않는다고 볼 수 없다(대판 1999.5.25. 99도983).   정답 ○

37. (★)타인의 주거에 침입한 행위가 비록 불법선거운동을 적발하려는 목적으로 이루어진 것이라고 하더라도 타인의 주거에 도청장치를 설치하는 행위는 그 수단과 방법의 상당성을 결하는 것으로서 정당행위에 해당하지 않는다.

해설 大判 1997.3.28. 95도2674.   정답 ○

38. (★)간통현장을 직접 목격하고 그 사진을 촬영하기 위하여 상간자(피해자)의 주거에 침입한 다음 피해자의 방문을 두드려 피해자가 방문을 열어주자 방안으로 들어가 피해자의 방안을 촬영한 행위는 피해자의 승낙을 인정할 수 없으며, 아울러 사회상규에 위배되지 않는 행위라고도 볼 수 없다.

해설 간통 현장을 직접 목격하고 그 사진을 촬영하기 위하여 상간자의 주거에 침입한 행위가 정당행위에 해당하지 않는다고 한 사례(대판 2003.9.26. 2003도3000). 정답 ○

39. (★)회사측이 회사 운영을 부실하게 하여 소수주주들에게 손해를 입게 하였다고 하면서 주주총회에 참석한 의결권 대리인이 회사 사무실을 뒤져 원하는 장부를 찾아낸 행위는 정당행위라고 볼 수 없으므로 방실수색죄가 성립한다.

해설 大判 2001.9.7. 2001도2917. 정답 ○

40. 행방불명된 남편에 대하여 불리한 민사판결이 선고되자 그 처가 남편 명의의 항소장을 임의로 작성하여 법원에 제출한 경우 위법성이 조각된다.

해설 남편을 상대로 한 제소행위에 대하여 응소하는 행위가 처의 일상가사대리권에 속한다고 할 수 없음은 물론이고, 사회통념상 용인되는 극히 정상적인 생활형태의 하나로서 위법성이 없다 할 수 없다(대판 1994.11.8. 94도1657). 정답 ✕

41. 재건축사업으로 철거가 예정되어 있는 아파트를 가집행선고부 판결을 받아 철거한 행위는 형법 제20조의 정당행위에 해당한다.

해설 (대판 2010.2.25. 2009도8473). 정답 ○

42. 피해자의 범죄 혐의를 구체적이고 합리적으로 의심할 수 있는 상황에서 회사의 이익을 빼돌린다는 소문을 확인할 목적으로, 피해자가 사용하면서 비밀번호를 설정하여 비밀장치를 한 전자기록인 개인용 컴퓨터의 하드디스크를 검색한 행위는 형법 제20조의 '정당행위'에 해당된다.

해설 피고인의 그러한 행위는 사회통념상 허용될 수 있는 상당성이 있는 행위로서 형법 제20조의 '정당행위'라고 본 원심의 판단을 수긍한 사례(대판 2009.12.24. 2007도6243). 정답 ○

43. (★)아파트 입주자대표회의의 임원 또는 아파트관리회사의 직원들인 피고인들이 기존 관리회사의 직원들로부터 계속 업무집행을 제지받던 중 저수조 청소를 위하여 출입문에 설치된 자물쇠를 손괴하고 중앙공급실에 침입한 행위 및 관리비 고지서를 빼앗거나 사무실의 집기 등을 들어낸 행위는 정당행위에 해당한다.

해설 아파트 입주자대표회의의 임원 또는 아파트관리회사의 직원들인 피고인들이 기존 관리회사의 직원들로부터 계속 업무집행을 제지받던 중 저수조 청소를 위하여 출입문에 설치된 자물쇠를 손괴하고 중앙공급실에 침입한 행위는 정당행위에 해당하나, 관리비 고지서를 빼앗거나 사무실의 집기 등을 들어낸 행위는 정당행위에 해당하지 않는다고 한 원심의 판단을 수긍한 사례(대판 2006.4.13. 2003도3902).

정답 ✕

44. (★)옥외집회 또는 시위가 개최될 것이라는 것을 관할경찰서장이 알고 있었다거나 그 옥외집회 또는 시위가 평화롭게 이루어진다고 하여 그 신고의무가 면제되는 것이라고는 할 수 없으므로, 신고서를 제출함이 없이 이루어진 옥외집회 또는 시위를 가리켜 사회상규에 반하지 아니하는 정당한 행위라고 할 수는 없다.

해설 집시법 제6조 제1항이 옥외집회 또는 시위를 주최하고자 하는 자로 하여금 관할경찰서장에게 그 목적과 일시·장소 등을 적은 신고서를 제출하도록 규정한 취지는 그 신고를 받은 관할경찰서장이 그 신고에 의하여 옥외집회 또는 시위의 성격과 규모 등을 미리 파악함으로써 적법한 옥외집회 또는 시위를 보호하는 한편 그로 인한 공공의 안녕질서를 유지하기 위한 사전조치를 마련할 수 있게 하려는 데 있다. 따라서 옥외집회 또는 시위가 개최될 것이라는 것을 관할경찰서장이 알고 있었다거나 그 옥외집회 또는 시위가 평화롭게 이루어진다고 하여 그 신고의무가 면제되는 것이라고는 할 수 없다. 따라서 위와 같은 신고서를 제출함이 없이 이루어진 옥외집회 또는 시위를 가리켜 사회상규에 반하지 아니하는 정당한 행위라고 할 수는 없다(대판 2012.6.28. 2010도15181).

정답 ○

제4장 책임론

제1절 책임이론

1. 도의적 책임론은 자유의사를 전제로 하지만, 사회적 책임론은 자유의사를 전제로 하지 않는다.

> [해설] 도의적 책임론은 자유의사를 긍정하나 사회적 책임론은 자유의사를 부정한다.
>
> **정답** ○

2. 도의적 책임론에 의하면 책임능력은 범죄능력이지만, 사회적 책임론에 의하면 책임능력은 형벌능력이다.

> [해설] 도의적 책임론에 의하면 사물변별능력, 의사결정능력이 있는 사람의 행위만이 범죄가 될 수 있다는 점에서 책임능력은 범죄능력을 의미한다. 이에 비해 사회적 책임론은 책임을 사회적 위험성으로 보고, 사회적 위험성이 있는 사람에게는 형벌이나 보안처분을 과해야 하므로 책임능력이란 형벌능력(형벌이나 보안처분을 과할 필요성)이라고 한다. **정답** ○

3. (★)심리적 책임론에 대해서는 형사미성년자의 책임조각근거를 설명하는 데에는 약점이 있다는 비판이 제기된다.

> [해설] 심리적 책임론에서는 형사미성년자가 범죄행위를 한 경우에도 고의, 과실은 있는데 왜 책임이 조각되는가를 설명하기 곤란하다는 비판이 제기된다. **정답** ○

4. 심리적 책임론은 강요된 행위에 있어서 고의를 가지고 행위하는 피강요자의 책임조각의 이유를 설명하기 곤란하다.

> [해설] 심리적 책임론은 결과에 대해 행위자의 심리적 사실관계인 고의 또는 과실만 있으면 책임을 인정하므로, 고의 또는 과실은 인정되지만 적법행위에 대한 기대가 불가능하기 때문에 처벌할 수 없는 경우를 설명할 수 없게 된다. 여기서 기대가능성이론을 핵심개념으로 하여 책임을 비난가능성으로 이해하는 규범적 책임론이 전개되었다. **정답** ○

제 2 절 책임능력

5. (★)형법 제9조에서 형사미성년자의 행위를 벌하지 않는 것은 14세 미만자가 사물을 변별할 능력이 없거나 의사를 결정할 능력이 없기 때문이다.

> [해설] 14세 미만자라면 사물변별능력이나 의사결정능력 유무를 가리지 않고 절대적 책임무능력자가 된다. **정답** ✕

6. 심신상실자란 심신장애로 인하여 사물을 변별할 수 없고 또한 그 변별에 따라 의사결정을 할 능력이 결여된 상태를 말한다.

> [해설] 형법이 규정하는 심신상실자는 심신장애로 인하여 사물을 변별할 능력(지적 능력)이나 의사를 결정할 능력(의지적 능력)의 어느 한 쪽이 결여된 자를 말한다(제10조 제1항). 반드시 사물을 변별할 능력과 의사를 결정할 능력이 모두 결여될 필요는 없다. **정답** ✕

7. (★)정신장애의 정도를 전문가의 감정에 의하지 않고 이를 인정하였다 하여 위법이라 할 수 없다.

> [해설] 피고인의 정신장애의 정도는 전문가의 감정에 의하여 가리는 것이 원칙적으로 바람직한 것이지만 기록에 나타난 제반자료와 공판정에서의 피고인의 태도 등을 종합하여 그 정도가 판단되는 경우에는 전문가의 감정에 의하지 않고 이를 인정하였다 하여 위법이라 할 수 없다(대판 1987.7.21. 87도1141).
> [비교판례] 피고인에게 우울증 기타 정신병이 있고 특히 생리도벽이 발동하여 절도 범행을 저지른 의심이 드는 경우 전문가에게 피고인의 정신상태를 감정시키는 등의 방법으로 심신장애 여부를 심리하여야 한다(대판 1999.4.27. 99도693). **정답** ○

8. 피고인의 심신장애의 정도가 불분명한 경우 법관은 정신의로 하여금 감정을 하게 한 다음, 제반사정을 종합하여 범행 당시의 심신상실 여부를 '경험칙에 비추어 의학적으로' 판단해야 한다.

> [해설] 범행 당시 그 심신장애의 정도가 단순히 사물을 변별할 능력이나 의사를 결정할 능력이 미약한 상태에 그쳤는지 아니면 그러한 능력이 상실된 상태이었는지 여부가 불분명한 경우에는, 먼저 피고인의 정신상태에 관하여 충실한 정보획득 및 관계상황의 포괄적인 조사·분석을 위하여 피고인의 정신장애의 내용 및 그 정도 등에 관하여 정신의로 하여금 감정을 하게 한 다음, 그 감정 결과를 중요한 참고자료로 삼아 범행의 경위, 수단, 범행 전후의 행동 등 제반 사정을 종합하여 범행 당시의 심신상실 여부를 '경험칙에 비추어 규범적으로' 판단해야 한다(대판 1998.4.10. 98도549). **정답** ✕

9. (★)피고인이 평소 간질병 증세가 있었던 경우라면 범행 당시에 간질병이 발작하지 않은 경우라고 할지라도 책임감면 사유인 심신장애 내지는 심신미약의 경우에 해당한다.

> 해설 피고인이 평소 간질병 증세가 있었더라도 범행 당시에는 간질병이 발작하지 아니하였다면 이는 책임감면 사유인 심신장애 내지는 심신미약의 경우에 해당하지 아니한다(대판 1983.10.11. 83도1897).
>
> 정답 ✕

10. (★★)원칙적으로 충동조절장애와 같은 성격적 결함은 형의 감면사유인 심신장애에 해당하지 아니한다.

> 해설 자신의 충동을 억제하지 못하여 범죄를 저지르게 되는 현상은 정상인에게서도 얼마든지 찾아볼 수 있는 일로서, 특단의 사정이 없는 한 위와 같은 성격적 결함을 가진 사람에 대하여 자신의 충동을 억제하고 법을 준수하도록 요구하는 것이 기대할 수 없는 행위를 요구하는 것이라고는 할 수 없으므로, 원칙적으로 충동조절장애와 같은 성격적 결함은 형의 감면사유인 심신장애에 해당하지 아니한다고 봄이 상당하지만, 충동조절장애와 같은 성격적 결함이라 할지라도 그것이 매우 심각하여 원래의 의미의 정신병을 가진 사람과 동등하다고 평가할 수 있는 경우에는 그로 인한 범행은 심신장애로 인한 범행으로 보아야 한다(대판 2006.10.13. 2006도5360).
>
> 정답 ○

11. (★★)실행의 착수시기에 관한 원인행위시설에 의하면 행위와 책임의 동시존재원칙의 예외를 인정하게 된다.

> 해설 원인행위시설에 의하면 행위와 책임의 동시존재원칙이 유지된다.
>
> 정답 ✕

12. (★★)원인행위와 실행행위의 불가분적 관련성에서 책임의 근거를 찾는 견해는 행위와 책임의 동시존재원칙을 유지할 수 있는 장점이 있다.

> 해설 불가분적 관련성에서 책임의 근거를 찾는 견해는 행위와 책임의 동시존재원칙의 예외를 인정하게 된다.
>
> 정답 ✕

13. (★★)원인에 있어서 자유로운 행위는 자기의 책임 없는 상태를 도구로 이용한 점에서 타인을 도구로 이용하는 간접정범과 이론구성을 같이할 수 있다고 보는 견해에 의하면, 책임능력결함상태하에서의 행위를 실행행위라고 본다.

> 해설 지문의 견해는 일치설(원인설정행위시설)에 해당하며 원인설정행위를 실행행위로 본다.
>
> 정답 ✕

14. (★★)일치설은 실행행위의 정형성을 무시하게 되어 가벌성의 확장위험이 있다.

해설 일치설은 원인설정행위(예 : 음주)를 실행행위로 보기 때문에 실행행위의 정형성을 무시한다는 비판을 받으며 아울러 미수의 범위를 예비의 단계까지 확장하므로 가벌성을 확장하게 된다는 비판을 받는다. **정답** ○

15. (★★)일치설은 원인에 있어서 자유로운 행위에 있어서 책임의 근거를 원인설정행위에서 찾는다.

해설 일치설은 원인설정행위를 실행행위로 보며 동시에 책임의 근거로 본다. 한편 예외설은 책임능력결함하의 행위를 실행행위로 보지만 그 행위는 원인설정행위와 불가분적 관련성이 인정되므로 책임의 근거를 실행행위 이전으로 앞당겨 인정하는 책임주의의 예외를 인정할 수 있다고 보고 있다. **정답** ○

16. 예외설에 의하면 대부분의 경우에 책임능력이 인정되어 법적 안정성을 해할 위험이 있다.

해설 반무의식상태설에 대한 비판에 해당한다. **정답** ×

17. (★★)형법 제10조 제3항은 고의에 의한 원인에 있어서의 자유로운 행위만이 아니라 과실에 의한 원인에 있어서의 자유로운 행위까지도 그 적용 대상이 된다.(판례에 의함)

해설 형법 제10조 제3항은 "위험의 발생을 예견하고 자의로 심신장애를 야기한자의 행위에는 전2항의 규정을 적용하지 아니한다"고 규정하고 있는 바, 이 규정은 고의에 의한 원인에 있어서의 자유로운 행위만이 아니라 과실에 의한 원인에 있어서의 자유로운 행위까지도 포함하는 것으로서 위험의 발생을 예견할 수 있었는데도 자의로 심신장애를 야기한 경우도 그 적용 대상이 된다고 할 것이어서, 피고인이 음주운전을 할 의사를 가지고 음주만취한 후 운전을 결행하여 교통사고를 일으켰다면 피고인은 음주시에 교통사고를 일으킬 위험성을 예견하였는데도 자의로 심신장애를 야기한 경우에 해당하므로 위 법조항에 의하여 심신장애로 인한 감경 등을 할 수 없다(대판 1992.7.28. 92도999). **정답** ○

제 3 절 위법성의 인식

18. 위법성의 인식은 그 범죄사실이 사회정의와 조리에 어긋난다는 것을 인식하는 것으로서 족하고 구체적인 해당 법조문까지 인식할 것을 요하는 것은 아니다.

> [해설] 범죄의 성립에 있어서 위법의 인식은 그 범죄사실이 사회정의와 조리에 어긋난다는 것을 인식하는 것으로서 족하고 구체적인 해당 법조문까지 인식할 것을 요하는 것은 아니므로 설사 형법상의 허위공문서작성죄에 해당되는 줄 몰랐다고 가정하더라도 그와 같은 사유만으로서는 위법성의 인식이 없었다고 할 수 없다(대판 1987.3.24. 86도2673). **정답** ○

제 4 절 법률의 착오

19. (★) 초등학교 교사인 甲이 13세 미만인 아동·청소년들로 하여금 성적인 호기심을 갖도록 하고 이를 이용하여 성적 행위를 한 것이 죄가 되지 않는다고 오인한 경우, 그 오인은 정당한 이유가 있다고 볼 수 없다.

> [해설] [1] 형법 제16조의 정당한 이유가 있는지 여부는 행위자에게 자기 행위의 위법의 가능성에 대해 심사숙고하거나 조회할 수 있는 계기가 있어 자신의 지적능력을 다하여 이를 회피하기 위한 진지한 노력을 다하였더라면 스스로의 행위에 대하여 위법성을 인식할 수 있는 가능성이 있었음에도 이를 다하지 못한 결과 자기 행위의 위법성을 인식하지 못한 것인지 여부에 따라 판단하여야 할 것이고, 이러한 위법성의 인식에 필요한 노력의 정도는 구체적인 행위정황과 행위자 개인의 인식능력 그리고 행위자가 속한 사회집단에 따라 달리 평가되어야 한다.
> [2] 초등학교 교사인 피고인이 13세 미만인 아동·청소년들로 하여금 성적인 호기심을 갖도록 하고 이를 이용하여 성적 행위를 한 것이 죄가 되지 않는다고 오인한 데에 정당한 이유가 있다고 볼 수 없다고 한 사례(大判 2015.2.12. 2014도11501). **정답** ○

20. (★) 사립학교인 갑 외국인학교 경영자로서 외국인인 피고인이 갑 학교의 교비회계에 속하는 수입을 수회에 걸쳐 을 외국인학교에 대여하는 행위가 법률상 허용되는 것으로서 죄가 되지 않는다고 그릇 인식하고 있었더라도 그와 같이 그릇된 인식에 정당한 이유가 인정되지 아니한다.

> [해설] 피고인이 외국인으로서 국어에 능숙하지 못하였다거나 갑 학교 설립·운영협약의 당사자에 불과한 관할청의 소속 공무원들이 참석한 갑 학교 학교운영위원회에서 을 학교에 대한 자금 대여 안건을 보고하였다는 것만으로는 피고인이 자신의 지적 능력을 다하여 행위의 위법 가능성을 회피하기 위한 진지한 노력을 다하였다고 볼 수 없으므로, 피고인이 위와 같은 대여행위가 법률상 허용되는 것으로서 죄가 되지 않는다고 그릇 인식하고 있었더라도 그와 같이 그릇된 인식에 정당한 이유가 없다고 한 사례(大判 2017.3.15. 2014도12773). **정답** ○

21. 국회의원이 의정보고서를 발간하는 과정에서 선거법규에 저촉되지 않는다고 오인한 것은 착오에 정당한 이유가 없다.

> 해설 (대판 2006.3.24. 2005도3717). **정답** ○

22. 광역시의회 의원이 선거구민들에게 의정보고서를 배부하기에 앞서 미리 관할 선거관리위원회 소속 공무원들에게 자문을 구하고 그들의 지적에 따라 수정한 의정보고서를 배부한 경우 형법 제16조에 해당하여 벌할 수 없다.

> 해설 大判 2005.6.10. 2005도835. **정답** ○

23. 부동산중개업자인 甲이 아파트 분양권의 매매를 중개하면서 중개수수료 산정에 관한 지방자치단체의 조례를 잘못 해석하여 법에서 허용하는 금액을 초과한 중개수수료를 수수한 경우, 甲이 법령에 저촉되지 않는 것으로 오인한 것은 정당한 사유가 인정되지 아니한다.

> 해설 피고인의 행위가 법령에 저촉되지 않는 것으로 오인함에 정당한 사유가 있는 경우에 해당한다거나 피고인에게 범의가 없었다고 볼 수는 없다(대판 2005.5.27. 2004도62). **정답** ○

※ **다음 중 판례에 의할 때 법률의 착오에 정당한 이유가 있다고 인정되는 사례(○)와 인정되지 않는 사례(×)를 판단하시오.**

24. 마약취급의 면허가 없는 피고인이 제약회사에 근무한다는 자로부터 마약이 없어 약을 제조하지 못하니 구해달라는 거짓 부탁을 받고 제약회사에서 쓰는 마약은 구해주어도 죄가 되지 아니하는 것으로 믿고 생아편을 구해주었다.

> 해설 정당한 이유가 없다(대판 1983.9.13. 83도1927). **정답** ×

25. 당국에 신고 후에 매장해야 한다는 것을 모르고 신고 없이 시체를 매장하였다.

> 해설 정당한 이유가 없다(대판 1979.8.28. 79도1671). **정답** ×

26. 23년간의 경력을 갖고 있는 형사가 검사의 수사지휘를 받고 허위공문서를 작성하였다.

> 해설 정당한 이유가 없다(대판 1995.11.10. 95도2088). **정답** ×

27. 건축업면허 없이 시공할 수 없는 건축공사를 타인의 건설업면허를 대여받아 그 명의로 시공하였는데, 그 면허의 대여가 감독관청의 주선에 의하여 이루어졌다.

> 해설 │ 그와 같은 사정만으로는 사회상규에 위배되지 않는 적법행위로 볼 수 없을 뿐만 아니라 설사 이를 적법행위로 오인하였다 하더라도 위와 같은 사정만으로는 그 오인에 정당한 이유가 있다고 볼 수도 없다(대판 1987.12.22. 86도1175).   정답 ✕

28. 변리사로부터 타인의 등록상표가 상품의 품질이나 원재료를 보통으로 표시하는 방법으로 사용하는 상표로서 효력이 없다는 자문과 감정을 받아 자신이 제작한 물통의 의장등록을 하고 그 등록상표와 유사한 상표를 사용하였다.

> 해설 │ 설사 위와 같은 경위로 자기의 행위가 죄가 되지 아니한다고 믿었다 하더라도 이러한 경우에는 누구에게도 그 위법의 인식을 기대할 수 없다고 단정할 수 없으므로 상표법 위반의 죄책을 면할 수 없다(대판 1995.7.28. 95도702).   정답 ✕

29. 자격기본법에 의한 민간자격관리자로부터 대체의학자격증을 수여받은 자가 사업자등록을 한 후 침술원을 개설하여 의료행위를 하였다.

> 해설 │ 그러한 사실만으로는 자신의 행위가 무면허 의료행위에 해당되지 아니하여 죄가 되지 않는다고 믿는 데에 정당한 사유가 있었다고 할 수 없다(대판 2003.5.13. 2003도939).   정답 ✕

- -

※ (★★★)甲은 자기에게 길을 물으러 다가오는 행인을 강도로 오인하고 방어할 생각으로 그를 때려 상해를 입혔다. 그 오인에 과실이 있는 경우에 甲의 형사책임에 대한 기술의 옳고(○), 그름(✕)을 판단하시오.

30. 소극적 구성요건요소이론에 의하면 과실치상죄로 처벌된다.

> 해설 │ 소극적 구성요건요소이론은 위법성조각사유는 소극적 구성요건표지로서 적극적 구성요건표지인 구성요건해당성과 더불어 불법구성요건을 형성하므로 구성요건표지에 관한 착오와 같이 구성요건적 착오가 된다는 견해이다. 따라서 이 견해에 의하면 甲은 과실치상죄로 처벌된다.   정답 ○

31. 엄격고의설에 의하면 상해의 고의가 부인되므로 과실치상죄로 처벌된다.

> 해설 │ 엄격고의설에 의하면 甲에게는 현실적 위법성의 인식이 없으므로 상해의 고의가 부인되어 과실치상죄로 처벌된다.   정답 ○

32. 엄격책임설에 의하면 상해죄로 처벌된다.

> [해설] 엄격책임설은 위법성조각사유의 전제사실의 착오를 위법성의 착오로 보므로 착오에 정당한 이유가 없는(즉 과실이 있는) 甲에게는 상해죄가 성립한다. **정답** ○

33. 법효과제한적 책임설에 의하면 상해의 구성요건적 고의가 부인되므로 과실치상죄로 처벌된다.

> [해설] 법효과제한적 책임설은 구성요건적 고의는 인정되나 책임고의가 조각되어 과실치상죄로 처벌된다는 견해이다. **정답** ✕

34. 구성요건적 착오를 유추적용하는 제한적 책임설에 의하면 과실치상죄로 처벌된다.

> [해설] 유추적용설은 위법성조각사유의 객관적 전제사실은 구성요건의 객관적 요소와 유사성이 있으며, 행위자에게 구성요건적 불법을 실현하려는 의사가 없어 행위반가치가 부정되기 때문에 구성요건적 착오에 관한 규정을 유추적용하여 고의가 조각된다는 견해이다. 따라서 이 견해에 의하면 甲은 과실치상죄로 처벌된다. **정답** ○

- -

※ (★★★)누나인 乙은 자신을 뒤따라오던 丙이 귀찮게 따라다니며 구애를 하던 남자였음을 알아차렸지만 丙을 골려 주려는 의도로 동생 甲(중학생, 14세)에게 "저 남자가 강도 같다"며 폭행을 사주하였다. 丙이 다가오자 甲은 재빨리 업어치기 기술로 그를 넘어뜨렸다. 丙을 강도로 오인한 점에 대하여는 甲의 과실이 인정되고, 공범성립에 관하여는 제한적 종속형식에 따를 경우, 甲·乙의 죄책에 관한 설명에 대하여 옳고(○), 그름(✕)을 판단하시오.

35. 법효과 제한적 책임설에 따르면 甲은 폭행죄에 해당한다.

> [해설] [甲의 죄책] 설문에서 甲은 丙이 '현재의 부당한 침해'를 하는 자가 아님에도 불구하고 이를 오인하여 방어의사를 가지고 폭행한 것이므로 오상방위(위법성조각사유의 전제사실에 대한 착오에 해당한다)를 한 경우이다. 위법성조각사유의 전제사실에 대한 착오의 경우에 엄격책임설은 이를 위법성의 착오로 보아 착오에 정당한 이유가 없는 경우(오인에 과실이 있는 경우)에는 고의범의 죄책을 인정하며, 한편 각기 이론구성은 다르지만 제한적 책임설(유추적용설), 엄격고의설, 소극적 구성요건요소이론, 법효과제한적 책임설은 과실범의 죄책을 검토한다. 따라서 설문의 경우 엄격책임설에 의하면 甲은 폭행죄가 성립되고, 제한적 책임설(유추적용설), 엄격고의설, 소극적 구성요건요소이론, <u>법효과제한적 책임설</u>에 의하면 폭행죄는 과실범을 처벌하지 않으므로 甲은 무죄이다. **정답** ✕

36. 제한적 책임설(유추적용설)에 따르면 甲은 무죄, 乙은 폭행죄의 간접정범이 된다.

해설 앞의 해설참고.   정답 ○

37. 엄격책임설에 따르면 甲은 폭행죄, 乙은 폭행죄의 교사범이 된다.

해설 앞의 해설참고.   정답 ○

제 5 절 기대가능성

38. 기대가능성의 판단기준인 국가표준설에 의하면 어떠한 행위자에게도 기대가능성이 없다는 결과가 되어 책임이 인정되는 경우란 거의 없게 된다.

[해설] 행위자표준설에 대한 비판에 해당한다.　　　　　　　　　　　　**정답** ×

39. (★)기대가능성은 행위자에게 책임비난을 하기 위한 요건이므로, 행위 당시의 행위자의 구체적 사정을 기초로 하여 행위자를 기준으로 적법행위의 가능성을 판단해야 한다.(판례에 의함)

[해설] 기대가능성은 행위자가 특정한 행위를 하여야 할 시기에 적법행위를 이행할 수 있었으리라고 기대할 만한 가능성을 일컫는 것으로서 그 특정행위를 할 당시 행위자가 처하였던 구체적 상황 아래서 사회평균인을 기준으로 그 적법행위를 기대할 가능성의 유무로써 판단되어야 할 것이며, 그 유무 판단은 특별한 사정이 없는 한 구체적 특정행위에 한정되어 이루어져야 할 것이다(대판(전) 2004.7.15. 2004도2965). ※ 양심적 병역거부와 관련된 판례로서 평균인표준설을 취하고 있다.　　　　　　　　　　　　**정답** ×

※ 형법상 강요된 행위에 관한 다음 설명에 대하여 옳음(○)과 틀림(×)을 판단하시오.

40. (★)강요된 행위에 있어서의 저항할 수 없는 폭력이란 심리적(또는 강제적) 폭력만을 의미한다고 보는 것이 다수설이다.

[해설] 절대적 폭력에 의하여 강요를 하는 경우 피강요자는 행위는 형법적 의미에서의 행위라고 할 수 없기 때문이다. 강요된 행위에서의 폭력은 책임이 조각될 정도의 폭력, 즉 심리적(또는 강제적) 폭력만을 의미한다(다수설).　　　　　　　　　　　　**정답** ○

41. (★)피강요자의 책임있는 사유로 인하여 강제상태가 야기된 때에도 이 규정에서의 강요된 행위에 해당한다.

[해설] 피강요자의 책임있는 사유로 강제상태가 야기된 경우에는 강요된 행위로서 책임이 조각되지 않는다. 비난가능성을 인정할 수 있기 때문이다(대판 1973.1.30. 72도2585).　　　**정답** ×

42. (★)강요된 행위는 의사결정과정이 자유롭지 못하다는 것을 의미하므로, 어떤 사람의 성장교육과정을 통하여 형성된 내재적인 관념 내지 확신으로 인하여 행위자 스스로의 의사결정이 사실상 강제되는 결과를 낳게 된 경우에도 강요된 행위에 해당된다고 볼 수 있다.

해설 형법 제12조에서 말하는 강요된 행위는 저항할 수 없는 폭력이나 생명·신체에 위해를 가하겠다는 협박 등 다른 사람의 강요행위에 의하여 이루어진 행위를 의미하는 것이지 어떤 사람의 성장교육과정을 통하여 형성된 내재적인 관념 내지 확신으로 인하여 행위자 스스로의 의사결정이 사실상 강제되는 결과를 낳게 하는 경우까지 의미한다고 볼 수 없다(대판 1990.3.27. 89도 1670).

정답 ✕

제5장 미수론

제1절 미수범의 일반이론

1. (★)피고인이 자신의 신체의 일부가 집 안으로 들어간다는 인식하에 하였더라도 주거침입죄의 범의는 인정되고, 또한 비록 신체의 일부만이 집 안으로 들어갔다고 하더라도 사실상 주거의 평온을 해하였다면 주거침입죄는 기수에 해당한다.

> 해설 [1] 주거침입의 범의로써 예컨대 주거로 들어가는 문의 시정장치를 부수거나 문을 여는 등 침입을 위한 구체적 행위를 시작하였다면 주거침입죄의 실행의 착수는 있었다고 보아야 하고, 신체의 극히 일부분이 주거 안으로 들어갔지만 사실상 주거의 평온을 해하는 정도에 이르지 아니하였다면 주거침입죄의 미수에 그친다.
> [2] 야간에 타인의 집의 창문을 열고 집 안으로 얼굴을 들이미는 등의 행위를 하였다면 피고인이 자신의 신체의 일부가 집 안으로 들어간다는 인식하에 하였더라도 주거침입죄의 범의는 인정되고, 또한 비록 신체의 일부만이 집 안으로 들어갔다고 하더라도 사실상 주거의 평온을 해하였다면 주거침입죄는 기수에 이르렀다(대판 1995.9.15. 94도2561).   정답 ○

2. 부동산에 대한 공갈죄는 부동산에 관하여 소유권이전등기를 경료받거나 또는 인도를 받은 때 기수가 된다.

> 해설 大判 1992.9.14. 92도1506.   정답 ○

3. (★)피고인이 지하철 환승에스컬레이터 내에서 카메라폰으로 피해자의 치마 속 신체 부위를 동영상 촬영하던 중 경찰관에게 발각되어 저장버튼을 누르지 않고 촬영을 종료하였다면, 촬영된 영상정보가 전자파일 등의 형태로 영구저장되지 않았으므로, 구 성폭력범죄의 처벌 및 피해자보호 등에 관한 법률상의 카메라 등 이용 촬영 범행은 '미수'에 해당한다.

> 해설 구 성폭력범죄의 처벌 및 피해자보호 등에 관한 법률(2010. 4. 15. 법률 제10258호 성폭력범죄의 피해자보호 등에 관한 법률로 개정되기 전의 것) 제14조의2 제1항에서 정한 '카메라 등 이용 촬영죄'는 카메라 기타 이와 유사한 기능을 갖춘 기계장치 속에 들어 있는 필름이나 저장장치에 피사체에 대한 영상정보가 입력됨으로써 기수에 이른다고 보아야 한다. 그런데 최근 기술문명의 발달로 등장한 디지털카메라나 동영상 기능이 탑재된 휴대전화 등의 기계장치는, 촬영된 영상정보가 사용자 등에 의해 전자파일 등의 형태로 저장되기 전이라도 일단 촬영이 시작되면 곧바로 촬영된 피사체의 영상정보가 기계장치 내 RAM(Random Access Memory) 등 주

기억장치에 입력되어 임시저장되었다가 이후 저장명령이 내려지면 기계장치 내 보조기억장치 등에 저장되는 방식을 취하는 경우가 많고, 이러한 저장방식을 취하고 있는 카메라 등 기계장치를 이용하여 동영상 촬영이 이루어졌다면 범행은 촬영 후 일정한 시간이 경과하여 영상정보가 기계장치 내 주기억장치 등에 입력됨으로써 기수에 이르는 것이고, 촬영된 영상정보가 전자파일 등의 형태로 영구저장되지 않은 채 사용자에 의해 강제종료되었다고 하여 미수에 그쳤다고 볼 수는 없다(대판 2011.6.9. 2010도10677). **정답** ✕

4. 사람의 현존하는 선박에 대해 매몰행위의 실행을 개시하고 그로 인하여 선박을 매몰시켰을 때 선박매몰죄는 기수에 이른다.

[해설] 매몰의 결과발생시 사람이 현존하지 않았거나 범인이 선박에 있는 사람을 안전하게 대피시켰다고 하더라도 선박매몰죄의 기수로 보아야 할 것이지 이를 미수로 볼 것은 아니다(대판 2000.6.23. 99도4688). **정답** ○

제 2 절 장애미수

5. 피고인이 절취목적으로 낮에 피해자의 집에 침입하여 피해자가 옥상에 빨래를 널고 있는 사이에 2층 부엌을 통해 방으로 들어갔으나 피해자가 옥상에서 내려와 방으로 통하는 부엌 앞으로 오자 피고인이 신발을 신은 채 방안에서 뛰어나와 달아난 경우 절도죄의 실행의 착수가 인정된다.

> 해설 절도죄의 실행의 착수시기는 재물에 대한 타인의 사실상의 지배를 침해하는 데에 밀접한 행위를 개시한 때라고 보아야 하므로, 야간이 아닌 주간에 절도의 목적으로 타인의 주거에 침입하였다고 하여도 아직 절취한 물건의 물색행위를 시작하기 전이라면 주거침입죄만 성립할 뿐 절도죄의 실행에 착수한 것으로 볼 수 없는 것이어서 절도미수죄는 성립하지 않는다(대판 1992.9.8. 92도1650).   **정답** ✕

6. 절취목적으로 범인들이 함께 담을 넘어 마당에 들어가 그 중 1명이 그곳에 있는 구리를 찾기 위하여 담에 붙어 걸어가다가 붙잡힌 경우 절도죄의 실행의 착수가 인정된다.

> 해설 절취대상품에 대한 물색행위가 없었다고 할 수 없다(대판 1989.9.12. 89도1153).   **정답** ○

7. 소매치기가 피해자의 양복 상의 주머니로부터 금품을 절취하려고 그 주머니에 손을 뻗쳐 그 겉을 더듬은 때에는 절도의 범행은 실행에 착수하였다고 봄이 상당하다.

> 해설 大判 1984.12.11. 84도2524.
> [비교판례] 소를 흥정하고 있는 피해자의 뒤에 접근하여 그가 들고 있던 가방으로 돈이 들어있는 피해자의 하의 왼쪽 주머니를 스치면서 지나간 경우 피고인의 행위는 단지 피해자의 주의력을 흐트려 주머니 속에 들은 금원을 절취하기 위한 예비단계의 행위에 불과한 것이고 이로써 실행의 착수에 이른 것이라고는 볼 수 없다(대판 1986.11.11. 86도1109).   **정답** ○

8. (★)야간에 손전등과 박스 포장용 노끈을 이용하여 도로에 주차된 차량의 문을 열고 현금 등을 훔치기로 마음먹고 그 대상을 물색하기 위해 돌아다니다가 승합차량을 발견하고, 차량의 문이 잠겨 있는지 확인하기 위해 양손으로 운전석 문의 손잡이를 잡고 열려고 하던 중 경찰관에게 발각된 경우, 절도죄의 실행에 착수한 것으로 보아야 한다.

> 해설 야간에 손전등과 박스 포장용 노끈을 이용하여 도로에 주차된 차량의 문을 열고 현금 등을 훔치기로 마음먹고, 차량의 문이 잠겨 있는지 확인하기 위해 양손으로 운전석 문의 손잡이를 잡고 열려고 하던 중 경찰관에게 발각된 사안에서, 절도죄의 실행에 착수한 것으로 보아야 한다고 한 사례(대판 2009.9.24. 2009도5595).
> [판결이유] 피고인의 행위는 승합차량 내의 재물을 절취할 목적으로 승합차량 내에 침입하려는 행위에 착수

한 것으로 볼 수 있고, 그로써 차량 내에 있는 재물에 대한 피해자의 사실상의 지배를 침해하는 데에 밀접한 행위가 개시된 것으로 보아 절도죄의 실행에 착수한 것으로 봄이 상당하다. **정답** ○

9. (★)피해자 소유 자동차 안에 들어 있는 밍크코트를 발견하고 이를 절취할 생각으로 공범이 위 차 옆에서 망을 보는 사이 위 차 오른쪽 앞문을 열려고 앞문손잡이를 잡아당기다가 피해자에게 발각된 경우, 절도죄의 실행의 착수가 인정된다.

[해설] 피고인의 행위는 절도의 실행에 착수하였다고 봄이 상당하다(대판 1986.12.23. 86도2256).
[비교판례] 노상에 세워 놓은 자동차 안에 있는 물건을 훔칠 생각으로 자동차의 유리창을 통하여 그 내부를 손전등으로 비추어 본 것에 불과하다면 절취행위의 착수에 이른 것이었다고 볼 수 없다(대판 1985.4.23. 85도464). **정답** ○

10. (★)강간의 목적으로 방에 침입하여 자고 있는 피해자의 엉덩이를 만지다가 발각된 경우 강간죄의 실행의 착수가 인정된다.

[해설] 강간죄의 실행의 착수를 인정할 수 없다(대판 1990.5.25. 90도607).
[비교판례] 피고인이 잠을 자고 있는 피해자의 옷을 벗기고 자신의 바지를 내린 상태에서 피해자의 음부 등을 만지는 행위를 하는 바람에 피해자가 잠에서 깨어나 피고인이 성기를 삽입하려고 할 때에는 객관적으로 항거불능의 상태에 있지 아니하였던 경우 준강간죄의 실행에 착수하였다고 보아야 할 것이다(대판 2000.1.14. 99도5187). **정답** ✕

11. (★)주거로 들어가는 문의 시정장치를 부수거나 문을 여는 등 침입을 위한 구체적 행위를 시작하였더라도, 적어도 신체의 일부분이 주거 안으로 들어가지 않았다면 주거침입죄의 실행의 착수가 있다고 볼 수 없다.

[해설] 주거로 들어가는 문의 시정장치를 부수거나 문을 여는 등 침입을 위한 구체적 행위를 시작하였다면 주거침입죄의 실행의 착수는 있었다고 보아야 하고, 신체의 극히 일부분이 주거 안으로 들어갔지만 사실상 주거의 평온을 해하는 정도에 이르지 아니하였다면 주거침입죄의 미수에 그친다(대판 1995.9.15. 94도2561). **정답** ✕

12. (★)야간에 다세대주택에 침입하여 물건을 절취하기 위하여 가스배관을 타고 오르다가 순찰 중이던 경찰관에게 발각되어 그냥 뛰어내렸다면, 야간주거침입절도죄의 실행의 착수에 이르지 못했다.

[해설] 야간에 다세대주택에 침입하여 물건을 절취하기 위하여 가스배관을 타고 오르다가 순찰 중이던 경찰관에게 발각되어 그냥 뛰어내렸다면, 야간주거침입절도죄의 실행의 착수에 이르지 못했다고 한 사례(대판 2008.3.27. 2008도917). **정답** ○

13. (★)침입 대상인 아파트에 사람이 있는지를 확인하기 위해 그 집의 초인종을 누른 행위는 주거침입죄의 실행의 착수에 해당한다.

해설 침입 대상인 아파트에 사람이 있는지를 확인하기 위해 그 집의 초인종을 누른 행위만으로는 침입의 현실적 위험성을 포함하는 행위를 시작하였다거나, 주거의 사실상의 평온을 침해할 객관적인 위험성을 포함하는 행위를 한 것으로 볼 수 없다할 것이다(대판 2008.4.10. 2008도1464).
정답 ✕

14. (★)甲은 출입문이 열려있는 집에 들어가 재물을 절취하기로 마음먹고 야간에 다세대주택에 들어가 그 건물 101호의 출입문을 손으로 당겨보았는데 문이 잠겨있자 그 옆의 102호, 2층의 201호 등을 똑같이 출입문을 당겨보았는데 모두 잠겨있어 범행에 실패하였다. 이 경우 甲의 행위는 범행의 대상을 물색한 것에 불과하므로 야간주거침입절도죄의 예비행위에 불과하다.

해설 [1] 야간에 타인의 재물을 절취할 목적으로 사람의 주거에 침입한 경우에는 주거에 침입한 단계에서 이미 형법 제330조에서 규정한 야간주거침입절도죄라는 범죄행위의 실행에 착수한 것이라고 보아야 한다.

[2] 주거침입죄의 실행의 착수는 주거자, 관리자, 점유자 등의 의사에 반하여 주거나 관리하는 건조물 등에 들어가는 행위, 즉 구성요건의 일부를 실현하는 행위까지 요구하는 것은 아니고 범죄구성요건의 실현에 이르는 현실적 위험성을 포함하는 행위를 개시하는 것으로 족하므로, 출입문이 열려 있으면 안으로 들어가겠다는 의사 아래 출입문을 당겨보는 행위는 바로 주거의 사실상의 평온을 침해할 객관적인 위험성을 포함하는 행위를 한 것으로 볼 수 있어 그것으로 주거침입의 실행에 착수한 것으로 보아야 한다(대판 2006.9.14. 2006도2824).
정답 ✕

15. (★)허위의 채권에 의하여 소의 제기 없이 가압류신청을 한 경우 사기죄의 실행의 착수가 인정될 수 없다.

해설 가압류는 강제집행의 보전방법에 불과하고 채권에 기하여 실제로 청구의 의사표시를 한 것이 아니므로 가압류신청만으로는 사기죄의 실행의 착수가 인정될 수 없다(대판 1982.10.26. 82도1529).
정답 ○

16. (★★★) 허위 채권에 기한 공정증서를 집행권원으로 하여 채무자의 소유권이전등기청구권에 대하여 압류신청을 한 시점에서 소송사기의 실행에 착수하였다고 볼 수 없다.

해설 [1] 강제집행절차를 통한 소송사기는 집행절차의 개시신청을 한 때 또는 진행 중인 집행절차에 배당신청을 한 때에 실행에 착수하였다고 볼 것이다.

[2] 민사집행법 제244조에서 규정하는 부동산에 관한 권리이전청구권에 대한 강제집행은 그 자체를 처분하여 대금으로 채권에 만족을 기하는 것이 아니고, 부동산에 관한 권리이전청구권을

압류하여 청구권의 내용을 실현시키고 부동산을 채무자의 책임재산으로 귀속시킨 다음 다시 부동산에 대한 경매를 실시하여 매각대금으로 채권에 만족을 기하는 것이다. 이러한 경우 소유권이전등기청구권에 대한 압류는 당해 부동산에 대한 경매의 실시를 위한 사전 단계로서의 의미를 가지나, 전체로서의 강제집행절차를 위한 일련의 시작행위라고 할 수 있으므로, 허위 채권에 기한 공정증서를 집행권원으로 하여 채무자의 소유권이전등기청구권에 대하여 압류신청을 한 시점에 소송사기의 실행에 착수하였다고 볼 것이다(大判 2015.2.12. 2014도10086).   **정답** ✕

17. (★)태풍으로 인하여 피해를 입은 어민들이 국가로부터 피해복구보조금을 지원 받는 상황에서 태풍피해를 받지 않았음에도 허위로 피해신고를 한 경우 사기죄의 실행에 착수한 것으로 볼 수 없다.

> 해설 피해신고는 국가가 보조금의 지원 여부 및 정도를 결정함에 있어 그 직권조사를 개시하기 위한 참고자료에 불과하므로 허위의 피해신고만으로는 위 보조금 편취범행의 실행에 착수한 것이라고 볼 수 없다(대판 1999.3.12. 98도3443).   **정답** ○

18. (★)병역을 기피할 목적으로 사위의 방법으로 발급받은 병사용진단서를 관할 병무청에 제출하거나 징병검사장에 출석하여 사위의 방법으로 신체검사를 받는 등의 행위에까지 이르지 않았다면 병역법 제86조에서 규정하고 있는 사위행위의 실행에 이르렀다고 할 수 없다.

> 해설 병역을 기피할 목적으로 사위의 방법으로 발급받은 병사용진단서를 관할 병무청에 제출하거나 징병검사장에 출석하여 사위의 방법으로 신체검사를 받는 등의 행위에까지 이르지 않았다면 병역법 제86조에서 규정하고 있는 사위행위의 실행에 이르렀다고 할 수 없다(대판 2005.10.13. 2005도2200).   **정답** ○

19. (★★)부동산 경매절차에서 피고인들이 허위의 공사대금채권을 근거로 유치권 신고를 한 경우, 소송사기의 실행의 착수가 인정된다.

> 해설 [1] 소송사기에 있어서 피기망자인 법원의 재판은 피해자의 처분행위에 갈음하는 내용과 효력이 있는 것이어야 하고 그렇지 않은 경우는 착오에 의한 재물의 교부나 재산상의 이익을 취득하는 행위가 있다고 할 수 없어 사기죄를 구성하지 않는다.
>
> [2] 유치권자가 경매절차에서 유치권을 신고하는 경우 법원은 이를 매각물건명세서에 기재하고 그 내용을 매각기일공고에 적시하나, 이는 경매목적물에 대하여 유치권 신고가 있음을 입찰예정자들에게 고지하는 것에 불과할 뿐 처분행위로 볼 수는 없고, 또한 유치권자는 권리신고 후 이해관계인으로서 경매절차에서 이의신청권 등 몇 가지 권리를 얻게 되지만 이는 법률의 규정에 따른 것으로서 재물 또는 재산상 이득을 취득하는 것으로 볼 수도 없으므로, 허위 공사대금채권을 근거로 유치권 신고를 하였더라도 이를 소송사기 실행의 착수가 있다고 볼 수는 없다(대판 2009.9.24. 2009도5900).   **정답** ✕

20. (★★)피고인이 피담보채권인 공사대금 채권을 실제와 달리 허위로 크게 부풀려 유치권에 의한 경매를 신청한 행위는 소송사기죄의 실행의 착수에 해당한다.

[해설] 유치권에 의한 경매를 신청한 유치권자는 일반채권자와 마찬가지로 피담보채권액에 기초하여 배당을 받게 되는 결과 피담보채권인 공사대금 채권을 실제와 달리 허위로 크게 부풀려 유치권에 의한 경매를 신청할 경우 정당한 채권액에 의하여 경매를 신청한 경우보다 더 많은 배당금을 받을 수도 있으므로, 이는 법원을 기망하여 배당이라는 법원의 처분행위에 의하여 재산상 이익을 취득하려는 행위로서, 불능범에 해당한다고 볼 수 없고, 소송사기죄의 실행의 착수에 해당한다고 할 것이다(대판 2012.11.15. 2012도9603).   정답 ○

21. (★)甲은 자신에게 권리가 존재하지 않는 사실을 알고 있으면서도 법원을 기망한다는 인식을 가지고 소를 제기하면서 상대방의 주소를 허위로 기재함으로써 그 허위주소로 소송서류가 송달되어 그로 인하여 상대방 아닌 다른 사람이 그 서류를 받아 소송이 진행되게 하였다. 이 경우 甲에게는 소송사기의 실행의 착수가 인정되지 않는다.

[해설] 소송사기는 소송에서 주장하는 권리가 존재하지 않는 사실을 알고 있으면서도 법원을 기망한다는 인식을 가지고 소를 제기하면 이로써 실행의 착수가 있고 소장의 유효한 송달을 요하지 아니한다고 할 것인바, 이러한 법리는 제소자가 상대방의 주소를 허위로 기재함으로써 그 허위주소로 소송서류가 송달되어 그로 인하여 상대방 아닌 다른 사람이 그 서류를 받아 소송이 진행된 경우에도 마찬가지로 적용된다(대판 2006.11.10. 2006도5811).   정답 ✕

22. (★★)피고인이 제1차 매수인으로부터 계약금 및 중도금 명목의 금원을 교부받은 후 제2차 매수인에게 부동산을 매도하기로 하고 계약금만을 지급 받은 뒤 더 이상의 계약 이행에 나아가지 않은 경우 배임죄의 실행의 착수가 인정된다.

[해설] 부동산의 이중양도에 있어서 매도인이 제2차 매수인으로부터 계약금만을 지급받고 중도금을 수령한 바 없다면 배임죄의 실행의 착수가 있었다고 볼 수 없다. 따라서 피고인이 제1차 매수인으로부터 계약금 및 중도금 명목의 금원을 교부받은 후 제2차 매수인에게 부동산을 매도하기로 하고 계약금만을 지급 받은 뒤 더 이상의 계약 이행에 나아가지 않았다면 배임죄의 실행의 착수가 있었다고 볼 수 없다(대판 2003.3.25. 2002도7134).   정답 ✕

23. 피고인이 방화의 의사로 뿌린 휘발유가 인화성이 강한 상태로 주택주변과 피해자의 몸에 적지 않게 살포되어 있는 사정을 알면서도 라이터를 켜 불꽃을 일으킴으로써 피해자의 몸에 불이 붙은 경우, 비록 외부적 사정에 의하여 불이 방화 목적물인 주택 자체에 옮겨 붙지는 아니하였다 하더라도 현존건조물방화죄의 실행의 착수가 있었다.

[해설] 大判 2002.3.26. 2001도6641.   정답 ○

24. (★)은행강도 범행으로 강취할 돈을 송금받을 계좌를 개설한 것만으로는 범죄수익 등의 은닉에 관한 죄의 실행에 착수한 것으로 볼 수 없다.

> 해설 [1] 범죄수익은닉의 규제 및 처벌 등에 관한 법률 제3조 제1항 제3호에서 정한 범죄수익 등의 은닉에 관한 죄의 미수범으로 처벌하려면 그 실행에 착수한 것으로 인정되어야 하고, 위와 같은 은닉행위의 실행에 착수하는 것은 범죄수익 등이 생겼을 때 비로소 가능하므로, 아직 범죄수익 등이 생기지 않은 상태에서는 범죄수익 등의 은닉에 관한 죄의 실행에 착수하였다고 인정하기 어렵다.
> [2] 은행강도 범행으로 강취할 돈을 송금받을 계좌를 개설한 것만으로는 범죄수익 등의 은닉에 관한 죄의 실행에 착수한 것으로 볼 수 없다고 한 사례(대판 2007.1.11. 2006도5288). **정답** ○

25. (★)필로폰을 매수하려는 자에게서 필로폰을 구해 달라는 부탁과 함께 대금 명목의 돈을 지급받았으나, 당시 필로폰을 소지 또는 입수한 상태에 있었거나 그것이 가능하였다는 등 매매행위에 근접·밀착한 상태에서 대금을 지급받은 것이 아닌 경우, 필로폰 매매행위의 실행의 착수에 이른 것이라고 볼 수 없다.

> 해설 필로폰을 매수하려는 자에게서 필로폰을 구해 달라는 부탁과 함께 돈을 지급받았다고 하더라도, 당시 필로폰을 소지 또는 입수한 상태에 있었거나 그것이 가능하였다는 등 매매행위에 근접·밀착한 상태에서 대금을 지급받은 것이 아니라 단순히 필로폰을 구해 달라는 부탁과 함께 대금 명목으로 돈을 지급받은 것에 불과한 경우에는 필로폰 매매행위의 실행의 착수에 이른 것이라고 볼 수 없다(大判 2015.3.20. 2014도16920). **정답** ○

26. (★)위장결혼의 당사자 및 브로커와 공모한 피고인이 허위로 결혼사진을 찍고 혼인신고에 필요한 서류를 준비하여 위장결혼의 당사자에게 건네준 것만으로는 공전자기록등부실기재죄의 실행에 착수한 것으로 볼 수 없다.

> 해설 [1] 공전자기록등부실기재죄에 있어서의 실행의 착수 시기는 공무원에 대하여 허위의 신고를 하는 때라고 보아야 할 것이다.
> [2] 위장결혼의 당사자 및 브로커와 공모한 피고인이 허위로 결혼사진을 찍고 혼인신고에 필요한 서류를 준비하여 위장결혼의 당사자에게 건네준 것만으로는 공전자기록등부실기재죄의 실행에 착수한 것으로 볼 수 없다(대판 2009.9.24. 2009도4998). **정답** ○

27. (★)입영대상자가 병역면제처분을 받을 목적으로 병원으로부터 허위의 병사용진단서를 발급받았다고 하더라도 이러한 행위만으로는 병역법 제86조의 사위행위의 실행에 착수하였다고 볼 수 없다.

> 해설 [1] 병역법 제86조에 정한 '사위행위'라 함은 병역의무를 감면 받을 조건에 해당하지 않

거나 그러한 신체적 상태가 아님에도 불구하고 병무행정당국을 기망하여 병역의무를 감면 받으려고 시도하는 행위를 가리키는 것이므로, 다른 행위 태양인 도망·잠적 또는 신체손상에 상응할 정도로 병역의무의 이행을 면탈하고 병무행정의 적정성을 침해할 직접적인 위험이 있는 단계에 이르렀을 때에 비로소 사위행위의 실행을 한 것이라고 보아야 한다.
[2] 입영대상자가 병역면제처분을 받을 목적으로 병원으로부터 허위의 병사용진단서를 발급받았다고 하더라도 이러한 행위만으로는 사위행위의 실행에 착수하였다고 볼 수 없다고 한 사례 (대판 2005.9.28. 2005도3065). **정답** ○

28. 피고인이 일화 500만엔은 기탁화물로 부치고 일화 400만엔은 휴대용 가방에 넣어 국외로 반출하려고 공항 내에서 탑승을 기다리고 있던 중에 체포된 경우, 일화 400만엔의 밀반출행위의 실행에 착수한 것으로 볼 수 있다.

[해설] 외국환거래법 제28조 제1항 제3호에서 규정하는, 신고를 하지 아니하거나 허위로 신고하고 지급수단·귀금속 또는 증권을 수출하는 행위는 지급수단 등을 국외로 반출하기 위한 행위에 근접·밀착하는 행위가 행하여진 때에 그 실행의 착수가 있다고 할 것인데, 피고인이 일화 500만엔은 기탁화물로 부치고 일화 400만엔은 휴대용 가방에 넣어 국외로 반출하려고 하는 경우에, 500만엔에 대하여는 기탁화물로 부칠 때 이미 국외로 반출하기 위한 행위에 근접·밀착한 행위가 이루어졌다고 보아 실행의 착수가 있었다고 할 것이지만, 휴대용 가방에 넣어 비행기에 탑승하려고 한 나머지 400만엔에 대하여는 그 휴대용 가방을 보안검색대에 올려 놓거나 이를 휴대하고 통과하는 때에 비로소 실행의 착수가 있다고 볼 것이고, 피고인이 휴대용 가방을 가지고 보안검색대에 나아가지 않은 채 공항 내에서 탑승을 기다리고 있던 중에 체포되었다면 일화 400만엔에 대하여는 실행의 착수가 있다고 볼 수 없다(대판 2001.7.27. 2000도4298). **정답** ✕

29. 수출할 사람에게 비지정문화재를 판매하려다가 가격절충이 되지 않아 계약이 성사되지 못한 단계에서는 국외로 반출하는 행위에 근접·밀착하는 행위가 있었다고 볼 수 없어 비지정문화재수출미수죄가 성립하지 않는다.

[해설] 大判 1999.11.26. 99도2461. **정답** ○

제 3 절 중지미수

30. (★)결과발생의 방지가 제3자의 조력을 받아서 이루어진 경우라도 중지미수가 성립할 수 있다.

> 해설 결과발생의 방지는 원칙적으로 행위자 자신이 할 것을 요하지만, 방지행위가 행위자의 진지한 주도하에 행해지고, 제3자에 의한 결과방지가 범인 자신이 결과를 방지한 것과 동일시될 수 있을 정도인 때에는 타인의 도움을 받아서 행하여도 무방하다. **정답** ○

31. (★)결과발생이 처음부터 불가능하지만 행위자가 이를 모르고 결과방지를 위한 진지한 노력을 한 때에도 중지미수가 성립할 수 있다.(다수설에 의함)

> 해설 불능미수의 중지미수가 성립할 수 있는가에 관한 문제이다. 결과방지와 행위자의 방지행위간에 인과관계를 인정할 수 없으므로 중지미수가 성립할 여지가 없다는 견해(부정설)도 있으나, 부정설에 의하면 결과발생의 위험성은 적은데 결과방지를 위한 노력은 동일한 경우(불능미수의 중지미수의 경우)를 결과발생의 위험성이 큰 경우(가능미수의 중지미수)보다 중하게 처벌해야하는 형의 불균형이 발생하므로 이를 시정하기 위하여 불능미수의 경우에도 중지미수를 인정해야한다는 것이 다수설이다. **정답** ○

※ (★)다음 중 판례에 의할 때 중지미수가 성립하는 사례(○)와 성립하지 않는 사례(×)를 판단하시오.

32. 장롱 안에 있는 옷가지에 불을 놓아 건물을 소훼하려 하였으나 불길이 치솟는 것을 보고 겁이 나서 물을 부어 불을 껐다.

> 해설 大判 1997.6.13. 97도957.
>
> [관련판례] 원료불량으로 인한 제조상의 애로, 제품의 판로문제, 범행탄로시의 처벌공포, 공범자의 포악성 등으로 인하여 히로뽕 제조를 단념한 경우 이를 중지미수라할 수 없는 것이다(대판 1985.11.12. 85도2002). **정답** ×

33. 피해자를 살해하려고 그의 목과 왼쪽 가슴 부위를 칼로 수 회 찔렀으나 가슴 부위에서 많은 피가 흘러나오는 것을 발견하고 겁을 먹고 범행을 그만 두었다.

> 해설 大判 1999.4.13. 99도640. **정답** ×

34. 미리 제보를 받은 세관직원들이 범행장소 주변에 잠복근무를 하고 있는 것을 보고 범행발각을 두려워하여 자신이 분담하기로 한 실행행위를 하지 못하였다.

> 해설　피고인의 자의에 의한 범행의 중지가 아니어서 형법 제26조 소정의 중지범에 해당한다
> 고 볼 수 없다(대판 1986.1.21. 85도2339).　　정답　✕

35. 피고인이 甲에게 위조한 예금통장 사본 등을 보여주면서 외국회사에서 투자금을 받았
다고 거짓말하며 자금 대여를 요청하였으나, 甲과 함께 그 입금 여부를 확인하기 위해 은
행에 가던 중 은행 입구에서 차용을 포기하고 돌아갔다.

> 해설　피고인이 甲에게 위조한 예금통장 사본 등을 보여주면서 외국회사에서 투자금을 받았
> 다고 거짓말하며 자금 대여를 요청하였으나, 甲과 함께 그 입금 여부를 확인하기 위해 은행에
> 가던 중 은행 입구에서 차용을 포기하고 돌아가 사기미수로 기소된 사안에서, 피고인이 범행이
> 발각될 것이 두려워 범행을 중지한 것으로서 일반 사회통념상 범죄를 완수함에 장애가 되는 사정에
> 해당하여 자의에 의한 중지미수로 볼 수 없다고 한 사례(대판 2011.11.10. 2011도10539).　정답　✕

36. 강도를 하다가 피해자를 강간하려고 작은 방으로 끌고 가 팬티를 강제로 벗기고 음부를
만지던 중 피해자가 수술한 지 얼마 안 되어 배가 아프다면서 애원하는 바람에 그 뜻을
이루지 못하였다.

> 해설　大判 1992.7.28. 92도917.　　정답　✕

37. 강도가 강간하려고 하였으나 잠자던 피해자의 어린 딸이 잠에서 깨어 우는 바람에 도주
하였고, 또 피해자가 시장에 간 남편이 곧 돌아온다고 하면서 임신 중이라고 말하자 도주
하였다.

> 해설　大判 1993.4.13. 93도347.　　정답　✕

38. 피해자를 강간하려다가 피해자의 다음번에 만나 친해지면 응해 주겠다는 취지의 간곡
한 부탁으로 인하여 그 목적을 이루지 못한 후 피해자를 자신의 차에 태워 집까지 데려다
주었다.

> 해설　피해자의 다음에 만나 친해지면 응해주겠다는 취지의 간곡한 부탁은 사회통념상 범죄
> 실행에 대한 장애라고 여겨지지는 아니하므로 피고인의 행위는 중지미수에 해당한다(대판
> 1993.10.12. 93도1851).　　정답　○

39. 피고인은 기밀탐지 임무를 부여받고 대한민국에 입국하여 기밀을 탐지 수집 중 경찰관
이 피고인의 행적을 탐문하고 갔다는 말을 전해 듣고 지령사항 수행을 보류하고 있던 중
체포되었다.

해설 피고인은 기밀탐지의 기회를 노리다가 검거된 것이므로 이를 중지범으로 볼 수는 없다 (대판 1984.9.11. 84도1381). 정답 ✕

----

40. (★★★)판례에 의하면 예비행위를 한 자가 실행의 착수를 포기한 경우에 중지미수의 규정을 적용해야 한다.

해설 중지범은 범죄의 실행에 착수한 후 자의로 그 행위를 중지한 때를 말하는 것이고 실행의 착수가 있기 전인 예비음모의 행위를 처벌하는 경우에 있어서 중지범의 관념은 이를 인정할 수 없다(대판 1999.4.9. 99도424). 정답 ✕

41. 甲은 乙과 함께 A가 경영하는 천광상회 사무실의 금품을 절취하기로 공모한 후 甲은 그 부근 포장마차에 있고 乙은 사무실 안으로 들어가 물건을 물색하고 있는 동안 甲은 자신의 범행전력 등을 생각하여 가책을 느낀 나머지 스스로 결의를 바꾸어 A에게 乙의 침입사실을 알려 그와 함께 乙을 체포하였다. 이 경우 甲의 행위는 중지미수에 해당한다.

해설 피고인(甲)의 행위는 중지미수의 요건을 갖추었다고 할 것이다(대판 1986.3.11. 85도2831).
[비교판례] 丙은 丁(중위)과 군용물을 횡령하기 위하여 丁은 엔진오일을 매각·처분하고 丙은 송증정리를 하기로 하였다. 그런데 丁이 엔진오일을 매각·처분하였으나 丙은 후에 범의를 철회하고 송증정리를 거절하였다고 하더라도 피고인(丙)에게 중지미수를 인정할 수 없다(대판 1969.2.25. 68도1676). 정답 ○

판례정리 (★)범죄가 기수에 이르러 중지미수가 성립하지 않는 경우

1. 피고인이 대마 2상자를 사가지고 돌아오다 이 장사를 다시 하게 되면 내 인생을 망치게 된다는 생각이 들어 이를 불태워버린 경우(대판 1983.12.27. 83도2629).
2. 타인과 재물을 공유하고 있던 피고인이 다른 공유자의 승낙을 받지 않고 공유대지를 담보에 제공하고 가등기를 경료하였다가 그 후 다시 가등기를 말소한 경우(다른 공유자의 공유지분이 명의신탁된 경우에 해당한다.)(대판 1978.11.28. 78도2175).
3. 피고인이 방화 후 후회하고 진지한 소화행위를 하여 반소(半燒)에 그친 경우(대판 1985.11.12. 85도2002).
4. 甲과 乙이 합동하여 A女를 텐트 안으로 끌고 간 후 차례로 성관계를 하기로 하고, 甲이 밖에서 망을 보고 乙이 먼저 강간한 후, 이어 甲이 강간하려 하였으나 A女가 반항을 하며 강간을 하지 말아 달라고 사정을 하여 강간을 하지 않았던 경우-다른 공범의 범행을 중지하게 하지 아니한 이상 자기만의 범의를 철회, 포기하여도 중지미수에 해당하지는 않는다고 할 것이다(대판 2005.2.25. 2004도8259).

제 4 절 불능미수

42. (★★)피고인이 임대인과 임대차계약을 체결한 후 임차건물에 거주하기는 하였으나 그의 처만이 전입신고를 마친 후에 경매절차에서 배당을 받기 위하여 임대차계약서상의 임차인 명의를 처로 변경하여 경매법원에 배당을 요구하였다. 피고인은 사기죄의 불능범에 해당한다.

[해설] 이러한 임차인의 행위를 객관적으로 결과발생의 가능성이 있는 행위라고 볼 수도 없으므로 형사소송법 제325조에 의하여 무죄를 선고하여야 한다(대판 2002.2.8. 2001도6669).

정답 ○

43. (★★)甲은 A로부터 소송비용 명목으로 100만원을 이미 송금받았음에도 불구하고 A를 피고로 하여 종전에 甲이 A를 상대로 제기하였던 여러 소와 관련한 소송비용 상당액의 지급을 구하는 손해배상금 청구의 소를 제기하였다가 담당 판사로부터 소송비용의 확정은 소송비용액 확정절차를 통하여 하라는 권유를 받고 소를 취하하였다. 甲에게는 사기미수죄가 성립한다.

[해설] 소송비용을 편취할 의사로 소송비용의 지급을 구하는 손해배상청구의 소를 제기한 경우, 사기죄의 불능범에 해당한다고 한 사례(대판 2005.12.8. 2005도8105).

정답 ✕

44. (★★★) 피고인이 피해자가 심신상실 또는 항거불능의 상태에 있다고 인식하고 그러한 상태를 이용하여 간음할 의사로 피해자를 간음하였으나 피해자가 실제로는 심신상실 또는 항거불능의 상태에 있지 않은 경우, 준강간죄의 불능미수가 성립한다.

[해설] 형법 제300조는 준강간죄의 미수범을 처벌한다. 또한 형법 제27조는 "실행의 수단 또는 대상의 착오로 인하여 결과의 발생이 불가능하더라도 위험성이 있는 때에는 처벌한다. 단, 형을 감경 또는 면제할 수 있다."라고 규정하여 불능미수범을 처벌하고 있다.

따라서 피고인이 피해자가 심신상실 또는 항거불능의 상태에 있다고 인식하고 그러한 상태를 이용하여 간음할 의사로 피해자를 간음하였으나 피해자가 실제로는 심신상실 또는 항거불능의 상태에 있지 않은 경우에는, 실행의 수단 또는 대상의 착오로 인하여 준강간죄에서 규정하고 있는 구성요건적 결과의 발생이 처음부터 불가능하였고 실제로 그러한 결과가 발생하였다고 할 수 없다. 피고인이 준강간의 실행에 착수하였으나 범죄가 기수에 이르지 못하였으므로 준강간죄의 미수범이 성립한다. 피고인이 행위 당시에 인식한 사정을 놓고 일반인이 객관적으로 판단하여 보았을 때 준강간의 결과가 발생할 위험성이 있었으므로 준강간죄의 불능미수가 성립한다.(대판(전) 2019.3.28. 2018도16002)

정답 ○

45. (★) 甲은 베트남에 거주하는 乙과 필로폰이 용해되어 있는 장난감 워터볼을 국제우편으로 반입한 다음 이를 판매하기로 공모하고 乙에게 국제우편을 받을 주소를 알려주어 보내도록 하였으나, 甲이 국내에서 수령한 乙이 보낸 워터볼에 필로폰이 들어 있지 않았다. 한편 乙이 필로폰이 들어 있는 우편물을 발신국의 우체국 등에 제출하였다는 사실이 밝혀지지 않았다. 이 경우 甲의 행위는 필로폰 수입죄의 불능미수에 해당한다.

> [해설] [1] 형법 제27조(불능범)에서 '결과의 발생이 불가능'하다는 것은 범죄행위의 성질상 어떠한 경우에도 구성요건의 실현이 불가능하다는 것을 의미한다.
> [2] 마약류 관리에 관한 법률에서 정한 향정신성의약품 수입행위로 인한 위해 발생의 위험은 향정신성의약품의 양륙 또는 지상반입에 의하여 발생하고 그 의약품을 선박이나 항공기로부터 양륙 또는 지상에 반입함으로써 기수에 달한다. 그리고 국제우편 등을 통하여 향정신성의약품을 수입하는 경우에는 국내에 거주하는 사람이 수신인으로 명시되어 발신국의 우체국 등에 향정신성의약품이 들어 있는 우편물을 제출할 때에 범죄의 실행에 착수하였다고 볼 수 있다. 따라서 피고인(甲)이 공소외인(乙)에게 필로폰을 받을 국내 주소를 알려주었다고 하더라도 공소외인(乙)이 필로폰이 들어 있는 우편물을 발신국의 우체국 등에 제출하였다는 사실이 밝혀지지 않은 이상 피고인(甲)의 이러한 행위는 향정신성의약품 수입의 예비행위라고 볼 수 있을지언정 이를 가지고 향정신성의약품 수입행위의 실행에 착수하였다고 할 수는 없다.(대판 2019.5.16. 2019도97)
> [판결이유] 피고인(甲)은 베트남에 거주하는 공소외인(乙)으로부터 필로폰을 수입하기 위하여 워터볼의 액체에 필로폰을 용해하여 은닉한 다음 이를 국제우편을 통해 받는 방식으로 필로폰을 수입하고자 하였다. 이러한 행위가 범죄의 성질상 그 실행의 수단 또는 대상의 착오로 인하여 결과의 발생이 불가능한 경우가 아님은 너무도 분명하다.
> [판례해설] 사안은 향정신성의약품 수입행위의 실행에 착수하였다고 할 수 없을 뿐만 아니라 더 나아가 실행의 수단 또는 대상의 착오로 인하여 결과의 발생이 불가능한 경우가 아니어서 불능미수가 인정될 수 없다는 취지의 판례이다. **정답** ✕

46. (★)甲은 乙女와 공모하여 일정량 이상을 먹으면 사람이 사망에 이를 수도 있는 '초우뿌리' 또는 '부자' 달인 물을 乙의 남편인 A에게 마시게 하여 A를 살해하려고 하였으나 A는 이를 토해버렸다. 이 경우 甲의 행위는 불능범이 아닌 살인미수죄에 해당한다.

> [해설] [1] 불능범은 범죄행위의 성질상 결과발생 또는 법익침해의 가능성이 절대로 있을 수 없는 경우를 말한다.
> [2] 일정량 이상을 먹으면 사람이 죽을 수도 있는 '초우뿌리'나 '부자' 달인 물을 마시게 하여 피해자를 살해하려다 미수에 그친 행위가 불능범이 아닌 살인미수죄에 해당한다고 본 사례(대판 2007.7.26. 2007도3687). **정답** ○

47. 속칭 "히로뽕" 제조를 위해 그 원료인 염산에페트린 및 수종의 약품을 교반하여 "히로뽕" 제조를 시도하였으나, 그 약품배합미숙으로 그 완제품을 제조하지 못하였다면 습관성의약품제조미수범으로 처단한 것은 정당하다.

[해설] 속칭 "히로뽕" 제조를 위해 그 원료인 염산에페트린 및 수종의 약품을 교반하여 "히로뽕" 제조를 시도하였으나, 그 약품배합미숙으로 그 완제품을 제조하지 못하였다면 위 행위는 그 성질상 결과발생의 위험성이 있다고 할 것이므로 이를 습관성의약품제조미수범으로 처단한 것은 정당하다(대판 1985.3.26. 85도206).   정답 ○

48. 피고인이 피해자를 살해하기 위하여 권총에 탄자를 충전하여 발사하였으나 탄자가 불량하여 불발되었다. 피고인은 불능범에 해당한다.

[해설] 결과발생을 초래할 위험이 내포되어 있었다 할 것이므로 이를 불능범이라 할 수 없다(대판 1954.1.30. 4286형상103).   정답 ×

49. 피고인이 피해자를 살해하기 위하여 쥐약을 약주에 혼입하여 피해자로 하여금 이를 마시게 하였으나 피해자가 즉시 구토 배출함으로써 사망에 이르지 아니하였다. 피고인은 살인미수범에 해당한다.

[해설] 사망에 대한 위험성이 있다고 인정되므로 위 사실을 살인미수범으로 인정한 것은 정당하다(대판 1954.12.21. 4287형상190).   정답 ○

50. 소매치기가 피해자의 주머니에 손을 넣어 금품을 절취하려 한 경우 비록 그 주머니 속에 금품이 들어있지 않았다 하더라도 위 행위는 절도미수에 해당한다.

[해설] 절도라는 결과발생의 위험성을 충분히 내포하고 있으므로 이는 절도미수에 해당한다(대판 1986.11.25. 86도2090).   정답 ○

51. 피고인이 피해자를 살해하라고 하면서 준 원비-D 병에 치사량에 달하는 농약이 들어 있었고, 또 피해자 소유 승용차의 브레이크호스를 잘라 주된 제동기능을 완전히 상실시켰으나 피해자가 그 자동차를 몰고 가다가 반대차선의 자동차와의 충돌을 피하기 위하여 사이드브레이크를 잡아당김과 동시에 인도에 부딪치게 함으로써 겨우 위기를 모면하였다. 피고인의 행위는 살인미수죄를 구성한다.

[해설] 사망의 결과발생에 대한 위험성을 배제할 수 없다 할 것이므로 각 살인미수죄를 구성한다(대판 1990.7.24. 90도1149).   정답 ○

제 5 절 예비죄

52. 음모란 2인 이상의 자 사이에 성립한 범죄실행의 합의 또는 범죄결심을 외부에 표시·전달하는 것을 말한다.

> 해설 형법상 음모죄가 성립하는 경우의 음모란 <u>2인 이상의 자 사이에 성립한 범죄실행의 합의를 말하는 것으로</u>, 범죄실행의 합의가 있다고 하기 위하여는 단순히 범죄결심을 외부에 표시·전달하는 것만으로는 부족하고, 객관적으로 보아 특정한 범죄의 실행을 위한 준비행위라는 것이 명백히 인식되고, 그 합의에 실질적인 위험성이 인정될 때에 비로소 음모죄가 성립한다 (대판 1999.11.12. 99도3801).
>
> **정답** ✕

53. A가 일본으로 밀항하려고 마음먹고 B에게 도항비조로 일화 100만엔을 주기로 약속한 후에 밀항을 포기한 경우에는 밀항예비죄가 성립하지 않는다.

> 해설 일본으로 밀항하고자 공소외인에게 도항비로 일화 100만엔을 주기로 약속한 바 있었으나 그 후 이 밀항을 포기하였다면 이는 밀항의 음모에 지나지 않는 것으로 밀항의 예비정도에는 이르지 아니한 것이다(대판 1986.6.24. 86도437).
>
> **정답** ○

54. 군복무중인 甲과 A가 수차례에 걸쳐 '총을 훔쳐 전역한 후 은행이나 현금수송차량을 털어 한탕하자'라는 말을 나눈 경우에는 불가벌이다.

> 해설 형법상 음모죄가 성립하는 경우의 음모란 2인 이상의 자 사이에 성립한 범죄실행의 합의를 말하는 것으로, 범죄실행의 합의가 있다고 하기 위하여는 단순히 범죄결심을 외부에 표시·전달하는 것만으로는 부족하고, 객관적으로 보아 특정한 범죄의 실행을 위한 준비행위라는 것이 명백히 인식되고, 그 합의에 실질적인 위험성이 인정될 때에 비로소 음모죄가 성립한다 (대판 1999.11.12. 99도3801).
>
> **정답** ○

55. (★)甲이 살해할 대상자가 확정되지 아니한 상태에서 살해의 용도에 공하기 위하여 흉기를 준비하였다면 살인예비죄로 처벌할 수 없다.

> 해설 살해의 용도에 공하기 위한 흉기를 준비하였다고 하더라도 그 흉기로서 살해할 대상자가 확정되지 아니한 경우 살인예비죄로 다스릴 수 없다(대판 1959.9.1. 4293형상387).
>
> **정답** ○

56. (★)甲이 행사할 목적으로 미리 준비한 물건들과 옵셋트인쇄기를 사용하여 한국은행권 100원권을 사진찍어 그 필림원판 7매와 이를 확대하여 현상한 인화지 7매를 만들었다면 이는 통화위조의 착수에는 이르지 아니 하였고 그 예비단계에 불과하다.

[해설] 피고인의 행위는 아직 통화위조의 착수에는 이르지 아니 하였고 그 예비단계에 불과하다고 봄이 상당할 것이다(대판 1966.12.6. 66도1317).　　　　　　　　　　　　　　　정답 ○

57. (★★)정범이 예비단계에 그친 경우에는 이에 가공한 자에 대하여 예비죄의 공동정범은 물론 종범으로도 처벌할 수 없다.

[해설] 예비단계에서도 공동정범의 성립은 가능하지만, 종범은 성립할 수 없다는 것이 판례의 입장이다(대판 1976.5.25. 75도1549).　　　　　　　　　　　　　　　　　정답 ×

58. (★★)판례에 의하면 예비의 중지범은 인정되지 아니한다.

[해설] 중지범은 범죄의 실행에 착수한 후 자의로 그 행위를 중지한 때를 말하는 것이고, 실행의 착수가 있기 전인 예비·음모의 행위를 처벌하는 경우에 있어서는 중지범의 관념은 이를 인정할 수 없는 것이다(대판 1999.4.9. 99도424).　　　　　　　　　　　　정답 ○

제6장 공범론

제1절 공범이론

1. (★)매도·매수와 같이 2인 이상의 서로 대향된 행위의 존재를 필요로 하는 관계에 있어서는 공범이나 방조범에 관한 형법총칙 규정의 적용이 있을 수 없다.

> 해설 매도·매수와 같이 2인 이상의 서로 대향된 행위의 존재를 필요로 하는 관계에 있어서는 공범이나 방조범에 관한 형법총칙 규정의 적용이 있을 수 없고, 따라서 매도인에게 따로 처벌규정이 없는 이상 매도인의 매도행위는 그와 대향적 행위의 존재를 필요로 하는 상대방의 매수범행에 대하여 공범이나 방조범관계가 성립되지 아니한다(대판 2001.12.28. 2001도5158).　　정답 ○

2. (★)변호사 사무실 직원인 甲이 법원공무원인 乙에게 부탁하여, 수사 중인 사건의 체포영장 발부자 명단을 누설받은 경우, 甲의 행위는 공무상비밀누설교사죄에 해당한다.

> 해설 변호사 사무실 직원인 피고인 甲이 법원공무원인 피고인 乙에게 부탁하여, 수사 중인 사건의 체포영장 발부자 53명의 명단을 누설받은 경우, 피고인 乙이 직무상 비밀을 누설한 행위와 피고인 甲이 이를 누설받은 행위는 대향범 관계에 있으므로 공범에 관한 형법총칙 규정이 적용될 수 없어 피고인 甲의 행위는 공무상비밀누설교사죄에 해당하지 아니한다(대판 2011.4.28. 2009도3642).　　정답 ✕

3. (★)필요적 공범이라는 것은 법률상 범죄의 실행이 다수인의 협력을 필요로 하는 것을 가리키는 것이므로 협력자 전부가 책임이 있음을 필요로 한다.

> 해설 필요적 공범이라는 것은 법률상 범죄의 실행이 다수인의 협력을 필요로 하는 것을 가리키는 것으로서 이러한 범죄의 성립에는 행위의 공동을 필요로 하는 것에 불과하고 반드시 협력자 전부가 책임이 있음을 필요로 하는 것은 아니다(대판 1987.12.22. 87도1699).　　정답 ✕

4. (★) 정치자금을 기부하는 자의 범죄가 성립하지 않더라도 정치자금을 기부받는 자가 정치자금법이 정하지 않은 방법으로 정치자금을 제공받는다는 의사를 가지고 받으면 정치자금부정수수죄가 성립한다.

> 해설 구 정치자금법 제45조 제1항의 정치자금을 기부한 자와 기부받은 자는 이른바 대향범(對

104

向犯)인 필요적 공범관계에 있다. 이러한 공범관계는 행위자들이 서로 대향적 행위를 하는 것을 전제로 하는데, 각자의 행위가 범죄구성요건에 해당하면 그에 따른 처벌을 받을 뿐이고 반드시 협력자 전부에게 범죄가 성립해야 하는 것은 아니다. 정치자금을 기부하는 자의 범죄가 성립하지 않더라도 정치자금을 기부받는 자가 정치자금법이 정하지 않은 방법으로 정치자금을 제공받는다는 의사를 가지고 받으면 정치자금부정수수죄가 성립한다(대판 2017.11.14. 2017도3449).

정답 ○

5. 정범의 성립은 교사범, 방조범의 구성요건의 일부를 형성하고 교사범, 방조범이 성립함에는 먼저 정범의 범죄행위가 인정되는 것이 그 전제요건이 되는 것이다.(판례에 의함)

해설 정범의 성립은 교사범, 방조범의 구성요건의 일부를 형성하고 교사범, 방조범이 성립함에는 먼저 정범의 범죄행위가 인정되는 것이 그 전제요건이 되는 것은 공범의 종속성에 연유하는 당연한 귀결이다(대판 1981.11.24. 81도2422). ※ 대법원이 공범종속성설을 취하고 있다는 것을 보여주는 판례이다.

정답 ○

제 2 절 간접정범

6. 처벌되지 아니하는 타인의 행위를 적극적으로 유발하고 이를 이용하여 자신의 범죄를 실현하였을 뿐 타인의 의사를 부당하게 억압하지 않은 경우 간접정범에 해당하지 않는다.

> 해설 처벌되지 아니하는 타인의 행위를 적극적으로 유발하고 이를 이용하여 자신의 범죄를 실현한 자는 형법 제34조 제1항이 정하는 간접정범의 죄책을 지게 되고, 그 과정에서 타인의 의사를 부당하게 억압하여야만 간접정범에 해당하는 것은 아니다(대판 2008.9.11. 2007도7204). **정답** ✕

7. (★)공무원 아닌 자가 허위사실을 신고하여 정을 모르는 면장으로부터 거주확인증을 발급받은 경우, 허위공문서작성죄의 간접정범이 성립할 수 없다.

> 해설 공무원 아닌 자가 허위공문서작성의 간접정범일 때에는 본법 제228조(공정증서원본부실기재죄)의 경우를 제외하고는 이를 처단하지 못하므로 면장의 거주확인증 발급을 위한 허위사실의 신고는 죄가 되지 않는다(대판 1971.1.26. 70도2598). **정답** ○

8. (★)판례에 의하면 발행인이 아닌 자는 부정수표단속법 제4조가 정한 허위신고죄의 주체가 될 수 없지만, 발행인이 아닌 자가 허위신고의 고의 없는 발행인을 이용하여 간접정범의 형태로 허위신고죄를 범할 수는 있다.

> 해설 부정수표단속법 제4조가 '수표금액의 지급 또는 거래정지처분을 면할 목적'을 요건으로 하고, 수표금액의 지급책임을 부담하는 자 또는 거래정지처분을 당하는 자는 발행인에 국한되는 점에 비추어 볼 때 그와 같은 발행인이 아닌 자는 부정수표단속법 제4조가 정한 허위신고죄의 주체가 될 수 없고, 발행인이 아닌 자는 허위신고의 고의 없는 발행인을 이용하여 간접정범의 형태로 허위신고죄를 범할 수도 없다(대판 2003.1.24. 2002도5939). **정답** ✕

9. (★)공무원이 아닌 자는 허위공문서작성죄의 간접정범으로 처벌할 수 없으나, 공무원이 아닌 자가 공무원과 공동하여 허위공문서작성죄를 범한 때에는 공무원이 아닌 자도 허위공문서작성죄의 공동정범이 된다.

> 해설 공무원이 아닌 자는 형법 제228조의 경우를 제외하고는 허위공문서작성죄의 간접정범으로 처벌할 수 없으나, 공무원이 아닌 자가 공무원과 공동하여 허위공문서작성죄를 범한 때에는 공무원이 아닌 자도 형법 제33조, 제30조에 의하여 허위공문서작성죄의 공동정범이 된다
> (대판 2006.5.11. 2006도1663) **정답** ○

10. (★★)보조직무에 종사하는 공무원이 허위공문서를 기안하여 허위인 정을 모르는 작성권자에게 제출하고 그로 하여금 그 내용이 진실한 것으로 오신케 하여 서명 또는 기명날인케 함으로써 공문서를 완성한 때에는 허위공문서작성죄의 간접정범이 성립한다.

[해설] 허위공문서작성죄의 주체는 직무상 그 문서를 작성할 권한이 있는 공무원에 한하고 작성권자를 보조하는 직무에 종사하는 공무원은 허위공문서작성죄의 주체가 되지 못하나 이러한 보조직무에 종사하는 공무원이 허위공문서를 기안하여 허위인 정을 모르는 작성권자에게 제출하고 그로 하여금 그 내용이 진실한 것으로 오신케 하여 서명 또는 기명날인케 함으로써 공문서를 완성한 때에는 허위공문서작성죄의 간접정범이 성립된다 할 것인 바, 면의 호적계장이 정을 모른 면장의 결재를 받아 허위내용의 호적부를 작성한 경우 허위공문서작성, 동행사죄의 간접정범이 성립된다(대판 1990.10.30. 90도1912).
[관련판례] (방위병 사건) 공문서의 작성권한이 있는 공무원의 직무를 보좌하는 자가 그 직위를 이용하여 행사할 목적으로 허위의 내용이 기재된 문서 초안을 그 정을 모르는 상사에게 제출하여 결재하도록 하는 등의 방법으로 작성권한이 있는 공무원으로 하여금 허위의 공문서를 작성하게 한 경우에는 간접정범이 성립되고 이와 공모한 자 역시 그 간접정범의 공범으로서의 죄책을 면할 수 없는 것이고, 여기서 말하는 공범은 반드시 공무원의 신분이 있는 자로 한정되는 것은 아니라고 할 것이다(대판 1992.1.17. 91도2837).
정답 ○

11. (★)보조공무원이 작성권자의 결재를 거치지 않고 임의로 허위내용의 공문서를 완성한 때에는 공문서위조죄가 성립한다.

[해설] 허위공문서작성죄의 주체는 그 문서를 작성할 권한이 있는 명의인인 공무원에 한하고, 그 공무원의 문서작성을 보조하는 직무에 종사하는 공무원은 위 죄의 주체가 되지 못하므로 보조공무원이 허위공문서를 기안하여 그 정을 모르는 작성권자의 결재를 받아 공문서를 완성한 때에는 허위공문서작성죄의 간접정범이 되고, 이러한 결재를 거치지 않고 임의로 허위내용의 공문서를 완성한 때에는 공문서위조죄가 성립한다(대판 1981.7.28. 81도898).
정답 ○

12. (★★)공무원 아닌 자가 관공서에 허위 내용의 증명원을 제출하여 그 내용이 허위인 정을 모르는 담당공무원으로부터 그 증명원 내용과 같은 증명서를 발급받은 경우, 공문서위조죄의 간접정범이 성립하지 아니한다.

[해설] 어느 문서의 작성권한을 갖는 공무원이 그 문서의 기재 사항을 인식하고 그 문서를 작성할 의사로써 이에 서명날인하였다면, 설령 그 서명날인이 타인의 기망으로 착오에 빠진 결과 그 문서의 기재사항이 진실에 반함을 알지 못한 데 기인한다고 하여도, 그 문서의 성립은 진정하며 여기에 하등 작성명의를 모용한 사실이 있다고 할 수는 없으므로, 공무원 아닌 자가 관공서에 허위 내용의 증명원을 제출하여 그 내용이 허위인 정을 모르는 담당공무원으로부터 그 증명원 내용과 같은 증명서를 발급받은 경우 공문서위조죄의 간접정범으로 의율할 수는 없다(대판 2001.3.9. 2000도938).
정답 ○

13. (★)타인명의의 신탁증서 1통을 작성한 후 마치 이를 다른 내용의 문서인 것처럼 그 타인에게 제시하여 날인을 받은 경우에는 사문서위조죄의 간접정범이 성립한다

[해설] 권리의무에 관한 사문서인 타인명의의 신탁증서 1통을 작성한 후 마치 이를 다른 내용의 문서인 것처럼 그 타인에게 제시하여 날인을 받은 후 이를 법원에 증거로 제출하여 사용하였다면 사문서위조 및 동행사죄가 성립한다(대판 1983.6.28. 83도1036).   정답 ○

제3절 공동정범

14. (★)판례에 의하면 편면적 공동정범은 인정될 수 없다.

> **해설** 공동가공의 의사는 공동행위자 상호간에 있어야 하며 행위자 일방의 가공의사만으로는 공동정범관계가 성립할 수 없다(대판 1985.5.14. 84도2118).　　**정답** ○

15. (★)피고인이 무등록 영업자인 甲, 乙의 부탁으로 자신이 운영하는 가게 옆에 크레인 게임기들을 설치할 장소와 이용할 전력을 제공하고 대가를 받았다고 하여, 게임산업진흥에 관한 법률 제45조(무등록 청소년게임제공업 영위) 위반죄의 공모공동정범에 해당한다고 할 수 없다.

> **해설** [1] 게임산업진흥에 관한 법률 제26조 제2항에서 '청소년게임제공업 등을 영위하고자 하는 자'란 청소년게임제공업 등을 영위함으로 인한 권리의무의 귀속주체가 되는 자(이하 '영업자'라고 한다)를 의미하므로, 영업활동에 지배적으로 관여하지 아니한 채 단순히 영업자의 직원으로 일하거나 영업을 위하여 보조한 경우, 또는 영업자에게 영업장소 등을 임대하고 사용대가를 받은 경우 등에는 같은 법 제45조 위반에 대한 본질적인 기여를 통한 기능적 행위지배를 인정하기 어려워, 이들을 방조범으로 처벌할 수 있는지는 별론으로 하고 공동정범으로 처벌할 수는 없다(대판 2011.11.10. 2010도11631).　　**정답** ○

> **판례정리** 괄호 안의 범죄(행위)에 대하여 공동가공의사(공모)를 인정할 수 없는 경우

> 1. 주식회사의 이사가 회사의 고문인 甲에게 X의 문제를 해결하기 위해서는 3억원을 주는 수밖에 없다고 보고하자, 甲이 아무런 말도 없이 창 밖만 쳐다보고 있으므로 이에 동의한 것으로 알고 이사가 X에게 공금 3억원을 교부하고 甲에게는 이 사실을 보고하지 않은 경우(업무상횡령죄) (대판 1999.9.17. 99도2889).
> 2. 甲이 A 등에게 "너희들이 오토바이를 훔쳐라 그러면 장물은 내가 사주겠다"라고 말한 경우(절도죄)(대판 1997.9.30. 97도1940).
> 3. 甲이 乙로부터 일제 전자제품 등을 밀수입해 오면 팔아주겠느냐는 제의를 받고 이를 승낙한 후 乙이 밀수입해 온 제품에 대하여 대금을 지불하고 인도받아 이를 처분하여 온 경우(관세법위반죄)(대판 2000.4.7. 2000도576).

16. (★★) 甲은 乙, 丙과 공모하여, 乙이 甲을 사문서위조 등으로 허위 고소하기로 하고, 甲, 乙, 丙은 수사기관의 예상 질문에 대한 대답을 준비하는 방식으로 甲을 무고하기로 하고, 乙이 그 공모에 따라 甲을 처벌하여 달라는 허위 내용의 고소장을 작성하여 제출하였다. 다음 기술의 옳고 그름을 판단하라.

(1) 범죄의 실행에 가담한 사람이라고 할지라도 그가 공동의 의사에 따라 다른 공범자를 이용하

여 실현하려는 행위가 자신에게는 범죄를 구성하지 않는다면, 특별한 사정이 없는 한 공동정범의 죄책을 진다고 할 수 없다.

(2) 자기 자신을 무고하기로 제3자와 공모하고 무고행위에 가담한 경우에는, 무고죄의 공동정범으로 처벌할 수 없다.

(3) 위 사안에서 甲이 자기 자신을 무고하기로 제3자와 공모하고 무고행위에 가담한 경우일지라도, 甲을 무고죄의 공동정범으로 처벌할 수 있다.

해설 [1] 형법 제30조에서 정한 공동정범은 공동으로 범죄를 저지르려는 의사에 따라 공범자들이 협력하여 범행을 분담함으로써 범죄의 구성요건을 실현한 경우에 각자가 범죄 전체에 대하여 정범으로서의 책임을 지는 것이다. 이러한 공동정범이 성립하기 위해서는 주관적 요건으로서 공동가공의 의사와 객관적 요건으로서 공동의사에 의한 기능적 행위지배를 통한 범죄의 실행사실이 필요하고, 이때 공동가공의 의사는 공동의 의사로 특정한 범죄행위를 하기 위하여 일체가 되어 서로 다른 사람의 행위를 이용하여 자기의 의사를 실행에 옮기는 것을 내용으로 하는 것이어야 한다. 따라서 범죄의 실행에 가담한 사람이라고 할지라도 그가 공동의 의사에 따라 다른 공범자를 이용하여 실현하려는 행위가 자신에게는 범죄를 구성하지 않는다면, 특별한 사정이 없는 한 공동정범의 죄책을 진다고 할 수 없다.
[2] 형법 제156조에서 정한 무고죄는 타인으로 하여금 형사처분 또는 징계처분을 받게 할 목적으로 허위의 사실을 신고하는 것을 구성요건으로 하는 범죄이다. 자기 자신으로 하여금 형사처분 또는 징계처분을 받게 할 목적으로 허위의 사실을 신고하는 행위, 즉 자기 자신을 무고하는 행위는 무고죄의 구성요건에 해당하지 않아 무고죄가 성립하지 않는다. 따라서 자기 자신을 무고하기로 제3자와 공모하고 이에 따라 무고행위에 가담하였더라도 이는 자기 자신에게는 무고죄의 구성요건에 해당하지 않아 범죄가 성립할 수 없는 행위를 실현하고자 한 것에 지나지 않아 무고죄의 공동정범으로 처벌할 수 없다(대판 2017.4.26. 2013도12592). 정답 (1) ○ (2) ○ (3) ✕

17. (★)사기의 공모공동정범이 그 기망방법을 구체적으로 몰랐다고 하더라도 공모관계를 부정할 수 없다.

해설 2인 이상이 범죄에 공동가공하는 공범관계에 있어 공모는 법률상 어떤 정형을 요구하는 것이 아니고 2인 이상이 공모하여 범죄에 공동가공하여 범죄를 실현하려는 의사의 결합만 있으면 되는 것으로서, 순차적으로 또는 암묵적으로 상통하여 그 의사의 결합이 이루어지면 공모관계가 성립하고, 이러한 공모가 이루어진 이상 실행행위에 직접 관여하지 아니한 사람이라도 다른 공범자의 행위에 대하여 공동정범으로서의 형사책임을 진다. 따라서 사기의 공모공동정범이 그 기망방법을 구체적으로 몰랐다고 하더라도 공모관계를 부정할 수 없다(대판 2013.8.23. 2013도5080). 정답 ○

18. 공모공동정범이 성립하기 위한 요건으로서의 공모는 법률상 어떤 정형을 요구하는 것이 아니므로 비록 전체적인 모의과정이 없었다고 하더라도 수인 사이에 순차적으로 또는 암묵적으로 상통하여 그 의사의 결합이 이루어지면 공모관계가 성립한다.

해설 大判 2005.3.11. 2002도5112.
[관련판례] 공동정범 또는 공모 공동정범의 경우에 범인 전원이 일정한 시간과 장소에 집합하여 모의하지 아니하고 그 중의 1인 또는 2인 이상을 통하여 릴레이식으로 범의의 연락이 있고 그 범의 내용에 대하여 포괄적 또는 개별적인 의사연락이나 인식이 있었다면 그들 전원이 공모관계가 있다고 보아야 한다(대판 1980.11.25. 80도2224). **정답** ○

19. 도로교통법 제46조 제1항 위반(공동위험행위) 범행에서는 '2명 이상이 공동으로' 범행에 가담하는 것이 구성요건의 내용을 이루기 때문에 행위자의 고의의 내용으로서 '공동의사'가 필요하고, 위와 같은 공동의사는 반드시 위반행위에 관계된 운전자 전부 사이의 의사연락이 필요한 것은 아니고 다른 사람에게 위해를 끼치거나 교통상의 위험을 발생하게 하는 것과 같은 사태의 발생을 예견하고 그 행위에 가담할 의사로 족하다. 또한 공동의사는 사전 공모뿐 아니라 현장에서의 공모에 의한 것도 포함된다.

해설 피고인 갑이 평소 잘 알고 지내던 을과 범행 당일 만나 함께 을왕리 해수욕장에 가기로 약속한 다음 서로 수회 전화통화를 주고받으며 각자 자동차를 운전하여 출발한 후 인천공항고속도로에서 합류하여 함께 주행하면서 여러 구간에서 앞뒤로 또는 좌우로 줄지어 제한속도를 현저히 초과하여 주행하였다는 내용의 공동 위험행위로 인한 도로교통법 위반의 공소사실로 기소된 사안에서, 피고인 갑과 을에게는 공동 위험행위에 관한 공동의사가 있었다고 보는 것이 타당하다고 한 사례.(대판 2021.10.14. 2018도10327) **정답** ○

20. (★)공동정범이 성립함에 있어 필요한 범죄를 공동실행할 의사는 범죄행위시에 존재하면 족하고 반드시 사전 공모함을 요하지 아니한다.

해설 大判 1970.1.27. 69도2225. **정답** ○

21. 공범자의 범인도피행위의 도중에 그 범행을 인식하면서 그와 공동의 범의를 가지고 기왕의 범인도피상태를 이용하여 스스로 범인도피행위를 계속한 자에 대하여는 범인도피죄의 공동정범이 성립한다.

해설 범인도피죄는 범인을 도피하게 함으로써 기수에 이르지만 범인도피행위가 계속되는 동안에는 범죄행위도 계속되고 행위가 끝날 때 비로소 범죄행위가 종료되고, 공범자의 범인도피행위의 도중에 그 범행을 인식하면서 그와 공동의 범의를 가지고 기왕의 범인도피상태를 이용하여 스스로 범인도피행위를 계속한 자에 대하여는 범인도피죄의 공동정범이 성립한다(대판 1995.9.5. 95도577). **정답** ○

22. (★★)포괄일죄의 범행 도중에 공동정범으로 범행에 가담한 자는 비록 그가 그 범행에 가담할 때에 이미 이루어진 종전의 범행을 알았다 하더라도 그 가담 이후의 범행에 대하여만 공동정범으로 책임을 진다.

[해설] 대판 2019.8.29. 2019도8357   정답 ○

23. 예인선 정기용선자의 현장소장 甲은 사고의 위험성이 높은 시점에 출항을 강행할 것을 지시하였고, 예인선 선장 乙은 甲의 지시에 따라 사고의 위험성이 높은 시점에 출항하는 등 무리하게 예인선을 운항한 결과 예인되던 선박에 적재된 물건이 해상에 추락하여 선박교통을 방해한 경우, 甲과 乙은 업무상과실일반교통방해죄의 공동정범에 해당한다.

[해설] 예인선 정기용선자의 현장소장 甲은 사고의 위험성이 높은 해상에서 철골 구조물 및 해상크레인 운반작업을 함에 있어 선적작업이 지연되어 정조시점에 맞추어 출항할 수 없게 되었음에도, 출항을 연기하거나 대책을 강구하지 않고 예인선 선장 乙의 출항연기 건의를 묵살한 채 출항을 강행하도록 지시하였고, 예인선 선장 乙은 甲의 지시에 따라 사고의 위험이 큰 시점에 출항하였고 해상에 강조류가 흐르고 있었음에도 무리하게 예인선을 운항한 결과 무동력 부선에 적재된 철골 구조물이 해상에 추락하여 해상의 선박교통을 방해한 사안에서, 甲과 乙을 업무상과실일반교통방해죄의 공동정범으로 처벌한 사례(대판 2009.6.11. 2008도11784).   정답 ○

※ **공동정범에 관한 다음 설명에 대하여 옳음(○)과 틀림(×)을 판단하시오(다툼이 있는 경우 판례에 의함).**

24. 공모에 참여한 사실이 인정되지만 직접 실행행위에 관여하지 않은 경우에는 직접 실행행위를 분담한 경우와 형사책임의 성립에 차이를 두어야만 한다.

[해설] 공모에 참여한 사실이 인정되는 이상 직접 실행행위에 관여하지 않았더라도 직접 실행행위를 분담한 경우와 형사책임의 성립에 차이를 둘 이유가 없다(대판 1988.9.13. 88도1114).   정답 ×

25. 몽둥이 등을 든 일부 조합원들이 집회 장소를 지키고 있던 용역경비원들을 폭행하거나 상해를 가한 경우, 조합 간부가 현장에서 노조원들을 지휘하는 역할을 하였으나 직접 상해나 폭행을 하지 않았다고 하더라도 폭력행위 등 처벌에 관한 법률 위반죄의 공모공동정범이 성립한다.

[해설] [1] 형법 제30조의 공동정범은 공동 가공의 의사와 그 공동의사에 기한 기능적 행위지배를 통한 범죄 실행이라는 주관적·객관적 요건을 충족함으로써 성립하는 바, 공모자 중 구성요건 행위 일부를 직접 분담하여 실행하지 않은 자라도 경우에 따라 이른바 공모공동정범으로서의 죄책을 질 수도 있는 것이기는 하나, 이를 위해서는 전체 범죄에 있어서 그가 차지하는 지위, 역할이나 범죄 경과에 대한 지배 내지 장악력 등을 종합해 볼 때, 단순한 공모자에 그치는 것이 아니라 범죄에 대한 본질적 기여를 통한 기능적 행위지배가 존재하는 것으로 인정되는 경우여야 한다.

[2] 몽둥이 등을 든 일부 조합원들이 집회 장소를 지키고 있던 용역경비원들을 폭행하거나 상해

를 가한 사안에서, 현장에 같이 있었던 조합 간부에게 공모공동정범의 죄책을 인정한 사례(대판 2009.8.20. 2008도11138).　　　　　　　　　　　　　　　　　　　　　**정답** ○

26. 공모자 중 구성요건 행위 일부를 직접 분담하여 실행하지 않은 자가 단순한 공모자에 그치는 경우에도 공동정범으로서의 죄책을 질 수 있다.

[해설] 형법 제30조의 공동정범은 공동가공의 의사와 그 공동의사에 기한 기능적 행위지배를 통한 범죄 실행이라는 주관적·객관적 요건을 충족함으로써 성립하는 바, <u>공모자 중 구성요건 행위 일부를 직접 분담하여 실행하지 않은 자라도 공동정범으로서의 죄책을 질 수도 있는 것이기는 하나</u>, 이를 위해서는 전체 범죄에 있어서 그가 차지하는 지위, 역할이나 범죄 경과에 대한 지배 내지 장악력 등을 종합해 볼 때, <u>단순한 공모자에 그치는 것이 아니라 범죄에 대한 본질적 기여를 통한 기능적 행위지배가 존재하는 것으로 인정되는 경우여야 한다</u>(대판 2007.10.26. 2007도4702).　　　　　　　　　　　　　　　　　　　　　　　　　**정답** ×

27. (★)전국노점상총연합회가 주관한 도로행진시위에 참가한 피고인이 다른 시위 참가자들과 함께 경찰관 등에 대한 특수공무집행방해 행위를 하던 중 체포된 경우, 단순 가담자인 피고인은 체포된 이후에 이루어진 다른 시위참가자들의 범행에 대하여는 공모공동정범의 죄책을 인정할 수 없다.

[해설] 단순 가담자인 피고인에게 체포된 이후에 이루어진 다른 시위참가자들의 범행에 대하여는 본질적 기여를 통한 기능적 행위지배가 존재한다고 보기 어려워 공모공동정범의 죄책을 인정할 수 없다고 한 사례(대판 2009.6.23. 2009도2994).　　　　　　　　　　　　**정답** ○

28. 실현행위를 하는 공범자에게 그 행위결정을 강화하도록 협력하는 것만으로는 공모에 의한 범죄의 공동실행이라고 볼 수 없다.

[해설] <u>공모에 의한 범죄의 공동실행은 모든 공범자가 스스로 범죄의 구성요건을 실현하는 것을 전제로 하지 아니하고, 그 실현행위를 하는 공범자에게 그 행위결정을 강화하도록 협력하는 것으로도 가능하며</u>, 이에 해당하는지 여부는 행위 결과에 대한 각자의 이해 정도, 행위 가담의 크기, 범행지배에 대한 의지 등을 종합적으로 고려하여 판단하여야 한다(대판 2006.12.22. 2006도1623).　　　　　　　　　　　　　　　　　　　　　　　　**정답** ×

29. (★)공모자가 공모에 주도적으로 참여하여 다른 공모자의 실행에 영향을 미친 때에는 범행을 저지하기 위하여 적극적으로 노력하는 등 실행에 미친 영향력을 제거하지 아니하는 한 공모관계에서 이탈하였다고 할 수 없다.

[해설] 大判 2008.4.10. 2008도1274.　　　　　　　　　　　　　　　　**정답** ○

30. (★)'시라소니'파 조직원 甲은 먼저 공격해온 반대파에 대한 보복 공격을 위해 다른 조직원들이 여러 대의 차에 분승하여 출발하려고 할 때 사태의 심각성을 실감하고 범행에 휘말리기 싫어서 그곳에서 택시를 타고 집으로 와 버렸다. 그러나 다른 조직원들은 공모한대로 반대파 두목을 살해하였다. 甲은 살인죄의 공동정범에 해당한다.

[해설] 피고인에게 범행에 가담하려는 의사가 있었다고 보기 어렵고, 가사 공모관계가 인정된다 하더라도 다른 조직원들이 범행에 이르기 전에 그 공모관계에서 이탈한 것이라 할 것이므로 피고인은 위 공모관계에서 이탈한 이후의 행위에 대하여는 공동정범으로의 책임을 지지 않는다(대판 1996.1.26. 94도2654). **정답** ✕

31. (★)甲은 다른 공범들이 피해자의 집에 들어가 재물을 강취하는 동안 집 밖에서 망을 보기로 공모한 후 다른 공범들이 실행에 착수한 후 망을 보다가 담배를 사러 갔는데, 그 사이에 다른 공범자들이 강취의 과정에서 피해자를 상해하였다. 甲은 강도상해죄의 공동정범에 해당한다.

[해설] 행위자 상호간에 범죄의 실행을 공모하였다면 다른 공모자가 이미 실행에 착수한 이후에는 그 공모관계에서 이탈하였다고 하더라도 공동정범의 책임을 면할 수 없는 것이므로 피고인 등이 금품을 강취할 것을 공모하고 피고인은 집 밖에서 망을 보기로 하였으나, 다른 공모자들이 피해자의 집에 침입한 후 담배를 사기 위해서 망을 보지 않았다고 하더라도, 피고인은 강도상해죄의 공동정범의 죄책을 면할 수가 없다(대판 1984.1.31. 83도2941). **정답** ○

32. (★)피고인이 공범들과 다단계금융판매조직에 의한 사기범행을 공모하고 피해자들을 기망하여 그들로부터 투자금명목으로 피해금원의 대부분을 편취한 단계에서 위 조직의 관리이사직을 사임한 경우, 피고인의 사임 이후 피해자들이 납입한 나머지 투자금명목의 편취금원도 같은 기망상태가 계속된 가운데 같은 공범들에 의하여 같은 방법으로 수수됨으로써 피해자별로 포괄일죄의 관계에 있으므로 이에 대하여도 피고인은 공범으로서의 책임을 부담한다.

[해설] 大判 2002.8.27. 2001도513. **정답** ○

33. 甲·乙·丙은 등산용 칼을 이용하여 노상강도를 하기로 공모하였다. 범행 당시 甲은 차 안에서 망을 보고 있었고 등산용 칼을 휴대한 乙과 칼을 휴대하지 않은 丙은 차에서 내려 행인 A에게 금품을 강취하려고 하였다. 이 때 행인 B가 우연히 현장을 목격하게 되자 乙이 소지 중인 칼로 B를 살해하였다. 乙은 강도살인죄, 甲과 丙은 강도치사죄가 성립한다.

[해설] 피고인들이 등산용 칼을 이용하여 노상강도를 하기로 공모한 사건에서, 범행 당시 차안에서 망을 보고 있던 피고인 甲이나, 등산용 칼을 휴대하고 있던 피고인 乙과 함께 차에서 내려 피해자로부터 금품을 강취하려 했던 피고인 丙으로서는, 그때 우연히 현장을 목격하게 된 다른

피해자를 피고인 乙이 소지 중인 등산용 칼로 살해하여 <u>강도살인행위에 이를 것을 전혀 예상하지 못하였다고 할 수 없으므로</u> 피고인들 모두는 강도치사죄로 의율 처단함이 옳다(대판 1990.11.27. 90도2262).

정답 ○

34. (★)상호의사의 연락이 있어 공동정범이 성립한다면, 독립행위경합 등의 문제는 아예 제기될 여지가 없다.

해설 大判 1997.11.28. 97도1740.

정답 ○

제 4 절 교사범

35. (★)피교사자가 이미 교사한 범죄와 동일한 범죄의 결의를 가지고 있을 때에는 교사범이 성립할 여지가 없다.

> 해설 교사범이란 정범으로 하여금 범죄를 결의하게 하여 그 죄를 범하게 한 때에 성립하는 것이고, 피교사자는 교사범의 교사에 의하여 범죄실행을 결의하여야 하는 것이므로, 피교사자가 이미 (동일한) 범죄의 결의를 가지고 있을 때에는 교사범이 성립할 여지가 없다(대판 2012.8.30. 2010도13694).
>
> 정답 ○

36. 교사행위에 의하여 정범이 실행을 결의하게 된 이상 비록 정범에게 범죄의 습벽이 있어 그 습벽과 함께 교사행위가 원인이 되어 정범이 범죄를 실행한 경우에도 교사범의 성립에 영향이 없다.

> 해설 교사범의 교사가 정범이 죄를 범한 유일한 조건일 필요는 없으므로, 교사행위에 의하여 정범이 실행을 결의하게 된 이상 비록 정범에게 범죄의 습벽이 있어 그 습벽과 함께 교사행위가 원인이 되어 정범이 범죄를 실행한 경우에도 교사범의 성립에 영향이 없다(대판 1991.5.14. 91도542).
>
> 정답 ○

37. 교사범이 성립하기 위해서는 교사자의 교사행위와 정범의 실행행위가 있어야 하나, 정범의 실행행위가 교사범의 구성요건의 일부를 형성하거나 교사범이 성립함에 있어서 정범의 범죄행위가 인정될 것이 요구되는 것은 아니다.

> 해설 교사범이 성립함에는 정범의 범죄행위가 인정되는 것이 전제요건이 된다(대판 2000.2.25. 99도1252).
>
> 정답 ✕

38. (★)절도범들로부터 19회에 걸쳐 장물을 취득하여 온 자가 절도범들에게 드라이버 1개를 사주면서 '열심히 일을 하라'고 말한 것은 절도의 교사라고 볼 수는 없고 단지 방조에 해당한다.

> 해설 절도의 교사에 해당한다(대판 1991.5.14. 91도542).
>
> 정답 ✕

39. (★)의사인 피고인이 결혼을 전제로 교제하던 여성 甲의 임신 사실을 알고 전문의 과정을 마쳐야 한다는 이유 등으로 수회에 걸쳐 낙태를 권유하였으나 甲은 출산이나 결혼이 피고인의 장래에 방해가 되지 않도록 최선을 다하겠다고 하면서 아이를 낳겠다고 말하면서 낙태를 거부하였다. 이에 피고인은 甲에게 출산 여부는 알아서 하되 더 이상 결혼을 진행하지 않겠다고 통보하고, 이후에도 아이에 대한 친권을 행사할 의사가 없다고 하면서 낙태할 병원을 물색해 주기도 하였는데, 그 후 甲은 피고인의 의사가 확고하다는 것을 확인하고 피고인에게 알리지 아니한 채 자신이 알아본 병원에서 낙태시술을 하였다. 판례에 의할 때 다음 기술의 옳고 그름을 판단하라.

(1) 교사자의 교사행위에도 불구하고 피교사자가 범행을 승낙하지 아니하거나 피교사자의 범행결의가 교사자의 교사행위에 의하여 생긴 것으로 보기 어려운 경우에는 이른바 실패한 교사로서 교사자를 음모 또는 예비에 준하여 처벌할 수 있을 뿐이다.
(2) 피교사자가 교사자의 교사행위 당시에는 일응 범행을 승낙하지 아니한 것으로 보여진다 하더라도 이후 그 교사행위에 의하여 범행을 결의한 것으로 인정되는 이상 교사범의 성립에는 영향이 없다.
(3) 피고인에게는 낙태죄의 교사범이 성립한다.

[해설] [1] 교사범이란 정범인 피교사자로 하여금 범죄를 결의하게 하여 그 죄를 범하게 한 때에 성립하므로, 교사자의 교사행위에도 불구하고 피교사자가 범행을 승낙하지 아니하거나 피교사자의 범행결의가 교사자의 교사행위에 의하여 생긴 것으로 보기 어려운 경우에는 이른바 실패한 교사로서 형법 제31조 제3항에 의하여 교사자를 음모 또는 예비에 준하여 처벌할 수 있을 뿐이다.
[2] 피교사자가 범죄의 실행에 착수한 경우 그 범행결의가 교사자의 교사행위에 의하여 생긴 것인지는 교사자와 피교사자의 관계, 교사행위의 내용 및 정도, 피교사자가 범행에 이르게 된 과정, 교사자의 교사행위가 없더라도 피교사자가 범행을 저지를 다른 원인의 존부 등 제반 사정을 종합적으로 고려하여 사건의 전체적 경과를 객관적으로 판단하는 방법에 의하여야 하고, 이러한 판단 방법에 의할 때 피교사자가 교사자의 교사행위 당시에는 일응 범행을 승낙하지 아니한 것으로 보여진다 하더라도 이후 그 교사행위에 의하여 범행을 결의한 것으로 인정되는 이상 교사범의 성립에는 영향이 없다.
[3] 피고인이 결혼을 전제로 교제하던 여성 甲의 임신 사실을 알고 수회에 걸쳐 낙태를 권유하였다가 거부당하자, 甲에게 출산 여부는 알아서 하되 더 이상 결혼을 진행하지 않겠다고 통보하고, 이후에도 아이에 대한 친권을 행사할 의사가 없다고 하면서 낙태할 병원을 물색해 주기도 하였는데, 그 후 甲이 피고인에게 알리지 아니한 채 자신이 알아본 병원에서 낙태시술을 받은 사안에서, 피고인은 甲에게 직접 낙태를 권유할 당시뿐만 아니라 출산 여부는 알아서 하라고 통보한 이후에도 계속 낙태를 교사하였고, 甲은 이로 인하여 낙태를 결의 · 실행하게 되었다고 보는 것이 타당하며, 甲이 당초 아이를 낳을 것처럼 말한 사실이 있다는 사정만으로 피고인의 낙태교사행위와 甲의 낙태결의 사이에 인과관계가 단절되는 것은 아니라는 이유로, 피고인에게 낙태교사죄를 인정한 원심판단을 정당하다고 한 사례(대판 2013.9.12. 2012도2744).

정답 (1) ○ (2) ○ (3) ○

40. (★★)甲은 乙에게 전화하여 은행 노조위원장인 A의 불륜관계를 이용하여 공갈할 것을 교사하였다. 이에 乙은 A를 미행하여 A가 여자와 함께 호텔에 들어가는 현장을 카메라로 촬영한 후 甲에게 이를 알렸으나, 甲은 乙에게 여러 차례 전화를 하여 그 동안의 수고비로 1,000만 원 정도를 줄테니 촬영한 동영상을 넘기고 A를 공갈하는 것을 단념하라고 만류하였다. 그럼에도 乙은 甲의 제안을 거절하고 촬영한 동영상을 A의 핸드폰에 전송하고 전화나 문자메시지 등으로 1억 원을 주지 않으면 여자와 호텔에 들어간 동영상을 가족과 회사에 유포하겠다고 A에게 겁을 주어 A로부터 현금 500만원을 교부받았다. 판례에 의할 때 다음 기술의 옳고 그름을 판단하라.

(1) 교사범이 공범관계의 이탈요건을 구비한 경우 항상 무죄이다.
(2) 甲은 공범관계에서 이탈한 것으로 볼 수 있으므로 공갈죄의 교사범이 성립하지 아니한다.

[해설] [1] 교사범이 그 공범 관계로부터 이탈하기 위해서는 피교사자가 범죄의 실행행위에 나아가기 전에 교사범에 의하여 형성된 피교사자의 범죄 실행의 결의를 해소하는 것이 필요하고, 이때 교사범이 피교사자에게 교사행위를 철회한다는 의사를 표시하고 이에 피교사자도 그 의사에 따르기로 하거나 또는 교사범이 명시적으로 교사행위를 철회함과 아울러 피교사자의 범죄 실행을 방지하기 위한 진지한 노력을 다하여 당초 피교사자가 범죄를 결의하게 된 사정을 제거하는 등 제반 사정에 비추어 객관적·실질적으로 보아 교사범에게 교사의 고의가 계속 존재한다고 보기 어렵고 당초의 교사행위에 의하여 형성된 피교사자의 범죄 실행의 결의가 더 이상 유지되지 않는 것으로 평가할 수 있다면, 설사 그 후 피교사자가 범죄를 저지르더라도 이는 당초의 교사행위에 의한 것이 아니라 새로운 범죄 실행의 결의에 따른 것이므로 교사자는 형법 제31조 제2항에 의한 죄책을 부담함은 별론으로 하고 형법 제31조 제1항에 의한 교사범으로서의 죄책을 부담하지는 않는다고 할 수 있다.
[2] 교사범이 성립하기 위해 교사범의 교사가 정범의 범행에 대한 유일한 조건일 필요는 없으므로, 교사행위에 의하여 피교사자가 범죄 실행을 결의하게 된 이상 피교사자에게 다른 원인이 있어 범죄를 실행한 경우에도 교사범의 성립에는 영향이 없다(대판 2012.11.15. 2012도7407).
[판결이유] 피고인의 교사행위와 피교사자의 공갈행위 사이에는 상당인과관계가 인정된다 할 것이고, 피고인의 만류행위가 있었지만 피교사자가 이를 명시적으로 거절하고 당초와 같은 범죄 실행의 결의를 그대로 유지한 것으로 보이는 이상, 피고인이 공범관계에서 이탈한 것으로 볼 수도 없다. **정답** (1) ✕ (2) ✕

41. (★)乙이 절도를 결의한 甲에게 폭행으로 재물을 강취할 것을 권유하자 甲은 강도행위를 하기로 작정하였으나 범행 당일에는 몰래 재물을 취거하였다. 甲에게는 절도죄 및 강도예비·음모죄가 성립한다.

[해설] 甲은 절도를 실행하였으므로 절도죄가 성립한다. 한편 乙이 강도를 교사하였고, 이에 甲이 강도를 결의한 후 강도죄의 실행의 착수로 나아가지 아니한 것은 효과 없는 교사에 해당한다. 효과 없는 교사의 경우에는 교사자와 피교사자 모두 교사한 범죄의 예비·음모로 처벌되므로 피교사자인 甲에게는 절도죄 이외에 강도죄의 예비·음모가 성립한다. **정답** ○

42. (★)甲은 乙에게 丙의 물건을 강취할 것을 교사하였다. 그러나 乙은 강간의 고의로 丙을 폭행한 후 강간했다. 이 경우 甲은 강도죄의 예비·음모로 처벌된다.

[해설] 교사의 착오 중 본질적인 초과에 해당한다. 따라서 정범의 강간행위에 대하여는 교사자는 책임을 지지 않으며, 다만 기도된 교사로서 甲은 형법 제31조 제2항 또는 제3항에 의해 강도죄의 예비·음모로 처벌된다. **정답** ○

제 5 절 종 범

43. 공동정범 중 1인인 甲이 다른 공동정범의 도피를 방조한 경우 범인도피죄의 방조범이 성립한다.

[해설] 공동정범 중 1인이 다른 공동정범의 도피를 방조한 경우 범인도피죄의 방조범이 성립한다(대판 1959.1.14. 4290형상1293). **정답** ○

44. (★)방조범의 경우 편면적 방조와 기도된 방조는 모두 가벌성이 인정된다.

[해설] 방조자와 정범사이에 반드시 공동실행의 의사가 필요한 것은 아니므로 편면적 방조의 경우에도 종범이 성립할 수 있다는 것이 통설이며 판례의 입장이다. 그러나 기도된 방조에 대하여는 기도된 교사와 달리 처벌규정이 없으므로 가벌성이 인정되지 아니한다. **정답** ×

45. 편면적 종범의 경우에는 정범의 범죄행위가 없더라도 방조범이 성립될 여지가 있다.

[해설] 편면적 종범에서도 정범의 범죄행위 없이 방조범만이 성립될 수 없다(대판 1974.5.28. 74도509). **정답** ×

46. (★)甲은 乙로 하여금 병역의무를 기피하거나 감면받게 할 목적으로 병역면제 브로커인 丙과 연락할 수 있게 하여 주었다. 그 후 乙은 병원에서 丙으로부터 건네받은 알부민과 자신의 손가락에서 뽑은 혈액을 혼합한 소변을 마치 정상적으로 채뇨한 것처럼 제출하여 소변검사를 한 결과 신장에 이상이 있다는 허위의 진단서를 발급받았다. 이 경우 甲은 병역법 제86조 위반죄의 종범이 성립한다.

[해설] 입영대상자가 병역면제처분을 받을 목적으로 병원으로부터 허위의 병사용진단서를 발급받았다고 하더라도 이러한 행위만으로는 사위행위의 실행에 착수하였다고 볼 수 없다고 한 사례(대판 2005.9.28. 2005도3065). **정답** ×

47. (★★)종범은 정범의 실행행위 중에 방조하는 경우뿐만 아니라 실행의 착수 전에 장래의 실행행위를 예상하고 방조한 경우에도 성립된다.

해설 종범은 정범의 실행행위 중에 이를 방조하는 경우뿐만 아니라, 실행 착수 전에 장래의 실행행위를 예상하고 이를 용이하게 하는 행위를 하여 방조한 경우에도 성립한다(대판 2007.12.14. 2005도872).   정답 ○

48. (★)형법상 방조행위가 성립하기 위해서는 정범이 누구에 의하여 실행되었는가를 확지할 필요가 있다.

해설 형법상 방조행위는 정범의 실행에 대하여 간접적이거나 직접적이거나를 가리지 아니하고 정범이 범행을 한다는 정을 알면서 그 실행행위를 용이하게 한 이상 정범이 누구에 의하여 실행되었는가를 확지할 필요가 없다(대판 1977.9.28. 76도4133).   정답 ×

49. (★)도박하는 자리에서 도금(賭金)으로 사용하리라는 정을 알면서 채무변제조로 금원을 교부하였다면 도박죄의 종범이 성립한다.

해설 도박하는 자리에서 도금으로 사용하리라는 정을 알면서 채무변제조로 금원을 교부하였다면 도박을 방조한 행위에 해당한다(대판 1970.7.28. 70도1218).   정답 ○

50. 소리바다 서비스를 운영하여 그 이용자들로 하여금 구 저작권법상 복제권의 침해행위를 할 수 있도록 한 것은 그 방조범에 해당한다.

해설 P2P 프로그램을 이용하여 음악파일을 공유하는 행위가 대부분 정당한 허락 없는 음악파일의 복제임을 예견하면서도 MP3 파일 공유를 위한 P2P 프로그램인 소리바다 프로그램을 개발하여 이를 무료로 널리 제공하였으며, 그 서버를 설치·운영하면서 프로그램 이용자들의 접속정보를 서버에 보관하여 다른 이용자에게 제공함으로써 이용자들이 용이하게 음악 MP3 파일을 다운로드 받아 자신의 컴퓨터 공유폴더에 담아 둘 수 있게 하고, 소리바다 서비스가 저작권법에 위배된다는 경고와 서비스 중단 요청을 받고도 이를 계속한 경우, MP3 파일을 다운로드 받은 이용자의 행위는 구 저작권법 제2조 제14호의 복제에 해당하고, 소리바다 서비스 운영자의 행위는 구 저작권법상 복제권 침해행위의 방조에 해당한다고 한 사례(대판 2007.12.14. 2005도872).   정답 ○

51. (★)의사 甲은 의사면허 없는 乙이 진료행위를 한 후에 그 진료내용을 진료부에 기재하였다. 甲의 행위는 보건범죄단속에 관한 특별조치법 위반죄의 종범이 성립한다.

[해설] 진료부는 환자진료상황을 기재하여 환자의 계속진료에 참고로 삼는 것임을 알 수 있으므로 진료부 기재행위를 진료종료 후의 사후행위에 불과 하다고 볼 수는 없으니 진료부 기재행위를 무면허의료행위 방조로 본 원심조치는 정당하다(대판 1982.4.27. 82도122). **정답 ○**

52. (★)방조자의 인식과 정범의 실행간에 착오가 있고 양자의 구성요건을 달리한 경우에는 원칙적으로 방조자의 고의는 조각되는 것이나, 그 구성요건이 중첩되는 부분이 있는 경우에는 그 중복되는 한도 내에서는 방조자의 죄책을 인정하여야 한다.

[해설] 大判 1985.2.26. 84도2987. **정답 ○**

53. (★)방조의 방조와 교사의 방조는 종범이 성립할 수 있으나 방조의 교사는 교사범이 성립한다.

[해설] 방조의 방조의 경우는 정범에 대한 간접방조가 되므로 종범이 성립할 수 있다(판례). 교사의 방조의 경우도 정범에 대한 방조가 되어 종범이 성립한다. 다만 이 경우 기도된 방조는 불가벌이므로 정범이 실행에 착수하여야 하는 것은 물론이다. 방조의 교사 역시 실질적으로 정범을 방조한 것이므로 정범에 종속하여 종범이 성립하는 경우에 교사자에게도 종범이 성립한다. **정답 ×**

제 6 절 공범과 신분

54. (★)신분자가 비신분자에게 가공한 경우에 대해서 형법 제33조 단서는 적용되지만 본문은 적용되지 않는다.

> [해설] 통설은 제33조 본문은 진정신분범에 대한 규정이고 단서는 부진정신분범에 대한 규정으로 본다. 그런데 진정신분범에 있어서 신분자가 비신분자에게 가공한 경우에는 본문이 적용되지 않고 간접정범이 성립할 뿐이다. 그러나 부진정신분범에 있어서 신분자가 비신분자에게 가공한 경우에는 단서가 적용되어 신분자에게는 부진정신분범이 성립하지만 비신분자에게는 보통범죄가 성립한다.   **정답** ○

55. (★)甲女가 자기의 아들 乙과 함께 남편을 살해하였다면 甲女는 존속살해죄의 공동정범이다.(판례에 의함)

> [해설] 실자(實子)와 더불어 남편을 살해한 처(妻)는 존속살해죄의 공동정범이다(대판 1961.8.2. 4294형상284).   **정답** ○

56. (★)甲이 乙을 교사하여 乙의 父 丙을 살해하게 한 경우에 甲은 보통살인죄의 교사범으로 처벌된다.

> [해설] 가중적 신분범죄에 비신분자가 신분자에게 가공한 경우로서 ⅰ) 판례에 의하면 제33조 본문(성립)과 단서(과형)가 적용된다. 따라서 甲은 존속살인죄의 교사범이 성립되나 보통살인죄의 교사범으로 처벌된다. ⅱ) 통설에 의하면 제33조 단서만 적용되게 되어 보통살인죄의 교사범이 성립되고 보통살인죄로 처벌된다.   **정답** ○

57. (★)판례에 의하면 업무상의 임무라는 신분관계가 없는 자가 그러한 신분관계 있는 자와 공모하여 업무상배임죄를 저질렀다면, 신분관계 없는 공범에게도 제33조 본문에 따라 일단 신분범인 업무상배임죄가 성립하고 다만 과형에서만 무거운 형이 아닌 단순배임죄의 법정형이 적용된다.

> [해설] 업무상의 임무라는 신분관계가 없는 자가 그러한 신분관계 있는 자와 공모하여 업무상배임죄를 저질렀다면, 그러한 신분관계가 없는 공범에 대하여는 형법 제33조 단서에 따라 단순배임죄에서 정한 형으로 처단하여야 한다. 이 경우에는 신분관계 없는 공범에게도 같은 조 본문에 따라 일단 신분범인 업무상배임죄가 성립하고 다만 과형에서만 무거운 형이 아닌 단순배임죄의 법정형이 적용된다.(대판 2018.8.30. 2018도10047)   **정답** ○

58. (★)판례는 형법 제152조 제2항의 모해위증죄에 있어서 '모해할 목적'도 형법 제33조 단서에서 규정하는 신분에 해당하므로, 甲이 모해할 목적으로 乙에게 위증을 교사한 경우 정범인 乙에게 모해의 목적이 없었다고 하더라도 형법 제33조 단서의 규정에 의하여 甲을 모해위증교사죄로 처단할 수 있다고 한다.

> **해설** 형법 제33조 소정의 이른바 신분관계라 함은 남녀의 성별, 내·외국인의 구별, 친족관계, 공무원인 자격과 같은 관계뿐만 아니라 널리 일정한 범죄행위에 관련된 범인의 인적관계인 특수한 지위 또는 상태를 지칭하는 것이다. 형법 제152조 제1항과 제2항은 위증을 한 범인이 형사사건의 피고인 등을 '모해할 목적'을 가지고 있었는가 아니면 그러한 목적이 없었는가 하는 범인의 특수한 상태의 차이에 따라 범인에게 과할 형의 경중을 구별하고 있으므로, 이는 바로 형법 제33조 단서 소정의 "신분관계로 인하여 형의 경중이 있는 경우"에 해당한다고 봄이 상당하다. 피고인이 甲을 모해할 목적으로 乙에게 위증을 교사한 이상, 가사 정범인 乙에게 모해의 목적이 없었다고 하더라도, 형법 제33조 단서의 규정에 의하여 피고인을 모해위증교사죄로 처단할 수 있다(대판 1994.12.23. 93도1002). **정답** ○

59. (★★) 권리행사방해죄의 공범으로 기소된 물건의 소유자에게 고의가 없는 등으로 범죄가 성립하지 않는 경우일지라도, 물건의 소유자가 아닌 사람은 권리행사방해죄의 공동정범이 될 수 있다.

> **해설** 형법 제323조의 권리행사방해죄는 타인의 점유 또는 권리의 목적이 된 자기의 물건을 취거, 은닉 또는 손괴하여 타인의 권리행사를 방해함으로써 성립하므로 그 취거, 은닉 또는 손괴한 물건이 자기의 물건이 아니라면 권리행사방해죄가 성립할 수 없다.
> 물건의 소유자가 아닌 사람은 형법 제33조 본문에 따라 소유자의 권리행사방해 범행에 가담한 경우에 한하여 그의 공범이 될 수 있을 뿐이다. 그러나 권리행사방해죄의 공범으로 기소된 물건의 소유자에게 고의가 없는 등으로 범죄가 성립하지 않는다면 공동정범이 성립할 여지가 없다(大判 2017.5.30. 2017도4578). **정답** ✕

60. 치과의사가 환자의 대량유치를 위해 치과기공사들에게 내원환자들에게 진료행위를 하도록 지시하여 동인들이 각 단독으로 진료행위를 하였다면 무면허의료 행위의 교사범에 해당한다.

> **해설** 大判 1986.7.8. 86도749. **정답** ○

61. (★)무면허의료행위가 실시되는 데 간호사와 함께 공모하여 그 공동의사에 의한 기능적 행위지배가 있었다면, 의사도 무면허의료행위의 공동정범으로서의 죄책을 진다.

해설 의사가 (무면허)의료행위가 실시되는 데 간호사와 함께 공모하여 그 공동의사에 의한 기능적 행위지배가 있었다면, 의사도 무면허의료행위의 공동정범으로서의 죄책을 진다(대판 2012.5.10. 2010도5964).   정답 ○

62. (★) 의료인이 비의료인의 의료기관 개설행위에 공모하여 가공한 경우, 의료법 위반죄의 공동정범에 해당한다.

해설 의료인이 의료인의 자격이 없는 일반인의 의료기관 개설행위에 공모하여 가공하면 구 의료법 제87조 제1항 제2호, 제33조 제2항 위반죄의 공동정범에 해당한다(大判 2017.4.7. 2017도378).   정답 ○

제7장 죄수론

제1절 일 죄

1. 특별관계에서 특별구성요건을 실현하는 행위는 일반구성요건을 충족하지만, 반대로 일반 구성요건을 실현하는 행위는 특별구성요건을 실현하지 못한다.

> **해설** 법조경합의 한 형태인 특별관계란 어느 구성요건이 다른 구성요건의 모든 요소를 포함하는 이외에 다른 요소를 구비하여야 성립하는 경우로서 특별관계에 있어서는 특별법의 구성요건을 충족하는 행위는 일반법의 구성요건을 충족하지만 반대로 일반법의 구성요건을 충족하는 행위는 특별법의 구성요건을 충족하지 못한다(대판 2005.2.17. 2004도6940). **정답** ○

2. 1개의 행위가 형법의 구성요건과 행정적 처벌법규의 구성요건에 각 해당하는 것처럼 보일 경우에는 행정적 처벌법규의 구성요건이 형법의 구성요건에 대하여 특별관계에 있다고 보아야 할 것이다.

> **해설** 1개의 행위로서 형법의 구성요건과 행정적 처벌법규의 구성요건에 각 해당하는 경우에 이 양자간의 관계는 특별관계 또는 흡수관계 등 법조경합으로 볼 것이 아니라 상상적 경합으로 보아야 할 것이다(대판 1961.10.12. 60도966). **정답** ✕

3. (★)피해자에 대한 폭행행위가 동일한 피해자에 대한 업무방해죄의 수단이 되었다고 하더라도 그러한 폭행행위가 이른바 '불가벌적 수반행위'에 해당하여 업무방해죄에 대하여 흡수관계에 있다고 볼 수는 없다.

> **해설** [1] 상상적 경합은 1개의 행위가 실질적으로 수개의 구성요건을 충족하는 경우를 말하고, 법조경합은 1개의 행위가 외관상 수개의 죄의 구성요건에 해당하는 것처럼 보이나 실질적으로 1죄만을 구성하는 경우를 말한다. 그리고 이른바 '불가벌적 수반행위'란 법조경합의 한 형태인 흡수관계에 속하는 것으로서, 행위자가 특정한 죄를 범하면 비록 논리 필연적인 것은 아니지만 일반적·전형적으로 다른 구성요건을 충족하고 이때 그 구성요건의 불법이나 책임 내용이 주된 범죄에 비하여 경미하기 때문에 처벌이 별도로 고려되지 않는 경우를 말한다.
> [2] 업무방해죄와 폭행죄는 구성요건과 보호법익을 달리하고 있고, 업무방해죄의 성립에 일반적·전형적으로 사람에 대한 폭행행위를 수반하는 것은 아니며, 폭행행위가 업무방해죄에 비하여 별도로 고려되지 않을 만큼 경미한 것이라고 할 수도 없으므로, 설령 피해자에 대한 폭행행

위가 동일한 피해자에 대한 업무방해죄의 수단이 되었다고 하더라도 그러한 폭행행위가 이른 바 '불가벌적 수반행위'에 해당하여 업무방해죄에 대하여 흡수관계에 있다고 볼 수는 없다(대판 2012.10.11. 2012도1895).　　　　　**정답** ○

4. (★)재산범죄를 저지른 이후에 별도의 재산범죄의 구성요건에 해당하는 사후행위가 있었다면 비록 그 행위가 불가벌적 사후행위로서 처벌의 대상이 되지 않는다 할지라도 그 사후행위로 인하여 취득한 물건은 재산범죄로 인하여 취득한 물건으로서 장물이 될 수 있다.

[해설] 형법 제41장의 장물에 관한 죄에 있어서의 '장물'이라 함은 재산범죄로 인하여 취득한 물건 그 자체를 말하므로, 재산범죄를 저지른 이후에 별도의 재산범죄의 구성요건에 해당하는 사후행위가 있었다면 비록 그 행위가 불가벌적 사후행위로서 처벌의 대상이 되지 않는다 할지라도 그 사후행위로 인하여 취득한 물건은 재산범죄로 인하여 취득한 물건으로서 장물이 될 수 있다(대판 2004.4.16. 2004도353).　　　**정답** ○

5. (★)간첩이 이미 탐지·수집하여 지득하고 있는 사항을 타인에게 보고·누설하는 행위는 간첩의 사후행위로서 처단의 대상이 되는 간첩행위 자체라고 할 수 없다.

[해설] 형법 제98조 제1항에서 간첩이라 함은 적국에 제보하기 위하여 은밀한 방법으로 우리나라의 군사상은 물론 정치, 경제, 사회, 문화, 사상 등 기밀에 속한 사항 또는 도서, 물건을 탐지·수집하는 것을 말하고, 간첩행위는 기밀에 속한 사항 또는 도서, 물건을 탐지·수집한 때에 기수가 되므로 간첩이 이미 탐지·수집하여 지득하고 있는 사항을 타인에게 보고·누설하는 행위는 간첩의 사후행위로서 위 조항에 의하여 처단의 대상이 되는 간첩행위 자체라고 할 수 없다(대판(전) 2011.1.20. 2008재도11).　　　**정답** ○

6. (★★★) X 종중으로부터 종중 소유의 토지를 명의신탁받아 보관 중이던 甲이 자신의 개인 채무 변제에 사용할 돈을 차용하기 위해 위 토지에 근저당권을 설정하였는데, 그 후 피고인 甲 등이 공모하여 위 토지를 Y에게 매도한 경우, 피고인 甲 등이 토지를 매도한 행위는 선행 근저당권설정행위 이후에 이루어진 것이어서 불가벌적 사후행위에 해당한다.

[해설] 횡령죄는 다른 사람의 재물에 관한 소유권 등 본권을 보호법익으로 하고 법익침해의 위험이 있으면 침해의 결과가 발생되지 아니하더라도 성립하는 위험범이다. 그리고 일단 특정한 처분행위(이를 '선행 처분행위'라 한다)로 인하여 법익침해의 위험이 발생함으로써 횡령죄가 기수에 이른 후 종국적인 법익침해의 결과가 발생하기 전에 새로운 처분행위(이를 '후행 처분행위'라 한다)가 이루어졌을 때, 후행 처분행위가 선행 처분행위에 의하여 발생한 위험을 현실적인 법익침해로 완성하는 수단에 불과하거나 그 과정에서 당연히 예상될 수 있는 것으로서 새로운 위험을 추가하는 것이 아니라면 후행 처분행위에 의해 발생한 위험은 선행 처분행위에 의하여 이미 성립된 횡령죄에 의해 평가된 위험에 포함되는 것이므로 후행 처분행위는 이른바 불가벌적 사후행위에 해당

한다. 그러나 후행 처분행위가 이를 넘어서서, 선행 처분행위로 예상할 수 없는 새로운 위험을 추가함으로써 법익침해에 대한 위험을 증가시키거나 선행 처분행위와는 무관한 방법으로 법익침해의 결과를 발생시키는 경우라면, 이는 선행 처분행위에 의하여 이미 성립된 횡령죄에 의해 평가된 위험의 범위를 벗어나는 것이므로 특별한 사정이 없는 한 별도로 횡령죄를 구성한다고 보아야 한다(대판(전) 2013.2.21. 2010도10500).

정답 ✕

7. (★) 회사에 대한 관계에서 타인의 사무를 처리하는 자가 임무에 위배하는 행위로써 회사로 하여금 회사가 펀드 운영사에 지급하여야 할 펀드출자금을 정해진 시점보다 선지급하도록 하여 배임죄를 범한 다음, 그와 같이 선지급된 펀드출자금을 보관하는 자와 공모하여 펀드출자금을 임의로 인출한 후 자신의 투자금으로 사용하기 위하여 임의로 송금하도록 한 행위는 배임 범행의 불가벌적 사후행위에 해당한다.

해설 갑 회사에 대한 관계에서 타인의 사무를 처리하는 자가 임무에 위배하는 행위로써 회사로 하여금 회사가 펀드 운영사에 지급하여야 할 펀드출자금을 정해진 시점보다 선지급하도록 하여 배임죄를 범한 다음, 그와 같이 선지급된 펀드출자금을 보관하는 자와 공모하여 펀드출자금을 임의로 인출한 후 자신의 투자금으로 사용하기 위하여 임의로 송금하도록 한 행위는 펀드출자금 선지급으로 인한 배임죄와는 다른 새로운 보호법익을 침해하는 행위로서 배임 범행의 불가벌적 사후행위가 되는 것이 아니라 별죄로서 횡령죄를 구성한다고 보아야 한다(大判 2014.12.11. 2014도10036).

정답 ✕

8. (★) 종친회 회장인 피고인이 위조한 종친회 규약 등을 공탁관에게 제출하는 방법으로 종친회를 피공탁자로 하여 공탁된 수용보상금을 출급받은 후 종친회에 대하여 공탁금의 반환을 거부하였다면 사기죄 이외에 별도로 업무상횡령죄가 성립한다.

해설 갑 종친회 회장인 피고인이 위조한 종친회 규약 등을 공탁관에게 제출하는 방법으로 갑 종친회를 피공탁자로 하여 공탁된 수용보상금을 출급받아 편취하고, 이를 종친회를 위하여 업무상 보관하던 중 반환을 거부하여 횡령하였다는 내용으로 기소된 사안에서, 피고인이 공탁관을 기망하여 공탁금을 출급받음으로써 갑 종친회를 피해자로 한 사기죄가 성립하고, 그 후 갑 종친회에 대하여 공탁금 반환을 거부한 행위는 새로운 법익의 침해를 수반하지 않는 불가벌적 사후행위에 해당할 뿐 별도의 횡령죄가 성립하지 않는다고 한 사례(大判 2015.9.10. 2015도8592).

[판결이유] 공익사업의 시행자가 수용보상금을 공탁한 경우 피공탁자는 그 공탁금에 관하여 출급청구권을 가진다. 한편 공탁관의 공탁금출급인가처분에 따라 공탁금이 출급되었다면, 설령 이를 출급받은 사람이 진정한 출급청구권자가 아니라고 하더라도 이로써 공탁법상의 공탁절차는 종료되었다고 할 것이고, 따라서 진정한 출급청구권자는 공탁금출급청구를 하거나 국가를 상대로 하여 민사소송으로 공탁금의 지급을 구할 수 없다. 이러한 법리에 따르면 피고인이 공탁관을 기망하여 공탁금을 출급받음으로써 종친회가 공탁금출급청구권을 상실하는 손해를 입었으므로, 종친회가 사기죄의 피해자가 될 수 있을 뿐이다. 따라서 피고인이 그 후 종친회에 대하여 공탁금의 반환을 거부하였더라도, 그 행위는 새로운 법익의 침해를 수반하지 않는 불가벌적 사후행위에 해당할 뿐이고, 별도의 횡령죄가 성립하지 아니한다.

정답 ✕

9. (★★) 주식회사 대표이사인 甲이 자신의 채권자 乙에게 차용금에 대한 담보로 회사 명의 정기예금에 질권을 설정하여 주었는데, 그 후 乙이 甲의 동의하에 정기예금 계좌에 입금되어 있던 회사 자금을 전액 인출하였다면 甲에게는 배임죄와 별도로 횡령죄가 성립한다.

[해설] 주식회사 대표이사인 甲이 자신의 채권자 乙에게 차용금에 대한 담보로 회사 명의 정기예금에 질권을 설정하여 주었는데, 그 후 乙이 차용금과 정기예금의 변제기가 모두 도래한 이후 甲의 동의하에 정기예금 계좌에 입금되어 있던 회사 자금을 전액 인출하였다고 하여 구 특정경제범죄 가중처벌 등에 관한 법률(2012. 2. 10. 법률 제11304호로 개정되기 전의 것) 위반으로 기소된 사안에서, 민법 제353조에 의하면 질권자는 질권의 목적이 된 채권을 직접 청구할 수 있으므로, 甲의 예금인출동의행위는 이미 배임행위로써 이루어진 질권설정행위의 사후조치에 불과하여 새로운 법익의 침해를 수반하지 않는 이른바 불가벌적 사후행위에 해당하고, 별도의 횡령죄를 구성하지 않는데도, 이와 달리 甲에 대하여 질권설정으로 인한 배임죄와 별도로 예금인출로 인한 횡령죄까지 성립한다고 본 원심판결에 불가벌적 사후행위에 관한 법리오해의 위법이 있다고 한 사례(대판 2012.11.29. 2012도10980). **정답** ×

10. 사기죄에서 피해자에게 대가가 지급된 후 피해자를 기망하여 그가 보유하고 있는 그 대가를 다시 편취하거나 피해자로부터 그 대가를 위탁받아 보관 중 횡령한 경우, 별도의 사기죄나 횡령죄가 성립한다.

[해설] 사기죄에서 피해자에게 그 대가가 지급된 경우, 피해자를 기망하여 그가 보유하고 있는 그 대가를 다시 편취하거나 피해자로부터 그 대가를 위탁받아 보관 중 횡령하였다면, 이는 새로운 법익의 침해가 발생한 경우이므로, 기존에 성립한 사기죄와는 별도의 새로운 사기죄나 횡령죄가 성립한다(대판 2009.12.24. 2007도6243). **정답** ○

11. (★)A 주식회사의 대표이사와 실질적 운영자인 甲 등이 공모하여, 자신들이 B에 대해 부담하는 개인채무 지급을 위하여 A 회사로 하여금 약속어음을 공동발행하게 하고 위 채무에 대하여 연대보증하게 한 후에 A 회사를 위하여 보관 중인 돈을 임의로 인출하여 B에게 지급하여 위 채무를 변제한 경우, 약속어음금채무와 연대보증채무 부담으로 인한 회사에 대한 배임죄와 별죄인 횡령죄를 구성한다.

[해설] 배임죄와 횡령죄의 구성요건적 차이에 비추어 보면, 회사에 대한 관계에서 타인의 사무를 처리하는 자가 임무에 위배하여 회사로 하여금 자신의 채무에 관하여 연대보증채무를 부담하게 한 다음, 회사의 금전을 보관하는 자의 지위에서 회사의 이익이 아닌 자신의 채무를 변제하려는 의사로 회사의 자금을 자기의 소유인 경우와 같이 임의로 인출한 후 개인채무의 변제에 사용한 행위는, 연대보증채무 부담으로 인한 배임죄와 다른 새로운 보호법익을 침해하는 것으로서 배임 범행의 불가벌적 사후행위가 되는 것이 아니라 별죄인 횡령죄를 구성한다고 보아야 하며, 횡령행위로 인출한 자금이 선행 임무위배행위로 인하여 회사가 부담하게 된 연대보증채무의 변제에 사용되었다 하더라도 달리 볼 것은 아니다(대판 2011.4.14. 2011도277). **정답** ○

※ (★)다음 중 판례에 의할 때 불가벌적 사후행위가 성립하는 사례(○)와 성립하지 않는 사례(×)를 판단하시오.

12. 절취한 신용카드로 물품을 구입한 경우

[해설] 신용카드를 절취한 후 이를 사용한 경우 신용카드의 부정사용행위는 새로운 법익의 침해로 보아야 하고 그 법익침해가 절도범행보다 큰 것이 대부분이므로 위와 같은 부정사용행위가 절도범행의 불가벌적 사후행위가 되는 것은 아니다(대판 1996.7.12. 96도1181). **정답** ×

13. 장물인 자기앞수표를 취득한 후 이를 현금 대신 교부한 경우

[해설] 금융기관 발행의 자기앞수표는 그 액면금을 즉시 지급받을 수 있는 점에서 현금에 대신하는 기능을 가지고 있어서 장물인 자기앞수표를 취득한 후 이를 현금 대신 교부한 행위는 장물취득에 대한 가벌적 평가에 당연히 포함되는 불가벌적 사후행위로서 별도의 범죄를 구성하지 아니한다(대판 1993.11.23. 93도213).

[동지판례] ⅰ) 열차승차권을 절취한 자가 환불을 받음에 있어 비록 기망행위가 수반한다 하더라도 절도죄 외에 별도로 사기죄가 성립하지 아니한다(대판 1975.8.29. 75도1996).

ⅱ) 절취한 자기앞수표를 추심의뢰에 의하여 환금한 행위는 별도로 사기죄가 성립하지 아니한다(대판 1982.7.27. 82도822).

[비교판례] 편취한 약속어음을 그와 같은 사실을 모르는 제3자에게 편취사실을 숨기고 할인받는 행위는 당초의 어음 편취와는 별개의 새로운 법익을 침해하는 행위로서 새로운 사기죄를 구성한다(대판 2005.9.30. 2005도5236). **정답** ○

14. 강취한 예금통장으로 은행에서 현금을 찾은 경우

[해설] 강취한 은행예금통장을 이용하여 은행직원을 기망하여 진실한 명의인이 예금의 환급을 청구하는 것으로 오신케 함으로써 예금의 환급명목으로 금원을 편취하는 것은 다시 새로운 법익을 침해하는 행위이므로 장물의 단순한 사후처분과는 같지 아니하고 별도의 사기죄를 구성한다(대판 1990.7.10. 90도1176). **정답** ×

15. 장물을 보관하다가 그 장물을 횡령한 경우

[해설] 장물보관자가 그 보관한 장물을 횡령하였다고 하여도 장물보관죄가 성립하는 때에는 그 후의 횡령행위는 불가벌적 사후행위에 불과하므로 별도로 횡령죄는 성립하지 않는다(대판 1976.11.23. 76도3067). **정답** ○

16. 사람을 살해하고 사체를 유기한 경우

[해설] 사람을 살해한 자가 그 사체를 다른 장소로 옮겨 유기하였을 때에는 별도로 사체유기죄가 성립하고, 이와 같은 사체유기를 불가벌적 사후행위로 볼 수는 없다(대판 1997.7.25. 97도1142).
　　　　　　　　　　　　　　　　　　　　　　　　　　　　　　　　정답 ✕

17. 전당표를 절취한 자가 기망행위에 의하여 전당물을 교부받아 편취한 경우

[해설] 절취한 전당표를 제3자에게 교부하면서 자기 누님의 것이니 찾아 달라고 거짓말을 하여 이를 믿은 제3자가 전당포에 이르러 그 종업원에게 전당표를 제시하여 기망케 하고 전당물을 교부받게 하여 편취하였다면 사기죄를 구성하는 것이다(대판 1980.10.14. 80도2155).
　　　　　　　　　　　　　　　　　　　　　　　　　　　　　　　　정답 ✕

18. 절도범인이 그 절취한 장물을 자기 것인 양 제3자에게 매도하여 매매대금을 취득한 경우

[해설] 절도범인이 그 절취한 장물을 자기 것인 양 제3자를 기망하여 금원을 편취한 경우에는 새로운 법익의 침해가 있으므로 사기죄가 성립된다(대판 1980.11.25. 80도2310).
　　　　　　　　　　　　　　　　　　　　　　　　　　　　　　　　정답 ✕

19. 회사의 대표자가 회사자금을 인출하여 횡령함에 있어 경비지출을 장부상 과다계상하고, 이를 토대로 조세를 납부하여 조세를 포탈한 경우

[해설] 大判 1992.3.10. 92도147.
　　　　　　　　　　　　　　　　　　　　　　　　　　　　　　　　정답 ✕

20. 대마취급자가 아닌 자가 절취한 대마를 흡입할 목적으로 소지하는 경우

[해설] 대마취급자가 아닌 자가 절취한 대마를 흡입할 목적으로 소지하는 행위는 절도죄의 보호법익과는 다른 새로운 법익을 침해하는 행위이므로 절도죄 외에 별개의 죄를 구성한다고 할 것이며, 절도죄와 무허가대마소지죄는 경합범의 관계에 있다(대판 1999.4.13. 98도3619).
[비교판례] 향정신성의약품관리법 제42조 제1항 제1호가 규정하는 향정신성의약품수수의 죄가 성립되는 경우에는 그 수수행위의 결과로서 그에 당연히 수반되는 향정신성의약품의 소지행위는 수수죄의 불가벌적 수반행위로서 수수죄에 흡수되고 별도의 범죄를 구성하지 않는다고 볼 것이다(대판 1990.1.25. 89도1211).
　　　　　　　　　　　　　　　　　　　　　　　　　　　　　　　　정답 ✕

21. 회사의 대표기관으로서 피해자의 돈을 편취한 다음 이를 사적으로 다시 영득한 경우

[해설] 대표이사 등의 회사의 대표기관으로서 피해자들을 기망하여 대부받은 금원은 그 회사

에 귀속되는 것인데, 그 후 대표이사 등이 이를 보관하고 있으면서 횡령한 것이라면 이는 위 사기범행과는 침해법익을 달리하므로 횡령죄가 성립되는 것이고, 이를 단순한 불가벌적 사후행위로만 볼 수 없다(대판 1989.12.24. 89도1605). **정답** ✕

---

22. 당초부터 피해자를 기망하여 약속어음을 교부받은 후 이를 피해자에 대한 자신의 채권의 변제에 충당한 경우

해설 大判 1983.4.26. 82도3079. **정답** ○

---

23. 영업비밀이 담긴 타인의 재물을 절취하여 그 영업비밀을 부정사용한 경우

해설 부정한 이익을 얻거나 기업에 손해를 가할 목적으로 그 기업에 유용한 영업비밀이 담겨 있는 타인의 재물을 절취한 후 그 영업비밀을 사용하는 경우, 영업비밀의 부정사용행위는 새로운 법익의 침해로 보아야 하므로 위와 같은 부정사용행위가 절도범행의 불가벌적 사후행위가 되는 것은 아니다(대판 2008.9.11. 2008도5364). **정답** ✕

- -

24. (★★★) 甲은 乙에게 자기 명의 계좌의 통장 등 접근매체를 양도하였고 乙은 A를 기망(보이스피싱)하여 甲명의의 계좌에 현금을 입금케하였다. 다음 기술의 옳고 그름을 판단하라.

(1) 乙이 사기이용계좌로 송금된 돈을 인출한 행위는 A에 대하여 사기죄 이외에 따로 횡령죄를 구성하지 아니한다.

(2) 만약 甲이 사기죄의 종범에 해당하지 않는다면 사기이용계좌로 송금된 돈을 임의로 인출한 경우에는 A에 대하여 횡령죄가 성립한다.

(3) 만약 甲이 사기죄의 종범에 해당한다면 사기이용계좌로 송금된 돈을 임의로 인출한 경우에는 별도로 A에 대하여 횡령죄가 성립하지 아니한다.

(4) 甲이 사기이용계좌로 송금된 돈을 임의로 인출한 경우에는 乙에 대하여 횡령죄가 성립한다.

해설 (1) 전기통신금융사기(이른바 보이스피싱 범죄)의 범인이 피해자를 기망하여 피해자의 돈을 사기이용계좌로 송금·이체받았다면 이로써 편취행위는 기수에 이른다. 따라서 범인이 피해자의 돈을 보유하게 되었더라도 이로 인하여 피해자와 사이에 어떠한 위탁 또는 신임관계가 존재한다고 할 수 없는 이상 피해자의 돈을 보관하는 지위에 있다고 볼 수 없으며, 나아가 그 후에 범인이 사기이용계좌에서 현금을 인출하였더라도 이는 이미 성립한 사기범행의 실행행위에 지나지 아니하여 새로운 법익을 침해한다고 보기도 어려우므로, 위와 같은 인출행위는 사기의 피해자에 대하여 따로 횡령죄를 구성하지 아니한다.(대판 2017.5.31. 2017도3045).

(2)(3)(4) [1] 계좌명의인이 송금·이체의 원인이 되는 법률관계가 존재하지 않음에도 계좌이체에 의하여 취득한 예금채권 상당의 돈은 송금의뢰인에게 반환하여야 할 성격의 것이므로, 계좌명의인은 그와 같이 송금·이체된 돈에 대하여 송금의뢰인을 위하여 보관하는 지위에 있다고 보아야 한다. 따

라서 계좌명의인이 그와 같이 송금·이체된 돈을 그대로 보관하지 않고 영득할 의사로 인출하면 횡령죄가 성립한다.

이러한 법리는 계좌명의인이 개설한 예금계좌가 전기통신금융사기 범행에 이용되어 그 계좌에 피해자가 사기피해금을 송금·이체한 경우에도 마찬가지로 적용된다. 계좌명의인은 피해자와 사이에 아무런 법률관계 없이 송금·이체된 사기피해금 상당의 돈을 피해자에게 반환하여야 하므로, 피해자를 위하여 사기피해금을 보관하는 지위에 있다고 보아야 하고, 만약 계좌명의인이 그 돈을 영득할 의사로 인출하면 피해자에 대한 횡령죄가 성립한다. 이때 계좌명의인이 사기의 공범이라면 자신이 가담한 범행의 결과 피해금을 보관하게 된 것일 뿐이어서 피해자와 사이에 위탁관계가 없고, 그가 송금·이체된 돈을 인출하더라도 이는 자신이 저지른 사기범행의 실행행위에 지나지 아니하여 새로운 법익을 침해한다고 볼 수 없으므로 사기죄 외에 별도로 횡령죄를 구성하지 않는다.

한편 계좌명의인의 인출행위는 전기통신금융사기의 범인에 대한 관계에서는 횡령죄가 되지 않는다. ① 접근매체를 교부받은 사람은 계좌명의인의 예금반환청구권을 자신이 사실상 행사할 수 있게 된 것일 뿐 예금 자체를 취득한 것이 아니다.

② 또한 계좌명의인과 전기통신금융사기의 범인 사이의 관계는 횡령죄로 보호할 만한 가치가 있는 위탁관계가 아니다.(대판(전) 2018.7.19. 2017도17494)　　**정답** (1) ○ (2) ○ (3) ○ (4) ✕

25. 판례에 의할 때 다음 기술의 옳고 그름을 판단하라.

(1) 수개의 선거비용 항목을 허위기재한 하나의 선거비용 보전청구서를 제출하여 선거비용을 과다 보전받아 편취한 경우, 사기죄의 일죄에 해당한다.

(2) 증빙서류 허위기재로 인한 지방교육자치에 관한 법률 위반죄가 회계보고 허위기재로 인한 같은 법 위반죄에 대하여 흡수관계에 있다고 볼 수 없다.

[해설] [1] 지방교육자치에 관한 법률 제50조, 정치자금법 제49조 제1항의 회계보고 허위기재로 인한 지방교육자치에 관한 법률 위반죄는 회계책임자가 정당한 사유 없이 선거비용에 대하여 허위기재함으로써 성립되는데, 하나의 회계보고서에 여러 가지 선거비용 항목에 관하여 허위사실을 기재하였더라도 선거비용의 항목에 따라 별개의 죄가 성립하는 것이 아니라 전체로서 하나의 지방교육자치에 관한 법률 위반죄가 성립한다.

[2] 피고인이 수개의 선거비용 항목을 허위기재한 하나의 선거비용 보전청구서를 제출하여 대한민국으로부터 선거비용을 과다 보전받아 이를 편취하였다면 이는 일죄로 평가되어야 하고, 각 선거비용 항목에 따라 별개의 사기죄가 성립하는 것은 아니다.

[3] 회계보고 허위기재로 인한 지방교육자치에 관한 법률 위반죄와 증빙서류 허위기재로 인한 지방교육자치에 관한 법률 위반죄는 각 행위 주체, 행위 객체 등 구체적인 구성요건에 있어 차이가 있고, 증빙서류 허위기재 행위가 회계보고 허위기재로 인한 지방교육자치에 관한 법률 위반죄에 비하여 별도로 고려되지 않을 만큼 경미한 것이라고 할 수도 없으므로, 증빙서류 허위기재 행위가 이른바 '불가벌적 수반행위'에 해당하여 회계보고 허위기재로 인한 지방교육자치에 관한 법률 위반죄에 대하여 흡수관계에 있다고 볼 수는 없다(大判 2017.5.30. 2016도21713).　　**정답** (1) ○ (2) ○

26. (★★) 아파트 소유권자인 피고인이 가등기권리자 갑에게 아파트에 관한 소유권이전청구권가등기를 말소해 주면 대출은행을 변경한 후 곧바로 다시 가등기를 설정해 주겠다고 속여 가등기를 말소하게 한 후 가등기를 회복해 줄 임무에 위배하여 아파트에 제3자 명의로 근저당권 및 전세권설정등기를 마쳤다면 사기죄 이외에 배임죄가 성립한다.

> **해설** [1] 외형상으로는 공소사실의 기초가 되는 피고인의 일련의 행위가 여러 개의 범죄에 해당되는 것 같지만 그 일련의 행위가 합쳐져서 하나의 사회적 사실관계를 구성하는 경우에 그에 대한 법률적 평가는 하나밖에 성립되지 않는 관계, 즉 일방의 범죄가 성립되는 때에는 타방의 범죄는 성립할 수 없고, 일방의 범죄가 무죄로 될 경우에만 타방의 범죄가 성립할 수 있는 비양립적인 관계가 있을 수 있다.
>
> [2] 아파트 소유권자인 피고인이 가등기권리자 갑에게 아파트에 관한 소유권이전청구권가등기를 말소해 주면 대출은행을 변경한 후 곧바로 다시 가등기를 설정해 주겠다고 속여 가등기를 말소하게 하여 재산상 이익을 편취하고, 가등기를 회복해 줄 임무에 위배하여 아파트에 제3자 명의로 근저당권 및 전세권설정등기를 마침으로써 갑에게 손해를 가하였다고 하여 사기 및 배임으로 기소된 사안에서, 사기죄를 인정하는 이상 비양립적 관계에 있는 배임죄는 별도로 성립하지 않는다고 본 원심판단이 정당하다고 한 사례(대판 2017.2.15. 2016도15226).
>
> [판결이유] 피고인이 약속대로 가등기를 회복해주지 않고 제3자에게 근저당권설정등기 등을 마쳐준 행위는 처음부터 가등기를 말소시켜 이익을 취하려는 사기범행에 당연히 예정된 결과에 불과하여 그 사기범행의 실행행위에 포함된 것일 뿐이므로 사기죄와 비양립적 관계에 있는 각 배임죄는 성립하지 않는다.
>
> [동지판례] 피고인이 피해자 甲에게서 돈을 빌리면서 담보 명목으로 乙에 대한 채권을 양도하였는데도 乙에게 채권양도 통지를 하기 전에 이를 추심하여 임의로 소비한 경우, (1) 위 공사대금 채권의 양도에 관한 피고인의 진정성이 인정되는 경우라면, 피고인에게 위 차용금에 대한 편취 범의를 인정하기는 어려우므로 피고인에게 사기죄의 책임을 물을 수 없다. 다만 피고인은 위 공사대금 채권의 양도인의 지위에서 양수인인 피해자를 위하여 보관하여야 하는데도 추심한 채권을 임의로 소비한 행위에 대하여 횡령죄의 책임만 지게 될 것이다. 반면에 피고인이 피해자로부터 돈을 빌리기 위해 피해자가 요구하는 대로 차용금에 대한 담보 명목으로 위 공사대금 채권을 양도하는 형식만 갖추었을 뿐, (2) 당초부터 위 공사대금 채권을 추심하여 빼돌릴 생각을 가지고 있었던 경우라면, 차용금 편취에 관한 사기죄는 성립하지만, 위 공사대금 채권을 양도한 후 공사대금을 수령하여 임의 소비한 행위는 금전 차용 후 담보로 제공한 양도채권을 추심받아 이를 빼돌리려는 사기범행의 실행행위에 포함된 것으로 봄이 상당하므로 사기죄와 별도로 횡령죄는 성립되지 않는다고 할 것이다(大判 2011.5.13. 2011도1442). **정답** ✕

27. (★) '가장거래에 의한 사기죄'와 '분식회계에 의한 사기죄'는 그 피해자가 동일한 경우 포괄일죄가 성립한다.

> **해설** '가장거래에 의한 사기죄'와 '분식회계에 의한 사기죄'는 범행 방법이 동일하지 않아 그 피해자가 동일하더라도 포괄일죄가 성립한다고 할 수 없다(대판 2010.5.27. 2007도10056). **정답** ✕

28. 다수의 계를 조직하여 수인의 계원들을 개별적으로 기망하여 계불입금을 편취한 경우, 각 피해자별로 독립하여 사기죄가 성립하고 그 사기죄 상호간은 포괄일죄 관계에 있다.

[해설] 다수의 계를 조직하여 수인의 계원들을 개별적으로 기망하여 계불입금을 편취한 사안에서, 각 피해자별로 독립하여 사기죄가 성립하고 그 사기죄 상호간은 실체적 경합범 관계에 있다고 한 원심판단을 수긍한 사례(대판 2010.4.29. 2010도2810).   정답 ✕

29. (★)국가정보원 직원이 동일한 사안에 관한 일련의 직무집행 과정에서 단일하고 계속된 범의로 일정 기간 계속하여 저지른 직권남용행위에 대하여는 설령 그 상대방이 수인이라고 하더라도 포괄일죄가 성립할 수 있다고 봄이 타당하다.

[해설] 형법상 직권남용권리행사방해죄는 국가기능의 공정한 행사라는 국가적 법익을 보호하는 데 주된 목적이 있고, 직권남용으로 인한 국가정보원법 위반죄도 마찬가지이다. 따라서 국가정보원 직원이 동일한 사안에 관한 일련의 직무집행 과정에서 단일하고 계속된 범의로 일정 기간 계속하여 저지른 직권남용행위에 대하여는 설령 그 상대방이 수인이라고 하더라도 포괄일죄가 성립할 수 있다고 봄이 타당하다.(대판 2021.3.11. 2020도12583)   정답 ○

30. (★) 단일하고도 계속된 범의 아래 일정 기간 반복하여 일련의 뇌물수수 행위와 부정한 행위가 행하여졌고 그 뇌물수수 행위와 부정한 행위 사이에 인과관계가 인정되며 피해법익도 동일하다면, 최후의 부정한 행위 이후에 저질러진 뇌물수수 행위도 최후의 부정한 행위 이전의 뇌물수수 행위 및 부정한 행위와 함께 수뢰후부정처사죄의 포괄일죄로 처벌함이 타당하다.

[해설] 수뢰후부정처사죄를 정한 형법 제131조 제1항은 공무원 또는 중재인이 형법 제129조(수뢰, 사전수뢰) 및 제130조(제3자뇌물제공)의 죄를 범하여 부정한 행위를 하는 것을 구성요건으로 하고 있다. 여기에서 '형법 제129조 및 제130조의 죄를 범하여'란 반드시 뇌물수수 등의 행위가 완료된 이후에 부정한 행위가 이루어져야 함을 의미하는 것은 아니고, 결합범 또는 결과적 가중범 등에서의 기본행위와 마찬가지로 뇌물수수 등의 행위를 하는 중에 부정한 행위를 한 경우도 포함하는 것으로 보아야 한다. 따라서 단일하고도 계속된 범의 아래 일정 기간 반복하여 일련의 뇌물수수 행위와 부정한 행위가 행하여졌고 그 뇌물수수 행위와 부정한 행위 사이에 인과관계가 인정되며 피해법익도 동일하다면, 최후의 부정한 행위 이후에 저질러진 뇌물수수 행위도 최후의 부정한 행위 이전의 뇌물수수 행위 및 부정한 행위와 함께 수뢰후부정처사죄의 포괄일죄로 처벌함이 타당하다.(대판 2021.2.4. 2020도12103)   정답 ○

31. (★)저작재산권 침해행위는 저작권자가 같더라도 저작물별로 침해되는 법익이 다르므로, 각각의 저작물에 대한 침해행위는 원칙적으로 각 별개의 죄를 구성한다. 다만 단일하고도 계속된 범의 아래 동일한 저작물에 대한 침해행위가 일정기간 반복하여 행하여진 경우에는 포괄하여 하나의 범죄가 성립한다고 볼 수 있다.

해설 [1] 상습범이란 어느 기본적 구성요건에 해당하는 행위를 한 자가 범죄행위를 반복하여 저지르는 습벽, 즉 상습성이라는 행위자적 속성을 갖추었다고 인정되는 경우에 이를 가중처벌 사유로 삼고 있는 범죄유형을 가리키므로, 상습성이 있는 자가 같은 종류의 죄를 반복하여 저질렀다 하더라도 상습범을 별도의 범죄유형으로 처벌하는 규정이 없는 한 각 죄는 원칙적으로 별개의 범죄로서 경합범으로 처단할 것이다.

[2] 저작재산권 침해행위는 저작권자가 같더라도 저작물별로 침해되는 법익이 다르므로, 각각의 저작물에 대한 침해행위는 원칙적으로 각 별개의 죄를 구성한다. 다만 단일하고도 계속된 범의 아래 동일한 저작물에 대한 침해행위가 일정기간 반복하여 행하여진 경우에는 포괄하여 하나의 범죄가 성립한다고 볼 수 있다(대판 2012.5.10. 2011도12131).

정답 ○

32. '영업으로 성매매를 알선한 행위'와 '영업으로 성매매에 제공되는 건물을 제공하는 행위'는 구 성매매알선 등 행위의 처벌에 관한 법률위반죄의 포괄일죄에 해당한다.

해설 수개의 행위태양이 동일한 법익을 침해하는 일련의 행위로서 각 행위 간 필연적 관련성이 당연히 예상되는 경우에는 포괄일죄의 관계에 있다고 볼 수 있지만, 건물제공행위와 성매매알선행위의 경우 성매매알선행위가 건물제공행위의 필연적 결과라거나 반대로 건물제공행위가 성매매알선행위에 수반되는 필연적 수단이라고도 볼 수 없다. 따라서 '영업으로 성매매를 알선한 행위'와 '영업으로 성매매에 제공되는 건물을 제공하는 행위'는 당해 행위 사이에서 각각 포괄일죄를 구성할 뿐, 서로 독립된 가벌적 행위로서 별개의 죄를 구성한다고 보아야 한다(대판 2011.5.26. 2010도6090).

정답 ✕

33. (★) 범죄단체를 구성하거나 이에 가입한 자가 더 나아가 구성원으로 활동하는 경우, '범죄단체의 구성이나 가입'과 '범죄단체 구성원으로서의 활동'은 포괄일죄 관계에 있다.

해설 범죄단체의 구성이나 가입은 범죄행위의 실행 여부와 관계없이 범죄단체 구성원으로서의 활동을 예정하는 것이고, 범죄단체 구성원으로서의 활동은 범죄단체의 구성이나 가입을 당연히 전제로 하는 것이므로, 양자는 모두 범죄단체의 생성 및 존속·유지를 도모하는, 범죄행위에 대한 일련의 예비·음모 과정에 해당한다는 점에서 범의의 단일성과 계속성을 인정할 수 있을 뿐만 아니라 피해법익도 다르지 않다. 따라서 범죄단체를 구성하거나 이에 가입한 자가 더 나아가 구성원으로 활동하는 경우, 이는 포괄일죄의 관계에 있다(대판 2015.9.10. 2015도7081).

정답 ○

34. 도박의 습벽이 있는 자가 도박을 하고 그 다음날 도박의 습벽이 없는 타인의 도박을 방조한 경우에는 상습도박죄의 포괄일죄가 성립한다.

해설 상습도박의 죄나 상습도박방조의 죄에 있어서의 상습성은 행위의 속성이 아니라 행위자의 속성으로서 도박을 반복해서 거듭하는 습벽을 말하는 것인바, 도박의 습벽이 있는 자가 타인의 도박을 방조하면 상습도박방조의 죄에 해당하는 것이며, 도박의 습벽이 있는 자가 도박을 하고 또 도박 방조를 하였을 경우 상습도박방조의 죄는 무거운 상습도박의 죄에 포괄시켜 1죄로서 처단하여야 할 것이다(대판 1984.4.24. 84도195).   정답 ○

35. 횡령, 배임 등의 행위와 사기의 행위는 포괄일죄를 구성할 수 없다.

해설 포괄일죄라 함은 각기 따로 존재하는 수 개의 행위가 한 개의 구성요건을 한 번 충족하는 경우를 말하므로 구성요건을 달리하고 있는 횡령, 배임 등의 행위와 사기의 행위는 포괄일죄를 구성할 수 없다(대판 1988.2.9. 87도58).   정답 ○

36. 비의료인이 의료기관을 개설하여 운영하는 도중 개설자 명의를 다른 의료인 등으로 변경한 경우에는 그 범의가 단일하다거나 범행방법이 종전과 동일하다고 보기 어렵다. 따라서 개설자 명의별로 별개의 범죄가 성립하고 각 죄는 실체적 경합범의 관계에 있다고 보아야 한다.

해설 의료기관의 개설자 명의는 의료기관을 특정하고 동일성을 식별하는 데에 중요한 표지가 되는 것이므로, 비의료인이 의료기관을 개설하여 운영하는 도중 개설자 명의를 다른 의료인 등으로 변경한 경우에는 그 범의가 단일하다거나 범행방법이 종전과 동일하다고 보기 어렵다. 따라서 개설자 명의별로 별개의 범죄가 성립하고 각 죄는 실체적 경합범의 관계에 있다고 보아야 한다.(대판 2018.11.29. 2018도10779)   정답 ○

37. (★)음주상태로 자동차를 운전하다가 제1차 사고를 내고 그대로 진행하여 제2차 사고를 낸 경우 1차 사고시의 음주운전행위와 2차사고시의 음주운전행위는 도로교통법 위반(음주운전)죄의 포괄일죄에 해당한다.

해설 [1] 음주운전으로 인한 도로교통법 위반죄의 보호법익과 처벌방법을 고려할 때, 혈중알콜농도 0.05% 이상의 음주상태로 동일한 차량을 일정기간 계속하여 운전하다가 1회 음주측정을 받았다면 이러한 음주운전행위는 동일 죄명에 해당하는 연속된 행위로서 단일하고 계속된 범의하에 일정기간 계속하여 행하고 그 피해법익도 동일한 경우이므로 포괄일죄에 해당한다.
[2] 음주상태로 자동차를 운전하다가 제1차 사고를 내고 그대로 진행하여 제2차 사고를 낸 후 음주측정을 받아 도로교통법 위반(음주운전)죄로 약식명령을 받아 확정되었는데, 그 후 제1차 사고 당시의 음주운전으로 기소된 사안에서 위 공소사실이 약식명령이 확정된 도로교통법 위반(음주운전)죄와 포괄일죄 관계에 있다고 본 사례(대판 2007.7.26. 2007도4404).   정답 ○

38. 컴퓨터로 음란 동영상을 제공한 제1범죄행위로 서버컴퓨터가 압수된 이후 다시 장비를 갖추어 동종의 제2범죄행위를 하고 제2범죄행위로 인하여 약식명령을 받아 확정된 경우에 있어서 제1범죄행위와 제2범죄행위는 포괄일죄에 해당한다.

해설 피고인에게 범의의 갱신이 있어 제1범죄행위는 약식명령이 확정된 제2범죄행위와 실체적 경합관계에 있다고 보아야 할 것이라는 이유로, 포괄일죄를 구성한다고 판단한 원심판결을 파기한 사례(대판 2005.9.30. 2005도4051). **정답** ✕

39. (★)다른 사람의 주택에 무단 침입한 범죄사실로 이미 유죄판결을 받은 사람이 판결 확정 후에도 퇴거하지 않은 채 계속하여 당해 주택에 거주한 경우, 판결확정 이후의 행위가 별도의 주거침입죄를 구성하는 것은 아니다.

해설 다른 사람의 주택에 무단 침입한 범죄사실로 이미 유죄판결을 받은 사람이 그 판결이 확정된 후에도 퇴거하지 않은 채 계속하여 당해 주택에 거주한 사안에서, 위 판결 확정 이후의 행위는 별도의 주거침입죄를 구성한다고 한 사례(대판 2008.5.8. 2007도11322). **정답** ✕

40. 상습사기죄에 있어서의 상습성이 인정되려면 행위자의 행위가 사기 습벽의 발현으로 인한 것이어야 할 뿐만 아니라 그 행위가 동종의 수법에 의한 것이어야 한다.

해설 상습사기죄에 있어서의 상습성이라 함은 반복하여 사기행위를 하는 습벽으로서 행위자의 속성을 말하고, 여기서 말하는 사기행위의 습벽은 행위자의 사기습벽의 발현으로 인정되는 한 동종의 수법에 의한 사기범행의 습벽만을 의미하는 것이 아니라 이종의 수법에 의한 사기범행을 포괄하는 사기의 습벽도 포함한다(대판 2000.2.11. 99도4797). **정답** ✕

41. 직계존속인 피해자를 폭행하고, 상해를 가한 것이 존속에 대한 동일한 폭력습벽의 발현에 의한 것으로 인정되는 경우라도 상습존속상해죄 및 상습존속폭행죄가 성립하며 포괄일죄가 되는 것은 아니다.

해설 직계존속인 피해자를 폭행하고, 상해를 가한 것이 존속에 대한 동일한 폭력습벽의 발현에 의한 것으로 인정되는 경우, 그 중 법정형이 더 중한 상습존속상해죄에 나머지 행위들을 포괄시켜 하나의 죄만이 성립한다(대판 2003.2.28. 2002도7335). **정답** ✕

42. (★)상습절도 등의 범행을 한 자가 추가로 자동차등불법사용의 범행을 한 경우에 그것이 절도 습벽의 발현이라고 보이는 이상 자동차등불법사용의 범행은 상습절도 등의 죄에 흡수되어 1죄만이 성립되고, 이와 별개로 자동차등불법사용죄는 성립하지 않는다.

해설 상습절도 등의 범행을 한 자가 추가로 자동차등불법사용의 범행을 한 경우에 그것이 절도 습벽의 발현이라고 보이는 이상 자동차 등 불법사용의 범행은 상습절도 등의 죄에 흡수되어 1죄만이 성립다(대판 2002.4.26. 2002도429). **정답** ○

43. (★)상습적으로 특수강도죄를 범한 자가 그 후에 범한 강도강간 및 강도상해 등 죄는 포괄일죄의 관계에 있다.

> 해설 형법 제341조나 특정범죄 가중처벌 등에 관한 법률에서 강도, 특수강도, 해상강도의 각 죄에 관해서는 상습범가중처벌규정을 두고 있으나 강도상해, 강도강간 등 각 죄에 관해서는 상습범가중처벌규정을 두고 있지 아니하므로 특수강도죄와 그 후에 범한 강도강간 및 강도상해 등 죄는 포괄일죄의 관계에 있지 아니하다(대판 1992.4.14. 92도297).   정답 ×

44. (★★) 판례에 의할 때 다음 기술의 옳고 그름을 판단하라.

(1) 형법 제332조에 규정된 상습(단순)절도죄를 범한 범인이 범행의 수단으로 주간에 주거침입을 한 경우 주간 주거침입행위는 상습절도죄와 별개로 주거침입죄를 구성한다.

(2) 형법 제332조에 규정된 상습(단순)절도죄를 범한 범인이 그 범행 외에 상습적인 절도의 목적으로 주간에 주거침입을 하였다가 절도에 이르지 아니하고 주거침입에 그친 경우에도 주간 주거침입행위는 상습절도죄와 별개로 주거침입죄를 구성한다.

> 해설 형법 제330조에 규정된 야간주거침입절도죄 및 형법 제331조 제1항에 규정된 특수절도(야간손괴침입절도)죄를 제외하고 일반적으로 주거침입은 절도죄의 구성요건이 아니므로 절도범인이 범행수단으로 주거침입을 한 경우에 주거침입행위는 절도죄에 흡수되지 아니하고 별개로 주거침입죄를 구성하여 절도죄와는 실체적 경합의 관계에 서는 것이 원칙이다. 또 형법 제332조는 상습으로 단순절도(형법 제329조), 야간주거침입절도(형법 제330조)와 특수절도(형법 제331조) 및 자동차 등 불법사용(형법 제331조의2)의 죄를 범한 자는 그 죄에 정한 각 형의 2분의 1을 가중하여 처벌하도록 규정하고 있으므로, 위 규정은 주거침입을 구성요건으로 하지 않는 상습단순절도와 주거침입을 구성요건으로 하고 있는 상습야간주거침입절도 또는 상습특수절도(야간손괴침입절도)에 대한 취급을 달리하여, 주거침입을 구성요건으로 하고 있는 상습야간주거침입절도 또는 상습특수절도(야간손괴침입절도)를 더 무거운 법정형을 기준으로 가중처벌하고 있다. 따라서 상습으로 단순절도를 범한 범인이 상습적인 절도범행의 수단으로 주간(낮)에 주거침입을 한 경우에 주간 주거침입행위의 위법성에 대한 평가가 형법 제332조, 제329조의 구성요건적 평가에 포함되어 있다고 볼 수 없다. 그러므로 형법 제332조에 규정된 상습절도죄를 범한 범인이 범행의 수단으로 주간에 주거침입을 한 경우 주간 주거침입행위는 상습절도죄와 별개로 주거침입죄를 구성한다. 또 형법 제332조에 규정된 상습절도죄를 범한 범인이 그 범행 외에 상습적인 절도의 목적으로 주간에 주거침입을 하였다가 절도에 이르지 아니하고 주거침입에 그친 경우에도 주간 주거침입행위는 상습절도죄와 별개로 주거침입죄를 구성한다(대판 2015.10.15. 2015도8169).   정답 (1) ○ (2) ○

45. (★)특정범죄 가중처벌 등에 관한 법률 제5조의4 제6항에 규정된 상습절도 등 죄를 범한 범인이 그 범행의 수단으로 주간에 주거침입을 한 경우, 주거침입행위는 별개로 주거침입죄를 구성하지 않는다.

해설 특정범죄 가중처벌 등에 관한 법률 제5조의4 제6항[5]에 규정된 상습절도 등 죄를 범한 범인이 그 범행의 수단으로 주거침입을 한 경우에 주거침입행위는 상습절도 등 죄에 흡수되어 위 조문에 규정된 상습절도 등 죄의 1죄만이 성립하고 별개로 주거침입죄를 구성하지 않는다. 또한 위 상습절도 등 죄를 범한 범인이 그 범행 외에 상습적인 절도의 목적으로 주거침입을 하였다가 절도에 이르지 아니하고 주거침입에 그친 경우에도 그것이 절도상습성의 발현이라고 보이는 이상 주거침입행위는 다른 상습절도 등 죄에 흡수되어 위 조문에 규정된 상습절도 등 죄의 1죄만을 구성하고 상습절도 등 죄와 별개로 주거침입죄를 구성하지 않는다(大判 2017.7.11. 2017도4044).   정답 ○

※ **다음 중 판례에 의할 때 괄호안의 범죄에 대한 포괄일죄가 성립하는 사례(○)와 성립하지 않는 사례(×)를 판단하시오.**

46. (★)하나의 사건에 관하여 한 번 선서한 증인이 같은 기일에 여러 가지 사실에 관하여 기억에 반하는 허위의 진술을 한 경우(위증죄)

해설 포괄하여 1개의 위증죄를 구성한다(대판 1992.12.22. 92도2047).   정답 ○

47. 세무공무원이 직할시세인 취득세, 등록세, 구세인 재산세, 종합토지세, 국세인 방위세와 교육세를 한꺼번에 횡령한 경우(횡령죄)

해설 횡령 세금에 직할시세인 취득세, 등록세 등과 구세인 재산세, 종합토지세 등 및 국세인 방위세 또는 교육세가 포함되어 있는 경우, 직할시세, 구세 및 국세는 각기 과세주체를 달리하고 세금을 수납할 수 있는 근거 규정도 서로 다르므로, 비록 세금 횡령이라는 단일한 범의가 계속적으로 발현된 일련의 범행이더라도 직할시세, 구세 및 국세를 횡령한 각 범행을 통틀어 하나의 포괄일죄로 볼 수는 없다(대판 1995.9.5. 95도1269).   정답 ×

48. (★)여러 날에 걸쳐 무면허운전을 한 경우(도로교통법위반죄)

해설 무면허운전으로 인한 도로교통법위반죄에 있어서는 어느 날에 운전을 시작하여 다음날까지 동일한 기회에 일련의 과정에서 계속 운전을 한 경우 등 특별한 경우를 제외하고는 사회통념상 운전한 날을 기준으로 운전한 날마다 1개의 운전행위가 있다고 보는 것이 상당하므로 운전한 날마다 무면허운전으로 인한 도로교통법위반 1죄가 성립한다고 보아야 할 것이고, 비록 계속적으로 무면허운전을 할 의사를 가지고 여러 날에 걸쳐 무면허운전행위를 반복하였다 하더라도 이를 포괄하여 일죄로 볼 수는 없다(대판 2002.7.23. 2001도6281).   정답 ×

---

5) 상습적으로 「형법」 제329조부터 제331조까지의 죄나 그 미수죄 또는 제2항의 죄로 두 번 이상 실형을 선고받고 그 집행이 끝나거나 면제된 후 3년 이내에 다시 상습적으로 「형법」 제329조부터 제331조까지의 죄나 그 미수죄 또는 제2항의 죄를 범한 경우에는 3년 이상 25년 이하의 징역에 처한다.

49. 단일한 범의와 동일한 범행방법으로 여러 사람에 대하여 따로 기망행위를 하여 각각 재물을 편취한 경우(사기죄)

해설 단일한 범의를 가지고 상대방을 기망하여 착오에 빠뜨리고 그로부터 동일한 방법에 의하여 여러 차례에 걸쳐 재물을 편취하면 그 전체가 포괄하여 일죄로 되지만, 여러 사람의 피해자에 대하여 따로 기망행위를 하여 각각 재물을 편취한 경우에는 비록 범의가 단일하고 범행방법이 동일하더라도 각 피해자의 피해법익은 독립한 것이므로 그 전체가 포괄일죄로 되지 아니하고 피해자별로 독립한 여러 개의 사기죄가 성립된다(대판 2003.4.8. 2003도382).

[비교판례] 단일하고 계속된 범의아래 같은 장소에서 반복하여 여러 사람으로부터 계불입금을 편취한 행위는 피해자별로 포괄하여 1개의 사기죄가 성립하고 이들 포괄일죄 상호간은 상상적 경합관계에 있다(대판 1990.1.25. 89도252).

정답 ✕

제 2 절 수 죄

50. 상상적 경합의 경우 가장 중한 죄에 정한 형으로 처벌한다. 다만 경한 죄의 하한이 중한 죄의 하한보다 무거울 때에는 경한 죄의 하한이 처단형의 하한이 된다.

[해설] 전체적 대조주의에 대한 설명으로서 옳다. **정답** ○

51. 공무원이 취급하는 사건에 관하여 청탁 또는 알선을 할 의사와 능력이 없음에도 청탁 또는 알선을 한다고 기망하여 금품을 교부받은 경우에 성립하는 사기죄와 변호사법 위반죄는 상상적 경합의 관계에 있으므로, 변호사법 위반죄의 공소시효가 완성되었다고 하여 그 죄와 상상적 경합관계에 있는 사기죄의 공소시효까지 완성되는 것은 아니다.

[해설] 1개의 행위가 여러 개의 죄에 해당하는 경우 형법 제40조는 이를 과형상 일죄로 처벌한다는 것에 지나지 아니하고, 공소시효를 적용함에 있어서는 각 죄마다 따로 따져야 할 것인바, 공무원이 취급하는 사건에 관하여 청탁 또는 알선을 할 의사와 능력이 없음에도 청탁 또는 알선을 한다고 기망하여 금품을 교부받은 경우에 성립하는 사기죄와 변호사법 위반죄는 상상적 경합의 관계에 있으므로, 변호사법 위반죄의 공소시효가 완성되었다고 하여 그 죄와 상상적 경합관계에 있는 사기죄의 공소시효까지 완성되는 것은 아니다(대판 2006.12.8. 2006도6356).
[관련판례] 국회의원 선거에서 정당의 공천을 받게 하여 줄 의사나 능력이 없음에도 이를 해 줄 수 있는 것처럼 기망하여 공천과 관련하여 금품을 받은 경우, 공직선거법상 공천관련금품수수죄와 사기죄가 모두 성립하고 양자는 상상적 경합의 관계에 있다(대판 2009.4.23. 2009도834). **정답** ○

52. (★)상상적 경합의 관계에 있는 사기죄와 변호사법 위반죄에 대하여 형이 더 무거운 사기죄에 정한 형으로 처벌하기로 하면서도, 필요적 몰수·추징에 관한 구 변호사법 제116조, 제111조에 의하여 청탁 명목으로 받은 금품 상당액을 추징한 조치는 위법하다.

[해설] 상상적 경합의 관계에 있는 사기죄와 변호사법 위반죄에 대하여 형이 더 무거운 사기죄에 정한 형으로 처벌하기로 하면서도, 필요적 몰수·추징에 관한 구 변호사법 제116조, 제111조에 의하여 청탁 명목으로 받은 금품 상당액을 추징한 원심의 조치를 수긍한 사례(대판 2006.1.27. 2005도8704). **정답** ×

※ **판례에 의할 때 상상적 경합관계의 성립(○), 불성립(×)을 판단하시오.**

53. (★★★)절도범인이 체포를 면탈할 목적으로 경찰관에게 폭행을 가한 경우에 있어서 준강도죄와 공무집행방해죄

[해설] 절도범인이 체포를 면탈할 목적으로 경찰관에게 폭행·협박을 가한 때에는 준강도죄와 공무집행방해죄를 구성하고 양죄는 상상적 경합관계에 있으나, 강도범인이 체포를 면탈할 목적

으로 경찰관에게 폭행을 가한 때에는 강도죄와 공무집행방해죄는 실체적 경합관계에 있고 상상적 경합관계에 있는 것이 아니다(대판 1992.7.28. 92도917). **정답** ○

54. 여관에서 종업원을 칼로 찔러 상해를 가하고 객실로 끌고 들어가는 등 폭행, 협박을 하고 있던 중, 마침 다른 방에서 나오던 여관의 주인도 같은 방에 밀어 넣은 후 주인의 금품을 강취하고, 여관 안내실에서 종업원의 현금을 꺼내 간 경우에 있어서 (특수)강도상해죄와 특수강도죄

[해설] 피고인이 여관에서 종업원을 칼로 찔러 상해를 가하고 객실로 끌고 들어가는 등 폭행·협박을 하고 있던 중, 마침 다른 방에서 나오던 여관의 주인도 같은 방에 밀어 넣은 후, 주인으로부터 금품을 강취하고, 1층 안내실에서 종업원 소유의 현금을 꺼내 갔다면, 여관 종업원과 주인에 대한 각 강도행위가 각별로 강도죄를 구성하되 피고인이 피해자인 종업원과 주인을 폭행·협박한 행위는 법률상 1개의 행위로 평가되는 것이 상당하므로 위 2죄는 상상적 경합범관계에 있다고 할 것이다(대판 1991.6.25. 91도643). **정답** ○

55. 강도가 시간적으로 접착된 상황에서 가족을 이루는 수인에게 폭행·협박을 가하여 집안에 있는 재물을 탈취한 경우

[해설] 그 재물은 가족의 공동점유 아래 있는 것으로서, 이를 탈취하는 행위는 그 소유자가 누구인지에 불구하고 단일한 강도죄의 죄책을 진다(대판 1996.7.30. 96도1285). **정답** ✕

56. 강도가 여관에 들어가 안내실의 관리인을 칼로 찌르고 금품을 강취한 다음 다시 객실로 들어가 각 투숙객들로부터 금품을 강취한 경우에 있어서 강도상해죄와 강도죄

[해설] 강도가 여관에 들어가 안내실의 관리인을 칼로 찌르고 금품을 강취한 다음 다시 객실로 들어가 각 투숙객들로부터 금품을 강취한 경우에는 법률상 1개의 행위로 평가되는 것이 아니므로 포괄하여 1개의 강도상해죄만을 구성하는 것이 아니라 강도상해죄와 강도죄의 실체적 경합범이 된다고 판시하였다(대판 1991.6.25. 91도643). **정답** ✕

57. 강도가 한 개의 강도범행을 하는 기회에 수명의 피해자에게 각 폭행을 가하여 각 상해를 입힌 경우 수개의 강도상해죄

[해설] 강도가 한 개의 강도범행을 하는 기회에 수명의 피해자에게 각 폭행을 가하여 각 상해를 입힌 경우에는 각 피해자별로 수개의 강도상해죄가 성립하며, 이들은 실체적 경합범의 관계에 있다(대판 1987.5.26. 87도527). **정답** ✕

58. (★)여러 개의 위탁관계에 의하여 보관하던 여러 개의 재물을 1개의 행위에 의하여 횡령한 경우

[해설] 여러 개의 위탁관계에 의하여 보관하던 여러 개의 재물을 1개의 행위에 의하여 횡령한 경우 위탁관계별로 수개의 횡령죄가 성립하고, 그 사이에는 상상적 경합의 관계가 있는 것으로 보아야 한다(대판 2013.10.31. 2013도10020).

[사실관계] 뿌이 A회사와 사이에 렌탈(임대차)계약을 체결하고 그로부터 컴퓨터 본체 24대, 모니터 1대를 받아 보관하였고, B회사와 사이에 리스(임대차)계약을 체결하고 그로부터 컴퓨터 본체 13대, 모니터 41대, 그래픽카드 13개, 마우스 11개를 보관하다가 C업체에 이를 한꺼번에 처분한 사건이다. 정답 ○

- -

59. (★)공갈죄에 있어서 공갈행위의 수단으로 상해행위를 하였다면 공갈죄와 별도로 상해죄가 성립하고, 이들 죄는 상상적 경합관계에 있다.

[해설] 공갈죄에 있어서 공갈행위의 수단으로 상해행위가 행하여진 경우에는 공갈죄와 별도로 상해죄가 성립하고, 이들 죄는 상상적 경합관계에 있다(대판 2008.1.24. 2007도9580). 정답 ○

60. (★) 변호사가 아닌 사람이 당사자와 내용을 달리하는 각기 다른 법률사건에 관한 법률사무를 취급하여 저지르는 변호사법 제109조 제1호 위반의 각 범행은 원칙적으로 실체적 경합범에 해당한다.

[해설] 변호사가 아니면서 금품·향응 또는 그 밖의 이익을 받거나 받을 것을 약속하고 또는 제3자에게 이를 공여하게 하거나 공여하게 할 것을 약속하고 법률사건에 관하여 감정·대리·중재·화해·청탁·법률상담 또는 법률 관계 문서 작성, 그 밖의 법률사무를 취급하거나 이러한 행위를 알선하는 변호사법 제109조 제1호 위반행위에서 당사자와 내용을 달리하는 법률사건에 관한 법률사무 취급은 각기 별개의 행위라고 할 것이므로, 변호사가 아닌 사람이 각기 다른 법률사건에 관한 법률사무를 취급하여 저지르는 위 변호사법위반의 각 범행은 특별한 사정이 없는 한 실체적 경합범이 되는 것이지 포괄일죄가 되는 것이 아니다(大判 2015.1.15. 2011도14198). 정답 ○

61. 감금행위가 단순히 강도상해 범행의 수단이 되는 데 그치지 아니하고 강도상해의 범행이 끝난 뒤에도 계속된 경우에는 감금죄와 강도상해죄는 실체적 경합범 관계에 있다.

[해설] 大判 2003.1.10. 2002도4380.

[비교판례] (조개트럭 사건) 피고인이 피해자가 자동차에서 내릴 수 없는 상태를 이용하여 강간하려고 결의하고, 주행 중인 자동차에서 탈출 불가능하게 하여 외포케 하고 50km를 운행하여, 여관 앞까지 강제로 연행하여 강간하려다 미수에 그친 경우 감금과 강간미수죄는 상상적 경합이라고 해석함이 상당할 것이다(대판 1983.4.26. 83도323). 정답 ○

62. (★)검사가 긴급체포 등 강제처분의 적법성에 의문을 갖고 대면조사를 위한 피의자 인치를 2회에 걸쳐 명하였으나 이를 이행하지 않은 사법경찰관에게는 인권옹호직무명령불준수죄와 직무유기죄가 성립하며 두 죄는 상상적 경합관계에 있다.

[해설] 형법 제139조에 규정된 인권옹호직무명령불준수죄와 형법 제122조에 규정된 직무유기죄의 각 구성요건과 보호법익 등을 비교하여 볼 때, 인권옹호직무명령불준수죄가 직무유기죄에 대하여 법조경합 중 특별관계에 있다고 보기는 어렵고 양 죄를 상상적 경합관계로 보아야 한다 (대판 2010.10.28. 2008도11999). **정답** ○

63. (★)피해자를 폭행하여 간음하고 200m 쯤 오다가 다시 1회 간음한 경우에는 강간죄의 단순일죄가 성립한다.

[해설] 피고인의 의사 및 그 범행시각과 장소로 보아 두 번째의 간음행위는 처음 한 행위의 계속으로 볼 수 있어 이를 단순일죄로 처단한 것은 정당하다(대판 1970.9.29. 70도1516). **정답** ○

64. (★)도망가는 피해자를 잡아 벽돌로 때리고 1회 간음하여 상처를 입힌 후 1시간 후에 피고인의 작은 방으로 끌고 가서 다시 1회 강간한 때에는 강간치상의 포괄일죄이다.

[해설] 이 경우 두 행위 사이에는 시간적 간격이 있어 별개의 범의가 인정되므로 강간치상과 강간죄의 실체적 경합을 인정한다(대판 1987.5.12. 87도694). **정답** ✕

65. 피해자인 여성을 폭행한 자가 1시간 후 상해행위 도중에 강간범의를 일으켜 강간한 경우에는 강간죄의 포괄일죄가 성립한다.

[해설] 제1심 판시 제13의 폭행과 제14, 15의 강간사실과는 시간적으로는 불과 1시간 전후에 이루어진 것이기는 하나 피고인이 강간의 범의를 일으킨 것은 제14의 상해범행의 실행중이었음이 인정되므로 위 제13의 폭행사실은 별개의 독립한 죄를 구성한다(대판 1983.4.12. 83도304). **정답** ✕

66. 수인에게 아파트를 분양한 자가 단일한 범의로 근접한 시기에 아파트를 분양받은 자들이 아닌 제3자 앞으로 각 소유권이전등기를 경료하여 준 경우에는 업무상배임죄의 포괄일죄가 성립한다.

[해설] 아파트의 각 세대를 분양받은 각 피해자에 대하여 소유권이전등기절차를 이행하여 주어야 할 업무상의 임무가 있었다면, 각 피해자의 보호법익은 독립된 것이므로 범의가 단일하고 제3자 앞으로 각 소유권이전등기 및 근저당권설정등기를 한 각 행위시기가 근접하여 있으며 피해자들이 모두 위 회사로부터 소유권이전등기를 받을 동일한 권리를 가진 자라고 하여도, 각 공소사실이 포괄일죄의 관계에 있다고 할 수 없고 피해자별로 독립한 수개의 업무상배임죄의 관계에 있다(대판 1994.5.13. 93도3358). **정답** ✕

67. (★)2인 이상의 작성명의인이 있는 연명으로 된 문서를 위조한 경우 수개의 문서위조죄의 상상적 경합에 해당한다.

해설 2인 이상의 연명으로 된 문서를 위조한 때에는 작성명의인의 수대로 수개의 문서위조죄가 성립하고, 그 연명문서를 위조하는 행위는 자연적 관찰이나 사회통념상 하나의 행위라 할 것이므로, 위 수개의 문서위조죄는 형법 제40조가 규정하는 상상적 경합범에 해당한다(대판 1987.7.21. 87도564). 정답 ○

68. (★★)신용협동조합의 전무로 근무하던 甲이 조합과 거래하지 말고 자신과 거래하면 고율의 이자를 주겠다고 속여 피해자로부터 돈을 건네받아 가로 챈 경우 사기죄와 업무상배임죄의 상상적 경합에 해당한다.

해설 업무상배임행위에 사기행위가 수반된 때의 죄수 관계에 관하여 보면, 사기죄는 사람을 기망하여 재물의 교부를 받거나 재산상의 이익을 취득하는 것을 구성요건으로 하는 범죄로서 임무위배를 그 구성요소로 하지 아니하고 사기죄의 관념에 임무위배 행위가 당연히 포함된다고 할 수도 없으며, 업무상배임죄는 업무상 타인의 사무를 처리하는 자가 그 업무상의 임무에 위배하는 행위로써 재산상의 이익을 취득하거나 제3자로 하여금 이를 취득하게 하여 본인에게 손해를 가하는 것을 구성요건으로 하는 범죄로서 기망적 요소를 구성요건의 일부로 하는 것이 아니어서 양 죄는 그 구성요건을 달리하는 별개의 범죄이고 형법상으로도 각각 별개의 장(장)에 규정되어 있어, 1개의 행위에 관하여 사기죄와 업무상배임죄의 각 구성요건이 모두 구비된 때에는 양 죄를 법조경합 관계로 볼 것이 아니라 상상적 경합관계로 봄이 상당하다 할 것이고, 나아가 업무상배임죄가 아닌 단순배임죄라고 하여 양 죄의 관계를 달리 보아야 할 이유도 없다(대판(전) 2002.7.18. 2002도669). 정답 ○

69. (★)동일인 한도초과 대출로 상호저축은행에 손해를 가하여 상호저축은행법 위반죄와 업무상배임죄가 모두 성립한 경우, 두 죄는 상상적 경합관계에 있다.

해설 동일인 한도초과 대출로 상호저축은행에 손해를 가하여 상호저축은행법 위반죄와 업무상배임죄가 모두 성립한 경우, 두 죄는 형법 제40조에서 정한 상상적 경합관계에 있다(대판 2011.2.24. 2010도13801). 정답 ○

70. (★★★)경찰관 A와 B는 甲에 대하여 접수된 피해 신고를 받고 함께 출동하여 신고 처리 및 수사 업무를 집행 중이었는데, 甲은 같은 장소에서 A와 B에게 욕설을 하면서 먼저 A를 폭행하고 곧이어 이를 제지하는 B를 폭행하였다. 이 경우 甲은 공무집행방해죄의 실체적 경합범에 해당한다.

해설 동일한 공무를 집행하는 여럿의 공무원에 대하여 폭행·협박 행위를 한 경우에는 공무를 집행하는 공무원의 수에 따라 여럿의 공무집행방해죄가 성립하고, 위와 같은 폭행·협박 행위가 동일한 장소에서 동일한 기회에 이루어진 것으로서 사회관념상 1개의 행위로 평가되는 경우에는 여럿의 공무집행방해죄는 상상적 경합의 관계에 있다(대판 2009.6.25. 2009도3505).

정답 ✕

71. (★)불법 집회 및 시위와 그로 인하여 성립하는 일반교통방해는 상상적 경합관계에 있다.

해설 피고인이 야간옥외집회에 참가하여 교통을 방해하였다는 취지로 공소제기된 사안에서, 집회 및 시위와 그로 인하여 성립하는 일반교통방해는 상상적 경합관계에 있다고 보는 것이 타당하므로, 이와 달리 피고인에 대한 '집회 및 시위에 관한 법률 위반죄'와 '일반교통방해죄'가 실체적 경합관계에 있다는 전제에서 각 별개의 형을 정한 원심판결에 죄수에 관한 법리오해의 위법이 있다고 한 사례(대판 2011.8.25. 2008도10960).

정답 ○

72. (★★)절도기수범이 체포를 면탈할 목적으로 추격하여 온 2인에 대하여 폭행 또는 협박을 하여 그 중 1인에게 상해를 입혔다면 준강도죄와 강도상해죄의 수죄가 성립한다.

해설 절도(기수)가 체포를 면탈할 목적으로 추격하여 온 수인에 대하여 같은 기회에 동시 또는 이시에 폭행 또는 협박을 하였더라도 준강도의 포괄일죄가 성립하고, 준강도행위가 상해행위를 수반하는 경우에는 강도상해죄의 포괄일죄가 된다(대판 2001.8.21. 2001도3447).

정답 ✕

73. 예비군 중대장이 그 소속예비군으로부터 금원을 교부받고 그 예비군이 예비군훈련에 불참하였음에도 불구하고 참석한 것처럼 허위내용의 중대학급편성명부를 작성·행사한 경우라면 수뢰후부정처사죄 외에 별도로 허위공문서작성 및 동행사죄가 성립하고 이들 죄와 수뢰후부정처사죄는 각각 상상적 경합관계에 있다.

해설 허위공문서작성죄와 동행사죄가 수뢰후부정처사죄와 각각 상상적 경합관계에 있을 때에는 허위공문서작성죄와 동행사죄 상호간은 실체적 경합범관계에 있다고 할지라도 상상적 경합범관계에 있는 수뢰후부정처사죄와 대비하여 가장 중한 죄에 정한 형으로 처단하면 족한 것이고 따로이 경합가중을 할 필요가 없다(대판 1983.7.26. 83도1378).

정답 ○

74. (★)甲이 주거에 침입하여 강간 범행을 하는 과정에서 한 폭행행위가 단순한 폭행이 아니라 자기의 형사사건의 수사 또는 재판과 관련하여 수사단서를 제공하고 진술한 것에 대한 보복의 목적을 가지고 한 것이었다면, 특정범죄 가중처벌 등에 관한 법률 위반(보복범죄등)죄가 성폭력범죄의 처벌 등에 관한 특례법 위반(주거침입강간등)죄에 흡수되는 법조경합의 관계에 있다고 볼 수 없고 양죄는 상상적 경합관계에 있다.

해설 피고인이 피해자의 주거에 침입하여 강간하려다 미수에 그침과 동시에 자기의 형사사건의 수사 또는 재판과 관련하여 수사단서를 제공하고 진술한 것에 대한 보복 목적으로 그를 폭행하였다는 내용으로 기소된 사안에서, 특정범죄 가중처벌 등에 관한 법률 위반(보복범죄등)죄 및 성폭력범죄의 처벌 등에 관한 특례법 위반(주거침입강간등)죄가 각 성립하고 두 죄가 상상적 경합 관계에 있다고 본 원심판단을 수긍한 사례(대판 2012.3.15. 2012도544). **정답** ○

75. (★)건물주로부터 월세임대차계약 체결업무를 위임받고도 임차인들을 속여 전세임대차 계약을 체결하고 그 보증금을 편취한 경우, 사기죄와 별도로 업무상배임죄가 성립하고 두 죄가 실체적 경합범의 관계에 있다.

[해설] [1] 본인에 대한 배임행위가 본인 이외의 제3자에 대한 사기죄를 구성한다 하더라도 그로 인하여 본인에게 손해가 생긴 때에는 사기죄와 함께 배임죄가 성립한다.

[2] 건물관리인이 건물주로부터 월세임대차계약 체결업무를 위임받고도 임차인들을 속여 전세임대차계약을 체결하고 그 보증금을 편취한 경우, 사기죄와 별도로 업무상배임죄가 성립하고 두 죄가 실체적 경합범의 관계에 있다고 본 원심판단을 수긍한 사례(대판 2010.11.11. 2010도10690). **정답** ○

※ **다음의 사례에서 죄수의 판단의 옳고(○), 그름(×)을 판단하라.**

76. (★★★)甲은 乙女의 재물을 강취하려고 하였으나 乙女가 가진 것이 없어 그 뜻을 이루지 못하자, 그 자리에서 乙女를 간음할 것을 결의하고 실행에 착수했으나 역시 미수에 그쳤다. 그러나 반항을 억압하기 위한 폭행으로 乙女에게 상해를 입혔다(강도강간미수죄와 강도치상죄의 상상적 경합).

[해설] 강도가 재물강취의 뜻을 재물의 부재로 이루지 못한 채 미수에 그쳤으나 그 자리에서 항거불능의 상태에 빠진 피해자를 간음할 것을 결의하고 실행에 착수했으나 역시 미수에 그쳤더라도 반항을 억압하기 위한 폭행으로 피해자에게 상해를 입힌 경우에는 강도강간미수죄와 강도치상죄가 성립되고 이는 1개의 행위가 2개의 죄명에 해당되어 상상적 경합관계가 성립된다(대판 1988.6.28. 88도820). **정답** ○

77. (★)甲은 A의 집에 침입하여 방안 방바닥에 놓여 있던 B소유의 물건을 절취한 후 그 방벽에 걸려 있던 C소유의 옷 주머니에서 물건을 절취하였다(절도죄의 상상적 경합).

[해설] 피고인이 A의 집에 침입하여 방안 방바닥에 놓여 있던 B소유의 물건을 절취한 후 그 방벽에 걸려 있던 C소유의 옷 주머니에서 물건을 훔친 경우 … 피고인은 단일한 범의로서 시간과 장소가 접착되어 있고 같은 관리인의 관리 하에 있는 방안에서 B와 C의 물건을 절취한 것으로서 이러한 경우에는 1개의 절도죄가 성립한다(대판 1970.7.21. 70도1133). **정답** ×

78. (★)甲은 주거에 침입하여 주인집 방과 세들어 사는 사람의 방에서 각각 재물을 절취하였다(절도죄의 실체적 경합).

[해설] 실체적 경합 인정(대판 1989.8.8. 89도664).   정답 ○

※ 다음 각 경우에 대한 죄수판단의 옳고(○), 그름(×)을 판단하시오.

79. 법원을 기망하여 승소확정판결에 의하여 소유권이전등기를 경료한 경우 - 사기죄와 공정증서원본부실기재죄의 실체적 경합

[해설] 大判 1983.4.26. 83도188.   정답 ○

80. (★)슈퍼마켓 사무실에서 식칼을 들고 피해자를 협박한 행위와 식칼을 들고 매장을 돌아다니며 손님을 내쫓아 그의 영업을 방해한 경우 - 협박죄와 업무방해죄의 실체적 경합

[해설] 大判 1991.1.29. 90도2445.   정답 ○

81. 단일한 범의로 동일한 장소에서 동일한 방법으로 시간적으로 접착된 상황에서 권총으로 처와 자식들의 머리에 각기 실탄 한발씩을 순차로 발사하여 살해한 경우 - 살인죄의 포괄일죄

[해설] 살인죄의 실체적 경합에 해당한다(대판 1991.8.27. 91도1637).   정답 ×

82. 부녀를 강간한 자가 강간행위 후에 강도의 범의를 일으켜 재물을 강취하는 경우 - 강간죄와 강도죄의 실체적 경합

[해설] 大判 1977.9.28. 77도1350.   정답 ○

83. (★)사기의 수단으로 발행한 수표가 지급거절된 경우 - 부정수표단속법 위반죄와 사기죄의 실체적 경합

[해설] 사기의 수단으로 발행한 수표가 지급거절된 경우 부정수표단속법 위반죄와 사기죄는 그 행위의 태양과 보호법익을 달리하므로 실체적 경합범의 관계에 있다(대판 2004.6.25. 2004도1751).   정답 ○

84. 금전거래를 통한 형법 제347조 제1항의 사기죄와 방문판매 등에 관한 법률 제45조 제2항 제1호의 위반죄 - 양죄의 실체적 경합

[해설] 양죄는 법률상 1개의 행위로 평가되는 경우에 해당하지 않으며, 또 각 그 구성요건을 달리하는 별개의 범죄로서, 서로 보호법익을 달리하고 있어 양죄를 상상적 경합관계나 법조경합관계로 볼 것이 아니라 실체적 경합관계로 봄이 상당하다(대판 2000.7.7. 2000도1899).

정답 ○

85. ○○작가협회 회원이 타인의 명의를 도용하여 협회 교육원장을 비방하는 내용의 호소문을 작성한 후 이를 협회 회원들에게 우편으로 송달한 경우 - 사문서위조죄와 명예훼손죄의 실체적 경합

[해설] ○○작가협회 회원이 타인의 명의를 도용하여 협회 교육원장을 비방하는 내용의 호소문을 작성한 후 이를 협회 회원들에게 우편으로 송달한 경우, 사문서위조죄와 명예훼손죄가 각 성립하고, 이는 실체적 경합관계라고 한 사례(대판 2009.4.23. 2008도8527).

정답 ○

86. (★)현금카드 소유자를 협박하여 예금인출 승낙과 함께 현금카드를 교부받은 후 이를 사용하여 현금자동지급기에서 예금을 여러 번 인출한 경우에는 공갈죄의 포괄일죄가 성립한다.

[해설] 피고인이 피해자로부터 현금카드를 사용한 예금인출의 승낙을 받고 현금카드를 교부받은 행위와 이를 사용하여 현금자동지급기에서 예금을 여러 번 인출한 행위들은 모두 피해자의 예금을 갈취하고자 하는 피고인의 단일하고 계속된 범의 아래에서 이루어진 일련의 행위로서 포괄하여 하나의 공갈죄를 구성한다고 볼 것이지, 현금지급기에서 피해자의 예금을 취득한 행위를 현금지급기 관리자의 의사에 반하여 그가 점유하고 있는 현금을 절취한 것이라 하여 이를 현금카드 갈취행위와 분리하여 따로 절도죄로 처단할 수는 없다(대판 1996.9.20. 95도1728).
[동지판례] 피고인이 현금카드의 소유자로부터 현금카드를 편취하여 예금인출의 승낙을 받고 현금카드를 교부받아 이를 이용하여 현금을 인출한 경우 이를 현금카드 편취행위와 분리하여 따로 절도죄로 처단할 수는 없다(대판 2005.9.30. 2005도5869).

정답 ○

87. (★)대금결제의 의사와 능력이 없으면서도 있는 것 같이 가장하여 카드를 발급 받은 후 현금서비스도 받고, 여러 가맹점에서 물품도 구입한 경우에는 사기죄의 포괄일죄가 성립한다.

[해설] 카드사용으로 인한 카드회사의 손해는 그것이 자동지급기에 의한 인출행위이든 가맹점을 통한 물품구입행위이든 불문하고 모두가 피해자인 카드회사의 기망당한 의사표시에 따른 카드발급에 터잡아 이루어지는 사기의 포괄일죄이다(대판 1996.4.9. 95도2466).
[동지판례] 甲이 이미 과다한 부채의 누적 등으로 신용카드 사용으로 인한 대출금채무를 변제할

의사나 능력이 없는 상황에 처하였음에도 불구하고 기존에 사용해 오던 신용카드를 사용하여 가맹점으로부터 물품을 구입하고 현금서비스를 받았다면 사기죄의 포괄일죄에 해당한다. - 이러한 카드사용으로 인한 일련의 편취행위는 그것이 가맹점을 통한 물품구입행위이든, 현금자동지급기에 의한 인출행위이든 불문하고 모두가 피해자인 신용카드업자의 기망당한 금전대출에 터잡아 포괄적으로 이루어지는 것이라 할 것이다(대판 2005.8.19. 2004도6859). **정답** ○

※ (★★)甲은 X의 자취방에서 X가 보관하고 있던 A 소유의 비씨카드 1매를 절취하여, 당일 10:40경 D가전마트에서 텔레비전을 할부로 구입하면서 그 대금을 절취한 카드로 결제한 것을 비롯하여 당일 13:00경까지 약 2시간 20분 동안에 걸쳐 같은 동에 있는 카드가맹점 7곳에서 물품을 구입한 후 그 대금을 절취한 카드로 결제하였다. 甲은 이어서 위 절취한 신용카드를 현금인출기에 주입하고 비밀번호를 조작하여 현금서비스를 제공받았다. 판례에 의할 때 다음 기술의 옳고(○), 그름(×)을 판단하시오.

88. 甲이 절취한 신용카드로 물품을 구입한 행위는 절도죄의 불가벌적 사후행위에 해당하지 아니한다.

해설 신용카드를 절취한 후 이를 사용한 경우 신용카드의 부정사용행위는 새로운 법익의 침해로 보아야 하고 그 법익침해가 절도범행보다 큰 것이 대부분이므로 위와 같은 부정사용행위가 절도범행의 불가벌적 사후행위가 되는 것은 아니다(대판 1996.7.12. 96도1181). **정답** ○

89. 사기죄에 관하여만 한정하여 고찰하면 甲에게는 7개의 사기죄가 성립하고 실체적 경합관계에 해당한다.

해설 신용카드를 부정사용한 행위는 사기죄의 구성요건에 해당하고 그 각 사기죄는 실체적 경합관계에 해당한다(대판 1996.7.12. 96도1181). **정답** ○

90. 신용카드부정사용죄만을 한정하여 고찰하면 甲에게는 7개의 신용카드부정사용죄의 실체적 경합범이 성립한다.

해설 피고인은 절취한 카드로 가맹점들로부터 물품을 구입하겠다는 단일한 범의를 가지고 그 범의가 계속된 가운데 동종의 범행인 신용카드 부정사용행위를 동일한 방법으로 반복하여 행하였고, 또 위 신용카드의 각 부정사용의 피해법익도 모두 위 신용카드를 사용한 거래의 안전 및 이에 대한 공중의 신뢰인 것으로 동일하므로, 피고인이 동일한 신용카드를 위와 같이 부정사용한 행위는 포괄하여 일죄에 해당하고, 신용카드를 부정사용한 결과가 사기죄의 구성요건에 해당하고 그 각 사기죄가 실체적 경합관계에 해당한다고 하여도 신용카드부정사용죄와 사기죄는 그 보호법익이나 행위의 태양이 전혀 달라 실체적 경합관계에 있으므로 신용카드 부정사용행위를 포괄일죄로 취급하는데 아무런 지장이 없다(대판 1996.7.12. 96도1181). **정답** ×

91. 甲이 물품을 구입하면서 행한 매출전표에의 서명 및 교부는 별도로 사문서위조 및 동행사의 죄가 성립한다.

[해설] 신용카드업법 제25조 제1항은 신용카드를 위조·변조하거나 도난·분실 또는 위조·변조된 신용카드를 사용한 자는 7년 이하의 징역 또는 5천만원 이하의 벌금에 처한다고 규정하고 있는바, 위 부정사용죄의 구성요건적 행위인 신용카드의 사용이라 함은 신용카드의 소지인이 신용카드의 본래 용도인 대금결제를 위하여 가맹점에 신용카드를 제시하고 매출표에 서명하여 이를 교부하는 일련의 행위를 가리키고 단순히 신용카드를 제시하는 행위만을 가리키는 것은 아니라고 할 것이므로, 위 매출표의 서명 및 교부가 별도로 사문서위조 및 동행사의 죄의 구성요건을 충족한다고 하여도 이 사문서위조 및 동행사의 죄는 위 신용카드부정사용죄에 흡수되어 신용카드부정사용죄의 1죄만이 성립하고 별도로 사문서위조 및 동행사의 죄는 성립하지 않는다(대판 1992.6.9. 92도77). **정답** ✕

92. 甲이 절취한 신용카드를 현금인출기에 주입하고 비밀번호를 조작하여 현금서비스를 제공받으려는 일련의 행위는 그 부정사용의 개념에 포함된다.

[해설] 신용카드업법 제25조 제1항 소정의 부정사용이라 함은 도난·분실 또는 위조·변조된 신용카드를 진정한 카드로서 신용카드의 본래의 용법에 따라 사용하는 경우를 말하는 것이므로, 절취한 신용카드를 현금인출기에 주입하고 비밀번호를 조작하여 현금서비스를 제공받으려는 일련의 행위는 그 부정사용의 개념에 포함된다(대판 1995.7.28. 95도997). **정답** ○

93. 甲이 현금서비스를 받은 행위는 절도죄에 해당한다.

[해설] 피해자 명의의 신용카드를 부정사용하여 현금자동인출기에서 현금을 인출하고 그 현금을 취득까지 한 행위는 그 현금을 취득함으로써 현금자동인출기 관리자의 의사에 반하여 그의 지배를 배제하고 그 현금을 자기의 지배 하에 옮겨 놓는 것이 되므로 별도로 절도죄를 구성한다(대판 1995.7.28. 95도997). **정답** ○

94. 甲의 신용카드부정사용죄와 절도죄는 상상적 경합이 성립한다.

[해설] 피해자 명의의 신용카드를 부정사용하여 현금자동인출기에서 현금을 인출하고 그 현금을 취득까지 한 행위는 신용카드업법 제25조 제1항의 부정사용죄에 해당할 뿐 아니라 그 현금을 취득함으로써 현금자동인출기 관리자의 의사에 반하여 그의 지배를 배제하고 그 현금을 자기의 지배 하에 옮겨 놓는 것이 되므로 별도로 절도죄를 구성하고, 위 양 죄의 관계는 그 보호법익이나 행위태양이 전혀 달라 실체적 경합관계에 있는 것으로 보아야 한다(대판 1995.7.28. 95도997). **정답** ✕

※ 판례에 의할 때 죄수판단의 옳고(○), 그름(×)을 판단하시오.

95. 甲은 운전 중 실수로 다른 차량을 들이받아 그 차량을 손괴하고 그 차량에 타고 있던 승객에게 상해를 입혔다(업무상과실치상죄와 도로교통법상의 과실손괴죄의 실체적 경합).

> [해설] 운전자가 타 차량을 들이받아 그 차량을 손괴하고 동시에 동 차량에 타고 있던 승객에게 상해를 입힌 경우, 이는 동일한 업무상 과실로 발생한 수 개의 결과로서 형법 제40조 소정의 상상적 경합관계에 있다(대판 1986.2.11. 85도2658). 　**정답** ✕

96. (★)甲은 면허도 없이 술에 취한 상태에서 오토바이를 운전하였다(도로교통법상 무면허운전죄와 주취운전죄의 상상적 경합).

> [해설] 피고인이 자동차운전면허를 받지 아니하고 술에 취한 상태로 승용차를 운전하였다는 것은 사회관념상 1개의 운전행위라 할 것이므로, 이로 인한 도로교통법위반(음주운전)죄와 도로교통법위반(무면허운전)죄는 형법 제40조의 상상적 경합관계에 있다고 할 것이다(대판 2012.7.5. 2012도5108). 　**정답** ○

97. (★)甲은 도로교통법이 금지하고 있는 음주운전을 하다가 적발된 후 이를 검문하는 경찰관의 음주측정을 거부하였다(주취운전과 음주측정거부의 각 도로교통법 위반죄는 실체적 경합).

> [해설] 주취운전과 음주측정거부의 각 도로교통법 위반죄는 실체적 경합관계에 있는 것으로 보아야 한다(대판 2004.11.12. 2004도5257). 　**정답** ○

98. 甲은 운전면허 없이 운전을 하다가 두 사람을 한꺼번에 치어 사상케 하였다(업무상과실치사상죄는 상상적 경합에 해당하고 이와 무면허운전에 대한 도로교통법 위반죄와는 실체적 경합).

> [해설] 大判 1972.10.31. 72도2001. 　**정답** ○

99. (★)음주로 인한 특정범죄 가중처벌 등에 관한 법률 위반(위험운전치사상)죄와 도로교통법 위반(음주운전)죄의 양 죄가 모두 성립하는 경우 두 죄는 실체적 경합관계에 있다.

> [해설] 음주로 인한 특정범죄 가중처벌 등에 관한 법률 위반(위험운전치사상)죄와 도로교통법 위반(음주운전)죄는 입법 취지와 보호법익 및 적용영역을 달리하는 별개의 범죄이므로, 양 죄가 모두 성립하는 경우 두 죄는 실체적 경합관계에 있다(대판 2008.11.13. 2008도7143). 　**정답** ○

※ (★★★)경합범에 관한 다음 설명에 대하여 옳음(○)과 틀림(×)을 판단하시오(다툼이 있으면 판례에 의하고 지문상의 확정판결은 금고 이상의 형에 처한 확정판결을 의미하는 것으로 본다).

100. A, B, C죄를 순차로 범한 자에 대하여 법원에서 C죄에 대하여 집행유예가 선고된 후 그 유예기간이 경과되어 형선고가 효력을 잃은 경우에는 A, B죄와 C죄는 형법 제37조 후단의 경합범 관계에 있지 않다.

[해설] 형법 제37조 후단의 경합범에 있어서 판결이 확정된 죄라 함은 수 개의 독립한 죄 중의 어느 죄에 대하여 확정판결이 있었던 사실 자체를 의미하고 그 확정판결이 있은 죄의 형의 집행을 종료한 여부, 형의 집행유예가 실효된 여부는 묻지 않는다고 해석할 것이므로 형법 제65조에 의하여 집행유예를 선고한 확정판결에 의한 형의 선고가 그 효력을 잃었다 하더라도 확정판결을 받은 존재가 이에 의하여 소멸되지 않는 이상 위 법 제37조 후단의 판결이 확정된 죄에 해당한다고 보아야 할 것이다(大決 1984.8.21. 84모1297). **정답 ×**

101. 형법 제37조 후단의 '판결확정 전에 범한 죄'라 함은 그 범죄가 판결확정 전에 실행에 착수된 것을 말한다.

[해설] 형법 제37조 후단의 '판결확정 전에 범한 죄'라 함은 그 범죄가 판결확정 전에 성립하여 종료된 것을 말한다(대판 2007.1.25. 2004도45). **정답 ×**

102. 포괄일죄로 되는 개개의 범죄행위가 다른 종류의 죄의 확정판결의 전후에 걸쳐서 행하여진 경우에는 그 죄는 2죄로 분리되지 않고 확정판결 후인 최종의 범죄행위시에 완성되는 것이다

[해설] 포괄일죄로 되는 개개의 범죄행위가 다른 종류의 죄의 확정판결의 전후에 걸쳐서 행하여진 경우에는 그 죄는 2죄로 분리되지 않고 확정판결 후인 최종의 범죄행위시에 완성되는 것이다(대판 2003.8.22. 2002도5341).
[비교판례] 상습범의 중간에 동종의 상습범의 확정판결이 있는 경우 확정판결 전후의 범행은 두 개의 죄로 분단된다(대판 2000.3.10. 99도2744). **정답 ○**

103. (★)성년인 피고인 甲이 괄호 안의 법정형을 갖는 A죄(1년 이상 5년 이하의 징역), B죄(15년 이하의 징역), C죄(1년 이하의 징역)를 범하였고, 위 각 죄가 형법 제37조 전단의 경합범관계에 있다고 가정하는 경우, 법원이 경합범 가중을 하여 甲에게 선고할 수 있는 징역형(처단형)의 범위는 1년 이상 22년 6월 이하이다(다만, 다른 가중감경사유는 없는 것으로 보고, 다툼이 있는 경우에는 판례에 의함).

[해설] 각 죄가 제37조 전단의 경합범관계에 있고 각 죄의 형이 징역형으로서 동종의 형으로 규

정되어 있으므로 제38조 제1항 제2호에 따라 가중주의가 적용된다. 따라서 형의 상한은 가장 중한 죄(B죄)에 정한 장기의 2분의 1을 가중하면 22년 6월이 되나, 각 죄에 정한 형의 장기를 합산한 형기(21년)를 초과할 수 없으므로 21년이 된다. 한편 형의 하한은 각 죄의 하한 중 가장 중한 A죄의 하한인 1년이 된다. 따라서 처단형은 1년 이상 21년 이하의 징역이 된다. **정답** ✕

104. (★)甲이 범한 A죄 및 B죄의 벌금형의 다액은 각 10,000,000원이고, C죄의 벌금형의 다액은 6,000,000원인 경우, 위 3개의 죄가 (실체적) 경합범 관계에 있다면, 甲에 대하여 벌금 20,000,000원을 선고한 조치는 적법하다.

[해설] 원심이 3개의 죄에 대하여 벌금형을 선택하고 경합범 가중 다음 처단형의 범위를 초과하여 선고형을 정한 것은 위법하다고 한 사례(대판 2008.10.23. 2008도7543).
[판결이유] 甲이 범한 A죄 및 B죄의 벌금형의 다액은 각 10,000,000원이고, C죄의 벌금형의 다액은 6,000,000원인 경우, 위 3개의 죄에 대하여 경합범 가중한 처단형은 가장 중한 죄에 정한 벌금형의 다액인 10,000,000원에 그 2분의 1까지 가중한 15,000,000원 이하이므로 원심으로서는 그 범위 내에서 선고형을 정하여야 함에도 불구하고, 피고인에 대하여 벌금 20,000,000원을 선고한 원심의 조치에는 처단형의 범위를 초과하여 선고형을 정한 위법이 있다. **정답** ✕

105. 경합범 중 판결을 받지 아니한 죄가 있는 때에는 그 죄와 판결이 확정된 죄를 동시에 판결할 경우와 형평을 고려하여 그 죄에 대하여 형을 선고한다. 이 경우 그 형을 감경 또는 면제할 수 있다.

[해설] 형법 제39조의 내용이다. **정답** ○

106. (★★★) 형법 제37조 후단 경합범에 대하여 형법 제39조 제1항에 의하여 형을 감경할 때에도 법률상 감경에 관한 형법 제55조 제1항이 적용되어 유기징역을 감경할 때에는 그 형기의 2분의 1 미만으로는 감경할 수 없다.

[해설] 형법 제37조 후단 경합범(이하 '후단 경합범'이라 한다)에 대하여 형법 제39조 제1항에 의하여 형을 감경할 때에도 법률상 감경에 관한 형법 제55조 제1항이 적용되어 유기징역을 감경할 때에는 그 형기의 2분의 1 미만으로는 감경할 수 없다.(대판(전) 2019.4.18. 2017도14609) **정답** ○

107. 아직 판결을 받지 않은 죄가 이미 판결이 확정된 죄와 동시에 판결할 수 없었던 경우에는 형법 제39조 제1항에 따라 동시에 판결할 경우와 형평을 고려하여 형을 선고하거나 그 형을 감경 또는 면제할 수 없다고 해석함이 타당하다.

[해설] 형법 제37조 후단, 제39조 제1항의 문언과 입법 취지 등에 비추어 보면, 아직 판결을 받

지 않은 죄가 이미 판결이 확정된 죄와 동시에 판결할 수 없었던 경우에는 형법 제39조 제1항에 따라 동시에 판결할 경우와 형평을 고려하여 형을 선고하거나 그 형을 감경 또는 면제할 수 없다고 해석함이 타당하다(대판 2018.6.28. 2018도1733) **정답** ○

---

108. (★)형법 제39조 제1항을 적용할 경우, 제37조 후단 경합범에 대한 형을 감경 또는 면제할 것인지는 원칙적으로 그 죄에 대하여 심판하는 법원이 재량에 따라 판단할 수 있다.

[해설] 大判 2008.9.11. 2006도8376. **정답** ○

---

109. (★)무기징역의 판결이 확정된 죄와 형법 제37조 후단 경합범의 관계에 있는 죄에 대하여 공소가 제기된 경우, 형을 필요적으로 면제하여야 하는 것은 아니다.

[해설] 무기징역에 처하는 판결이 확정된 죄와 형법 제37조의 후단 경합범의 관계에 있는 죄에 대하여 공소가 제기된 경우, 법원은 두 죄를 동시에 판결할 경우와 형평을 고려하여 후단 경합범에 대한 처단형의 범위 내에서 후단 경합범에 대한 선고형을 정할 수 있고, 형법 제38조 제1항 제1호가 형법 제37조의 전단 경합범 중 가장 중한 죄에 정한 처단형이 무기징역인 때에는 흡수주의를 취하였다고 하여 뒤에 공소제기된 후단 경합범에 대한 형을 필요적으로 면제하여야 하는 것은 아니다(대판 2008.9.11. 2006도8376). **정답** ○

제3편 형벌론

제1절 형벌의 종류

1. 징역형과 벌금형 중에 벌금형을 선택하여 선고하면서 그에 대한 노역장유치기간을 환산한 결과 선택형의 하나로 되어 있는 징역형의 장기보다 유치기간이 더 길게 되었더라도 무방하다.

> 해설 벌금형에 대한 노역장유치기간의 산정에는 형법 제69조 제2항에 따른 제한이 있을 뿐 그 밖의 다른 제한이 없으므로, 징역형과 벌금형 중에 벌금형을 선택하여 선고하면서 그에 대한 노역장유치기간을 환산한 결과 선택형의 하나로 되어있는 징역형의 장기보다 유치기간이 더 길게 되었더라도 이를 위법이라고 할 수는 없다는 것이 판례의 태도이다(대판 2000.11.24. 2000도3945).　　**정답** ○

2. (★)징역과 벌금형이 병과된 경우에 벌금형의 환형유치기간이 3년을 넘지 않는 한 징역형의 기간보다 길다 하더라도 위법이라 할 수 없다.

> 해설 大判 1971.3.30. 71도251.　　**정답** ○

3. (★) 벌금을 선고할 때에는 납입하지 아니하는 경우의 유치기간을 정하여 동시에 선고하여야 하고, 3년을 초과하는 기간을 벌금을 납입하지 아니하는 경우의 유치기간으로 정할 수 없다.

> 해설 형법 제69조 제2항, 제70조 제1항에 의하면 벌금을 선고할 때에는 납입하지 아니하는 경우의 유치기간을 정하여 동시에 선고하여야 하고, 그 유치기간은 1일 이상 3년 이하의 기간 내로만 정할 수 있으며, 3년을 초과하는 기간을 벌금을 납입하지 아니하는 경우의 유치기간으로 정할 수 없다(大判 2016.8.25. 2016도6466).　　**정답** ○

4. 범죄행위로 취득한 주식의 판결 선고시의 주가뿐만 아니라 그 처분가액을 정확히 알 수 없는 경우, 주식의 시가가 가장 낮을 때를 기준으로 산정한 금액을 추징하여야 한다.

> 해설 大判 2005.7.15. 2003도4293.
> ※ 평균가액 또는 가장 높은 가액이 아니라는 점을 주의하여야 한다.　　**정답** ○

5. 범죄행위로 취득한 주식의 가액을 추징하는 경우, 주식의 취득대가를 추징금액에서 공제하지 아니한다.

> 해설 大判 2005.7.15. 2003도4293.　　**정답** ○

6. (★)추징하여야 할 가액의 산정은 재판선고시의 가격을 기준으로 하여야 한다.

[해설] 몰수의 취지가 범죄에 의한 이득의 박탈을 그 목적으로 하는 것이고 추징도 이러한 몰수의 취지를 관철하기 위한 것이라는 점을 고려하면 몰수하기 불능한 때에 추징하여야 할 가액은 범인이 그 물건을 보유하고 있다가 몰수의 선고를 받았더라면 잃었을 이득상당액을 의미한다고 보아야 할 것이므로 그 가액산정은 재판선고시의 가격을 기준으로 하여야 할 것이다(대판 1991.5.28. 91도352). **정답** ○

7. 강도상해의 범행에 사용된 자동차가 만약 피고인의 처 소유라면 몰수 할 수 없다.

[해설] 大判 1990.10.10. 90도1904. **정답** ○

8. 피고인이 뇌물로 받은 주식이 압수되어 있지 않고 주주명부상 피고인의 배우자 명의로 등재되어 있으며, 위 배우자가 몰수의 선고를 받은 자가 아닌 경우 주식을 몰수할 수 없다.

[해설] 피고인이 뇌물로 받은 주식이 압수되어 있지 않고 주주명부상 피고인의 배우자 명의로 등재되어 있으며, 위 배우자는 몰수의 선고를 받은 자가 아니어서 그에 대해서는 몰수물의 제출을 명할 수도 없고, 몰수를 선고한 판결의 효력도 미치지 않는 등의 이유로 위 주식을 몰수함이 상당하지 아니하다고 보아 몰수하는 대신 그 가액을 추징할 수 있다고 한 사례(대판 2005.10.28. 2005도5822). **정답** ○

9. 甲이 금원을 乙에게 도박자금으로 대여하였다면 그 금원은 乙로부터 몰수·추징할 수 있다.

[해설] 본 건의 경우 피고인이 위 금원을 제1심 상피고인에게 도박자금으로 대여하였다면 그 금원은 그때부터 피고인의 소유가 아니라 위 상피고인의 소유에 귀속하게 되므로 그것을 동 상피고인으로부터 몰수함은 모르되 피고인으로부터 몰수 추징할 성질의 것이 아니다(대판 1982.9.28. 82도1669). **정답** ○

10. (★)범죄수익은닉의 규제 및 처벌 등에 관한 법률에 정한 중대범죄에 해당하는 범죄행위에 의하여 취득한 것으로 재산적 가치가 인정되는 무형재산인 비트코인(Bitcoin)은 몰수할 수 있다.

[해설] 비트코인은 경제적인 가치를 디지털로 표상하여 전자적으로 이전, 저장 및 거래가 가능하도록 한, 이른바 '가상화폐'의 일종인 점, 피고인은 음란사이트를 운영하면서 사진과 영상을 이용하는 이용자 및 음란사이트에 광고를 원하는 광고주들로부터 비트코인을 대가로 지급받아 재산적 가치가 있는 것으로 취급한 점에 비추어 비트코인은 재산적 가치가 있는 무형의 재산이

라고 보아야 하고, 몰수의 대상인 비트코인이 특정되어 있는 이상, 피고인이 취득한 비트코인을 몰수할 수 있다.(대판 2018.5.30. 2018도3619)   **정답** ○

---

11. (★)형법 제48조 제1항의 '범인'에는 공범자도 포함되므로 피고인의 소유물은 물론 공범자의 소유물도 그 공범자의 소추 여부를 불문하고 몰수할 수 있다.

해설 형법 제48조 제1항의 '범인'에는 공범자도 포함되므로 피고인의 소유물은 물론 공범자의 소유물도 그 공범자의 소추 여부를 불문하고 몰수할 수 있고, 여기에서의 공범자에는 공동정범, 교사범, 방조범에 해당하는 자는 물론 필요적 공범관계에 있는 자도 포함된다(대판 2006.11.23. 2006도5586).   **정답** ○

---

12. (★)형법 제48조 제1항의 '범인'에 해당하는 공범자에는 공동정범, 교사범, 방조범에 해당하는 자는 포함되나 필요적 공범관계에 있는 자까지 포함되는 것은 아니다.

해설 형법 제48조 제1항의 '범인'에는 공범자도 포함되므로 피고인의 소유물은 물론 공범자의 소유물도 그 공범자의 소추 여부를 불문하고 몰수할 수 있고, 여기에서의 공범자에는 공동정범, 교사범, 방조범에 해당하는 자는 물론 필요적 공범관계에 있는 자도 포함된다(대판 2006.11.23. 2006도5586).   **정답** ✕

---

13. (★)형법 제48조 제1항의 '범인'에 해당하는 공범자는 반드시 유죄의 죄책을 지는 자에 국한된다고 볼 수 없고 공범에 해당하는 행위를 한 자이면 족하다.

해설 형법 제48조 제1항의 '범인'에 해당하는 공범자는 반드시 유죄의 죄책을 지는 자에 국한된다고 볼 수 없고 공범에 해당하는 행위를 한 자이면 족하므로 이러한 자의 소유물도 형법 제48조 제1항의 '범인 이외의 자의 소유에 속하지 아니하는 물건'으로서 이를 피고인으로부터 몰수할 수 있다(대판 2006.11.23. 2006도5586).   **정답** ○

---

14. (★)형법상 어떠한 물건을 '범죄행위에 제공하려고 한 물건'으로서 몰수하기 위하여는 그 물건이 유죄로 인정되는 당해 범죄행위에 제공하려고 한 물건임이 인정되어야 한다.

해설 형법 제48조 제1항 제1호는 몰수할 수 있는 물건으로서 '범죄행위에 제공하였거나 제공하려고 한 물건'을 규정하고 있는데, 여기서 범죄행위에 제공하려고 한 물건이란 범죄행위에 사용하려고 준비하였으나 실제 사용하지 못한 물건을 의미하는바, 형법상의 몰수가 공소사실에 대하여 형사재판을 받는 피고인에 대한 유죄판결에서 다른 형에 부가하여 선고되는 형인 점에 비추어, 어떠한 물건을 '범죄행위에 제공하려고 한 물건'으로서 몰수하기 위하여는 그 물건이 유죄로 인정되는 당해 범죄행위에 제공하려고 한 물건임이 인정되어야 한다(대판 2008.2.14. 2007도10034).   **정답** ○

15. (★)피해자로 하여금 사기도박에 참여하도록 유인하기 위하여 고액의 수표를 제시해 보인 경우에는 이를 몰수할 수 있다.

해설 피해자를 사기도박에 참여하도록 유인하기 위하여 고액의 수표를 제시한 경우에 그 수표가 도박자금으로 사용되지 않았다 하더라도 그 수표를 몰수할 수 있다(대판 2002.9.24. 2002도3589).

정답 ○

16. (★)대형할인매장에서 부피가 큰 상품을 절취하여 자신의 승용차에 싣고 간 경우, 위 승용차는 형법 제48조 제1항 제1호에 정한 범죄행위에 제공한 물건으로 보아 몰수할 수 있다

해설 [1] 형법 제48조 제1항 제1호의 "범죄행위에 제공한 물건"은 가령 살인행위에 사용한 칼 등 범죄의 실행행위 자체에 사용한 물건에만 한정되는 것이 아니며, 실행행위의 착수 전의 행위 또는 실행행위의 종료 후의 행위에 사용한 물건이더라도 그것이 범죄행위의 수행에 실질적으로 기여하였다고 인정되는 한 위 법조 소정의 제공한 물건에 포함된다.
[2] 대형할인매장에서 수회 상품을 절취하여 자신의 승용차에 싣고 간 경우, 위 승용차는 형법 제48조 제1항 제1호에 정한 범죄행위에 제공한 물건으로 보아 몰수할 수 있다고 한 사례(대판 2006.9.14. 2006도4075).

정답 ○

17. (★)피고인이 갑, 을과 공모하여 정보통신망을 통하여 음란한 화상 또는 영상을 배포하고, 도박 사이트를 홍보하였다는 공소사실을 유죄로 인정하더라도, 위 웹사이트는 범죄행위에 제공된 무형의 재산에 해당할 뿐 형법 제48조 제1항 제2호에서 정한 '범죄행위로 인하여 생하였거나 이로 인하여 취득한 물건'에 해당하지 않으므로, 피고인이 위 웹사이트 매각을 통해 취득한 대가는 형법 제48조 제1항 제2호, 제2항이 규정한 추징의 대상에 해당하지 않는다.

해설 대판 2021.10.14. 2021도7168.

정답 ○

18. 오락실업자, 상품권업자 및 환전소 운영자가 공모하여 사행성 전자식 유기기구에서 경품으로 배출된 상품권을 현금으로 환전하면서 그 수수료를 일정한 비율로 나누어 가지는 방식으로 영업을 한 경우, 환전소 운영자가 환전소에 보관하던 현금 전부가 몰수의 대상이 된다.

해설 오락실업자, 상품권업자 및 환전소 운영자가 공모하여 사행성 전자식 유기기구에서 경품으로 배출된 상품권을 현금으로 환전하면서 그 수수료를 일정한 비율로 나누어 가지는 방식으로 영업을 한 경우, 환전소 운영자가 환전소에 보관하던 현금 전부가 위와 같은 상품권의 환전을 통한 범죄행위에 제공하려 하였거나 그 범행으로 인하여 취득한 물건에 해당하여 형법 제48조 제1항 제1호 또는 제2호의 규정에 의하여 몰수의 대상이 되고, 환전소 운영자가 위 환전소 내에 보관하고 있던 현금 중 일부를 생활비 등의 용도로 소비하였다고 하여 달리 볼 것이 아니라고 한 사례(대판 2006.10.13. 2006도3302).

정답 ○

19. (★)공무원이 직무와 관련하여 업자로부터 금원을 차용한 경우에 그 금원은 뇌물이므로 필요적으로 몰수·추징하여야 한다.

해설 수뢰의 목적이 금전소비대차계약에 의한 금융이익이어서 그 금융이익이 뇌물이 되는 경우, 소비대차의 목적인 금원 그 자체는 뇌물이 아니므로 대여로 받은 그 금원 자체는 본조에 의하여 몰수 또는 추징할 수 없고, 이는 범죄행위로 인하여 취득한 물건으로서 피고인 이외의 자의 소유에 속하지 아니하므로 본법 제48조 제1항 제2호에 의하여 몰수할 것이다(대판 1976.9.28. 75도3607).   정답 ✕

20. (★) 몰수대상물건이 압수되어 있는가 하는 점 및 적법한 절차에 의하여 압수되었는가 하는 점은 몰수의 요건이 아니다.

해설 大判 2003.5.30. 2003도705.   정답 ○

21. (★)뇌물에 공할 금품이 특정되지 않았던 것은 몰수할 수 없으므로 그 가액을 추징할 수 있다.

해설 몰수는 특정된 물건에 대한 것이고 추징은 본래 몰수할 수 있었음을 전제로 하는 것임에 비추어 뇌물에 공할 금품이 특정되지 않았던 것은 몰수할 수 없고 그 가액을 추징할 수도 없다(대판 1996.5.8. 96도221).   정답 ✕

22. (★)피고인이 뇌물로서 받은 자기앞수표를 일단 소비한 후 동액의 금원을 증뢰자에게 반환한 경우 자기앞수표의 현금성에 비추어 피고인에게 추징할 것은 아니다.

해설 수뢰자가 자기앞수표를 뇌물로 받아 이를 소비한 후 자기앞수표 상당액을 증뢰자에게 반환하였다 하더라도 뇌물 그 자체를 반환한 것은 아니므로 이를 몰수할 수 없고 수뢰자로부터 그 가액을 추징하여야 할 것이다(대판 1999.1.29. 98도3584).   정답 ✕

23. 공무원의 직무에 속한 사항의 알선에 관하여 금품을 받은 범인이 그 금품 중의 일부를 받은 취지에 따라 청탁과 관련하여 관계 공무원에게 뇌물로 공여한 경우에는 그 부분의 이익은 실질적으로 그 범인에게 귀속된 것이 아니어서 그 범인으로부터는 이를 제외한 나머지 금품만을 몰수하거나 그 가액을 추징하여야 한다.

해설 형법 제134조의 규정에 의한 필요적 몰수 또는 추징은, 범인이 취득한 당해 재산을 범인으로부터 박탈하여 범인으로 하여금 부정한 이익을 보유하지 못하게 함에 그 목적이 있는 것으로서, 공무원의 직무에 속한 사항의 알선에 관하여 금품을 받고 그 금품 중의 일부를 받은 취지에 따라 청탁과 관련하여 관계 공무원에게 뇌물로 공여하거나 다른 알선행위자에게 청탁의 명목으로 교부한 경우에는 그 부분의 이익은 실질적으로 범인에게 귀속된 것이 아니어서 이를 제외한 나머지 금품만을 몰수하거나 그 가액을 추징하여야 한다(대판 2002.6.14. 2002도1283). **정답** ○

24. (★)변호사가 형사사건 피고인으로부터 담당 판사에 대한 교제 명목으로 받은 돈의 일부를 공동 변호 명목으로 다른 변호사에게 지급한 경우, 위 돈을 변호사법상의 추징에서 제외하여야 한다.

[해설] 변호사가 형사사건 피고인으로부터 담당 판사에 대한 교제 명목으로 받은 돈의 일부를 공동 변호 명목으로 다른 변호사에게 지급한 경우, 이는 변호사법 위반으로 취득한 재물의 소비방법에 불과하므로 위 돈을 추징에서 제외할 수 없다(대판 2006.11.23. 2005도3255). **정답** ✕

25. 공무원의 직무에 속한 사항의 알선에 관하여 금품을 받음에 있어 타인의 동의하에 그 타인 명의의 예금계좌로 입금받는 방식을 취하였다고 하더라도, 그 가액 역시 범인으로부터 추징하여야 한다.

[해설] 특정범죄 가중처벌 등에 관한 법률 제13조의 규정에 의한 필요적 몰수 또는 추징은, 범인이 취득한 당해 재산을 범인으로부터 박탈하여 범인으로 하여금 부정한 이익을 보유하지 못하게 함에 그 목적이 있는 것으로서, 공무원의 직무에 속한 사항의 알선에 관하여 금품을 받음에 있어 타인의 동의하에 그 타인 명의의 예금계좌로 입금받는 방식을 취하였다고 하더라도 이는 범인이 받은 금품을 관리하는 방법의 하나에 지나지 아니하므로, 그 가액 역시 범인으로부터 추징하지 않으면 안된다고 할 것이다(대판 2006.10.27. 2006도4659). **정답** ○

26. (★)형법 제49조 단서는 행위자에게 유죄의 재판을 하지 아니할 때에도 몰수의 요건이 있는 때에는 몰수만을 선고할 수 있다고 규정하고 있으므로 공소사실에 관하여 이미 공소시효가 완성되어 유죄의 선고를 할 수 없는 경우에도 몰수나 추징은 할 수 있다.

[해설] 형법 제49조 단서는 행위자에게 유죄의 재판을 하지 아니할 때에도 몰수의 요건이 있는 때에는 몰수만을 선고할 수 있다고 규정하고 있으므로 몰수뿐만 아니라 몰수에 갈음하는 추징도 위 규정에 근거하여 선고할 수 있다고 할 것이나 우리 법제상 공소의 제기 없이 별도로 몰수나 추징만을 선고할 수 있는 제도가 마련되어 있지 아니하므로 위 규정에 근거하여 몰수나 추징을 선고하기 위하여서는 몰수나 추징의 요건이 공소가 제기된 공소사실과 관련되어있어야 하고, 공소사실이 인정되지 않는 경우에 이와 별개의 공소가 제기되지 아니한 범죄사실을 법원이 인정하여 그에 관하여 몰수나 추징을 선고하는 것은 불고불리의 원칙에 위반되어 불가능하며, 몰수나 추징이 공소사실과 관련이 있다 하더라도 그 공소사실에 관하여 이미 공소시효가 완성되어 유죄의 선고를 할 수 없는 경우에는 몰수나 추징도 할 수 없다(대판 1992.7.28. 92도700). **정답** ✕

27. 면소판결에 의하여 유죄의 재판을 하지 아니할 때에도 몰수는 할 수 있다.

해설 형법 제49조 단서는 행위자에게 유죄의 재판을 하지 아니할 때에도 몰수의 요건이 있는 때에는 몰수만을 선고할 수 있다고 규정하고 있으나, 우리 법제상 공소의 제기 없이 별도로 몰수만을 선고할 수 있는 제도가 마련되어 있지 아니하므로 실체판단에 들어가 공소사실을 인정하는 경우가 아닌 면소의 경우에는 원칙적으로 몰수도 할 수 없다(대판 2007.7.26. 2007도4556).

정답 ✕

28. (★)공소사실이 인정되지 않는 경우에 이와 별개의 공소가 제기되지 아니한 범죄사실을 법원이 인정하여 그에 관하여 몰수나 추징을 선고하는 것은 불가능하다.

해설 공소사실이 인정되지 않는 경우에 이와 별개의 공소가 제기되지 아니한 범죄사실을 법원이 인정하여 그에 관하여 몰수나 추징을 선고하는 것은 불고불리의 원칙에 위배되어 불가능하다(대판 2008.11.13. 2006도4885).

정답 ○

29. (★)향정신성의약품을 수수하여 그 중 일부를 직접 투약한 경우에는 수수한 향정신성의약품의 가액뿐만 아니라 직접 투약한 부분에 대한 가액을 별도로 추징하여야 한다.

해설 히로뽕을 수수하여 그 중 일부를 직접 투약한 경우에는 수수한 히로뽕의 가액만을 추징할 수 있고 직접 투약한 부분에 대한 가액을 별도로 추징할 수 없다(대판 2000.9.8. 2000도546).

정답 ✕

30. (★)피고인의 차명재산이라는 이유만으로 제3자 명의로 등기되어 있는 부동산에 관하여 피고인에 대한 추징판결을 곧바로 집행하는 것이 허용되지 않는다.

해설 피고인의 차명재산이라는 이유만으로 제3자 명의로 등기되어 있는 부동산에 관하여 피고인에 대한 추징판결을 곧바로 집행하는 것은 허용되지 아니한다. 그 이유는 다음과 같다.
형사소송법은, 추징의 집행은 민사집행법의 집행에 관한 규정을 준용하거나 국세징수법에 따른 국세체납처분의 예에 따르도록 규정하고 있다(제477조). 따라서 추징의 집행은 민사집행법에 의한 집행이나 국세징수법에 따른 국세체납처분의 일반원칙에 따라 이루어져야 하는데, 민사집행법에 의한 집행이나 국세체납처분을 할 때에 '채무자가 사실상 소유하는 재산'이라는 이유로 제3자 명의로 등기되어 있는 부동산에 관하여 곧바로 집행이나 체납처분을 하는 것은 허용되지 않는다.
피고인이 범죄행위를 통하여 취득한 불법수익 등을 철저히 환수할 필요성이 크더라도 추징의 집행 역시 형의 집행이므로 법률에서 정한 절차에 따라야 하고, 피고인이 제3자 명의로 부동산을 은닉하고 있다면 적법한 절차를 통하여 피고인 명의로 그 등기를 회복한 후 추징판결을 집행하여야 한다(대결 2021.4.9. 2020모4058).

정답 ○

제 2 절 형의 양정

31. 수사기관의 직무상의 질문 또는 조사에 응하여 범죄사실을 인정한 경우에도 자수를 인정할 수 있다.

> 해설　수사기관의 직무상의 질문 또는 조사에 응하여 범죄사실을 진술하는 것은 자백일 뿐 자수로는 되지 않는다(대판 1982.9.28. 82도1965).　　　**정답** ×

32. (★)범죄사실을 부인하거나 죄의 뉘우침이 없는 자수는 법률상 형의 감경사유가 되는 진정한 자수라고는 할 수 없다.

> 해설　범죄사실을 부인하거나 죄의 뉘우침이 없는 자수는 그 외형은 자수일지라도 법률상 형의 감경사유가 되는 진정한 자수라고는 할 수 없다(대판 1994.10.14. 94도2130).　　　**정답** ○

33. (★)일단 자수가 성립한 후에도 범인이 번복하여 수사기관이나 법정에서 범행을 부인한 경우에는 그 자수의 효력은 소멸된다.

> 해설　형법 제52조 제1항 소정의 자수란 범인이 자발적으로 자신의 범죄사실을 수사기관에 신고하여 그 소추를 구하는 의사표시를 함으로써 성립하는 것으로서, 일단 자수가 성립한 이상 자수의 효력은 확정적으로 발생하고 그 후에 범인이 번복하여 수사기관이나 법정에서 범행을 부인한다고 하더라도 일단 발생한 자수의 효력이 소멸하는 것은 아니라고 할 것이다(대판 1999.7.9. 99도1695).　　　**정답** ×

34. 경찰관에게 검거되기 전에 친지에게 전화로 자수의사를 전달하였더라도 그것만으로는 자수로 볼 수 없다.

> 해설　大判 1985.9.24. 85도1489.　　　**정답** ○

35. (★)수사기관에 뇌물수수의 범죄사실을 자발적으로 신고하였으나 그 수뢰액을 실제보다 적게 신고함으로써 적용법조와 법정형이 달라지게 된 경우, 자수가 성립할 수 없다.

> 해설　수사기관에 뇌물수수의 범죄사실을 자발적으로 신고하였으나 그 수뢰액을 실제보다 적게 신고함으로써 적용법조와 법정형이 달라지게 된 경우, 자수의 성립을 부인한 사례(대판 2004.6.24. 2004도2003).　　　**정답** ○

36. (★)법률상 감경할 사유가 수개 있는 때에는 거듭 감경할 수 있으나, 작량감경사유가 수개 있을 경우에는 거듭 감경할 수 없다.

해설 옳다. 정답 ○

37. (★★★) 임의적 감경의 경우에는 감경사유의 존재가 인정되더라도 법관이 형법 제55조 제1항에 따른 법률상 감경을 할 수도 있고 하지 않을 수도 있다. 나아가 임의적 감경사유의 존재가 인정되고 법관이 그에 따라 징역형에 대해 법률상 감경을 하는 이상 형법 제55조 제1항 제3호에 따라 상한과 하한을 모두 2분의 1로 감경한다. ( )

해설 필요적 감경의 경우에는 감경사유의 존재가 인정되면 반드시 형법 제55조 제1항에 따른 법률상 감경을 하여야 함에 반해, 임의적 감경의 경우에는 감경사유의 존재가 인정되더라도 법관이 형법 제55조 제1항에 따른 법률상 감경을 할 수도 있고 하지 않을 수도 있다. 나아가 임의적 감경사유의 존재가 인정되고 법관이 그에 따라 징역형에 대해 법률상 감경을 하는 이상 형법 제55조 제1항 제3호에 따라 상한과 하한을 모두 2분의 1로 감경한다.(대판(전) 2021.1.21. 2018도5475) 정답 ○

38. (★)형법 제55조 제1항 제6호의 벌금을 감경할 때의 '다액'의 2분의 1이라는 문구는 '금액'의 2분의 1이라고 해석하여야 한다.

해설 형법 제55조 제1항 제6호의 벌금을 감경할 때의 '다액'의 2분의 1이라는 문구는 '금액'의 2분의 1이라고 해석하여 그 상한과 함께 하한도 2분의 1로 내려가는 것으로 해석하여야 한다(대판 1978.4.25. 78도246). 정답 ○

39. (★)형법 제38조 제1항 제3호에 의하여 징역형과 벌금형을 병과하는 경우, 징역형에만 작량감경을 한 것은 위법하다.

해설 형법 제38조 제1항 제3호에 의하여 징역형과 벌금형을 병과하는 경우에는 각 형에 대한 범죄의 정상에 차이가 있을 수 있으므로 징역형에만 작량감경을 하고 벌금형에는 작량감경을 하지 아니하였다고 하여 이를 위법하다고 할 수 없다(대판 2006.3.23. 2006도1076).
[비교판례] 하나의 죄에 대하여 징역형과 벌금형을 병과하는 경우, 특별한 규정이 없는 한 징역형에만 작량감경을 하고 벌금형에는 작량감경을 하지 않는 것은 위법하다(대판 2011.5.26. 2011도3161). 정답 ✕

40. 피고인이 범행 후 미국으로 도주하였다가 대한민국정부와 미합중국정부 간의 범죄인 인도조약에 따라 체포되어 인도절차를 밟기 위한 절차에 해당하는 기간은 본형에 산입될 미결구금일수에 해당하지 않는다.

해설) 피고인이 범행 후 미국으로 도주하였다가 대한민국정부와 미합중국정부 간의 범죄인 인도조약에 따라 체포되어 인도절차를 밟기 위한 절차에 해당하는 기간에 불과하여 본형에 산입될 미결구금일수에 해당하지 않는다(대판 2005.10.28. 2005도5822).   정답 ○

제 3 절 누 범

41. 법정형 중 벌금형을 선택한 경우에는 누범가중을 할 수 없다.

> [해설] 형법 제35조 제1항에 규정된 '금고 이상에 해당하는 죄'라 함은 유기금고형이나 유기징역형으로 처단할 경우에 해당하는 죄를 의미하는 것으로서 법정형 중 벌금형을 선택한 경우에는 누범가중을 할 수 없다(대판 1982.9.14. 82도1702).
> **정답** ○

42. (★)누범이 되기 위하여는 누범에 해당하는 전과사실과 새로이 범한 범죄 사이에 일정한 상관관계가 있다고 인정되어야 한다.

> [해설] 형법 제35조가 누범에 해당하는 전과사실과 새로이 범한 범죄 사이에 일정한 상관관계가 있다고 인정되는 경우에 한하여 적용되는 것으로 제한하여 해석하여야 할 아무런 이유나 근거가 없고, 위 규정이 헌법상의 평등원칙 등에 위배되는 것도 아니다(대판 2008.12.24. 2006도1427).
> **정답** ×

43. (★)집행유예의 판결을 받고 그 기간경과 후 다시 범죄를 저지른 행위는 집행유예죄와의 사이에 누범관계가 성립할 수 없다.

> [해설] 집행유예의 판결을 받고 그 기간경과 후 다시 범죄를 저지른 행위는 집행유예죄와의 사이에 누범관계가 성립하지 아니한다(대판 1970.9.22. 70도1627).
> **정답** ○

44. (★)일반사면된 전과에 대하여 누범가중을 할 수 없다.

> [해설] 大判 1965.11.30. 65도910.
> [동지판례] 특정범죄 가중처벌 등에 관한 법률 제5조의4 제5항은, 형법 제329조 내지 제331조와 제333조 내지 제336조·제340조·제362조의 죄 또는 그 미수죄로 3회 이상 징역형을 받은 자로서 다시 이들 죄를 범하여 누범으로 처벌할 경우도 제1항 내지 제4항과 같다고 규정하고 있고, 한편 형의실효 등에 관한 법률에 의하여 형이 실효된 경우에는 형의 선고에 의한 법적 효과가 장래에 향하여 소멸되므로 형이 실효된 후에는 그 전과를 특정범죄 가중처벌 등에 관한 법률 제5조의4 제5항 소정의 징역형의 선고를 받은 경우로 볼 수는 없다(대판 2002.10.22. 2002감도39).
> **정답** ○

45. (★)복권이 있었다고 하더라도 그 전과사실은 누범가중사유에 해당한다.

> [해설] 복권은 일반사면의 경우와 같이 형의 언도의 효력을 상실시키는 것이 아니고, 다만 형의 언도의 효력으로 인하여 상실 또는 정지된 자격을 회복시킴에 지나지 아니하는 것이므로 복권이 있었다고 하더라도 그 전과사실은 누범가중사유에 해당한다(대판 1981.4.14. 81도543).
> **정답** ○

46. (★)가석방기간 중의 재범에 대하여는 그 가석방된 전과사실 때문에 누범가중처벌되지 아니한다.

> 해설 가석방은 가석방의 처분을 받은 후 그 처분의 실효 또는 취소됨이 없이 무기에 있어서는 10년, 유기형에 있어서는 그 잔형기를 경과한 때에는 형의 집행을 종료한 것으로 간주되는 것이므로 아직 가석방기간 중일 때에는 형집행 종료라고 볼 수 없기 때문에 가석방기간 중의 재범에 대하여는 그 가석방된 전과사실 때문에 누범가중처벌되지 아니한다(대판 1976.9.14. 76도2071).
>
> [동지판례] 금고 이상의 형을 받고 그 형의 집행유예기간 중에 금고 이상에 해당하는 죄를 범하였다 하더라도 이는 누범가중의 요건을 충족시킨 것이라 할 수 없다(대판 1983.8.23. 83도1600).
>
> 정답 ○

47. (★★)누범이 되려면 누범 기간 내에 실행의 착수가 있으면 족하고, 그 기간 내에 기수에까지 이르러야 되는 것은 아니다.

> 해설 형법 제35조 소정의 누범이 되려면 금고 이상의 형을 받아 그 집행을 종료하거나 면제를 받은 후 3년 내에 다시 금고 이상에 해당하는 죄를 범하여야 하는바, 이 경우 다시 금고 이상에 해당하는 죄를 범하였는지 여부는 그 범죄의 실행행위를 하였는지 여부를 기준으로 결정하여야 하므로 3년의 기간 내에 실행의 착수가 있으면 족하고, 그 기간 내에 기수에까지 이르러야 되는 것은 아니다(대판(전) 2006.4.7. 2005도9858).
>
> [동지판례] 포괄일죄의 일부 범행이 누범기간 내에 이루어진 이상 나머지 범행이 누범기간 경과 후에 이루어졌더라도 그 범행 전부가 누범에 해당한다고 보아야 한다(대판 2012.3.29. 2011도14135).
>
> 정답 ○

48. (★★)상습범 중 일부 행위가 누범기간 내에 이루어진 경우에는 누범기간 경과 전의 행위만 누범관계가 인정된다.

> 해설 상습범 중 일부 소위가 누범기간 내에 이루어진 이상 나머지 소위가 누범기간 경과후에 행하여졌더라도 그 행위 전부가 누범관계에 있는 것이다(대판 1985.7.9. 85도1000).
>
> 정답 ×

제 4 절 집행유예 · 선고유예 · 가석방

49. 벌금의 형을 선고할 경우에는 집행유예의 선고를 할 수 없다.

> 해설 **제62조(집행유예의 요건)** ① 3년 이하의 징역이나 금고 또는 500만원 이하의 벌금의 형을 선고할 경우에 제51조의 사항을 참작하여 그 정상에 참작할 만한 사유가 있는 때에는 1년 이상 5년 이하의 기간 형의 집행을 유예할 수 있다. 다만, 금고 이상의 형을 선고한 판결이 확정된 때부터 그 집행을 종료하거나 면제된 후 3년까지의 기간에 범한 죄에 대하여 형을 선고하는 경우에는 그러하지 아니하다. 〈개정 2016.1.6〉〈시행일 2018.1.7〉 **정답** ✕

50. 집행유예의 선고를 받은 후 그 선고의 실효 또는 취소됨이 없이 유예기간을 경과한 때에는 형의 집행이 면제된다.

> 해설 집행유예의 선고를 받은 후 그 선고의 실효 또는 취소됨이 없이 유예기간을 경과한 때에는 형의 선고는 효력을 잃는다(제65조). **정답** ✕

51. 형법 제57조에 의하여 산입된 미결구금기간이 징역 또는 금고의 본형기간을 초과한 경우에는 형법 제62조의 규정에 의하여 그 본형의 '집행'을 유예할 수 없다.

> 해설 형법 제57조 제1항은 판결선고 전의 구금일수는 그 전부 또는 일부를 유기징역, 유기금고, 벌금이나 과료에 관한 유치 또는 구류에 산입한다고 규정하고 있는 바, 미결구금기간이 확정된 징역 또는 금고의 본형기간을 초과한다고 하여 위법하다고 할 수는 없고, 미결구금은 공소의 목적을 달성하기 위하여 어쩔 수 없이 피고인 또는 피의자를 구금하는 강제처분으로서, 자유를 박탈하는 점이 자유형과 유사하기 때문에 형법 제57조가 인권보호의 관점에서 미결구금일수의 전부 또는 일부를 본형에 산입한다고 규정하고 있는 것일 뿐, 미결구금이 곧 형의 집행인 것은 아니므로, 형법 제57조에 의하여 산입된 미결구금기간이 징역 또는 금고의 본형기간을 초과한다고 하여도 형법 제62조의 규정에 따라 그 본형의 '집행'을 유예하는 데에는 아무런 지장이 없다고 할 것이다(대판 2008.2.29. 2007도9137). **정답** ✕

52. (★)형법 제62조에 의하여 집행유예를 선고할 경우에 같은법 제62조의2 제1항에 규정된 보호관찰과 사회봉사 또는 수강을 동시에 명할 수는 없다.

> 해설 형법 제62조의2 제1항은 '형의 집행을 유예하는 경우에는 보호관찰을 받을 것을 명하거나 사회봉사 또는 수강을 명할 수 있다'고 규정하고 있는 바, (중략) 형법 제62조에 의하여 집행유예를 선고할 경우에는 같은법 제62조의2 제1항에 규정된 보호관찰과 사회봉사 또는 수강을 동시에 명할 수 있다고 해석함이 상당하다(대판 1998.4.24. 98도98). **정답** ✕

53. (★)보호관찰명령 없이 사회봉사 · 수강명령만 선고하는 경우라도, 보호관찰대상자에 대한 특별준수사항을 사회봉사 · 수강명령대상자에게 그대로 적용할 수 있다.

해설 보호관찰대상자에 대한 특별준수사항을 사회봉사 · 수강명령대상자에게 그대로 적용하는 것은 적합하지 않다(大決 2009.3.30. 2008모1116).   정답 ✕

54. (★)하나의 자유형 중 일부에 대해서는 실형을, 나머지에 대해서는 집행유예를 선고하는 것은 허용되지 않는다.

해설 집행유예의 요건에 관한 형법 제62조 제1항이 '형'의 집행을 유예할 수 있다고만 규정하고 있다고 하더라도, 이는 같은 조 제2항이 그 형의 '일부'에 대하여 집행을 유예할 수 있는 때를 형을 '병과'할 경우로 한정하고 있는 점에 비추어 보면, 하나의 자유형 중 일부에 대해서는 실형을, 나머지에 대해서는 집행유예를 선고하는 것은 허용되지 않는다(대판 2007.2.22. 2006도8555).   정답 ○

55. (★)확정판결 이전 및 이후의 두 개의 범죄에 대하여 하나의 판결로 두 개의 징역형을 선고하는 경우, 그 중 하나의 징역형에 대하여만 집행유예를 선고할 수 있다.

해설 형법 제37조 후단의 경합범 관계에 있는 두 개의 범죄에 대하여 하나의 판결로 두 개의 자유형을 선고하는 경우 그 두 개의 자유형은 각각 별개의 형이므로 형법 제62조 제1항에 정한 집행유예의 요건에 해당하면 그 각 자유형에 대하여 각각 집행유예를 선고할 수 있는 것이고, 또 그 두 개의 징역형 중 하나의 징역형에 대하여는 실형을 선고하면서 다른 징역형에 대하여 집행유예를 선고하는 것도 우리 형법상 이러한 조치를 금하는 명문의 규정이 없는 이상 허용되는 것으로 보아야 한다(대판 2001.10.12. 2001도3579).   정답 ○

56. (★)형법 제37조 후단의 경합범 관계에 있는 죄에 대하여 두 개의 징역형을 선고하면서 하나의 징역형에 대하여만 집행유예를 선고하고 그 집행유예기간의 시기를 다른 하나의 징역형의 집행종료일로 한 것은 위법하다.

해설 우리 형법이 집행유예기간의 시기(始期)에 관하여 명문의 규정을 두고 있지는 않지만 형사소송법 제459조가 "재판은 이 법률에 특별한 규정이 없으면 확정한 후에 집행한다."고 규정한 취지나 집행유예 제도의 본질 등에 비추어 보면 집행유예를 함에 있어 그 집행유예기간의 시기는 집행유예를 선고한 판결 확정일로 하여야 하고 법원이 판결 확정일 이후의 시점을 임의로 선택할 수는 없다(대판 2002.2.26. 2000도4637).   정답 ○

57. 형법 제62조 제1항 단서에서 규정한 '금고 이상의 형을 선고한 판결이 확정된 때'는 실형뿐 아니라 형의 집행유예를 선고한 판결이 확정된 경우도 포함될 수 있다.

> **[해설]** 형법 제62조 제1항 단서에서 규정한 '금고 이상의 형을 선고한 판결이 확정된 때'는 실형뿐 아니라 형의 집행유예를 선고한 판결이 확정된 경우도 포함된다고 해석(대판 2007.2.8. 2006도6196).
>
> **정답** ○

58. (★★★)집행유예기간 중에 범한 범죄라고 할지라도 집행유예가 실효 취소됨이 없이 그 유예기간이 경과한 경우에는 이에 대해 다시 집행유예의 선고가 가능하다.

> **[해설]** 위의 판례 참고.
>
> **정답** ○

59. (★)집행유예의 선고를 받은 자가 유예기간 중 고의로 범한 죄로 금고 이상의 실형을 선고받아 그 판결이 확정된 때에는 집행유예의 선고는 효력을 잃는다.

> **[해설]** 형법 제63조.
>
> **정답** ○

60. (★)법원이 형의 집행을 유예하는 경우 명할 수 있는 사회봉사는 자유형의 집행을 대체하기 위한 것으로서 500시간 내에서 시간 단위로 부과될 수 있는 일 또는 근로활동을 의미한다.

> **[해설]** [1] 형법과 보호관찰 등에 관한 법률의 관계 규정을 종합하면, 사회봉사는 형의 집행을 유예하면서 부가적으로 명하는 것이고 집행유예 되는 형은 자유형에 한정되고 있는 점 등에 비추어, 법원이 형의 집행을 유예하는 경우 명할 수 있는 사회봉사는 자유형의 집행을 대체하기 위한 것으로서 500시간 내에서 시간 단위로 부과될 수 있는 일 또는 근로활동을 의미하는 것으로 해석되므로, 법원이 형법 제62조의2의 규정에 의한 사회봉사명령으로 피고인에게 일정한 금원을 출연하거나 이와 동일시할 수 있는 행위를 명하는 것은 허용될 수 없다.
> [2] 재벌그룹 회장의 횡령행위 등에 대하여 집행유예를 선고하면서 사회봉사명령으로서 일정액의 금전출연을 주된 내용으로 하는 사회공헌계획의 성실한 이행을 명하는 것은 시간 단위로 부과될 수 있는 일 또는 근로활동이 아닌 것을 명하는 것이어서 허용될 수 없고, 준법경영을 주제로 하는 강연과 기고를 명하는 것은 헌법상 양심의 자유 등에 대한 심각하고 중대한 침해가능성, 사회봉사명령의 의미나 내용에 대한 다툼의 여지 등의 문제가 있어 허용될 수 없다고 본 사례(대판 2008.4.11. 2007도8373).
>
> **정답** ○

61. (★)형법 제64조 제1항에 의하여 집행유예의 선고를 취소하기 위한 요건으로서 형법 제62조 단행의 사유가 발각된 때라 함은 집행유예 선고의 판결이 확정된 후에 비로소 위와 같은 사유가 발각된 경우를 말하므로 그 판결확정 전에 결격사유가 발각된 경우에는 이

를 취소할 수 없으며, 이때 판결확정 전에 발각되었다고 함은 검사가 명확하게 그 결격사유를 안 경우만을 말하는 것이고 그 결격사유를 알 수 있는 객관적 상황이 존재함에도 부주의로 알지 못한 경우까지 포함된다고 할 수 없다.

> [해설] 형법 제64조 제1항에 의하면 집행유예의 선고를 받은 후 형법 제62조 단행의 사유가 발각된 때에는 집행유예의 선고를 취소한다고 규정되어 있는 바, 여기에서 집행유예를 선고받은 후 형법 제62조 단행의 사유가 발각된 때라 함은 집행유예 선고의 판결이 확정된 후에 비로소 위와 같은 사유가 발각된 경우를 말하고 그 판결확정 전에 결격사유가 발각된 경우에는 이를 취소할 수 없으며, 이때 판결확정 전에 발각되었다고 함은 검사가 명확하게 그 결격사유를 안 경우만을 말하는 것이 아니라 당연히 그 결격사유를 알 수 있는 객관적 상황이 존재함에도 부주의로 알지 못한 경우도 포함된다고 할 것이다(大決 2001.6.27. 2001모135). **정답 ×**

62. (★)집행유예기간이 경과함으로써 형의 선고가 효력을 잃은 후에는 형법 제62조 단행의 사유가 발각되었다고 하더라도 그와 같은 이유로 집행유예를 취소할 수 없고 그대로 유예기간경과의 효과가 발생한다.

> [해설] 大決 1999.1.12. 98모151. **정답 ○**

63. 형법 제62조의2의 규정에 의하여 보호관찰이나 사회봉사 또는 수강을 명한 집행유예를 받은 자가 준수사항이나 명령을 위반한 경우에 그 위반사실이 동시에 범죄행위로 되더라도 그 기소나 재판의 확정여부 등 형사절차와는 별도로 법원이 집행유예를 취소할 수 있다.

> [해설] 大決 1999.3.10. 99모33. **정답 ○**

64. (★)선고유예 판결에서도 그 판결이유에서는 선고할 형의 종류와 양 즉 선고형을 정해 놓아야하고 그 선고를 유예하는 형이 벌금형일 경우에는 그 벌금액뿐만 아니라 환형유치처분까지 해 두어야 한다.

> [해설] 형법 제59조에 의하여 형의 선고를 유예하는 판결을 할 경우에도 선고가 유예된 형에 대한 판단을 하여야 하는 것이므로 선고유예 판결에서도 그 판결이유에서는 선고할 형의 종류와 양 즉 선고형을 정해 놓아야 하고 그 선고를 유예하는 형이 벌금형일 경우에는 그 벌금액뿐만 아니라 환형유치처분까지 해 두어야 한다(대판 1988.1.19. 86도2654). **정답 ○**

65. (★)징역형과 벌금형을 병과하면서 어느 한 쪽에 대해서만 선고유예를 할 수 있고, 혹은 징역형은 집행유예하고 벌금형은 선고유예를 할 수도 있다.

> [해설] 大判 1976.6.8. 74도1266. **정답 ○**

66. (★)판례에 의하면 주형을 선고유예하면서 부가형을 선고유예할 수 있으나, 주형을 선고유예하지 않으면서 부가형만을 선고유예할 수는 없다.

> 해설 주형을 선고유예하면서 부가형을 선고유예할 수 있으므로 필요적 몰수도 선고유예할 수 있다(대판 1978.4.25. 76도2262). 그러나 주형을 선고유예하지 않으면서 부가형만을 선고유예할 수는 없다(대판 1988.6.21. 88도551). 정답 ○

67. (★)판례에 의하면 범죄사실을 부인하는 경우에도 반드시 개전의 정이 없다고 할 수 없으므로 형의 선고유예를 할 수 있다.

> 해설 선고유예의 요건 중 '개전의 정상이 현저한 때'라고 함은, 반성의 정도를 포함하여 널리 형법 제51조가 규정하는 양형의 조건을 종합적으로 참작하여 볼 때 형을 선고하지 않더라도 피고인이 다시 범행을 저지르지 않으리라는 사정이 현저하게 기대되는 경우를 가리킨다고 해석할 것이고, 이와 달리 여기서의 '개전의 정상이 현저한 때'가 반드시 피고인이 죄를 깊이 뉘우치는 경우만을 뜻하는 것으로 제한하여 해석하거나, 피고인이 범죄사실을 자백하지 않고 부인할 경우에는 언제나 선고유예를 할 수 없다고 해석할 것은 아니다(대판(전) 2003.2.20. 2001도6138). 정답 ○

68. (★★)甲은 A죄를 범한 후에 B죄에 대하여 금고 이상의 형을 선고받아 판결이 확정된 전과가 있었으나, A죄를 범할 당시에는 벌금형 외에 처벌받은 전력이 없었다. 甲에게는 선고유예를 할 수 있다.

> 해설 [1] 선고유예가 주로 범정이 경미한 초범자에 대하여 형을 부과하지 않고 자발적인 개선과 갱생을 촉진시키고자 하는 제도인 점, 형법은 선고유예의 예외사유를 '자격정지 이상의 형을 받은 전과'라고만 규정하고 있을 뿐 그 전과를 범행 이전의 것으로 제한하거나 형법 제37조 후단 경합범 규정상의 금고 이상의 형에 처한 판결에 의한 전과를 제외하고 있지 아니한 점, 형법 제39조 제1항은 경합범 중 판결을 받지 아니한 죄가 있는 때에는 그 죄와 판결이 확정된 죄를 동시에 판결할 경우와 형평을 고려하여 그 죄에 대하여 형을 선고하여야 하는데 이미 판결이 확정된 죄에 대하여 금고 이상의 형이 선고되었다면 나머지 죄가 위 판결이 확정된 죄와 동시에 판결되었다고 하더라도 선고유예가 선고되었을 수 없을 것인데 나중에 별도로 판결이 선고된다는 이유만으로 선고유예가 가능하다고 하는 것은 불합리한 점 등을 종합하여 보면, 형법 제39조 제1항에 의하여 형법 제37조 후단 경합범 중 판결을 받지 아니한 죄에 대하여 형을 선고하는 경우에 있어서 형법 제37조 후단에 규정된 금고 이상의 형에 처한 판결이 확정된 죄의 형도 형법 제59조 제1항 단서에서 정한 '자격정지 이상의 형을 받은 전과'에 포함된다고 봄이 상당하다.
>
> [2] 피고인에게 이 사건 범행 이후에 금고 이상의 형을 선고받아 판결이 확정된 전과가 있음에도, 이 사건 범죄사실이 위 전과 이전에 저질러진 것으로서 위 확정판결과 동시에 판결할 수 있는 가능성이 있는 것이었고, 위 범행 당시에 벌금형 외에 처벌받은 전력이 없고 위 범행과 그 후에 판결이 확정된 위 죄를 동시에 판결할 경우와의 형평성을 고려하여야 한다는 등의 이

유로, 피고인에 대한 형의 선고를 유예한 원심판단에 형법 제59조 제1항 단서에 관한 법리오해의 위법이 있다고 한 사례(대판 2010.7.8. 2010도931). **정답** ✕

69. (★★)형의 집행유예를 선고받은 자가 정해진 유예기간을 무사히 경과하여 형의 선고가 효력을 잃게 되었다면 선고유예의 결격사유인 "자격정지 이상의 형을 받은 전과가 있는 자"에 해당하지 아니한다.

[해설] 형법 제59조 제1항 단행에서 정한 "자격정지 이상의 형을 받은 전과"라 함은 자격정지 이상의 형을 선고받은 범죄경력 자체를 의미하는 것이고, 그 형의 효력이 상실된 여부는 묻지 않는 것으로 해석함이 상당하다고 할 것이다. 따라서 형의 집행유예를 선고받은 자는 형법 65조에 의하여 그 선고가 실효 또는 취소됨이 없이 정해진 유예기간을 무사히 경과하여 형의 선고가 효력을 잃게 되었다고 하더라도 형의 선고의 법률적 효과가 없어진다는 것일 뿐, 형의 선고가 있었다는 기왕의 사실 자체까지 없어지는 것은 아니므로, 형법 59조 제1항 단행에서 정한 선고유예 결격사유인 "자격정지 이상의 형을 받은 전과가 있는 자"에 해당한다고 보아야 할 것이다(대판 2003.12.26. 2003도3768). **정답** ✕

70. (★)선고유예 실효결정에 대한 상소심 진행 중에 유예기간인 2년이 경과한 경우, 선고유예 실효 결정을 할 수 없다.

[해설] 형법 제60조, 제61조 제1항, 형사소송법 제335조, 제336조 제1항의 각 규정에 의하면, 형의 선고유예를 받은 자가 유예기간 중 자격정지 이상의 형에 처한 판결이 확정되더라도 검사의 청구에 의한 선고유예 실효의 결정에 의하여 비로소 선고유예가 실효되는 것이고, 또한 형의 선고유예의 판결이 확정된 후 2년을 경과한 때에는 형법 제60조가 정하는 바에 따라 면소된 것으로 간주되고, 그와 같이 유예기간이 경과함으로써 면소된 것으로 간주된 후에는 실효시킬 선고유예의 판결이 존재하지 아니하므로 선고유예 실효의 결정(선고유예된 형을 선고하는 결정)을 할 수 없다(大決 2007.6.28. 2007모348). **정답** ○

71. 가석방처분을 받은 후 그 처분이 실효 또는 취소되지 아니하고 가석방기간을 경과한 때에는 형선고의 효력이 없어지는 것은 아니다.

[해설] 가석방기간 경과의 경우 형집행이 종료한 것으로만 본다(제76조 제1항). 이 경우 집행이 종료될 뿐 형선고의 효력이 없어지는 것은 아니다. **정답** ○

제 5 절 형의 시효 · 소멸 · 기간

72. (★)징역형의 집행유예와 추징을 선고받고 확정된 자에 대하여 징역형에 대하여 특별사면이 있으면 당연히 부가형인 추징선고도 사면된 것으로 본다.

> 해설 형법 제48조, 제49조, 사면법 제5조 제1항 제2호, 제7조 등의 규정 내용 및 취지에 비추어 보면, 추징은 부가형이지만 징역형의 집행유예와 추징의 선고를 받은 사람에 대하여 징역형의 선고의 효력을 상실케 하는 동시에 복권하는 특별사면이 있는 경우에 추징에 대하여도 형선고의 효력이 상실된다고 볼 수는 없다(大決 1996.5.14. 96모14).   **정답** ✕

73. 수형자의 재산이라고 추정되는 채권에 대하여 압류신청을 하였으나 집행불능이 된 경우 이미 발생한 시효중단의 효력은 소멸한다.

> 해설 일응 수형자의 재산이라고 추정되는 채권에 대하여 압류신청을 한 이상 피압류채권이 존재하지 아니하거나 압류채권을 환가하여도 집행비용 외에 잉여가 없다는 이유로 집행불능이 되었다고 하더라도 이미 발생한 시효중단의 효력이 소멸하지는 않는다(大決 2009.6.25. 2008모1396).   **정답** ✕

형법각론

제1편 개인적 법익에 관한 죄

제1장 생명과 신체에 대한 죄

제1절 살인의 죄

1. (★★)제왕절개 수술의 경우 '의학적으로 제왕절개 수술이 가능하였고 규범적으로 수술이 필요하였던 시기(時期)'를 사람의 시기(始期)로 볼 수 있다.

> 해설 [1] 사람의 생명과 신체의 안전을 보호법익으로 하고 있는 형법의 해석으로는 규칙적인 진통을 동반하면서 분만이 개시된 때(소위 진통설 또는 분만개시설)가 사람의 시기(始期)라고 봄이 타당하다.
> [2] 제왕절개 수술의 경우 '의학적으로 제왕절개 수술이 가능하였고 규범적으로 수술이 필요하였던 시기(時期)'는 판단하는 사람 및 상황에 따라 다를 수 있어, 분만개시 시점 즉, 사람의 시기(始期)도 불명확하게 되므로 이 시점을 분만의 시기(始期)로 볼 수는 없다.
> [3] 현행 형법이 사람에 대한 상해 및 과실치사상의 죄에 관한 규정과는 별도로 태아를 독립된 행위객체로 하는 낙태죄, 부동의 낙태죄, 낙태치상 및 낙태치사의 죄 등에 관한 규정을 두어 포태한 부녀의 자기낙태행위 및 제3자의 부동의 낙태행위, 낙태로 인하여 위 부녀에게 상해 또는 사망에 이르게 한 행위 등에 대하여 처벌하도록 한 점, 과실낙태행위 및 낙태미수행위에 대하여 따로 처벌규정을 두지 아니한 점 등에 비추어 보면, 우리 형법은 태아를 임산부 신체의 일부로 보거나, 낙태행위가 임산부의 태아양육, 출산 기능의 침해라는 측면에서 낙태죄와는 별개로 임산부에 대한 상해죄를 구성하는 것으로 보지는 않는다고 해석된다. 따라서 태아를 사망에 이르게 하는 행위가 임산부 신체의 일부를 훼손하는 것이라거나 태아의 사망으로 인하여 그 태아를 양육, 출산하는 임산부의 생리적 기능이 침해되어 임산부에 대한 상해가 된다고 볼 수는 없다(대판 2007.6.29. 2005도3832). **정답** ✕

2. 피살자(女)가 그의 문전에 버려진 영아인 피고인을 주어다 기르고 그 부와의 친생자인것처럼 출생신고를 하였으나 입양요건을 갖추지 아니하였다면, 피고인이 동녀(同女)를 살해하였다고 하여도 존속살인죄로 처벌할 수 없다.

> 해설 존속살해죄로 처벌할 수 없다(대판 1981.10.13. 81도2466).
> [비교판례] 피해자는 그의 남편과 공동으로 피고인을 입양할 의사로 친생자로 출생신고를 하고 피고인을 양육하여 온 사실을 알 수 있는 바, 그렇다면 피고인을 친생자로 한 출생신고는 피해자와 피고인 사이에서도 입양신고로서 효력이 있으므로 피고인은 피해자의 양자라고 할 것이고, 피고인이 피해자를 살해한 경우 존속살해죄가 성립한다(대판 2007.11.29. 2007도8333 · 2007감도22).

[참고판례] 1) 친자관계라는 사실은 호적상의 기재여하에 의하여 좌우되는 것은 아니며 호적상 친권자라고 등재되어 있다 하더라도 사실에 있어서 그렇지 않은 경우에는 법률상 친자관계가 생길 수 없다(대판 1983.6.28. 83도996).
2) 양자가 양가친족과 법정혈족관계를 맺더라도 친생부모와의 자연혈족관계는 소멸하지 않는다(대판 1967.1.31. 66도1483).   정답 ○

3. (★★)남녀가 사실상 동거한 관계에 있고 그 사이에 영아가 분만되었다 하여도 그 남자와 영아와의 사이에 법률상 직계존속비속관계가 있다 할 수 없으므로 그 남자가 영아를 살해한 경우에는 보통살인죄에 해당한다.

해설 大判 1970.3.10. 69도2285.   정답 ○

4. (★)甲女는 아이를 출산하였는데, 자신과 정부 사이에서 출생한 아이임에도 불구하고 남편의 아이로 잘못 알고 분만 직후에 살해한 경우에는 살인죄가 성립한다.

해설 지문은 책임감경사유가 있음에도 없다고 착오한 경우로서 행위자의 주관적 표상에 따라 보통살인죄가 성립한다.   정답 ○

5. (★)피고인들이 매매대금을 편취할 의도로 자신들이 운영하는 인터넷의 자살사이트에 자신들이 가지고 있지도 않은 자살용 유독물을 판매한다는 광고글을 올려놓자 이를 본 피해자들이 그 유독물을 피고인들에게 구입하지 않고 다른 경로로 구입하여 이를 먹고 자살하였더라도 피고인들은 자살방조의 책임을 지지는 않는다.

해설 대법원은 사기행각의 일환일 뿐 자살방조행위에는 해당할 수 없다는 입장이다(대판 2005.6.10. 2005도1373).
[관련판례] (유서대필 사건) 적극적·정신적 방법으로 자살하려는 유서를 대필하여 줌으로써 사람에게 자살의 동인과 명분을 주어 자살을 용이하게 실행하도록 하였다면 자살방조죄에 해당된다(대판 1992.7.24. 92도1148).   정답 ○

6. (★)甲이 乙을 살해하기 위하여 丙, 丁 등을 고용하면서 그들에게 대가의 지급을 약속한 경우, 살인예비죄의 성립이 인정된다.

해설 甲이 乙을 살해하기 위하여 丙, 丁 등을 고용하면서 그들에게 대가의 지급을 약속한 경우, 甲에게는 살인죄를 범할 목적 및 살인의 준비에 관한 고의뿐만 아니라 살인죄의 실현을 위한 준비행위를 하였음을 인정할 수 있다는 이유로 살인예비죄의 성립을 인정한 사례(대판 2009.10.29. 2009도7150).   정답 ○

7. 권총 등을 교부하면서 사람을 살해하라고 한 자는 피교사자의 범죄 실행결의의 유무와 관계없이 그 행위 자체가 독립하여 살인예비죄를 구성한다.

> 해설 大判 1950.4.18. 4283형상10. 정답 ○

제 2 절 상해와 폭행의 죄

8. 甲은 A를 폭행하여 좌측팔 부분에 약 1주간의 치료를 요하는 동전크기의 멍이 들게 했다. 甲의 행위는 상해죄에 해당한다.

> 해설 그 정도의 상처는 일상생활에서 얼마든지 생길 수 있는 극히 경미한 상처이므로 굳이 따로 치료할 필요도 없는 것이어서 상해죄에서 말하는 상해에 해당되지 않는다(대판 1996.12.23. 96도2673). 정답 ✕

9. 甲은 A女가 밥을 먹지 않는다는 이유로 A女를 강제로 눕혀 옷을 벗긴 뒤 1회용 면도기로 A女의 음모를 깎아 버렸다. 甲의 행위는 강제추행치상죄에 해당한다.

> 해설 그것이 폭행에 해당할 수 있음은 별론으로 하고 강제추행치상죄의 상해에 해당한다고 할 수는 없다(대판 2000.3.23. 99도3099). 정답 ✕

10. (★)태아를 사망에 이르게 하는 행위는 '임산부'에 대한 상해에 해당한다.

> 해설 태아를 사망에 이르게 하는 행위가 임산부 신체의 일부를 훼손하는 것이라거나 태아의 사망으로 인하여 그 태아를 양육, 출산하는 임산부의 생리적 기능이 침해되어 임산부에 대한 상해가 된다고 볼 수는 없다(대판 2009.7.9. 2009도1025). 정답 ✕

11. (★)1~2개월간 입원할 정도로 다리가 부러진 상해 또는 3주간의 치료를 요하는 우측흉부자상은 중상해에 해당하지 않는다.

> 해설 大判 2005.12.9. 2005도7527. 정답 ○

12. 독립한 과실행위와 과실행위가 경합하여 화재가 발생한 경우 그 원인된 행위가 판명되지 않았더라도 모두 실화죄로 처벌된다.

> 해설 제19조에 의해 미수가 되지만, 과실범의 미수는 불가벌이므로 처벌되지 않는다. 정답 ✕

13. 독립행위의 경합으로 상해의 결과가 발생한 경우 원인된 행위가 판명되지 않은 이상 미수로 처벌된다.

> 해설 제263조에 의해 기수로 처벌된다.   정답 ✕

14. 공사장에서 일을 하던 甲, 乙은 마침 그 곳을 지나가던 丙을 상해하기 위해 각각 벽돌을 던졌는데 丙은 벽돌을 맞고 사망하였으나 누가 던진 벽돌에 의한 것인지는 판명되지 않았다. 甲과 乙은 각각 상해치사죄의 공동정범의 예에 의하여 처벌된다.(판례에 의함)

> 해설 다수설은 상해치사죄의 경우 제263조의 상해죄의 동시범의 특례규정이 적용되지 않는다고 하나 판례는 상해치사죄에도 적용된다고 본다. 따라서 판례에 의하면 사망의 원인이 판명되지 않았다고 하더라도 甲과 乙을 상해치사죄의 공동정범의 예에 의하여 처벌할 수 있다.   정답 ○

15. (★)甲·乙이 공모하여 각목으로 A를 구타하여 여러 개의 상해를 입힌 경우에 그 상처가 甲·乙 누구의 행위에 의한 것인가 불명한 경우에는 제263조(동시범의 특례)가 적용되지 않는다.

> 해설 제263조는 의사의 연락이 없는 동시범에 대해서 적용될 수 있으므로 공동정범에 대해서는 그 적용이 없다.   정답 ○

16. (★)丙은 甲과 乙의 상해행위로 인하여 상처를 입었다고 고소하였으나, 수사과정에서 甲이 상해행위를 했다는 것이 분명치 아니하여 원인행위를 판명할 수 없을 경우에는 제263조가 적용되지 아니한다.

> 해설 가해행위를 한 것 자체가 분명치 않은 사람에 대하여는 동시범으로 다스릴 수 없다(대판 1984.5.15. 84도488).   정답 ○

17. (★)甲·乙·丙이 서로 의사의 연락 없이 A에게 폭행을 가하여 상해를 입힌 경우에 甲·乙의 폭행에 의한 상해임은 명확하지만 甲·乙 어느 쪽에 의한 것인가가 판명되지 않은 경우, 丙에 대해서도 제263조는 적용된다.

> 해설 丙의 폭행에 의한 상해가 아닌 것이 밝혀진 이상 제263조는 적용될 수 없다.   정답 ✕

18. (★)甲과 乙이 서로 의사연락 없이 피해자에 대해 강간을 하여 피해자에게 상해가 발생하였으나 그 원인된 행위가 판명되지 아니한 경우 甲과 乙은 모두 강간치상죄의 죄책을 진다.

해설 형법 제263조의 동시범은 상해죄와 폭행죄에 관한 특별규정으로서 동 규정은 그 보호법익을 달리하는 강간치상죄에는 적용할 수 없다(대판 1984.4.24. 84도372). 정답 ×

19. 시정된 방문을 수회 발로 찬 피고인의 행위는 폭행죄에 해당한다고 할 수 없다.

해설 시정된 탁구장문과 주방문을 부수고 주방으로 들어가 방문을 열어주지 않으면 모두 죽여버린다고 폭언하면서 시정된 방문을 수회 발로 찬 피고인의 행위는 재물손괴죄 또는 숙소 안의 자에게 해악을 고지하여 외포케 하는 단순협박죄에 해당함은 별론으로 하고 단순히 방문을 발로 몇 번 찼다고 하여 그것이 피해자들의 신체에 대한 유형력의 행사로는 볼 수 없어 폭행죄에 해당한다고 할 수 없다(대판 1984.2.14. 83도3186). 정답 ○

20. 비닐봉지에 넣어 둔 인분을 타인가의 앞마당에 던졌다면 사람의 신체에 대하여 공격한 것이 아니더라도 형법상의 폭행의 범주에 들어간다.

해설 폭행이란 사람에 대한 유형력의 행사 등 불법한 공격을 뜻하고 그 대상은 사람의 신체이므로, 비닐봉지에 넣어 둔 인분을 타인가의 앞마당에 던졌을 뿐 사람의 신체에 대하여 공격한 것이 아니면 이 사실만으로는 형법상의 폭행의 범주에 들어간다고 할 수 없다(대판 1977.2.8. 75도2673). 정답 ×

21. 거리상 멀리 떨어져 있는 사람에게 전화기를 이용하여 전화하면서 고성을 내거나 그 전화 대화를 녹음 후 듣게 하는 경우에는 특수한 방법으로 수화자의 청각기관을 자극하여 그 수화자로 하여금 고통스럽게 느끼게 할 정도의 음향을 이용하였다는 등의 특별한 사정이 없는 한 신체에 대한 유형력의 행사를 한 것으로 보기 어렵다.

해설 [1] 형법 제260조에 규정된 폭행죄는 사람의 신체에 대한 유형력의 행사를 가리키며, 그 유형력의 행사는 신체적 고통을 주는 물리력의 작용을 의미하므로 신체의 청각기관을 직접적으로 자극하는 음향도 경우에 따라서는 유형력에 포함될 수 있다.
[2] 피해자의 신체에 공간적으로 근접하여 고성으로 폭언이나 욕설을 하거나 동시에 손발이나 물건을 휘두르거나 던지는 행위는 직접 피해자의 신체에 접촉하지 아니하였다 하더라도 피해자에 대한 불법한 유형력의 행사로서 폭행에 해당될 수 있는 것이지만, 거리상 멀리 떨어져 있는 사람에게 전화기를 이용하여 전화하면서 고성을 내거나 그 전화 대화를 녹음 후 듣게 하는 경우에는 특수한 방법으로 수화자의 청각기관을 자극하여 그 수화자로 하여금 고통스럽게 느끼게 할 정도의 음향을 이용하였다는 등의 특별한 사정이 없는 한 신체에 대한 유형력의 행사를 한 것으로 보기 어렵다(대판 2003.1.10. 2000도5716). 정답 ○

22. (★) 甲이 자신의 차를 가로막고 서 있는 A를 향해 차를 조금씩 전진시키고 A가 뒤로 물러나면 다시 차를 전진시키는 방식의 운행을 반복하였다면 甲은 특수폭행죄에 해당한다.

[해설] 폭행죄에서 말하는 폭행이란 사람의 신체에 대하여 육체적·정신적으로 고통을 주는 유형력을 행사함을 뜻하는 것으로서 반드시 피해자의 신체에 접촉함을 필요로 하는 것은 아니고, 그 불법성은 행위의 목적과 의도, 행위 당시의 정황, 행위의 태양과 종류, 피해자에게 주는 고통의 유무와 정도 등을 종합하여 판단하여야 한다. 따라서 자신의 차를 가로막는 피해자를 부딪친 것은 아니라고 하더라도, 피해자를 부딪칠 듯이 차를 조금씩 전진시키는 것을 반복하는 행위 역시 피해자에 대해 위법한 유형력을 행사한 것이라고 보아야 한다(大判 2016.10.27. 2016도9302). **정답** ○

※ **다음 설명에 대한 옳음(○)과 틀림(×)을 판단하시오.**

23. (★) 甲이 경륜장 사무실에서 술에 취해 소란을 피우면서 '소화기'를 집어던진 경우라면 특정인을 겨냥하여 던진 것이 아니라고 할지라도, 위 '소화기'는 '위험한 물건'에 해당한다.

[해설] [1] 어떤 물건이 '위험한 물건'에 해당하는지 여부는 구체적인 사안에서 사회통념에 비추어 그 물건을 사용하면 상대방이나 제3자가 생명 또는 신체에 위험을 느낄 수 있는지 여부에 따라 판단하여야 한다.
[2] 피고인이 경륜장 사무실에서 술에 취해 소란을 피우면서 '소화기'를 집어던졌지만 특정인을 겨냥하여 던진 것이 아닌 점 등을 종합하여, 위 '소화기'는 '위험한 물건'에 해당하지 않는다고 한 사례(대판 2010.4.29. 2010도930). **정답** ×

24. 판례에 의하면 위험한 물건을 '휴대하여'라는 말은 소지뿐만 아니라 널리 이용한다는 뜻도 포함된다.

[해설] 물건을 '휴대하여'라는 말은 소지뿐만 아니라 널리 이용한다는 뜻도 포함하고 있다 할 것이다(대판 1997.5.30. 97도597). **정답** ○

25. 형법상 특수폭행죄의 휴대라고 하기 위하여 범행 이전부터 흉기를 몸에 지니고 있어야 할 필요는 없다.

[해설] 大判 1984.1.31. 83도2959. **정답** ○

26. "위험한 물건을 휴대하여"란 범행현장에서 그 범행에 사용하려는 의도아래 위험한 물건을 소지하거나 몸에 지니는 경우를 가리키는 것이지 그 범행과는 전혀 무관하게 우연히 이를 소지하게 된 경우까지를 포함하는 것은 아니다.

해설 大判 1990.4.24. 90도401.　　　　　　　　　　　　　　　　　　　　정답 ○

27. 甲은 전처인 乙에게 재결합하지 않으면 죽이겠다는 협박편지를 보내면서 청산염 2g 정도를 동봉 우송하여 乙에게 도달하게 하였다. 甲은 위험한 물건을 휴대하고 협박한 경우에 해당한다.

해설 위험한 물건의 "휴대"라 함은 범행현장에서 범행에 사용할 의도 아래 위험한 물건을 몸 또는 몸 가까이 소지하는 것을 말하므로 피고인의 행위를 위험한 물건의 휴대라고 할 수 없다 (대판 1985.10.8. 85도1851).　　　　　　　　　　　　　　　　　　　정답 ×

28. 甲은 친구인 乙, 丙과 흉기를 휴대하여 타인의 건물에 침입하기로 공모한 후 甲은 흉기를 소지하지 않고 건물 안으로 들어가고, 乙과 丙은 건물로부터 약 30m 내지 50m 떨어진 곳에 주차한 차 안에서 흉기를 휴대하고 망을 보고 있었다. 甲에게는 특수주거침입죄가 성립한다.

해설 특수주거침입죄의 구성요건이 충족되었다고 볼 수 있는지의 여부는 직접 건조물에 들어간 범인을 기준으로 하여 그 범인이 흉기를 휴대하였다고 볼 수 있느냐의 여부에 따라 결정되어야 한다(대판 1994.10.11. 94도1991). ※ 특수주거침입죄 불성립　　　　　정답 ×

29. 특수폭행치상의 경우 형법 제258조의2(특수상해)의 신설에도 불구하고 종전과 같이 형법 제257조(상해) 제1항의 예에 의하여 처벌하는 것으로 해석함이 타당하다.

해설 大判 2018.7.24. 2018도3443.　　　　　　　　　　　　　　　　　　정답 ○

제 3 절 과실치사상의 죄

30. 업무상과실치사상죄에 있어서의 업무란 사람의 각별한 경험이나 법규상의 면허를 필요로 하지 아니한다.

해설 업무상과실치사상죄에 있어서의 업무란 사람의 사회생활면에 있어서의 하나의 지위로서 계속적으로 종사하는 사무를 말하고 반복계속의 의사 또는 사실이 있는 한 그 사무에 대한 각별한 경험이나 법규상의 면허를 필요로 하지 아니한다(대판 1961.3.22. 4294형상5).
[동지판례] 골재채취허가여부는 골재채취업무가 업무상과실치사상죄에 있어서의 업무에 해당하는 사실에 영향을 미치지 아니한다(대판 1985.6.11. 84도2527).　　　　　정답 ○

31. (★★)식당의 운영자인 피고인이 식당 밖에서 당겨 열도록 표시되어 있는 출입문을 열고 음식 배달차 밖으로 나가던 중 이웃 가게 손님으로 마침 위 식당 출입문 앞쪽 길가에 서 있던 피해자의 오른발 뒤꿈치 부위를 위 출입문 모서리 부분으로 충격하여 상해를 입게 한 경우 업무상과실치상죄에 해당한다.

> 해설 식당(분식점)의 운영자인 피고인이 식당 밖에서 당겨 열도록 표시되어 있는 출입문을 열고 음식 배달차 밖으로 나가던 중 이웃 가게 손님으로 마침 위 식당 출입문 앞쪽 길가에 서 있던 피해자의 오른발 뒤꿈치 부위를 위 출입문 모서리 부분으로 충격하여 상해를 입게 한 이 사건 공소사실 기재 행위는, 비록 위 식당의 운영과 관련한 업무상 행위로는 볼 수 있다 하더라도, 달리 위 사고가 위 출입문 자체의 설치 혹은 관리상의 하자에 기인하거나 영업자로서 위 사고발생과 관련한 별도의 주의의무를 부과할 만한 사정이 존재하지 않는 이상, 피고인이 그 업무상 하여야 할 구체적이고도 직접적인 주의의무를 위반한 때에 해당한다고 보기 어렵고, 오히려 위와 같이 출입문을 여닫는 행위는 음식을 배달하기 위한 경우 이외에도 일상생활에서 얼마든지 자연적으로 행하여질 수 있는 일이라는 점에서 단순히 일상생활상의 주의의무를 위반한 경우에 불과하다고 판단한 사례(대판 2009.10.29. 2009도5753). **정답** ✕

32. (★)교도관들의 업무는 업무상과실치사죄에서 말하는 업무에 해당한다.

> 해설 공휴일 또는 야간에는 소장을 대리하는 당직간부에게는 구치소에 수용된 수용자들의 생명·신체에 대한 위험을 방지할 법령상 내지 조리상의 의무가 있다고 할 것이고, 이와 같은 의무를 직무로서 수행하는 교도관들의 업무는 업무상과실치사죄에서 말하는 업무에 해당한다(대판 2007.5.31. 2006도3493). **정답** ○

33. 건물의 소유자로서 건물을 비정기적으로 수리하거나 건물의 일부분을 임대하였다는 사정만으로는 업무상과실치상죄에 있어서의 '업무'로 보기 어렵다.

> 해설 업무상과실치상죄에 있어서의 '업무'란 사람의 사회생활면에서 하나의 지위로서 계속적으로 종사하는 사무를 말하고, 여기에는 수행하는 직무 자체가 위험성을 갖기 때문에 안전배려를 의무의 내용으로 하는 경우는 물론 사람의 생명·신체의 위험을 방지하는 것을 의무내용으로 하는 업무도 포함되는데, 안전배려 내지 안전관리 사무에 계속적으로 종사하여 위와 같은 지위로서의 계속성을 가지지 아니한 채 단지 건물의 소유자로서 건물을 비정기적으로 수리하거나 건물의 일부분을 임대하였다는 사정만으로는 업무상과실치상죄에 있어서의 '업무'로 보기 어렵다(대판 2009.5.28. 2009도1040). **정답** ○

※ 다음 중 판례에 의할 때 과실범이 성립하는 사례(○)와 성립하지 않는 사례(×)를 판단
하시오.

34. 담임교사 甲이 유리창을 청소할 때 교실안쪽에서 닦을 수 있는 유리창만 닦도록 지시하
였는데 학생 乙이 베란다로 넘어갔다가 떨어져 사망하였다.

[해설] 담임교사에게 그 사고에 대한 어떤 형사상의 과실책임을 물을 수 없다(대판 1989.3.28. 89도
108).　　　　　　　　　　　　　　　　　　　　　　　　　　　　　　　　　　　　　정답 ×

35. 약사 甲은 부산시의 검인이 있는 제약회사에서 공급받은 약품을 사용하여 약을 조제한
후 乙에게 주었는데, 乙은 그 약을 먹고 사망하였다. 甲이 사용한 약품은 극약으로서 제
약회사의 직원이 잘못 판매한 것이었다.

[해설] 약품의 표시를 신뢰하고 그 약을 사용한 점에 과실이 있다고 볼 수 없다(대판 1976.2.10.
74도2046).　　　　　　　　　　　　　　　　　　　　　　　　　　　　　　　　　　정답 ×

36. 산후조리원에 입소한 신생아가 출생 후 10일 이상이 경과하도록 계속하여 수유량 및 체
중이 지나치게 감소하고 잦은 설사 등의 이상증세를 보이자, 산후조리원의 신생아 집단
관리를 맡은 책임자 甲은 산모에게 신생아의 이상증세를 즉시 알리고 적절한 조치를 구
하여 산모의 지시를 따랐으나 신생아가 탈수 내지 괴사성 장염으로 사망하였다.

[해설] 일반인에 의해 제공되는 산후조리 업무와는 달리 신생아의 집단관리 업무를 책임지는
사람으로서는 신생아의 건강관리나 이상증상에 관하여 일반인보다 높은 수준의 지식을 갖추어
신생아를 위생적으로 관리하고 건강상태를 면밀히 살펴 이상증세가 보이면 의사나 한의사 등
전문가에게 진료를 받도록 하는 등 적절한 조치를 취하여야 할 업무상 주의의무가 있다(대판
2007.11.16. 2005도1796).　　　　　　　　　　　　　　　　　　　　　　　　　　정답 ○

37. 버스운전자 甲이 내리막길에서 버스의 브레이크가 작동되지 않아 대형사고를 피하기
위하여 인도로 돌진하여 보행자를 사망하게 하였다.

[해설] 내리막길에서 버스의 브레이크가 작동되지 않아 인도로 돌진하여 보행자를 사망에 이
르게 한 피고인에게 과실이 없다(대판 1996.7.9. 96도1198).　　　　　　　　　　　정답 ×

38. 甲이 골프장에서 골프경기를 하던 중 甲의 등 뒤 8m 정도 떨어져 있던 경기보조원 A를 골프공으로 맞혀 상해를 입혔다.

[해설] 운동경기에 참가하는 자가 경기규칙을 준수하는 중에 또는 그 경기의 성격상 당연히 예상되는 정도의 경미한 규칙위반 속에 제3자에게 상해의 결과를 발생시킨 것으로서, 사회적 상당성의 범위를 벗어나지 아니하는 행위라면 과실치상죄가 성립하지 않는다. 그러나 골프경기를 하던 중 골프공을 쳐서 아무도 예상하지 못한 자신의 등 뒤편으로 보내어 등 뒤에 있던 경기보조원(캐디)에게 상해를 입힌 경우에는 주의의무를 현저히 위반하여 사회적 상당성의 범위를 벗어난 행위로서 과실치상죄가 성립한다(대판 2008.10.23. 2008도6940). 정답 ○

39. 甲은 반대방향 차선의 도로변으로 오토바이를 운행해 오던 A가 갑자기 도로변의 돌에 부딪쳐 넘어지면서 그 충격으로 자기의 운행차선까지 튀어 들어오자 이를 미처 피하지 못하고 치어 사망하게 하였다.

[해설] 피고인에게는 반대방향 차선도로변으로 오토바이를 운행해 오던 피해자가 갑자기 도로변의 돌에 부딪쳐 넘어지면서 그 충격으로 피고인 운행차선까지 튀어 들어올 것을 미리 예견하여 운전하여야 할 업무상 주의의무를 인정할 수 없다(대판 1984.7.10. 84도813). 정답 ✕

제 4 절 낙태의 죄

40. 인공임신중절수술은 모자보건법 제14조 제1항 제5호에 의하면 임신의 지속이 보건의학적 이유로 모체의 건강을 심히 해하는 경우에는 가능하나, 해할 우려가 있는 경우에는 허용되지 아니한다.

[해설] 모체의 건강을 심히 해하고 있거나 해할 우려가 있는 경우에 낙태는 허용될 수 있다(모자보건법 제14조 제1항 제5호).　　**정답** ×

41. (★)산부인과 의사인 甲은, 합법적인 인공임신중절수술이 허용되는 경우가 아님에도, 임신 28주 상태인 乙女와 상담한 후에 약물에 의한 유도분만의 방법으로 낙태시술을 하였으나, 태아가 살아서 미숙아 상태로 출생하자 그 미숙아에게 염화칼륨을 주입하여 사망하게 하였다. 甲은 업무상동의낙태죄, 살인죄가 성립하며, 乙은 자기낙태죄가 성립한다.

[해설] [1] 낙태죄는 태아를 자연분만기에 앞서서 인위적으로 모체 밖으로 배출하거나 모체 안에서 살해함으로써 성립하고, 그 결과 태아가 사망하였는지 여부는 낙태죄의 성립에 영향이 없다.

[2] 염화칼륨 주입행위를 낙태를 완성하기 위한 행위에 불과한 것으로 볼 수 없고, 살아서 출생한 미숙아가 정상적으로 생존할 확률이 적다고 하더라도 그 상태에 대한 확인이나 최소한의 의료행위도 없이 적극적으로 염화칼륨을 주입하여 미숙아를 사망에 이르게 하였다면 피고인에게는 미숙아를 살해하려는 범의가 인정된다(대판 2005.4.15. 2003도2780).　　**정답** ○

제 5 절 유기와 학대의 죄

42. (★)유기죄의 보호의무는 법률상 또는 계약상의 의무에 국한되고 사회상규상의 보호의무는 포함되지 않는다는 것이 판례의 입장이다.

[해설] 현행 형법은 유기죄에 있어서 구법과는 달리 보호법익의 범위를 넓힌 반면에 보호책임 없는 자의 유기죄는 없애고 법률상 또는 계약상의 의무있는 자만을 유기죄의 주체로 규정하고 있어 명문상 사회상규상의 보호책임을 관념할 수 없다고 하겠으니 설혹 동행자가 구조를 요하게 되었다 하여도 일정거리를 동행한 사실만으로서는 피고인에게 법률상 계약상의 보호의무가 있다고 할 수 없으니 유기죄의 주체가 될 수 없다(대판 1977.1.11. 76도3419). **정답** ○

43. (★) 유기죄에 관한 형법 제271조 제1항에서 말하는 '법률상 보호의무'에 부부간의 부양의무가 포함된다.

[해설] 유기죄를 범하여 사람을 사망에 이르게 하는 유기치사죄가 성립하기 위해서는 먼저 유기죄가 성립하여야 하므로, 행위자가 유기죄에 관한 형법 제271조 제1항이 정하고 있는 것처럼 "노유, 질병 기타 사정으로 인하여 부조를 요하는 자를 보호할 법률상 또는 계약상 의무 있는 자"에 해당하여야 한다. 여기에서 말하는 법률상 보호의무에는 민법 제826조 제1항에 근거한 부부간의 부양의무도 포함된다.(대판 2018.5.11. 2018도4018) **정답** ○

44. (★★)사실혼의 경우에는 유기죄의 성립에 필요한 '법률상 보호의무'의 존재가 인정되지 아니한다.

[해설] 형법 제271조 제1항에서 말하는 법률상 보호의무 가운데는 민법 제826조 제1항에 근거한 부부간의 부양의무도 포함되며, 나아가 법률상 부부는 아니지만 사실혼 관계에 있는 경우에도 위 민법 규정의 취지 및 유기죄의 보호법익에 비추어 위와 같은 법률상 보호의무의 존재를 긍정하여야 하지만, 사실혼에 해당하여 법률혼에 준하는 보호를 받기 위하여는 단순한 동거 또는 간헐적인 정교관계를 맺고 있다는 사정만으로는 부족하고, 그 당사자 사이에 주관적으로 혼인의 의사가 있고 객관적으로도 사회관념상 가족질서적인 면에서 부부공동생활을 인정할 만한 혼인생활의 실체가 존재하여야 한다(대판 2008.2.14. 2007도3952). **정답** ✕

45. (★★★)甲이 자신이 운영하는 주점에 손님으로 와서 수일 동안 식사는 한 끼도 하지 않은 채 계속하여 술을 마시고 만취한 A를 주점 내에 그대로 방치하여 저체온증 등으로 사망에 이르게 하였다면, 甲의 행위는 유기치사죄에 해당한다.

[해설] [1] 유기죄에 관한 형법 제271조 제1항은 그 행위의 주체를 "노유, 질병 기타 사정으로 부조를 요하는 자를 보호할 법률상 또는 계약상 의무 있는 자"라고 정하고 있다. 여기서의 '계약

상 의무'는 간호사나 보모와 같이 계약에 기한 주된 급부의무가 부조를 제공하는 것인 경우에 반드시 한정되지 아니하며, 계약의 해석상 계약관계의 목적이 달성될 수 있도록 상대방의 신체 또는 생명에 대하여 주의와 배려를 한다는 부수적 의무의 한 내용으로 상대방을 부조하여야 하는 경우를 배제하는 것은 아니라고 할 것이다.

[2] 피고인이 자신이 운영하는 주점에 손님으로 와서 수일 동안 식사는 한 끼도 하지 않은 채 계속하여 술을 마시고 만취한 피해자를 주점 내에 그대로 방치하여 저체온증 등으로 사망에 이르게 하였다는 내용으로 기소된 사안에서, 피해자가 피고인의 지배 아래 있는 주점에서 3일 동안 과도하게 술을 마시고 추운 날씨에 난방이 제대로 되지 아니한 주점 내 소파에서 잠을 자면서 정신을 잃은 상태에 있었다면, 피고인은 주점의 운영자로서 피해자의 생명 또는 신체에 대한 위해가 발생하지 아니하도록 피해자를 주점 내실로 옮기거나 인근에 있는 여관에 데려다 주어 쉬게 하거나 피해자의 지인 또는 경찰에 연락하는 등 필요한 조치를 강구하여야 할 계약상의 부조의무를 부담한다고 판단하여 유기치사죄를 인정한 원심판결을 수긍한 사례(대판 2011.11.24. 2011도 12302). **정답** ○

46. (★)甲은 인적이 없는 야산에서 乙女를 강간하기 위하여 폭행하였으나 乙女가 상처를 입고 정신을 잃고 쓰러지자 실신한 乙女를 그대로 방치하고 가버렸다. 甲에게는 강간치상죄와 유기죄가 성립한다.

[해설] 강간치상의 범행을 저지른 자가 그 범행으로 인하여 실신상태에 있는 피해자를 구호하지 아니하고 방치하였다고 하더라도 그 행위는 포괄적으로 단일의 강간치상죄만을 구성한다(대판 1980.6.24. 80도726). **정답** ✕

47. 甲은 뇌성마비 장애자인 자신의 아들 乙이 죽는 것이 더 행복할 것이라고 생각하면서 인적이 없는 깊은 산 속에 유기하였다. 甲에게는 유기치사죄가 성립한다.

[해설] 살인의 고의가 있으므로 살인죄가 성립할 수 있다. **정답** ✕

48. (★)형법 제273조 제1항에서 말하는 '학대'라 함은 육체적으로 고통을 주거나 정신적으로 차별대우를 하는 행위를 가리키고, 단순히 상대방의 인격에 대한 반인륜적 침해만으로는 부족하고 적어도 유기에 준할 정도에 이르러야 한다.

[해설] 형법 제273조 제1항에서 말하는 '학대'라 함은 육체적으로 고통을 주거나 정신적으로 차별대우를 하는 행위를 가리키고, 이러한 학대행위는 형법의 규정체계상 학대와 유기의 죄가 같은 장에 위치하고 있는 점 등에 비추어 단순히 상대방의 인격에 대한 반인륜적 침해만으로는 부족하고 적어도 유기에 준할 정도에 이르러야 한다(대판 2000.4.25. 2000도223). **정답** ○

제2장 자유에 대한 죄

제1절 협박의 죄

1. (★)판례에 의할 때 다음 기술의 옳고 그름을 판단하라.

> (1) 협박죄에서 '제3자'에 대한 법익 침해를 내용으로 하는 해악을 고지하는 경우 '제3자'에는 법인은 포함되지 아니한다.
>
> (2) 협박죄는 사람의 의사결정의 자유를 보호법익으로 하는 범죄이므로 법인은 협박죄의 객체가 될 수 없다.

[해설] [1] 협박죄에서 협박이란 일반적으로 보아 사람으로 하여금 공포심을 일으킬 정도의 해악을 고지하는 것을 의미하며, 그 고지되는 해악의 내용, 즉 침해하겠다는 법익의 종류나 법익의 향유 주체 등에는 아무런 제한이 없다. 따라서 피해자 본인이나 그 친족뿐만 아니라 그 밖의 '제3자'에 대한 법익 침해를 내용으로 하는 해악을 고지하는 것이라고 하더라도 피해자 본인과 제3자가 밀접한 관계에 있어 그 해악의 내용이 피해자 본인에게 공포심을 일으킬 만한 정도의 것이라면 협박죄가 성립할 수 있다. 이 때 '제3자'에는 자연인뿐만 아니라 법인도 포함된다.

[2] 협박죄는 사람의 의사결정의 자유를 보호법익으로 하는 범죄로서 형법규정의 체계상 개인적 법익, 특히 사람의 자유에 대한 죄 중 하나로 구성되어 있는바, 위와 같은 협박죄의 보호법익, 형법규정상 체계, 협박의 행위 개념 등에 비추어 볼 때, 협박죄는 자연인만을 그 대상으로 예정하고 있을 뿐 법인은 협박죄의 객체가 될 수 없다.

[3] 채권추심 회사의 지사장이 회사로부터 자신의 횡령행위에 대한 민·형사상 책임을 추궁당할 지경에 이르자 이를 모면하기 위하여 회사 본사에 '회사의 내부비리 등을 금융감독원 등 관계기관에 고발하겠다'는 취지의 서면을 보내는 한편, 위 회사 경영지원본부장이자 상무이사에게 전화를 걸어 자신의 횡령행위를 문제삼지 말라고 요구하면서 위 서면의 내용과 같은 취지로 발언한 사안에서, 위 상무이사에 대한 협박죄를 인정한 원심의 판단을 수긍한 사례(대판 2010.7.15. 2010도1017).

정답 (1)✕ (2)○

2. (★★)피고인이 혼자 술을 마시던 중 甲 정당이 국회에서 예산안을 강행처리하였다는 것에 화가 나서 공중전화를 이용하여 경찰서에 여러 차례 전화를 걸어 전화를 받은 각 경찰관에게 경찰서 관할구역 내에 있는 甲 정당의 당사를 폭파하겠다는 말을 하였다면, 공공의 안녕과 질서유지의 임무를 수행하는 경찰관의 입장에서 명백한 장난을 넘어서 실현가능성이 있다고 생각할 수 있을 정도에 이르렀다고 할 수 있으므로 피고인에게는 협박죄가 성립한다.

해설 [1] 형법 제283조에서 정하는 협박죄의 성립에 요구되는 '협박'이라고 함은 일반적으로 그 상대방이 된 사람으로 하여금 공포심을 일으키기에 충분한 정도의 해악을 고지하는 것으로서, 그러한 해악의 고지에 해당하는지 여부는 행위자와 상대방의 성향, 고지 당시의 주변 상황, 행위자와 상대방 사이의 관계·지위, 그 친숙의 정도 등 행위 전후의 여러 사정을 종합하여 판단되어야 한다. 한편 여기서의 '해악'이란 법익을 침해하는 것을 가리키는데, 그 해악이 반드시 피해자 본인이 아니라 그 친족 그 밖의 제3자의 법익을 침해하는 것을 내용으로 하더라도 피해자 본인과 제3자가 밀접한 관계에 있어서 그 해악의 내용이 피해자 본인에게 공포심을 일으킬 만한 것이라면 협박죄가 성립할 수 있다.

[2] 피고인이 혼자 술을 마시던 중 甲 정당이 국회에서 예산안을 강행처리하였다는 것에 화가 나서 공중전화를 이용하여 경찰서에 여러 차례 전화를 걸어 전화를 받은 각 경찰관에게 경찰서 관할구역 내에 있는 甲 정당의 당사를 폭파하겠다는 말을 한 사안에서, <u>피고인은 甲 정당에 관한 해악을 고지한 것이므로 각 경찰관 개인에 관한 해악을 고지하였다고 할 수 없고, 다른 특별한 사정이 없는 한 일반적으로 甲 정당에 대한 해악의 고지가 각 경찰관 개인에게 공포심을 일으킬 만큼 서로 밀접한 관계에 있다고 보기 어려운데</u>도, 이와 달리 피고인의 행위가 각 경찰관에 대한 협박죄를 구성한다고 본 원심판결에 협박죄에 관한 법리오해의 위법이 있다고 한 사례(대판 2012.8.17. 2011도10451).

정답 ✕

3. (★★)경찰관 甲은 B가 A로부터 채무를 변제받지 못하고 있다는 말을 듣고 A에게 전화를 걸어 "나는 경찰서 정보과 형사다. B가 집안 동생인데 돈을 언제까지 해 줄 것이냐. 빨리 안 해주면 상부에 보고하여 문제를 삼겠다"라고 말하였다. 그러나 A는 현실적으로 공포심을 느끼지는 않았다. 甲에게는 협박죄의 기수가 성립한다.

해설 [1] (가) 협박죄가 성립하려면 고지된 해악의 내용이 행위자와 상대방의 성향, 고지 당시의 주변 상황, 행위자와 상대방 사이의 친숙의 정도 및 지위 등의 상호관계, 제3자에 의한 해악을 고지한 경우에는 그에 포함되거나 암시된 제3자와 행위자 사이의 관계 등 행위 전후의 여러 사정을 종합하여 볼 때에 일반적으로 사람으로 하여금 공포심을 일으키게 하기에 충분한 것이어야 하지만, 상대방이 그에 의하여 현실적으로 공포심을 일으킬 것까지 요구하는 것은 아니며, 그와 같은 <u>정도의 해악을 고지함으로써 상대방이 그 의미를 인식한 이상, 상대방이 현실적으로 공포심을 일으켰는지 여부와 관계없이 그로써 구성요건은 충족되어 협박죄의 기수에 이르는</u> 것으로 해석하여야 한다. (나) 결국, <u>협박죄는 사람의 의사결정의 자유를 보호법익으로 하는 위험범</u>이라 봄이 상당하고, 협박죄의 미수범 처벌조항은 해악의 고지가 현실적으로 상대방에게 도달하지 아니한 경우나, 도달은 하였으나 상대방이 이를 지각하지 못하였거나 고지된 해악의 의미를 인식하지 못한 경우 등에 적용될 뿐이다.

[2] 정보보안과 소속 경찰관이 자신의 지위를 내세우면서 타인의 민사분쟁에 개입하여 빨리 채무를 변제하지 않으면 상부에 보고하여 문제를 삼겠다고 말한 사안에서, 객관적으로 상대방이 공포심을 일으키기에 충분한 정도의 해악의 고지에 해당하므로 현실적으로 피해자가 공포심을 일으키지 않았다 하더라도 협박죄의 기수에 이르렀다고 본 사례(대판(전) 2007.9.28. 2007도606).

[동지판례] 피해자가 그 취지를 인식하였음이 명백한 이상 설령 피해자가 현실적으로 공포심을 느끼지 못하였다 하더라도 그와는 무관하게 상관협박죄의 기수에 이르렀다고 보아야 한다(대판 2008.12.11. 2008도8922).

정답 ○

4. 협박죄가 성립하려면 고지된 해악의 내용이 일반적으로 사람으로 하여금 공포심을 일으키게 하기에 충분한 것이어야 하지만, 상대방이 그에 의하여 현실적으로 공포심을 일으킬 것까지 요구하는 것은 아니며, 고지하는 내용이 위법하지 않은 것인 때에도 해악이 될 수 있다.

해설 [1] 협박죄가 성립하려면 고지된 해악의 내용이 행위자와 상대방의 성향, 고지 당시의 주변 상황, 행위자와 상대방 사이의 친숙 정도 및 지위 등의 상호관계, 제3자에 의한 해악을 고지한 경우에는 그에 포함되거나 암시된 제3자와 행위자 사이의 관계 등 행위 전후의 여러 사정을 종합하여 볼 때에 일반적으로 사람으로 하여금 공포심을 일으키게 하기에 충분한 것이어야 하지만, 상대방이 그에 의하여 현실적으로 공포심을 일으킬 것까지 요구하는 것은 아니며, 고지하는 내용이 위법하지 않은 것인 때에도 해악이 될 수 있다.

[2] 피고인 甲 등이 공모하여 K건설의 대표이사에게 K건설의 이중계약체결과 허위세금계산서를 통한 비자금조성의혹을 제기하면서 민사소송과 형사고발을 비롯하여 세무서 등 관계기관과 언론사에 제보하겠다는 취지의 통지문을 보낸 것은 사회 통념상 용인될 수 있을 정도의 것이라거나 사회상규에 반하지 않는 정당행위에 해당한다고 볼 수 없으므로 포괄하여 협박죄가 성립한다고 한 사례(대판 2012.5.24. 2011도5910).

정답 ○

5. (★)협박죄에 있어서의 협박이 성립하기 위하여 고지한 해악을 실제로 실현할 의도나 욕구를 필요로 하는 것은 아니다.

해설 협박죄에 있어서의 협박이라 함은 일반적으로 보아 사람으로 하여금 공포심을 일으킬 수 있는 정도의 해악을 고지하는 것을 의미하므로 그 주관적 구성요건으로서의 고의는 행위자가 그러한 정도의 해악을 고지한다는 것을 인식·인용하는 것을 그 내용으로 하고 고지한 해악을 실제로 실현할 의도나 욕구는 필요로 하지 아니하고, 다만 행위자의 언동이 단순한 감정적인 욕설 내지 일시적 분노의 표시에 불과하여 주위사정에 비추어 가해의 의사가 없음이 객관적으로 명백한 때에는 협박행위 내지 협박의 의사를 인정할 수 없다(대판 1991.5.10. 90도2102).

정답 ○

6. 甲은 자기의 승용차 트렁크에서 공기총을 꺼내어 A를 향해 들이대고 A를 협박하였다. 이때 甲은 승용차 트렁크에 공기총 실탄을 보관하고 있었으나 공기총에 실탄을 장전하고 있지는 않았다. 甲은 특수협박죄가 성립하지 아니한다.

> 해설 비록 피고인이 위 공기총에 실탄을 장전하지 아니하였다고 하더라도 피고인은 범행 현장에서 공기총과 함께 실탄을 소지하고 있었고 피고인으로서는 언제든지 실탄을 장전하여 발사할 수도 있었던 것이므로 위 공기총이 폭력행위 등 처벌에 관한 법률 제3조 제1항 소정의 '흉기 기타 위험한 물건'에 해당한다(대판 2002.11.26. 2002도4586). 정답 ✕

제 2 절 강요의 죄

7. 환경단체 소속 회원들이 축산 농가들의 폐수 배출 단속활동을 벌이면서 폐수 배출현장을 사진촬영하거나 지적하는 한편 폐수 배출사실을 확인하는 내용의 사실확인서를 징구하는 과정에서 서명하지 아니할 경우 법에 저촉된다고 겁을 주었다면 이는 '협박'에 의한 강요행위에 해당한다.

> 해설 환경단체 소속 회원들이 축산 농가들의 폐수 배출 단속활동을 벌이면서 폐수 배출현장을 사진촬영하거나 지적하는 한편 폐수 배출사실을 확인하는 내용의 사실확인서를 징구하는 과정에서 서명하지 아니할 경우 법에 저촉된다고 겁을 주는 등 행한 일련의 행위가 '협박'에 의한 강요행위에 해당한다고 한 사례(대판 2010.4.29. 2007도7064). 정답 ○

8. (★★) 판례에 의할 때 다음 기술의 옳고 그름을 판단하라.

(1) 행위자가 그의 직업, 지위 등에 기초한 위세를 이용하여 불법적으로 재물의 교부나 재산상 이익을 요구하고 상대방이 불응하면 부당한 불이익을 입을 위험이 있다는 위구심을 일으키게 하는 경우에도 해악의 고지가 된다.

(2) 행위자가 직무상 또는 사실상 상대방에게 영향을 줄 수 있는 직업이나 지위에 있고 직업이나 지위에 기초하여 상대방에게 어떠한 요구를 하였더라도 곧바로 그 요구 행위를 위와 같은 해악의 고지라고 단정하여서는 안 된다.

(3) 상대방은 공무원의 지위에 따른 직무에 관하여 어떠한 이익을 기대하며 그에 대한 대가로서 요구에 응하였다면, 다른 사정이 없는 한 공무원의 위 요구 행위를 객관적으로 사람의 의사결정의 자유를 제한하거나 의사실행의 자유를 방해할 정도로 겁을 먹게 할 만한 해악의 고지라고 단정하기는 어렵다.

(4) 공무원인 행위자가 상대방에게 어떠한 이익 등의 제공을 요구한 경우 위와 같은 해악의 고지로 인정될 수 없다면 직권남용이나 뇌물 요구 등이 될 수는 있어도 협박을 요건으로 하는 강요죄가 성립하기는 어렵다.

> 해설 대판(전) 2019.8.29. 2018도13792. 정답 (1) ○ (2) ○ (3) ○ (4) ○

9. 법률상 의무 있는 일을 하게 한 경우일지라도 폭행 또는 협박을 가한 경우라면 강요죄가 성립한다.

해설 강요죄는 폭행 또는 협박으로 사람의 권리행사를 방해하거나 의무 없는 일을 하게 하는 것을 말하고, 여기에서 '의무 없는 일'이란 법령, 계약 등에 기하여 발생하는 법률상 의무 없는 일을 말하므로, 폭행 또는 협박으로 법률상 의무 있는 일을 하게 한 경우에는 폭행 또는 협박죄만 성립할 뿐 강요죄는 성립하지 아니한다(대판 2008.5.15. 2008도1097). 정답 ×

10. (★)직장에서 상사가 범죄행위를 저지른 부하직원에게 징계절차에 앞서 자진하여 사직할 것을 단순히 권유하였다고 하여 이를 강요죄에서의 협박에 해당한다고 볼 수는 없다.

해설 大判 2008.11.27. 2008도7018. 정답 ○

11. 인질강요죄에서 강요의 상대방은 인질 또는 제3자이다.

해설 인질강요죄에서 강요의 상대방은 제3자이다. 정답 ×

※ **다음 중 판례에 의할 때 甲에게 강요죄가 성립하는 사례(○)와 성립하지 않는 사례(×)를 판단하시오.**

12. 甲은 채무자의 해외도피를 방지하기 위해 협박하여 그의 여권을 강제로 회수하였다.

해설 형법 제324조 소정의 폭력에 의한 권리행사방해죄는 폭행 또는 협박에 의하여 권리행사가 현실적으로 방해되어야 할 것인 바, 피해자의 해외도피를 방지하기 위하여 피해자를 협박하고 이에 피해자가 겁을 먹고 있는 상태를 이용하여 동인 소유의 여권을 교부하게 하여 피해자가 그의 여권을 강제 회수당하였다면 피해자가 해외여행을 할 권리는 사실상 침해되었다고 볼 것이므로 (폭행에 의한) 권리행사방해죄의 기수(저자 주 - 강요죄에 해당한다)로 보아야 한다(대판 1993.7.27. 93도901). ※ 강요죄의 기수에 해당한다는 취지이다. 정답 ○

13. (★)甲은 A제조업회사에 투자하였으나 乙의 회사자금유용으로 인하여 회사가 부실하게 되자 투자금을 회수하기 위하여 乙을 강요하여 물품대금을 횡령하였다는 자인서를 받아낸 뒤 이를 협박수단으로 삼아 乙로부터 돈을 받았다.

해설 피고인이 투자금의 회수를 위해 피해자를 강요하여 물품대금을 횡령하였다는 자인서를 받아낸 뒤 이를 근거로 돈을 갈취한 경우, 피고인의 주된 범의가 피해자로부터 돈을 갈취하는 데에 있었던 것이라면 피고인은 단일한 공갈의 범의하에 갈취의 방법으로 일단 자인서를 작성케 한 후 이를 근거로 계속하여 갈취행위를 한 것으로 보아야 할 것이므로 위 행위는 포함하여

공갈죄 일죄만을 구성한다고 보아야 한다(대판 1985.6.25. 84도2083). 정답 ×

제 3 절 체포와 감금의 죄

14. (★)정신병자도 감금죄의 객체가 될 수 있다.

> 해설 大判 2002.10.11. 2002도4315. 정답 ○

15. 감금죄에 있어서 감금행위의 방법은 물리적·유형적 장애를 사용하는 경우이어야 하므로 심리적·무형적 장애에 의하는 경우는 강요죄에 해당한다.

> 해설 감금죄에 있어서의 감금행위는 사람으로 하여금 일정한 장소 밖으로 나가지 못하도록 하여 신체의 자유를 제한하는 행위를 가리키는 것으로서 그 방법은 반드시 물리적·유형적 장애를 사용하는 경우뿐만 아니라 심리적·무형적 장애에 의하는 경우도 포함되는 것이다(大決 1994.3.16. 94모2). 정답 ×

16. 복지원의 원장 甲은 수용시설에 수용 중인 부랑인들의 야간도주를 방지하기 위하여 그 취침시간 중 출입문을 안에서 시정하였다. 甲에게는 감금죄가 성립한다.

> 해설 정당행위에 해당되어 위법성이 조각된다(대판 1988.11.8. 88도1580). 정답 ×

17. (★)감금을 하기 위한 수단으로서 행사된 단순한 협박행위는 감금죄에 흡수되어 따로 협박죄를 구성하지 아니한다.

> 해설 大判 1982.6.22. 82도705. 정답 ○

18. 미성년자를 유인한 자가 계속하여 미성년자를 불법하게 감금하였을 때에는 미성년자유인죄 이외에 감금죄가 별도로 성립한다.

> 해설 大判 1998.5.26. 98도1036. 정답 ○

19. (★★) 판례에 의할 때 다음 기술의 옳고 그름을 판단하라.

(1) 체포죄는 계속범으로서 체포의 행위에 확실히 사람의 신체의 자유를 구속한다고 인정할 수 있을 정도의 시간적 계속이 있어야 기수가 된다.

(2) A가 甲으로부터 강간미수 피해를 입은 후 甲의 집에서 나가려고 하였는데 甲이 A가 나가지 못하도록 현관에서 거실 쪽으로 A를 세 번 밀쳤고, A가 甲을 뿌리치고 현관문을 열고 나와 엘리베이터를 누르고 기다리는데 甲이 팬티 바람으로 쫓아 나왔으며, A가 엘리베이터를 탔는데도 A의 팔을 잡고 끌어내리려고 해서 이를 뿌리쳤고, 甲이 닫히는 엘리베이터 문을 손으로 막으며 엘리베이터로 들어오려고 하자 A가 버튼을 누르고 손으로 甲의 가슴을 밀어냈다면 甲의 행위는 체포미수죄에 해당한다.

해설 [1] 강간죄가 성립하기 위한 가해자의 폭행·협박이 있었는지 여부는 폭행·협박의 내용과 정도는 물론 유형력을 행사하게 된 경위, 피해자와의 관계, 행위 당시와 그 후의 정황 등 모든 사정을 종합하여 피해자가 당시 처하였던 구체적인 상황을 기준으로 판단하여야 하며, 사후적으로 보아 피해자가 범행 현장을 벗어날 수 있었다거나 피해자가 사력을 다하여 반항하지 않았다는 사정만으로 가해자의 폭행·협박이 피해자의 항거를 현저히 곤란하게 할 정도에 이르지 않았다고 섣불리 단정하여서는 안 된다.

[2] 형법 제276조 제1항의 체포죄에서 말하는 '체포'는 사람의 신체에 대하여 직접적이고 현실적인 구속을 가하여 신체활동의 자유를 박탈하는 행위를 의미하는 것으로서 수단과 방법을 불문한다. 체포죄는 계속범으로서 체포의 행위에 확실히 사람의 신체의 자유를 구속한다고 인정할 수 있을 정도의 시간적 계속이 있어야 하나, 체포의 고의로써 타인의 신체적 활동의 자유를 현실적으로 침해하는 행위를 개시한 때 체포죄의 실행에 착수하였다고 볼 것이다.(대판 2018.2.28. 2017도21249)

[판례해설] 원심은 피고인은 피해자의 신체적 활동의 자유를 박탈하려는 고의를 가지고 피해자의 신체에 대한 유형력의 행사를 통해 일시적으로나마 피해자의 신체를 구속하였다고 판단하였다. 대법원은 이러한 원심의 판단에 대하여 체포미수죄에서의 유형력 행사의 정도에 관한 법리를 오해한 잘못이 없다고 판시하였다.

정답 (1) ○ (2) ○

제 4 절 약취와 유인 및 인신매매의 죄

※ 다음 중 판례에 의할 때 甲에게 미성년자약취·유인죄가 성립하는 사례(○)와 성립하지 않는 사례(×)를 판단하시오.

20. 甲과 공범들은 아버지와 함께 사는 乙女(14세)의 동의를 얻어 그녀를 자신들의 사실상 지배하로 옮겼다.

[해설] 형법 제287조에 규정된 미성년자약취죄가 미성년자의 자유 외에 보호감독자의 감호권도 그 보호법익으로 하고 있다는 점을 고려하면, 약취행위에 미성년자의 동의가 있었다 하더라도 본죄의 성립에는 변함이 없다(대판 2003.2.11. 2002도7115). **정답 ○**

21. (★)甲은 미성년자 혼자 머무는 주거에 침입하여 강도 범행을 하는 과정에서 미성년자와 그 부모에게 폭행·협박을 가하여 일시적으로 부모와의 보호관계가 사실상 침해·배제되게 하였다.

[해설] 미성년자 혼자 머무는 주거에 침입하여 강도 범행을 하는 과정에서 미성년자와 그 부모에게 폭행·협박을 가하여 일시적으로 부모와의 보호관계가 사실상 침해·배제되었더라도, 미성년자가 기존의 생활관계로부터 완전히 이탈되었다거나 새로운 생활관계가 형성되었다고 볼 수 없고 범인의 의도도 위와 같은 생활관계의 이탈이 아니라 단지 금품 강취를 위한 반항 억압에 있었으므로, 형법 제287조의 미성년자약취죄가 성립하지 않는다(대판 2008.1.17. 2007도8485). **정답 ×**

22. (★)친권자일지라도 외조부가 맡아서 양육해 오던 미성년인 자(子)를 자의 의사에 반하여 사실상 자신의 지배하에 옮긴 경우 미성년자 약취·유인죄가 성립한다.

[해설] [1] 미성년자를 보호·감독하는 자라 하더라도 다른 보호·감독자의 감호권을 침해하거나 자신의 감호권을 남용하여 미성년자 본인의 이익을 침해하는 경우에는 미성년자 약취·유인죄의 주체가 될 수 있다.
[2] 친권자가 외조부가 맡아서 양육해 오던 미성년인 자(子)를 자의 의사에 반하여 사실상 자신의 지배하에 옮겼다면 미성년자 약취·유인죄가 성립한다(대판 2008.1.31. 2007도8011). **정답 ○**

23. 부모가 이혼하였거나 별거하는 상황에서 미성년의 자녀를 부모의 일방이 평온하게 보호·양육하고 있는데, 상대방 부모가 폭행, 협박 또는 불법적인 사실상의 힘을 행사하여 그 보호·양육 상태를 깨뜨리고 자녀를 탈취하여 자기 또는 제3자의 사실상 지배하에 옮긴 경우, 그와 같은 행위는 특별한 사정이 없는 한 미성년자에 대한 약취죄를 구성한다.

[해설] 미성년자를 보호·감독하는 사람이라고 하더라도 다른 보호감독자의 보호·양육권을 침

해하거나 자신의 보호·양육권을 남용하여 미성년자 본인의 이익을 침해하는 때에는 미성년자에 대한 약취죄의 주체가 될 수 있다. 따라서 부모가 이혼하였거나 별거하는 상황에서 미성년의 자녀를 부모의 일방이 평온하게 보호·양육하고 있는데, 상대방 부모가 폭행, 협박 또는 불법적인 사실상의 힘을 행사하여 그 보호·양육 상태를 깨뜨리고 자녀를 탈취하여 자기 또는 제3자의 사실상 지배하에 옮긴 경우, 그와 같은 행위는 특별한 사정이 없는 한 미성년자에 대한 약취죄를 구성한다.(대판 2017.12.13. 2015도10032).

정답 ○

24. 술에 만취한 피고인이 간음목적으로 초등학교 5학년 여학생의 소매를 잡아끌면서 "우리 집에 같이 자러 가자"고 한 행위는 형법 제288조(간음목적약취유인죄)의 약취행위의 수단인 '폭행'에 해당한다.

해설 [1] 형법 제288조에 규정된 약취행위는 피해자를 그 의사에 반하여 자유로운 생활관계 또는 보호관계로부터 범인이나 제3자의 사실상 지배하에 옮기는 행위를 말하는 것으로서, 폭행 또는 협박을 수단으로 사용하는 경우에 그 폭행 또는 협박의 정도는 상대방을 실력적 지배하에 둘 수 있을 정도이면 족하고 반드시 상대방의 반항을 억압할 정도의 것임을 요하지는 아니하고 (대법원 1991.8.13. 선고 91도1184 판결 참조), 뿐만 아니라 약취에는 폭행 또는 협박 이외의 사실상의 힘에 의한 경우도 포함되며, 어떤 행위가 위와 같은 약취행위에 해당하는지 여부는 행위의 목적과 의도, 행위 당시의 정황, 행위의 태양과 종류, 피해자의 의사 등을 종합하여 판단하여야 한다.
[2] 술에 만취한 피고인이 초등학교 5학년 여학생의 소매를 잡아끌면서 "우리 집에 같이 자러 가자"고 한 행위가 형법 제288조의 약취행위의 수단인 '폭행'에 해당한다고 한 사례(대판 2009.7.9. 2009도3816).

정답 ○

25. (★)피고인이 (간음목적으로) 11세에 불과한 어린 나이의 피해자를 유혹하여 위 모텔 앞 길에서부터 위 모텔 301호실까지 데리고 갔다면 간음목적유인죄의 기수에 해당한다.

해설 피고인이 (간음목적으로) 11세에 불과한 어린 나이의 피해자를 유혹하여 위 모텔 앞길에서부터 위 모텔 301호실까지 데리고 간 이상, 그로써 피고인은 피해자를 자유로운 생활관계로부터 이탈시켜 피고인의 사실적 지배 아래로 옮겼다고 할 것이고, 이로써 간음목적유인죄의 기수에 이른 것으로 보아야 할 것이다(대판 2007.5.11. 2007도2318).

정답 ○

26. 인신매매죄는 사람의 신체의 자유를 그 일차적인 보호법익으로 하는 죄로서 행위의 객체는 사람이고, 사람인 이상 그 나이나 성년·미성년·기혼 여부 등을 불문한다.

해설 大判(전) 1992.1.22. 91도1402.

정답 ○

27. (★★) 베트남 국적의 甲女는 한국 국적인 乙男과 혼인하여 한국에 입국한 후 아들 A를 출산하여 공동으로 보호·양육하여 오다가 어느날 甲의 늦은 귀가로 언쟁을 하다가 乙이 며칠 동안 집을 나가라고 하자 甲은 마땅히 찾아갈 곳이 없어 생후 약 13개월 된 A를 데리고 친정인 베트남으로 출국하여 양육하였다. 이 경우 甲의 행위는 국외이송목적약취유인죄 및 피약취자국외이송죄에 해당하지 아니한다.

[해설] 부모가 이혼하였거나 별거하는 상황에서 미성년의 자녀를 부모의 일방이 평온하게 보호·양육하고 있는데, 상대방 부모가 폭행, 협박 또는 불법적인 사실상의 힘을 행사하여 그 보호·양육 상태를 깨뜨리고 자녀를 탈취하여 자기 또는 제3자의 사실상 지배하에 옮긴 경우, 그와 같은 행위는 특별한 사정이 없는 한 미성년자에 대한 약취죄를 구성한다고 볼 수 있다. 그러나 이와 달리 미성년의 자녀를 부모가 함께 동거하면서 보호·양육하여 오던 중 부모의 일방이 상대방 부모나 그 자녀에게 어떠한 폭행, 협박이나 불법적인 사실상의 힘을 행사함이 없이 그 자녀를 데리고 종전의 거소를 벗어나 다른 곳으로 옮겨 자녀에 대한 보호·양육을 계속하였다면, 그 행위가 보호·양육권의 남용에 해당한다는 등 특별한 사정이 없는 한 설령 이에 관하여 법원의 결정이나 상대방 부모의 동의를 얻지 아니하였다고 하더라도 그러한 행위에 대하여 곧바로 형법상 미성년자에 대한 약취죄의 성립을 인정할 수는 없다고 할 것이다(대판(전) 2013.6.21 2010도14328). 정답 ○

28. (★) 부모가 이혼하였거나 별거하는 상황에서 미성년의 자녀를 부모의 일방이 평온하게 보호·양육하고 있는데, 상대방 부모가 폭행, 협박 또는 불법적인 사실상의 힘을 행사하여 그 보호·양육 상태를 깨뜨리고 자녀를 자기 또는 제3자의 사실상 지배하에 옮긴 경우 그와 같은 행위는 특별한 사정이 없는 한 미성년자에 대한 약취죄를 구성한다.

[해설] 미성년자를 보호·감독하는 사람이라고 하더라도 다른 보호감독자의 보호·양육권을 침해하거나 자신의 보호·양육권을 남용하여 미성년자 본인의 이익을 침해하는 때에는 미성년자에 대한 약취죄의 주체가 될 수 있으므로, 부모가 이혼하였거나 별거하는 상황에서 미성년의 자녀를 부모의 일방이 평온하게 보호·양육하고 있는데, 상대방 부모가 폭행, 협박 또는 불법적인 사실상의 힘을 행사하여 그 보호·양육 상태를 깨뜨리고 자녀를 자기 또는 제3자의 사실상 지배하에 옮긴 경우 그와 같은 행위는 특별한 사정이 없는 한 미성년자에 대한 약취죄를 구성한다.(대판 2021.9.9. 2019도16421) 정답 ○

제 5 절 강간과 추행의 죄

29. (★) 강간죄의 객체인 '부녀'에는 혼인관계가 정상적으로 유지되고 있는 법률상의 처도 포함된다.

> [해설] 형법 제297조는 부녀를 강간한 자를 처벌한다고 규정하고 있는데, 형법이 강간죄의 객체로 규정하고 있는 부녀란 성년이든 미성년이든, 기혼이든 미혼이든 불문하며 곧 여자를 가리키는 것이다. 이와 같이 형법은 법률상 처를 강간죄의 객체에서 제외하는 명문의 규정을 두고 있지 않으므로, 문언 해석상으로도 법률상 처가 강간죄의 객체에 포함된다고 새기는 것에 아무런 제한이 없다(대판 2013.5.16. 2012도14788).   **정답** ○

30. 형법 제305조에 규정된 13세미만 사람에 대한 의제강간·추행죄는 그 성립에 있어 위계 또는 위력이나 폭행 또는 협박의 방법에 의함을 요하지 아니하나, 피해자의 동의가 있었다면 그 범죄가 성립하지 아니한다.

> [해설] 형법 제305조에 규정된 13세미만 사람에 대한 의제강간·추행죄는 그 성립에 있어 위계 또는 위력이나 폭행 또는 협박의 방법에 의함을 요하지 아니하며 피해자의 동의가 있었다고 하여도 성립하는 것이다(대판 1982.10.12. 82도2183).   **정답** ×

31. (★★) 강간죄에서의 폭행·협박과 간음 사이에는 인과관계가 있어야 하나, 폭행·협박이 반드시 간음행위보다 선행되어야 하는 것은 아니다.

> [해설] 강간죄가 성립하려면 가해자의 폭행·협박은 피해자의 항거를 불가능하게 하거나 현저히 곤란하게 할 정도의 것이어야 한다. 폭행·협박이 피해자의 항거를 불가능하게 하거나 현저히 곤란하게 할 정도의 것이었는지 여부는 폭행·협박의 내용과 정도는 물론, 유형력을 행사하게 된 경위, 피해자와의 관계, 성교 당시와 그 후의 정황 등 모든 사정을 종합하여 판단하여야 한다. 또한 강간죄에서의 폭행·협박과 간음 사이에는 인과관계가 있어야 하나, 폭행·협박이 반드시 간음행위보다 선행되어야 하는 것은 아니다(대판 2017.10.12. 2016도16948).
> [사실관계] '피고인은 2016. 2. 7. 17:00경 동거하던 피해자의 집에서 피해자에게 성관계를 요구하였는데, 피해자가 생리 중이라는 등의 이유로 이를 거부하자, 피해자에게 성기삽입을 하지 않기로 약속하고 엎드리게 한 후 피해자의 뒤에서 자위행위를 하다가 도저히 안 되겠다며 갑자기 자신의 성기를 피해자의 성기에 삽입하였고, 이에 놀란 피해자가 일어나면서 이를 벗어나려고 하자, 피고인은 양팔로 피해자의 팔과 몸통을 세게 끌어안은 채 가슴으로 피해자의 등을 세게 눌러 움직이지 못하도록 피해자의 반항을 억압한 상태에서 5분간 간음행위를 계속하다가 피해자의 등에 사정하였다. … 이에 대하여 대법원은 "피고인은 피해자의 의사에 반하여 기습적으로 자신의 성기를 피해자의 성기에 삽입하고, 피해자가 움직이지 못하도록 반항을 억압한 다음 간음행위를 계속한 이상, 비록 간음행위를 시작할 때 폭행·협박이 없었다고 하더라도 간음행위와 거의 동시 또는 그 직후에 피해자를 폭행하여 간음한 것으로 볼 수 있고, 이는 강간죄를 구

성한다."고 판시하였다.

정답 ○

32. (★★)강간죄의 실행의 착수는 폭행 또는 협박에 의해 실제로 피해자의 항거가 불가능하게 되거나 현저히 곤란하게 되었을 때 인정되는 것이지 간음행위까지 착수해야 하는 것은 아니다.

[해설] 강간죄는 부녀를 간음하기 위하여 피해자의 항거를 불능하게 하거나 현저히 곤란하게 할 정도의 폭행 또는 협박을 개시한 때에 그 실행의 착수가 있다고 보아야 할 것이고, 실제로 그와 같은 폭행 또는 협박에 의하여 피해자의 항거가 불능하게 되거나 현저히 곤란하게 되어야만 실행의 착수가 있다고 볼 것은 아니다(대판 2000.6.9. 2000도1253).

정답 ✕

33. (★)피고인이 간음할 목적으로 새벽 4시에 여자 혼자 있는 방문 앞에 가서 피해자가 방문을 열어주지 않으면 부수고 들어갈 듯한 기세로 방문을 두드리고 피해자가 위험을 느끼고 창문에 걸터 앉아 가까이 오면 뛰어 내리겠다고 하는데도 베란다를 통하여 창문으로 침입하려고 하였다면 강간의 착수가 있었다고 할 것이다.

[해설] 大判 1991.4.9. 91도288.

정답 ○

34. (★★)판례에 의할 때 다음 기술의 옳고 그름을 판단하라.

(1) 강제추행죄는 '자수범'에 해당하지 아니한다.
(2) 피해자를 도구로 삼아 피해자의 신체를 이용하여 추행행위를 한 경우에도 강제추행죄의 간접정범에 해당할 수 있다.
(3) 甲은 스마트폰 채팅 과정에서 A로부터 은밀한 신체 부위가 드러난 사진을 전송받은 것을 기화로 A에게 시키는 대로 하지 않으면 기존에 전송받았던 신체 사진과 개인정보 등을 유포하겠다고 협박하여 A로부터 가슴 사진이나 나체사진, 성기에 볼펜을 삽입하여 자위하는 동영상 등을 촬영하도록 하여 이를 전송받았다. 이 경우 甲은 강제추행죄의 간접정범에 해당한다.

[해설] [1] 강제추행죄에서 추행은 객관적으로 일반인에게 성적 수치심이나 혐오감을 일으키게 하고 선량한 성적 도덕관념에 반하는 행위로서 피해자의 성적 자유를 침해하는 것을 의미한다.
[2] 강제추행죄는 사람의 성적 자유 내지 성적 자기결정의 자유를 보호하기 위한 죄로서 정범 자신이 직접 범죄를 실행하여야 성립하는 자수범이라고 볼 수 없으므로, 처벌되지 아니하는 타인을 도구로 삼아 피해자를 강제로 추행하는 간접정범의 형태로도 범할 수 있다. 여기서 강제추행에 관한 간접정범의 의사를 실현하는 도구로서의 타인에는 피해자도 포함될 수 있으므로, 피해자를 도구로 삼아 피해자의 신체를 이용하여 추행행위를 한 경우에도 강제추행죄의 간접정범에 해당할 수 있다.(대판 2018.2.8. 2016도17733)

정답 (1) ○ (2) ○ (3) ○

35. **(★)**甲이 엘리베이터 안에서 피해자를 칼로 위협하는 등의 방법으로 꼼짝하지 못하도록 한 다음 자위행위 모습을 보여주었다고 하더라도 죄형법정주의 원칙상 이를 강제추행죄의 추행에 해당한다고 볼 수 없다.

> **해설** [1] 추행은 객관적으로 일반인에게 성적 수치심이나 혐오감을 일으키게 하고 선량한 성적 도덕관념에 반하는 행위로서 피해자의 성적 자유를 침해하는 것을 말하는바, 이에 해당하는지 여부는 피해자의 의사, 성별, 연령, 행위자와 피해자의 관계, 그 행위에 이르게 된 경위, 구체적 행위태양, 주위의 객관적 상황과 그 시대의 성적 도덕관념 등을 종합적으로 고려하여 신중히 결정하여야 한다.
>
> [2] 피고인이 엘리베이터 안에서 피해자를 칼로 위협하는 등의 방법으로 꼼짝하지 못하도록 하여 자신의 실력적인 지배하에 둔 다음 자위행위 모습을 보여준 행위가 강제추행죄의 추행에 해당한다고 본 사례(대판 2010.2.25. 2009도13716).　　　　**정답** ✕

36. **(★★)** 피고인이 밤에 술을 마시고 배회하던 중 버스에서 내려 혼자 걸어가는 갑(여, 17세)을 발견하고 마스크를 착용한 채 뒤따라가다가 인적이 없고 외진 곳에서 가까이 접근하여 껴안으려 하였으나, 갑이 뒤돌아보면서 소리치자 그 상태로 몇 초 동안 쳐다보다가 다시 오던 길로 되돌아갔다면 피고인의 행위는 아동·청소년에 대한 강제추행미수죄에 해당한다.

> **해설** [1] 추행의 고의로 상대방의 의사에 반하는 유형력의 행사, 즉 폭행행위를 하여 실행행위에 착수하였으나 추행의 결과에 이르지 못한 때에는 강제추행미수죄가 성립하며, 이러한 법리는 폭행행위 자체가 추행행위라고 인정되는 이른바 '기습추행'의 경우에도 마찬가지로 적용된다.
>
> [2] 피고인의 팔이 갑의 몸에 닿지 않았더라도 양팔을 높이 들어 갑자기 뒤에서 껴안으려는 행위는 갑의 의사에 반하는 유형력의 행사로서 폭행행위에 해당하며, 그때 '기습추행'에 관한 실행의 착수가 있는데, 마침 갑이 뒤돌아보면서 소리치는 바람에 몸을 껴안는 추행의 결과에 이르지 못하고 미수에 그쳤으므로, 피고인의 행위는 아동·청소년에 대한 강제추행미수죄에 해당한다고 한 사례(대판 2015.9.10. 2015도6980).　　　　**정답** ◯

37. **(★)**피고인이 甲(여, 48세)에게 단순히 자신의 바지를 벗어 성기를 보여준 것만으로는 폭행 또는 협박으로 '추행'을 하였다고 볼 수 없다.

> **해설** [1] 강제추행죄는 폭행 또는 협박을 가하여 사람을 추행함으로써 성립하는 것으로서 그 폭행 또는 협박이 항거를 곤란하게 할 정도일 것을 요한다.
>
> [2] 피고인이 피해자 甲(여, 48세)에게 욕설을 하면서 자신의 바지를 벗어 성기를 보여주는 방법으로 강제추행하였다는 내용으로 기소된 사안에서, 甲의 성별·연령, 행위에 이르게 된 경위, 甲에 대하여 어떠한 신체 접촉도 없었던 점, 행위장소가 사람 및 차량의 왕래가 빈번한 도로로서 공중에게 공개된 곳인 점, 피고인이 한 욕설은 성적인 성질을 가지지 아니하는 것으로서 '추

행'과 관련이 없는 점, 甲이 자신의 성적 결정의 자유를 침해당하였다고 볼 만한 사정이 없는 점 등 제반 사정을 고려할 때, 단순히 피고인이 바지를 벗어 자신의 성기를 보여준 것만으로는 폭행 또는 협박으로 '추행'을 하였다고 볼 수 없는데도, 이와 달리 보아 유죄를 인정한 원심판결에 강제추행죄의 추행에 관한 법리오해의 위법이 있다고 한 사례(대판 2012.7.26. 2011도8805).

[판례해설] 대법원은 피해자로서는 곧바로 피고인으로부터 시선을 돌림으로써 그의 행위를 쉽사리 외면할 수 있었으며 필요하다면 주위의 도움을 청하는 것도 충분히 가능하였던 점도 고려하여 판시하였다.
정답 ○

38. 가해자가 폭행을 수반함이 없이 오직 협박만을 수단으로 피해자를 추행한 경우에 강제추행죄가 성립하려면 그 협박이 피해자의 항거를 곤란하게 할 정도일 것을 요한다.

해설 [1] 가해자가 폭행을 수반함이 없이 오직 협박만을 수단으로 피해자를 간음 또는 추행한 경우에도 그 협박의 정도가 피해자의 항거를 불가능하게 하거나 현저히 곤란하게 할 정도의 것(강간죄)이거나 또는 피해자의 항거를 곤란하게 할 정도의 것(강제추행죄)이면 강간죄 또는 강제추행죄가 성립하고, 협박과 간음 또는 추행 사이에 시간적 간격이 있더라도 협박에 의하여 간음 또는 추행이 이루어진 것으로 인정될 수 있다면 달리 볼 것은 아니다.
[2] 유부녀인 피해자에 대하여 혼인외 성관계 사실을 폭로하겠다는 등의 내용으로 협박하여 피해자를 간음 또는 추행한 사안에서 위와 같은 협박이 피해자를 단순히 외포시킨 정도를 넘어 적어도 피해자의 항거를 현저히 곤란하게 할 정도의 것이었다고 보기에 충분하다는 이유로, 강간죄 및 강제추행죄가 성립한다고 한 사례(대판 2007.1.25. 2006도5979).
정답 ○

39. (★)강제추행죄에 있어서 폭행 또는 협박을 한다 함은 폭행행위 자체가 추행행위라고 인정되는 경우도 포함되며, 이 경우의 폭행은 반드시 상대방의 의사를 억압할 정도의 것임을 요하지 않고, 다만 상대방의 의사에 반하는 유형력의 행사가 있는 이상 그 힘의 대소강약을 불문한다.

해설 강제추행죄에 있어서 폭행 또는 협박을 한다 함은 먼저 상대방에 대하여 폭행 또는 협박을 가하여 그 항거를 곤란하게 한 뒤에 추행행위를 하는 경우만을 말하는 것이 아니고 폭행행위 자체가 추행행위라고 인정되는 경우도 포함되는 것이라 할 것이고, 이 경우에 있어서의 폭행은 반드시 상대방의 의사를 억압할 정도의 것임을 요하지 않고, 다만 상대방의 의사에 반하는 유형력의 행사가 있는 이상 그 힘의 대소강약을 불문한다(대판 1994.8.23. 94도630).
정답 ○

40. (★)피해자와 춤을 추면서 피해자의 유방을 만진 행위가 순간적인 행위에 불과하다면 강제추행에 해당된다고 볼 수 없다.

해설 피해자와 춤을 추면서 피해자의 유방을 만진 행위가 순간적인 행위에 불과하더라도 피해자의 의사에 반하여 행하여진 유형력의 행사에 해당하고 피해자의 성적 자유를 침해할 뿐만 아니라 일반인의 입장에서도 추행행위라고 평가될 수 있는 것으로서, 폭행행위 자체가 추행행 위라고 인정되어 강제추행에 해당된다(대판 2002.4.26. 2001도2417). 정답 ✕

41. 甲과 A 사이에 술값 문제로 시비가 되어 상호 욕설을 하다가 甲이 양손으로 A의 가슴 부 분을 여러 차례 밀어 넘어뜨리고, 乙도 이에 합세하여 A의 어깨를 폭행하여 비골 골절 등 의 상해가 발생하였다. 그 후 甲은 A를 강제로 추행하여 가슴부 찰과상 등을 입게 하였으 나 가슴부의 상처는 별도의 치료를 받지 않았지만 일상생활을 하는 데 아무런 지장이 없 었고 시일이 경과함에 따라 자연적으로 치유되었다. 이 경우 甲에게는 폭력행위 등 처벌에 관한 법률 위반죄(공동상해) 이외에 결과적 가중범인 강제추행치상죄가 성립한다.

해설 피고인이 피해자를 폭행하여 비골 골절 등의 상해를 가한 다음 강제추행한 사안에서, 피고인의 위 폭행을 강제추행의 수단으로서의 폭행으로 볼 수 없어 위 상해와 강제추행 사이에 인과관계가 없다는 이유로, 폭력행위 등 처벌에 관한 법률 위반죄로 처벌한 상해를 다시 결과 적 가중범인 강제추행치상죄의 상해로 인정한 원심판결을 파기한 사례(대판 2009.7.23. 2009도1934). 정답 ✕

42. (★)수면제와 같은 약물을 투약하여 피해자를 일시적으로 수면 또는 의식불명 상태에 이르게 한 경우에도 약물로 인하여 피해자의 건강상태가 불량하게 변경되고 생활기능에 장애가 초래되었다면 자연적으로 의식을 회복하거나 외부적으로 드러난 상처가 없더라 도 이는 강간치상죄나 강제추행치상죄에서 말하는 상해에 해당한다.

해설 강간치상죄나 강제추행치상죄에 있어서의 상해는 피해자의 신체의 완전성을 훼손하거 나 생리적 기능에 장애를 초래하는 것, 즉 피해자의 건강상태가 불량하게 변경되고 생활기능에 장애가 초래되는 것을 말하는 것으로, 여기서의 생리적 기능에는 육체적 기능뿐만 아니라 정신 적 기능도 포함된다. 따라서 수면제와 같은 약물을 투약하여 피해자를 일시적으로 수면 또는 의식불명 상태에 이르게 한 경우에도 약물로 인하여 피해자의 건강상태가 불량하게 변경되고 생활기능에 장애가 초래되 었다면 자연적으로 의식을 회복하거나 외부적으로 드러난 상처가 없더라도 이는 강간치상죄나 강제추행치상죄에서 말하는 상해에 해당한다. 그리고 피해자에게 이러한 상해가 발생하였는지 는 객관적, 일률적으로 판단할 것이 아니라 피해자의 연령, 성별, 체격 등 신체·정신상의 구체 적인 상태, 약물의 종류와 용량, 투약방법, 음주 여부 등 약물의 작용에 미칠 수 있는 여러 요소 를 기초로 하여 약물 투약으로 인하여 피해자에게 발생한 의식장애나 기억장애 등 신체, 정신 상의 변화와 내용 및 정도를 종합적으로 고려하여 판단하여야 한다(대판 2017.6.29. 2017도3196). 정답 ○

43. (★) 행위자가 간음의 목적으로 피해자에게 오인, 착각, 부지를 일으키고 피해자의 그러한 심적 상태를 이용하여 간음의 목적을 달성하였다면 위계와 간음행위 사이의 인과관계를 인정할 수 있고, 따라서 위계에 의한 간음죄가 성립한다. 한편 피해자가 오인, 착각, 부지에 빠지게 되는 대상은 간음행위 자체일 수도 있고, 간음행위에 이르게 된 동기이거나 간음행위와 결부된 금전적·비금전적 대가와 같은 요소일 수도 있다.

[해설] 대판(전) 2020.8.27. 2015도9436   정답 ○

44. (★)형법 제305조의 미성년자의제강제추행죄의 성립에 필요한 주관적 구성요건요소는 고의만으로 충분하고, 그 외에 성욕을 자극·흥분·만족시키려는 주관적 동기나 목적까지 있어야 하는 것은 아니다.

[해설] [1] 형법 제305조의 미성년자의제강제추행죄는 '13세 미만의 아동이 외부로부터의 부적절한 성적 자극이나 물리력의 행사가 없는 상태에서 심리적 장애 없이 성적 정체성 및 가치관을 형성할 권익'을 보호법익으로 하는 것으로서, 그 성립에 필요한 주관적 구성요건요소는 고의만으로 충분하고, 그 외에 성욕을 자극·흥분·만족시키려는 주관적 동기나 목적까지 있어야 하는 것은 아니다.
[2] 초등학교 4학년 담임교사(남자)가 교실에서 자신이 담당하는 반의 남학생의 성기를 만진 행위가 미성년자의제강제추행죄에서 말하는 '추행'에 해당한다고 한 원심의 판단을 수긍한 사례 (대판 2006.1.13. 2005도6791).   정답 ○

45. 미성년자의제강간죄는 폭행·협박 등 별도의 수단을 요하지 아니하므로 폭행·협박을 수단으로 13세 미만자를 간음·추행한 경우에도 미성년자의제강간죄가 성립한다.

[해설] 미성년자의제강간죄는 폭행·협박 등 별도의 수단을 요하지 아니한다. 그러나 폭행·협박을 수단으로 13세 미만자를 간음·추행한 경우에는 강간죄·강제추행죄가 성립한다.   정답 ×

46. (★★) 판례에 의할 때 다음 기술의 옳고 그름을 판단하라.

(1) 음주 후 준강간 또는 준강제추행을 당하였음을 호소한 피해자의 경우, 범행 당시 알코올이 위의 기억형성의 실패만을 야기한 알코올 블랙아웃 상태였다면 피해자는 기억장애 외에 인지기능이나 의식 상태의 장애에 이르렀다고 인정하기 어렵지만, 이에 비하여 피해자가 술에 취해 수면상태에 빠지는 등 의식을 상실한 패싱아웃 상태였다면 심신상실의 상태에 있었음을 인정할 수 있다.

(2) 피해자가 의식상실 상태에 빠져 있지는 않지만 알코올의 영향으로 의사를 형성할 능력이나 성적 자기결정권 침해행위에 맞서려는 저항력이 현저하게 저하된 상태였다면 '항거불능'에 해당하여, 이러한 피해자에 대한 성적 행위 역시 준강간죄 또는 준강제추행죄를 구성할 수 있다.

[해설] 대판 2021.2.4. 2018도9781.   정답 (1) ○ (2) ○

47. (★★) 판례에 의할 때 다음 기술의 옳고 그름을 판단하라.

(1) 주거침입강간죄는 주거침입죄를 범한 후에 사람을 강간하는 행위를 하여야 하는 일종의 신분범이고, 그 실행의 착수시기는 주거침입 행위 후 강간죄의 실행행위에 나아간 때이다.

(2) 강간죄는 실제 간음행위가 시작되어야만 그 실행의 착수가 인정된다.

(3) 甲은 주점에서 술을 마시던 중 자신을 남자화장실 앞까지 부축해 준 A(女)를 끌고 여자화장실로 억지로 들어가게 한 뒤 문을 잠근 후 강제로 입맞춤을 하고, 이에 A가 저항하자 A를 여자화장실 용변 칸으로 밀어 넣고 甲의 성기를 A의 구강에 넣으려고 하고 甲의 손가락을 A의 성기에 넣으려고 하였으나 그 뜻을 이루지 못하였다. 甲에게는 성폭법위반(주거침입유사강간)죄가 성립한다.

[해설] [1] 주거침입강제추행죄 및 주거침입강간죄 등은 사람의 주거 등을 침입한 자가 피해자를 간음, 강제추행 등 성폭력을 행사한 경우에 성립하는 것으로서, 주거침입죄를 범한 후에 사람을 강간하는 등의 행위를 하여야 하는 일종의 신분범이고, 선후가 바뀌어 강간죄 등을 범한 자가 그 피해자의 주거에 침입한 경우에는 이에 해당하지 않고 강간죄 등과 주거침입죄 등의 실체적 경합범이 된다. 그 실행의 착수시기는 주거침입 행위 후 강간죄 등의 실행행위에 나아간 때이다.

[2] 강간죄는 사람을 강간하기 위하여 피해자의 항거를 불능하게 하거나 현저히 곤란하게 할 정도의 폭행 또는 협박을 개시한 때에 그 실행의 착수가 있다고 보아야 할 것이지, 실제 간음행위가 시작되어야만 그 실행의 착수가 있다고 볼 것은 아니다. 유사강간죄의 경우도 이와 같다.(대판 2021.8.12. 2020도17796)

[판결이유] 피고인은 피해자를 화장실로 끌고 들어갈 때 이미 피해자에게 유사강간 등의 성범죄를 의욕하였다고 보인다. 또한 피고인이 피해자의 반항을 억압한 채 피해자를 억지로 끌고 여자화장실로 들어가게 한 이상, 그와 같은 피고인의 강제적인 물리력의 행사는 유사강간을 위하여 피해자의 항거를 불능하게 하거나 현저히 곤란하게 할 정도의 폭행 또는 협박을 개시한 경우에 해당한다고 봄이 타당하다. 구 「성폭력범죄의 처벌 등에 관한 특례법」 위반(주거침입유사강간)죄는 먼저 주거침입죄를 범한 후 유사강간 행위에 나아갈 때 비로소 성립되는데, 피고인은 여자화장실에 들어가기 전에 이미 유사강간죄의 실행행위를 착수하였다. 결국 피고인이 그 실행행위에 착수할 때에는 구 「성폭력범죄의 처벌 등에 관한 특례법」 위반(주거침입유사강간)죄를 범할 수 있는 지위, 즉 '주거침입죄를 범한 자'에 해당되지 아니한다.

정답 (1)○ (2)✕ (3)✕

48. 아동·청소년이 이미 성매매 의사를 가지고 있었던 경우에도 그러한 아동·청소년에게 금품이나 그 밖의 재산상 이익, 직무·편의제공 등 대가를 제공하거나 약속하는 등의 방법으로 성을 팔도록 권유하는 행위도 위 규정에서 말하는 '성을 팔도록 권유하는 행위'에 포함된다고 보아야 한다.

[해설] (대판 2011.11.10. 2011도3934).

정답 ○

49. (★)찜질방 수면실에서 옆에 누워 있던 피해자의 가슴 등을 손으로 만진 행위는 성폭력 범죄의 처벌 및 피해자보호 등에 관한 법률 제13조에서 정한 공중밀집장소에서의 추행행위에 해당한다.

해설 [1] 공중밀집장소에서의 추행죄를 규정한 성폭력범죄의 처벌 및 피해자보호 등에 관한 법률 제13조의 입법 취지, 위 법률 조항에서 그 범행장소를 공중이 '밀집한' 장소로 한정하는 대신 공중이 '밀집하는' 장소로 달리 규정하고 있는 문언의 내용, 그 규정상 예시적으로 열거한 대중교통수단, 공연·집회 장소 등의 가능한 다양한 형태 등에 비추어 보면, 여기서 말하는 '공중이 밀집하는 장소'에는 현실적으로 사람들이 빽빽이 들어서 있어 서로간의 신체적 접촉이 이루어지고 있는 곳만을 의미하는 것이 아니라 이 사건 찜질방 등과 같이 공중의 이용에 상시적으로 제공·개방된 상태에 놓여 있는 곳 일반을 의미한다. 또한, 위 공중밀집장소의 의미를 이와 같이 해석하는 한 그 장소의 성격과 이용현황, 피고인과 피해자 사이의 친분관계 등 구체적 사실관계에 비추어, 공중밀집장소의 일반적 특성을 이용한 추행행위라고 보기 어려운 특별한 사정이 있는 경우에 해당하지 않는 한, 그 행위 당시의 현실적인 밀집도 내지 혼잡도에 따라 그 규정의 적용 여부를 달리한다고 할 수는 없다.
[2] 찜질방 수면실에서 옆에 누워 있던 피해자의 가슴 등을 손으로 만진 행위가 성폭력범죄의 처벌 및 피해자보호 등에 관한 법률 제13조에서 정한 공중밀집장소에서의 추행행위에 해당한다고 한 사례(대판 2009.10.29. 2009도5704).

정답 ○

50. (★)공중밀집장소에서의 추행죄가 기수에 이르기 위해서 행위자의 행위로 말미암아 대상자가 성적 수치심이나 혐오감을 반드시 실제로 느껴야 하는 것은 아니다.

해설 공중밀집장소에서의 추행죄가 기수에 이르기 위해서는 객관적으로 일반인에게 성적 수치심이나 혐오감을 일으키게 할 만한 행위로서 선량한 성적 도덕관념에 반하는 행위를 행위자가 대상자를 상대로 실행하는 것으로 충분하고, 행위자의 행위로 말미암아 대상자가 성적 수치심이나 혐오감을 반드시 실제로 느껴야 하는 것은 아니다.(대판 2020.6.25. 2015도7102)

정답 ○

51. (★)피고인이 피해자의 승낙을 받아 캠코더로 촬영해 두었던 피해자와의 성행위 장면이 담긴 영상물을 반포한 경우 일지라도 성폭력범죄의 처벌 및 피해자보호 등에 관한 법률상의 카메라 등 이용 촬영죄에 해당한다.

해설 [1] 카메라 등 이용 촬영죄를 정한 성폭력범죄의 처벌 및 피해자보호 등에 관한 법률 제14조의2 제1항[6] 규정의 문언과 그 입법 취지 및 연혁, 보호법익 등에 비추어, 위 규정에서 말하

---

6) 성폭력범죄의 처벌 및 피해자보호 등에 관한 법률 제14조의2 제1항은 "카메라 기타 이와 유사한 기능을 갖춘 기계장치를 이용하여 성적 욕망 또는 수치심을 유발할 수 있는 타인의 신체를 그 의사에 반하여 촬영하거나 그 촬영물을 반포·판매·임대 또는 공연히 전시·상영한 자"를 처벌하도록 규정하고 있다.

는 '그 촬영물'이란 성적 욕망 또는 수치심을 유발할 수 있는 타인의 신체를 그 의사에 반하여 촬영한 영상물을 의미하고, 타인의 승낙을 받아 촬영한 영상물은 포함되지 않는다고 해석된다.
[2] 피고인이 피해자의 승낙을 받아 캠코더로 촬영해 두었던 피해자와의 성행위 장면이 담긴 영상물을 반포하였다는 공소사실에 대하여 무죄를 선고한 원심판결을 수긍한 사례(대판 2009.10.29. 2009도7973).

정답 ✕

52. (★)피고인이 갑과 인터넷 화상채팅 등을 하면서 휴대전화를 이용하여 갑의 신체 부위를 갑의 의사에 반하여 촬영하였다면 성폭력범죄의 처벌 등에 관한 특례법 위반(카메라등이용촬영)죄가 성립한다.

해설 피고인이 피해자 갑(여, 14세)과 인터넷 화상채팅 등을 하면서 카메라 기능이 내재되어 있는 피고인의 휴대전화를 이용하여 갑의 유방, 음부 등 신체 부위를 갑의 의사에 반하여 촬영하였다고 하여 구 성폭력범죄의 처벌 등에 관한 특례법(2012. 12. 18. 법률 제11556호로 전부 개정되기 전의 것, 이하 '법'이라 한다) 위반(카메라등이용촬영)으로 기소된 사안에서, 갑은 스스로 자신의 신체 부위를 화상카메라에 비추었고 카메라 렌즈를 통과한 상의 정보가 디지털화되어 피고인의 컴퓨터에 전송되었으며, 피고인은 수신된 정보가 영상으로 변환된 것을 휴대전화 내장 카메라를 통해 동영상 파일로 저장하였으므로 피고인이 촬영한 대상은 갑의 신체 이미지가 담긴 영상일 뿐 갑의 신체 그 자체는 아니라고 할 것이어서 법 제13조 제1항의 구성요건에 해당하지 않으며, 형벌법규의 목적론적 해석도 해당 법률문언의 통상적인 의미 내에서만 가능한 것으로, 다른 사람의 신체 이미지가 담긴 영상도 위 규정의 '다른 사람의 신체'에 포함된다고 해석하는 것은 법률문언의 통상적인 의미를 벗어나는 것이므로 죄형법정주의 원칙상 허용될 수 없다는 이유로 피고인에게 무죄를 인정한 원심판단을 정당하다고 한 사례(대판 2013.6.27. 2013도4279).

정답 ✕

53. 성폭력범죄의 처벌 등에 관한 특례법 제14조 제1항 후단의 '타인의 신체를 그 의사에 반하여 촬영한 촬영물'을 반포·판매·임대 또는 공연히 전시·상영한 자가 반드시 촬영물을 촬영한 자와 동일인이어야 하는 것은 아니다.

해설 성폭력범죄의 처벌 등에 관한 특례법 제14조 제1항의 촬영물을 반포·판매·임대 또는 공연히 전시·상영한 자는 반드시 촬영물을 촬영한 자와 동일인이어야 하는 것은 아니고, 행위의 대상이 되는 촬영물은 누가 촬영한 것인지를 묻지 아니한다(대판 2016.10.13. 2016도6172).

정답 ○

54. 甲이 A(女)와 교제하면서 촬영한 성관계 동영상, 나체사진 등 촬영물을 A와 교제하던 다른 남성에게 A와 헤어지게 할 의도로 전송한 행위는 성폭력처벌법 제14조 제2항의 카메라 이용 촬용물의 '반포'에 해당한다.

해설 [1] 성폭력범죄의 처벌 등에 관한 특례법(이하 성폭력처벌법이라 한다) 제14조 제2항은 카메라나 그 밖에 이와 유사한 기능을 갖춘 기계장치를 이용하여 성적 욕망 또는 수치심을 유발할 수 있는 다른 사람의 신체를 촬영한 촬영물이 촬영 당시에는 촬영대상자의 의사에 반하지 아니하는 경우에도 사후에 그 의사에 반하여 촬영물을 반포·판매·임대·제공 또는 공공연하게 전시·상영한 사람을 처벌하도록 규정하고 있다. 여기에서 '반포'는 불특정 또는 다수인에게 무상으로 교부하는 것을 말하고, 계속적·반복적으로 전달하여 불특정 또는 다수인에게 반포하려는 의사를 가지고 있다면 특정한 1인 또는 소수의 사람에게 교부하는 것도 반포에 해당할 수 있다. 한편 '반포'와 별도로 열거된 '제공'은 '반포'에 이르지 아니하는 무상 교부 행위를 말하며, '반포' 할 의사 없이 특정한 1인 또는 소수의 사람에게 무상으로 교부하는 것은 '제공'에 해당한다.

[2] 피고인이 피해자와 교제하면서 촬영한 성관계 동영상, 나체사진 등 촬영물을 피해자와 교제하던 다른 남성에게 피해자와 헤어지게 할 의도로 전송한 행위는 불특정 또는 다수인에게 교부하거나 전달할 의사로 전송하였다고 보기 어려우므로 성폭력처벌법 제14조 제2항의 '제공'에 해당할 수는 있어도 '반포'에는 해당하지 아니한다는 이유로, 피고인의 행위가 성폭력처벌법 제14조 제2항에서 정한 촬영물 '반포'에 해당한다고 판단한 원심판결을 파기한 사례(大判 2016.12.27. 2016도16676).

정답 ✕

55. (★) 범인이 피해자를 촬영하기 위하여 육안 또는 캠코더의 줌 기능을 이용하여 피해자가 있는지 여부를 탐색하다가 피해자를 발견하지 못하고 촬영을 포기한 경우에는 촬영을 위한 준비행위에 불과하여 성폭력처벌법 위반(카메라등이용촬영)죄의 실행에 착수한 것으로 볼 수 없다.

해설 범인이 피해자를 촬영하기 위하여 육안 또는 캠코더의 줌 기능을 이용하여 피해자가 있는지 여부를 탐색하다가 피해자를 발견하지 못하고 촬영을 포기한 경우에는 촬영을 위한 준비행위에 불과하여 성폭력처벌법 위반(카메라등이용촬영)죄의 실행에 착수한 것으로 볼 수 없다. 이에 반하여 범인이 카메라 기능이 설치된 휴대전화를 피해자의 치마 밑으로 들이밀거나, 피해자가 용변을 보고 있는 화장실 칸 밑 공간 사이로 집어넣는 등 카메라 등 이용 촬영 범행에 밀접한 행위를 개시한 경우에는 성폭력처벌법 위반(카메라등이용촬영)죄의 실행에 착수하였다고 볼 수 있다(대판 2021.3.25. 2021도749).

정답 ○

56. 甲, 乙, 丙이 사전의 모의에 따라 강간할 목적으로 심야에 인가에서 멀리 떨어져 있어 쉽게 도망할 수 없는 야산으로 피해자 A, B, C를 유인한 다음 곧바로 암묵적인 합의에 따라 각자 마음에 드는 피해자 1명씩만을 데리고 불과 100m 이내의 거리에 있는 곳으로 흩어져 동시 또는 순차적으로 피해자들을 각각 강간하였다면, 甲에게는 A, B, C 모두에 대한 성폭력범죄의 처벌 등에 관한 특례법상의 특수강간죄가 성립한다.

해설 피고인 등이 비록 특정한 1명씩의 피해자만 강간하거나 강간하려고 하였다 하더라도, 사전의 모의에 따라 강간할 목적으로 심야에 인가에서 멀리 떨어져 있어 쉽게 도망할 수 없는 야산으로 피해자들을 유인한 다음 곧바로 암묵적인 합의에 따라 각자 마음에 드는 피해자들을 데리고 불과 100m 이내의 거리에 있는 곳으로 흩어져 동시 또는 순차적으로 피해자들을 각각 강간하였다면, 그 각 강간의 실행행위도 시간적으로나 장소적으로 협동관계에 있었다고 보아야 할 것이므로, 피해자 3명 모두에 대한 특수강간죄 등이 성립된다고 한 사례(대판 2004.8.20. 2004도 2870).

정답 ○

---

57. 甲이 같은 시간에 같은 장소에서 부녀자들인 A와 B를 강제로 추행함에 있어 A의 반항을 억압하는 과정에서 깨어진 병조각을 휴대하고 있었다면 비록 B의 반항을 억압하는 과정에서는 이를 휴대하지 아니하고 있었다 하더라도 B에 대한 범행 역시 성폭력범죄의처벌등에관한특례법위반(특수강제추행)죄에 해당한다.

[해설] 같은 시간에 같은 장소에서 피해자 2명을 강제로 추행하여 상해를 입게 함에 있어 그 중 한 피해자의 반항을 억압하는 과정에서 위험한 물건인 깨어진 병조각을 휴대하고 있었다면 비록 다른 피해자의 반항을 억압하는 과정에서는 이를 휴대하지 아니하고 있었다 하더라도 그 범행 역시 특정범죄 가중처벌 등에 관한 법률 위반죄(특수강도강제추행죄)를 구성한다(대판 1992.3.31. 92도265).

정답 ○

---

58. '업무상 위력 등에 의한 추행'에 관한 처벌 규정인 성폭력범죄의 처벌 등에 관한 특례법 제10조 제1항에서 정한 '업무, 고용이나 그 밖의 관계로 인하여 자기의 보호, 감독을 받는 사람'에는 직장 안에서 보호 또는 감독을 받거나 사실상 보호 또는 감독을 받는 상황에 있는 사람뿐만 아니라 채용 절차에서 영향력의 범위 안에 있는 사람도 포함된다.

[해설] 대판 2020.7.9. 2020도5646

정답 ○

제3장 명예와 신용에 대한 죄

제1절 명예에 관한 죄

1. 판례에 의하면 명예훼손죄와 모욕죄의 보호법익은 외적 명예이다.

> **해설** 명예훼손죄와 모욕죄의 보호법익은 다같이 사람의 가치에 대한 사회적 평가인 이른바 외부적 명예인 점에서는 차이가 없으나, 다만 구체적 사실의 적시를 하여 명예를 침해함을 요하는 것으로서 구체적 사실이 아닌 단순한 추상적 판단이나 경멸적 감정의 표현으로서 사회적 평가를 저하시키는 모욕죄와 다르다(대판 1987.5.2. 87도739). **정답** ○

2. (★) 지방자치단체는 명예훼손죄나 모욕죄의 피해자가 될 수 없다.

> **해설** 형법이 명예훼손죄 또는 모욕죄를 처벌함으로써 보호하고자 하는 사람의 가치에 대한 평가인 외부적 명예는 개인적 법익으로서, 국민의 기본권을 보호 내지 실현해야 할 책임과 의무를 지고 있는 공권력의 행사자인 국가나 지방자치단체는 기본권의 수범자일 뿐 기본권의 주체가 아니고, 그 정책결정이나 업무수행과 관련된 사항은 항상 국민의 광범위한 감시와 비판의 대상이 되어야 하며 이러한 감시와 비판은 그에 대한 표현의 자유가 충분히 보장될 때에 비로소 정상적으로 수행될 수 있으므로, 국가나 지방자치단체는 국민에 대한 관계에서 형벌의 수단을 통해 보호되는 외부적 명예의 주체가 될 수는 없고, 따라서 명예훼손죄나 모욕죄의 피해자가 될 수 없다(大判 2016.12.27. 2014도15290). **정답** ○

3. (★)어느 사람에게 귀엣말 등 그 사람만 들을 수 있는 방법으로 그 사람 본인의 사회적 가치 내지 평가를 떨어뜨릴 만한 사실을 이야기하였는데 그 사람이 들은 말을 스스로 다른 사람들에게 전파한 경우 공연성이 인정된다.

> **해설** 어느 사람에게 귀엣말 등 그 사람만 들을 수 있는 방법으로 그 사람 본인의 사회적 가치 내지 평가를 떨어뜨릴 만한 사실을 이야기하였다면, 위와 같은 이야기가 불특정 또는 다수인에게 전파될 가능성이 있다고 볼 수 없어 명예훼손의 구성요건인 공연성을 충족하지 못하는 것이며, 그 사람이 들은 말을 스스로 다른 사람들에게 전파하였더라도 위와 같은 결론에는 영향이 없다(대판 2005.12.9. 2004도2880). **정답** ✕

4. (★)기자를 통하여 사실을 적시함에 있어 기자가 취재를 한 상태에서 아직 기사화하여 보도하지 않은 경우 공연성이 없다.

> 해설 통상 기자가 아닌 보통 사람에게 사실을 적시할 경우에는 그 자체로서 적시된 사실이 외부에 공표되는 것이므로 그 때부터 곧 전파가능성을 따져 공연성 여부를 판단하여야 할 것이지만, 그와는 달리 기자를 통해 사실을 적시하는 경우에는 기사화되어 보도되어야만 적시된 사실이 외부에 공표된다고 보아야 할 것이므로 기자가 취재를 한 상태에서 아직 기사화하여 보도하지 아니한 경우에는 전파가능성이 없다고 할 것이어서 공연성이 없다고 봄이 상당하다(대판 2000.5.16. 99도5622). **정답** ○

※ **다음 중 판례에 의할 때 명예훼손죄의 구성요건인 '공연성'이 인정되는 사례(○)와 인정되지 않는 사례(×)를 판단하시오.**

5. 甲은 개인 블로그의 비공개 대화방에서 상대방으로부터 비밀을 지키겠다는 말을 듣고 일대일로 대화하였다.

> 해설 개인 블로그의 비공개 대화방에서 상대방으로부터 비밀을 지키겠다는 말을 듣고 일대일로 대화하였다고 하더라도, 그 사정만으로 대화 상대방이 대화내용을 불특정 또는 다수에게 전파할 가능성이 없다고 할 수 없으므로, 명예훼손죄의 요건인 공연성을 인정할 여지가 있다고 본 사례(대판 2008.2.14. 2007도8155). **정답** ○

6. (★)甲은 남편인 乙을 상대로 이혼소송을 하고 있던 중 소송과정에서 乙을 위하여 유리한 진술서를 작성해 준 乙의 친구인 丙에게 사실관계를 알리는 내용의 편지를 보내면서 乙의 명예를 훼손하는 문구가 기재된 서신을 동봉하였다.

> 해설 이혼소송 계속중인 처가 남편의 친구에게 서신을 보내면서 남편의 명예를 훼손하는 문구가 기재된 서신을 동봉한 경우, 공연성이 결여되었다고 본 사례(대판 2000.2.11. 99도4579). **정답** ×

7. (★)요식업협회 조합장인 甲은 조합 이사 乙의 측근인 같은 조합 이사 丙에게 이사회에서 乙을 불신임하게 된 사유를 설명하는 과정에서 乙의 여자관계에 관한 소문을 말하였다.

> 해설 전파될 가능성이 있다고 할 수 없다(대판 1990.4.27. 89도1467). **정답** ×

8. A 교파를 떠난 목사인 甲은 자신의 말을 몰래 녹음하여 이를 명예훼손죄의 증거자료로 삼을 목적으로 자신의 집으로 찾아와 거짓말을 하면서 발언을 유도한 乙, 丙 등 A 교파 신자 6명에게 A 교파의 지도자인 丁의 여자 문제 등 사생활에 관한 구체적 사실을 이야기하였다.

[해설] 피고인을 명예훼손죄로 고소할 수 있도록 그 증거자료를 미리 은밀하게 수집, 확보하기 위하여 피고인의 발언을 유도하였다고 의심되는 사람들에게 한 피해자의 여자 문제 등 사생활에 관한 피고인의 발언은 이들이 수사기관 이외의 다른 사람들에게 전파할 가능성이 있다고 단정하기는 어렵다고 보아 공연성에 대한 인식을 부정한 사례(대판 1996.4.12. 94도3309).

정답 ✕

9. (★)발언 상대방이 이미 알고 있는 사실을 적시하였더라도 공연성 즉 전파될 가능성이 없다고 볼 수 없다. ( )

[해설] 명예훼손죄는 추상적 위험범으로 불특정 또는 다수인이 적시된 사실을 실제 인식하지 못하였다고 하더라도 인식할 수 있는 상태에 놓인 것으로도 명예가 훼손된 것으로 보아야 한다. 발언 상대방이 이미 알고 있는 사실을 적시하였더라도 공연성 즉 전파될 가능성이 없다고 볼 수 없다. 따라서 피고인들이 피해자에 대한 허위사실을 적시한 서명자료를 만들어 여러 명의 동료들에게 읽게 하고 서명을 받았다면 불특정 또는 다수인이 인식할 수 있는 상태에 해당하고, 설령 그 내용이 동료들 사이에 만연한 소문이었다고 하더라도 명예훼손죄를 구성한다.(대판 2020.12.30. 2015도15619)

정답 ○

10. 사람의 사회적 가치 내지 평가를 저하시키는 데 적합한 것이면 공지의 사실을 공연히 적시한 경우에도 명예훼손죄가 성립한다.

[해설] 명예훼손죄가 성립하기 위하여는 반드시 숨겨진 사실을 적발하는 행위만에 한하지 아니하고 이미 사회의 일부에 잘 알려진 사실이라고 하더라도 이를 적시하여 사람의 사회적 평가를 저하시킬 만한 행위를 한 때에는 명예훼손죄를 구성한다(대판 1994.4.12. 93도3535). 정답 ○

11. (★)비록 허위의 사실을 적시하였더라도 그 허위의 사실이 특정인의 사회적 가치 내지 평가를 침해할 수 있는 내용이 아니라면 형법 제307조 소정의 명예훼손죄는 성립하지 않는다.

[해설] 비록 허위의 사실을 적시하였더라도 그 허위의 사실이 특정인의 사회적 가치 내지 평가를 침해할 수 있는 내용이 아니라면 형법 제307조 소정의 명예훼손죄는 성립하지 않는다(대판 2009.9.24. 2009도6687). 정답 ○

12. 타 종교의 신앙의 대상에 대한 모욕은 곧바로 그 신앙의 대상을 신봉하는 종교단체나 신도들에 대한 명예훼손이 되는 것은 아니다.

[해설] 우리 헌법이 종교의 자유를 보장함으로써 보호하고자 하는 것은 종교 자체나 종교가 신

봉하는 신앙의 대상이 아니라, 종교를 신봉하는 국민, 즉 신앙인이고, 종교에 대한 비판은 성질상 어느 정도의 편견과 자극적인 표현을 수반하게 되는 경우가 많으므로, 타 종교의 신앙의 대상에 대한 모욕이 곧바로 그 신앙의 대상을 신봉하는 종교단체나 신도들에 대한 명예훼손이 되는 것은 아니고, 종교적 목적을 위한 언론·출판의 자유를 행사하는 과정에서 타 종교의 신앙의 대상을 우스 꽝스럽게 묘사하거나 다소 모욕적이고 불쾌하게 느껴지는 표현을 사용하였더라도 그것이 그 종교를 신봉하는 신도들에 대한 증오의 감정을 드러내는 것이거나 그 자체로 폭행·협박 등을 유발할 우려가 있는 정도가 아닌 이상 허용된다고 보아야 한다(대판 2014.9.4. 2012도13718). 정답 ○

13. (★)어떤 사람이 범죄를 고발하였다는 사실이 주위에 알려졌다고 하여 그 고발사실 자체만으로 고발인의 사회적 가치나 평가가 침해될 가능성이 있다고 볼 수는 없다.

해설 누구든지 범죄가 있다고 생각하는 때에는 고발할 수 있는 것이므로 어떤 사람이 범죄를 고발하였다는 사실이 주위에 알려졌다고 하여 그 고발사실 자체만으로 고발인의 사회적 가치나 평가가 침해될 가능성이 있다고 볼 수는 없다. 다만, 그 고발의 동기나 경위가 불순하다거나 온당하지 못하다는 등의 사정이 함께 알려진 경우에는 고발인의 명예가 침해될 가능성이 있다 (대판 2009.9.24. 2009도6687). 정답 ○

14. (★)가치중립적인 표현을 사용하였다면 사회 통념상 그로 인하여 특정인의 사회적 평가가 저하되었다고 판단되는 경우라도 명예훼손죄가 성립할 수 없다.

해설 명예훼손죄가 성립하기 위하여는 특정인의 사회적 가치 내지 평가가 침해될 가능성이 있는 구체적인 사실을 적시하여야 하는 바, 어떤 표현이 명예훼손적인지 여부는 그 표현에 대한 사회 통념에 따른 객관적 평가에 의하여 판단하여야 한다. 따라서 가치중립적인 표현을 사용하였다 하더라도 사회 통념상 그로 인하여 특정인의 사회적 평가가 저하되었다고 판단된다면 명예훼손죄가 성립할 수 있다(대판 2007.10.25. 2007도5077). 정답 ×

15. (★)명예훼손 사실을 발설하였는지에 관한 질문에 대답하는 과정에서 명예훼손사실을 발설한 경우, 명예훼손죄가 성립하지 아니한다.

해설 大判 2008.10.23. 2008도6515. 정답 ○

16. (★★) 피고인은 마트 영업을 시작하면서 을을 점장으로 고용하여 관리를 맡겼는데, 재고조사 후 일부 품목과 금액의 손실이 발견되자 그때부터 을을 의심하여 마트 관계자들을 상대로 을의 비리 여부를 확인하고 다니던 중 을이 납품업자들로부터 현금으로 입점비를 받았다는 이야기를 듣고 마트에 아이스크림을 납품하는 업체 직원인 갑을 아무도 없는 사무실로 불러 진위를 확인하면서 '다른 업체에서는 마트에 입점하기 위하여 입점비를 준다고 하던데, 입점비를 얼마나 줬냐? 점장 을이 여러 군데 업체에서 입점비를 돈으

로 받아 해먹었고, 지금 뒷조사 중이다.'라고 말하였다. 그 후 피고인은 이와 같은 사실을 을에게 말하지 말고 혼자만 알고 있으라고 당부하였으며, 갑이 그 후 을에게는 이야기하였으나 을 외의 다른 사람들에게 이야기한 적은 없었다.

(1) 피고인은 불미스러운 소문의 진위를 확인하고자 질문을 하는 과정에서 타인의 명예를 훼손하는 발언을 한 경우이므로, 명예훼손의 고의를 인정할 수 없다.

(2) 피고인에게 전파가능성에 대한 인식과 그 위험을 용인하는 내심의 의사가 있었다고 보기 어렵다.

[해설] [1] 불미스러운 소문의 진위를 확인하고자 질문을 하는 과정에서 타인의 명예를 훼손하는 발언을 한 경우, 명예훼손의 고의를 인정할 수 없다.

[2] 전파가능성을 이유로 명예훼손죄의 공연성을 인정하는 경우에는 적어도 범죄구성요건의 주관적 요소로서 미필적 고의가 필요하므로 전파가능성에 대한 인식이 있음은 물론 나아가 그 위험을 용인하는 내심의 의사가 있어야 한다. 행위자가 전파가능성을 용인하고 있었는지 여부는 외부에 나타난 행위의 형태와 상황 등 구체적인 사정을 기초로 일반인이라면 그 전파가능성을 어떻게 평가할 것인가를 고려하면서 행위자의 입장에서 그 심리상태를 추인하여야 한다.

[3] 피고인은 을이 납품업체들로부터 입점비를 받아 개인적으로 착복하였다는 소문을 듣고 갑을 불러 소문의 진위를 확인하면서 갑도 입점비를 을에게 주었는지 질문하는 과정에서 위와 같은 말을 한 것으로 보이므로, 을의 사회적 평가를 저하시킬 의도를 가지거나 그러한 결과가 발생할 것을 인식한 상태에서 위와 같은 말을 한 것이 아니어서 피고인에게 명예훼손의 고의를 인정하기 어렵고, 한편 피고인이 아무도 없는 사무실로 갑을 불러 단둘이 이야기를 하였고, 갑에게 그와 같은 사실을 을에게 말하지 말고 혼자만 알고 있으라고 당부하였으며, 갑이 그 후 을에게는 이야기하였으나 을 외의 다른 사람들에게 이야기한 정황은 없는 점 등을 고려하면 피고인에게 전파가능성에 대한 인식과 그 위험을 용인하는 내심의 의사가 있었다고 보기도 어렵다.(대판 2018.6.15. 2018도4200)

정답 (1) ○ (2) ○

17. (★)목사가 예배중 특정인을 가리켜 "이단 중에 이단이다"라고 설교한 부분은 명예훼손죄에서 말하는 '사실의 적시'에 해당한다.

[해설] 목사가 예배중 특정인을 가리켜 "이단 중에 이단이다"라고 설교한 부분이 명예훼손죄에서 말하는 '사실의 적시'에 해당하지 않는다고 한 사례(대판 2008.10.9. 2007도1220).

[판결이유] 어느 교리가 정통 교리이고 어느 교리가 여기에 배치되는 교리인지 여부는 교단을 구성하는 대다수의 목회자나 신도들이 평가하는 관념에 따라 달라지는 것이므로, 특정인에 대하여 "이단 중에 이단이다"라고 설교한 것은, 사실을 적시한 것으로 보기 어렵다.

정답 ×

18. (★★) 판례에 의할 때 다음 기술의 옳고 그름을 판단하라.

(1) 형법 제307조 제1항, 제2항, 제310조의 체계와 문언 및 내용에 의하면, 제307조 제1항의 '사실'은 제2항의 '허위의 사실'과 반대되는 '진실한 사실'을 말하는 것이다.

(2) 제307조 제1항의 '사실'은 제2항의 '허위의 사실'과 반대되는 '진실한 사실'을 말하는 것이 아니라 가치판단이나 평가를 내용으로 하는 '의견'에 대치되는 개념이다.

(3) 제307조 제1항의 명예훼손죄는 적시된 사실이 진실한 사실인 경우이든 허위의 사실인 경우이든 모두 성립될 수 있고, 특히 적시된 사실이 허위의 사실이라고 하더라도 행위자에게 허위성에 대한 인식이 없는 경우에는 제307조 제2항의 명예훼손죄가 아니라 제307조 제1항의 명예훼손죄가 성립될 수 있다.

> 해설 형법 제307조 제1항, 제2항, 제310조의 체계와 문언 및 내용에 의하면, 제307조 제1항의 '사실'은 제2항의 '허위의 사실'과 반대되는 '진실한 사실'을 말하는 것이 아니라 가치판단이나 평가를 내용으로 하는 '의견'에 대치되는 개념이다. 따라서 제307조 제1항의 명예훼손죄는 적시된 사실이 진실한 사실인 경우이든 허위의 사실인 경우이든 모두 성립될 수 있고, 특히 적시된 사실이 허위의 사실이라고 하더라도 행위자에게 허위성에 대한 인식이 없는 경우에는 제307조 제2항의 명예훼손죄가 아니라 제307조 제1항의 명예훼손죄가 성립될 수 있다. 제307조 제1항의 법정형이 2년 이하의 징역 등으로 되어 있는 반면 제307조 제2항의 법정형은 5년 이하의 징역 등으로 되어 있는 것은 적시된 사실이 객관적으로 허위일 뿐 아니라 행위자가 그 사실의 허위성에 대한 주관적 인식을 하면서 명예훼손행위를 하였다는 점에서 가벌성이 높다고 본 것이다 (대판 2017.4.26. 2016도18024). **정답** (1) ✕ (2) ◯ (3) ◯

19. (★)甲은 경찰관 乙을 상대로 진정한 사건이 혐의가 인정되지 않아 내사종결처리되었음에도 불구하고 공연히 "사건을 조사한 경찰관이 내일부로 검찰청에서 구속영장이 떨어진다"고 말하였다. 甲에게 명예훼손죄가 성립한다.

> 해설 피고인이 경찰관을 상대로 진정한 사건이 혐의가 인정되지 않아 내사종결처리되었음에도 불구하고 공연히 "사건을 조사한 경찰관이 내일부로 검찰청에서 구속영장이 떨어진다."고 말한 것은 현재의 사실을 기초로 하거나 이에 대한 주장을 포함하여 장래의 일을 적시한 것으로 볼 수 있어 명예훼손죄에 있어서의 사실의 적시에 해당한다(대판 2003.5.13. 2002도7420). **정답** ◯

20. (★)보도내용으로 인한 명예훼손죄의 성립 여부나 형법 제310조의 위법성조각사유의 존부 등을 판단함에 있어서, 원칙적으로 그 보도내용의 주된 부분인 암시된 사실 자체를 기준으로 살펴보아야 하고, 제3자의 말 등의 존부에 대한 심리·판단만으로 바로 판단할 수는 없다.

> 해설 형법 제310조의 위법성조각사유의 존부 등을 판단함에 있어서, 객관적으로 피해자의 명

예를 훼손하는 보도내용에 해당하는지, 그 내용이 진실한지, 거기에 피해자를 비방할 목적이 있는지, 보도내용이 공공의 이익에 관한 것인지 여부 등은 원칙적으로 그 보도내용의 주된 부분인 암시된 사실 자체를 기준으로 살펴보아야 하고, 그 보도내용에 인용된 소문 등의 내용이나 표현방식, 그 신빙성 등에 비추어 암시된 사실이 무엇이고, 그것이 진실인지 여부 등에 대해 구체적으로 심리·판단하지 아니한 채 그러한 소문, 제3자의 말 등의 존부에 대한 심리·판단만으로 바로 위 보도로 인한 위 각 법 규정의 명예훼손죄의 성립 여부나 위법성조각사유의 존부 등을 판단할 수는 없다(대판 2008.11.27. 2007도5312).　　**정답 ○**

21. 형법 제310조의 '공공의 이익'이라 함은 널리 국가·사회 기타 일반 다수인의 이익에 관한 것뿐만 아니라 특정한 사회집단이나 그 구성원의 관심과 이익에 관한 것도 포함한다.

해설 공연히 사실을 적시하여 사람의 명예를 훼손하는 행위가 진실한 사실로서 오로지 공공의 이익에 관한 때에는 형법 제310조에 따라 처벌할 수 없는데, 여기에서 '진실한 사실'이란 그 내용 전체의 취지를 살펴볼 때 중요한 부분이 객관적 사실과 합치되는 사실이라는 의미로서 일부 자세한 부분이 진실과 약간 차이가 나거나 다소 과장된 표현이 있다고 하더라도 무방하고, '공공의 이익'이라 함은 널리 국가·사회 기타 일반 다수인의 이익에 관한 것뿐만 아니라 특정한 사회집단이나 그 구성원의 관심과 이익에 관한 것도 포함한다.　　**정답 ○**

22. (★)공연히 사실을 적시하여 사람의 명예를 훼손한 행위가 형법 제310조의 규정에 따라서 위법성이 조각되어 처벌대상이 되지 않기 위하여는 그것이 진실한 사실로서 오로지 공공의 이익에 관한 때에 해당된다는 점을 행위자가 증명하여야 한다.

해설 大判 1996.10.25. 95도1473.　　**정답 ○**

23. (★)행위자의 주요한 목적이나 동기가 공공의 이익을 위한 것이라면 부수적으로 다른 사익적 목적이나 동기가 내포되어 있더라도 형법 제310조의 적용을 배제할 수 없다.

해설 大判 1996.10.25. 95도1473.　　**정답 ○**

24. 제310조의 요건에 관한 증명은 유죄의 인정에 있어 요구되는 것과 같이 법관으로 하여금 의심할 여지가 없을 정도의 확신을 가지게 하는 증명력을 가진 엄격한 증거에 의하여야 하는 것은 아니다.

해설 大判 1996.10.25. 95도1473.　　**정답 ○**

25. 출판물을 통해 사실을 적시하여 타인의 명예를 훼손하는 내용을 기사화하였다면, 형법 제310조의 위법성조각사유의 적용을 받을 가능성은 없다.

> [해설] 제309조 제1항의 경우 비방의 목적이 필요하나, 비방의 목적이 없다면 제307조 제1항의 구성요건에 해당하게 되고, 이에 대해서는 제310조의 위법성조각사유가 적용되므로, 출판물을 통한 명예훼손 행위에 대해서도 정당화가능성이 있다(대판 1998.10.9. 97도158).   정답 ✕

26. 비방의 목적이 있어야 하는 정보통신망을 통한 명예훼손이나 허위사실 적시 명예훼손 행위에 위법성조각에 관한 형법 제310조가 적용될 수 없다.

> [해설] 大判 2006.8.25. 2006도648.   정답 ○

27. (★)비방할 목적이 있는지 여부는 피고인이 드러낸 사실이 거짓인지 여부와 별개의 구성요건으로서, 드러낸 사실이 거짓이라고 해서 비방할 목적이 당연히 인정되는 것은 아니다.   (   )

> [해설] 비방할 목적이 있는지 여부는 피고인이 드러낸 사실이 거짓인지 여부와 별개의 구성요건으로서, 드러낸 사실이 거짓이라고 해서 비방할 목적이 당연히 인정되는 것은 아니다. 그리고 이 규정에서 정한 모든 구성요건에 대한 증명책임은 검사에게 있다.(대판 2020.12.10. 2020도11471)   정답 ○

28. (★)출판물에 의한 명예훼손죄는 간접정범에 의하여 범하여질 수도 있으므로 타인을 비방할 목적으로 허위의 기사 재료를 그 정을 모르는 기자에게 제공하여 신문 등에 보도되게 한 경우에도 성립할 수 있다.

> [해설] 大判 2002.6.28. 2000도3045.   정답 ○

29. (★)의사가 의료기기 회사와의 분쟁을 정치적으로 해결하기 위하여 국회의원에게 허위의 사실을 제보하였을 뿐인데, 위 국회의원의 발표로 그 사실이 일간신문에 게재된 경우 출판물에 의한 명예훼손이 성립하지 아니한다.

> [해설] 大判 2002.6.28. 2000도3045.   정답 ○

30. (★)타인을 비방할 목적으로 허위사실인 기사의 재료를 신문기자에게 제공한 경우에 기사를 신문지상에 게재하느냐의 여부는 신문 편집인의 권한에 속한다고 할 것이므로 형법 제309조 제2항 소정의 출판물에 의한 명예훼손죄의 죄책이 인정될 수 없다.

해설 타인을 비방할 목적으로 허위사실인 기사의 재료를 신문기자에게 제공한 경우에 기사를 신문지상에 게재하느냐의 여부는 신문 편집인의 권한에 속한다고 할 것이나 이를 편집인이 신문지상에 게재한 이상 기사의 게재는 기사재료를 제공한 자의 행위에 기인한 것이므로 기사재료의 제공행위는 형법 제309조 제2항 소정의 출판물에 의한 명예훼손죄의 죄책을 면할 수 없다(대판 1994.4.12. 93도3535).   정답 ✕

31. (★)기사작성의 목적이 공공의 이익에 관한 것이고 그 기사내용을 작성자가 진실하다고 믿었으며 그와 같이 믿은 데에 객관적인 상당한 이유가 있는 경우에는 진실한 것이라는 증명이 없다고 할지라도 위법성이 없다고 보아야 한다.

해설 大判 1996.8.23. 94도3191.   정답 ○

32. (★) 모욕죄는 피해자의 외부적 명예를 저하시킬 만한 추상적 판단이나 경멸적 감정을 공연히 표시함으로써 성립하므로, 피해자의 외부적 명예가 현실적으로 침해되거나 구체적·현실적으로 침해될 위험이 발생하여야 하는 것도 아니다.

해설 모욕죄는 공연히 사람을 모욕하는 경우에 성립하는 범죄로서(형법 제311조), 사람의 가치에 대한 사회적 평가를 의미하는 외부적 명예를 보호법익으로 하고, 여기에서 '모욕'이란 사실을 적시하지 아니하고 사람의 사회적 평가를 저하시킬 만한 추상적 판단이나 경멸적 감정을 표현하는 것을 의미한다. 그리고 모욕죄는 피해자의 외부적 명예를 저하시킬 만한 추상적 판단이나 경멸적 감정을 공연히 표시함으로써 성립하므로, 피해자의 외부적 명예가 현실적으로 침해되거나 구체적·현실적으로 침해될 위험이 발생하여야 하는 것도 아니다(대판 2016.10.13. 2016도9674).   정답 ○

33. (★) 피고인이 택시 기사와 요금 문제로 시비가 벌어져 112 신고를 한 후, 신고를 받고 출동한 경찰관 갑에게 늦게 도착한 데 대하여 항의하는 과정에서 "아이 씨발!"이라고 말하였다면 이는 모욕에 해당한다.

해설 [1] 언어는 인간의 가장 기본적인 표현수단이고 사람마다 언어습관이 다를 수 있으므로 그 표현이 다소 무례하고 저속하다는 이유로 모두 형법상 모욕죄로 처벌할 수는 없다. 따라서 어떠한 표현이 상대방의 인격적 가치에 대한 사회적 평가를 저하시킬 만한 것이 아니라면 설령 그 표현이 다소 무례하고 저속한 방법으로 표시되었다 하더라도 이를 모욕죄의 구성요건에 해당한다고 볼 수 없다

[2] 피고인이 택시 기사와 요금 문제로 시비가 벌어져 112 신고를 한 후, 신고를 받고 출동한 경찰관 갑에게 늦게 도착한 데 대하여 항의하는 과정에서 "아이 씨발!"이라고 말한 사안에서, 제반 사정에 비추어 피고인의 발언은 직접적으로 피해자를 특정하여 그의 인격적 가치에 대한 사회적 평가를 저하시킬 만한 경멸적 감정을 표현한 모욕적 언사에 해당한다고 단정하기 어렵다고 한 사례(大判 2015.12.24. 2015도6622).

[판결이유] 피고인의 위 "아이 씨발!"이라는 발언은 구체적으로 상대방을 지칭하지 않은 채 단순히 발언자 자신의 불만이나 분노한 감정을 표출하기 위하여 흔히 쓰는 말로서 상대방을 불쾌하게 할 수 있는 무례하고 저속한 표현이기는 하지만 위와 같은 사정에 비추어 직접적으로 피해자를 특정하여 그의 인격적 가치에 대한 사회적 평가를 저하시킬 만한 경멸적 감정을 표현한 모욕적 언사에 해당한다고 단정하기는 어렵다.   정답 ✕

34. 모욕죄에 있어서는 사실이 진실이라 하더라도 형법 제310조에 의하여 위법성이 조각될 수 없다.

[해설] 형법 제310조에 의하여 위법성이 조각되는 것은 그 법문이 명백히 규정하고 있는 바와 같이 명예훼손죄에 한하고, 모욕죄에 있어서는 사실이 진실이라 하더라도 위법성을 조각하지 아니한다고 해석하여야 함은 형법 제310조의 규정의 위치로 보아 자명하다(대판 1959.12.23. 4291형상539).   정답 ○

35. "부모가 그런 식이니 자식도 그런 것이다"와 같은 표현으로 인하여 상대방의 기분이 다소 상할 수 있다고 하더라도 그 내용이 너무나 막연하여 그것만으로 곧 상대방의 명예감정을 해하여 형법상 모욕죄를 구성한다고 보기는 어렵다.

[해설] 大判 2007.2.22. 2006도8915.   정답 ○

36. 갑 주식회사 해고자 신분으로 노동조합 사무장직을 맡아 노조활동을 하는 피고인이 노사 관계자 140여 명이 있는 가운데 큰 소리로 피고인보다 15세 연장자로서 갑 회사 부사장인 을을 향해 "야 ○○아, ○○이 여기 있네, 니 이름이 ○○이잖아, ○○아 나오니까 좋지?" 등으로 여러 차례 을의 이름을 불렀더라도, 피고인의 위 발언은 모욕적 언사에 해당하지 않는다.

[해설] 피고인의 위 발언은 상대방을 불쾌하게 할 수 있는 무례하고 예의에 벗어난 표현이기는 하지만 객관적으로 을의 인격적 가치에 대한 사회적 평가를 저하시킬 만한 모욕적 언사에 해당하지 않는다고 한 사례.(대판 2018.11.29. 2017도2661)   정답 ○

37. (★)골프클럽 경기보조원들의 구직편의를 위해 제작된 인터넷 사이트 내 회원 게시판에 특정 골프클럽의 운영상 불합리성을 비난하는 글을 게시하면서 위 클럽담당자에 대하여 한심하고 불쌍한 인간이라는 등 경멸적 표현을 한 경우 모욕죄가 성립하지 아니한다.

[해설] 골프클럽 경기보조원들의 구직편의를 위해 제작된 인터넷 사이트 내 회원 게시판에 특정 골프클럽의 운영상 불합리성을 비난하는 글을 게시하면서 위 클럽담당자에 대하여 한심하고 불쌍한 인간이라는 등 경멸적 표현을 한 사안에서, 게시의 동기와 경위, 모욕적 표현의 정도

와 비중 등에 비추어 사회상규에 위배되지 않는다고 보아 모욕죄의 성립을 부정한 사례(대판 2008.7.10. 2008도1433).　　　　　**정답** ○

38. (★★) 국회의원이었던 甲이 국회의장배 전국 대학생 토론대회에 참여했던 Y대학교 소속 20여 명의 남녀 대학생들과 저녁회식을 하는 자리에서, 장래의 희망이 아나운서라고 한 여학생들에게 (아나운서 지위를 유지하거나 승진하기 위하여) "다 줄 생각을 해야 하는데, 그래도 아나운서 할 수 있겠느냐."라는 등의 말을 하였다. 이 사실을 알게 된 8개 공중파 방송 아나운서들로 구성된 한국아나운서연합회 회원인 여성 아나운서 154명은 甲을 모욕의 혐의로 고소하였고, 검사는 甲이 한국아나운서연합회 회원(총회원 중 여성회원은 295명)인 여성 아나운서 154명을 모욕한 사실로 공소제기 하였다. 다음 기술의 옳고 그름을 판단하라.

(1) 모욕죄는 특정한 사람 또는 인격을 보유하는 단체에 대하여 사회적 평가를 저하시킬 만한 경멸적 감정을 표현함으로써 성립하므로 그 피해자는 특정되어야 한다.

(2) 甲은 한국아나운서연합회 회원인 여성 아나운서 154명에 대한 모욕죄가 성립하지 아니한다.

해설 [1] 모욕죄는 특정한 사람 또는 인격을 보유하는 단체에 대하여 사회적 평가를 저하시킬 만한 경멸적 감정을 표현함으로써 성립하므로 그 피해자는 특정되어야 한다.

[2] 이른바 집단표시에 의한 모욕은, 모욕의 내용이 집단에 속한 특정인에 대한 것이라고는 해석되기 힘들고, 집단표시에 의한 비난이 개별구성원에 이르러서는 비난의 정도가 희석되어 구성원 개개인의 사회적 평가에 영향을 미칠 정도에 이르지 아니한 경우에는 구성원 개개인에 대한 모욕이 성립되지 않는다고 봄이 원칙이고, 비난의 정도가 희석되지 않아 구성원 개개인의 사회적 평가를 저하시킬 만한 것으로 평가될 경우에는 예외적으로 구성원 개개인에 대한 모욕이 성립할 수 있다. 한편 구성원 개개인에 대한 것으로 여겨질 정도로 구성원 수가 적거나 당시의 주위 정황 등으로 보아 집단 내 개별구성원을 지칭하는 것으로 여겨질 수 있는 때에는 집단 내 개별구성원이 피해자로서 특정된다고 보아야 할 것인데, 구체적인 기준으로는 집단의 크기, 집단의 성격과 집단 내에서의 피해자의 지위 등을 들 수 있다(대판 2014.3.27. 2011도15631).

[판결이유] 피고인의 이 사건 발언은 여성 아나운서 일반을 대상으로 한 것으로서 그 개별구성원인 피해자들에 이르러서는 비난의 정도가 희석되어 피해자 개개인의 사회적 평가에 영향을 미칠 정도에까지는 이르지 아니하므로 형법상 모욕죄에 해당한다고 보기는 어렵다고 볼 여지가 충분하다.　　　　　**정답** (1) ○ (2) ○

제2절 신용·업무와 경매에 관한 죄

39. 진실한 사실을 공연히 유포하여 사람의 명예와 신용을 훼손하는 경우에는 명예훼손죄가 아니라 신용훼손죄가 성립한다.

> 해설 진실한 사실을 유포한 경우에는 신용훼손죄가 성립할 수 없으므로 명예훼손죄가 성립한다.
>
> 정답 ✕

40. 어느 사람의 점포의 물건 값이 유달리 비싸다고 말하였더라도 신용을 훼손하는 것이라고는 볼 수 없다.

> 해설 신용훼손죄는 허위의 사실을 유포하거나 기타 위계로써 사람의 지불능력 또는 지불의사에 대한 타인의 신뢰에 위해를 가하는 것을 말하는 것이므로, 어느 사람의 점포의 물건 값이 유달리 비싸다고 말하였을 때 그 물건의 값은 그 사람의 지불의사에 대한 사회적 신뢰를 훼손하는 것이라고는 볼 수 없다(대판 1969.1.21. 68도1660).
>
> 정답 ○

41. (★)퀵서비스 운영자인 甲이 허위사실을 유포하여 손님들로 하여금 불친절하고 배달을 지연시킨 사업체가 경쟁관계에 있는 A가 운영하는 퀵서비스인 것처럼 인식하게한 경우, 甲의 행위는 신용훼손죄에 해당한다.

> 해설 [1] 형법 제313조의 신용훼손죄에서 '신용'은 경제적 신용, 즉 사람의 지급능력 또는 지급의사에 대한 사회적 신뢰를 의미한다.
> [2] 퀵서비스 운영자인 피고인이 배달업무를 하면서, 손님의 불만이 예상되는 경우에는 평소 경쟁관계에 있는 피해자 운영의 퀵서비스 명의로 된 영수증을 작성·교부함으로써 손님들로 하여금 불친절하고 배달을 지연시킨 사업체가 피해자 운영의 퀵서비스인 것처럼 인식하게 한 사안에서, 퀵서비스의 주된 계약내용이 신속하고 친절한 배달이라 하더라도, 그와 같은 사정만으로 위 행위가 피해자의 경제적 신용, 즉 지급능력이나 지급의사에 대한 사회적 신뢰를 저해하는 행위에 해당한다고 보기는 어렵다는 이유로, 피고인에 대한 신용훼손의 주위적 공소사실을 무죄로 인정한 원심 판단을 수긍한 사례(대판 2011.5.13. 2009도5549).
>
> 정답 ✕

42. 신용훼손죄에서 정한 '허위의 사실을 유포한다'고 함은 실제의 객관적인 사실과 다른 사실을 불특정 또는 다수인에게 전파시키는 것을 말하는데, 이러한 경우 그 행위자에게 행위 당시 자신이 유포한 사실이 허위라는 점을 적극적으로 인식하였을 것을 요한다.

> 해설 大判 2006.5.25. 2004도1313.
>
> 정답 ○

43. 甲은 은행 본점 앞으로 'A가 대출금을 연체하여 위 은행의 지점장이 연체이자를 대납하였다.'는 등의 허위의 내용을 기재한 편지를 보냈다. 이 경우 甲에게는 신용훼손죄가 성립한다.

해설 피고인이 피해자에 관한 허위의 내용을 기재한 편지를 은행에 송부함으로써 은행의 오인 또는 착각 등을 일으켜 위계로써 피해자의 신용을 훼손하였다고 본 사례(대판 2006.12.7. 2006도3400). **정답 ○**

44. 경영상 계획의 일환으로서 시간적·절차적으로 일정기간의 소요가 예상되는 사업장 이전을 추진, 실시하는 행위는 업무방해죄에 의한 보호의 대상이 되는 업무에 해당한다.

해설 일련의 경영상 계획의 일환으로서 시간적·절차적으로 〈일정기간의 소요가 예상〉되는 사업장 이전을 추진, 실시하는 행위는 그 자체로서 일정기간 계속성을 지닌 업무의 성격을 지니고 있을 뿐만 아니라 회사의 본래 업무인 목적 사업의 경영과 밀접불가분의 관계에서 그에 수반하여 이루어지는 것으로 볼 수 있으므로 이 점에서도 업무방해죄에 의한 보호의 대상이 되는 업무에 해당한다 할 것이다(대판 2005.4.15. 2004도8701). **정답 ○**

45. (★)건물 임대인이 구청장의 조경공사 촉구지시에 따라 임대 건물 앞에서 1회적인 조경공사를 하는데 불과한 경우에는 업무방해죄의 "업무"에 해당되지 않는다.

해설 大判 1993.2.9. 92도2929. **정답 ○**

46. (★)주주로서 주주총회에서 의결권 등을 행사하는 것은 형법상 업무방해죄의 보호대상이 되는 '업무'에 해당한다.

해설 형법상 업무방해죄의 보호대상이 되는 '업무'라 함은 직업 기타 사회생활상의 지위에 기하여 계속적으로 종사하는 사무 또는 사업을 말하는 것인데, 주주로서 주주총회에서 의결권 등을 행사하는 것은 주식의 보유자로서 그 자격에서 권리를 행사하는 것에 불과할 뿐 그것이 '직업 기타 사회생활상의 지위에 기하여 계속적으로 종사하는 사무 또는 사업'에 해당한다고 할 수 없다(대판 2004.10.28. 2004도1256). **정답 ×**

47. (★★)학생들이 학교에 등교하여 교실에서 수업을 듣는 것은 업무방해죄의 보호대상이 되는 '업무'에 해당한다.

해설 [1] 형법상 업무방해죄의 보호대상이 되는 '업무'라 함은 직업 기타 사회생활상의 지위에 기하여 계속적으로 종사하는 사무 또는 사업을 말하는 것인데, 초등학생들이 학교에 등교하여 교실에서 수업을 듣는 것은 헌법 제31조가 정하고 있는 무상으로 초등교육을 받을 권리 및 초·중등교육법 제12, 13조가 정하고 있는 국가의 의무교육 실시의무와 부모들의 취학의무 등에 기하여 학생들 본인의 권리를 행사하는 것이거나 국가 내지 부모들의 의무를 이행하는 것에 불과할 뿐 그것이 '직업 기타 사회생활상의 지위에 기하여 계속적으로 종사하는 사무 또는 사업'에 해당한다고 할 수 없다.
[2] 피고인이 대흥초등학교 1학년 1반 교실 안에서 교사에게 욕설을 하거나 학생들에게 욕설을 하여 수업을 할 수 없게 하였다고 하더라도 학생들의 권리행사나 국가 내지 부모들의 의무이행을 방해한 것에 해당하는지 여부는 별론으로 하고 학생들의 업무를 방해하였다고 볼 수는 없다고 한 사례(대판 2013.6.14. 2013도3829). 정답 ✕

48. (★)판례에 의할 때 다음 기술의 옳고 그름을 판단하라.

(1) 업무방해죄에서 '허위사실의 유포'란 객관적으로 진실과 부합하지 않는 사실을 유포하는 것으로서 단순한 의견이나 가치판단을 표시하는 것은 이에 해당하지 않는다.
(2) 의견표현과 사실 적시가 혼재되어 있는 경우에는 이를 전체적으로 보아 허위사실을 유포하여 업무를 방해한 것인지 등을 판단해야지, 의견표현과 사실 적시 부분을 분리하여 별개로 범죄의 성립 여부를 판단해서는 안 된다.
(3) 반드시 기본적 사실이 거짓이어야 하는 것은 아니고 비록 기본적 사실은 진실이더라도 이에 거짓이 덧붙여져 타인의 업무를 방해할 위험이 있는 경우도 업무방해에 해당한다.

해설 대판 2021.9.30. 2021도6634. 정답 (1)○ (2)○ (3)○

49. (★) 사립고등학교 학생이 실제로 봉사활동을 한 사실이 없음에도 부모가 외부기관으로부터 허위의 봉사활동내용이 기재된 확인서를 발급받은 후 이를 학교에 제출하여 학생으로 하여금 봉사상을 받도록 한 경우, 허위의 봉사활동확인서 제출로써 학교장의 봉사상 심사 및 선정업무 방해의 결과를 초래할 위험이 발생하였다.

해설 사립고등학교 학생이 실제로 봉사활동을 한 사실이 없음에도 부모가 (다른 학교 교사인 상피고인과 공모하여) 외부기관으로부터 허위의 봉사활동내용이 기재된 확인서를 발급받은 후 이를 학교에 제출하여 학생으로 하여금 봉사상을 받도록 한 사안에서, 허위의 봉사활동확인서 제출로써 학교장의 봉사상 심사 및 선정업무 방해의 결과를 초래할 위험이 발생하였다고 한 사례(대판 2020.9.24. 2017도19283) 정답 ○

50. (★★)의사 乙이 의사가 아닌 丙과 공모하여 의원을 개설하여 운영하자 甲은 이들의 의원운영업무를 방해하였다. 이 경우 甲에게는 업무방해죄가 성립하지 아니한다.

해설 의료인이나 의료법인이 아닌 자가 의료기관을 개설하여 운영하는 행위는 그 위법의 정도가 중하여 사회생활상 도저히 용인될 수 없는 정도로 반사회성을 띠고 있으므로 업무방해죄의 보호대상이 되는 '업무'에 해당하지 않는다(대판 2001.11.30. 2001도2015). 정답 ○

51. (★★)폭력조직 간부인 피고인이 조직원들과 공모하여 甲이 운영하는 성매매업소 앞에 속칭 '병풍'을 치거나 차량을 주차해 놓아 성매매업소 운영업무를 방해하였다면 업무방해죄가 성립한다.

> [해설] 성매매알선 등 행위는 법에 의하여 원천적으로 금지된 행위로서 형사처벌의 대상이 되는 중대한 범죄행위일 뿐 아니라 정의관념상 용인될 수 없는 정도로 반사회성을 띠는 경우에 해당하므로, 업무방해죄의 보호대상이 되는 업무라고 볼 수 없다(대판 2011.10.13. 2011도7081).
>
> 정답 ✕

52. (★★)법원의 직무집행정지 가처분결정에 의하여 그 직무집행이 정지된 甲이 법원의 결정에 반하여 직무를 수행함으로써 업무를 계속 행하는 경우, 그 업무는 업무방해죄의 보호대상이 되는 업무에 해당하지 않는다.

> [해설] 법원의 직무집행정지 가처분결정에 의하여 그 직무집행이 정지된 자가 법원의 결정에 반하여 직무를 수행함으로써 업무를 계속 행하는 경우 그 업무는 국법질서와 재판의 존엄성을 무시하는 것으로서 사실상 평온하게 이루어지는 사회적 활동의 기반이 되는 것이라 할 수 없고, 비록 그 업무가 반사회성을 띠는 경우라고까지는 할 수 없다고 하더라도 법적 보호라는 측면에서는 그와 동등한 평가를 받을 수밖에 없으므로, 그 업무자체는 법의 보호를 받을 가치를 상실하였다고 하지 않을 수 없어 업무방해죄에서 말하는 업무에 해당하지 않는다(대판 2002.8.23. 2001도5592).
>
> 정답 ○

53. (★)아파트관리사무실의 경리가 관리단 총회에서 새로이 선임된 관리인에 의하여 재임명되어 경리업무를 수행하여 온 경우, 위 관리인 선임에 무효사유가 있다고 하더라도 위 경리의 아파트관리업무가 업무방해죄의 보호대상에서 제외된다고 보기는 어렵다.

> [해설] 형법상 업무방해죄의 보호대상이 되는 '업무'라 함은 직업 또는 계속적으로 종사하는 사무나 사업을 말하는 것으로서 타인의 위법한 행위에 의한 침해로부터 보호할 가치가 있는 것이면 되고, 그 업무의 기초가 된 계약 또는 행정행위 등이 반드시 적법하여야 하는 것은 아니므로, 법률상 보호할 가치가 있는 업무인지 여부는 그 사무가 사실상 평온하게 이루어져 사회적 활동의 기반이 되고 있느냐에 따라 결정되는 것이고, 그 업무의 개시나 수행과정에 실체상 또는 절차상의 하자가 있다고 하더라도 그 정도가 반사회성을 띠는 데까지 이르지 아니한 이상 업무방해죄의 보호대상이 된다고 보아야 할 것이다(대판 2006.3.9. 2006도382).
>
> 정답 ○

54. 마이크를 빼앗으며 유림총회의 회의를 진행하지 못하게 하고 피해자를 비방하면서 걸려 있는 현수막을 제거하고 회의장에 들어가려는 대의원들을 회의에 참석하지 못하게 하였다고 하여도 피해자가 유림대표선출에 관한 규정에 위배하여 위 회의를 개최하였고, 결국 총회의 무기연기가 선언되었다면 업무방해죄가 성립하지 않는다.

해설 피해자가 유림대표선출에 관한 규정에 위배하여 위 회의를 개최하였고, 결국 총회의 무기연기가 선언되었다고 하여도 업무방해죄의 성립에 영향이 없다(대판 1991.2.12. 90도2501).

정답 ×

55. (★)본당을 사실상 점유·관리하고 있던 목사로부터 사전 승인을 얻어 본당에서 임시노회를 진행하였더라도 위 목사가 법적으로 본당에 대한 관리권한이 없다면 노회장으로서의 임시노회 진행업무는 업무방해죄의 보호대상인 업무가 되는 것으로 볼 수 없다.

해설 본당을 사실상 점유·관리하고 있던 목사로부터 사전 승인을 얻어 본당에서 임시노회를 진행한 이상 비록 위 목사가 법적으로 본당에 대한 관리권한이 없다 할지라도 그러한 사유만으로써 노회장으로서의 임시노회 진행업무를 업무방해죄의 보호대상인 업무가 되지 못하는 것으로 볼 수 없다(대판 2009.2.12. 2008도11486).

정답 ×

56. (★)농지의 임대차는 농지개혁법상 무효라고 하더라도 그 임차한 농지의 경작행위를 방해하는 행위는 업무방해죄가 성립한다.

해설 大判 1980.11.25. 79도1956.
[동지판례] 건물의 전차인이 임대인의 승낙 없이 전차하였다고 하더라도 전차인이 불법침탈 등의 방법에 의하여 위 건물의 점유를 개시한 것이 아니고 그동안 평온하게 음식점 등 영업을 하면서 점유를 계속하여 온 이상 위 전차인의 업무를 업무방해죄에 의하여 보호받지 못하는 권리라고 단정할 수 없다(대판 1986.12.23. 86도1372).

정답 ○

57. 회사 운영권의 양도·양수 합의의 존부 및 효력에 관한 다툼이 있는 상황에서 양수인 A가 비정상적으로 위 회사의 임원변경등기를 마치자 양도인 甲은 회사 사무실 출입문을 오토바이 자물쇠로 잠가 직원들의 출입을 막았다. 이 경우 甲에게는 업무방해죄가 성립하지 아니한다.

해설 회사 운영권의 양도·양수 합의의 존부 및 효력에 관한 다툼이 있는 상황에서 양수인이 비정상적으로 위 회사의 임원변경등기를 마친 것만으로는 회사 대표이사로서 정상적인 업무에 종사하기 시작하였다거나 그 업무가 양도인에 대한 관계에서 보호할 가치가 있는 정도에 이르렀다고 보기 어려워, 양도인의 침해행위가 양수인의 '업무'에 대한 업무방해죄를 구성하는 것으로 볼 수 없다고 한 사례(대판 2007.8.23. 2006도3687).

정답 ○

58. (★★★)판례에 의할 때 다음 기술의 옳고 그름을 판단하라.

(1) 공무원이 직무상 수행하는 공무를 방해하는 행위가 공무집행방해죄에 해당하지 않는 경우 업무방해죄로 의율할 수 있다.

(2) 지방경찰청 민원실에서 민원인들이 진정사건의 처리와 관련하여 지방경찰청장과의 면담 등을 요구하면서 이를 제지하는 경찰관들에게 큰소리로 욕설을 하고 행패를 부린 행위는 경찰관들의 수사 관련 업무를 방해한 것이므로 업무방해죄의 성립이 인정된다.

[해설] 형법이 업무방해죄와는 별도로 공무집행방해죄를 규정하고 있는 것은 사적 업무와 공무를 구별하여 공무에 관해서는 공무원에 대한 폭행, 협박 또는 위계의 방법으로 그 집행을 방해하는 경우에 한하여 처벌하겠다는 취지라고 보아야 한다. 따라서 공무원이 직무상 수행하는 공무를 방해하는 행위에 대해서는 업무방해죄로 의율할 수는 없다고 해석함이 상당하다(대판(전) 2009.11.19. 2009도4166). **정답** (1) ✕ (2) ✕

59. 경찰청 민원실에서 말똥을 책상 및 민원실 바닥에 뿌리고 소리를 지르는 등 난동을 부린 경우 이는 위력에 의한 업무방해죄에 해당한다.

[해설] [1] 공무원이 직무상 수행하는 공무를 방해하는 행위에 대해서는 업무방해죄로 의율할 수는 없다고 해석함이 상당하다.
[2] 경찰청 민원실에서 말똥을 책상 및 민원실 바닥에 뿌리고 소리를 지르는 등 난동을 부린 행위가 '위력'으로 경찰관의 민원접수 업무를 방해한 것이라는 이유로 업무방해에 해당한다고 본 원심판결에 법리오해의 위법이 있다고 한 사례(대판 2010.2.25. 2008도9049). **정답** ✕

60. 대학생에 대한 성적평가업무, 성적평가 후에 이루어지는 성적의 취합과 통보 및 그에 관한 자료의 보전 등의 업무는 대학교의 업무가 아니라 담당교수의 업무이므로 담당교수가 성적표에 학생의 시험답안지의 점수와 다른 점수를 기재하였다고 하더라도 업무방해죄가 성립하지 않는다.

[해설] 大判 1999.1.15. 98도663. **정답** ○

61. 업무방해죄에 있어서의 행위의 객체는 타인의 업무이고, 여기서 타인이라 함은 범인 이외의 자연인과 법인 및 법인격 없는 단체를 가리키므로, 법적 성질이 영조물에 불과한 대학교 자체는 업무방해죄에 있어서의 업무의 주체가 될 수 없다.

[해설] 大判 2004.10.28. 2004도1256. **정답** ○

62. (★)비실명예금을 합의차명에 의하여 명의대여자의 실명으로 전환한 행위는 금융기관의 실명전환에 관한 업무를 방해한 것이다.

[해설] 기존의 비실명예금을 합의차명에 의하여 명의대여자의 실명으로 전환한 행위는 금융실명거래및비밀보장에관한긴급재정경제명령에 따른 금융기관의 실명전환에 관한 업무를 방해한 것이라 할 수 없다(대판(전) 1997.4.17. 96도3377).　　　　　　　　정답 ✕

63. (★)피고인이 서류배달업 회사가 고객으로부터 배달을 의뢰받은 서류의 포장 안에 특정 종교를 비방하는 내용의 전단을 집어넣어 함께 배달되게 한 경우, 위 회사의 서류배달업무를 방해한 것으로 업무방해죄가 성립한다.

[해설] 大判 1999.5.14. 98도3767.　　　　　　　　정답 ○

64. (★)甲은 노동운동을 하기 위하여 노동현장에 취업하고자 하였으나, 자신이 대학교에 입학한 학력과 국가보안법 위반죄로 처벌 받은 전력 때문에 입사가 쉽지 않을 것으로 판단하고, A명의로 허위의 학력과 경력을 기재한 이력서를 작성하고, A의 고등학교 생활기록부 등 서류를 작성·제출하여 시험에 합격하였다. 甲에게 위계에 의한 업무방해죄가 성립한다.

[해설] 피고인은 위계에 의하여 위 회사의 근로자로서의 적격자를 채용하는 업무를 방해하였다고 본 사례(대판 1992.6.9. 91도2221).　　　　　　　　정답 ○

65. (★)甲은 乙에게 석사학위논문의 전체 초안작성을 의뢰하고, 그에 따라 작성된 논문의 내용에 약간의 수정만을 가하여 학위심사를 받기 위하여 제출하였다. 甲에게 위계에 의한 업무방해죄가 성립한다.

[해설] 大判 1996.7.30. 94도2708.　　　　　　　　정답 ○

66. (★)주한외국영사관에 비자발급을 신청함에 있어 신청인이 제출한 허위의 자료 등에 대하여 업무담당자가 충분히 심사하였으나 신청사유 및 소명자료가 허위임을 발견하지 못하여 그 신청을 수리하게 된 경우, 위계에 의한 업무방해죄가 성립한다.

[해설] 이는 업무담당자의 불충분한 심사가 아니라 신청인의 위계행위에 의하여 업무방해의 위험성이 발생된 것이어서 이에 대하여 위계에 의한 업무방해죄가 성립된다(대판 2004.3.26. 2003도7927).　　　　　　　　정답 ○

67. (★)신규직원 채용권한을 가지고 있는 지방공사 사장이 시험업무 담당자에게 지시하여 상호 공모 내지 양해 하에 시험성적조작 등의 부정한 행위를 한 경우, '위계'에 의한 업무방해죄에 해당한다.

해설 신규직원 채용권한을 가지고 있는 지방공사 사장이 시험업무 담당자들에게 지시하여 상호 공모 내지 양해 하에 시험성적조작 등의 부정한 행위를 한 경우, 법인인 공사에게 신규직원 채용업무와 관련하여 오인·착각 또는 부지를 일으키게 한 것이 아니므로, '위계'에 의한 업무방해죄에 해당하지 않는다고 한 사례(대판 2007.12.27. 2005도6404).　　정답 X

68. (★) 甲이 게임회사들이 제작한 모바일게임의 이용자들의 게임머니나 능력치를 높게 할 수 있는 변조된 게임프로그램을 해외 인터넷 사이트에서 다운로드받은 다음, 위와 같은 게임프로그램을 제공한다는 것을 나타내는 문구가 게임프로그램 실행 시 화면에 나올 수 있도록 게임프로그램을 변조한 후 자신이 직접 개설한 모바일 어플리케이션 공유사이트 게시판에 위와 같이 변조한 게임프로그램들을 게시·유포하였다면 위계에 의한 업무방해죄가 성립한다.

해설 [1] 형법 제314조 제1항에서 정하는 위계에 의한 업무방해죄에서 '위계'란 행위자가 행위의 목적을 달성하기 위하여 상대방에게 오인·착각 또는 부지를 일으키게 하여 이를 이용하는 것을 말한다.

[2] 피고인이 피해자 게임회사들이 제작한 모바일게임의 이용자들의 게임머니나 능력치를 높게 할 수 있는 변조된 게임프로그램을 해외 인터넷 사이트에서 다운로드받은 다음, 위와 같은 게임프로그램을 제공한다는 것을 나타내는 문구가 게임프로그램 실행 시 화면에 나올 수 있도록 게임프로그램을 변조한 후 자신이 직접 개설한 모바일 어플리케이션 공유사이트 게시판에 위와 같이 변조한 게임프로그램들을 게시·유포하여 위계로써 피해자 게임회사들의 정상적인 영업업무를 방해하였다는 내용으로 기소된 사안에서, 피고인이 어떠한 방법으로 변조된 게임프로그램을 실행하여 게임서버에 접속하였는지에 관하여 전혀 특정하지 아니한 채 변조된 게임프로그램을 게시·유포하였다는 사실만으로는 위계에 의한 업무방해죄가 성립하지 않는다고 한 사례(대판 2017.2.21. 2016도15144)

[판결이유] 게임이용자가 이 사건 공소사실과 같이 변조된 게임프로그램을 자신의 모바일 기기에 설치하고 이를 실행하여 게임서버에 접속하는 경우, 게임회사로서는 위와 같이 변조된 게임프로그램을 설치·실행하여 서버에 접속한 게임이용자와 정상적인 게임프로그램을 설치·실행하여 서버에 접속한 게임이용자를 구별할 수 없게 되므로, 게임이용자가 변조된 게임프로그램을 설치·실행하여 게임서버에 접속하여야 비로소 게임회사에 대한 위계에 의한 업무방해죄가 성립한다고 할 것이다.　　정답 X

69. (★★) 다음 기술의 옳고 그름을 판단하라.

> (1) 컴퓨터 등 정보처리장치에 정보를 입력하는 등의 행위가 그 입력된 정보 등을 바탕으로 업무를 담당하는 사람의 오인, 착각 또는 부지를 일으킬 목적으로 행해진 경우에는 그 행위가 업무를 담당하는 사람을 직접적인 대상으로 이루어진 것이 아니라고 하여 위계에 의한 업무방해죄의 위계가 아니라고 할 수는 없다.
>
> (2) 甲 정당의 제19대 국회의원 비례대표 후보자 추천을 위한 당내 경선과정에서 피고인들이 선거권자들로부터 인증번호만을 전달받은 뒤 그들 명의로 자신들이 지지하는 특정 후보자에게 전자투표를 하였다면 위계에 의한 업무방해죄가 성립한다.

해설 [1] 위계에 의한 업무방해죄에서 '위계'란 행위자가 행위목적을 달성하기 위하여 상대방에게 오인, 착각 또는 부지를 일으키게 하여 이를 이용하는 것을 말하고, 업무방해죄의 성립에는 업무방해의 결과가 실제로 발생함을 요하지 않고 업무방해의 결과를 초래할 위험이 발생하면 족하며, 업무수행 자체가 아니라 업무의 적정성 내지 공정성이 방해된 경우에도 업무방해죄가 성립한다. 나아가 <u>컴퓨터 등 정보처리장치에 정보를 입력하는 등의 행위가 그 입력된 정보 등을 바탕으로 업무를 담당하는 사람의 오인, 착각 또는 부지를 일으킬 목적으로 행해진 경우에는 그 행위가 업무를 담당하는 사람을 직접적인 대상으로 이루어진 것이 아니라고 하여 위계가 아니라고 할 수는 없다.</u>

[2] 甲 정당의 제19대 국회의원 비례대표 후보자 추천을 위한 당내 경선과정에서 피고인들이 선거권자들로부터 인증번호만을 전달받은 뒤 그들 명의로 특정 후보자에게 전자투표를 함으로써 위계로써 甲 정당의 경선관리 업무를 방해하였다는 내용으로 기소된 사안에서, 국회의원 비례대표 후보자 명단을 확정하기 위한 당내 경선은 정당의 대표자나 대의원을 선출하는 절차와 달리 국회의원 당선으로 연결될 수 있는 중요한 절차로서 직접투표의 원칙이 그러한 경선절차의 민주성을 확보하기 위한 최소한의 기준이 된다고 할 수 있는 점 등 제반 사정을 종합할 때, <u>당내 경선에도 직접·평등·비밀투표 등 일반적인 선거원칙이 그대로 적용되고 대리투표는 허용되지 않는다</u>는 이유로 피고인들에게 유죄를 인정한 사례(대판 2013.11.28. 2013도5117).

정답 (1) ○ (2) ○

70. (★)임대인 甲은 임차인의 물건을 임의로 철거·폐기할 수 있다는 임대차계약 조항에 따라 간판업자를 동원하여 임차인이 영업 중인 식당 점포의 간판을 철거하였다. 甲의 행위는 위력에 의한 업무방해죄에 해당한다.

해설 <u>강제집행은 국가가 독점하고 있는 사법권의 한 작용을 이루고 채권자는 국가에 대하여 강제집행권의 발동을 신청할 수 있는 지위에 있을 뿐이므로, 법률이 정한 집행기관에 강제집행을 신청하지 않고 채권자가 임의로 강제집행을 하기로 하는 계약은 사회질서에 반하는 것으로 민법 제103조에 의하여 무효라고 할 것이다.</u> 따라서 '본 임대차계약의 종료일 또는 계약해지통보 1주일 이내에도 임차인이 임차인의 소유물 및 재산을 반환하지 않은 경우에는 임대인은 임차인의 물건을 임대인 임의대로 철거 폐기처분 할 수 있으며, 임차인은 개인적으로나 법적으로나 하등의 이의를 제기하지 않는다'는 임대차계약 조항은 무효라고 할 것이다(대판 2005.3.10. 2004도341).

정답 ○

---

71. 종손인 74세의 甲은 자신의 동의도 없이 종중이 자기소유의 토지를 매도하기로 결의하고 측량하려 하자, 종중원들과 측량기사에게 "내 허락 없이 측량을 하면 가만두지 않겠다"고 소리치며 측량에 반대하자 측량기사들은 측량을 중지하고 철수하였다. 甲의 행위는 위력에 의한 업무방해죄에 해당한다.

해설 피해자의 자유의사를 제압하기에 족한 위력을 행사한 것으로 볼 수 없다는 이유로 업무방해죄의 성립을 부정한 사례(대판 1999.5.28. 99도495).

정답 ✕

---

72. (★)업무방해죄의 '위력'이란 피해자의 자유의사를 제압하기에 충분한 세력이어야 하며, 업무에 종사 중인 사람에게 직접 가해지는 세력이어야 한다.

해설 업무방해죄의 '위력'이란 사람의 자유의사를 제압·혼란케 할 만한 일체의 세력으로서 반드시 업무에 종사 중인 사람에게 직접 가해지는 세력이어야만 하는 것은 아니고, 사람의 자유의사를 제압하기에 충분한 상태를 조성하여 사람으로 하여금 자유로운 행동을 불가능하게 하거나 현저히 곤란하게 하는 행위도 이에 포함될 수 있다(대판 2013.1.31. 2012도3475).

정답 ✕

---

73. 피고인이 자신의 명의로 등록되어 있는 피해자 운영의 학원에 대하여 피해자의 승낙을 받지 아니하고 폐원신고를 하였다면 이는 위력에 의한 업무방해죄에 해당한다.

해설 피해자가 운영하고 있는 학원이 자신의 명의로 등록되어 있는 지위를 이용하여 임의로 폐원신고를 함으로써 피해자의 업무를 위력으로써 방해한 것이라고 한 사례(대판 2005.3.25. 2003도5004).

[비교판례] 임대인 甲으로부터 건물을 임차하여 학원을 운영하던 피고인이 건물을 인도한 이후에도 자신 명의로 된 학원설립등록을 말소하지 않고 휴원신고를 연장함으로써 새로운 임차인 乙이 그 건물에서 학원설립등록을 하지 못하도록 하여 위력에 의한 업무방해로 기소된 사안에서, 피고인의 휴원연장신고와 乙이 학원설립등록을 하지 못한 점 사이에 인과관계가 있다고 단정하기 어렵고, 피고인의 행위가 乙의 자유의사를 제압·혼란케 할 정도의 위력에 해당한다고 보기 어렵다는 이유로, 피고인의 행위가 위력에 의한 업무방해죄를 구성한다고 본 원심판결에 법리를 오해한 위법이 있다고 한 사례(대판 2010.11.25. 2010도9186).

※ 위 비교판례는 피고인이 기존의 학원설립등록을 말소하지 않은 것은 임대인과 사이의 분쟁에 기한 것이어서, 그와 같은 상황에서 피고인이 건물에 대한 학원설립등록을 말소하지 않았다고 하여, 그와 같은 행위가 사회통념상 허용되는 범위를 넘어 피고인과 어떠한 직접적인 법률관계도 없는 피해자의 자유의사를 제압·혼란케 할 정도의 위력에 해당한다고 보기 어렵다는 것이 판결이유였다.

정답 ○

74. 업무방해죄의 성립에 있어서는 업무방해의 결과가 실제로 발생함을 요하지 아니하며 업무방해의 결과를 초래할 위험이 발생하면 족하다.

[해설] 업무방해죄의 성립에 있어서는 업무방해의 결과가 실제로 발생함을 요하지 아니하며 업무방해의 결과를 초래할 위험이 발생하면 족하다(대판 2010.3.25. 2008도4228). [정답] O

75. 판례에 의할 때 다음 기술의 옳고 그름을 판단하라.

(1) 쟁의행위로서 파업은 업무방해죄의 '위력'에 해당할 수 있다.
(2) 피고인을 비롯한 전국철도노동조합 집행부가 중앙노동위원회 위원장의 직권중재회부결정에도 불구하고 파업에 돌입할 것을 지시하여, 조합원들이 사업장에 출근하지 아니한 채 업무를 거부하여 사용자에게 손해를 입힌 경우, 위력에 의한 업무방해죄가 성립한다.

[해설] [1] (가) 업무방해죄는 위계 또는 위력으로써 사람의 업무를 방해한 경우에 성립하며(형법 제314조 제1항), '위력'이란 사람의 자유의사를 제압·혼란케 할 만한 일체의 세력을 말한다. 쟁의행위로서 파업(노동조합 및 노동관계조정법 제2조 제6호)도, 단순히 근로계약에 따른 노무의 제공을 거부하는 부작위에 그치지 아니하고 이를 넘어서 사용자에게 압력을 가하여 근로자의 주장을 관철하고자 집단적으로 노무제공을 중단하는 실력행사이므로, 업무방해죄에서 말하는 위력에 해당하는 요소를 포함하고 있다.
(나) 근로자는 원칙적으로 헌법상 보장된 기본권으로서 근로조건 향상을 위한 자주적인 단결권·단체교섭권 및 단체행동권을 가지므로(헌법 제33조 제1항), 쟁의행위로서 파업이 언제나 업무방해죄에 해당하는 것으로 볼 것은 아니고, 전후 사정과 경위 등에 비추어 사용자가 예측할 수 없는 시기에 전격적으로 이루어져 사용자의 사업운영에 심대한 혼란 내지 막대한 손해를 초래하는 등으로 사용자의 사업계속에 관한 자유의사가 제압·혼란될 수 있다고 평가할 수 있는 경우에 비로소 집단적 노무제공의 거부가 위력에 해당하여 업무방해죄가 성립한다고 보는 것이 타당하다(대판(전) 2011.3.17. 2007도482). [정답] (1)O (2)O

76. 대부업체 직원이 대출금을 회수하기 위하여 소액의 지연이자를 문제삼아 법적 조치를 거론하면서 소규모 간판업자인 채무자의 휴대전화로 수백 회에 이르는 전화공세를 하였다면 이는 채무자의 간판업 업무가 방해되는 결과를 초래할 위험이 있었다고 보여지므로 업무방해죄를 구성한다.

[해설] 채무자의 간판업 업무가 방해되는 결과를 초래할 위험이 있었다고 보아 업무방해죄를 구성한다고 한 사례(대판 2005.5.27. 2004도8447). [정답] O

77. 학부모들로부터 부정합격의 청탁을 받은 甲 교수는 수험생으로 하여금 답안지에 비밀표시를 하도록 해 놓고 채점위원이 될 것으로 예상되는 乙 교수에게 비밀표시된 답안지를 부정채점하여 달라고 부탁하여 乙이 이를 승낙하였다. 그 후 乙이 아닌 丙이 채점위원이 되자 乙은 丙 교수에게 부정채점을 청탁하였으나 丙이 그 제의를 거절하고 즉시 교무처장에게 신고하였다. 이 경우 甲에게는 업무방해죄가 성립한다.

> 해설 乙의 범행 가담 이후 그 대학교 총장의 입시관리업무가 방해될 만한 행위가 없다 할 것이니 업무방해죄의 기수로 논할 수 없음이 명백하므로 丙에게 부정청탁을 하였으나 뜻을 못 이룬 乙의 행위를 형법 제314조를 적용하여 업무방해죄의 죄책을 지울 수 없다고 한 사례(대판 1994.12.2. 94도2510).
>
> [동지판례] 사립고등학교 교사 甲은 자신이 출제할 의도로 있던 문제 3, 4개를 포함하여 다른 출제교사가 출제할 것으로 예상되는 문제들을 학원 원장에게 넘겨주어 학원 강사로 하여금 위 학교 학생에게 이를 교습하게 하였더라도 유출된 문제가 시험실시자에게 제출되지 않았다면 업무방해죄가 성립하지 아니한다.　　　　　　　　　　　　정답 ✕

78. 한국소비자보호원을 비방할 목적으로 18회에 걸쳐서 출판물에 의하여 공연히 허위의 사실을 적시·유포함으로써 한국소비자보호원의 명예를 훼손하고 업무를 방해하였다면 출판물에 의한 명예훼손죄와 업무방해죄가 성립하고 양죄는 형법 제40조 소정의 상상적 경합의 관계에 있다.

> 해설 大判 1993.4.13. 92도3035.　　　　　　　　　　　　정답 ○

79. 전송중인 데이터는 컴퓨터업무방해죄의 객체인 전자기록 등 특수매체기록에 포함되지 아니한다.

> 해설 특수매체기록에서의 '기록'이란 어느 정도의 영속성이 있어야 하므로 통신중이거나 처리중인 데이터는 이에 해당하지 않는다.　　　　　　　　　　　　정답 ○

80. (★)형법 제314조 제2항의 컴퓨터 등 장애 업무방해죄가 성립하기 위해서는 정보처리의 장애가 현실적으로 발생할 것을 요한다.

> 해설 형법 제314조 제2항의 컴퓨터 등 장애 업무방해죄에서 '기타 방법'이란 컴퓨터의 정보처리에 장애를 초래하는 가해수단으로서 컴퓨터의 작동에 직접·간접으로 영향을 미치는 일체의 행위를 말하나, 위 죄가 성립하기 위해서는 위와 같은 가해행위의 결과 정보처리장치가 그 사용목적에 부합하는 기능을 하지 못하거나 사용목적과 다른 기능을 하는 등 정보처리의 장애가 현실적으로 발생하였을 것을 요한다(대판 2010.9.30. 2009도12238).　　　　　　　　　　　　정답 ○

81. (★)포털사이트 운영회사의 통계집계시스템 서버에 허위의 클릭정보를 전송하여 검색순위 결정 과정에서 위와 같이 전송된 허위의 클릭정보가 실제로 통계에 반영됨으로써 정보처리에 장애가 현실적으로 발생하였더라도, 그로 인하여 실제로 검색순위의 변동을 초래하지는 않았다면 '컴퓨터 등 장애 업무방해죄'가 성립하지 아니한다.

> [해설] 형법 제314조 제2항의 '컴퓨터 등 장애 업무방해죄'가 성립하기 위해서는 가해행위 결과 정보처리장치가 그 사용목적에 부합하는 기능을 하지 못하거나 사용목적과 다른 기능을 하는 등 정보처리에 장애가 현실적으로 발생하였을 것을 요하나, 정보처리에 장애를 발생하게 하여 업무방해의 결과를 초래할 위험이 발생한 이상, 나아가 업무방해의 결과가 실제로 발생하지 않더라도 위 죄가 성립한다(대판 2009.4.9. 2008도11978). `정답` ×

82. 단순히 메인 컴퓨터의 비밀번호를 알려주지 아니한 것만으로는 컴퓨터등장애업무방해죄로 의율할 수 없다.

> [해설] 메인 컴퓨터의 비밀번호는 시스템관리자가 시스템에 접근하기 위하여 사용하는 보안수단에 불과하므로, 단순히 메인 컴퓨터의 비밀번호를 알려주지 아니한 것만으로는 정보처리장치의 작동에 직접 영향을 주어 그 사용목적에 부합하는 기능을 하지 못하게 하거나 사용목적과 다른 기능을 하게 하였다고 볼 수 없어 형법 제314조 제2항에 의한 컴퓨터등장애업무방해죄로 의율할 수 없다 할 것이다(대판 2004.7.9. 2002도631). `정답` ○

83. (★)대학의 컴퓨터시스템 서버를 관리하던 甲이 전보발령을 받아 더 이상 웹서버를 관리 운영할 권한이 없는 상태에서, 웹서버에 접속하여 홈페이지 관리자의 아이디와 비밀번호를 변경한 후 이를 대학측에 알려 주지 아니하였다면 컴퓨터 등 장애 업무방해죄를 구성한다.

> [해설] 대학의 컴퓨터시스템 서버를 관리하던 피고인이 전보발령을 받아 더 이상 웹서버를 관리 운영할 권한이 없는 상태에서, 웹서버에 접속하여 홈페이지 관리자의 아이디와 비밀번호를 무단으로 변경한 행위는, 피고인이 웹서버를 관리 운영할 정당한 권한이 있는 동안 입력하여 두었던 홈페이지 관리자의 아이디와 비밀번호를 단지 후임자 등에게 알려 주지 아니한 행위와는 달리, 정보처리장치에 부정한 명령을 입력하여 정보처리에 현실적 장애를 발생시킴으로써 피해 대학에 업무방해의 위험을 초래하는 행위에 해당하여 컴퓨터 등 장애 업무방해죄를 구성한다고 한 사례(대판 2006.3.10. 2005도382). `정답` ○

84. (★)재건축조합 조합장 甲이 자신에 대한 감사의 감사활동을 방해하기 위하여 조합 사무실에 있던 컴퓨터 중 경리 여직원이 사용하던 컴퓨터에 비밀번호를 설정하고, 조합업무 담당자가 사용하던 컴퓨터의 하드디스크를 분리하여 사무실 금고에 보관하여 감사로 하여금 탄핵자료를 수집하지 못하게 하였다면 컴퓨터 등 장애 업무방해죄가 성립한다.

해설 컴퓨터와 하드디스크는 형법 제314조 제2항에 규정된 '컴퓨터 등 정보처리장치'에 해당하고, 업무수행을 위해서가 아니라 담당직원의 정상적인 업무수행을 방해할 의도에서 그 담당직원의 의사와는 상관없이 함부로 컴퓨터에 비밀번호를 설정한 행위는 같은 항의 '허위의 정보 또는 부정한 명령의 입력'에 해당하며 컴퓨터의 하드디스크를 분리·보관한 행위는 같은 항의 '손괴'에 해당하므로, 피고인이 컴퓨터에 비밀번호를 설정하고 하드디스크를 분리·보관함으로써 조합의 정보처리에 관한 업무를 방해한 행위는 형법 제314조 제2항의 컴퓨터 등 장애 업무방해죄에 해당한다고 할 것이다(대판 2012.5.24. 2011도7943). 정답 ○

85. (★)甲이 서울특별시도시철도공사가 발주한 시각장애인용 음성유도기 제작설치 입찰에 관한 담합에 가담하기로 하였다가 자신이 낙찰받기 위하여 당초의 합의에 따르지 아니한 채 낙찰받기로 한 특정업체보다 저가로 입찰하였다면, 이러한 甲의 행위는 입찰방해죄에 해당하지 아니한다.

해설 피고인이 서울특별시도시철도공사가 발주한 시각장애인용 음성유도기 제작설치 입찰에 관한 담합에 가담하기로 하였다가 자신이 낙찰받기 위하여 당초의 합의에 따르지 아니한 채 낙찰받기로 한 특정업체보다 저가로 입찰한 사안에서, 이러한 피고인의 행위는 입찰방해죄에 해당한다고 본 사례(대판 2010.10.14. 2010도4940). 정답 ✕

86. 입찰시행자가 입찰을 실시할 법적 의무에 기하여 시행한 입찰이라야만 입찰방해죄의 객체가 되는 것은 아니다.

해설 大判 2007.5.31. 2006도8070. 정답 ○

87. 무작위 공개추첨의 방식으로 1인의 당첨자를 선정하는 분양절차는 입찰절차에 해당하므로 이를 방해하는 행위는 입찰방해죄에 해당한다.

해설 [1] 공정한 자유경쟁을 통한 적정한 가격형성을 목적으로 하는 입찰절차가 아니라 공적·사적 경제주체의 임의의 선택에 따른 계약체결의 과정에 공정한 경쟁을 해하는 행위가 개재되었다 하여 입찰방해죄로 처벌할 수는 없다.
[2] 한국토지공사 지역본부가 중고자동차매매단지를 분양하기 위하여 유자격 신청자들을 대상으로 무작위 공개추첨하여 1인의 수분양자를 선정하는 절차를 진행하였다면, 위 분양절차는 공정한 자유경쟁을 통한 적정한 가격형성을 목적으로 하는 입찰절차에 해당하지 않는다고 한 사례(대판 2008.5.29. 2007도5037). 정답 ✕

88. (★)甲과 乙은 일반경쟁입찰에서 甲이 낙찰받도록 하기 위하여 甲은 乙보다 낮은 단가로 응찰하기로 상의한 뒤, 이를 실행에 옮겨 甲이 낙찰을 받았다. 그런데 실제 낙찰단가가 입찰시행자에게 유리하게 결정되었고, 甲과 乙 상호간에 금품의 수수도 없었다. 이 경우 입찰방해죄가 성립하지 아니한다.

> 해설 소위 <u>담합행위를 한 경우에는 담합자 상호간에 금품의 수수와 상관없이 입찰의 공정을 해할 위험성이 있다 할 것이고</u>, 담합자 상호간에 담합의 대가에 관한 다툼이 있었고, 실제의 낙찰단가가 낙찰예정단가보다 낮아 입찰시행자에게 유리하게 결정되었다고 하여 그러한 위험성이 없었다거나 입찰방해죄가 미수에 그친 것이라고 할 수는 없다(대판 1994.5.24. 94도600).
>
> **정답** ✕

89. (★)담합이 있고 그에 따른 담합금이 수수되었지만 입찰시행자의 이익을 해함이 없이 자유로운 경쟁을 한 것과 동일한 결과로 되는 경우에는 입찰방해죄가 성립하지 않는다.

> 해설 가장 경쟁자를 조작하거나 입찰의 경쟁에 참가하는 자가 서로 통모하여 그 중의 특정한 자를 낙찰자로 하기 위하여 기타의 자는 일정한 가격 이하 또는 이상으로 입찰하지 않을 것을 협정하는 소위 담합행위는 입찰가격에 있어서 실시자의 이익을 해하는 것이 아니라도 실질적인 단독입찰을 경쟁입찰인 것처럼 가장하여 그 입찰가격으로 낙찰되게 한 경우에는 담합자간에 금품의 수수에 관계없이 일응 입찰의 공정을 해할 위험성이 있다 하겠으나, 한편 담합이 있고 그에 따른 담합금이 수수되었다 하더라도 입찰시행자의 이익을 해함이 없이 자유로운 경쟁을 한 것과 동일한 결과로 되는 경우에는 입찰의 공정을 해할 위험성은 없다고 하여야 할 것이다(대판 1983.1.18. 81도824).
>
> **정답** ◯

90. (★)고속도로 휴게소 운영권 입찰에서 여러 회사가 각자 입찰에 참가하되 누구라도 낙찰될 경우 동업하여 새로운 회사를 설립하고 그 회사로 하여금 휴게소를 운영하기로 합의한 후 입찰에 참가한 경우 입찰방해죄가 성립한다.

> 해설 고속도로 휴게소 운영권 입찰에서 여러 회사가 각자 입찰에 참가하되 누구라도 낙찰될 경우 동업하여 새로운 회사를 설립하고 그 회사로 하여금 휴게소를 운영하기로 합의한 후 입찰에 참가한 경우 입찰방해죄가 성립한다고 한 사례(대판 2006.12.22. 2004도2581).
>
> **정답** ◯

제4장 사생활의 평온에 대한 죄

제 1 절 비밀침해의 죄

1. (★)2단 서랍의 아랫칸에 잠금장치가 되어 있는 경우 윗칸을 밖으로 빼내면 아랫칸의 내용물을 쉽게 볼 수 있는 구조로 되어 있는 서랍이라고 하더라도 형법 제316조 제1항(비밀침해죄)의 '비밀장치'에 해당한다.

> [해설] 객관적으로 그 내용물을 쉽게 볼 수 없도록 외부에 의사를 표시하였다면, 형법 제316조 제1항의 규정 취지에 비추어 아랫칸은 윗칸에 잠금장치가 되어 있는지 여부에 관계없이 그 자체로서 형법 제316조 제1항에 규정하고 있는 비밀장치에 해당한다(대판 2008.11.27. 2008도907).
>
> **정답** ○

2. 병원에서 분실된 진료기록의 일부를 당사자가 증거로 제출하는 것이 형법 제317조 제1항 소정의 업무상비밀누설죄에 해당된다고 볼 수 없다.

> [해설] 大判 1992.5.22. 91다39320.
>
> **정답** ○

제 2 절 주거침입의 죄

3. (★★)판례에 의할 때 다음 기술의 옳고 그름을 판단하라.

> (1) 외부인이 공동거주자의 일부가 부재중에 주거 내에 현재하는 거주자의 현실적인 승낙을 받아 통상적인 출입방법에 따라 공동주거에 들어간 경우라면 그것이 부재중인 다른 거주자의 추정적 의사에 반하는 경우에도 주거침입죄가 성립하지 않는다고 보아야 한다.
>
> (2) 피고인이 갑의 부재중에 갑의 처 을과 혼외 성관계를 가질 목적으로 을이 열어 준 현관 출입문을 통하여 갑과 을이 공동으로 거주하는 아파트에 들어간 경우, 피고인이 을로부터 현실적인 승낙을 받아 통상적인 출입방법에 따라 주거에 들어갔으므로 주거의 사실상 평온상태를 해치는 행위태양으로 주거에 들어간 것이 아니어서 주거에 침입한 것으로 볼 수 없고, 피고인의 주거 출입이 부재중인 갑의 의사에 반하는 것으로 추정되더라도 주거침입죄의 성립 여부에 영향을 미치지 않는다.

해설 외부인이 공동거주자 중 주거 내에 현재하는 거주자로부터 현실적인 승낙을 받아 통상적인 출입방법에 따라 주거에 들어간 경우라면, 특별한 사정이 없는 한 사실상의 평온상태를 해치는 행위태양으로 주거에 들어간 것이라고 볼 수 없으므로 주거침입죄에서 규정하고 있는 침입행위에 해당하지 않는다.(대판(전) 2021.9.9. 2020도12630)　　　정답 (1)○ (2)○

4. (★★)판례에 의할 때 다음 기술의 옳고 그름을 판단하라.

> (1) 공동거주자 중 한 사람인 乙이 법률적인 근거 기타 정당한 이유 없이 다른 공동거주자인 甲에 대하여 공동생활의 장소에 출입하는 것을 금지하였는데 甲 이에 대항하여 공동생활의 장소에 출입문의 잠금장치를 손괴하고 들어간 경우, 주거침입죄가 성립하지 아니한다.
>
> (2) 가정불화로 처(乙)와 일시 별거 중인 남편 甲이 그의 부모(丙, 丁)와 함께 주거지에 들어가려고 하는데 처로부터 집을 돌보아 달라는 부탁을 받은 처제(戊)가 출입을 못하게 하자, 출입문에 설치된 잠금장치를 손괴하고 주거지에 들어간 경우, 甲, 丙, 丁은 폭력행위 등 처벌에 관한 법률위반(공동주거침입)죄가 성립하지 아니한다.

해설 공동거주자인 을이나 그로부터 출입관리를 위탁받은 무가 공동거주자인 피고인 갑의 출입을 금지할 법률적인 근거 기타 정당한 이유가 인정되지 않으므로, 아파트에 대한 공동거주자의 지위를 계속 유지하고 있던 피고인 갑이 아파트에 출입하는 과정에서 정당한 이유 없이 이를 금지하는 무의 조치에 대항하여 걸쇠를 손괴하는 등 물리력을 행사하였다고 하여 주거침입죄가 성립한다고 볼 수 없고, 한편 피고인 병, 정은 공동거주자이자 아들인 피고인 갑의 공동주거인 아파트에 출입함에 있어 무의 정당한 이유 없는 출입금지 조치에 대항하여 아파트에 출입하는 데에 가담한 것으로 볼 수 있고, 그 과정에서 피고인 갑이 걸쇠를 손괴하는 등 물리력을 행사하고 피고인 병도 이에 가담함으로써 공동으로 재물손괴 범죄를 저질렀으나 피고인 병의 행위는 그 실질에 있어 피고인 갑의 행위에 편승, 가담한 것에 불과하므로, 피고인 병, 정이 아파트에 출입한 행위 자체는 전체적으로 공동거주자인 피고인 갑이 아파트에 출입하고 이를 이용하는 행위의 일환이자 이에 수반되어 이루어진 것에 해당한다고 평가할 수 있어 피고인 병, 정에 대하여도 같은 법 위반(공동주거침입)죄가 성립하지 않는다고 한 사례.(대판(전) 2021.9.9. 2020도6085)　　　정답 (1)○ (2)○

5. 다가구용 단독주택이나 공동주택 내부에 있는 공용 계단과 복도 및 엘리베이터는 주거침입죄의 객체인 '사람의 주거'에 해당한다.

해설 주거침입죄에 있어서 주거란 단순히 가옥 자체만을 말하는 것이 아니라 그 정원 등 위요지를 포함한다. 따라서 다가구용 단독주택이나 다세대주택·연립주택·아파트 등 공동주택 안에서 공용으로 사용하는 엘리베이터, 계단과 복도는 주거로 사용하는 각 가구 또는 세대의 전용 부분에 필수적으로 부속하는 부분으로서 그 거주자들에 의하여 일상생활에서 감시·관리가 예정되어 있고 사실상의 주거의 평온을 보호할 필요성이 있는 부분이므로, 다가구용 단독주택이나 다세대주택·연립주택·아파트 등 공동주택의 내부에 있는 엘리베이터, 공용 계단과 복도는 특별한 사정이 없는 한 주거침입죄의 객체인 '사람의 주거'에 해당하고, 위 장소에 거주자의 명시적, 묵시적 의사에 반하여 침입하는 행위는 주거침입죄를 구성한다(대판 2009.9.10. 2009도4335).

정답 ○

6. 관리자가 일정한 토지와 외부의 경계에 인적 또는 물적 설비를 갖추고 외부인의 출입을 제한하고 있으나 그 토지에 인접하여 건조물로서의 요건을 갖춘 구조물이 존재하지 않는 경우, 이러한 토지는 건조물침입죄의 객체인 위요지에 해당하지 아니한다.

[해설] 건조물침입죄에서 침입행위의 객체인 '건조물'은 건조물침입죄가 사실상 주거의 평온을 보호법익으로 하는 점에 비추어 엄격한 의미에서의 건조물 그 자체뿐만이 아니라 그에 부속하는 위요지를 포함한다고 할 것이나, 여기서 위요지라고 함은 건조물에 인접한 그 주변의 토지로서 외부와의 경계에 담 등이 설치되어 그 토지가 건조물의 이용에 제공되고 또 외부인이 함부로 출입할 수 없다는 점이 객관적으로 명확하게 드러나야 한다. 그러나 관리자가 일정한 토지와 외부의 경계에 인적 또는 물적 설비를 갖추고 외부인의 출입을 제한하고 있더라도 그 토지에 인접하여 건조물로서의 요건을 갖춘 구조물이 존재하지 않는다면 이러한 토지는 건조물침입죄의 객체인 위요지에 해당하지 않는다고 봄이 타당하다.(대판 2017.12.22. 2017도690)

정답 ○

7. (★) 피고인들이 골프장 부지에 설치된 사드(THAAD)기지 외곽 철조망을 미리 준비한 각목과 장갑을 이용해 통과하여 300m 정도 진행하다가 내곽 철조망에 도착하자 미리 준비한 모포와 장갑을 이용해 통과하여 사드기지 내부 1km 지점까지 진입하였다면, 위 사드기지의 부지는 기지 내 건물의 위요지에 해당하므로, 피고인들은 폭력행위 등 처벌에 관한 법률 위반(공동주거침입)죄가 성립한다.

[해설] [1] 건조물침입죄에서 건조물이란 단순히 건조물 그 자체만을 말하는 것이 아니고 위요지를 포함하는 개념이다. 위요지란 건조물에 직접 부속한 토지로서 그 경계가 장벽 등에 의하여 물리적으로 명확하게 구획되어 있는 장소를 말한다.

[2] 위 사드기지는 더 이상 골프장으로 사용되고 있지 않을 뿐만 아니라 이미 사드발사대 2대가 반입되어 이를 운용하기 위한 병력이 골프장으로 이용될 당시의 클럽하우스, 골프텔 등의 건축물에 주둔하고 있었고, 군 당국은 외부인 출입을 엄격히 금지하기 위하여 사드기지의 경계에 외곽 철조망과 내곽 철조망을 2중으로 설치하여 외부인의 접근을 철저하게 통제하고 있었으므로, 위 사드기지의 부지는 기지 내 건물의 위요지에 해당한다고 한 사례.(대판 2020.3.12. 2019도16484)

정답 ○

8. (★)일단 적법하게 거주 또는 간수를 개시한 후에 그 권한을 상실하여 사법상 불법점유가 되더라도 권리자가 이를 배제하기 위하여 정당한 절차에 의하지 아니하고 그 주거 또는 건조물을 침입한 경우에는 주거침입죄가 성립한다.

[해설] 주거침입죄는 사실상의 주거의 평온을 보호법익으로 하는 것이므로 그 거주자 또는 간수자가 건조물 등에 거주 또는 간수할 법률상 권한을 가지고 있는 여부는 범죄의 성립을 좌우하는 것이 아니며 일단 적법하게 거주 또는 간수를 개시한 후에 그 권한을 상실하여 사법상 불법점유가 되더라도 권리자가 이를 배제하기 위하여 정당한 절차에 의하지 아니하고 그 주거 또는 건조물을 침입한 경우에는 주거침입죄가 성립한다(대판 1983.3.8. 82도1363).   정답 ○

9. 대학교가 일반적으로 교내에서의 집회를 허용하지 아니하고 집회와 관련된 외부인의 출입을 금지한 경우라도 대학교에 들어갈 때 구체적으로 제지를 받지 아니하였다면 건조물침입죄가 성립하지 않는다.

[해설] 비록 대학교에 들어갈 때 구체적으로 제지를 받지 아니하였다고 하더라도 대학교 관리자의 의사에 반하여 건조물에 들어간 것으로서 건조물침입죄가 성립한다(대판 2004.8.30. 2004도3212).   정답 ×

10. 학생회관의 관리권은 그 대학 학생회에 귀속된다고 보아야 하므로 학생회의 동의가 있다면 대학당국의 허락이 없었다고 하더라도 주거침입죄를 구성하지 아니한다.

[해설] 학생회관의 관리권은 그 대학 당국에 귀속된다고 보아야 하므로 학생회의 동의가 있어 그 침입이 위법하지 않다고 믿었다 하더라도 이에 정당사유가 있다고 볼 수 없어 주거침입죄를 구성한다(대판 1995.4.14. 95도12).   정답 ×

11. (★)피고인이 피해자가 사용 중인 공중화장실의 용변칸에 노크하여 남편으로 오인한 피해자가 용변칸 문을 열자 강간할 의도로 용변칸에 들어간 것이라면 주거침입죄에 해당한다.

[해설] 피해자가 명시적 또는 묵시적으로 이를 승낙하였다고 볼 수 없어 주거침입죄에 해당한다(대판 2003.5.30. 2003도1256).   정답 ○

12. (★)근로자들이 사용자가 제3자와 공동으로 관리·사용하는 공간을 사용자에 대한 쟁의행위를 이유로 관리자의 의사에 반하여 침입·점거한 경우, 그 공간의 점거가 사용자에 대한 관계에서 정당한 쟁의행위로 평가될 여지가 있다면, 제3자에 대하여도 정당행위로서 주거침입의 위법성이 조각될 수 있다.

[해설] 제3자의 명시적 또는 추정적인 승낙이 없는 이상 위 제3자에 대하여서까지 이를 정당행위라고 하여 주거침입의 위법성이 조각된다고 볼 수는 없다(대판 2010.3.11. 2009도5008). 정답 ✕

13. 노조원들에 의한 회사 점거 중 해고근로자가 노조 임시사무실에 들어간 행위는 건조물침입죄를 구성한다.

[해설] 위 회사에서 해고근로자들의 출입을 허락해 왔다 하더라도, 이는 어디까지나 회사의 업무가 정상적으로 수행되고 있는 경우에 복직협의 등에 관련하여 필요한 범위내의 출입에 한정된 것이라고 봄이 상당할 것이다(대판 1994.2.8. 93도120). 정답 ○

14. 해고된 근로자가 조합원의 자격으로서 경비원의 제지를 뿌리치고 회사 내로 들어가는 것은 건조물침입죄로 벌할 수 없다.

[해설] 大判 1991.11.8. 91도326. 정답 ○

15. (★)정당한 퇴거요구를 받고 건물에서 나가면서 가재도구 등을 남겨둔 경우 퇴거불응죄를 구성한다.

[해설] [1] 주거침입죄와 퇴거불응죄는 모두 사실상의 주거의 평온을 그 보호법익으로 하고, 주거침입죄에서의 침입이 신체적 침해로서 행위자의 신체가 주거에 들어가야 함을 의미하는 것과 마찬가지로 퇴거불응죄의 퇴거 역시 행위자의 신체가 주거에서 나감을 의미한다.
[2] 정당한 퇴거요구를 받고 건물에서 나가면서 가재도구 등을 남겨둔 경우 퇴거불응죄를 구성하지 않는다고 한 사례(대판 2007.11.15. 2007도6990). 정답 ✕

제5장 재산에 대한 죄

제1절 재산죄의 기본개념

1. 관리할 수 있는 동력도 재물로 간주되지만, 여기에서 말하는 관리란 물리적 또는 물질적 관리를 가리킨다고 볼 것이다.

> 해설 관리할 수 있는 동력도 재물로 간주되지만, 여기에서 말하는 관리란 물리적 또는 물질적 관리를 가리킨다고 볼 것이고, 재물과 재산상 이익을 구별하고 횡령과 배임을 별개의 죄로 규정한 현행 형법의 규정에 비추어 볼 때 사무적으로 관리가 가능한 채권이나 그 밖의 권리 등은 재물에 포함된다고 해석할 수 없다(대판 1994.3.8. 93도2272). **정답** ○

2. (★)강도죄, 손괴죄, 강제집행면탈죄, 점유강취죄는 동력규정의 적용이 없고, 장물죄와 권리행사방해죄는 친족상도례규정이 준용되지 않는다.

> 해설 강도죄, 손괴죄, 강제집행면탈죄, 점유강취죄의 경우 친족상도례규정의 적용이 없고, 장물죄와 권리행사방해죄의 경우 동력규정의 적용이 없다. **정답** ✕

※ 다음 중 판례에 의할 때 甲에게 절도죄 또는 횡령죄가 성립하는 사례(○)와 성립하지 않는 사례(✕)를 판단하시오.

3. (★)甲은 乙의 허락 없이 乙의 전화기를 수차례 사용하여 乙에게 많은 전화요금이 나오도록 하였다.

> 해설 타인의 전화기를 무단으로 사용하여 전화통화를 하는 행위는 전기통신사업자가 그가 갖추고 있는 통신선로, 전화교환기 등 전기통신설비를 이용하고 전기의 성질을 과학적으로 응용한 기술을 사용하여 전화가입자에게 음향의 송수신이 가능하도록 하여 줌으로써 상대방과의 통신을 매개하여 주는 역무, 즉 전기통신사업자에 의하여 가능하게 된 전화기의 음향송수신기능을 부당하게 이용하는 것으로, 이러한 내용의 역무는 무형적인 이익에 불과하고 물리적 관리의 대상이 될 수 없어 재물이 아니라고 할 것이므로 절도죄의 객체가 되지 아니한다(대판 1998.6.23. 98도700). **정답** ✕

4. 甲은 乙과의 합의하에 乙 소유의 사금채취 광업권을 명의신탁 받아 보관하던 중, 乙로부터 위 광업권을 반환하라는 요구를 받고도 그 반환요구를 거부하였다.

> 해설 광업권은 재물인 광물을 취득할 수 있는 권리에 불과하지 재물 그 자체는 아니므로 횡령죄의 객체가 된다고 할 수 없고, 광업법 제12조가 광업권을 물권으로 하고 광업법에서 따로 정한 경우를 제외하고는 부동산에 관한 민법 기타 법령의 규정을 준용하도록 규정하고 있다 하여 광업권이 부동산과 마찬가지로 횡령죄의 객체가 된다고 할 수는 없다(대판 1994.3.8. 93도2272).
> 정답 ✕

5. 甲은 발행자가 회수하여 세 조각으로 찢어버린 약속어음을 몰래 가져 갔다.

> 해설 재산죄의 객체인 재물은 반드시 객관적인 금전적 교환가치를 가질 필요는 없고 소유자, 점유자가 주관적인 가치를 가지고 있음으로서 족하고 주관적 경제적 가치 유무의 판별은 그것이 타인에 의하여 이용되지 않는다고 하는 소극적 관계에 있어서 그 가치가 성립하는 경우가 있을 수 있는 것이니 발행자가 회수하여 세 조각으로 찢어버림으로서 폐지로 되어 쓸모없는 것처럼 보이는 약속어음의 소지를 침해하여 가져 갔다면 절도죄가 성립한다(대판 1976.1.27. 74도3442).
> 정답 ○

6. (★)임차인 甲은 임대계약 종료 후 식당건물에서 퇴거하면서 종전부터 사용하던 냉장고의 전원을 켜 둔 채 그대로 두었다가 뒤늦게 이를 발견한 임대인 A의 요구로 약 1개월 후 철거해 가는 바람에 그 기간 동안 전기가 소비되도록 하였다. 이 경우 甲에게는 절도죄가 성립한다.

> 해설 임차인이 퇴거 후에도 냉장고에 관한 점유·관리를 그대로 보유하고 있었다고 보아야 하므로, 냉장고를 통하여 전기를 계속 사용하였다고 하더라도 이는 당초부터 자기의 점유·관리하에 있던 전기를 사용한 것일 뿐 타인의 점유·관리하에 있던 전기가 아니어서 절도죄가 성립하지 않는다고 한 사례(대판 2008.7.10. 2008도3252).
> 정답 ✕

7. (★) A는 강제경매 절차에서 甲 소유이던 토지 및 그 지상 건물을 매수한 후 법원으로부터 인도명령을 받아 인도집행을 하였다. 그런데 甲은 인도명령의 집행이 이루어지기 전까지 건물 외벽에 설치된 전기코드에 선을 연결하여 甲이 점유하며 창고로 사용 중인 컨테이너로 전기를 공급받아 사용하였다. 이 경우 甲에게는 절도죄가 성립하지 아니한다.

> 해설 [1] 절취란 타인이 점유하고 있는 재물을 점유자의 의사에 반하여 그 점유를 배제하고 자기 또는 제3자의 점유로 옮기는 것을 말하고, 어떤 물건이 타인의 점유하에 있다고 할 것인지의 여부는, 객관적인 요소로서의 관리범위 내지 사실적 관리가능성 외에 주관적 요소로서의 지배의사를 참작하여 결정하되 궁극적으로는 당해 물건의 형상과 그 밖의 구체적인 사정에 따라 사회통념에 비추어 규범적 관점에서 판단하여야 한다.

[2] 갑은 강제경매 절차에서 피고인 소유이던 토지 및 그 지상 건물을 매수한 후 법원으로부터 인도명령을 받아 인도집행을 하였는데, 피고인이 인도집행 전에 건물 외벽에 설치된 전기코드에 선을 연결하여 피고인이 점유하며 창고로 사용 중인 컨테이너로 전기를 공급받아 사용하였다고 하여 절도로 기소된 사안에서, <u>피고인은 인도명령의 집행이 이루어지기 전까지는 당초부터 피고인이 점유·관리하던 전기를 사용한 것에 불과할 뿐 타인이 점유·관리하던 전기를 사용한 것이라고 할 수 없고, 피고인에게 절도의 범의도 인정할 수 없다</u>고 한 사례(大判 2016.12.15. 2016도15492). **정답** ○

---

8. (★)절취한 타인의 신용카드를 이용하여 현금지급기에서 자신의 예금계좌로 돈을 이체시킨 행위 및 계좌이체 후 현금을 인출한 행위는 절도죄를 구성하지 않는다.

> 해설 절취한 타인의 신용카드를 이용하여 현금지급기에서 계좌이체를 한 행위는 컴퓨터등사용사기죄에서 컴퓨터 등 정보처리장치에 권한 없이 정보를 입력하여 정보처리를 하게 한 행위에 해당함은 별론으로 하고 이를 절취행위라고 볼 수는 없고, 한편 위 계좌이체 후 현금지급기에서 현금을 인출한 행위는 자신의 신용카드나 현금카드를 이용한 것이어서 이러한 현금인출이 현금지급기 관리자의 의사에 반한다고 볼 수 없어 절취행위에 해당하지 않으므로 절도죄를 구성하지 않는다(대판 2008.6.12. 2008도2440). **정답** ○

※ **판례에 의할 때 (   ) 안에 표시된 피고인의 죄책에 대한 옳음(○)과 틀림(×)을 판단하시오.**

9. (★)피고인이 현금카드의 소유자로부터 현금카드를 편취하여 예금인출의 승낙을 받고 현금카드를 교부받아 이를 이용하여 현금자동지급기에서 현금을 인출하였다.(사기죄와 절도죄)

> 해설 피고인의 단일하고 계속된 범의 아래에서 이루어진 일련의 행위로서 포괄하여 하나의 사기죄를 구성한다(大判 2005.9.30. 2005도5869). **정답** ×

---

10. 회사 직원인 피고인은 업무와 관련하여 다른 사람이 작성한 회사의 문서를 복사기를 이용하여 복사를 한 후 원본은 제자리에 갖다 놓고 그 사본만 가져갔다.(복사용지에 대하여는 논외로 함).(절도죄)

> 해설 회사 직원이 업무와 관련하여 다른 사람이 작성한 회사의 문서를 복사기를 이용하여 복사를 한 후 원본은 제자리에 갖다 놓고 그 사본만 가져간 경우, 그 회사 소유의 문서의 사본을 절취한 것으로 볼 수는 없다. … 검사의 이 사건 공소사실의 요지는 피고인이 위 서류들을 복사하여 그 사본을 가지고 가 이를 절취한 사실을 문제삼는 것이 명백하고 그 사본에 대한 복사용지 자체를 절취하였다고 기소한 것으로 볼 수는 없으므로, 원심이 피고인이 위 복사과정에서 액수불상의 복사지를 절취하였는지 여부에 대한 판단을 하지 아니하였다고 하여 잘못이라고 할 수도 없다(대판 1996.8.23. 95도192). **정답** ×

11. 고인은 회사의 컴퓨터에 저장된 정보를 업무와 관계없이 출력하여 생성한 후 그 문서를 가지고 갔다.(절도죄)

해설 [1] 절도죄의 객체는 관리가능한 동력을 포함한 '재물'에 한한다 할 것이고, 또 절도죄가 성립하기 위해서는 그 재물의 소유자 기타 점유자의 점유 내지 이용가능성을 배제하고 이를 자신의 점유하에 배타적으로 이전하는 행위가 있어야만 할 것인 바, 컴퓨터에 저장되어 있는 '정보' 그 자체는 유체물이라고 볼 수도 없고 물질성을 가진 동력도 아니므로 재물이 될 수 없다 할 것이며, 또 이를 복사하거나 출력하였다 할지라도 그 정보 자체가 감소하거나 피해자의 점유 및 이용가능성을 감소시키는 것이 아니므로 그 복사나 출력 행위를 가지고 절도죄를 구성한다고 볼 수도 없다.

[2] 피고인이 컴퓨터에 저장된 정보를 출력하여 생성한 문서는 피해 회사의 업무를 위하여 생성되어 피해 회사에 의하여 보관되고 있던 문서가 아니라, 피고인이 가지고 갈 목적으로 피해 회사의 업무와 관계없이 새로이 생성시킨 문서라 할 것이므로, 이는 피해 회사 소유의 문서라고 볼 수는 없다 할 것이어서, 이를 가지고 간 행위를 들어 피해 회사 소유의 문서를 절취한 것으로 볼 수는 없다(대판 2002.7.12. 2002도745).

정답 ✕

12. 피고인이 피해회사가 주주명부정리 등의 목적으로 피해회사소유의 복사용지를 이용해 전산출력해 놓은 70장의 주주명부를 몰래 가져가 버렸다.(절도죄)

해설 피고인이 절취한 주주명부가 기재된 용지 70장은 피해자 회사에 비치되어 있던 그 소유의 복사용지를 이용하여 전산출력된 사실, 설령 피고인이 가지고 나왔다는 위 서류들이 비록 원주주명부를 복사하여 놓은 복사본이었다 하더라도, 위 서류들은 피해자 회사의 주주명단을 기재하여 놓은 문서들로서 주주명단을 정리할 당시 위 서류들에 기재된 인적사항 등이 외부에 유출되는 것을 방지하기 위하여 피해자 회사에서는 회의실 밖에 위치해 있던 분쇄기를 이용하여 명단을 폐기해 온 사실을 인정할 수 있는 바, 그렇다면 위 서류들은 피해자 회사에 있어서는 소유권의 대상으로 할 수 있는 주관적 가치뿐만 아니라 그 경제적 가치도 있다 할 것이어서, 절도죄의 객체가 되는 재물에 해당한다고 판단하였다(대판 2004.10.28. 2004도5183).

정답 ○

13. 상사와의 의견 충돌 끝에 항의의 표시로 사표를 제출한 다음 평소 피고인이 전적으로 보관·관리해 오던 이른바 비자금 관계 서류 및 금품이 든 가방을 들고 나왔다.(절도죄)

해설 상사와의 의견 충돌 끝에 항의의 표시로 사표를 제출한 다음 평소 피고인이 전적으로 보관·관리해 오던 이른바 비자금 관계 서류 및 금품이 든 가방을 들고 나온 경우, 불법영득의 의사가 있다고 할 수 없을 뿐만 아니라, 그 서류 및 금품이 타인의 점유하에 있던 물건이라고도 볼 수 없다(대판 1995.9.5. 94도3033).

정답 ✕

14. 甲은 乙·丙과 동업을 하던 중 3인이 공동으로 관리하는 창고 안의 물건을 乙·丙의 동의 없이 자기 자신의 단독의 지배로 이전한 경우에는 절도죄가 성립한다.

> [해설] 동업은 민법상 조합관계로서 공동소유물이므로 타인소유로 취급된다(대판 1982.12.28. 82도2058).
> [동지판례] 피고인이 피고인과 피해자의 동업자금으로 구입하여 피해자가 관리하고 있던 다이야포크레인 1대를 그의 허락 없이 공소외인으로 하여금 운전하여 가도록 한 행위는 절도죄를 구성한다(대판 1990.9.11. 90도1021). **정답** ○

15. X교회가 Y, Z 두 개의 교회로 분열되자, Y교회측의 교인 甲이 교회재산의 귀속이 결정되기 전에 교회재산을 자기측의 교회의 지배로 몰래 옮겼다면 절도죄가 성립한다.

> [해설] 하나의 교회가 두 개 이상으로 분열된 경우 그 재산의 처분에 관하여 교회 장정 등에 규정이 없는 한 분열 당시 교인들의 총의에 따라 그 귀속을 정하여야 하고 그와 같은 절차 없이 위 재산에 대하여 다른 교파의 점유를 배제하고 자기 교파만의 지배에 옮긴다는 인식 아래 이를 가지고 갔다면 절도죄를 구성한다(대판 1998.7.10. 98도126). **정답** ○

16. (★)돈사에서 대량으로 사육되는 돼지에 대한 점유개정방식에 의한 이중의 양도담보설정계약이 체결된 경우 뒤에 양도담보설정계약을 체결한 이중양수 채권자가 임의로 돼지를 반출한 행위는 절도죄를 구성한다.

> [해설] [1] 금전채무를 담보하기 위하여 채무자가 그 소유의 동산을 채권자에게 양도하되 점유개정의 방법으로 인도하고 채무자가 이를 계속 점유하기로 약정한 경우 특별한 사정이 없는 한 그 동산의 소유권은 신탁적으로 이전되는 것에 불과하여, 채권자와 채무자 사이의 대내적 관계에서는 채무자가 소유권을 보유하나 대외적인 관계에서의 채무자는 동산의 소유권을 이미 채권자에게 양도한 무권리자가 되는 것이어서 다시 다른 채권자와 사이에 양도담보설정계약을 체결하고 점유개정의 방법으로 인도하더라도 선의취득이 인정되지 않는 한 나중에 설정계약을 체결한 채권자로서는 양도담보권을 취득할 수 없는데, 현실의 인도가 아닌 점유개정의 방법으로는 선의취득이 인정되지 아니하므로 결국 뒤의 채권자는 적법하게 양도담보권을 취득할 수 없다.
> [2] 돈사에서 대량으로 사육되는 돼지에 대한 (점유개정방식에 의한) 이중의 양도담보설정계약이 체결된 경우 뒤에 양도담보설정계약을 체결한 이중양수 채권자가 임의로 돼지를 반출한 행위는 절도죄를 구성한다(대판 2007.2.22. 2006도8649). **정답** ○

17. (★)점유개정 방식의 동산의 양도담보권자인 甲이 채무자의 점유 아래 있는 담보목적물을 매각하고 목적물반환청구권을 양도한 다음 매수인으로 하여금 목적물을 취거하게 한 경우, 절도죄가 성립하지 않는다.

[해설] 양도담보권자인 채권자가 제3자에게 담보목적물인 동산을 매각한 경우, 제3자는 채권자와 채무자 사이의 정산절차 종결 여부와 관계없이 양도담보 목적물을 인도받음으로써 소유권을 취득하게 되고, 양도담보의 설정자가 담보목적물을 점유하고 있는 경우에는 그 목적물의 인도는 채권자로부터 목적물반환청구권을 양도받는 방법으로도 가능하다. 채권자가 양도담보 목적물을 위와 같은 방법으로 제3자에게 처분하여 그 목적물의 소유권을 취득하게 한 다음 그 제3자로 하여금 그 목적물을 취거하게 한 경우, 그 제3자로서는 자기의 소유물을 취거한 것에 불과하므로, 채권자의 이 같은 행위는 절도죄를 구성하지 않는다(대판 2008.11.27. 2006도423).

정답 ○

18. (★)乙이 甲회사로부터 중기를 甲회사에 소유권을 유보하고 할부로 매수한 다음 丙회사에 이를 지입하고 중기등록원부에 丙회사를 소유자로 등록한 후 乙의 甲에 대한 할부매매대금 채무를 담보하기 위하여 甲명의로 근저당권 설정등록을 하였으며 위 중기는 乙이 이를 점유하고 있었는데 甲의 회사원인 피고인들이 합동하여 승낙 없이 위 중기를 가져갔다. 피고인들은 특수절도죄에 해당한다.

[해설] 지입자가 사실상의 처분관리권을 가지고 있다고 하여도 이는 지입자와 지입받은 회사와의 내부관계에 지나지 않는 것이고 대외적으로는 자동차등록원부상의 소유자 등록이 원인무효가 아닌 한 지입받은 회사가 소유권자로서의 권리(처분권 등)를 가지고 의무(공과금 등 납세의무, 중기보유자의 손해배상 책임 등)를 지는 것이므로 피고인들의 중기취거행위는 지입받은 회사인 丙의 중기등록원부상의 소유권을 침해한 것으로서 특수절도죄에 해당한다(대판 1989.11.14. 89도773).

정답 ○

19. (★)자동차 명의신탁관계에서 제3자가 명의수탁자로부터 승용차를 가져가 매도할 것을 허락받고 명의신탁자 몰래 가져간 경우, 위 제3자와 명의수탁자의 공모·가공에 의한 절도죄의 공모공동정범이 성립한다.

[해설] [1] 자동차나 중기(또는 건설기계)의 소유권의 득실변경은 등록을 함으로써 그 효력이 생기고 그와 같은 등록이 없는 한 대외적 관계에서는 물론 당사자의 대내적 관계에 있어서도 그 소유권을 취득할 수 없는 것이 원칙이지만, 당사자 사이에 그 소유권을 그 등록 명의자 아닌 자가 보유하기로 약정하였다는 등의 특별한 사정이 있는 경우에는 그 내부관계에 있어서는 그 등록 명의자 아닌 자가 소유권을 보유하게 된다.
[2] 자동차 명의신탁관계에서 제3자가 명의수탁자로부터 승용차를 가져가 매도할 것을 허락받고 인감증명 등을 교부받아 위 승용차를 명의신탁자 몰래 가져간 경우, 위 제3자와 명의수탁자의 공모·가공에 의한 절도죄의 공모공동정범이 성립한다고 한 사례(대판 2007.1.11. 2006도4498).

정답 ○

20. (★)피고인이 자신의 명의로 등록된 자동차를 사실혼 관계에 있던 甲에게 증여하여 甲만이 이를 운행·관리하여 오다가 서로 별거하면서 재산분할 내지 위자료 명목으로 甲이 소유하기로 하였는데, 피고인이 이를 임의로 운전해 간 경우 절도죄가 성립하지 아니한다.

> 해설 [1] 자동차에 대한 소유권의 득실변경은 등록을 함으로써 그 효력이 생기고 등록이 없는한 대외적 관계에서는 물론 당사자의 대내적 관계에서도 소유권을 취득할 수 없는 것이 원칙이지만, 당사자 사이에 소유권을 등록명의자 아닌 자가 보유하기로 약정하였다는 등의 특별한 사정이 있는 경우에는 그 내부관계에 있어서는 등록명의자 아닌 자가 소유권을 보유하게 된다고할 것이다.
>
> [2] 피고인이 자신의 명의로 등록된 자동차를 사실혼 관계에 있던 갑에게 증여하여 갑만이 이를 운행·관리하여 오다가 서로 별거하면서 재산분할 내지 위자료 명목으로 갑이 소유하기로 하였는데, 피고인이 이를 임의로 운전해 간 사안에서, 자동차 등록명의와 관계없이 피고인과 갑 사이에서는 갑을 소유자로 보아야 한다는 이유로 절도죄를 인정한 원심판단을 정당하다고 한 사례(대판 2013.2.28. 2012도15303). **정답** ✕

21. (★)자동차의 명의수탁자가 명의신탁 사실을 고지하지 않고, 나아가 자신 소유라는 말을 하면서 자동차를 제3자에게 매도하고 이전등록까지 마쳐 준 경우, 매수인에 대한 사기죄가 성립한다.

> 해설 부동산의 명의수탁자가 부동산을 제3자에게 매도하고 매매를 원인으로 한 소유권이전등기까지 마쳐 준 경우, 명의신탁의 법리상 대외적으로 수탁자에게 그 부동산의 처분권한이 있는 것임이 분명하고, 제3자로서도 자기 명의의 소유권이전등기가 마쳐진 이상 무슨 실질적인 재산상의 손해가 있을 리 없으므로 그 명의신탁 사실과 관련하여 신의칙상 고지의무가 있다거나 기망행위가 있었다고 볼 수도 없어서 그 제3자에 대한 사기죄가 성립될 여지가 없고, 나아가 그 처분시 매도인(명의수탁자)의 소유라는 말을 하였다고 하더라도 역시 사기죄가 성립하지 않으며, 이는 자동차의 명의수탁자가 처분한 경우에도 마찬가지이다(대판 2007.1.11. 2006도4498). **정답** ✕

22. (★)점포주인 乙은 점원 甲에게 금고열쇠와 오토바이 열쇠를 맡기고 금고 안의 돈은 배달될 가스대금으로 지급할 것을 지시한 후 외출하였던 바, 甲은 혼자서 점포를 지키다가 금고 안에서 현금을 꺼내어 오토바이를 타고 도주한 경우에는 절도죄가 성립한다.

> 해설 횡령죄가 성립한다(대판 1982.3.9. 81도3396). 왜냐하면 상하간에 고도의 신뢰관계가 있어서 어느 정도의 처분권이 위임되어 있는 경우에는 이른바 독립적 점유가 인정되기 때문에 점원 甲에게 점유가 인정되고, 따라서 횡령죄가 성립한다.
>
> [동지판례] 1) 동회의 사환이 동직원으로부터 시청금고에 입금하도록 교부 받은 현금과 예금에서 찾은 돈을 사생활비에 소비한 경우에는 절도죄가 아니라 횡령죄가 성립된다(대판 1968.10.29. 68도1222).
>
> 2) 지게 짐꾼인 피고인을 불러 피고인 단독으로 위 점포에 가서 맡긴 물건을 운반해 줄 것을

의뢰하였더니 피고인이 물건을 찾아 용달차에 싣고 가서 처분한 것이라면 절도죄가 아니라 횡령죄를 구성한다(대판 1982.12.23. 82도2394). **정답** ✕

23. 농협직원인 甲이 보관계약에 의해 농협창고에 보관중인 정부소유의 미곡 가마니에서 삭대를 사용해 쌀을 약간량씩 발췌한 경우에는 절도죄가 성립한다.

> 해설 판례에 의하면 봉함된 포장물의 내용물은 수탁자의 점유가 아닌 위탁자에게 점유가 인정되기 때문에 절도죄가 성립한다(대판 1956.1.27. 4288형상375). **정답** ◯

24. (★)피고인은 내연관계에 있는 甲과 아파트에서 동거하다가, 甲의 사망으로 甲의 상속인인 乙 및 丙 소유에 속하게 된 부동산 등기권리증 등 서류들이 들어 있는 가방을 위 아파트에서 가지고 가 버렸다. 이 경우 甲의 자식인 乙 및 丙이 위 아파트에서 전혀 거주한일이 없이 다른 곳에서 거주·생활하다가 甲의 사망으로 아파트 등의 소유권을 상속하였으나, 乙 및 丙이 甲 사망 후 피고인이 가방을 가지고 가기까지 그들의 소유권 등에 기하여 아파트 또는 그곳에 있던 가방의 인도 등을 요구한 일이 전혀 없었더라도 피고인에게는 절도죄가 성립한다.

> 해설 [1] 종전 점유자의 점유가 그의 사망으로 인한 상속에 의하여 당연히 그 상속인에게 이전된다는 민법 제193조는 절도죄의 요건으로서의 '타인의 점유'와 관련하여서는 적용의 여지가 없고, 재물을 점유하는 소유자로부터 이를 상속받아 그 소유권을 취득하였다고 하더라도 상속인이 그 재물에 관하여 위에서 본 의미에서의 사실상의 지배를 가지게 되어야만 이를 점유하는 것으로서 그때부터 비로소 상속인에 대한 절도죄가 성립할 수 있다.
> [2] 피고인이 가방을 들고 나온 시점에 乙 및 丙이 아파트에 있던 가방을 사실상 지배하여 점유하고 있었다고 볼 수 없어 피고인의 행위가 乙 등의 가방에 대한 점유를 침해하여 절도죄를 구성한다고 할 수 없는데도, 이와 달리 보아 절도죄를 인정한 원심판결에 절도죄의 점유에 관한 법리오해 등의 위법이 있다고 한 사례(대판 2012.4.26. 2010도6334). **정답** ✕

25. 섬 주민 甲은 광산개발이 불가능하게 되어 7년 전에 광산업자 乙이 철수하면서 창고에 그대로 남겨둔 발전기 등을 집 가까이 옮겨 놓았다면 절도죄가 성립한다.

> 해설 그 물건들의 반입 경위, 그 소유자가 섬을 떠나게 된 경위, 그 물건들을 옮긴 시점과 그간의 관리상황 등에 비추어 볼 때 피고인이 그 물건들을 옮겨 갈 당시 원소유자나 그 상속인이 그 물건들을 점유할 의사로 사실상 지배하고 있었다고는 볼 수 없으므로, 그 물건들을 절도죄의 객체인 타인이 점유하는 물건으로 볼 수 없다(대판 1994.10.11. 94도1481). **정답** ✕

26. (★)인장이 들은 돈궤짝을 사실상 별개 가옥에 별거 중인 남편이 그 거주가옥에 보관중이었는데 처가 남편의 동의 없이 불법영득의 의사로 위 인장을 취거하였다면 절도죄를 구성한다.

[해설] 大判 1984.1.31. 83도3027.   정답 ○

※ 판례에 의할 때 (   ) 안에 표시된 甲의 죄책에 대한 옳음(○)과 틀림(×)을 판단하시오.

27. (★)甲은 타인의 명의를 모용하여 카드회사를 기망하여 신용카드를 발급받고 그 신용카드를 사용하여 현금자동지급기에서 현금서비스를 받았다.(현금에 대해서는 사기죄)

[해설] 피고인이 타인의 명의를 모용하여 신용카드를 발급받은 경우, 비록 카드회사가 피고인으로부터 기망을 당한 나머지 피고인에게 피모용자 명의로 발급된 신용카드를 교부하고, 사실상 피고인이 지정한 비밀번호를 입력하여 현금자동지급기에 의한 현금대출(현금서비스)을 받을 수 있도록 하였다 할지라도, 카드회사의 내심의 의사는 물론 표시된 의사도 어디까지나 카드명의인인 피모용자에게 이를 허용하는 데 있을 뿐, 피고인에게 이를 허용한 것은 아니라는 점에서 피고인이 타인의 명의를 모용하여 발급받은 신용카드를 사용하여 현금자동지급기에서 현금대출을 받는 행위는 카드회사에 의하여 미리 포괄적으로 허용된 행위가 아니라, 현금자동지급기의 관리자의 의사에 반하여 그의 지배를 배제한 채 그 현금을 자기의 지배하에 옮겨 놓는 행위로서 절도죄에 해당한다고 봄이 상당하다(대판 2002.7.12. 2002도2134).   정답 ×

28. (★)甲은 현금 200여만원 중 50만원을 경리직원 乙의 부탁으로 소지하고 乙과 동행하여 사무실에 당도한 후 위 50만원을 乙에게 교부할 때 그 중 10만원을 현금처럼 가장한 돈뭉치와 바꿔치기 하였다.(사기죄)

[해설] 위와 같은 경우에 피고인이 돈 50만원을 피해자를 위하여 운반하기 위하여 소지하였다 하더라도 피해자의 점유가 상실된 것이라고 볼 수 없을 뿐더러 피고인의 운반을 위한 소지는 피고인의 독립적인 소지에 속하는 것이 아니고 피해자 甲의 점유에 속하는 점유의 기관으로서 소지함에 지나지 않으므로 그 소지중에 있는 돈 10만원을 꺼내어 이를 영득한 행위는 피해자의 점유를 침탈함에 돌아가기 때문에 절도죄가 성립한다고 해석함이 정당하다(대판 1966.1.31. 65도1178).   정답 ×

- -

29. (★)강간을 당한 피해자가 도피하면서 현장에 두고 간 손가방 안에 들어 있는 피해자 소유의 돈을 꺼낸 행위는 절도죄에 해당한다.

[해설] 大判 1984.2.28. 84도38.   정답 ○

30. (★)甲은 A의 자취방에서 A와 함께 술을 마시던 중 말다툼 끝에 부엌칼로 A를 찔러 살해한 후, 사망한 A 곁에 4시간 30분 쯤 있다가 벽에 걸려 있던 A의 물건들을 영득의 의사로 가지고 나왔다. 甲에는 살인죄와 절도죄의 경합범이 성립한다.

해설 피해자를 살해한 방에서 사망한 피해자 곁에 4시간 30분 쯤 있다가 그곳 피해자의 자취방 벽에 걸려 있던 피해자가 소지하는 물건들을 영득의 의사로 가지고 나온 경우 피해자가 생전에 가진 점유는 사망 후에도 여전히 계속되는 것으로 보아야 한다(대판 1993.9.28. 93도2143). **정답** ○

31. 피해자가 피씨방에 두고 간 핸드폰은 피씨방 관리자의 점유하에 있어서 제3자가 이를 취한 행위는 절도죄를 구성한다.

해설 大判 2007.3.15. 2006도9338.
[동지판례] 당구장에 두고 간 물건(대판 1988.4.25. 88도409). **정답** ○

32. (★)고속버스의 승객이 유실물을 발견하고 이를 가져갔다면 점유이탈물횡령죄에 해당한다.

해설 大判 1993.3.16. 92도3170.
[동지판례] 승객이 놓고 내린 지하철의 전동차 바닥이나 선반 위에 있던 물건(대판 1999.11.26. 99도3963). **정답** ○

33. 甲은 A가 경영하는 금방에서 마치 귀금속을 구입할 것처럼 가장하여 A로부터 순금목걸이 등을 건네받은 다음 화장실에 갔다 오겠다는 핑계를 대고 도주하였다. 甲에게는 절도죄가 성립한다.

해설 위 순금목걸이 등은 도주하기 전까지는 아직 피해자의 점유하에 있었다고 할 것이므로 이를 절도죄로 의율 처단한 것은 정당하다(대판 1994.8.12. 94도1487).
[비교판례] 甲이 자전거를 살 의사도 없이 시운전을 빙자하여 교부받은 자전거를 타고 도주하였다면 사기죄가 성립한다(대판 1968.5.21. 68도480). **정답** ○

34. (★)A가 결혼예식장에서 신부측 축의금 접수인인 것처럼 행세하는 甲에게 축의금을 내어 놓자 甲은 이를 교부받아 가로챘다. 甲에게는 사기죄가 성립한다.

해설 피해자의 교부행위의 취지는 신부측에 전달하는 것일 뿐 피고인에게 그 처분권을 주는 것이 아니므로, 이를 피고인에게 교부한 것이라고 볼 수 없고 단지 신부측 접수대에 교부하는 취지에 불과하므로 피고인이 그 돈을 가져간 것은 신부측 접수처의 점유를 침탈하여 범한 절취행위라고 보는 것이 정당하다(대판 1996.10.15. 96도2227). **정답** ✕

35. (★★)절도범인이 혼자 입목을 땅에서 완전히 캐낸 후에 제3자가 가담하여 함께 입목을 운반한 경우, 특수절도죄의 성립이 부정된다.

[해설] [1] 입목을 절취하기 위하여 캐낸 때에 소유자의 입목에 대한 점유가 침해되어 범인의 사실적 지배하에 놓이게 되므로 범인이 그 점유를 취득하고 절도죄는 기수에 이른다. 이를 운반하거나 반출하는 등의 행위는 필요하지 않다.

[2] 절도범인이 혼자 입목을 땅에서 완전히 캐낸 후에 비로소 제3자가 가담하여 함께 입목을 운반한 사안에서, 특수절도죄의 성립을 부정한 사례(대판 2008.10.23. 2008도6080).

[비교판례] 자동차를 절취할 생각으로 자동차의 조수석 문을 열고 들어가 시동을 걸려고 시도하는 등 차 안의 기기를 이것저것 만지다가 핸드브레이크를 풀게 되었는데 그 장소가 내리막길인 관계로 시동이 걸리지 않은 상태에서 약 10m 전진하다가 가로수를 들이받는 바람에 멈추게 되었다면 절도의 기수에 해당한다고 볼 수 없다(대판 1994.9.9. 94도1522). 정답 ○

36. (★)어떠한 물건을 점유자의 의사에 반하여 취거하는 행위가 결과적으로 소유자의 이익으로 된다는 사정 또는 소유자의 추정적 승낙이 있다고 볼 만한 사정이 있다고 하더라도, 다른 특별한 사정이 없는 한 그러한 사유만으로 불법영득의 의사가 없다고 할 수는 없다.

[해설] 형법상 절취란 타인이 점유하고 있는 자기 이외의 자의 소유물을 점유자의 의사에 반하여 점유를 배제하고 자기 또는 제3자의 점유로 옮기는 것을 말한다. 그리고 절도죄의 성립에 필요한 불법영득의 의사란 타인의 물건을 그 권리자를 배제하고 자기의 소유물과 같이 그 경제적 용법에 따라 이용·처분하고자 하는 의사를 말하는 것으로서, 단순히 타인의 점유만을 침해하였다고 하여 그로써 곧 절도죄가 성립하는 것은 아니나, 재물의 소유권 또는 이에 준하는 본권을 침해하는 의사가 있으면 되고 반드시 영구적으로 보유할 의사가 필요한 것은 아니며, 그것이 물건 자체를 영득할 의사인지 물건의 가치만을 영득할 의사인지를 불문한다. 따라서 어떠한 물건을 점유자의 의사에 반하여 취거하는 행위가 결과적으로 소유자의 이익으로 된다는 사정 또는 소유자의 추정적 승낙이 있다고 볼 만한 사정이 있다고 하더라도, 다른 특별한 사정이 없는 한 그러한 사유만으로 불법영득의 의사가 없다고 할 수는 없다(대판 2014.2.21. 2013도14139).

[사실관계] ① 甲은 2011년 9월경 승용차의 소유자인 H캐피탈로부터 A명의로 위 승용차를 리스하여 운행하던 중, 사채업자로부터 1,300만 원을 빌리면서 위 승용차를 인도하였다. ② 위 사채업자는 甲이 차용금을 변제하지 못하자 위 승용차를 매도하였고 B가 위 승용차를 매수하여 점유하였다. ③ 甲은 위 승용차를 회수하기 위해서 B와 만나기로 약속을 한 다음 2012. 10. 22.경 약속장소에 주차되어 있던 위 승용차를 미리 가지고 있던 보조열쇠를 이용하여 임의로 가져갔다. ④ 그 후 甲은 약 한 달 뒤인 2012. 11. 23.경 위 승용차를 H캐피탈에 반납하였다. 판례는 甲에게 불법영득의사를 인정하였다. 정답 ○

37. (★)甲 주식회사 감사인 피고인은 회사 경영진과의 불화로 한 달 가까이 결근하다가 자신의 출입카드가 정지되어 있는데도 이른 아침에 경비원에게서 출입증을 받아 회사 감사실에 들어가 피고인이 재직 중 사용하였던 회사소유의 컴퓨터 하드디스크를 떼어간 후 4개월 가까이 지난 시점에 반환하였다. 이 경우 피고인에게는 방실침입죄가 성립하나 절도죄는 성립하지 아니한다.

[해설] [1] 방실침입 행위는 수단, 방법의 상당성을 결하는 것으로서 정당행위에 해당하지 않는다.
[2] 甲 주식회사 감사인 피고인이 회사 경영진과의 불화로 한 달 가까이 결근하다가 회사 감사실에 침입하여 자신이 사용하던 컴퓨터에서 하드디스크를 떼어간 후 4개월 가까이 지난 시점에 반환한 사안에서, 피고인이 하드디스크를 일시 보관 후 반환하였다고 평가하기 어려워 불법영득의사를 인정할 수 있다고 본 원심판단을 수긍한 사례(대판 2011.8.18. 2010도9570). **정답 ✕**

38. (★)피고인은 甲의 영업점 내에 있는 甲 소유의 휴대전화를 허락 없이 가지고 나와 승용차를 운전하고 가다가 여자 2명을 승용차에 태운 후 그들에게 휴대전화를 사용하게 하였다. 약 1~2시간 후 피고인은 甲에게 아무런 말을 하지 않고 甲의 영업점 정문 옆에 있는 화분에 휴대폰을 놓아두고 갔다. 피고인에게는 불법영득의사가 인정되어 절도죄가 성립한다.

[해설] 피고인은 甲의 휴대전화를 자신의 소유물과 같이 경제적 용법에 따라 이용하다가 본래의 장소와 다른 곳에 유기한 것이므로 피고인에게 불법영득의사가 인정되어 절도죄가 성립한다(대판 2012.7.12. 2012도1132). **정답 ○**

39. 육군사병 甲이 소속 중대의 M16 소총 1정이 부족하자 이를 분실한 것으로 알고 그 보충을 위하여 다른 중대 내무반에서 소총 1정을 취거하여 온 경우 甲에게는 절도죄가 성립하지 않는다.

[해설] 불법영득의사를 인정할 수 없기 때문에 절도죄를 인정할 수 없다(대판 1977.6.7. 77도1069).
[비교판례] 피고인이 소총 소지자를 총기로 협박하여 그 소총을 교부받아 실탄을 장전한 후 소속부대 하급자에게 건네주어 그로 하여금 소속 부대원들이 내무반에서 나오는지 여부를 감시하도록 지시한 경우, 피고인은 그 소총을 소지자로부터 자기의 지배하에 이전하여 그 소유자가 아니라면 할 수 없는 사용처분행위를 하였다고 할 것이므로, 비록 피고인의 지시에 따라 그 소총을 소지하고 있던 하급자가 나중에 피고인이 위병소를 빠져나갈 때 뒤따라 나가면서 그 소총에서 탄창을 제거한 후 그 소총을 원래의 소지자에게 던져 준 사실이 있다고 하더라도, 군용물특수강도죄의 불법영득의사가 없었다고 할 수 없다(대판 1995.7.11. 95도910). **정답 ○**

40. 피고인이 길가에 세워져 있는 오토바이를 소유자의 승낙 없이 타고 가서 용무를 마친 약 1시간 50분 후 본래 있던 곳에서 약 7,8m 되는 장소에 방치하였다면 불법영득의 의사가 있었다고 할 것이다.

해설 大判 1981.10.13. 81도2394. 　　정답 ○

41. 내연관계에 있던 여자가 계속 회피하며 만나주지 않자 내연관계를 회복시켜 볼 목적으로 그녀의 물건을 가져와 보관한 후 이를 찾으러 오면 그 때 그 물건을 반환하면서 타일러 다시 내연관계를 지속시킬 생각으로 물건을 가져 왔고 그녀의 가족에게 그 사실을 그녀에게 연락하라고 말하였으며 그 후 이를 보관하고 있으면서 이용 내지 소비하지 아니한 경우 불법영득의 의사가 있다고 할 수 없다.

해설 大判 1992.5.12. 92도280. 　　정답 ○

42. (★)절취한 현금카드로 현금을 인출한 후 그 카드를 즉시 반환한 경우, 현금카드에 대해서는 절도죄가 성립하지 않고 인출한 현금에 대해서만 절도죄가 성립한다.

해설 피고인이 피해자로부터 지갑을 잠시 건네받은 후 멋대로 지갑에서 피해자 소유의 외환은행 현금카드를 꺼내고 그 즉시 현금카드를 사용하여 현금자동인출기에서 현금을 인출한 다음 위 현금카드를 곧바로 피해자에게 반환하였다면 그 현금카드 자체가 가지는 경제적 가치가 인출된 예금액만큼 소모되었다고 할 수 없으므로 피고인에게 위 현금카드 자체에 대한 불법영득의사가 있다고 볼 수 없다(대판 1998.11.1. 98도2642). 　　정답 ○

43. 굴삭기 매수인이 약정된 기일에 대금채무를 이행하지 아니하면 굴삭기를 회수하여 가도 좋다는 약정을 하고 각서와 매매계약서 및 양도증명서 등을 작성하여 판매회사 담당자에게 교부한 후 그 채무를 불이행하자 그 담당자가 굴삭기를 취거하여 매도한 경우, 담당자에게는 절도죄가 성립한다.

해설 굴삭기 매수인이 약정된 기일에 대금채무를 이행하지 아니하면 굴삭기를 회수하여 가도 좋다는 약정을 하고 각서와 매매계약서 및 양도증명서 등을 작성하여 판매회사 담당자에게 교부한 후 그 채무를 불이행하자 그 담당자가 굴삭기를 취거하여 매도한 경우, 굴삭기에 대한 소유권 등록 없이 매수인의 위와 같은 약정 및 각서 등의 작성, 교부만으로 굴삭기에 대한 소유권이 판매회사로 이전될 수는 없으므로 굴삭기 취거 당시 그 소유권은 여전히 매수인에게 남아 있고, 매수인의 의사표시 중에 자신의 동의나 승낙 없이 현실적으로 자신의 점유를 배제하고 굴삭기를 가져가도 좋다는 의사까지 포함되어 있었던 것으로 보기는 어렵다는 이유로, 그 굴삭기 취거행위는 절도죄에 해당하고 불법영득의 의사도 인정된다고 한 사례(대판 2001.10.26. 2001도4546). 　　정답 ○

44. 사기죄에 적용되는 친족상도례에 관한 형법 규정은 특정경제범죄 가중처벌 등에 관한 법률 제3조 제1항 위반(사기)죄에도 적용될 수 있다.

[해설] 형법 제354조, 제328조의 규정에 의하면, 직계혈족, 배우자, 동거친족, 동거가족 또는 그 배우자 간의 사기죄는 그 형을 면제하여야 하고 그 외의 친족 간에는 고소가 있어야 공소를 제기할 수 있는 바, 형법상 사기죄의 성질은 특정경제범죄 가중처벌 등에 관한 법률 제3조 제1항에 의해 가중처벌되는 경우에도 그대로 유지되고 같은법률에 친족상도례의 적용을 배제한다는 명시적인 규정이 없으므로, 형법 제354조는 같은법률 제3조 제1항 위반죄에도 그대로 적용된다(대판 2010.2.11. 2009도12627). **정답** ○

45. (★)형법 제354조에 의하여 준용되는 제328조 제1항에서 "직계혈족, 배우자, 동거친족, 동거가족 또는 그 배우자 간의 제323조의 죄는 그 형을 면제한다."고 규정하고 있는바, 여기서 '그 배우자'는 동거가족의 배우자만을 의미하는 것이며, 직계혈족, 동거친족, 동거가족 모두의 배우자를 의미하는 것으로 볼 것은 아니다.

[해설] 형법 제354조에 의하여 준용되는 제328조 제1항에서 "직계혈족, 배우자, 동거친족, 동거가족 또는 그 배우자 간의 제323조의 죄는 그 형을 면제한다."고 규정하고 있는바, 여기서 '그 배우자'는 동거가족의 배우자만을 의미하는 것이 아니라, 직계혈족, 동거친족, 동거가족 모두의 배우자를 의미하는 것으로 볼 것이다(대판 2011.5.13. 2011도1765). **정답** ✕

46. (★★)판례에 의할 때 다음 기술의 옳고 그름을 판단하라.

(1) 甲은 백화점 내 점포에 입점시켜 주겠다고 속여 A로부터 입점비 명목으로 돈을 편취하였다. 그런데 甲의 딸과 A의 아들이 혼인하여 甲과 A는 사돈지간이었다. 이 경우 甲과 A는 2촌의 인척인 친족에 해당하므로 위 사기죄는 친족상도례가 적용되는 친고죄에 해당한다.
(2) 위 사례의 경우 A의 고소가 고소기간을 경과하였다면 법원은 공소기각판결을 하여야 한다.

[해설] [1] 친족상도례가 적용되는 친족의 범위는 민법의 규정에 의하여야 하는데, 민법 제767조는 배우자, 혈족 및 인척을 친족으로 한다고 규정하고 있고, 민법 제769조는 혈족의 배우자, 배우자의 혈족, 배우자의 혈족의 배우자만을 인척으로 규정하고 있을 뿐, 구 민법(1990. 1. 13. 법률 제4199호로 개정되기 전의 것) 제769조에서 인척으로 규정하였던 '혈족의 배우자의 혈족'을 인척에 포함시키지 않고 있다. 따라서 사기죄의 피고인과 피해자가 사돈지간이라고 하더라도 이를 민법상 친족으로 볼 수 없다.
[2] 피고인이 백화점 내 점포에 입점시켜 주겠다고 속여 피해자로부터 입점비 명목으로 돈을 편취한 경우, 피고인의 딸과 피해자의 아들이 혼인하여 피고인과 피해자가 사돈지간이라고 하더라도 민법상 친족으로 볼 수 없으므로, 위 범죄를 친족상도례가 적용되는 친고죄라고 할 수 없다(대판 2011.4.28. 2011도2170). **정답** (1)✕ (2)✕

47. (★) 사기죄를 범하는 자가 금원을 편취하기 위한 수단으로 피해자와 혼인신고를 한 경우, 그러한 피해자에 대한 사기죄에서는 친족상도례를 적용할 수 없다.

[해설] 형법 제354조, 제328조 제1항에 의하면 배우자 사이의 사기죄는 이른바 친족상도례에 의하여 형을 면제하도록 되어 있으나, 사기죄를 범하는 자가 금원을 편취하기 위한 수단으로 피해자와 혼인신고를 한 것이어서 그 혼인이 무효인 경우라면, 그러한 피해자에 대한 사기죄에서는 친족상도례를 적용할 수 없다고 할 것이다(大判 2015.11.27. 2014도17894). 정답 ○

48. (★★) 甲과 甲의 처 乙은 乙 명의로 등록된 자동차를 甲이 소유하기로 약정하였다. 그 후 乙은 자동차매매업자를 통하여 A에게 자동차를 매도하였고 A는 자동차매매업자에게 매매대금을 모두 지급하고 자동차를 인도받아 노상에 주차해 두었는데 자동차 매매 사실을 알고 있었던 甲은 A가 주차해 둔 자동차를 발견하고 임의로 운전하여 가버렸다. 이 경우 甲에게 절도죄가 성립하지만 소유자인 乙과 친족관계에 있으므로 친족상도례규정이 적용되어 형을 면제하여야 한다.

[해설] [1] 당사자 사이에 자동차의 소유권을 그 등록명의자 아닌 자가 보유하기로 약정한 경우, 그 약정 당사자 사이의 내부관계에서는 등록명의자 아닌 자가 소유권을 보유하게 된다고 하더라도 제3자에 대한 관계에서는 어디까지나 그 등록명의자가 자동차의 소유자라고 할 것이다.

[2] 형법상 절취란 타인이 점유하고 있는 자기 이외의 자의 소유물을 점유자의 의사에 반하여 그 점유를 배제하고 자기 또는 제3자의 점유로 옮기는 것을 말한다.

[3] 형법 제344조에 의하여 준용되는 형법 제328조 제1항에 정한 친족간의 범행에 관한 규정은 범인과 피해물건의 소유자 및 점유자 쌍방간에 같은 규정에 정한 친족관계가 있는 경우에만 적용되는 것이며, 단지 절도범인과 피해물건의 소유자간에만 친족관계가 있거나 절도범인과 피해물건의 점유자간에만 친족관계가 있는 경우에는 그 적용이 없다고 보아야 한다(大判 2014.9.25. 2014도8984).

[판례해설] 제3자인 A에 대한 관계에서는 자동차의 등록명의자인 乙이 그 소유자이고, A가 매수하여 점유하던 자동차를 甲이 임의로 가져간 이상 절도죄가 성립하며, 甲은 자동차의 소유자인 乙과 친족관계가 있을 뿐 그 점유자인 A와는 친족관계가 없으므로 甲의 절도죄에는 친족간의 범행에 관한 형법 제328조 제1항이 적용되지 아니한다. 정답 ✕

49. (★) 법원을 기망하여 직계혈족 관계에 있는 제3자로부터 재물을 편취한 경우, 사기죄의 범인에 대하여 형을 면제하여야 한다.

[해설] 사기죄의 보호법익은 재산권이라고 할 것이므로 사기죄에 있어서는 재산상의 권리를 가지는 자가 아니면 피해자가 될 수 없다. 그러므로 법원을 기망하여 제3자로부터 재물을 편취한 경우에 피기망자인 법원은 피해자가 될 수 없고 재물을 편취당한 제3자가 피해자라고 할 것이므로 피해자인 제3자와 사기죄를 범한 자가 직계혈족의 관계에 있을 때에는 그 범인에 대하여는 형법 제354조

에 의하여 준용되는 형법 제328조 제1항에 의하여 그 형을 면제하여야 할 것이다(大判 2014.9.26. 2014도8076). **정답** ○

50. (★)친족상도례에 관한 규정은 횡령범인이 위탁자가 소유자를 위해 보관하고 있는 물건을 위탁자로부터 보관받아 이를 횡령한 경우에 범인과 피해물건의 소유자 및 위탁자 쌍방 사이에 친족관계가 있는 경우에만 적용되고, 단지 횡령범인과 피해물건의 소유자간에만 친족관계가 있거나 횡령범인과 피해물건의 위탁자간에만 친족관계가 있는 경우에는 적용되지 않는다.

[해설] 횡령범인이 위탁자가 소유자를 위해 보관하고 있는 물건을 위탁자로부터 보관받아 이를 횡령한 경우에 형법 제361조에 의하여 준용되는 제328조 제2항의 친족간의 범행에 관한 조문은 범인과 피해물건의 소유자 및 위탁자 쌍방 사이에 같은 조문에 정한 친족관계가 있는 경우에만 적용되고, 단지 횡령범인과 피해물건의 소유자간에만 친족관계가 있거나 횡령범인과 피해물건의 위탁자간에만 친족관계가 있는 경우에는 적용되지 않는다(대판 2008.7.24. 2008도3438). **정답** ○

51. (★★)손자가 할아버지 소유 농업협동조합 예금통장을 절취하여 이를 현금자동지급기에 넣고 조작하는 방법으로 예금 잔고를 자신의 거래 은행 계좌로 이체한 경우, 위 농업협동조합이 컴퓨터 등 사용사기 범행 부분의 피해자이므로 친족상도례를 적용할 수 없다.

[해설] [1] 친척 소유 예금통장을 절취한 자가 그 친척 거래 금융기관에 설치된 현금자동지급기에 예금통장을 넣고 조작하는 방법으로 친척 명의 계좌의 예금 잔고를 자신이 거래하는 다른 금융기관에 개설된 자기 계좌로 이체한 경우, 그 범행으로 인한 피해자는 이체된 예금 상당액의 채무를 이중으로 지급해야 할 위험에 처하게 되는 그 친척 거래 금융기관이라 할 것이고, 거래 약관의 면책 조항이나 채권의 준점유자에 대한 법리 적용 등에 의하여 위와 같은 범행으로 인한 피해가 최종적으로는 예금 명의인인 친척에게 전가될 수 있다고 하여, 자금이체 거래의 직접적인 당사자이자 이중지급 위험의 원칙적인 부담자인 거래 금융기관을 위와 같은 컴퓨터 등 사용사기 범행의 피해자에 해당하지 않는다고 볼 수는 없으므로, 위와 같은 경우에는 친족 사이의 범행을 전제로 하는 친족상도례를 적용할 수 없다.
[2] 손자가 할아버지 소유 농업협동조합 예금통장을 절취하여 이를 현금자동지급기에 넣고 조작하는 방법으로 예금 잔고를 자신의 거래 은행 계좌로 이체한 경우, 위 농업협동조합이 컴퓨터 등 사용사기 범행 부분의 피해자이므로 친족상도례를 적용할 수 없다(대판 2007.3.15. 2006도2704). **정답** ○

52. (★)특수절도죄를 범한 범인 중 1인이 친족상도례에 해당되어 형의 면제를 받게 되면 친족관계가 없는 다른 공범도 형의 면제를 받게 된다.

해설 친족상도례는 신분관계가 있는 자에게만 적용된다(제328조 제3항 참조). 정답 ✕

53. (★)친족간의 범행에 관한 규정이 적용되기 위한 친족관계는 범행 당시에 존재하여야 하는 것이므로 민법상의 인지가 범행 후에 이루어진 경우에는 친족상도례의 규정이 적용되지 않는다.

해설 인지의 소급효는 친족상도례에 관한 규정의 적용에도 미친다고 보아야 할 것이므로, 민법상의 인지가 범행 후에 이루어진 경우라고 하더라도 그 소급효에 따라 형성되는 친족관계를 기초로 하여 친족상도례의 규정이 적용된다(대판 1997.1.24. 96도1731). 정답 ✕

54. (★)친족상도례는 행위자가 범행당시에 객관적인 친족관계의 존부를 알고 있었던 경우에 한하여 적용된다.

해설 친족상도례는 행위자가 범행당시에 객관적인 친족관계의 존부를 알고 있었는가 여부를 불문하고 적용된다. 정답 ✕

제 2 절 절도의 죄

※ 다음 중 판례에 의할 때 甲에게 절도죄가 성립하는 사례(○)와 성립하지 않는 사례(✕)를 판단하시오.

55. (★)甲은 어업권자와 어업권행사계약을 체결하고 어업권을 행사하는 A의 양식장에서 자연산 모시조개를 무단 채취하였다.

해설 [1] 수산업법에 의한 양식어업권은 행정관청의 면허를 받아 해상의 일정구역 내에서 패류·해조류 또는 정착성 수산동물을 포획·채취할 수 있는 권리를 가리키는 것으로서 이는 그 지역에서 천연으로 생육하는 수산동식물을 어업면허를 받은 종류에 한하여 배타적·선점적으로 채취할 수 있는 권리에 불과하고 그 지역 내의 수산동식물의 소유권을 취득하는 권리는 아니므로 어업권의 취득만으로 당연히 그 지역 내에서 자연 번식하는 수산동식물의 소유권이나 점유권까지 취득한다고는 볼 수 없다.
[2] 어업권자와 어업권행사계약을 체결하고 어업권을 행사하는 피해자의 양식장에서 '자연산' 모시조개를 무단 채취한 행위가 절도죄에 해당하지 아니한다고 한 사례(대판 2010.4.8. 2009도11827).
[동지판례] 공소외인이 굴 양식면허를 받은 위 구역 내에서 피고인들이 자연서식의 반지락을 채취하였다고 하더라도 수산업법 위반이 됨은 별론으로 하고 절도죄를 구성한다고는 할 수 없다 (대판 1983.2.8. 82도696). 정답 ✕

56. (★)甲은 아무런 권원 없이 乙의 토지에 감나무를 심은 후 그 감나무에서 감이 열리자 이를 수확하였다.

> 해설 타인의 토지상에 권원 없이 식재한 수목의 소유권은 토지소유자에게 귀속하고 권원에 의하여 식재한 경우에는 그 소유권이 식재한 자에게 있으므로, 권원 없이 식재한 감나무에서 감을 수확한 것은 절도죄에 해당한다(대판 1998.4.24. 97도3425). 정답 ○

57. (★)피고인이 자신의 모(母) 甲 명의로 구입·등록하여 甲에게 명의신탁한 자동차를 乙에게 담보로 제공한 후 乙이 점유하고 있는 자동차를 임의로 가져갔다.

> 해설 피고인이 자신의 모(母) 甲 명의로 구입·등록하여 甲에게 명의신탁한 자동차를 乙에게 담보로 제공한 후 乙 몰래 가져가 절취하였다는 내용으로 기소된 사안에서, 乙에 대한 관계에서 자동차의 소유자는 甲이고 피고인은 소유자가 아니므로 乙이 점유하고 있는 자동차를 임의로 가져간 이상 절도죄가 성립한다고 본 원심판단을 정당하다고 한 사례(대판 2012.4.26. 2010도11771). 정답 ○

58. (★)甲은 A가 영업허가 및 사업자등록을 함에 있어서 명의를 대여키로 약정하였다. 그 후 A가 甲의 명의로 신청하여 발급받은 영업허가증과 사업자등록증을 A의 처가 보관하고 있던 중에 甲이 이를 몰래 가지고 갔다.

> 해설 명의대여 약정에 따른 신청에 의하여 발급된 영업허가증과 사업자등록증은 피해자가 인도받음으로써 피해자의 소유가 되었다고 할 것이므로, 이를 명의대여자가 가지고 간 행위가 절도죄에 해당한다(대판 2004.3.12. 2002도5090). 정답 ○

59. (★★)甲이 A로부터 자신의 월급 등을 제대로 받지 못할 것을 염려하여 A의 예금통장을 무단사용하여 예금 1,000만원을 인출한 후 바로 예금통장을 반환한 경우, 예금통장에 대한 절도죄가 성립하지 아니한다.

> 해설 예금통장은 예금채권을 표창하는 유가증권이 아니고 그 자체에 예금액 상당의 경제적 가치가 화체되어 있는 것도 아니지만, 이를 소지함으로써 예금채권의 행사자격을 증명할 수 있는 자격증권으로서 예금계약사실 뿐 아니라 예금액에 대한 증명기능이 있고 이러한 증명기능은 예금통장 자체가 가지는 경제적 가치라고 보아야 하므로, 예금통장을 사용하여 예금을 인출하게 되면 그 인출된 예금액에 대하여는 예금통장 자체의 예금액 증명기능이 상실되고 이에 따라 그 상실된 기능에 상응한 경제적 가치도 소모된다. 그렇다면 타인의 예금통장을 무단사용하여 예금을 인출한 후 바로 예금통장을 반환하였다 하더라도 그 사용으로 인한 위와 같은 경제적 가치의 소모가 무시할 수 있을 정도로 경미한 경우가 아닌 이상, 예금통장 자체가 가지는 예금액 증명기능의 경제적 가치에 대한 불법영득의 의사를 인정할 수 있으므로 절도죄가 성립한다(대판 2010.5.27. 2009도9008).

[판결이유] 이 사건 통장 자체가 가지는 예금액 증명기능의 경제적 가치는 피고인이 이 사건 통장을 무단사용하여 예금 1,000만원을 인출함으로써 상당한 정도로 소모되었다고 할 수 있으므로, 피고인이 그 사용 후 바로 이 사건 통장을 제자리에 갖다 놓았다 하더라도 그 소모된 가치에 대한 불법영득의 의사가 인정된다. 그리고 피고인이 피해자로부터 자신의 월급 등을 제대로 받지 못할 것을 염려하여 이 사건 통장을 무단사용하게 되었다고 하여 달리 볼 수 없다.

정답 ✕

60. 종중 소유의 분묘를 간수하고 있는 산지기 甲이 분묘에 설치된 석등과 문관석을 반출하여 갔다면 횡령죄에 해당한다.

[해설] 산지기로서 종중 소유의 분묘를 간수하고 있는 자는 그 분묘에 설치된 석등이나 문관석 등을 점유하고 있다고는 할 수 없으므로 이러한 물건 등을 반출하여 가는 행위는 횡령죄가 아니고 절도죄를 구성한다(대판 1985.3.26. 84도3024).

정답 ✕

61. (★★★)판례에 의할 때 다음 기술의 옳고 그름을 판단하라.

(1) '주간에' 사람의 주거 등에 침입하여 '야간에' 타인의 재물을 절취한 경우 형법 제330조의 야간주거침입절도죄로 처벌할 수 있다.

(2) 甲은 15:40경 A가 운영하는 모텔에 이르러, A가 평소 비어 있는 객실의 문을 열어둔다는 사실을 알고 그곳 202호 안까지 들어가 침입한 다음, 같은 날 21:00경 그곳에 설치되어 있던 A 소유의 LCD모니터 1대를 몰래 가져 나왔다. 甲에게는 야간주거침입절도죄가 성립한다.

[해설] 형법은 제329조에서 절도죄를 규정하고 곧바로 제330조에서 야간주거침입절도죄를 규정하고 있을 뿐, 야간절도죄에 관하여는 처벌규정을 별도로 두고 있지 아니하다. 이러한 형법 제330조의 규정형식과 그 구성요건의 문언에 비추어 보면, 형법은 야간에 이루어지는 주거침입행위의 위험성에 주목하여 그러한 행위를 수반한 절도를 야간주거침입절도죄로 중하게 처벌하고 있는 것으로 보아야 하고, 따라서 주거침입이 주간에 이루어진 경우에는 야간주거침입절도죄가 성립하지 않는다고 해석하는 것이 타당하다(대판 2011.4.14. 2011도300,2011감도5).

정답 (1)✕ (2)✕

62. (★)피고인이 아파트 신축공사 현장 안에 있는 건축자재 등을 훔칠 생각으로 공범과 함께 위 공사현장 안으로 들어간 후 창문을 통하여 신축 중인 아파트의 지하실 안쪽을 살폈다면 특수절도죄의 실행의 착수가 인정된다.

[해설] [1] 절도죄의 실행의 착수 시기는 재물에 대한 타인의 사실상의 지배를 침해하는 데에 밀접한 행위를 개시한 때라고 할 것이고, 실행의 착수가 있는지 여부는 구체적 사건에 있어서

범행의 방법, 태양, 주변상황 등을 종합 판단하여 결정하여야 한다.

[2] 피고인이 아파트 신축공사 현장 안에 있는 건축자재 등을 훔칠 생각으로 공범과 함께 위 공사현장 안으로 들어간 후 창문을 통하여 신축 중인 아파트의 지하실 안쪽을 살핀 행위가 특수절도죄의 실행의 착수에 해당하지 않는다고 한 사례(대판 2010.4.29. 2009도14554). **정답** ×

63. (★★) 피고인이 창문과 방충망을 창틀에서 분리한 사실만으로는 형법 제331조 제1항의 특수절도죄의 손괴에 해당하지 아니한다.

해설 [1] 형법 제331조 제1항은 야간에 문호 또는 장벽 기타 건조물의 일부를 손괴하고 형법 제330조의 장소에 침입하여 타인의 재물을 절취한 자는 1년 이상 10년 이하의 징역에 처한다고 규정하고 있다. 형법 제331조 제1항에 정한 '손괴'는 물리적으로 문호 또는 장벽 기타 건조물의 일부를 훼손하여 그 효용을 상실시키는 것을 말한다.

[2] 피고인이 창문과 방충망을 창틀에서 분리한 사실만으로는 형법 제331조 제1항의 특수절도죄의 손괴에 해당하지 아니한다고 한 사례(대판 2015.10.29. 2015도7559). **정답** ○

64. (★★)판례에 의할 때 다음 기술의 옳고 그름을 판단하라.

(1) 형법 제331조 제2항의 특수절도(흉기를 휴대하거나 2인 이상이 합동하여 타인의 재물을 절취한 경우)에 있어서 주거침입은 그 구성요건이 아니므로, 절도범인이 그 범행수단으로 주거침입을 한 경우에 그 주거침입행위는 절도죄에 흡수되지 아니하고 별개로 주거침입죄를 구성하여 절도죄와는 실체적 경합의 관계에 있게 된다.
(2) 피고인들이 '주간에' 아파트 출입문 시정장치를 손괴하다가 발각되어 도주한 경우 '실행의 착수'가 인정되지 않으므로 특수절도미수죄가 성립하지 않는다.

해설 [1] 형법 제331조 제2항의 특수절도에 있어서 주거침입은 그 구성요건이 아니므로, 절도범인이 그 범행수단으로 주거침입을 한 경우에 그 주거침입행위는 절도죄에 흡수되지 아니하고 별개로 주거침입죄를 구성하여 절도죄와는 실체적 경합의 관계에 있게 되고, 2인 이상이 합동하여 야간이 아닌 주간에 절도의 목적으로 타인의 주거에 침입하였다 하여도 아직 절취할 물건의 물색행위를 시작하기 전이라면 특수절도죄의 실행에는 착수한 것으로 볼 수 없는 것이어서 그 미수죄가 성립하지 않는다.

[2] '주간에' 아파트 출입문 시정장치를 손괴하다가 발각되어 도주한 피고인들이 특수절도미수죄로 기소된 사안에서, '실행의 착수'가 없었다는 이유로 형법 제331조 제2항의 특수절도죄의 점에 대해 무죄를 선고한 원심 판단을 수긍한 사례(대판 2009.12.24. 2009도9667). **정답** (1)○ (2)○

65. (★)형법은 흉기와 위험한 물건을 분명하게 구분하여 규정하고 있는바, 형법 제331조 제2항(특수절도)에서 '흉기'는 본래 살상용·파괴용으로 만들어진 것이거나 이에 준할 정도의 위험성을 가진 것으로 봄이 상당하다.

〔해설〕 [1] 형법은 흉기와 위험한 물건을 분명하게 구분하여 규정하고 있는바, 형벌법규는 문언에 따라 엄격하게 해석·적용하여야 하고 피고인에게 불리한 방향으로 지나치게 확장해석하거나 유추해석해서는 아니 된다. 그리고 형법 제331조 제2항에서 '흉기를 휴대하여 타인의 재물을 절취한' 행위를 특수절도죄로 가중하여 처벌하는 것은 흉기의 휴대로 인하여 피해자 등에 대한 위해의 위험이 커진다는 점 등을 고려한 것으로 볼 수 있다. 이에 비추어 위 형법 조항에서 규정한 흉기는 본래 살상용·파괴용으로 만들어진 것이거나 이에 준할 정도의 위험성을 가진 것으로 봄이 상당하고, 그러한 위험성을 가진 물건에 해당하는지 여부는 그 물건의 본래의 용도, 크기와 모양, 개조 여부, 구체적 범행 과정에서 그 물건을 사용한 방법 등 제반 사정에 비추어 사회통념에 따라 객관적으로 판단할 것이다.

[2] 피고인이 절도 범행을 함에 있어서 택시 운전석 창문을 파손하는 데 사용한 드라이버가 일반적인 드라이버와 동일한 것으로 특별히 개조된 바는 없는 것으로 보이고, 그 크기와 모양 등 제반 사정에 비추어 보더라도 피고인의 범행이 흉기를 휴대하여 타인의 재물을 절취한 경우에 해당한다고 보기는 어렵다는 이유로 피고인의 범행이 형법 제331조 제2항이 규정한 특수절도죄에 해당한다고 본 원심판결을 위법하다고 본 사례(대판 2012.6.14. 2012도4175).

[판례해설] 본 판례는 흉기와 위험한 물건을 서로 구별되는 개념이라고 판단한 점에 의의가 있다. 그러나 판례가 피고인이 사용한 '일반적인 드라이버'가 항상 흉기에 해당하지 않는다는 입장이라고 오해하여서는 안된다. 판례는 피고인이 사용한 드라이버의 크기와 모양 등 제반 사정까지 아울러 고려하여 흉기에 해당하지 않는다고 판단하고 있기 때문이다. 따라서 일반적인 드라이버라도 그 크기와 모양 또는 범행과정에서 사용한 방법에 따라서는 흉기가 될 수도 있다.

정답 ○

66. (★★)삐끼주점의 지배인인 甲이 피해자로부터 신용카드를 강취하고 신용카드의 비밀번호를 알아낸 후 현금자동지급기에서 인출한 돈을 삐끼주점의 분배관례에 따라 분배할 것을 전제로 하여, 甲은 삐끼주점 내에서 피해자를 계속 붙잡아 두면서 감시하는 동안 삐끼인 乙, 丙은 피해자의 위 신용카드를 이용하여 현금자동지급기에서 현금을 인출하기로 공모하였고, 그에 따라 乙, 丙 등이 편의점에서 합동하여 현금자동지급기에서 현금을 인출하였다. 이 경우 甲은 특수절도죄의 공동정범, 乙, 丙은 특수절도죄가 성립한다.

〔해설〕 3인 이상의 범인이 합동절도의 범행을 공모한 후 적어도 2인 이상의 범인이 범행 현장에서 시간적, 장소적으로 협동관계를 이루어 절도의 실행행위를 분담하여 절도 범행을 한 경우에는 위와 같은 공동정범의 일반 이론에 비추어 그 공모에는 참여하였으나 현장에서 절도의 실행행위를 직접 분담하지 아니한 다른 범인에 대하여도 그가 현장에서 절도 범행을 실행한 위 2인 이상의 범인의 행위를 자기 의사의 수단으로 하여 합동절도의 범행을 하였다고 평가할 수 있는 정범성의 표지를 갖추고 있다고 보여지는 한 그 다른 범인에 대하여 합동절도의 공동정범의 성립을 부정할 이유가 없다(대판(전) 1998.5.21. 98도321).

정답 ○

제 3 절 강도의 죄

67. (★)甲 등은 A에게 강제로 술을 마시게 한 다음 맥주병으로 폭행하고 협박하여 매출전표에 서명을 하게 하였다. 그런데 A가 각 매출전표에 허위 서명한 탓으로 甲 등이 신용카드회사들에게 각 매출전표를 제출하여도 신용카드회사들이 신용카드 가맹점 규약 또는 약관의 규정을 들어 그 금액의 지급을 거절할 가능성이 있었다. 이 경우 甲 등에게는 특수강도죄가 성립한다.

[해설] 피고인들이 폭행·협박으로 피해자로 하여금 매출전표에 서명을 하게 한 다음 이를 교부받아 소지함으로써 이미 외관상 각 매출전표를 제출하여 신용카드회사들로부터 그 금액을 지급받을 수 있는 상태가 되었는 바, 피해자가 각 매출전표에 허위 서명한 탓으로 피고인들이 신용카드회사들에게 각 매출전표를 제출하여도 신용카드회사들이 신용카드 가맹점 규약 또는 약관의 규정을 들어 그 금액의 지급을 거절할 가능성이 있다 하더라도 그로 인하여 피고인들이 각 매출전표상의 금액을 지급받을 가능성이 있는 상태이므로 결국 피고인들이 "재산상 이익"을 취득하였다고 볼 수 있다(대판 1997.2.25. 96도3411). **정답** ○

68. (★)주점 도우미인 피해자와의 윤락행위 도중 시비 끝에 피해자를 이불로 덮어씌우고 폭행한 후 이불 속에 들어 있는 피해자를 두고 나가다가 탁자 위의 피해자 손가방 안에서 현금을 가져간 경우 강도죄가 성립한다.

[해설] 폭행 또는 협박에 의한 반항억압의 상태가 처음부터 재물 탈취의 계획하에 이루어졌다거나 양자가 시간적으로 극히 밀접되어 있는 등 전체적·실질적으로 단일한 재물 탈취의 범의의 실현행위로 평가할 수 있는 경우에 해당하지 아니하는 한 강도죄의 성립을 인정하여서는 안 될 것이다(대판 2009.1.30. 2008도10308). **정답** ✕

69. (★)판례에 의할 때 다음 기술의 옳고 그름을 판단하라.

(1) 강도죄는 재물탈취의 방법으로 폭행, 협박을 사용하는 행위를 처벌하는 것이므로 폭행, 협박으로 타인의 재물을 탈취한 이상 피해자가 우연히 재물탈취 사실을 알지 못하였다고 하더라도 강도죄는 성립한다.
(2) 강도죄가 성립하기 위하여 폭행, 협박당한 자가 탈취당한 재물의 소유자 또는 점유자일 것을 요하지 아니한다.
(3) 강간범인이 부녀를 강간할 목적으로 폭행, 협박에 의하여 반항을 억압한 후 반항억압 상태가 계속 중임을 이용하여 재물을 탈취하는 경우에는 재물탈취를 위한 새로운 폭행, 협박이 없더라도 강도죄가 성립한다.

[해설] [1] 강간범이 강간행위 후에 강도의 범의를 일으켜 그 부녀의 재물을 강취하는 경우에는 강도강간죄가 아니라 강간죄와 강도죄의 경합범이 성립될 수 있을 뿐이지만, 강간행위의 종료 전 즉 그 실행행위의 계속 중에 강도의 행위를 할 경우에는 이때에 바로 강도의 신분을 취득하

는 것이므로 이후에 그 자리에서 강간행위를 계속하는 때에는 강도가 부녀를 강간한 때에 해당하여 형법 제339조에 정한 강도강간죄를 구성하고, 구 성폭력범죄의 처벌 및 피해자보호 등에 관한 법률(2010. 4. 15. 법률 제10258호 성폭력범죄의 피해자보호 등에 관한 법률로 개정되기 전의 것) 제5조 제2항은 형법 제334조(특수강도) 등의 죄를 범한 자가 형법 제297조(강간) 등의 죄를 범한 경우에 이를 특수강도강간 등의 죄로 가중하여 처벌하는 것이므로, 다른 특별한 사정이 없는 한 특수강간범이 강간행위 종료 전에 특수강도의 행위를 한 이후에 그 자리에서 강간행위를 계속하는 때에도 특수강도가 부녀를 강간한 때에 해당하여 구 성폭력범죄의 처벌 및 피해자보호 등에 관한 법률 제5조 제2항에 정한 특수강도강간죄로 의율할 수 있다.

[2] 강도죄는 재물탈취의 방법으로 폭행, 협박을 사용하는 행위를 처벌하는 것이므로 폭행, 협박으로 타인의 재물을 탈취한 이상 피해자가 우연히 재물탈취 사실을 알지 못하였다고 하더라도 강도죄는 성립하고, 폭행, 협박당한 자가 탈취당한 재물의 소유자 또는 점유자일 것을 요하지도 아니하며, 강간범인이 부녀를 강간할 목적으로 폭행, 협박에 의하여 반항을 억압한 후 반항억압 상태가 계속 중임을 이용하여 재물을 탈취하는 경우에는 재물탈취를 위한 새로운 폭행, 협박이 없더라도 강도죄가 성립한다.

[3] 야간에 甲의 주거에 침입하여 드라이버를 들이대며 협박하여 甲의 반항을 억압한 상태에서 강간행위의 실행 도중 범행현장에 있던 乙 소유의 핸드백을 가져간 피고인의 행위를 포괄하여 구 성폭력범죄의 처벌 및 피해자보호 등에 관한 법률(2010. 4. 15. 법률 제10258호 성폭력범죄의 피해자보호 등에 관한 법률로 개정되기 전의 것) 위반(특수강도강간등)죄에 해당한다고 판단한 원심의 조치를 수긍한 사례(대판 2010.12.9. 2010도9630).   정답 (1)○ (2)○ (3)○

---

70. 준강도죄에 있어서의 폭행이나 협박은 상대방의 반항을 억압하는 수단으로서 일반적·객관적으로 가능하다고 인정하는 정도의 것이면 되고 반드시 현실적으로 반항을 억압하였음을 필요로 하는 것은 아니다.

해설 大判 1981.3.24. 81도409.   정답 ○

---

71. 甲은 재물을 절취하였으나 주인에게 발각되었다. 주인이 甲을 체포하기 위하여 중상을 입을 정도로 심한 폭력을 가해오자 甲은 엉겁결에 곁에 있던 솥뚜껑으로 막으려다가 그 솥뚜껑에 스쳐 주인이 상처를 입었다. 이 경우 甲에게는 준강도상해죄는 성립되지 않는다.

해설 준강도죄의 구성요건인 폭행, 협박은 일반강도죄와의 균형상 사람의 반항을 억압할 정도의 것임을 요하므로, 일반적, 객관적으로 체포 또는 재물탈환을 하려는 자의 체포의사나 탈환의사를 제압할 정도라고 인정될 만한 폭행, 협박이 있어야만 준강도죄가 성립한다고 할 것인 바, 피고인을 체포하려는 피해자가 체포에 필요한 정도를 넘어서서 발로 차며 늑골 9, 10번 골절상, 좌폐기흉증, 좌흉막출혈 등 전치 3개월을 요하는 중상을 입힐 정도로 심한 폭력을 가해오자 피고인이 이를 피하기 위하여 엉겁결에 솥뚜껑을 들어 위 폭력을 막아내려다가 그 솥뚜껑에 스치어 피해자가 상처를 입게 되었다면 <u>피고인의 위 행위는 일반적, 객관적으로 피해자의 체포의사를 제압할 정도의 폭행에 해당하지 않는다</u>고 할 것이므로 준강도상해죄는 성립되지 않는다(대판 1990.4.24. 90도193).

[동지판례] 절도범인 피고인이 옷을 잡히자 체포를 면하려고 충동적으로 저항을 시도하여 잡은 손을 뿌리친 정도의 폭행을 준강도죄로 의율할 수는 없다(대판 1985.5.14. 85도619). **정답** ○

72. 절도범인이 일단 체포되었으나 아직 신병확보가 확실하지 않은 단계에서 체포 상태를 면하기 위해 폭행하여 상해를 가한 경우, 그 행위는 절도의 기회에 체포를 면탈할 목적으로 폭행하여 상해를 가한 것으로서 강도상해죄에 해당한다.

[해설] 大判 2001.10.23. 2001도4142.
[동지판례] 절도범행이 종료되고 피해자가 절도범인의 체포사실을 파출소에 신고 전화를 하려는데 피고인이 잘해보자고 하면서 폭행을 하였다 하더라도 그 곳이 체포현장이고 주위사람에게 도주를 방지케 부탁한 상태 아래 일어난 것이라면 준강도죄가 성립한다(대판 1984.7.24. 84도1167). **정답** ○

73. (★)피해자의 집에서 절도범행을 마친지 10분 가량 지나 피해자의 집에서 200m 가량 떨어진 버스정류장이 있는 곳에서 피고인을 절도범인이라고 의심하고 뒤쫓아 온 피해자에게 붙잡혀 피해자의 집으로 돌아왔을 때 비로소 피해자를 폭행한 경우, 준강도죄가 성립하지 않는다.

[해설] 大判 1999.2.26. 98도3321.
[비교판례] 야간에 절도의 목적으로 피해자의 집에 담을 넘어 들어갔다가 발각되어 추격당하던 중 폭행을 가하였다면 그 장소가 피해장소로부터 200m 떨어진 곳이더라도 준강도죄의 미수가 성립한다(대판 1984.9.11. 84도1398). **정답** ○

74. (★)甲과 乙은 절도를 공모한 후, 乙이 담배창구를 통하여 가게에 들어가 물건을 절취하고 甲은 밖에서 망을 보던 중 예기치 않았던 인기척 소리가 나므로 도주해 버린 이후에 乙이 창구에 몸이 걸려 빠져나오지 못하게 되어 주인 A에게 붙들리자 체포를 면탈할 목적으로 A에게 폭행을 가하여 상해를 입혔다. 甲은 乙의 폭행행위에 대하여 사전양해나 의사의 연락이 전혀 없었고, 범행장소가 빈 가게로 알고 있었다. 甲은 강도상해죄가 성립한다.

[해설] 피고인이 위 乙의 폭행행위를 전혀 예기할 수 없었다고 보여지므로 피고인에게 준강도상해죄의 공동책임을 지울 수 없다(대판 1984.2.28. 83도3321).
[비교판례] 특수절도의 범인들이 범행이 발각되어 각기 다른 길로 도주하다가 그 중 1인이 체포를 면탈할 목적으로 폭행하여 상해를 가한 때에는, 나머지 범인도 위 공범이 추격하는 피해자에게 체포되지 아니하려고 위와 같이 폭행할 것을 전연 예기하지 못한 것으로는 볼 수 없다 할 것이므로 그 폭행의 결과로 발생한 상해에 관하여 형법 제337조 · 제335조의 강도상해죄의 책임을 면할 수 없다(대판 1984.10.10. 84도1887). **정답** ✕

75. 강도의 범의로 야간에 칼을 휴대한 채 타인의 주거에 침입하여 집안의 동정을 살피다가 피해자를 발견하고 갑자기 욕정을 일으켜 칼로 협박하여 강간한 경우, 특정범죄 가중처벌 등에 관한 법률 제5조의6 제1항 소정의 특수강도강간죄에 해당한다고 할 수 없다.

[해설] 강도의 범의로 야간에 칼을 휴대한 채 타인의 주거에 침입하여 집안의 동정을 살피다가 피해자를 발견하고 갑자기 욕정을 일으켜 칼로 협박하여 강간한 경우, 야간에 흉기를 휴대한 채 타인의 주거에 침입하여 집안의 동정을 살피는 것만으로는 특수강도의 실행에 착수한 것이라고 할 수 없으므로 위의 특수강도에 착수하기도 전에 저질러진 위와 같은 강간행위가 구 특정범죄 가중처벌 등에 관한 법률 제5조의6 제1항 소정의 특수강도강간죄에 해당한다고 할 수 없다(대판 1991.11.22. 91도2296).　　　　[정답] ○

76. (★)甲, 乙 등은 자동차를 이용하여 날치기를 하기로 공모하였다. 甲이 승용차를 운전하여 A(女)에게 접근하고 함께 차를 타고 있던 공모자들 중 乙이 A(女)의 손가방을 낚아채자, 甲이 승용차를 운전하여 가버림으로써 A(女)에게 손가락 골절상을 입게 하였다.

[해설] 피해자의 상해가 차량을 이용한 날치기 수법의 절도시 점유탈취의 과정에서 우연히 가해진 것에 불과하고, 그에 수반된 강제력 행사도 피해자의 반항을 억압하기 위한 목적 또는 정도의 것은 아니었던 것으로 보아 강도치상죄로 의율한 원심판결을 파기한 사례(대판 2003.7.25. 2003도2316).　　　　[정답] ✕

77. (★)날치기범 丙은 B女가 현금인출기에서 돈을 인출하여 가방에 넣고 나오는 것을 발견하고 B女의 뒤쪽으로 접근하여 B女의 왼팔에 끼고 있던 손가방의 끈을 오른손으로 잡아당겼고 B女는 가방을 놓지 않으려고 버티다가 몸이 돌려지면서 등을 바닥 쪽으로 하여 넘어졌으나 계속하여 B女를 5m 가량 끌고 감으로써 무릎 등에 상해를 입혔다. 甲에게는 강도치상죄가 성립한다.

[해설] 날치기 수법으로 피해자가 들고 있던 가방을 탈취하면서 가방을 놓지 않고 버티는 피해자를 5m 가량 끌고 감으로써 피해자의 무릎 등에 상해를 입힌 경우, 반항을 억압하기 위한 목적으로 가해진 강제력으로서 그 반항을 억압할 정도에 해당한다고 보아 강도치상죄의 성립을 인정한 사례(대판 2007.12.13. 2007도7601).　　　　[정답] ○

78. (★)피고인이 택시를 타고 가다가 요금지급을 면할 목적으로 소지한 과도로 운전수를 협박하자 이에 놀란 운전수가 택시를 급우회전하면서 그 충격으로 피고인이 겨누고 있던 과도에 어깨부분이 찔려 상처를 입었다면, 피고인의 위 행위는 강도치상죄에 해당한다.

[해설] 大判 1985.1.15. 84도2397.　　　　[정답] ○

79. 피고인이 피해자로부터 재물을 강취하고 피해자가 운전하는 자동차에 함께 타고 도주하다가 단속 경찰관이 뒤따라오자 피해자를 칼로 찔러 상해를 가하였다면 강도상해죄를 구성한다.

> 해설 강취와 상해 사이에 1시간 20분이라는 시간적 간격이 있었다는 것만으로는 강도상해죄의 성립에 영향이 없다(대판 1992.1.21. 91도2727). **정답** ○

80. (★)강도합동범 중 1인이 피고인과 공모한대로 과도를 들고 강도를 하기 위하여 피해자의 거소에 들어가 피해자들을 과도로 찔러 상해를 가하였다. 이 경우 대문 밖에서 망을 본 공범인 피고인이 상해를 가할 것까지 공모하지 않았다 하더라도 피고인은 상해의 결과에 대하여도 공범으로서의 책임을 면할 수 없다.

> 해설 大判 1998.4.14. 98도356. **정답** ○

81. (★)甲은 피해자 乙이 혼자 운영하는 소주방에서 40,000원 상당의 술과 안주를 시켜먹은 후 乙이 술값을 요구하며 못나가게 하자 술값을 면할 목적으로 乙을 살해하고 곧바로 피해자의 지갑에서 70,000원을 꺼내어 도망쳤다. 이 경우 甲은 강도살인죄의 죄책을 진다. (판례에 의함)

> 해설 채무면탈의 목적으로 채권자를 살해하고 동인의 반항능력이 완전히 상실된 것을 이용하여 즉석에서 동인이 소지하고 있던 재물까지 탈취하였다면 살인행위와 재물탈취행위는 서로 밀접하게 관련되어 살인행위를 이용한 재물탈취행위라고 볼 것이므로 이는 강도살인죄에 해당한다(대판 1985.10.22. 85도1527; 大判 1999.3.9. 99도242). **정답** ○

82. (★)강도가 피해자에게 상해를 입혔으나 재물의 강취에는 이르지 못하고 그 자리에서 항거불능 상태에 빠진 피해자를 간음한 경우에는 강도상해죄와 강도강간죄만 성립하고, 그 실행행위의 일부인 강도미수 행위는 위 각 죄에 흡수되어 별개의 범죄를 구성하지 않는다.

> 해설 강도가 피해자에게 상해를 입혔으나 재물의 강취에는 이르지 못하고 그 자리에서 항거불능 상태에 빠진 피해자를 간음한 경우에는 강도상해죄와 강도강간죄만 성립하고, 그 실행행위의 일부인 강도미수 행위는 위 각 죄에 흡수되어 별개의 범죄를 구성하지 않는다(대판 2010.4.29. 2010도1099). **정답** ○

83. (★★)甲이 술집 운영자로부터 술값의 지급을 요구받자 술값의 지급을 면하기로 마음먹고, 술집 운영자를 유인·폭행하고 도주하였다면 준강도죄가 성립한다.

> 해설 [1] 형법 제335조는 '절도'가 재물의 탈환을 항거하거나 체포를 면탈하거나 죄적을 인멸

한 목적으로 폭행 또는 협박을 가한 때에 준강도가 성립한다고 규정하고 있으므로, 준강도죄의 주체는 절도범인이고, 절도죄의 객체는 재물이다.

[2] 피고인이 술집 운영자로부터 술값의 지급을 요구받자 술값의 지급을 면하기로 마음먹고, 술집 운영자를 유인·폭행하고 도주하였다는 범죄사실에는 그 자체로 절도의 실행에 착수하였다는 내용이 포함되어 있지 않으므로 준강도죄가 성립할 수 없다고 한 사례(대판 2014.5.16. 2014도2521). 정답 ✕

84. (★★)乙은 건물의 계단에서 甲과 무전기로 연락을 취하면서 망을 보고, 甲은 건물 내 주점의 잠금장치를 뜯고 침입하여 진열장에 있던 양주를 바구니에 담고 있던 중, 계단에서 서성거리고 있던 乙을 수상히 여긴 주점 종업원 丙이 주점으로 돌아오는 소리를 들은 甲이 양주를 그대로 둔 채 출입문을 열고 나오다가 丙에게 붙잡히자, 체포를 면탈할 목적으로 丙에게 폭행을 가한 경우 甲에 대해서는 준강도죄의 미수가 성립한다.

해설 형법 제335조에서 절도가 재물의 탈환을 항거하거나 체포를 면탈하거나 죄적을 인멸할 목적으로 폭행 또는 협박을 가한 때에 준강도로서 강도죄의 예에 따라 처벌하는 취지는, 강도죄와 준강도죄의 구성요건인 재물탈취와 폭행·협박 사이에 시간적 순서상 전후의 차이가 있을 뿐 실질적으로 위법성이 같다고 보기 때문인 바, 이와 같은 준강도죄의 입법 취지, 강도죄와의 균형 등을 종합적으로 고려해 보면, 준강도죄의 기수 여부는 절도행위의 기수 여부를 기준으로 하여 판단하여야 한다(대판(전) 2004.11.18. 2004도5074). 정답 ○

85. (★★)절도범인이 처음에는 흉기를 휴대하지 아니하였으나, 체포를 면탈할 목적으로 폭행 또는 협박을 가할 때에 비로소 흉기를 휴대 사용하게 된 경우에는 특수강도의 준강도의 예에 의하여 처벌된다.

해설 大判(전) 1973.11.13. 73도1553. 정답 ○

86. 甲은 야간에 금품을 절취할 목적으로 아파트의 유리창을 열려고 하던 중, 경비원에게 발각되어 도주하다가 체포를 면탈할 목적으로 미리 소지하고 있던 드라이버를 경비원의 얼굴에 들이대면서 "너 잡지마, 잡으면 죽어"라고 말하였다. 이에 경비원이 멈칫하는 사이에 甲은 도주하였다. 甲은 준강도죄의 미수에 해당한다.

해설 야간에 아파트에 침입하여 물건을 훔칠 의도하에 아파트의 베란다 철제난간까지 올라가 유리창문을 열려고 시도하였다면 야간주거침입절도죄의 실행에 착수한 것으로 보아야 한다(대판 2003.10.24. 2003도4417). ※ 야간주거침입절도의 미수범이 체포면탈 목적으로 협박하였으므로 준강도 미수죄가 성립한다. 정답 ○

87. (★)피고인이 강도하기로 모의를 한 후 피해자 甲男으로부터 금품을 빼앗고 이어서 피해자 乙女를 강간하였다면 강도강간죄를 구성한다.

[해설] 大判 1991.11.12. 91도2241. 　　　　　　　　　　　　　　　　　　　[정답] ○

88. (★)특수강도의 범행을 모의하였으나 범행의 실행에 가담하지 아니하고, 공모자들이 강취해 온 장물의 처분을 알선만 하였다면 특수강도의 공동정범이 되는 것이 아니라 장물알선죄로 의율하여야 할 것이다.

[해설] 특수강도의 범행을 모의한 이상 범행의 실행에 가담하지 아니하고, 공모자들이 강취해 온 장물의 처분을 알선만하였다 하더라도, 특수강도의 공동정범이 된다 할 것이므로 장물알선죄로 의율할 것이 아니다(대판 1983.2.22. 82도3103. 82감도666). 　　　　[정답] ✕

89. (★★)甲은 상습 차량털이 절도범으로서, 어느 날 주택가를 배회하며 범행 대상을 물색하다가 체포되었다. 그런데 그 당시 甲은 뜻하지 않게 절도 범행이 발각되었을 경우 체포를 면탈하는데 도움이 될 수 있을 것이라는 생각에서 흉기를 휴대하고 있었다. 이 경우 甲에게는 강도예비죄가 성립한다.

[해설] 강도예비·음모죄가 성립하기 위해서는 예비·음모 행위자에게 미필적으로라도 '강도'를 할 목적이 있음이 인정되어야 하고 그에 이르지 않고 단순히 '준강도'할 목적이 있음에 그치는 경우에는 강도예비·음모죄로 처벌할 수 없다(대판 2006.9.14. 2004도6432). 　　[정답] ✕

제 4 절 사기의 죄

90. (★) (★) 기망행위에 의하여 국가적 또는 공공적 법익이 침해되었다는 사정만으로 사기죄가 성립한다고 할 수 없다.

> 해설 사기죄의 보호법익은 재산권이므로, 기망행위에 의하여 국가적 또는 공공적 법익이 침해되었다는 사정만으로 사기죄가 성립한다고 할 수 없다. 따라서 공사도급계약 당시 관련 영업 또는 업무를 규제하는 행정법규나 입찰 참가자격, 계약절차 등에 관한 규정을 위반한 사정이 있는 때에는 그러한 사정만으로 공사도급계약을 체결한 행위가 기망행위에 해당한다고 단정해서는 안 되고, 그 위반으로 말미암아 계약 내용대로 이행되더라도 공사의 완성이 불가능하였다고 평가할 수 있을 만큼 그 위법이 공사의 내용에 본질적인 것인지 여부를 심리·판단하여야 한다.(대판 2019.12.27. 2015도10570) 정답 ○

91. (★) 판례에 의할 때 다음 기술의 옳고 그름을 판단하라.

(1) 중앙행정기관의 장, 지방자치단체의 장 등 법률에 따라 금전적 부담의 부과권한을 부여받은 자가 재화 또는 용역의 제공과 관계없이 특정 공익사업과 관련하여 권력작용으로 부담금을 부과하는 침해행정 영역에서 일반 국민이 담당 공무원을 기망하여 권력작용에 의한 재산권 제한을 면하는 경우, 사기죄가 성립하지 아니한다.

(2) 甲이 담당 공무원을 기망하여 납부의무가 있는 농지보전부담금을 면제받은 경우 사기죄가 성립하지 아니한다.

> 해설 기망행위에 의하여 국가적 또는 공공적 법익을 침해하는 경우라도 그와 동시에 형법상 사기죄의 보호법익인 재산권을 침해하는 것과 동일하게 평가할 수 있는 때에는 행정법규에서 사기죄의 특별관계에 해당하는 처벌규정을 별도로 두고 있지 않는 한 사기죄가 성립할 수 있다. 그런데 중앙행정기관의 장, 지방자치단체의 장 등 법률에 따라 금전적 부담의 부과권한을 부여받은 자(이하 '부과권자'라 한다)가 재화 또는 용역의 제공과 관계없이 특정 공익사업과 관련하여 권력작용으로 부담금을 부과하는 것은 일반 국민의 재산권을 제한하는 침해행정에 속한다. 이러한 침해행정 영역에서 일반 국민이 담당 공무원을 기망하여 권력작용에 의한 재산권 제한을 면하는 경우에는 부과권자의 직접적인 권력작용을 사기죄의 보호법익인 재산권과 동일하게 평가할 수 없는 것이므로, 행정법규에서 그러한 행위에 대한 처벌규정을 두어 처벌함은 별론으로 하고, 사기죄는 성립할 수 없다.(대판 2019.12.24. 2019도2003)
> [용어정리] 농지보전부담금이란 농업 목적으로 사용해야할 토지(농지)를 주택 혹은 타 용도로 사용할 때 부과하는 세금을 말한다. 정답 (1) ○ (2) ○

92. (★) '甲은 乙등과 공모하여 A에게 금융감독원 직원 등을 사칭하면서 B의 계좌에 1,400만 원을 입금하라고 하고, B에게도 같은 취지로 거짓말하여 입금된 돈을 찾아서 자신들에게 전달하도록 하였다. 이 경우 甲은 A에 대한 사기죄 외에 B에 대한 사기죄가 별도로 성립한다.

[해설] 간접정범을 통한 범행에서 피이용자는 간접정범의 의사를 실현하는 수단으로서의 지위를 가질 뿐이므로, 피해자에 대한 사기범행을 실현하는 수단으로서 타인을 기망하여 그를 피해자로부터 편취한 재물이나 재산상 이익을 전달하는 도구로서만 이용한 경우에는 편취의 대상인 재물 또는 재산상 이익에 관하여 피해자에 대한 사기죄가 성립할 뿐 도구로 이용된 타인에 대한 사기죄가 별도로 성립한다고 할 수 없다(大判 2017.5.31. 2017도3894). 정답 ✕

93. (★) 원인무효인 근저당권설정등기에 기해 임의경매를 신청해 배당금을 수령한 경우 매수인에 대한 소송사기죄 성립한다.

[해설] 근저당권자가 집행법원을 기망하여 원인무효이거나 피담보채권이 존재하지 않는 근저당권에 기해 채무자 또는 물상보증인 소유의 부동산에 대하여 임의경매신청을 함으로써 경매절차가 진행되고 이후 배당금을 지급받기에 이르렀다면, 집행법원의 배당표 작성과 이에 따른 배당금 교부행위는 매수인에 대한 관계에서 그의 재산을 처분하여 직접 재산상 손해를 야기하는 행위로서 매수인의 처분행위에 갈음하는 내용과 효력을 가지므로 매수인에 대한 관계에서 사기죄가 성립한다(大判 2017.6.19. 2013도564). 정답 ○

94. (★) 피고인이 이동통신 판매대리점의 컴퓨터를 이용하여 이동통신회사들의 전산망에 접속한 다음 전산상으로 사용정지된 휴대전화를 사용할 수 있도록 하거나 유심칩 읽기를 통해 문자메시지 발송한도를 해제한 후 광고성 문자를 대량 발송하였다면 이동통신회사들로부터 이용대금 상당의 재산상 이득을 취득한 경우이므로 사기죄가 성립한다.

[해설] 피고인이 이동통신 판매대리점의 컴퓨터를 이용하여 이동통신회사들의 전산망에 접속한 다음 전산상으로 사용정지된 휴대전화를 사용할 수 있도록 하거나 유심칩 읽기를 통해 문자메시지 발송한도를 해제한 것은 전산상 자동으로 처리된 것일 뿐 사기죄 구성요건인 '사람을 기망하여 재산상 이득을 취득한 경우'에 해당한다고 볼 수 없는데도, 이와 달리 보아 피고인에게 사기죄를 인정한 원심판단에 법리오해의 위법이 있다고 한 사례(대판 2011.7.28. 2011도5299). 정답 ✕

95. 채무자가 채권자에 대하여 소정기일까지 지급할 의사와 능력이 없음에도 종전 채무의 변제기를 늦출 목적에서 어음을 발행·교부한 경우에는 사기죄가 성립한다.

[해설] 사기죄에 있어서 채무이행을 연기받는 것도 재산상의 이익이 되므로, 채무자가 채권자에 대하여 소정기일까지 지급할 의사와 능력이 없음에도 종전 채무의 변제기를 늦출 목적에서 어음을 발행·교부한 경우에는 사기죄가 성립한다(대판 1997.7.25. 97도1095). 정답 ○

96. (★) 甲은 부녀 乙에게 금품 등을 줄 것을 전제로 하여 성행위를 한 후 부녀 乙을 기망하여 성행위 대가의 지급을 면한 경우에는 사기죄가 성립한다.

해설 일반적으로 부녀와의 성행위 자체는 경제적으로 평가할 수 없고, 부녀가 상대방으로부터 금품이나 재산상 이익을 받을 것을 약속하고 성행위를 하는 약속 자체는 선량한 풍속 기타 사회질서에 위반한 사항을 내용으로 하는 법률행위로서 무효이지만, 사기죄의 객체가 되는 재산상의 이익이 반드시 사법상 보호되는 경제적 이익만을 의미하지 아니하고, 부녀가 금품 등을 받을 것을 전제로 성행위를 하는 경우 그 행위의 대가는 사기죄의 객체인 경제적 이익에 해당하므로, 부녀를 기망하여 성행위 대가의 지급을 면하는 경우 사기죄가 성립한다(대판 2001.10.23. 2001도2991). 정답 ○

97. (★)인감증명서는 그 내용 중에 재물이나 재산상 이익의 처분에 관한 사항이 포함되어 있지 아니한 경우일지라도 형법상의 '재물'에 해당한다.

해설 인감증명서는 인감과 함께 소지함으로써 인감 자체의 동일성을 증명함과 동시에 거래행위자의 동일성과 거래행위가 행위자의 의사에 의한 것임을 확인하는 자료로서 개인의 권리의무에 관계되는 일에 사용되는 등 일반인의 거래상 극히 중요한 기능을 가진다. 따라서 그 문서는 다른 특별한 사정이 없는 한 재산적 가치를 가지는 것이어서 형법상의 '재물'에 해당한다고 할 것이다. 이는 그 내용 중에 재물이나 재산상 이익의 처분에 관한 사항이 포함되어 있지 아니하다고 하여 달리 볼 것이 아니다. 따라서 위 용도로 발급되어 그 소지인에게 재산적 가치가 있는 것으로 인정되는 인감증명서를 그 소지인을 기망하여 편취하는 것은 그 소지인에 대한 관계에서 사기죄가 성립한다고 할 것이다(대판 2011.11.10. 2011도9919). 정답 ○

98. 甲이 보험가입자인 乙의 형사책임을 면하게 하기 위하여 보험회사를 기망하여 보험가입사실증명원을 발급받아 수사기관에 제출하도록 한 경우 甲은 사기죄의 죄책을 진다.

해설 보험가입사실을 증명하는 서면 그 자체가 사기죄의 객체인 재물이나 재산상 이익이 아니기 때문에 사기죄가 성립하지 아니한다(대판 1997.3.28. 96도2625). 정답 ×

99. 회사의 대표이사 甲은 A가 회사 소유의 대지를 가압류하여 아파트의 분양사업 계획이 무산될 위험에 처하자, A에게 가압류를 해제해 주면 순차적으로 채무를 변제하겠다고 거짓말하여, 이에 속은 A로부터 필요한 서류를 교부받아 가압류를 해제하였다. 그 후 A는 甲을 상대로 위 피보전권리에 기초한 공사대금청구의 소를 제기하였으나 그 청구권원의 존재를 인정할 만한 증거가 부족하다는 이유로 청구기각판결을 선고받았다. 이 경우 甲에게는 사기죄가 성립하지 않는다.

해설 부동산가압류결정을 받아 부동산에 관한 가압류집행까지 마친 자가 그 가압류를 해제하면 소유자는 가압류의 부담이 없는 부동산을 소유하는 이익을 얻게 되므로, 가압류를 해제하는 것 역시 사기죄에서 말하는 재산적 처분행위에 해당하고, 그 이후 가압류의 피보전채권이 존재하지 않는 것으로 밝혀졌다고 하더라도 가압류의 해제로 인한 재산상의 이익이 없었다고

할 수 없다(대판 2007.9.20. 2007도5507). **정답** ×

100. 부동산 위에 소유권이전청구권 보전의 가등기를 마친 자가 그 가등기를 말소하면 부동산 소유자는 가등기의 부담이 없는 부동산을 소유하게 되는 이익을 얻게 되는 것이므로, 가등기를 말소하는 것 역시 사기죄에서 말하는 재산적 처분행위에 해당하고, 설령 그 후 위 가등기에 의하여 보전하고자 하였던 소유권이전청구권이 존재하지 않아 위 가등기가 무효임이 밝혀졌다고 하더라도 가등기의 말소로 인한 재산상의 이익이 없었던 것으로 볼 수 없다.

[해설] 大判 2008.1.24. 2007도9417. **정답** ○

101. 법원을 기망하여 부재자 재산관리인으로 선임된 경우 재산이나 재산상의 이득을 얻은 것이라고는 볼 수 없으므로 사기죄가 성립하지 않는다.

[해설] 재산권이나 재산상의 이득을 얻은 것이라고는 볼 수 없으므로 사기죄에 해당하지 않는다(대판 1973.9.25. 73도1080). **정답** ○

[판례정리] 과장광고가 기망으로 인정되어 사기죄가 성립하는 경우

1. 종전에 출하한 일이 없던 신상품에 대하여 첫 출하시부터 종전가격 및 할인가격을 비교표시하여 막바로 세일에 들어가는 이른바 변칙세일의 경우(대판 1992.9.14. 91도2994).
2. 백화점의 식품매장에서 가공일자가 재포장일자로 기재된 바코드라벨을 부착하여 재판매하는 행위(대판 1995.7.28. 95도1157).

102. (★) 불행을 고지하거나 길흉화복에 관한 어떠한 결과를 약속하고 기도비 등의 명목으로 대가를 교부받은 경우에 전통적인 관습 또는 종교행위로서 허용될 수 있는 한계를 벗어났다면 사기죄에 해당한다.

[해설] [1] 피고인이 피해자에게 불행을 고지하거나 길흉화복에 관한 어떠한 결과를 약속하고 기도비 등의 명목으로 대가를 교부받은 경우에 전통적인 관습 또는 종교행위로서 허용될 수 있는 한계를 벗어났다면 사기죄에 해당한다.
[2] 피고인이 피해자에게 '피해자의 처가 정신분열병에 걸린 것은 귀신이 들린 것이니 피고인이 기도를 하여 낫게 해줄 수 있다', '피해자의 아들에 액운이 있으니 피고인이 골프공에 피해자의 아들 이름을 적어 골프채로 쳐서 액운을 몰아내야 한다', '피해자의 딸과 가족들에게 귀신이 씌었다'는 등의 말을 하며 돈을 요구하여 피해자로부터 기도비와 차용금 명목으로 합계 1억 889만 원을 교부받은 것에 대하여, 피고인이 골프채로 골프공을 치는 행위 등 그 주장하는 행위들이 경험칙상 전통적인 관습에 의한 무속행위나 통상적인 종교행위의 형태라고 볼 수 없다고 한 사례(대판 2017.11.9. 2016도12460). **정답** ○

103. (★★★) B는 차용금채무의 담보로 자기 명의로 된 승용차와 소유권이전등록에 필요한 일체의 서류를 甲에게 건네주면서 승용차의 처분에 이의를 제기하지 않기로 하였다. 이에 甲은 위 자동차를 양도한 후 다시 절취할 의사를 가지고 A에게 매매대금 7,500,000원을 받고 승용차를 인도하고 소유권이전등록에 필요한 일체의 서류를 교부한 후 승용차에 미리 부착해 놓은 GPS로 승용차의 위치를 추적하여 A가 주차해 놓은 승용차를 되찾아왔다. 이 경우 甲에게는 사기죄가 성립한다.(다른 범죄는 논의로 함)

[해설] 피고인 등이 피해자 A 등에게 자동차를 매도하겠다고 거짓말하고 자동차를 양도하면서 매매대금을 편취한 다음, 자동차에 미리 부착해 놓은 지피에스(GPS)로 위치를 추적하여 자동차를 절취하였다고 하여 사기 및 특수절도로 기소된 사안에서, 피고인이 A 등에게 자동차를 인도하고 소유권이전등록에 필요한 일체의 서류를 교부함으로써 A 등이 언제든지 자동차의 소유권이전등록을 마칠 수 있게 된 이상, 피고인이 자동차를 양도한 후 다시 절취할 의사를 가지고 있었더라도 자동차의 소유권을 이전하여 줄 의사가 없었다고 볼 수 없고, 피고인이 자동차를 매도할 당시 곧바로 다시 절취할 의사를 가지고 있으면서도 이를 숨긴 것을 기망이라고 할 수 없어, 결국 피고인이 자동차를 매도할 당시 기망행위가 없었으므로, 피고인에게 사기죄를 인정할 수 없다고 한 사례(大判 2016.3.24. 2015도17452).

[판결이유] 자동차를 매수한 후 그 소유권을 취득하기 위해서는 소유권이전등록까지 마쳐야 하나, 매수인이 매도인으로부터 자동차와 함께 그 소유권이전등록에 필요한 일체의 서류를 건네받은 경우에는 혼자서도 소유권이전등록을 마칠 수 있다.

정답 ✕

104. (★)비의료인이 개설한 의료기관이 의료법에 의하여 적법하게 개설된 요양기관인 것처럼 국민건강보험공단에 요양급여비용의 지급을 청구하여 지급받은 경우, 의료기관 개설인인 비의료인이 개설 명의를 빌려준 의료인으로 하여금 환자들에게 요양급여를 제공하게 하였더라도 사기죄가 성립한다.

[해설] 국민건강보험법은 의료법에 따라 개설된 의료기관만이 직접 국민건강보험공단을 상대로 '요양급여비용'을 청구하도록 규정하고 있다. 따라서 의료법을 위반하여 적법하게 개설되지 아니한 의료기관은 국민건강보험법상 요양급여비용을 청구할 수 있는 요양기관에 해당되지 아니하므로 요양급여비용을 적법하게 지급받을 자격이 없다고 보아야 한다.
결국 의료인의 자격이 없는 일반인(비의료인)이 개설한 의료기관이 마치 의료법에 의하여 적법하게 개설된 요양기관인 것처럼 국민건강보험공단에 요양급여비용의 지급을 청구하는 것은 국민건강보험공단으로 하여금 요양급여비용 지급에 관한 의사결정에 착오를 일으키게 하는 것이 되어 사기죄의 기망행위에 해당하고, 이러한 기망행위에 의하여 국민건강보험공단으로부터 요양급여비용을 지급받을 경우에는 사기죄가 성립한다. 이 경우 의료기관의 개설인인 비의료인이 개설 명의를 빌려준 의료인으로 하여금 환자들에게 요양급여를 제공하게 하였다 하여도 마찬가지이다.(대판 2015.7.9. 2014도11843)

정답 ○

105. (★) 의료인으로서 자격과 면허를 보유한 사람이 의료법에 따라 의료기관을 개설하여 건강보험의 가입자 또는 피부양자에게 국민건강보험법에서 정한 요양급여를 실시하고 국민건강보험공단으로부터 요양급여비용을 지급받았는데, 그 의료기관이 다른 의료인의 명의로 개설·운영되어 의료법 제4조 제2항을 위반한 경우, 국민건강보험공단을 피해자로 하는 사기죄를 구성한다.

해설 의료인으로서 자격과 면허를 보유한 사람이 의료법에 따라 의료기관을 개설하여 건강보험의 가입자 또는 피부양자에게 국민건강보험법에서 정한 요양급여를 실시하고 국민건강보험공단으로부터 요양급여비용을 지급받았다면, 설령 그 의료기관이 다른 의료인의 명의로 개설·운영되어 의료법 제4조 제2항을 위반하였더라도 그 자체만으로는 국민건강보험법상 요양급여비용을 청구할 수 있는 요양기관에서 제외되지 아니하므로, 달리 요양급여비용을 적법하게 지급받을 수 있는 자격 내지 요건이 흠결되지 않는 한 국민건강보험공단을 피해자로 하는 사기죄를 구성한다고 할 수 없다.(대판 2019.5.30. 2019도1839) **정답** ✕

106. (★★)보험설계사인 피고인이 남편을 피보험자로, 계약자 및 보험수익자를 피고인으로 하며 피보험자의 사망 시에만 보험금이 지급되는 것을 내용으로 하는 보험계약을 보험회사와 체결하면서, '계약 전 알릴 의무사항'에 해당하는 남편의 과거 항암치료 등을 받은 사실을 숨겼다. 그 후 남편이 림프종이 재발하여 백혈병으로 사망하자 피고인이 보험회사에 보험금의 지급을 청구하여 보험금을 지급받았다면, 피고인의 보험계약 체결행위는 보험금 편취를 위한 고의의 기망행위에 해당한다.

해설 생명보험계약은 사람의 생명에 관한 '우연한 사고'에 대하여 보험금을 지급하기로 하는 약정을 말하고, 여기서 '우연한 사고'라 함은 사고가 피보험자가 예측할 수 없는 원인에 의하여 발생하는 것으로서 고의에 의한 것이 아니고 예견하지 않았는데 우연히 발생하고 통상적인 과정으로는 기대할 수 없는 결과를 가져오는 사고를 의미한다. 따라서 보험계약자가 상법상 고지의무를 위반하여 보험자와 생명보험계약을 체결한다고 하더라도 그 보험금은 보험계약의 체결만으로 지급되는 것이 아니라 우연한 사고가 발생하여야만 지급되는 것이므로, 상법상 고지의무를 위반하여 보험계약을 체결하였다는 사정만으로 보험계약자에게 미필적으로나마 보험금 편취를 위한 고의의 기망행위가 있었다고 단정하여서는 아니 되고, 더 나아가 보험사고가 이미 발생하였음에도 이를 묵비한 채 보험계약을 체결하거나 보험사고 발생의 개연성이 농후함을 인식하면서도 보험계약을 체결하는 경우 또는 보험사고를 임의로 조작하려는 의도를 갖고 보험계약을 체결하는 경우와 같이 그 행위가 '보험사고의 우연성'과 같은 보험의 본질을 해할 정도에 이르러야 비로소 보험금 편취를 위한 고의의 기망행위를 인정할 수 있다고 할 것이다(대판 2012.11.15. 2010도6910). **정답** ✕

107. (★★)타인의 사망을 보험사고로 하는 생명보험계약을 체결함에 있어 제3자가 피보험자인 것처럼 가장하여 체결한 행위만으로는 특별한 사정이 없는 한 보험금을 편취하려는 의사에 의한 기망행위의 실행에 착수한 것으로 볼 수 없다.

해설 타인의 사망을 보험사고로 하는 생명보험계약을 체결함에 있어 제3자가 피보험자인 것처럼 가장하여 체결하는 등으로 그 유효 요건이 갖추어지지 못한 경우에도, 그 보험계약 체결 당시에 이미 보험사고가 발생하였음에도 이를 숨겼다거나 보험사고의 구체적 발생 가능성을 예견할 만한 사정을 인식하고 있었던 경우 또는 고의로 보험사고를 일으키려는 의도를 가지고 보험계약을 체결한 경우와 같이 보험사고의 우연성과 같은 보험의 본질을 해칠 정도라고 볼 수 있는 특별한 사정이 없는 한, 그와 같이 하자 있는 보험계약을 체결한 행위만으로는 미필적으로라도 보험금을 편취하려는 의사에 의한 기망행위의 실행에 착수한 것으로 볼 것은 아니다. 그러므로 그와 같이 기망행위의 실행의 착수로 인정할 수 없는 경우에 피보험자 본인임을 가장하는 등으로 보험계약을 체결한 행위는 단지 장차의 보험금 편취를 위한 예비행위에 지나지 않는다 할 것이다(대판 2013.11.14. 2013도7494). **정답** ○

108. (★)피고인이, 갑에게 이미 당뇨병과 고혈압이 발병한 상태임을 숨기고 을 생명보험 주식회사와 피고인을 보험계약자로, 갑을 피보험자로 하는 2건의 보험계약을 체결한 다음, 고지의무 위반을 이유로 을 회사로부터 일방적 해약이나 보험금 지급거절을 당할 수 없는 이른바 면책기간 2년을 도과한 이후 갑의 보험사고 발생을 이유로 을 회사에 보험금을 청구하여 보험금을 수령하였다면 사기죄는 기수에 해당한다.

해설 피고인의 보험계약 체결행위와 보험금 청구행위는 을 회사를 착오에 빠뜨려 처분행위를 하게 만드는 일련의 기망행위에 해당하고, 을 회사가 그에 따라 보험금을 지급하였을 때 사기죄는 기수에 이른다고 한 사례.(대판 2019.4.3. 2014도2754) **정답** ○

109. 착오에 빠진 원인 중에 피기망자 측의 과실이 있는 경우에도 사기죄가 성립한다.

해설 사기죄가 성립하기 위해서는 기망행위와 상대방의 착오 및 재물의 교부 또는 재산상의 이익의 공여와의 사이에 순차적인 인과관계가 있어야 하지만, 착오에 빠진 원인 중에 피기망자 측에 과실이 있는 경우에도 사기죄가 성립한다(대판 2009.6.23. 2008도1697). **정답** ○

110. (★)부동산 이중매매(이중양도담보)에서 매도인이 제1의 매매계약(양도담보계약)을 일방적으로 해제할 수 없는 처지에 있었다는 사정을 제2의 매수인(양도담보권자)에게 고지하지 아니한 것은 사기죄의 기망행위에 해당하지 아니한다.

해설 부동산의 이중매매에 있어서 매도인이 제1의 매매계약을 일방적으로 해제할 수 없는 처지에 있었다는 사정만으로는, 바로 제2의 매매계약의 효력이나 그 매매계약에 따르는 채무의 이행에 장애를 가져오는 것이라고 할 수 없음은 물론, 제2의 매수인의 매매목적물에 대한 권리의 실현에 장애가 된다고 볼 수도 없는 것이므로 매도인이 제2의 매수인에게 그와 같은 사정을 고지하지 아니하였다고 하여 제2의 매수인을 기망한 것이라고 평가할 수는 없을 것이고, 부동산의 이중양도담보에 있어서도 마찬가지라고 할 것이다(대판 2012.1.26. 2011도15179).

[동지판례] 1) 피고인 단독명의로 소유권이전등기가 되어 있는 부동산 중 1/2지분은 타인으로부터 명의 신탁 받은 것임에도 불구하고 피고인이 그의 승낙 없이 위 부동산 전부를 피해자에게 매도하여 그 소유 권이전등기를 마쳐준 경우, 매수인은 유효하게 위 부동산의 소유권을 취득하므로 매수인인 피해자에 대 하여 사기죄를 구성하지 않는다(대판 1990.11.13. 90도1961).

2) 채무자가 채무담보의 뜻으로 대물변제예약한 물건을 그 변제기 후에 채권자측으로부터의 예 약완결권 행사 전에 제3자에게 대물변제 하였다면 위 채권자에 대한 관계에 있어 배임이 됨은 모르거니와 위 제3자에 대한 관계에 있어 사기죄는 성립하지 아니한다(대판 1980.7.8. 79도2734).

정답 ○

111. (★)부동산중개업자인 甲은 장지지구 33평형 아파트 입주권을 매도하면서 그 입주권을 2억 5,000만원에 확보하여 2억 9,500만원에 전매한다는 사실을 매수인 A에게 고지하지 않 았다. 한편 A는 장지지구 33평형 아파트 입주권을 2억 9,500만원에 매입하면 시세차익을 볼 수 있다고 판단하여 입주권 가격에 대하여 아무런 문의도 하지 않고 매매계약을 체결 하였다. 이 경우 甲은 매수인 A를 기망하여 차액 4,500만원을 편취하였다고 할 수 있다.

해설 매매로 인한 법률관계에 아무런 영향도 미칠 수 없는 것이어서 매수인의 권리의 실현에 장애 가 되지 아니하는 사유까지 매도인이 매수인에게 고지할 의무가 있다고는 볼 수 없다. 부동산중개업자인 피고인이 아파트 입주권을 매도하면서 그 입주권을 2억 5,000만원에 확보하 여 2억 9,500만원에 전매한다는 사실을 매수인에게 고지하지 않은 사안에서, 피고인이 매수인 을 기망하여 차액 4,500만원을 편취하였다고 보기 어려워 사기죄가 성립하지 않는다고 본 원심 판단을 수긍한 사례(대판 2011.1.27. 2010도5124).

정답 ×

112. (★★)피고인이 오피스텔 공사대금의 채권자인 甲과 오피스텔 중 17세대를 대물변제조 로 이전해 주고 甲의 동의 없이 오피스텔을 신탁할 수 없다는 신탁금지약정을 체결하였 음에도 이러한 사실을 乙 은행에 알리지 아니한 채 우선수익자를 乙은행으로 하여 한국 자산신탁 주식회사에 오피스텔을 신탁함으로써 담보제공하기로 하고 乙은행에서 20억 원을 대출받았다면 피고인에게는 사기죄가 성립한다.

해설 어떤 법률행위를 하려는 사람이 그 법률행위에 따른 상대방의 법률상 지위에 아무런 영 향도 미칠 수 없는 사유까지 상대방에게 고지할 의무가 있다고 볼 수는 없다(대판 2012.4.13. 2011 도2989).

[판결이유] 甲의 동의 없이 이를 신탁할 수 없다는 취지의 약정을 체결하였다는 사정만으로는 신탁 계약의 효력과 그 신탁계약에 따르는 채무의 이행에 장애를 가져오거나 수탁자와 우선수익자의 권리 실현에 장애가 된다고 볼 수 없고, 따라서 피고인이 피해자에게 이 사건 신탁금지약정을 체결한 사실을 고지하지 아니하였다고 하여 피해자를 기망한 것이라고 평가할 수는 없을 것이다.

정답 ×

113. 근저당권자의 대리인인 피고인이 채무자 겸 소유자 명의의 위임장을 위조하여 법원에 제출하는 방법으로 경매개시결정 정본을 교부받은 경우, 비록 근저당권이 유효하다고 하더라도 사기죄의 기망행위에 해당한다.

[해설] 위 행위는 사회통념상 도저히 용인될 수 없으므로 비록 근저당권이 유효하다고 하더라도 사기죄의 기망행위에 해당한다고 한 사례(대판 2009.7.9. 2009도295). 정답 ○

114. 요양급여대상이 아닌 전화 진찰을 요양급여대상으로 되어 있던 내원 진찰인 것으로 하여 요양급여비용을 청구한 것은 사기죄의 기망행위에 해당한다.

[해설] 전화 진찰을 요양급여대상으로 되어 있던 내원 진찰인 것으로 하여 요양급여비용을 청구한 것은 기망행위로서 사기죄를 구성한다(대판 2013.4.26. 2011도10797). 정답 ○

115. (★★) 법인이나 단체의 대표자 또는 실질적으로 의사결정을 하는 최종결재권자 등 기망의 상대방이 기망행위자와 동일인이거나 기망행위자와 공모하는 등 기망행위를 알고 있었던 경우, 기망의 상대방이 재물을 교부하는 등의 처분을 했더라도 사기죄가 성립하지 아니한다.

[해설] 사기죄는 타인을 기망하여 착오에 빠뜨려 재물을 교부받거나 재산상의 이익을 얻음으로써 성립하므로 기망행위의 상대방 또는 피기망자는 재물 또는 재산상 이익을 처분할 권한이 있어야 한다. 사기죄의 피해자가 법인이나 단체인 경우에 기망행위가 있었는지는 법인이나 단체의 대표 등 최종 의사결정권자 또는 내부적인 권한 위임 등에 따라 실질적으로 법인의 의사를 결정하고 처분을 할 권한을 가지고 있는 사람을 기준으로 판단하여야 한다. 피해자 법인이나 단체의 대표자 또는 실질적으로 의사결정을 하는 최종결재권자 등 기망의 상대방이 기망행위자와 동일인이거나 기망행위자와 공모하는 등 기망행위를 알고 있었던 경우에는 기망의 상대방에게 기망행위로 인한 착오가 있다고 볼 수 없고, 기망의 상대방이 재물을 교부하는 등의 처분을 했더라도 기망행위와 인과관계가 있다고 보기 어렵다. 이러한 경우에는 사안에 따라 업무상횡령죄 또는 업무상배임죄 등이 성립하는 것은 별론으로 하고 사기죄가 성립한다고 보기 어렵다(대판 2017.8.29. 2016도18986). 정답 ○

116. (★★) 법인이나 단체의 업무를 처리하는 실무자인 일반 직원이나 구성원 등이 기망행위임을 알고 있었으나, 그 대표자 또는 실질적으로 의사결정을 하는 최종결재권자 등이 기망행위임을 알지 못한 채 착오에 빠져 처분행위에 이른 경우, 법인에 대한 사기죄가 성립한다.

[해설] 피해자 법인이나 단체의 업무를 처리하는 실무자인 일반 직원이나 구성원 등이 기망행위임을 알고 있었더라도, 피해자 법인이나 단체의 대표자 또는 실질적으로 의사결정을 하는 최종결재권자 등이 기망행위임을 알지 못한 채 착오에 빠져 처분행위에 이른 경우라면, 피해자

법인에 대한 사기죄의 성립에 영향이 없다(대판 2017.9.26. 2017도8449).　　　　　정답 ○

117. (★)수익자가 기망을 통하여 급여자로 하여금 불법원인급여에 해당하는 재물을 제공하도록 하였다면 사기죄가 성립한다.

[해설] 大判 2006.11.23. 2006도6795.　　　　　정답 ○

※ **다음 중 판례에 의할 때 사기죄(또는 사기죄의 미수)가 성립하는 사례(○)와 성립하지 않는 사례(×)를 판단하시오.**

118. (★★)피고인이 피해자들을 기망하여 부동산을 매도하면서 매매대금 중 일부를 피해자들의 피고인에 대한 기존 채권과 상계하는 방법으로 지급받았다.

[해설] [1] 사기죄에서 '재산상의 이익'이란 채권을 취득하거나 담보를 제공받는 등의 적극적 이익뿐만 아니라 채무를 면제받는 등의 소극적 이익까지 포함하며, 채무자의 기망행위로 인하여 채권자가 채무를 확정적으로 소멸 내지 면제시키는 특약 등 처분행위를 한 경우에는 채무의 면제라고 하는 재산상 이익에 관한 사기죄가 성립하고, 후에 재산적 처분행위가 사기를 이유로 민법에 따라 취소될 수 있다고 하여 달리 볼 것은 아니다.
[2] 피고인이 피해자들을 기망하여 부동산을 매도하면서 매매대금 중 일부를 피해자들의 피고인에 대한 기존 채권과 상계하는 방법으로 지급받아 채무 소멸의 재산상 이익을 취득하였다는 내용으로 기소된 사안에서, 피고인이 상계에 의하여 기존 채무가 소멸되는 재산상 이익을 취득하였다고 보아 사기죄를 인정한 원심판단을 정당하다고 한 사례(대판 2012.4.13. 2012도1101).　　정답 ○

119. (★)채무를 면탈할 목적으로 존재하지 않는 제3자에 대한 채권을 양도하였다.

[해설] 양도한 채권이 존재하지 않는다면 이를 양도하였더라도 채권이전의 효력이 발생되지 않는다 할 것이므로 채권양도로 재산상의 이익을 취득하였다고 볼 수 없다(대판 1985.3.12. 85도74).　　　　　정답 ×

120. (★)피고인이 피해자에게 백미 100가마를 변제한다고 말하면서 10가마의 백미보관증을 100가마의 보관증이라고 속여 교부하고 한문판독능력이 없는 피해자가 이를 100가마의 보관증으로 믿고 교부받았다.

[해설] 나머지 90가마의 채무가 소멸할 리 없고 피고인이 위 채무를 면탈하였다고 할 수 없어 이로 인하여 재산상의 이익을 취득하였다고 할 수 없을 것이므로 이익사기죄에 해당한다고 할 수 없다(대판 1990.12.26. 90도2037).　　　　　정답 ×

121. (★★)매수인이 매도인에게 매매잔금을 지급함에 있어 착오에 빠져 지급해야 할 금액을 초과하여 착오로 자기앞수표 1장을 더 교부하였지만 매도인이 그 사실을 미리 알지 못하고 매매잔금을 건네주고 받는 행위를 끝마친 후에야 비로소 알게 되었다.

> [해설] 그 사실을 미리 알지 못하고 매매잔금을 건네주고 받는 행위를 끝마친 후에야 비로소 알게 되었을 경우에는 주고 받는 행위는 이미 종료되어 버린 후이므로 매수인의 착오 상태를 제거하기 위하여 그 사실을 고지하여야 할 법률상 의무의 불이행은 더 이상 그 초과된 금액 편취의 수단으로서의 의미는 없으므로, 교부하는 돈을 그대로 받은 그 행위는 점유이탈물횡령죄가 될 수 있음은 별론으로 하고 사기죄를 구성할 수는 없다(대판 2004.5.27. 2003도4531).
>
> [정답] ✕

122. 명의상의 학원 원장에 불과한 자가 외환위기 후 신규창업 자금을 지원하기 위한 생계형 창업특별보증제도의 목적 및 대출금의 용도에 반하여 창업자금 대출금 중 일부를 개인적인 용도로 사용할 생각이었음에도 불구하고 이를 속이고 위 대출금을 위 학원 운전자금 용도로 사용하겠다면서 보증을 신청하였다.

> [해설] 사기죄의 기망행위에 해당한다(대판 2003.12.12. 2003도4450).
>
> [정답] ◯

123. (★)타인 명의의 등기서류를 위조하여 등기공무원에게 제출함으로써 자기 명의로 소유권이전등기를 마쳤다.

> [해설] 타인 명의의 등기서류를 위조하여 등기공무원에게 제출함으로써 피고인 명의로 소유권이전등기를 마쳤다고 하여도 피해자의 처분행위가 없을 뿐 아니라 등기공무원에게는 위 부동산의 처분권한이 있다고 볼 수 없어 사기죄가 성립하지 않는다(대판 1981.7.28. 81도529).
> [동지판례] 토지의 일부만을 매수한 자가 그 부분만을 분할·이전하겠다고 거짓말하여 소유자로 부터 인장을 교부받아 토지전부에 관하여 소유권이전등기를 필한 경우에는 매수하지 아니한 부분에 관한 등기에 대하여는 <u>위 소유자의 처분 행위가 없었을 뿐만 아니라 등기 공무원에게는 그 처분권한이 있다고 볼 수 없어 사기죄가 성립하지 않는다</u>(대판 1982.3.9. 81도1732).
>
> [정답] ✕

124. (★★★) 판례에 의할 때 다음 기술의 옳고 그름을 판단하라.

(1) 피기망자가 행위자의 기망행위로 인하여 착오에 빠진 결과 내심의 의사와 다른 효과를 발생시키는 내용의 처분문서에 서명 또는 날인함으로써 처분문서의 내용에 따른 재산상 손해가 초래된 경우, 피기망자의 행위는 사기죄에서 말하는 처분행위에 해당한다.

(2) 피기망자가 처분결과, 즉 문서의 구체적 내용과 법적 효과를 미처 인식하지 못하였으나 처분문서에 서명 또는 날인하는 행위에 관한 인식이 있었던 경우, 피기망자의 처분의사가 인정된다.

(3) 피고인 등이 토지의 소유자이자 매도인인 피해자 갑 등에게 토지거래허가 등에 필요한 서류라고 속여 근저당권설정계약서 등에 서명·날인하게 하고 인감증명서를 교부받은 다음, 이를 이용하여 갑 등의 소유 토지에 피고인을 채무자로 한 근저당권을 을 등에게 설정하여 주고 돈을 차용하였다고 하더라도, 갑 등에게 그 소유 토지들에 근저당권 등을 설정하여 줄 의사가 없었으므로 갑 등의 처분행위가 없다고 보아야 하므로 사기죄가 성립하지 아니한다.

해설 [1] 사기죄에서 처분행위는 행위자의 기망행위에 의한 피기망자의 착오와 행위자 등의 재물 또는 재산상 이익의 취득이라는 최종적 결과를 중간에서 매개·연결하는 한편, 착오에 빠진 피해자의 행위를 이용하여 재산을 취득하는 것을 본질적 특성으로 하는 사기죄와 피해자의 행위에 의하지 아니하고 행위자가 탈취의 방법으로 재물을 취득하는 절도죄를 구분하는 역할을 한다. 처분행위가 갖는 이러한 역할과 기능을 고려하면, 피기망자의 의사에 기초한 어떤 행위를 통해 행위자 등이 재물 또는 재산상의 이익을 취득하였다고 평가할 수 있는 경우라면 사기죄에서 말하는 처분행위가 인정된다.

사기죄에서 피기망자의 처분의사는 기망행위로 착오에 빠진 상태에서 형성된 하자 있는 의사이므로 불완전하거나 결함이 있을 수밖에 없다. 처분행위의 법적 의미나 경제적 효과 등에 대한 피기망자의 주관적 인식과 실제로 초래되는 결과가 일치하지 않는 것이 오히려 당연하고, 이 점이 사기죄의 본질적 속성이다. 따라서 처분의사는 착오에 빠진 피기망자가 어떤 행위를 한다는 인식이 있으면 충분하고, 그 행위가 가져오는 결과에 대한 인식까지 필요하다고 볼 것은 아니다.

사기죄의 성립요소로서 기망행위는 널리 거래관계에서 지켜야 할 신의칙에 반하는 행위로서 사람으로 하여금 착오를 일으키게 하는 것을 말하고, 착오는 사실과 일치하지 않는 인식을 의미하는 것으로, 사실에 관한 것이든, 법률관계에 관한 것이든, 법률효과에 관한 것이든 상관없다. 또한 사실과 일치하지 않는 하자 있는 피기망자의 인식은 처분행위의 동기, 의도, 목적에 관한 것이든, 처분행위 자체에 관한 것이든 제한이 없다. 따라서 피기망자가 기망당한 결과 자신의 작위 또는 부작위가 갖는 의미를 제대로 인식하지 못하여 그러한 행위가 초래하는 결과를 인식하지 못하였더라도 그와 같은 착오 상태에서 재산상 손해를 초래하는 행위를 하기에 이르렀다면 피기망자의 처분행위와 그에 상응하는 처분의사가 있다고 보아야 한다.

피해자의 처분행위에 처분의사가 필요하다고 보는 근거는 처분행위를 피해자가 인식하고 한 것이라는 점이 인정될 때 처분행위를 피해자가 한 행위라고 볼 수 있기 때문이다. 다시 말하여 사기죄에서 피해자의 처분의사가 갖는 기능은 피해자의 처분행위가 존재한다는 객관적 측면에 상응하여 이를 주관적 측면에서 확인하는 역할을 하는 것일 뿐이다. 따라서 처분행위라고 평가되는 어떤 행위를 피해자가 인식하고 한 것이라면 피해자의 처분의사가 있다고 할 수 있다. 결국 피해자가 처분행위로 인한 결과까지 인식할 필요가 있는 것은 아니다.

결론적으로 사기죄의 본질과 구조, 처분행위와 그 의사적 요소로서 처분의사의 기능과 역할, 기망행위와 착오의 의미 등에 비추어 보면, 비록 피기망자가 처분행위의 의미나 내용을 인식하지 못하였더라도, 피기망자의 작위 또는 부작위가 직접 재산상 손해를 초래하는 재산적 처분행위로 평가되고, 이러한 작위 또는 부작위를 피기망자가 인식하고 한 것이라면 처분행위에 상응하는 처분의사는 인정된다. 다시 말하면 피기망자가 자신의 작위 또는 부작위에 따른 결과까지 인식하여야 처분의사를 인정할 수 있는 것은 아니다.

[2] 이른바 '서명사취' 사기는 기망행위에 의해 유발된 착오로 인하여 피기망자가 내심의 의사와 다른 처분문서에 서명 또는 날인함으로써 재산상 손해를 초래한 경우이다. 여기서는 행위자의 기망행위 태양 자체가 피기망자가 자신의 처분행위의 의미나 내용을 제대로 인식할 수 없는 상황을 이용하거나 피기망자로 하여금 자신의 행위로 인한 결과를 인식하지 못하게 하는 것을 핵심적인 내용으로 하고, 이로 말미암아 피기망자는 착오에 빠져 처분문서에 대한 자신의 서명 또는 날인행위가 초래하는 결과를 인식하지 못하는 특수성이 있다. 피기망자의 하자 있는 처분행위를 이용하는 것이 사기죄의 본질인데, 서명사취 사안에서는 그 하자가 의사표시 자체의 성립과정에 존재한다.

이러한 서명사취 사안에서 피기망자가 처분문서의 내용을 제대로 인식하지 못하고 처분문서에 서명 또는 날인함으로써 내심의 의사와 처분문서를 통하여 객관적·외부적으로 인식되는 의사가 일치하지 않게 되었더라도, 피기망자의 행위에 의하여 행위자 등이 재물이나 재산상 이익을 취득하는 결과가 초래되었다고 할 수 있는 것은 그러한 재산의 이전을 내용으로 하는 처분문서가 피기망자에 의하여 작성되었다고 볼 수 있기 때문이다. 이처럼 피기망자가 행위자의 기망행위로 인하여 착오에 빠진 결과 내심의 의사와 다른 효과를 발생시키는 내용의 처분문서에 서명 또는 날인함으로써 처분문서의 내용에 따른 재산상 손해가 초래되었다면 그와 같은 처분문서에 서명 또는 날인을 한 피기망자의 행위는 사기죄에서 말하는 처분행위에 해당한다. 아울러 비록 피기망자가 처분결과, 즉 문서의 구체적 내용과 법적 효과를 미처 인식하지 못하였더라도, 어떤 문서에 스스로 서명 또는 날인함으로써 처분문서에 서명 또는 날인하는 행위에 관한 인식이 있었던 이상 피기망자의 처분의사 역시 인정된다.

[3] 갑 등은 피고인 등의 기망행위로 착오에 빠진 결과 토지거래허가 등에 필요한 서류로 잘못 알고 처분문서인 근저당권설정계약서 등에 서명 또는 날인함으로써 재산상 손해를 초래하는 행위를 하였으므로 갑 등의 행위는 사기죄에서 말하는 처분행위에 해당하고, 갑 등이 비록 자신들이 서명 또는 날인하는 문서의 정확한 내용과 문서의 작성행위가 어떤 결과를 초래하는지를 미처 인식하지 못하였더라도 토지거래허가 등에 관한 서류로 알고 그와 다른 근저당권설정계약에 관한 내용이 기재되어 있는 문서에 스스로 서명 또는 날인함으로써 그 문서에 서명 또는 날인하는 행위에 관한 인식이 있었던 이상 처분의사도 인정됨에도, 갑 등에게 그 소유 토지들에 근저당권 등을 설정하여 줄 의사가 없었다는 이유만으로 갑 등의 처분행위가 없다고 보아 공소사실을 무죄로 판단한 원심판결에 사기죄의 처분행위에 관한 법리오해의 잘못이 있다고 한 사례(大判(전) 2017.2.16. 2016도13362).

정답 (1) ○ (2) ○ (3) ✕

125. (★★) 판례에 의할 때 다음 기술의 옳고 그름을 판단하라.

(1) 피기망자의 의사에 기초한 어떤 행위를 통해 행위자 등이 재물 또는 재산상의 이익을 취득하였다고 평가할 수 있는 경우, 사기죄에서 말하는 처분행위가 인정된다.

(2) 외관상 재물의 교부에 해당하는 행위가 있었으나, 재물이 범인의 사실상의 지배 아래에 들어가 그의 자유로운 처분이 가능한 상태에 놓이지 않고 여전히 피해자의 지배 아래에 있는 것으로 평가되는 경우, 그 재물에 대한 처분행위가 있었다고 볼 수 없다.

(3) 금괴를 빼돌릴 것을 공모한 1차 운반책들은 인천공항 면세구역에서 금괴무역상인 A로부터 금괴를 전달받은 후 또는 후쿠오카행 비행기에 탑승하러 가던 중 A에게는 화장실이 급하다고 거짓말을 하고 근처 화장실로 들어가, A의 눈을 피해 공모한 2차 운반책들에게 금괴를 전달하였고, 화장실에서 나와서는 여전히 금괴를 허리에 차고 있는 것처럼 행동하였다. 한편 금괴 교부장소인 인천공항 면세구역에서부터 금괴 전달장소인 후쿠오카 공항의 입국장에 도착할 때까지 운반책들의 이동이 피해자에 의하여 관리 또는 감독되고 있었고, 정해진 경로에서 이탈할 가능성은 없었다. 이 경우 A가 금괴를 교부함으로써 금괴에 대한 점유를 제1차 운반책들에게 이전하는 재산상 처분행위를 한 것으로 보아야 하므로 1차 운반책들의 행위는 사기죄에 해당한다.

해설 피기망자의 의사에 기초한 어떤 행위를 통해 행위자 등이 재물 또는 재산상의 이익을 취득하였다고 평가할 수 있는 경우라면, 사기죄에서 말하는 처분행위가 인정된다. 또한 재물에 대한 사기죄에 있어서 처분행위란, 범인의 기망에 따라 피해자가 착오로 재물에 대한 사실상의 지배를 범인에게 이전하는 것을 의미하므로, 외관상 재물의 교부에 해당하는 행위가 있었다고 하더라도, 재물이 범인의 사실상의 지배 아래에 들어가 그의 자유로운 처분이 가능한 상태에 놓이지 않고 여전히 피해자의 지배 아래에 있는 것으로 평가된다면, 그 재물에 대한 처분행위가 있었다고 볼 수 없다.(대판 2018.8.1. 2018도7030) 정답 (1) ○ (2) ○

126. (★)양도증서 등 특허 관련 명의변경 서류를 위조하여 일본국 특허청 공무원에게 제출함으로써 특허의 출원자를 자신의 명의로 변경한 경우, 사기죄가 성립한다.

해설 양도증서 등 특허 관련 명의변경 서류를 위조하여 일본국 특허청 공무원에게 제출함으로써 특허의 출원자를 자신의 명의로 변경한 사안에서, 특허권에 관한 처분행위가 있었다고 볼 수 없으므로 사기죄를 구성하지 않는다고 한 사례(대판 2007.11.16. 2007도3475).
[판결이유] 피해자의 이 사건 특허를 받을 수 있는 권리에 관한 처분행위가 있었다고 할 수 없을 뿐만 아니라 일본국 특허청 공무원에게 이 사건 특허를 받을 수 있는 권리의 처분권한이 있다고도 볼 수 없으므로, 사기죄를 구성한다고 보기 어렵다. 정답 ×

127. (★)자기가 점유하는 타인의 재물을 영득하기 위하여 기망수단을 쓴 경우에는 사기죄가 성립한다.

해설 자기가 점유하는 타인의 재물을 횡령하기 위하여 기망수단을 쓴 경우에는 피기망자에 의한 재산처분행위가 없으므로 일반적으로 횡령죄만 성립되고 사기죄는 성립되지 아니한다 (대판 1980.12.9. 80도1177). 정답 ×

128. (★)사기죄에 있어서 피기망자와 재산상의 피해자가 같은 사람이 아닌 경우에는 피기망자가 피해자를 위하여 그 재산을 처분할 수 있는 권능을 갖거나 그 지위에 있어야 하므로, 피해자의 의사에 기하여 재산을 처분할 수 있는 서류 등이 교부된 경우 피기망자의 처분행위가 피해자의 진정한 의도와 어긋나는 때에는 위와 같은 권능을 갖거나 그 지위에 있는 것으로 볼 수 없다.

[해설] 피해자를 위하여 재산을 처분할 수 있는 권능이나 지위라 함은 반드시 사법상의 위임이나 대리권의 범위와 일치하여야 하는 것은 아니고 피해자의 의사에 기하여 재산을 처분할 수 있는 서류 등이 교부된 경우에는 피기망자의 처분행위가 설사 피해자의 진정한 의도와 어긋나는 경우라고 할지라도 위와 같은 권능을 갖거나 그 지위에 있는 것으로 보아야 한다(대판 1994.10.11. 94도1575). **정답** ✕

129. (★★)甲이, 제3자에게 편취당한 송금의뢰인으로부터 자신의 은행계좌에 계좌송금된 돈을 출금한 경우, 은행을 피해자로 한 사기죄가 성립한다.

[해설] [1] 송금의뢰인이 수취인의 예금계좌에 계좌이체 등을 한 이후, 수취인이 은행에 대하여 예금반환을 청구함에 따라 은행이 수취인에게 그 예금을 지급하는 행위는 계좌이체금액 상당의 예금계약의 성립 및 그 예금채권 취득에 따른 것으로서 은행이 착오에 빠져 처분행위를 한 것이라고 볼 수 없으므로, 결국 이러한 행위는 은행을 피해자로 한 형법 제347조의 사기죄에 해당하지 않는다고 봄이 상당하다.
[2] 예금주인 피고인이 제3자에게 편취당한 송금의뢰인으로부터 자신의 은행계좌에 계좌송금된 돈을 출금한 사안에서, 피고인은 예금주로서 은행에 대하여 예금반환을 청구할 수 있는 권한을 가진 자이므로, 위 은행을 피해자로 한 사기죄가 성립하지 않는다는 원심의 판단을 정당하다고 한 사례(대판 2010.5.27. 2010도3498). **정답** ✕

130. (★)토지를 20년 이상 점유하여 자주점유로 추정받는 자가 자주점유의 권원에 관한 처분문서를 위조하여 법원에 제출함으로써 승소판결을 받은 경우에는 사기죄가 성립하지 않는다.

[해설] 비록 점유자가 자주점유로 추정받는다고 하더라도 위와 같은 기망행위에 의하여 적극적으로 법원을 기망하여 착오에 빠지게 함으로써 승소판결을 받고, 등기까지 했던 것이라면 그 행위는 정당한 권리행사라 할 수 없어 사기죄를 구성한다(대판 1997.10.14. 96도1405). **정답** ✕

131. (★)피고인이 소송 제기에 앞서 그 명의로 피해자에 대한 일방적인 권리주장을 기재한 통고서 등을 작성하여 내용증명우편으로 발송한 다음 이를 법원에 증거로 제출한 경우에는 소송사기가 성립하지 않는다.

[해설] 소송사기에서 말하는 증거의 조작이란 처분문서 등을 거짓으로 만들어내거나 증인의 허위 증언을 유도하는 등으로 객관적·제3자적 증거를 조작하는 행위를 말하는 것이므로, 피고인이 소송 제기에 앞서 그 명의로 피해자에 대한 일방적인 권리주장을 기재한 통고서 등을 작성하여 내용증명우편으로 발송한 다음, 이를 법원에 증거로 제출하였다 하더라도 증거를 조작하였다고 볼 수는 없다(대판 2004.3.25. 2003도7700). **정답** ○

132. (★)물품 편취에 의한 사기죄가 성립한 경우에 그 물품대금 채무를 변제하지 아니한 행위는 별도로 재산상 이익 편취에 의한 사기죄를 구성한다.

해설 일반적으로 물품거래 관계에 있어서 물품대금을 변제할 의사나 능력이 없음에도 피해자를 기망하여 물품을 공급받는 경우 피해자의 착오에 의한 재산적 처분행위는 물품의 교부로서 이로써 재물에 대한 사기죄가 성립하고, 그 이후에 물품대금채무를 변제하지 아니한 것은 채무불이행에 불과하여 별도로 재산상 이익을 편취한 것이라고는 볼 수 없으며, 다만 또다른 기망 행위에 의하여 그 채무변제의 유예를 받거나 채무를 면제받은 경우 등 피해자의 별개의 처분행위가 있는 경우에 한하여 재산상 이익 편취에 의한 사기죄가 성립할 수 있을 것이다(대판 2005.11.24. 2005도748). 정답 ✕

133. (★)출판사 경영자 甲은 저자 A로 하여금 실제 출판부수를 오신케 할 의도로 출판부수의 1/3 정도만 기재한 출고현황표를 A에게 송부함으로써 A로 하여금 위 출고현황표에 기재된 부수가 실제 출판부수에 해당한다고 믿게 한 다음 실제 출판부수의 1/3 정도에 해당하는 인세만을 지급하고 그 차액을 지급하지 않았다. 이 경우 甲에게는 사기죄가 성립한다.

해설 [1] 사기죄는 타인을 기망하여 착오를 일으키게 하고 그로 인한 처분행위를 유발하여 재물·재산상의 이득을 얻음으로써 성립하고, 여기서 처분행위라 함은 재산적 처분행위로서 피해자가 자유의사로 직접 재산상 손해를 초래하는 작위에 나아가거나 또는 부작위에 이른 것을 말하므로, 피해자가 착오에 빠진 결과 채권의 존재를 알지 못하여 채권을 행사하지 아니하였다면 그와 같은 부작위도 재산의 처분행위에 해당한다.
[2] 출판사 경영자가 출고현황표를 조작하는 방법으로 실제출판부수를 속여 작가에게 인세의 일부만을 지급한 사안에서, 작가가 나머지 인세에 대한 청구권의 존재 자체를 알지 못하는 착오에 빠져 이를 행사하지 아니한 것이 사기죄에 있어 부작위에 의한 처분행위에 해당한다고 본 사례(대판 2007.7.12. 2005도9221). 정답 ○

134. 대출의 조건과 용도가 임야매수자금으로 한정되어 있는 정책자금을 대출받으면서 임야매수자금을 실제보다 부풀린 허위의 계약서를 제출한 경우, 대출자금에 대한 상환의사와 능력의 유무를 불문하고 편취의 고의가 인정된다.

해설 [1] 농어촌구조개선 특별회계기금을 재원으로 하여 임업후계자육성을 위해 이루어지는 정책자금대출로서 그 대출의 조건 및 용도가 임야매수자금으로 한정되어 있는 정책자금을 대출받음에 있어 임야매수자금을 실제보다 부풀린 허위의 계약서를 제출함으로써 대출취급기관을 기망하였다면, 피고인에게 대출받을 자금을 상환할 의사와 능력이 있었는지 여부를 불문하고 편취의 고의가 인정된다.
[2] 임야매수자금으로 대출받은 돈을 임야매수를 위해 사용하지는 않더라도 임업경영의 목적으로 사용하는 한 산림조합이나 정부가 이를 용인하여 왔다거나, 정책자금을 대출받은 사람들이

대출의 조건 및 용도에 위반하여 자금을 사용하는 관행이 있다고는 인정할 수 없을 뿐만 아니라, 설령 그러한 관행이 존재한다고 하더라도 이는 법에 어긋나는 것이므로 그러한 관행을 이유로 대출 조건과 용도가 임야매수자금으로 한정된 정책자금을 실제보다 부풀려 대출받아 편취한 행위가 사회상규에 위배되지 않는 정당한 행위라거나 비난가능성이 없다고 할 수는 없다 (대판 2007.4.27. 2006도7634).

정답 ○

135. (★)피고인이 병원에서 그 처를 입원시켜 가료 중 치료를 다 받고 나서 처와 함께 극장구경을 하고 돌아와서 치료비를 지급하고 퇴원하겠다고 거짓말을 하고 나간 후 그대로 도주하였다 하여도 도주하기 전까지는 그 치료비를 지급할 의사와 능력이 있어서 입원치료를 받았으나 임시 그 채무의 이행을 피하기 위하여 도주한 것이라면 사기죄가 될 수 없다고 볼 것이다.

해설 大判 1970.9.22. 70도1016.

정답 ○

136. (★★) 피고인이 甲에게 사업자등록 명의를 빌려주면 세금이나 채무는 모두 자신이 변제하겠다고 속여 그로부터 명의를 대여받아 호텔을 운영하면서 발생한 각종 채무 및 세금을 변제, 납부하지 아니하였다면 사기죄가 성립한다.

해설 [1] 사기죄는 타인을 기망하여 착오에 빠뜨리게 하고 그 처분행위를 유발하여 재물, 재산상의 이익을 얻음으로써 성립한다. 여기서 처분행위라 함은 범인 등에게 재물을 교부하거나 재산상의 이익을 부여하는 재산적 처분행위를 의미하며, 그것은 피기망자가 처분의사를 가지고 그 의사에 지배된 행위를 하여야 하고, 피기망자는 재물 또는 재산상의 이익에 대한 처분행위를 할 권한이 있는 자여야 한다.

[2] 피고인이 갑에게 사업자등록 명의를 빌려주면 세금이나 채무는 모두 자신이 변제하겠다고 속여 그로부터 명의를 대여받아 호텔을 운영하면서 갑으로 하여금 호텔에 관한 각종 세금 및 채무 등을 부담하게 함으로써 재산상 이익을 편취하였다는 내용으로 기소된 사안에서, 갑이 명의를 대여하였다는 것만으로 피고인이 위와 같은 채무를 면하는 재산상 이익을 취득하는 갑의 재산적 처분행위가 있었다고 보기 어렵다는 이유로, 이와 달리 보아 사기죄를 인정한 원심판결에 법리오해의 위법이 있다고 한 사례(대판 2012.6.28. 2012도4773).

[판결이유] 타인 명의로 사업자등록을 하고 사업을 영위한 경우에 그 명의자는 실제의 사업자가 아닌 명의의 귀속자에 불과하므로, 그에 대하여 한 조세부과처분은 위법하고, 이와 같이 과세의 대상이 되는 소득·수익·재산·행위 또는 거래의 귀속이 그 명의와 달리 사실상 귀속되는 자가 따로 있는 때에는 사실상 귀속되는 자를 납세의무자로 한다는 실질과세의 원칙상 과세관청은 타인의 명의로 사업자등록을 하고 실제로 사업을 영위한 자에 대해 세법을 적용하여 과세할 수 있음은 당연하다. 한편 타인에게 사업자등록 명의를 대여한 경우 그 명의대여자는 상법 제24조에 의해 자기를 영업주로 오인하여 거래한 제3자에 대하여 그 타인과 연대하여 변제할 책임을 지기는 하나, 이러한 명의대여자의 책임은 명의자를 사업주로 오인하여 거래한 제3자를 보호하기 위한 것으로 거래 상대방이 명의대여 사실을 알지 못하였고 알지 못한 데 대하여 중대한

과실이 없는 경우에 명의를 차용한 자와 연대하여 변제할 책임을 지는 법정책임인 것이지, 명의대여자가 거래 상대방에게 채무부담을 하기로 하는 내용의 법률행위 등 처분행위에 기한 책임은 아니다. 그리고 명의대여자가 상법 제24조에 의한 명의대여자 책임을 부담한다고 하더라도 명의차용자와 연대하여 변제할 책임이 있는 것일 뿐, 명의차용자가 거래 상대방에 대하여 그 거래로 인한 채무를 면하게 되는 것은 아니다.　　　　　정답 ✕

---

137. 대가가 지급되어 상대방에게 현실적으로 재산상의 손해가 발생하지 않았다고 하여 사기죄가 성립할 수 없는 것은 아니다.

[해설] 사기죄의 본질은 기망에 의한 재물이나 재산상의 이득의 취득에 있고 상대방에게 현실적으로 재산상 손해가 발생함을 그 요건으로 하지 아니한다(대판 1987.12.22. 87도2168).　　정답 ○

---

138. (★) 담보로 제공할 목적물의 가액을 허위로 부풀려 금융기관으로부터 대출을 받은 경우 사기죄가 성립하며, 이때 사기죄의 이득액은 대출금 전액에서 담보물의 실제 가액을 전제로 한 대출가능금액을 공제하여야 한다. //

[해설] 담보로 제공할 목적물의 가액을 허위로 부풀려 금융기관으로부터 대출을 받은 경우 그 대출이 기망행위에 의하여 이루어진 이상 그로써 사기죄는 성립하고, 이 경우 사기죄의 이득액에서 담보물의 실제 가액을 전제로 한 대출가능금액을 공제하여야 하는 것은 아니다.(대판 2019.4.3. 2018도19772)　　정답 ✕

---

139. 피고인이 특정 권원에 기하여 민사소송을 진행하던 중 법원에 조작된 증거를 제출하면서 종전에 주장하던 특정 권원과 별개의 허위의 권원을 추가로 주장하였으나 법원이 종전의 특정 권원을 인정하여 피고인에게 승소판결을 선고하였다면, 피고인의 이러한 행위는 특별한 사정이 없는 한 소송사기의 실행의 착수에 해당되지 아니한다.

[해설] 피고인이 특정 권원에 기하여 민사소송을 진행하던 중 법원에 조작된 증거를 제출하면서 종전에 주장하던 특정 권원과 별개의 허위의 권원을 추가로 주장하는 경우에 그 당시로서는 종전의 특정 권원의 인정 여부가 확정되지 아니하였고, 만약 종전의 특정 권원이 배척될 때에는 조작된 증거에 의하여 법원을 기망하여 추가된 허위의 권원을 인정받아 승소판결을 받을 가능성이 있으므로, 가사 나중에 법원이 종전의 특정 권원을 인정하여 피고인에게 승소판결을 선고하였다고 하더라도, 피고인의 이러한 행위는 특별한 사정이 없는 한 소송사기의 실행의 착수에 해당된다(대판 2004.6.25. 2003도7124).　　정답 ✕

---

140. (★)간접정범의 형태에 의한 소송사기죄도 성립할 수 있다.

[해설] 大判 2007.9.6. 2006도3591.　　정답 ○

141. (★)피고인(甲회사 운영자)이 '甲회사의 乙에 대한 채권'이 존재하지 않는다는 사실을 알면서 그 사실을 모르는 丙(甲회사에 대한 채권자)에게 '甲회사의 乙에 대한 채권'의 압류 및 전부(추심)명령을 신청하게 하여 그 명령을 받게 한 경우, 丙이 甲회사에 대하여 진정한 채권을 가지고 있다고 하더라도 법원을 기망하였다고 할 수 있다.

해설 [1] 채권에 대한 압류 및 전부(추심)명령을 신청한 경우, 집행력 있는 정본의 존부, 집행개시의 요건 구비 여부 등은 법원의 심사 대상이지만 피압류채권의 존부는 그 심사 대상이 아니다.

[2] 피고인(甲회사 운영자)이 '甲회사의 乙에 대한 채권'이 존재하지 않는다는 사실을 알면서 그 사실을 모르는 丙(甲회사에 대한 채권자)에게 '甲회사의 乙에 대한 채권'의 압류 및 전부(추심)명령을 신청하게 하여 그 명령을 받게 한 사안에서, 丙이 甲회사에 대하여 진정한 채권을 가지고 있는 이상, 위와 같은 사정만으로는 법원을 기망하였다고 볼 수 없고, 丙이 乙을 상대로 전부(추심)금 소송을 제기하지 않은 이상 소송사기의 실행에 착수하였다고 볼 수도 없다고 한 사례(대판 2009.12.10. 2009도9982). 정답 ✕

142. (★)자신의 소송상 주장이 허위임을 잘 알면서도 이를 기초로 하여 상대방에게 금전지급을 구하는 소송상 청구에 나아간 경우, 승소하더라도 판결을 실제 집행할 의사가 없었다고 하더라도, 이미 소송사기 실행의 착수에 이른 것이다.

해설 大判(전) 2008.4.17. 2004도4899. 정답 ○

143. (★)주권을 교부한 자가 이를 분실하였다고 허위로 공시최고신청을 하여 제권판결을 선고받아 확정되었다면 사기죄가 성립한다.

해설 주권을 교부한 자가 이를 분실하였다고 허위로 공시최고신청을 하여 제권판결을 선고받아 확정되었다면, 그 제권판결의 적극적 효력에 의해 그 자는 그 주권을 소지하지 않고도 주권을 소지한 자로서의 권리를 행사할 수 있는 지위를 취득하였다고 할 것이므로, 이로써 사기죄에 있어서의 재산상 이익을 취득한 것으로 보기에 충분하고, 이는 제권판결이 그 신청인에게 주권상의 권리를 행사할 수 있는 형식적 자격을 인정하는 데 그치며 그를 실질적 권리자로 확정하는 것이 아니라고 하여 달리 볼 것은 아니다(대판 2007.5.31. 2006도8488). 정답 ○

판례정리 (★)소송사기죄가 성립하지 않는 경우

1. 피고인의 제소가 사망한 자를 상대로 한 경우 : 사망한 자에 대한 판결은 그 내용에 따른 효력이 생기지 아니하여 상속인에게 그 효력이 미치지 아니하고 따라서 사기죄를 구성한다고 할 수 없고, 나아가 피고인의 행위가 소송사기죄의 불능미수에 해당한다고 볼 수도 없다(대판 2002.1.11. 2000도1881).
2. 피고인의 제소가 실재하고 있지 아니한 자를 상대로 한 경우(대판 1992.12.11. 92도743).

3. 피고인이 타인 소유의 부동산에 관하여 아무런 권한이 없는 자를 상대로 소유권확인 등의 소송을 제기하여 승소판결을 받고 그 확정판결을 이용하여 그 부동산에 관한 소유권보존등기를 경료한 경우(대판 1985.10.8. 84도2642).

4. 부동산의 진정한 소유자가 따로 있음에도 불구하고 피고인이 타인과 공모하여 그 공모자를 상대로 제소하여 의제자백의 판결을 받아 이에 기하여 부동산의 소유권이전등기를 한 경우(대판 1997.12.23. 97도2430).

144. 재판상 화해는 그것으로 인하여 새로운 법률관계가 창설되는 것이므로 화해의 내용이 실제 법률관계와 일치하지 않는다고 하여 사기죄가 성립할 여지는 없다.

해설 大判 1968.2.27. 67도1579.   정답 ○

145. (★)채무자가 강제집행을 승낙한 취지의 기재가 있는 약속어음 공정증서에 있어서 그 약속어음의 원인관계가 소멸하였음에도 불구하고, 약속어음 공정증서 정본을 소지하고 있음을 기화로 이를 근거로 하여 강제집행을 하였다면 사기죄를 구성한다.

해설 大判 1999.12.10. 99도2213.   정답 ○

146. 제소 당시 그 주장과 같은 권리가 존재하지 않는다는 것을 인식하는 것만으로는 소송사기의 고의가 인정되지 아니한다.

해설 소송사기는 법원을 기망하여 제3자의 재물을 편취할 것을 기도하는 것을 내용으로 하는 것으로서, 사기죄로 인정하기 위하여는 제소 당시 그 주장과 같은 권리가 존재하지 않는다는 것만으로는 부족하고, 그 주장의 권리가 존재하지 않는 사실을 잘 알고 있으면서도 허위의 주장과 입증으로 법원을 기망한다는 인식을 요한다(대판 2004.6.24. 2002도4151).   정답 ○

147. 증거를 조작함이 없이 허위의 내용으로 지급명령을 신청한 경우도 사기죄의 기망수단이 될 수 있다.

해설 허위의 내용으로 지급명령을 신청하여 법원을 기망한다는 고의가 있는 경우에 법원을 기망하는 것은 반드시 허위의 증거를 이용하지 않더라도 당사자의 주장이 법원을 기만하기 충분한 것이라면 기망수단이 된다(대판 2004.6.24. 2002도4151).   정답 ○

148. (★)지급명령신청에 대해 상대방이 이의신청을 하면 지급명령은 이의의 범위 안에서 그 효력을 잃게 되고 지급명령을 신청한 때에 소를 제기한 것으로 보게 되는 것이지만 이로써 이미 실행에 착수한 사기의 범행 자체가 없었던 것으로 되는 것은 아니다.

해설 지급명령신청에 대해 상대방이 이의신청을 하면 지급명령은 이의의 범위 안에서 그 효력을 잃게 되고 지급명령을 신청한 때에 소를 제기한 것으로 보게 되는 것이지만 이로써 이미 실행에 착수한 사기의 범행 자체가 없었던 것으로 되는 것은 아니다(대판 2004.6.24. 2002도4151).

정답 ○

149. (★)확정된 지급명령에 대하여는 재심의 소나 청구이의의 소로써 대항할 수 있는 길이 열려 있으므로 지급명령이 확정되었다는 것만으로는 소송사기의 기수가 되지 아니한다.

해설 지급명령을 송달받은 채무자가 2주일 이내에 이의신청을 하지 않는 경우에는 구 민사소송법 제445조에 따라 지급명령은 확정되고, 이와 같이 확정된 지급명령에 대해서는 항고를 제기하는 등 동일한 절차 내에서는 불복절차가 따로 없어서 이를 취소하기 위해서는 재심의 소를 제기하거나 위 법 제505조에 따라 청구이의의 소로써 강제집행의 불허를 소구할 길이 열려 있을 뿐인데, 이는 피해자가 별도의 소로써 피해구제를 받을 수 있는 것에 불과하므로 허위의 내용으로 신청한 지급명령이 그대로 확정된 경우에는 소송사기의 방법으로 승소 판결을 받아 확정된 경우와 마찬가지로 사기죄는 이미 기수에 이르렀다고 볼 것이다(대판 2004.6.24. 2002도4151). 정답 ✕

150. (★)기한미도래의 채권을 소송에 의하여 청구함에 있어서 기한의 이익이 상실되었다는 허위의 증거를 조작하는 등의 적극적인 사술을 사용하지 아니한 채 단지 즉시 지급을 구하는 취지의 지급명령신청은 법원을 기망하여 부당한 이득을 편취하려는 기망행위에 해당하지 아니한다.

해설 大判 1982.7.27. 82도1160.
[비교판례] 피고인이 타인명의로 제3자를 상대로 법원을 기망하여 지급명령과 가집행선고부 지급명령을 발부받고 이를 채무명의로 하여 채무자의 제3채무자에 대한 정기예금 원리금 채권에 대하여 채권압류 및 전부명령을 하게 하고 송달시켜 위 채권을 전부받아 편취한 경우에는 사기죄가 성립한다(대판 1977.1.11. 76도3700). 정답 ○

151. 상대방에게 유리한 사실을 진술하지 않는 행위만으로는 소송사기에 있어 기망이 된다고 할 수 없다.

해설 大判 2002.6.28. 2001도1610. 정답 ○

152. 다세대주택 4동의 건축주 명의변경을 목적으로 하는 사기소송을 제기하여 4동 전부에 대하여 승소판결을 선고받아 그 판결이 확정된 이상 승소판결을 받은 후 3동에 관하여만 건축주 명의변경이 이루어졌다 하더라도 4동 전부에 대하여 건축허가에 따른 재산상 이익을 취득한 사기죄의 기수에 이른 것으로 보아야 한다.

해설 大判 1997.7.11. 95도1874.   정답 ○

※ 다음 중 판례에 의할 때 소송사기에 있어서 '실행의 착수'가 인정되는 사례(○)와 인정 되지 않는 사례(×)를 판단하시오.

153. (★)부동산등기부상 소유자로 등기된 적이 있는 피고인이 자기 이후에 소유권이전등기를 경료한 등기명의인들을 상대로 허위의 사실을 주장하면서 그들 명의의 소유권이전등기의 말소를 구하는 소송을 제기하였다.

해설 부동산등기부상 소유자로 등기된 적이 있는 자가 자기 이후에 소유권이전등기를 경료한 등기명의인들을 상대로 허위의 사실을 주장하면서 그들 명의의 소유권이전등기의 말소를 구하는 소송을 제기한 경우 그 소송에서 승소한다면 등기명의인들의 등기가 말소됨으로써 그 소송을 제기한 자의 등기명의가 회복되는 것이므로 이는 법원을 기망하여 재물이나 재산상 이익을 편취한 것이라고 할 것이고 따라서 등기명의인들 전부 또는 일부를 상대로 하는 그와 같은 말소등기청구 소송의 제기는 사기의 실행에 착수한 것이라고 보아야 한다(대판 2003.7.22. 2003 도1951).   정답 ○

---

154. (★)피고인이 타인인 A 명의로, A가 이 건 임야를 매수한 일이 없음에도 매수한 것처럼 허위의 사실을 주장하여 위 임야에 대한 소유권이전등기를 거친 자들을 상대로 각 그 소유권이전등기말소를 구하는 소송을 제기하였다가 취하하였다.

해설 피고인이 타인인 甲 명의로, 甲이 이 건 임야를 매수한 일이 없음에도 매수한 것처럼 허위의 사실을 주장하여 위 임야에 대한 소유권이전등기를 거친 자들을 상대로 각 그 소유권이전등기말소를 구하는 소송을 제기하였다가 취하하였다고 하여도, 위 소송의 결과 원고로 된 甲이 승소한다고 가정하더라도 위 피고들의 등기가 말소될 뿐이고 이것만으로 피고인이 위 임야에 관한 어떠한 권리를 취득하거나 의무를 면하는 것은 아니므로 법원을 기망하여 재물이나 재산상 이익을 편취한 것이라고 보기 어려우니 위 소제기 행위를 가리켜 사기의 실행에 착수한 것이라고 할 수 없다(대판 1981.12.8. 81도1451).   정답 ×

---

155. (★★)피고인 또는 그와 공모한 자가 자신이 토지의 소유자라고 허위의 주장을 하면서 소유권보존등기 명의자를 상대로 보존등기의 말소를 구하는 소송을 제기하였다.

해설 피고인 또는 그와 공모한 자가 자신이 토지의 소유자라고 허위의 주장을 하면서 소유권보존등기 명의자를 상대로 보존등기의 말소를 구하는 소송을 제기한 경우 그 소송에서 위 토지가 피고인 또는 그와 공모한 자의 소유임을 인정하여 보존등기 말소를 명하는 내용의 승소확정판결을 받는다면, 이에 터 잡아 언제든지 단독으로 상대방의 소유권보존등기를 말소시킨 후 위판결을 부동산등기법 제130조 제2호 소정의 소유권을 증명하는 판결로 하여 자기 앞으로의 소유권보존등기를 신청하여 그 등기를 마칠 수 있게 되므로, 이는 법원을 기망하여 유리한 판결을 얻음으로써 '대상 토지의 소유권에 대한 방해를 제거하고 그 소유명의를 얻을 수 있는 지위'라는 재산상 이익을 취득한 것이어서 사기죄에 해당하고, 그 경우 기수 시기는 위 판결이 확정된 때이다. 이와는 달리, 소유권보존등기 명의자를 상대로 그 보존등기의 말소를 구하는 소송을 제기한 경우, 설령 승소한다고 하더라도 상대방의 소유권보존등기가 말소될 뿐이고 이로써 원고가 당해 부동산에 대하여 어떠한 권리를 회복 또는 취득하거나 의무를 면하는 것은 아니므로 법원을 기망하여 재물이나 재산상 이익을 편취한 것이라고 볼 수 없다는 취지로 판시한 大判 1983.10.25, 83도1566 등은 위 법리에 저촉되는 범위 내에서 변경하기로 한다(대판 2006.4.7. 2005도9858).

[비교판례] 예고등기로 인한 경매대상 부동산의 경매가격 하락 등을 목적으로 허위의 채권을 주장하며 채권자대위의 방식에 의한 원인무효로 인한 소유권보존등기 말소청구소송을 제기한 경우, 소송사기의 불법영득의사 및 실행의 착수가 인정되지 아니한다(대판 2009.4.9. 2009도128).

[판결이유] 피고인 등이 위 소유권보존등기말소청구 소송을 제기한 것은 예고등기가 경료되도록 하여 경매대상 부동산에 대한 경매가격의 하락 등을 위한 것이라 할 것이고, 소송을 통하여 법원을 기망하여 승소판결을 얻음으로써 재물 또는 재산상 이익을 취득하고자 하는 의사가 여기에 포함되어 있다고 할 수 없다.

정답 ○

---

156. (★★)진정한 임차권자가 아니면서 허위의 임대차계약서를 법원에 제출하여 임차권등기명령을 신청하였다고 하더라도 그 임차보증금 반환채권에 관하여 현실적으로 청구의 의사표시를 하지 아니한 이상 사기죄의 실행의 착수가 인정되지 아니한다.

해설 [1] 형법 제347조에서 말하는 재산상 이익 취득은 그 재산상의 이익을 법률상 유효하게 취득함을 필요로 하지 아니하고 그 이익 취득이 법률상 무효라 하여도 외형상 취득한 것이면 족한 것이다. 한편 임차권등기의 기초가 되는 임대차계약이 통정허위표시로서 무효라 하더라도, 장차 피신청인의 이의신청 또는 취소신청에 의한 법원의 재판을 거쳐 그 임차권등기가 말소될 때까지는 신청인은 외형상으로 우선변제권 있는 임차인으로서 부동산 담보권에 유사한 권리를 취득하게 된다 할 것이니, 이러한 이익은 재산적 가치가 있는 구체적 이익으로서 사기죄의 객체인 재산상 이익에 해당한다고 봄이 상당하다.

[2] 진정한 임차권자가 아니면서 허위의 임대차계약서를 법원에 제출하여 임차권등기명령을 신청하면 그로써 소송사기의 실행행위에 착수한 것으로 보아야 하고, 나아가 그 임차보증금 반환채권에 관하여 현실적으로 청구의 의사표시를 하여야만 사기죄의 실행의 착수가 있다고 볼 것은 아니다(대판 2012.5.24. 2010도12732).

정답 ✕

---

157. (★★)甲은 권한 없이 주식회사 S기획의 아이디와 패스워드를 입력하여 인터넷뱅킹에 접속한 다음 위 회사의 예금계좌로부터 자신의 예금계좌로 합계 1억 8천만원을 이체하는 내용의 정보를 입력하여 자신의 예금액을 증액시킨 다음 자신의 현금카드를 사용하여 현금자동지급기에서 현금 1천만원을 인출하였고, 다시 예금통장을 사용하여 6천만원을 인출한 후 전후사정을 알고 있는 乙에게 교부하였다. 이 경우 甲에게는 컴퓨터사용사기죄 및 절도죄가 성립하고 乙에게는 장물취득죄가 성립한다.

해설 [1] 컴퓨터등사용사기죄의 범행으로 예금채권을 취득한 다음 자기의 현금카드를 사용하여 현금자동지급기에서 현금을 인출한 경우, 현금카드 사용권한 있는 자의 정당한 사용에 의한 것으로서 현금자동지급기 관리자의 의사에 반하거나 기망행위 및 그에 따른 처분행위도 없었으므로, 별도로 절도죄나 사기죄의 구성요건에 해당하지 않는다 할 것이고, 그 결과 그 인출된 현금은 재산범죄에 의하여 취득한 재물이 아니므로 장물이 될 수 없다고 한 사례.
[2] 甲이 권한 없이 인터넷뱅킹으로 타인의 예금계좌에서 자신의 예금계좌로 돈을 이체한 후 그 중 일부를 인출하여 그 정을 아는 乙에게 교부한 경우, 甲이 컴퓨터등사용사기죄에 의하여 취득한 예금채권은 재물이 아니라 재산상 이익이므로, 그가 자신의 예금계좌에서 돈을 인출하였더라도 장물을 금융기관에 예치하였다가 인출한 것으로 볼 수 없다는 이유로 乙의 장물취득죄의 성립을 부정한 사례(대판 2004.4.16. 2004도353). 정답 ✕

158. (★★)甲은 피씨방에 게임을 하러 온 A로부터 그 소유의 현금카드로 20,000원을 인출해 오라는 부탁을 받자 현금자동인출기에 위 현금카드를 넣고 인출금액을 50,000원으로 입력하여 그 금액을 인출한 후 그 중 20,000원만 A에게 건네주고 30,000원은 자신이 취득하였다. 甲에게는 30,000원에 대한 절도죄가 성립한다.

해설 예금주인 현금카드 소유자로부터 일정한 금액의 현금을 인출해 오라는 부탁을 받으면서 이와 함께 현금카드를 건네받은 것을 기화로 그 위임을 받은 금액을 초과하여 현금을 인출하는 방법으로 그 차액 상당을 위법하게 이득할 의사로 현금자동지급기에 그 초과된 금액이 인출되도록 입력하여 그 초과된 금액의 현금을 인출한 경우에는 그 인출된 현금에 대한 점유를 취득함으로써 이때에 그 인출한 현금 총액 중 인출을 위임받은 금액을 넘는 부분의 비율에 상당하는 재산상 이익을 취득한 것으로 볼 수 있으므로 이러한 행위는 그 차액 상당액에 관하여 형법 제347조의2(컴퓨터등사용사기)에 규정된 '컴퓨터 등 정보처리장치에 권한 없이 정보를 입력하여 정보처리를 하게 함으로써 재산상의 이익을 취득'하는 행위로서 컴퓨터 등 사용사기죄에 해당된다(대판 2006.3.24. 2005도3516). 정답 ✕

159. (★)甲은 변제할 의사나 능력이 없음에도 불구하고 협의 이혼한 A女의 명의를 모용하여 신용카드 주식회사로부터 신용카드를 발급받아 소지하게 됨을 기화로 신용카드를 이용하여 현금자동지급기에서 현금대출을 받았으며, 또한 ARS 전화서비스나 인터넷 등을 통하여 신용대출을 받았다. 甲의 행위는 포괄적으로 신용카드회사에 대한 사기죄를 구성한다.

해설 [1] 피고인이 타인의 명의를 모용하여 신용카드를 발급받은 경우, 비록 카드회사가 피고인으로부터 기망을 당한 나머지 피고인에게 피모용자 명의로 발급된 신용카드를 교부하고, 사실상 피고인이 지정한 비밀번호를 입력하여 현금자동지급기에 의한 현금대출(현금서비스)을 받을 수 있도록 하였다 할지라도, 카드회사의 내심의 의사는 물론 표시된 의사도 어디까지나 카드명의인인 피모용자에게 이를 허용하는 데 있을 뿐 피고인에게 이를 허용한 것은 아니라는 점에서, 피고인이 타인의 명의를 모용하여 발급받은 신용카드를 사용하여 현금자동지급기에서 현금대출을 받는 행위는 카드회사에 의하여 미리 포괄적으로 허용된 행위가 아니라, 현금자동지급기의 관리자의 의사에 반하여 그의 지배를 배제한 채 그 현금을 자기의 지배하에 옮겨 놓는 행위로서 절도죄에 해당한다.

[2] 타인의 명의를 모용하여 발급받은 신용카드의 번호와 그 비밀번호를 이용하여 ARS 전화서비스나 인터넷 등을 통하여 신용대출을 받는 방법으로 재산상 이익을 취득하는 행위 역시 미리 포괄적으로 허용된 행위가 아닌 이상, 컴퓨터 등 정보처리장치에 권한 없이 정보를 입력하여 정보처리를 하게 함으로써 재산상 이익을 취득하는 행위로서 **컴퓨터 등 사용사기죄에 해당한다**(대판 2006.7.27. 2006도3126). 정답 ✕

160. 甲이 금융기관에 피고인 명의로 예금을 하면서 자신만이 이를 인출할 수 있게 해달라고 요청하여 금융기관 직원이 만기에 예금을 인출할 수 있도록 해주겠다고 답하고 예금관련 전산시스템에 '甲이 예금, 인출 예정'이라고 입력하였고 피고인도 이러한 과정을 지켜보고 있었지만 이의를 제기하지 않았다. 그 후 피고인이 금융기관을 상대로 예금 지급을 구하는 소를 제기하였다가 금융기관의 변제공탁으로 패소하였다. 이 경우 피고인에게 사기미수죄가 성립한다.

해설 甲이 금융기관에 피고인 명의로 예금을 하면서 자신만이 이를 인출할 수 있게 해달라고 요청하여 금융기관 직원이 예금관련 전산시스템에 '甲이 예금, 인출 예정'이라고 입력하였고 피고인도 이의를 제기하지 않았는데, 그 후 피고인이 금융기관을 상대로 예금 지급을 구하는 소를 제기하였다가 금융기관의 변제공탁으로 패소한 사안에서, 제반 사정에 비추어 금융기관과 甲 사이에 실명확인 절차를 거쳐 서면으로 이루어진 피고인 명의의 예금계약을 부정하여 예금명의자인 피고인의 예금반환청구권을 배제하고, 甲에게 이를 귀속시키겠다는 명확한 의사의 합치가 있었다고 인정할 수 없어 예금주는 여전히 피고인이라는 이유로, 이와 달리 예금주가 甲이라는 전제하에 피고인에게 사기미수죄를 인정한 원심판단에 예금계약의 당사자 확정 방법에 관한 법리오해의 위법이 있다고 한 사례(대판 2011.5.13. 2009도5386).

[판례해설] 은행의 유효한 변제공탁이 있으면 은행은 예금반환채무를 면하게 되어 피고인의 청구는 이유가 없게 되어 법원은 청구를 기각하는 판결을 하게 된다. 정답 ✕

161. (★)甲은 동료인 乙의 명의를 빌려 예금계좌를 개설한 후, 통장과 도장은 乙에게 보관시키고 자신은 위 계좌의 현금인출카드를 소지한 채, 돈을 가로채기 위해 乙을 기망하여 위 통장으로 송금하게 하였다. 그런데 甲이 그 금원을 인출하기 전에 명의인 乙이 이를 인출하였다. 이 경우 甲은 사기죄의 미수에 해당한다.

해설 타인의 명의를 빌려 예금계좌를 개설한 후, 통장과 도장은 명의인에게 보관시키고 자신은 위 계좌의 현금인출카드를 소지한 채, 명의인을 기망하여 위 예금계좌로 돈을 송금하게 한 경우, 자신은 통장의 현금인출카드를 소지하고 있으면서 언제든지 카드를 이용하여 차명계좌통장으로부터 금원을 인출할 수 있었고, 명의인을 기망하여 위 통장으로 돈을 송금받은 이상, 이로써 송금 받은 돈을 자신의 지배 하에 두게 되어 편취행위는 기수에 이르렀다고 할 것이고, 이후 편취금을 인출하지 않고 있던 명의인이 이를 인출하여 갔다 하더라도 이는 범죄성립 후의

사정일 뿐 사기죄의 성립에 영향이 없다(대판 2003.7.25. 2003도2252).   정답 ✕

162. (★)사기죄에 있어서 재물의 교부가 있었다고 하기 위하여 반드시 재물의 현실적인 인도가 필요한 것은 아니며, 재물이 범인의 사실상의 지배 아래에 들어가 그의 자유로운 처분이 가능한 상태에 놓인 경우에도 재물의 교부가 인정된다.

해설 [1] 사기죄에 있어서 '재물의 교부'란 범인의 기망에 따라 피해자가 착오로 재물에 대한 사실상의 지배를 범인에게 이전하는 것을 의미하는데, 재물의 교부가 있었다고 하기 위하여 반드시 재물의 현실의 인도가 필요한 것은 아니고 재물이 범인의 사실상의 지배 아래에 들어가 그의 자유로운 처분이 가능한 상태에 놓인 경우에도 재물의 교부가 있었다고 보아야 한다.
[2] 피고인의 주문에 따라 제작된 도자기 중 실제로 배달된 것뿐만 아니라 피고인이 지정하는 장소로의 배달을 위하여 피해자가 보관중인 도자기도 피고인에게 모두 교부되었다고 판단하여 사기죄의 기수를 인정한 원심을 수긍한 사례(대판 2003.5.16. 2001도1825).   정답 ○

163. (★) 판례에 의할 때 다음 기술의 옳고 그름을 판단하라.

> (1) 피고인이 공소외인과 공모하여 은행을 기망하여 은행으로 하여금 신용장을 개설하게 한 후 공소외인이 그 신용장대금을 수령하였다면 이익 편취에 의한 사기죄 이외에 재물 편취에 의한 사기죄가 성립한다.
> (2) 무역거래자가 외화도피 목적으로 물품 등의 수입 가격을 조작하는 방법으로 피해은행을 기망하여 신용장을 개설하게 한 후 신용장대금을 편취한 경우, 외화도피 목적의 수입 가격 조작행위는 사기 범행의 불가벌적 사후행위에 해당하지 아니한다.

해설 [1] 피고인이 공소외인과 공모하여 피해은행을 기망하여 피해은행으로 하여금 신용장을 개설하게 하였고 그 후 공소외인이 그 신용장대금을 수령하였는데, 위와 같이 신용장 개설로 인한 이익 편취에 그치지 않고 나아가 신용장대금의 수령을 통한 재물 편취에까지 나아간 경우 포괄하여 하나의 재물 편취로 인한 사기죄만이 성립한다.7)
[2] 무역거래자가 외화도피의 목적으로 물품 등의 수입 가격을 조작하는 방법으로 피해은행을 기망하여 피해은행으로 하여금 신용장을 개설하게 한 후 그 신용장대금을 수령한 경우에, 이러한 외화도피 목적의 수입 가격 조작행위는 사기범행과는 별도로 대외무역법 제43조8)가 보호하는 새로운 법익을 침해한 것으로 보아야 하므로, 위와 같은 수입 가격 조작행위가 사기범행의 불가벌적 사후행위가 되는 것은 아니다(대판 2012.9.27. 2010도16946).   정답 (1) ✕ (2) ○

---

7) 신용장 개설은행은 대금지급을 확약하는 당사자의 지위에 놓이게 된다.
8) 무역거래자는 외화도피의 목적으로 물품 등의 수출 또는 수입 가격을 조작하여서는 아니 된다.

※ **전화카드와 관련된 다음 설명에 대한 옳음(○)과 틀림(×)을 판단하시오.**

164. (★)절취한 후불식 전화카드를 사용하여 공중전화를 건 행위는 사문서부정행사죄가 성립한다.

[해설] 사용자에 관한 각종 정보가 전자기록 되어 있는 자기띠가 카드번호와 카드발행자 등이 문자로 인쇄된 플라스틱 카드에 부착되어 있는 전화카드의 경우 그 자기띠 부분은 카드의 나머지 부분과 불가분적으로 결합되어 전체가 하나의 문서를 구성하므로, 전화카드를 공중전화기에 넣어 사용하는 경우 비록 전화기가 전화카드로부터 판독할 수 있는 부분은 자기띠 부분에 수록된 전자기록에 한정된다고 할지라도, 전화카드 전체가 하나의 문서로서 사용된 것으로 보아야 하고 그 자기띠 부분만 사용된 것으로 볼 수는 없으므로 절취한 전화카드를 공중전화기에 넣어 사용한 것은 권리의무에 관한 타인의 사문서를 부정행사한 경우에 해당한다(대판 2002.6.25. 2002도461). **[정답] ○**

165. (★)한국통신의 후불식 통신카드를 절취하여 전화통화에 이용한 행위는 형법 제348조의2 소정의 편의시설부정이용죄에 해당한다.

[해설] 형법 제348조의2에서 규정하는 편의시설부정이용의 죄는 부정한 방법으로 대가를 지급하지 아니하고 자동판매기, 공중전화 기타 유료자동설비를 이용하여 재물 또는 재산상의 이익을 취득하는 행위를 범죄구성요건으로 하고 있는데, 타인의 전화카드(한국통신의 후불식 통신카드)를 절취하여 전화통화에 이용한 경우에는 통신카드서비스 이용계약을 한 피해자가 그 통신요금을 납부할 책임을 부담하게 되므로, 이러한 경우에는 피고인이 '대가를 지급하지 아니하고' 공중전화를 이용한 경우에 해당한다고 볼 수 없어 편의시설부정이용의 죄를 구성하지 않는다(대판 2001.9.25. 2001도3625). **[정답] ×**

166. 공중전화카드는 유가증권에 해당한다.

[해설] 大判 1998.2.27. 97도2483. **[정답] ○**

167. (★)유흥주점 업주가 과다한 술값 청구에 항의하는 피해자들을 폭행 또는 협박하여 피해자들로부터 일정 금액을 지급받기로 합의한 다음, 피해자들이 결제하라고 건네준 신용카드로 합의에 따라 현금서비스를 받거나 물품을 구입한 경우, 여신전문금융업법상의 신용카드 부정사용에 해당하지 않는다.

[해설] 신용카드에 대한 피해자들의 점유가 피해자들의 의사에 기하지 않고 이탈하였거나 배제되었다고 보기 어려워 여신전문금융업법상의 신용카드 부정사용에 해당하지 않는다(대판 2006.7.6. 2006도654). **[정답] ○**

168. (★)단순히 절취한 신용카드를 제시하였을 뿐 매출표에 서명하여 이를 교부하지 않았다면 신용카드부정사용죄의 미수죄로 처벌받는다.

해설 신용카드의 사용이란 신용카드를 제시하여 매출전표에 서명하여 교부하는 일련의 행위를 말하며(대판 1993.11.23. 93도604), 절취한 신용카드 부정사용의 경우 미수범 처벌규정이 없다.

정답 ✕

169. (★)직불카드를 절취한 후 그 직불카드를 이용하여 현금자동지급기에서 피해자의 예금을 인출한 때에는 직불카드부정사용죄(여신전문금융업법 제70조 제1항)에 해당한다.

해설 직불카드를 사용하여 현금자동지급기에서 현금을 인출하는 것은 직불카드를 그 본래의 용법에 따라 사용하는 것이라고 할 수는 없으므로, 피고인이 피해자의 직불카드를 절취한 후 그 직불카드를 이용하여 현금을 인출한 행위는 직불카드부정사용죄에 해당하지 않는다(대판 2003.11.14. 2003도3977).

정답 ✕

170. (★)강취한 현금카드를 사용하여 현금자동지급기에서 예금을 인출한 행위는 강도죄와는 별도로 절도죄를 구성한다.

해설 [1] 예금주인 현금카드 소유자를 협박하여 그 카드를 갈취한 다음 피해자의 승낙에 의하여 현금카드를 사용할 권한을 부여받아 이를 이용하여 현금자동지급기에서 현금을 인출한 행위는 모두 피해자의 예금을 갈취하고자 하는 피고인의 단일하고 계속된 범의 아래에서 이루어진 일련의 행위로서 포괄하여 하나의 공갈죄를 구성하므로, 현금자동지급기에서 피해자의 예금을 인출한 행위를 현금카드 갈취행위와 분리하여 따로 절도죄로 처단할 수는 없다. 왜냐하면 위 예금 인출 행위는 하자 있는 의사표시이기는 하지만 피해자의 승낙에 기한 것이고, 피해자가 그 승낙의 의사표시를 취소하기까지는 현금카드를 적법, 유효하게 사용할 수 있으므로, 은행으로서도 피해자의 지급정지 신청이 없는 한 그의 의사에 따라 그의 계산으로 적법하게 예금을 지급할 수밖에 없기 때문이다.
[2] 강도죄는 공갈죄와는 달리 피해자의 반항을 억압할 정도로 강력한 정도의 폭행·협박을 수단으로 재물을 탈취하여야 성립하므로, 피해자로부터 현금카드를 강취하였다고 인정되는 경우에는 피해자로부터 현금카드의 사용에 관한 승낙의 의사표시가 있었다고 볼 여지가 없다. 따라서 강취한 현금카드를 사용하여 현금자동지급기에서 예금을 인출한 행위는 피해자의 승낙에 기한 것이라고 할 수 없으므로, 현금자동지급기 관리자의 의사에 반하여 그의 지배를 배제하고 그 현금을 자기의 지배하에 옮겨 놓는 것이 되어서 강도죄와는 별도로 절도죄를 구성한다(대판 2007.5.10. 2007도1375).

정답 ○

171. (★★) 시설공사 발주처인 지방자치단체의 재무관이 낙찰하한가 이상 공사예정가격 이하로서 낙찰하한가에 가장 근접한 입찰금액으로 투찰한 입찰자 순서대로 계약이행경험, 기술능력, 재무상태, 신인도 등을 종합적으로 심사하는 적격심사를 거쳐 일정 점수 이상인 자를 낙찰자로 결정하는 전자입찰에서, 甲 등이 악성프로그램을 이용하여 사전에 낙찰하한가를 알아내어 이를 토대로 특정 건설사에 낙찰가능성이 높은 입찰금액을 알려주었다고 하더라도 컴퓨터등사용사기죄 또는 그 미수죄의 구성요건에 해당된다고 할 수 없다.

[해설] 형법 제347조의2는 컴퓨터 등 정보처리장치에 허위의 정보 또는 부정한 명령을 입력하거나 권한 없이 정보를 입력·변경하여 정보처리를 하게 함으로써 재산상의 이익을 취득하거나 제3자로 하여금 취득하게 하는 행위를 처벌하고 있다. 이는 재산변동에 관한 사무가 사람의 개입 없이 컴퓨터 등에 의하여 기계적·자동적으로 처리되는 경우가 증가함에 따라 이를 악용하여 불법적인 이익을 취하는 행위도 증가하였으나 이들 새로운 유형의 행위는 사람에 대한 기망행위나 상대방의 처분행위 등을 수반하지 않아 기존 사기죄로는 처벌할 수 없다는 점 등을 고려하여 신설한 규정이다. 여기서 '정보처리'는 사기죄에서 피해자의 처분행위에 상응하므로 입력된 허위의 정보 등에 의하여 계산이나 데이터의 처리가 이루어짐으로써 직접적으로 재산처분의 결과를 초래하여야 하고, 행위자나 제3자의 '재산상 이익 취득'은 사람의 처분행위가 개재됨이 없이 컴퓨터 등에 의한 정보처리 과정에서 이루어져야 한다(대판 2014.3.13. 2013도16099). 정답 ○

172. 복권 인터넷사이트 가상계좌에서 복권 구매요청금과 동일한 액수의 가상 현금이 입금되는 프로그램 오류의 발생 현상을 이용하여 가상계좌에 전자복권 구매명령을 입력함으로써 재산상 이득을 취득한 행위도 형법상 컴퓨터등사용사기죄에 정한 '부정한 명령'의 입력 행위에 해당한다.

[해설] 형법 제347조의2는 컴퓨터 등 정보처리장치에 허위의 정보 또는 부정한 명령을 입력하거나 권한 없이 정보를 입력·변경하여 정보처리를 하게 함으로써 재산상의 이익을 취득하거나 제3자로 하여금 취득하게 하는 행위를 처벌하고 있다. 여기서 '부정한 명령의 입력'은 당해 사무처리시스템에 예정되어 있는 사무처리의 목적에 비추어 지시해서는 안 될 명령을 입력하는 것을 의미한다. 따라서 설령 '허위의 정보'를 입력한 경우가 아니라고 하더라도, 당해 사무처리시스템의 프로그램을 구성하는 개개의 명령을 부정하게 변개·삭제하는 행위는 물론 프로그램 자체에서 발생하는 오류를 적극적으로 이용하여 그 사무처리의 목적에 비추어 정당하지 아니한 사무처리를 하게 하는 행위도 특별한 사정이 없는 한 위 '부정한 명령의 입력'에 해당한다고 보아야 한다(대판 2013.11.14. 2011도4440). 정답 ○

173. 아파트 건축사업이 추진되기 수년 전부터 사업부지 내 일부 부동산을 소유하여 온 피고인이 사업자의 매도 제안을 거부하다가 인근 토지 시가의 40배가 넘는 대금을 받고 매도한 경우, 부당이득죄가 성립한다.

[해설] 개발사업 등이 추진되는 사업부지 중 일부의 매매와 관련된 이른바 '알박기' 사건에서 부당이득죄의 성립 여부가 문제되는 경우, <u>그 범죄의 성립을 인정하기 위해서는 피고인이 피해자의 개발사업 등이 추진되는 상황을 미리 알고 그 사업부지 내의 부동산을 매수한 경우이거나 피해자에게 협조할 듯한 태도를 보여 사업을 추진하도록 한 후에 협조를 거부하는 경우 등과 같이, 피해자가 궁박한 상태에 빠지게 된 데에 피고인이 적극적으로 원인을 제공하였거나 상당한 책임을 부담하는 정도에 이르러야 한다.</u> 이러한 정도에 이르지 않은 상태에서 단지 개발사업 등이 추진되기 오래 전부터 사업부지 내의 부동산을 소유하여 온 피고인이 이를 매도하라는 피해자의 제안을 거부하다가 수용하는 과정에서 큰 이득을 취하였다는 사정만으로 함부로 부당이득죄의 성립을 인정해서는 안 된다(대판 2009.1.15. 2008도8577). **정답** ✕

제 5 절 공갈의 죄

174. (★★★)甲이 乙의 돈을 절취한 다음 다른 금전과 섞거나 교환하지 않고 쇼핑백 등에 넣어 자신의 집에 숨겨두었는데, 피고인이 乙의 지시로 폭력조직원 丙과 함께 甲에게 겁을 주어 쇼핑백 등에 들어 있던 절취된 돈을 교부받아 왔다면 피고인에게는 공갈죄가 성립하지 아니한다.

[해설] 공갈죄의 대상이 되는 재물은 타인의 재물을 의미하므로, 사람을 공갈하여 자기의 재물을 교부받는 경우에는 공갈죄가 성립하지 아니한다. 그리고 타인의 재물인지는 민법, 상법, 기타의 실체법에 의하여 결정되는데, 금전을 도난당한 경우 <u>절도범이 절취한 금전만 소지하고 있는 때 등과 같이 구체적으로 절취된 금전을 특정할 수 있어 객관적으로 다른 금전 등과 구분됨이 명백한 예외적인 경우에는 절도 피해자에 대한 관계에서 그 금전이 절도범인 타인의 재물이라고 할 수 없다</u>(대판 2012.8.30. 2012도6157). **정답** ○

175. (★)甲은 그의 처 乙女와 공모한 후 乙이 A에게 전화로 "조상천도를 하면 모든 것이 다 잘 된다. 조상천도를 하지 않으면 큰일 난다"고 겁을 주자 이에 외포된 A는 甲의 예금계좌로 83만원을 송금하였다. 甲과 乙의 행위는 공갈죄의 협박에 해당한다.

[해설] [1] 공갈죄의 수단으로써의 협박은 객관적으로 사람의 의사결정의 자유를 제한하거나 의사실행의 자유를 방해할 정도로 겁을 먹게 할 만한 해악을 고지하는 것을 말하고, 그 <u>해악에는 인위적인 것뿐만 아니라 천재지변 또는 신력이나 길흉화복에 관한 것도 포함될 수 있으나, 다만 천재지변 또는 신력이나 길흉화복을 해악으로 고지하는 경우에는 상대방으로 하여금 행위자 자신이 그 천재지변 또는 신력이나 길흉화복을 〈사실상 지배하거나 그에 영향을 미칠 수 있는 것으로 믿게 하는 명시적 또는 묵시적 행위〉가 있어야</u> 공갈죄가 성립한다.
[2] 조상천도제를 지내지 아니하면 좋지 않은 일이 생긴다는 취지의 해악의 고지는 길흉화복이나 천재지변의 예고로서 행위자에 의하여 직접·간접적으로 좌우될 수 없는 것이고 가해자가 현실적으로 특정되어 있지도 않으며 해악의 발생가능성이 합리적으로 예견될 수 있는 것이 아니므로 협박으로 평가될 수 없다고 한 사례(대판 2002.2.8. 2000도3245). **정답** ✕

176. (★)공갈죄가 성립하기 위하여 공갈의 상대방이 재산상 피해자와 동일하여야 하는 것은 아니다.

[해설] 피고인이, 갑 주식회사가 특정 신문들에 광고를 편중했다는 이유로 기자회견을 열어 갑 회사에 공갈죄는 다른 사람을 공갈하여 그로 인한 하자 있는 의사에 기하여 자기 또는 제3자에게 재물을 교부하게 하거나 재산상 이익을 취득하게 함으로써 성립되는 범죄로서, 공갈의 상대방이 재산상의 피해자와 같아야 할 필요는 없고, 피공갈자의 하자 있는 의사에 기하여 이루어지는 재물의 교부 자체가 공갈죄에서의 재산상 손해에 해당하므로, 반드시 피해자의 전체 재산의 감소가 요구되는 것도 아니다(대판 2013.4.11. 2010도13774). **정답** ◯

177. (★)주점 접대부를 위협하여 성관계를 맺었다면 공갈죄가 성립한다.

[해설] 공갈죄는 재산범으로서 그 객체인 재산상 이익은 경제적 이익이 있는 것을 말하는 것인바, 일반적으로 부녀와의 정부 그 자체는 이를 경제적으로 평가할 수 없는 것이므로 부녀를 공갈하여 정교를 맺었다고 하여도 특단의 사정이 없는 한 이로써 재산상 이익을 갈취한 것이라고 볼 수는 없는 것이며, 부녀가 주점 접대부라 할지라도 피고인과 매음을 전제로 정교를 맺은 것이 아닌 이상 피고인이 매음대가의 지급을 면하였다고 볼 여지가 없으니 공갈죄가 성립하지 아니한다(대판 1983.2.8. 82도2714). **정답** ✕

178. (★)공무원이 직무집행의 의사 없이 또는 직무처리와 대가적 관계없이 타인을 공갈하여 재물을 교부하게 하였다.

[해설] 공무원이 직무집행의 의사 없이 또는 직무처리와 대가적 관계없이 타인을 공갈하여 재물을 교부하게 한 경우에는 공갈죄만이 성립하고, 이러한 경우 재물의 교부자가 공무원의 해악의 고지로 인하여 외포의 결과 금품을 제공한 것이라면 그는 공갈죄의 피해자가 될 것이고 뇌물공여죄는 성립될 수 없다고 하여야 할 것이다(대판 1994.12.22. 94도2528). **정답** ◯

179. (★)지역신문의 발행인이 시정에 관한 비판기사 및 사설을 보도하고 관련 공무원에게 광고의뢰 및 직보배정을 타신문사와 같은 수준으로 높게 해달라고 요청한 경우는 공갈 죄에 해당한다.

[해설] 지역신문의 발행인이 시정에 관한 비판기사 및 사설을 보도하고 관련 공무원에게 광고 의뢰 및 직보배정을 타신문사와 같은 수준으로 높게 해달라고 요청한 사실만으로 공갈죄의 수 단으로서 그 상대방을 협박하였다고 볼 수 없다(대판 2002.12.10. 2001도7095). 정답 ✕

180. (★★★)甲이 A가 운전하는 택시를 타고 간 후 목적지가 다르다는 이유로 택시요금의 지급을 면하고자 이를 요구하는 A를 폭행하고 달아난 경우 甲에게는 공갈죄가 성립한 다.

[해설] [1] 재산상 이익의 취득으로 인한 공갈죄가 성립하려면 폭행 또는 협박과 같은 공갈행위로 인하여 피공갈자가 재산상 이익을 공여하는 처분행위가 있어야 한다. 물론 그러한 처분행위는 반드 시 작위에 한하지 아니하고 부작위로도 족하여서, 피공갈자가 외포심을 일으켜 묵인하고 있는 동안 에 공갈자가 직접 재산상의 이익을 탈취한 경우에도 공갈죄가 성립할 수 있다. 그러나 폭행의 상대방 이 위와 같은 의미에서의 처분행위를 한 바 없고, 단지 행위자가 법적으로 의무 있는 재산상 이익의 공여를 면하기 위하여 상대방을 폭행하고 현장에서 도주함으로써 상대방이 행위자로부터 원래라면 얻을 수 있었던 재산상 이익의 실현에 장애가 발생한 것에 불과하다면, 그 행위자에게 공갈죄의 죄책 을 물을 수 없다.
[2] 피해자가 폭행을 당하여 외포심을 일으켜 수동적·소극적으로라도 피고인이 택시요금 지급 을 면하는 것을 용인하여 이익을 공여하는 처분행위를 하였다고 할 수 없으므로 공갈죄가 성리 하지 아니한다(대판 2012.1.27. 2011도16044). 정답 ✕

181. (★)피공갈자가 외포심을 일으켜 묵인하고 있는 동안에 공갈자가 직접 재산상의 이익 을 탈취한 경우에는 공갈죄가 성립할 수 없다.

[해설] 공갈죄에 있어 피공갈자의 처분행위는 반드시 작위에 한하지 아니하고 부작위로도 족 하여서 피공갈자가 외포심을 일으켜 묵인하고 있는 동안에 공갈자가 직접 재산상의 이익을 탈 취한 경우에도 공갈죄가 성립할 수 있다(대판 2012.1.27. 2011도16044). 정답 ✕

제 6 절 횡령의 죄

182. 횡령죄가 성립하기 위해서 소유권침해의 결과발생을 필요로 하는 것은 아니다.

해설 횡령죄는 이른바 위태범이므로, 다른 사람의 재물을 보관하는 사람이 그 사람의 동의 없이 함부로 이를 담보로 제공하는 행위는 불법영득의 의사를 표현하는 횡령행위로서, 사법(私法)상 그 담보제공행위가 무효이거나 그 재물에 대한 소유권이 침해되는 결과가 발생하는지 여부에 관계없이 횡령죄를 구성한다(대판 2009.2.12. 2008도10971). **정답 ○**

183. 횡령죄의 객체가 타인의 재물에 속하는 이상 구체적으로 누구의 소유인지는 횡령죄의 성립 여부에 영향이 없다.

해설 횡령죄는 타인의 재물에 대한 재산범죄로서 재물의 소유권 등 본권을 보호법익으로 하는 범죄이다. 따라서 횡령죄의 객체가 타인의 재물에 속하는 이상 구체적으로 누구의 소유인지는 횡령죄의 성립 여부에 영향이 없다.(대판 2019.12.24. 2019도9773) **정답 ○**

184. (★)타인의 금전을 위탁받아 보관하는 자가 보관방법으로 금융기관에 자신의 명의로 예치한 후 이를 함부로 인출하여 소비하거나 위탁자에게서 반환요구를 받았음에도 영득의 의사로 반환을 거부하는 경우, 횡령죄가 성립한다.

해설 [1] 횡령죄에서 보관이라 함은 재물이 사실상 지배하에 있는 경우뿐만 아니라 법률상의 지배·처분이 가능한 상태에 있는 경우를 포함한다. 그 보관은 반드시 사용대차, 임대차, 위임 등의 계약에 의하여 설정되어야 하는 것은 아니고, 사무관리, 관습, 조리, 신의칙에 의해서도 성립하며, 타인의 금전을 위탁받아 보관하는 자가 보관방법으로 이를 은행 등의 금융기관에 예치한 경우에도 보관자의 지위를 가진다.
[2] 타인의 금전을 위탁받아 보관하는 자가 보관방법으로 금융기관에 자신의 명의로 예치한 경우, 금융실명거래 및 비밀보장에 관한 긴급재정경제명령이 시행된 이후라도 위탁자가 그 위탁한 금전의 반환을 구할 수 없는 것은 아니므로, 수탁자가 이를 함부로 인출하여 소비하거나 또는 위탁자로부터 반환요구를 받았음에도 이를 영득할 의사로 반환을 거부하는 경우에는 횡령죄가 성립한다(大判 2015.2.12. 2014도11244). **정답 ○**

185. 보석가게를 운영하는 甲은 손님이 요구하는 다이아몬드가 자신의 가게에 구비되어 있지 않자, A의 보석가게에서 다이아몬드 1개를 잠시 빌려왔으나 거래가 성사되지 않았다. 그 후 甲은 A로부터 다이아몬드를 돌려달라는 요청을 받고도 다이아몬드를 가져온 사실을 부인하였다. 甲에게는 횡령죄가 성립한다.

해설 피고인은 위 다이아몬드 대금이나 다이아몬드 자체를 피해자에게 반환하여야 할 '타인의 재물을 보관하는 자'의 지위에 있다 할 것이다(대판 2002.3.29. 2001도6550). 정답 ○

186. (★★★)채무자가 기존 금전채무를 담보하기 위하여 다른 금전채권을 채권자에게 양도한 후 제3채무자에게 채권양도 통지를 하지 않은 채 자신이 사용할 의도로 제3채무자로부터 변제를 받아 변제금을 수령하여 임의로 소비하였다면 횡령죄가 성립한다.

해설 채무자가 제3채무자에게 채권양도 통지를 하지 않은 채 자신이 사용할 의도로 제3채무자로부터 변제를 받아 변제금을 수령한 경우, 이는 단순한 민사상 채무불이행에 해당할 뿐, 채무자가 채권자와의 위탁신임관계에 의하여 채권자를 위해 위 변제금을 보관하는 지위에 있다고 볼 수 없고, 채무자가 이를 임의로 소비하더라도 횡령죄는 성립하지 않는다(대판 2021.2.25. 2020도12927). 정답 ✕

187. 임야의 명의수탁자인 조부가 사망함에 따라 그의 子인 父가, 또 위 父가 사망함에 따라 甲이 상속인이 되어 순차로 관리해 오던 임야를 甲이 임의로 처분하였다. 甲에게는 횡령죄가 성립한다.

해설 피고인은 위 임야의 수탁관리자로서의 지위를 포괄 승계한 것이어서, 피고인은 위 임야를 유효하게 처분할 수 있는 보관자로서의 지위를 취득하였다고 할 것이다(대판 1996.1.23. 95도784).
[비교판례] 부동산의 소유명의 및 관리를 위탁받은 자가 자기명의로의 소유권이전등기를 생략한 채 그 子에게 소유권이전등기를 하여 주고 사망하였다면 비록 子가 그러한 사정을 알고 있었다고 하더라도 그로써 곧 그 子가 위탁자와의 관계에 있어 등기명의 및 관리의 수탁자로서의 지위를 취득하거나 승계하게 된다고는 할 수 없어 위탁자에게 그 부동산의 반환을 거부한다 하더라도 횡령죄를 구성하지는 않는다(대판 1987.2.10. 86도2349). 정답 ○

188. (★)익명조합원이 영업을 위하여 출자한 금전을 상대방인 영업자가 개인 용도에 소비하더라도 횡령죄가 성립하지 않는다.

해설 익명조합관계에 있는 영업에 대한 익명조합원이 상대방의 영업을 위하여 출자한 금전 기타의 재산은 상대방인 영업자의 재산으로 되는 것이므로 영업자가 그 영업의 이익금을 함부로 자기 용도에 소비하였다 하여도 횡령죄가 될 수 없다(대판 1971.12.28. 71도2032). 정답 ○

189. (★)프랜차이즈 계약을 맺은 가맹점주가 물품판매대금의 일부를 본사로 송금하지 않고 임의로 소비한 경우 횡령죄가 성립하지 않는다.

해설 가맹점주인 피고인이 판매하여 보관 중인 물품판매 대금은 피고인의 소유라 할 것이어서 피고인이 이를 임의 소비한 행위는 프랜차이즈 계약상의 채무불이행에 지나지 아니하므로, 결국 횡령죄는 성립하지 아니한다고 판단한 원심판결을 수긍한 사례(대판 1998.4.14. 98도292).

정답 ○

---

190. (★★)피고인이 한국수자원공사에 대하여 가지는 토지보상금채권에 관하여 피고인의 채권자 甲 주식회사가 압류 및 추심명령을 받아 그 명령이 피고인에게 송달되었는데, 그 후 한국수자원공사가 업무착오로 토지보상금을 집행공탁이 아닌 변제공탁하자 피고인이 이를 수령하여 보관하며 반환요구를 거절하였다면 횡령죄가 성립한다.

해설 집행채무자가 제3채무자에 대하여 가지는 금전채권에 관하여 압류 및 추심명령이 행하여져서 제3채무자는 집행채무자에게 그 채권금을 지급하는 것이, 집행채무자는 이를 수령하는 것이 각 금지된다고 하더라도(민사집행법 제227조 제1항 참조), 제3채무자가 위와 같은 금지에도 불구하고 피압류채무를 스스로 변제하였거나 또는 그에 관하여 민법 제487조에 기한 변제공탁을 하였다면, 집행채무자가 그로써 수령한 금전은 자기 채권에 관한 원래의 이행으로 또는 변제공탁 등과 같이 변제에 갈음하는 방법을 통하여 취득한 것으로서 역시 그의 소유에 속한다고 할 것이고, 그가 단지 집행채권자 또는 제3채무자의 금전을 '보관'하는 관계에 있다고 할 수 없다. 따라서 집행채무자가 그 금전을 집행채권자에게 반환하는 것을 거부하였다고 하여 그에게 횡령의 죄책을 물을 수는 없다. 이는 제3채무자가 원래 민사집행법 제248조에서 정하는 집행공탁을 하여야 할 것을 착오로 변제공탁을 하였다고 해서 달리 볼 수 없다(대판 2012.1.27. 2010도8336). (동지 大判 2012.1.12. 2011도12604).

정답 ✕

---

191. (★)액면을 보충·할인하여 달라는 의뢰를 받고 액면 백지인 약속어음을 교부받은 甲이 보충권의 한도를 넘어 보충하여 임의로 사용하였다면 횡령죄가 성립한다.

해설 발행인으로부터 일정한 금액의 범위 내에서 액면을 보충·할인하여 달라는 의뢰를 받고 액면 백지인 약속어음을 교부받아 보관중이던 자가 발행인과의 합의에 의하여 정해진 보충권의 한도를 넘어 보충을 한 경우에는 발행인의 서명날인 있는 기존의 약속어음 용지를 이용하여 새로운 별개의 약속어음을 발행한 것에 해당하여 이러한 보충권의 남용행위로 인하여 생겨난 새로운 약속어음에 대하여는 발행인과의 관계에서 보관자의 지위에 있다 할 수 없으므로, 설사 그 약속어음을 자신의 채무변제조로 제3자에게 교부하여 임의로 사용하였다고 하더라도, 발행인으로 하여금 제3자에 대하여 어음상의 채무를 부담하는 손해를 입게 한 데에 대한 배임죄가 성립될 수 있음은 별론으로 하고, 보관자의 지위에 있음을 전제로 횡령죄가 성립될 수는 없다(대판 1995.1.20. 94도2760).

정답 ✕

---

192. (★)사실상 1인 주주라고 하더라도 회사의 자금을 임의로 처분한 행위는 횡령죄를 구성한다.

해설 [1] 주식회사의 주식이 사실상 1인 주주에 귀속하는 1인 회사에 있어서도 회사와 주주는 분명히 별개의 인격이어서 1인 회사의 재산이 곧바로 그 1인 주주의 소유라고 볼 수 없으므로, 사실상 1인 주주라고 하더라도 회사의 자금을 임의로 처분한 행위는 횡령죄를 구성한다.
[2] 피고인이 회사의 돈을 인출하여 사용하고도 그 사용처에 관한 증빙자료를 제시하지 못하거나 피고인이 주장하는 사용처에 사용된 자금이 그 돈과 다른 자금으로 충당된 것으로 드러나는 등 피고인이 주장하는 사용처에 그 돈이 사용되었다는 점을 인정할 수 있는 자료가 부족하고, 오히려 피고인이 그 돈을 개인적인 용도에 사용하였다는 점에 대한 신빙성 있는 자료가 많은 경우에는 피고인이 그 돈을 불법영득의 의사로써 횡령한 것이라고 추단할 수 있다(대판 2010.4.29. 2007도6553).
정답 ○

193. (★)출자지분이 2인에게 귀속되어 있는 유한회사의 대표사원이 자신이 업무상 보관중이던 회사 재산을 다른 사원의 승낙을 얻어 개인 용도로 소비한 경우 업무상횡령죄가 성립하지 않는다.

해설 출자지분이 2인의 사원에게 귀속하고 있는 유한회사의 대표사원이 다른 사원의 승낙을 얻어 회사소유 재산을 개인용도에 소비한 경우, 행위의 주체인 대표사원과 그 본인인 유한회사는 별개의 인격체이어서 비록 유한회사의 손해가 궁극적으로는 위 사원들의 손해에 귀착된다고 하더라도 회사의 재산을 사원의 개인용도에 소비하는 행위는 본인의 위탁의 취지에 반함이 명백하여 횡령죄를 구성한다(대판 1986.9.9. 86도280).
정답 ✕

194. (★)주식회사의 대표이사가 적법하게 수령할 권한이 있는 보수가 압류당할 우려가 있자 이를 피하기 위하여 실제 근무하지 않는 근로자의 임금 명목으로 보수를 조성하여 타인의 명의로 이를 수령한 후 소비하였다면 재물을 횡령한 경우에 해당한다.

해설 횡령죄가 성립하기 위하여는 피고인이 타인의 재물을 보관하는 자의 지위에 있어야 하고, 타인의 재물인가의 여부는 민법, 상법, 기타의 실체법에 의하여 결정되어야 하는 바, 주식회사의 대표이사가 적법하게 수령할 권한이 있는 보수가 압류당할 우려가 있자 이를 피하기 위하여 비록 실제 근무하지 않는 근로자의 임금 명목으로 보수를 조성하여 타인의 명의로 이를 수령하였다 하더라도 그 수령과 동시에 그 금원에 대한 소유권을 취득하였다고 보아야 할 것이므로, 위 보수를 소비하는 것은 자신의 재물을 소비한 것에 불과하고, 이를 가지고 타인의 재물을 보관하는 자가 그 재물을 횡령한 경우에 해당한다고 볼 수 없다(대판 2003.10.10. 2003도3516).
정답 ✕

195. (★)부동산 입찰절차에서 수인이 대금을 분담하되 그 중 1인 명의로 낙찰받기로 약정하여 그에 따라 낙찰이 이루어진 경우, 그 명의인이 이를 임의로 처분하더라도 횡령죄를 구성하지 않는다.

[해설] 부동산 입찰절차에서 수인이 대금을 분담하되 그 중 1인 명의로 낙찰받기로 약정하여 그에 따라 낙찰이 이루어진 경우, 그 입찰절차에서 낙찰인의 지위에 서게 되는 사람은 어디까지나 그 명의인이므로 입찰목적부동산의 소유권은 경락대금을 실질적으로 부담한 자가 누구인가와 상관없이 그 명의인이 취득한다 할 것이므로 그 부동산은 횡령죄의 객체인 타인의 재물이라고 볼 수 없어 명의인이 이를 임의로 처분하더라도 횡령죄를 구성하지 않는다(대판 2000.9.8. 2000도258). 【정답】 ○

196. (★★)부동산을 공동으로 상속한 자들 중 1인이 부동산을 혼자 점유하던 중 다른 공동상속인의 상속지분을 임의로 처분한 경우, 횡령죄가 성립한다.

[해설] 부동산에 관한 횡령죄에 있어서 타인의 재물을 보관하는 자의 지위는 동산의 경우와는 달리 부동산에 대한 점유의 여부가 아니라 부동산을 제3자에게 유효하게 처분할 수 있는 권능의 유무에 따라 결정하여야 하므로, 부동산을 공동으로 상속한 자들 중 1인이 부동산을 혼자 점유하던 중 다른 공동상속인의 상속지분을 임의로 처분하여도 그에게는 그 처분권능이 없어 횡령죄가 성립하지 아니한다(대판 2000.4.11. 2000도565).
[동지판례] 피고인이 그 공용부분을 다른 구분소유자들을 위하여 보관하는 지위에 있는 것은 아니므로 위 공용부분을 임대하고 수령한 임차료 역시 다른 구분소유자들을 위하여 보관하는 것은 아니라고 할 것이어서 그 돈을 임의로 소비하였어도 횡령죄가 성립하지 아니한다(대판 2004.5.27. 2003도6988). 【정답】 ✕

197. 공동상속인 중 1인이 상속재산인 임야를 보관 중 다른 상속인들로부터 매도 후 분배 또는 소유권이전등기를 요구받고도 그 반환을 거부한 후 그 임야에 관하여 다시 제3자 앞으로 근저당권설정등기를 경료해 준 행위는 별도의 횡령죄를 구성한다.

[해설] 공동상속인 중 1인이 상속재산인 임야를 보관 중 다른 상속인들로부터 매도 후 분배 또는 소유권이전등기를 요구받고도 그 반환을 거부한 경우 이때 이미 횡령죄가 성립하고, 그 후 그 임야에 관하여 다시 제3자 앞으로 근저당권설정등기를 경료해 준 행위는 불가벌적 사후행위로서 별도의 횡령죄를 구성하지 않는다고 한 사례(대판 2010.2.25. 2010도93). 【정답】 ✕

198. (★★) 판례에 의할 때 다음 기술의 옳고 그름을 판단하라.

(1) 소유권의 취득에 등록이 필요한 타인 소유의 차량을 인도 받아 보관하고 있는 사람이 이를 사실상 처분하면 횡령죄가 성립하며, 그 보관 위임자나 보관자가 차량의 등록명의자일 필요는 없다.

(2) 지입회사에 소유권이 있는 차량에 대하여 지입회사로부터 운행관리권을 위임받은 지입차주가 지입회사의 승낙 없이 그 보관 중인 차량을 사실상 처분하거나 지입차주로부터 차량 보관을 위임받은 사람이 지입차주의 승낙 없이 그 보관 중인 차량을 사실상 처분한 경우 횡령죄가 성립하며 이러한 사실을 알고 그 차량을 취득한 자는 장물취득죄가 성립한다.

해설 [1] 횡령죄는 타인의 재물을 보관하는 사람이 그 재물을 횡령하거나 반환을 거부한 때에 성립한다. 횡령죄에서 재물의 보관은 재물에 대한 사실상 또는 법률상 지배력이 있는 상태를 의미하며, 횡령행위는 불법영득의사를 실현하는 일체의 행위를 말한다. 따라서 소유권의 취득에 등록이 필요한 타인 소유의 차량을 인도 받아 보관하고 있는 사람이 이를 사실상 처분하면 횡령죄가 성립하며, 그 보관 위임자나 보관자가 차량의 등록명의자일 필요는 없다.9) 그리고 이와 같은 법리는 지입회사에 소유권이 있는 차량에 대하여 지입회사로부터 운행관리권을 위임받은 지입차주가 지입회사의 승낙 없이 그 보관 중인 차량을 사실상 처분하거나 지입차주로부터 차량 보관을 위임받은 사람이 지입차주의 승낙 없이 그 보관 중인 차량을 사실상 처분한 경우에도 마찬가지로 적용된다.

[2] X주식회사가 지입한 4대의 차량은 등록명의자인 각 지입회사 소유이고 나머지 2대의 차량은 X주식회사의 소유임을 전제로 하여 X주식회사의 대표이사인 甲이 보관하다가 사실상 처분하는 방법으로 횡령한 위 차량들을 乙이 구입하여 장물을 취득하였다는 공소사실을 유죄로 인정한 원심을 수긍한 사례(대판(전) 2015.6.25. 2015도1944). 정답 (1) ○ (2) ○

199. (★)환전하여 달라는 부탁과 함께 교부받은 돈을 그 목적과 용도에 사용하지 않고 마음대로 피고인의 위탁자에 대한 채권에 상계충당한 경우 횡령죄가 성립한다.

해설 大判 1997.9.26. 97도1520.

[동지판례] 임대인 회사 대표이사가 임차인으로부터 수도요금 등 납부라는 특정한 목적으로 위탁받은 돈을 은행대출이자 용도 등으로 임의소비한 경우, 횡령죄가 성립한다(대판 2008.10.9. 2008도3787). 정답 ○

200. 甲은 X은행으로부터 공장을 매수하여 인수하면서 그 곳에 있던 A 소유의 기계들도 함께 인도받아 A를 위하여 보관하던 중 Y은행에게 위 공장에 속하는 토지와 건물을 담보로 제공하면서 A 소유의 기계들에 대하여도 근저당권을 설정하여 주었다. 그런데 공장저당법에 의하면 근저당권설정자의 소유가 아니고 다른 사람의 소유인 경우에는 그 물건에 대하여 근저당권의 효력이 미치지 아니한다. 이 경우 甲에게는 횡령죄가 성립하지 아니한다.

해설 횡령죄는 이른바 위태범이므로, 다른 사람의 재물을 보관하는 사람이 그 사람의 동의 없이 함부로 이를 담보로 제공하는 행위는 불법영득의 의사를 표현하는 횡령행위로서 사법상 그 담보제공행위가 무효이거나 그 재물에 대한 소유권이 침해되는 결과가 발생하는지 여부에 관계없이 횡령죄를 구성한다(대판 2002.11.13. 2002도2219). 정답 ×

---

9) 이러한 취지와 어긋나는 기존의 판례(78도1714)는 본 판례에 의하여 폐기되었음을 주의하여야 한다.

201. (★)회사에 대하여 개인적인 채권을 가지고 있는 대표이사 甲은 이사회의 승인 없이 회사를 위하여 보관하고 있는 회사 소유의 금전으로 자신의 채권의 변제에 충당하였다. 甲에게는 업무상횡령죄가 성립한다.

[해설] 대표이사가 이사회의 승인 등의 절차 없이 그와 같이 자신의 회사에 대한 채권을 변제하였더라도 이는 대표이사의 권한 내에서 한 회사채무의 이행행위로서 유효하며, 따라서 그에게는 불법영득의 의사가 인정되지 아니하여 횡령죄의 죄책을 물을 수 없다(대판 1999.9.2. 98도2296).

정답 ✕

202. 타인의 재물을 보관하는 자가 반드시 자기 스스로 영득하여야만 횡령죄가 성립되는 것은 아니다.

[해설] 횡령죄에 있어서 불법영득의 의사라 함은 타인의 재물을 보관하는 자가 위탁의 취지에 반하여 자기 또는 제3자의 이익을 위하여 권한 없이 그 재물을 자기의 소유인 것처럼 처분하는 의사를 의미하는 것으로서, 반드시 자기 스스로 영득하여야만 횡령죄가 성립되는 것은 아니다 (대판 2006.11.10. 2004도5167).

정답 ○

203. (★)부동산 매수인이 매매대금의 완납 전에 그 매매목적물을 담보로 하여 금전을 차용함에 있어 매도인의 승낙을 받는 한편 매도인과 사이에 그 차용금액의 일부는 매도인에게 매매대금으로 우선 교부하여 주기로 약정한 다음 금전을 차용하여 이를 전부 임의로 소비한 경우, 횡령죄가 성립한다.

[해설] 부동산 매수인이 매매대금의 완납 전에 그 매매목적물을 담보로 하여 금전을 차용함에 있어 매도인의 승낙을 받는 한편 매도인과 사이에 그 차용금액의 일부는 매도인에게 매매대금으로 우선 교부하여 주기로 약정한 다음 금전을 차용하여 이를 전부 임의로 소비한 경우에 매도인과 매수인 사이의 위의 약정은 매매잔대금의 지급방법의 하나를 정한 것에 불과한 것이므로, 이로써 매수인이 대금완납시까지 매도인을 위하여 위 매매목적물을 관리하거나 담보 제공하여 차용한 금전을 보관하여야 하는 지위에 있다고 볼 수 없고, 매수인이 차용금액의 일부를 매도인에게 지급하지 아니하였다고 하더라도 이는 단순한 민사상의 채무불이행에 지나지 아니할 뿐 횡령죄는 성립하지 아니한다(대판 2005.9.29. 2005도4809).

정답 ✕

204. (★)피고인이 종중의 회장으로부터 종중총회의 결의 없이 담보 대출을 받아달라는 부탁과 함께 종중 소유의 임야를 이전받은 다음 임야를 담보로 금원을 대출받아 임의로 사용하고 자신의 개인적인 대출금 채무를 담보하기 위하여 임야에 근저당권을 설정하였다면 피고인의 위 행위는 종중에 대한 관계에서 횡령죄를 구성한다.

[해설] [1] 횡령죄에서 재물의 보관이라 함은 재물에 대한 사실상 또는 법률상 지배력이 있는 상태를 의미하며, 그 보관은 소유자 등과의 위탁관계에 기인하여 이루어져야 하는 것이지만, 그

위탁관계는 사실상의 관계이면 족하고 위탁자에게 유효한 처분을 할 권한이 있는지 또는 수탁자가 법률상 그 재물을 수탁할 권리가 있는지 여부를 불문하는 것이고, 한편 부동산에 관한 횡령죄에 있어서 타인의 재물을 보관하는 자의 지위는 동산의 경우와는 달리 부동산에 대한 점유의 여부가 아니라 법률상 부동산을 제3자에게 처분할 수 있는 지위에 있는지 여부를 기준으로 판단하여야 한다.

[2] 횡령죄가 성립한다고 한 사례(대판 2005.6.24. 2005도2413).　　　**정답** ○

205. 피고인이 피해자 甲에게서 돈을 빌리면서 담보 명목으로 乙에 대한 채권을 양도하였는데도 채권양도 통지 전에 이를 추심하여 임의로 소비한 경우, 사기죄와 횡령죄가 성립한다.

해설 [1] 외형상으로는 공소사실의 기초가 되는 피고인의 일련의 행위가 여러 개의 범죄에 해당되는 것 같지만 합쳐져서 하나의 사회적 사실관계를 구성하는 경우에 그에 대한 법률적 평가는 하나밖에 성립되지 않는 관계, 즉 일방의 범죄가 성립되는 때에는 타방의 범죄는 성립할 수 없고, 일방의 범죄가 무죄로 될 경우에만 타방의 범죄가 성립할 수 있는 비양립적인 관계가 있을 수 있다.

[2] 피고인이 피해자 甲에게서 돈을 빌리면서 담보 명목으로 乙에 대한 채권을 양도하였는데도 乙에게 채권양도 통지를 하기 전에 이를 추심하여 임의로 소비한 사안에서, 차용금 편취의 점과 담보로 양도한 채권을 추심하여 임의 소비한 횡령의 점은 양도된 채권의 가치, 채권양도에 관한 피고인의 진정성 등의 사정에 따라 비양립적인 관계라 할 것이어서, 이러한 사정을 심리하여 피고인의 위 일련의 행위가 그 중 어느 죄에 해당하는지를 가렸어야 할 것인데도, 사기죄 및 횡령죄를 모두 인정한 원심판단에 법리오해 및 심리미진의 위법이 있다고 한 사례(대판 2011.5.13. 2011도1442).

[판결이유] 위 공사대금 채권의 양도에 관한 피고인의 진정성이 인정되는 경우라면, 피고인에게 위 차용금에 대한 편취범의를 인정하기는 어려우므로 피고인에게 사기죄의 책임을 물을 수 없다. 다만 피고인은 위 공사대금 채권의 양도인의 지위에서 양수인인 피해자를 위하여 보관하여야 하는데도 추심한 채권을 임의로 소비한 행위에 대하여 횡령죄의 책임만 지게 될 것이다.

반면에 피고인이 피해자로부터 돈을 빌리기 위해 피해자가 요구하는 대로 차용금에 대한 담보 명목으로 위 공사대금 채권을 양도하는 형식만 갖추었을 뿐, 당초부터 위 공사대금 채권을 추심하여 빼돌릴 생각을 가지고 있었던 경우라면, 차용금 편취에 관한 사기죄는 성립하지만, 위 공사대금 채권을 양도한 후 공사대금을 수령하여 임의 소비한 행위는 금전 차용 후 담보로 제공한 양도채권을 추심받아 이를 빼돌리려는 사기범행의 실행행위에 포함된 것으로 봄이 상당하므로 사기죄와 별도로 횡령죄는 성립되지 않는다고 할 것이다.　　　**정답** ✕

206. (★)지명채권 양도인이 양도통지 전에 채무자로부터 채권을 추심하여 금전을 수령하고 자기를 위하여 소비한 경우에 그 금전은 양수인의 소유에 속하므로 횡령죄가 성립한다.

해설 양도인과 양수인 사이에서 그 금전의 소유권은 양수인에게 귀속하고 양도인은 위 금전을 양수인을 위하여 보관하는 지위에 있으므로 양도인이 이를 임의로 소비하면 횡령죄를 구성한다(대판(전) 1999.4.14. 97도666).　　**정답** ○

207. (★)착오로 송금되어 입금된 돈을 임의로 인출하여 소비한 행위는 송금인과 피고인 사이에 별다른 거래관계가 없는 경우에도 횡령죄에 해당한다.

[해설] 어떤 예금계좌에 돈이 착오로 잘못 송금되어 입금된 경우에는 그 예금주와 송금인 사이에 신의칙상 보관관계가 성립한다고 할 것이므로, 피고인이 송금 절차의 착오로 인하여 피고인 명의의 은행 계좌에 입금된 돈을 임의로 인출하여 소비한 행위는 횡령죄에 해당하고, 이는 송금인과 피고인 사이에 별다른 거래관계가 없다고 하더라도 마찬가지이다(대판 2010.12.9. 2010도891).　　**정답** ○

208. (★)주식회사의 증자업무를 담당한 甲은 주식인수인과 사전 공모하여 주금납입취급은행 이외의 제3자로부터 납입금에 해당하는 금액을 차입하여 주금을 납입하고 납입은행으로부터 납입금보관증명서를 발급받아 회사의 증자등기절차를 마친 직후 이를 인출하여 위 차용금채무의 변제에 사용하였다. 이 경우 甲에게는 업무상횡령죄가 성립한다.

[해설] 주식회사의 설립업무 또는 증자업무를 담당한 자와 주식인수인이 사전 공모하여 주금납입취급은행 이외의 제3자로부터 납입금에 해당하는 금액을 차입하여 주금을 납입하고 납입취급은행으로부터 납입금보관증명서를 발급받아 회사의 설립등기절차 또는 증자등기절차를 마친 직후 이를 인출하여 위 차용금채무의 변제에 사용하는 경우, 위와 같은 행위는 실질적으로 회사의 자본을 증가시키는 것이 아니고 등기를 위하여 납입을 가장하는 편법에 불과하여 주금의 납입 및 인출의 전과정에서 회사의 자본금에는 실제 아무런 변동이 없다고 보아야 할 것이므로, 그들에게 회사의 돈을 임의로 유용한다는 불법영득의 의사가 있다고 보기 어렵다 할 것이고, 이러한 관점에서 상법상 납입가장죄의 성립을 인정하는 이상 회사 자본이 실질적으로 증가됨을 전제로 한 업무상횡령죄가 성립한다고 할 수는 없다(대판 2004.12.10. 2003도3963).
[판결이유] 원심은 甲에 대하여 납입가장죄, 공정증서원본부실기재죄 및 동행사죄로 처단하였는 바, … 위법이 있다고 할 수 없다.　　**정답** ×

209. (★)대표이사가 회사 명의로 대출받은 돈을 임의로 사용한 후 개인자금으로 대출금 상당액을 상환한 경우 업무상횡령죄가 성립하지 아니한다.

[해설] [1] 횡령죄에 있어서 '불법영득의 의사'라 함은 자기 또는 제3자의 이익을 꾀할 목적으로 임무에 위배하여 보관하는 타인의 재물을 자기의 소유인 경우와 같이 처분을 하는 의사를 말하고, 사후에 이를 반환하거나 변상 또는 보전하려는 의사가 있다고 하여 불법영득의사의 존재가 부정되지 아니한다.
[2] 대표이사가 회사 명의로 대출을 받을 당시 금융기관에 '자신이 실제 채무자이고 회사는 단순

히 형식상의 주채무자'라는 의사표시를 하거나, 대출담당자가 '회사에 대해서는 채무자로서의 책임을 지우지 아니하려는 의도'를 가지고 있었다고 인정할 아무런 자료가 없는 사안에서, 금융기관과 회사 사이의 대출약정을 통정허위표시로 볼 수 없으므로, 대표이사가 회사에 귀속된 위 대출금을 인출하여 임의로 사용한 행위는 업무상횡령에 해당하고, 그 후 개인자금으로 대출금 상당액을 상환하였다는 등의 사정은 범죄 성립에 영향을 미치지 아니한다고 한 사례(대판 2010.5.27. 2010도369). **정답** ×

210. X주식회사의 대표이사 甲은 신주를 발행하여 실제로는 금융기관으로부터 제3자 명의로 자금을 빌려 자기(회사)의 계산으로 신주를 인수하였다. 그 후 甲은 가지급금의 형식으로 회사의 자금을 인출하여 위 차용원리금 채무의 변제에 사용하였다. 甲에게는 업무상횡령죄가 성립한다.

해설 회사가 신주를 발행하여 실제로는 타인으로부터 제3자 명의로 자금을 빌려 자기의 계산으로 신주를 인수하면서도 제3자 명의를 차용한 경우, 이는 상법 등에서 허용하지 않는 자기주식의 취득에 해당하므로 회사의 신주인수행위는 무효라고 보아야 할 것이지만, 신주인수대금의 납입을 위하여 회사가 제3자 명의로 금원을 차용한 행위의 효력은 부정할 수가 없고 그 차용원리금의 상환의무는 회사가 부담한다고 보아야 하므로, 회사의 대표이사가 가지급금의 형식으로 회사의 자금을 인출하여 위 차용원리금 채무의 변제에 사용하였다고 하더라도 이는 업무상횡령죄에 해당한다고 볼 수 없다고 한 사례(대판 2005.2.18. 2002도2822). **정답** ×

211. (★)회사의 대표이사 甲은 1998. 5. 15.자 주주총회의사록에 첨부된 주주명부에는 甲 소유의 주식수를 6,000주로 기재하였다가, 1998. 5. 19.자 주주총회의사록에 첨부된 주주명부에는 甲 소유의 주식수를 66,000주로 기재하였다. 甲에게는 업무상횡령죄가 성립한다.

해설 상법상 주식은 자본구성의 단위 또는 주주의 지위(株主權)를 의미하고, 주주권을 표창하는 유가증권인 주권(株券)과는 구분이 되는 바, 주권(株券)은 유가증권으로서 재물에 해당되므로 횡령죄의 객체가 될 수 있으나, 자본의 구성단위 또는 주주권을 의미하는 주식은 재물이 아니므로 횡령죄의 객체가 될 수 없다(대판 2005.2.18. 2002도2822). **정답** ×

212. 보험을 유치하면서 보험회사로부터 지급받은 시책비 중 일부를 개인적인 용도로 사용하였다면 횡령죄가 성립한다.

해설 통상적인 실적급여로서의 성격을 가진 시책비에 해당하여 그 목적이나 용도가 특정되어 위탁된 금전이라고 보기 어렵다는 이유로 횡령죄를 구성하지 않는다고 하였다(대판 2006.3.9. 2003도6733). **정답** ×

213. (★)조합장이 조합으로부터 공무원에게 뇌물로 전달하여 달라고 교부받은 금원을 뇌물로 전달하지 않고 임의로 소비한 경우 횡령죄가 성립한다.

[해설] 조합장이 조합으로부터 공무원에게 뇌물로 전달하여 달라고 금원을 교부받은 것은 불법원인으로 인하여 지급받은 것으로서 이를 뇌물로 전달하지 않고 타에 소비하였다고 해서 타인의 물을 보관중 횡령하였다고 볼 수는 없다(대판 1988.9.20. 86도628).   정답 ✕

214. (★) 피고인이 갑으로부터 수표를 현금으로 교환해 주면 대가를 주겠다는 제안을 받고 위 수표가 을 등이 사기범행을 통해 취득한 범죄수익 등이라는 사실을 잘 알면서도 교부받아 그 일부를 현금으로 교환한 후 병, 정과 공모하여 아직 교환되지 못한 수표 및 교환된 현금을 임의사용한 경우 횡령죄가 성립한다.

[해설] 피고인이 갑으로부터 범죄수익 등의 은닉범행 등을 위해 교부받은 수표는 불법의 원인으로 급여한 물건에 해당하여 소유권이 피고인에게 귀속되고, 따라서 피고인이 그중 교환하지 못한 수표와 이미 교환한 현금을 임의로 소비하였더라도 횡령죄가 성립하지 않는다고 한 사례(大判 2017.4.26. 2016도18035).   정답 ✕

215. (★)윤락업소의 포주 甲은 다방종업원으로 근무하고 있던 乙女를 수차 찾아가 자신의 업소에서 윤락행위를 해 줄 것을 적극적으로 권유하자, 이에 乙女는 남편과 두 아들이 있음에도 남편이 알코올 중독으로 생활능력이 없어 가족의 생계를 위하여 甲의 권유에 따르기로 하고, 甲과 화대를 절반씩 분배하기로 약정한 다음, 그 때부터 5개월 동안 甲의 업소에서 윤락행위를 하였는데, 甲은 화대로 받은 합계 2,700만원 중 절반인 1,350만원을 乙女에게 반환하지 아니하고 임의로 소비하였다. 甲에게는 1/2의 화대에 대해서만 횡령죄가 성립한다.

[해설] 화대는 윤락행위라는 범죄를 원인으로 취득한 재물이므로 민법 제746조 본문에 의해 반환거부를 할 수 있으므로 일응 포주에게는 자기소유·자기점유물이 되어 무죄라고 할 수 있겠으나, 민법 제746조 단서의 정신을 반영하여 대법원은 경제적·사회적 약자이고 그 불법원인이 윤락녀보다 포주가 더 크다는 것을 반영하여 화대 전액에 대한 포주의 횡령죄를 인정하였다(대판 1999.9.17. 98도2036 참조).   정답 ✕

216. (★)채무자의 재산을 보관하는 자가 그 재물을 영득할 의사로 은닉한 때에는 횡령죄와 강제집행면탈죄의 상상적 경합범이 된다.

[해설] 강제집행면탈죄에 있어서 은닉이라 함은 강제집행을 면탈할 목적으로 강제집행을 실시하는 자로 하여금 채무자의 재산을 발견하는 것을 불능 또는 곤란하게 만드는 것을 말하는 것으로서 진의에 의하여 재산을 양도하였다면 설령 그것이 강제집행을 면탈할 목적으로 이루어진 것으로서 채권자의 불이익을 초래하는 결과가 되었다고 하더라도 강제집행면탈죄의 허위양도 또는 은닉에는 해당하지 아니한다 할 것이

며, 이와 같은 양죄의 구성요건 및 강제집행면탈죄에 있어 은닉의 개념에 비추어 보면 타인의 재물을 보관하는 자가 보관하고 있는 재물을 영득할 의사로 은닉하였다면 이는 횡령죄를 구성하는 것이고 채권자들의 강제집행을 면탈하는 결과를 가져온다 하여 이와 별도로 강제집행면탈죄를 구성하는 것은 아니다(대판 2000.9.8. 2000도1447).

정답 ✕

217. 甲은 담보목적으로 자신의 명의로 가등기가 경료된 A 소유의 부동산에 대하여 A의 아들로부터 채무가 변제공탁된 사실을 통고 받고서도 자기 앞으로 본등기를 경료함과 동시에 제3자 앞으로 가등기를 경료하여 주었다. 甲에게는 횡령죄가 성립한다.

[해설] 등기명의의 환원의무를 위배하였으므로 배임죄가 성립된다(대판 1990.8.10. 90도414).

정답 ✕

218. (★★★)부동산실명법에 위반한 양자간 명의신탁의 경우 명의수탁자가 신탁받은 부동산을 임의로 처분하여도 명의신탁자에 대한 관계에서 횡령죄가 성립하지 아니한다.

[해설] 부동산실명법에 위반하여 명의신탁자가 그 소유인 부동산의 등기명의를 명의수탁자에게 이전하는 이른바 양자간 명의신탁의 경우, 계약인 명의신탁약정과 그에 부수한 위임약정, 명의신탁약정을 전제로 한 명의신탁 부동산 및 그 처분대금 반환약정은 모두 무효이다. 나아가 명의신탁자와 명의수탁자 사이에 무효인 명의신탁약정 등에 기초하여 존재한다고 주장될 수 있는 사실상의 위탁관계라는 것은 부동산실명법에 반하여 범죄를 구성하는 불법적인 관계에 지나지 아니할 뿐 이를 형법상 보호할 만한 가치 있는 신임에 의한 것이라고 할 수 없다. 따라서 명의수탁자가 명의신탁자에 대한 관계에서 '타인의 재물을 보관하는 자'의 지위에 있다고 볼 수도 없다.

정답 ○

219. (★★)중간생략등기형 명의신탁을 한 경우, 명의수탁자가 신탁받은 부동산을 임의로 처분하여도 명의신탁자에 대한 관계에서 횡령죄가 성립하지 아니한다.

[해설] 명의신탁자가 매수한 부동산에 관하여 부동산실명법을 위반하여 명의수탁자와 맺은 명의신탁약정에 따라 매도인으로부터(또는 증여자로부터) 바로 명의수탁자 명의로 소유권이전등기를 마친 이른바 중간생략등기형 명의신탁을 한 경우, 명의수탁자 명의의 소유권이전등기는 무효이고, 신탁부동산의 소유권은 매도인이 그대로 보유하게 되므로 명의신탁자는 신탁부동산의 소유권을 가지지 아니하고, 명의신탁자와 명의수탁자 쌍방을 형사처벌까지 하고 있는 부동산실명법의 명의신탁관계에 대한 규율 내용 및 태도 등에 비추어 볼 때, 명의신탁자와 명의수탁자 사이에 그 위탁신임관계를 근거지우는 계약인 명의신탁약정 또는 이에 부수한 위임약정이 무효임에도 불구하고 횡령죄 성립을 위한 사무관리·관습·조리·신의칙에 기초한 위탁신임관계가 있다고 할 수는 없다. 따라서 명의수탁자가 매도인에 대하여 소유권이전등기청구권을 가질 뿐인 명의신탁자의 재물을 보관하는 자라고 할 수 없으므로, 명의수탁자가 신탁받은 부동산을 임의로 처분하여도

명의신탁자에 대한 관계에서 횡령죄가 성립하지 아니한다(대판(전) 2016.5.19. 2014도6992)
※ 3자간의 명의신탁(중간생략등기형 명의신탁)   정답 ○

220. (★★)명의신탁 약정에 따라 수탁자가 그 약정이 있다는 사실을 알지 못하는 소유자와 부동산매매계약을 체결한 후 자신의 명의로 소유권이전등기를 마친 경우, 그 수탁자는 형법 제355조 제1항의 '타인의 재물을 보관하는 자'에 해당한다.

해설 횡령죄는 타인의 재물을 보관하는 자가 그 재물을 횡령하는 경우에 성립하는 범죄인바, 부동산 실권리자명의 등기에 관한 법률 제2조 제1호 및 제4조의 규정에 의하면, 신탁자와 수탁 자가 명의신탁 약정을 맺고, 이에 따라 수탁자가 당사자가 되어 명의신탁 약정이 있다는 사실 을 알지 못하는 소유자와 사이에서 부동산에 관한 매매계약을 체결한 후 그 매매계약에 기하여 당해 부동산의 소유권이전등기를 수탁자 이름으로 경료한 경우에는, 그 소유권이전등기에 의한 당해 부동산에 관한 물권변동은 유효하고, 한편 신탁자와 수탁자 사이의 명의신탁 약정은 무효이므 로, 결국 수탁자는 전 소유자인 매도인뿐만 아니라 신탁자에 대한 관계에서도 유효하게 당해 부동산 의 소유권을 취득한 것으로 보아야 할 것이고, 따라서 그 수탁자는 타인의 재물을 보관하는 자라고 볼 수 없다(대판 2009.9.10. 2009도4501). ※ 계약명의신탁에서 매도인이 선의인 경우   정답 ✕

221. (★★★) 명의신탁자와 명의수탁자가 계약명의신탁 약정을 맺고 명의수탁자가 당사자 가 되어 명의신탁 약정이 있다는 사실을 알고 있는 소유자와 부동산에 관한 매매계약을 체결하고 그 명의로 소유권이전등기를 마친 경우, 명의수탁자가 명의신탁자나 매도인 에 대한 관계에서 '타인의 재물을 보관하는 자' 또는 '타인의 사무를 처리하는 자'의 지위 에 있다고 할 수 없다.

해설 명의신탁자와 명의수탁자가 이른바 계약명의신탁 약정을 맺고 명의수탁자가 당사자가 되어 명의신탁 약정이 있다는 사실을 알고 있는 소유자와 부동산에 관한 매매계약을 체결한 후 매매계약에 따라 부동산의 소유권이전등기를 명의수탁자 명의로 마친 경우에는 부동산 실권리 자명의 등기에 관한 법률(이하 '부동산실명법'이라 한다) 제4조 제2항 본문에 의하여 수탁자 명 의의 소유권이전등기는 무효이고 부동산의 소유권은 매도인이 그대로 보유하게 되므로, 명의수탁자 는 부동산 취득을 위한 계약의 당사자도 아닌 명의신탁자에 대한 관계에서 횡령죄에서 '타인의 재물 을 보관하는 자'의 지위에 있다고 볼 수 없고, 또한 명의수탁자가 명의신탁자에 대하여 매매대금 등 을 부당이득으로 반환할 의무를 부담한다고 하더라도 이를 두고 배임죄에서 '타인의 사무를 처리하 는 자'의 지위에 있다고 보기도 어렵다. 한편 위 경우 명의수탁자는 매도인에 대하여 소유권이전 등기말소의무를 부담하게 되나, 위 소유권이전등기는 처음부터 원인무효여서 명의수탁자는 매 도인이 소유권에 기한 방해배제청구로 말소를 구하는 것에 대하여 상대방으로서 응할 처지에 있음에 불과하고, 그가 제3자와 한 처분행위가 부동산실명법 제4조 제3항에 따라 유효하게 될 가능성이 있다고 하더라도 이는 거래 상대방인 제3자를 보호하기 위하여 명의신탁 약정의 무효 에 대한 예외를 설정한 취지일 뿐 매도인과 명의수탁자 사이에 위 처분행위를 유효하게 만드는 어떠한 신임관계가 존재함을 전제한 것이라고는 볼 수 없으므로, 말소등기의무의 존재나 명의

수탁자에 의한 유효한 처분가능성을 들어 명의수탁자가 매도인에 대한 관계에서 횡령죄에서 '타인의 재물을 보관하는 자' 또는 배임죄에서 '타인의 사무를 처리하는 자'의 지위에 있다고 볼 수도 없다 (대판 2012.11.29. 2011도7361). ※ 계약명의신탁에서 매도인이 악의인 경우

[판례해설] (★★★) 계약명의신탁에 있어서 매도인이 악의인 경우 명의수탁자가 수탁부동산을 임의로 처분하였다고 하더라도 신탁자나 매도인 양자 어느 누구에 대하여도 횡령죄 및 배임죄가 성립할 수 없다는 취지의 판례이다. 정답 ○

222. 온천개발을 목적으로 설립된 주식회사의 대표이사 甲은 회사가 명의신탁의 방법으로 사실상 보유하고 있던 온천발견자의 지위를 아무런 대가 없이 타에 양도하였다. 甲에게는 횡령죄가 성립한다.

해설 회사에 대하여 위 온천발견에 소요된 비용 상당의 손해를 가하고 타인으로 하여금 동액 상당의 이익을 취하게 하였다고 봄이 상당하여 배임죄를 구성한다(대판 2000.11.24. 99도822). 정답 ✕

※ 다음 중 판례에 의할 때 횡령죄 또는 업무상횡령죄가 성립하는 사례(○)와 성립하지 않는 사례(✕)를 판단하시오.

223. 학교법인 이사장이 A학교의 교비회계자금을 같은 학교법인에 속하는 B학교의 교비회계에 사용하였다.

해설 사립학교법 제29조 및 같은법 시행령에 의해 학교법인의 회계는 학교회계, 법인회계로 구분되고, 학교회계 중 특히 교비회계에 속하는 수입은 다른 회계에 전출하거나 대여할 수 없는 등 용도가 엄격히 제한됨에도 불구하고, A 학교의 교비회계자금을 같은 학교법인에 속하는 B 학교의 교비회계에 사용한 경우, 횡령죄 소정의 불법영득의사가 있다(대판 2002.5.10. 2001도1779). 정답 ○

224. (★)타인으로부터 용도가 엄격히 제한된 자금을 위탁받아 보관하는 자가 이와 같이 용도나 목적이 특정된 금전을 보관하던 도중에 그 용도나 목적이 소멸된 다음에 위탁자가 이를 반환하거나 그 임의소비를 승낙하지 않았음에도 불구하고 그 자금을 제한된 용도 이외의 목적으로 사용하였다.

해설 大判 2002.11.22. 2002도4291. 정답 ○

225. (★)타인으로부터 용도가 엄격히 제한된 자금을 위탁받아 집행하면서 그 제한된 용도 이외의 목적으로 자금을 사용하였더라도 그 사용이 개인적인 목적에서 비롯된 경우와는 달리 결과적으로 자금을 위탁한 본인을 위하는 면이 있었다.

해설 타인으로부터 용도가 엄격히 제한된 자금을 위탁받아 집행하면서 그 제한된 용도 이외의 목적으로 자금을 사용하는 것은 그 사용이 개인적인 목적에서 비롯된 경우는 물론 결과적으로 자금을 위탁한 본인을 위하는 면이 있더라도 그 사용행위 자체로서 불법영득의 의사를 실현한 것이 되어 횡령죄가 성립하므로, 사립학교의 교비회계에 속하는 수입을 적법한 교비회계의 세출에 포함되는 용도 즉, 당해 학교의 교육에 직접 필요한 용도가 아닌 다른 용도에 사용하였다면 그 사용행위 자체로서 불법영득의사를 실현하는 것이 되어 그로 인한 죄책을 면할 수 없다(대판 2008.2.29. 2007도9755). 정답 ○

판례정리 **횡령죄가 성립하는 경우**

1. 상가 관리회사의 임직원들인 피고인들이 상가를 사실상 관리하면서, 상가의 입주자들로부터 관리비 명목의 금원을 징수하여 이를 업무상 보관하던 중, 금원을 본인들과 관련된 경조사비로 지출한 행위는 횡령행위에 해당한다(대판 2012.5.24. 2011도11450).
2. 마을 이장인 피고인이 경로당 화장실 개·보수 공사를 위하여 업무상 보관 중이던 공사비를 그 용도 외에 다른 용도로 사용한 이상 횡령죄는 성립하고, 피고인이 과거 마을을 위하여 개인 돈을 지출하였다고 하여 이에 충당할 수는 없다(대판 2010.9.30. 2010도7012).

226. 경찰공무원 甲은 과적계장으로 과적차량 단속업무를 수행하면서, 자신과 청원경찰 乙, 공익요원인 丙, 丁이 출장간 적이 없음에도 불구하고 출장을 간 것처럼 서류를 제출하여 출장비를 교부받은 후에 이 돈을 사무실 비품의 구입, 직원 회식 및 기타 사무실 운영비 등 본래 영달되어 있어야 할 필요경비로 모두 사용하였다.

해설 예산을 집행할 직책에 있는 자가 자기 자신의 이익을 위한 것이 아니고 경비부족을 메우기 위하여 예산을 전용한 경우라면, 그 예산의 항목유용자체가 위법한 목적을 가지고 있다거나 예산의 용도가 엄격하게 제한되어 있는 경우가 아닌 이상 그것이 본래 책정되거나 영달되어 있어야 할 필요경비이기 때문에 일정한 절차를 거치면 그 지출이 허용될 수 있었던 때에는 그 간격을 메우기 위한 유용이 있었다는 것만으로 바로 그 유용자에게 불법영득의 의사가 있었다고 단정할 수 없다(대판 2002.11.26. 2002도5130). 정답 ×

227. (★)甲이 2천원을 내어 A를 통하여 구입한 복권 4장을 甲과 A를 포함한 4명이 한 장씩 나누어 그 당첨 여부를 확인하는 결과 A 등 2명이 긁어 확인한 복권 2장이 1천원씩에 당첨되자 이를 다시 복권 4장으로 교환하여 같은 4명이 각자 한 장씩 골라잡아 그 당첨 여부를 확인한 결과 A 등 2명이 긁어 확인한 복권 2장이 2천만원씩에 당첨되었으나 당첨금을 수령한 甲이 A 등에게 그 당첨금의 반환을 거부하였다.

해설 피고인이 2천원을 내어 피해자를 통하여 구입한 복권 4장을 피고인과 피해자를 포함한 4명이 한 장씩 나누어 그 당첨 여부를 확인하는 결과 피해자 등 2명이 긁어 확인한 복권 2장이 1천 원씩에 당첨되자 이를 다시 복권 4장으로 교환하여 같은 4명이 각자 한 장씩 골라잡아 그 당첨 여부를 확인한 결과 피해자 등 2명이 긁어 확인한 복권 2장이 2천만원씩에 당첨되었으나 당첨금을 수령한 피고인이 피해자에게 그 당첨금의 반환을 거부한 경우, <u>피고인과 피해자를 포함한 4명 사이에는 어느 누구의 복권이 당첨되더라도 당첨금을 공평하게 나누거나 공동으로 사용하기로 하는 묵시적인 합의가 있었다고 보아야 하므로 그 당첨금 전액은 같은 4명의 공유라고 봄이 상당하여 피고인으로서는 피해자의 당첨금 반환요구에 따라 그의 몫을 반환할 의무가 있고 피고인이 이를 거부하고 있는 이상 불법영득의사가 있으므로 횡령죄가 성립될 수 있다</u> (대판 2000.11.10. 2000도4335).　　　　　　　　　　　　　　　　　　　　　　　**정답** ○

228. (★★)甲은 乙에게 가계수표 3장을 할인하여 주면서 그 담보조로 乙이 발행한 가계수표 3장을 별도로 교부받아 보관하고 있다가 이를 임의로 제3자에게 빌려주었다.

[해설] 채권자가 그 채권의 지급을 담보하기 위하여 채무자로부터 수표를 발행·교부받아 이를 소지한 경우에는, 단순히 보관의 위탁관계에 따라 수표를 소지하고 있는 경우와는 달리 그 수표상의 권리가 채권자에게 유효하게 귀속되고, 채권자와 채무자 사이의 수표 반환에 관한 약정은 원인관계상의 인적 항변사유에 불과하므로, 채권자는 횡령죄의 주체인 타인의 재물을 보관하는 자의 지위에 있다고 볼 수 없다(대판 2000.2.11. 99도4979).

[비교판례] 위탁자로부터 당좌수표 할인을 의뢰받은 피고인이 제3자를 기망하여 당좌수표를 할인받은 다음 그 할인금을 임의소비한 경우, 제3자에 대한 사기죄와 별도로 위탁자에 대한 횡령죄가 성립한다(대판 1998.4.10. 97도3057).　　　　　　　　　　　　　**정답** ×

229. (★)회사의 대표이사 甲은 비자금을 조성한 후 비자금의 소유자인 회사 이외의 제3자가 이를 발견하기 곤란하게 하기 위하여 장부상의 분식(粉飾)으로써 회사의 일반자금 속에 은닉하였다.

[해설] 횡령행위의 한 태양으로서의 은닉이란 타인의 재물의 보관자가 위탁의 본지에 반해 그 재물을 발견하기 곤란한 상태에 두는 것을 말하는 것인 바, 피고인이 조성한 비자금이 회사의 장부상 일반자금 속에 은닉되어 있었다 하더라도 이는 당해 비자금의 소유자인 회사 이외의 제3자가 이를 발견하기 곤란하게 하기 위한 장부상의 분식(粉飾)에 불과하여 그것만으로 피고인의 불법영득의 의사를 인정할 수는 없다(대판 1999.9.17. 99도2889).　　　　　　**정답** ×

230. (★)어음을 할인해 줄 의사가 없음에도 불구하고 할인해 주겠다고 속이고 어음을 보관하다가 자기의 차용금에 대한 담보로 사용하였다.

[해설] 피고인이 당초부터 피해자를 기망하여 약속어음을 교부받은 경우에는 그 교부받은 즉시 사기죄가 성립하고, 그 후 이를 피해자에 대한 피고인의 채권의 변제에 충당하였다 하더라도 불가벌적 사후행위가 됨에 그칠 뿐 별도로 횡령죄를 구성하지 않는다(대판 1983.4.26. 82도3079).　　**정답** ×

231. 타인의 재물을 보관하는 자가 소유자의 이익을 위하여 재물을 처분한 경우, 불법영득의사를 인정할 수 없다.

[해설] 보관자가 자기 또는 제3자의 이익을 위하여 소유자의 이익에 반하여 재물을 처분한 경우에는 재물에 대한 불법영득의사를 인정할 수 있으나, 그와 달리 소유자의 이익을 위하여 재물을 처분한 경우에는 특별한 사정이 없는 한 그 재물에 대하여는 불법영득의사를 인정할 수 없다(대판 2016.8.30. 2013도658). **정답** ○

232. (★)회사의 이사 등이 보관 중인 회사 자금으로 뇌물을 공여한 경우, 회사에 대하여 업무상횡령죄를 구성한다.

[해설] 회사의 이사 등이 업무상의 임무에 위배하여 보관 중인 회사의 자금으로 뇌물을 공여하였다면 이는 오로지 회사의 이익을 도모할 목적이라기보다는 뇌물공여 상대방의 이익을 도모할 목적이나 기타 다른 목적으로 행하여진 것이라고 보아야 하므로, 그 이사 등은 회사에 대하여 업무상횡령죄의 죄책을 면하지 못한다. 그리고 특별한 사정이 없는 한 이러한 법리는 회사의 이사 등이 회사의 자금으로 부정한 청탁을 하고 배임증재를 한 경우에도 마찬가지로 적용된다(대판 2013.4.25. 2011도9238). **정답** ○

233. (★)주식회사의 주주 겸 대표이사 甲은 장차 신주발행절차에서 자신이 취득하게 될 주식을 A에게 매도하고자 하면서 다만 양도소득세 등의 부담을 피하기 위해 A가 회사에 대해 직접 신주를 인수하는 절차를 취하였다. 그 후 甲은 A로부터 납입받은 신주인수대금을 보관하던 중 개인적인 용도로 사용하였다. 甲에게는 업무상횡령죄가 성립한다.

[해설] 주식회사의 주주 겸 대표이사가 장차 신주발행절차에서 자신이 취득하게 될 주식을 타인에게 매도하고자 하면서 다만 양도소득세 등의 부담을 피하기 위해 주식매수인이 회사에 대해 직접 신주를 인수하는 절차를 취한 경우, 회사에 대한 관계에서 신주인수인은 대표이사가 아니라 주식매수인이므로 대표이사가 〈주식매수인으로부터 받은 주식매매대금은 신주인수대금으로서〉 이를 보관 중 개인적인 용도로 사용하였다면 횡령죄를 구성한다(대판 2006.10.27. 2004도6503). **정답** ○

234. (★)甲은 학교법인소속 대학의 학교교육시설에 관한 건축비 채무를 다른 곳에서 일시적으로 차용한 돈으로 변제한 다음 그 차용금의 변제를 위하여 대학의 교비회계에 속하는 자금을 지출하였다. 그런데 甲은 이 과정에서 사립학교법의 관련 규정을 제대로 준수하지 아니하였다. 甲에게는 업무상횡령죄가 성립한다.

[해설] 사립학교에 있어서 학교교육에 직접 필요한 시설, 설비를 위한 경비 등과 같이 원래 교비회계에 속하는 자금으로 지출할 수 있는 항목에 관한 차입금을 상환하기 위하여 교비회계 자금을 지출한 경우, 이러한 차입금 상환행위에 관하여 교비회계 자금을 임의로 횡령하고자 하는

불법영득의 의사가 있다고 보기는 어렵고, 만일 그 행위자가 이러한 차입을 하거나 지출을 하는 과정에서 사립학교법의 관련 규정을 제대로 준수하지 아니하였다면 이에 대하여 사립학교법에 따른 형사적 제재 등이 부과될 수 있을 뿐이다(대판 2006.4.28. 2005도4085). **정답** ×

235. (★★)甲 사립학교는 사인(私人)인 乙이 설립하여 운영하는 학교였는데, 피고인이 甲 사립학교 경영자 乙과 공모하여 학생이나 학부모가 납부한 수업료 기타 납부금을 교비회계 아닌 다른 회계에 임의로 사용하였다. 이 경우 피고인에게는 횡령죄가 성립하지 않는다.

[해설] 피고인이 甲 사립학교 경영자 乙과 공모하여 학생이나 학부모가 납부한 수업료 기타 납부금을 교비회계 아닌 다른 회계에 임의로 사용하였다고 하여 구 특정경제범죄 가중처벌 등에 관한 법률(2012. 2. 10. 법률 제11304호로 개정되기 전의 것) 위반(횡령)으로 기소된 사안에서, 甲 학교는 사인(私人)인 乙 등이 설립하여 운영하는 학교로서 수업료 등으로 조성된 교비는 특별한 사정이 없는 한 甲 학교의 설치·경영자인 乙 등의 소유에 속하므로, 피고인이 乙과 공모하여 이를 임의로 사용하였더라도 사립학교법 위반죄가 성립하는 것 외에 따로 횡령죄가 성립하지 않는다고 본 원심판단을 수긍한 사례(대판 2012.5.10. 2011도12408). **정답** ○

236. (★★)A회사 대표이사 乙은 탈세혐의로 구속되었는 바, 경리담당자인 甲이 주주총회 의결을 거쳐 그동안 관리해온 비자금으로 乙을 위한 변호사비용과 벌금을 지급하여 주었다면 업무상횡령죄가 성립한다.

[해설] 형사재판을 받는 대표이사의 개인적인 변호사비용과 그의 정신적, 육체적 손해에 대한 보상금을 요양비 또는 퇴직 위로금 명목으로 가장하여 회사자금으로 지급하였다면 이는 주식회사 제도의 목적에 비추어 볼 때 주주총회의 결의에 관계없이 횡령에 해당한다(대판 1990.2.23. 89도2466). **정답** ○

237. (★)법인의 이사를 상대로 한 이사직무집행정지가처분결정이 있자, 법인의 대표자가 법인 경비에서 당해 가처분 사건의 피신청인인 이사의 소송비용을 지급하더라도 법인의 경비를 횡령한 것이라고는 볼 수 없다.

[해설] 이사의 소송비용을 지급하더라도 이는 법인의 업무수행을 위하여 필요한 비용을 지급한 것에 해당하고, 법인의 경비를 횡령한 것이라고는 볼 수 없다(대판 2003.5.30. 2003도1174). **정답** ○

238. (★)상가관리운영위원회의 운영위원장이 그에 대하여 제기된 직무집행정지가처분 신청에 대응하기 위하여 선임한 변호사의 선임료를 상가 관리비에서 지급한 경우 업무상횡령죄가 성립하지 아니한다.

해설 법인의 이사를 상대로 한 이사직무집행정지가처분 신청이 받아들여질 경우, 당해 법인의 업무를 수행하는 이사의 직무집행이 정지당함으로써 사실상 법인의 업무수행에 지장을 받게 될 것이 명백하므로, 해당 법인으로서는 그 이사 자격의 부존재가 객관적으로 명백하여 항쟁의 여지가 없는 경우가 아닌 한 위 가처분신청에 대항하여 항쟁할 필요가 있고, 위와 같은 필요에서 법인의 대표자가 법인 경비에서 당해 가처분사건의 소송비용을 지급하는 것은 법인의 업무수행을 위하여 필요한 비용을 지급하는 것에 해당한다(대판 2019.5.30. 2016도5816)

정답 ○

239. 손익분배의 정산이 되지 아니한 상태에서, 동업자의 한 사람이 동업재산을 보관 중 임의로 횡령하였다면 지분비율에 관계없이 임의로 횡령한 금액 전부에 대하여 횡령죄의 죄책을 부담한다.

해설 동업자 사이에 손익분배의 정산이 되지 아니하였다면 동업자의 한 사람이 임의로 동업자들의 합유에 속하는 동업재산을 처분할 권한이 없는 것이므로, 동업자의 한 사람이 동업재산을 보관 중 임의로 횡령하였다면 지분비율에 관계없이 임의로 횡령한 금액 전부에 대하여 횡령죄의 죄책을 부담한다(대판 2007.2.22. 2006도8105).

정답 ○

240. 골프회원권 매매중개업체를 운영하는 자가 매수의뢰와 함께 입금받아 보관하던 금원을 일시적으로 다른 회원권의 매입대금 등으로 임의로 소비한 경우라도, 위 매입대금의 특정성을 인정하기 어렵다면 횡령죄를 구성하지 아니한다.

해설 [1] 목적과 용도를 정하여 위탁한 금전은 정해진 목적과 용도에 사용할 때까지는 이에 대한 소유권이 위탁자에게 유보되어 있다고 보아야 할 것이나, 특별히 그 금전의 특정성이 요구되지 않는 경우 수탁자가 위탁의 취지에 반하지 않고 필요한 시기에 다른 금전으로 대체시킬 수 있는 상태에 있는 한 이를 일시 사용하더라도 횡령죄를 구성한다고 할 수 없고, 수탁자가 그 위탁의 취지에 반하여 다른 용도에 소비할 때 비로소 횡령죄를 구성한다.
[2] 골프회원권 매매중개업체를 운영하는 자가 매수의뢰와 함께 입금받아 보관하던 금원을 일시적으로 다른 회원권의 매입대금 등으로 임의로 소비한 사안에서, 위 매입대금은 그 목적과 용도를 정하여 위탁된 금전으로서 골프회원권 매입시까지 그 소유권이 위탁자에게 유보되어 있으나, 다른 회사자금과 함께 보관된 이상 그 특정성을 인정하기 어렵고, 피고인의 불법영득의사를 추단할 수 없으므로 횡령죄를 구성하지 아니한다고 한 사례(대판 2008.3.14. 2007도7568.).

정답 ○

241. (★)법인의 대표자가 법인의 예비비를 전용하여 기관운영판공비·회의비 등으로 사용한 경우, 이사회에서 사전에 예비비의 전용결의가 이루어지지 아니하였다는 사정만으로 불법영득의 의사를 단정할 수 없다.

해설 大判 2002.2.5. 2001도5439.

정답 ○

242. (★★)동업자 甲과 A의 합유물인 수목을 가식(假植)·관리 해오던 甲이 수목을 횡령할 의도로 A의 허락없이 제3자와 수목에 관한 매매계약을 체결하고 계약금만을 지급받은 상태에서, 이를 알게 된 A에 의해 수목에 관한 분리, 보관, 반출, 명인방법 등의 현실적·구체적인 일체의 조치가 저지된 경우 횡령죄의 미수에 해당한다.

해설 [1] 횡령죄는 소유권 등 본권이 침해될 위험이 있으면 그 침해의 결과가 발생하지 않더라도 성립하는 위험범인데, 여기서 위험범이라는 것은 횡령죄가 개인적 법익침해를 전제로 하는 재산범죄임을 감안할 때 단순히 사회 일반에 대한 막연한 추상적 위험이 발생하는 것만으로는 부족하고 소유자의 본권 침해에 대한 구체적 위험이 발생하는 수준에 이를 것을 요하기 때문에 이러한 단계에 있지 않은 경우에는 횡령죄의 미수범의 책임을 진다.
[2] 피고인이 피해자로부터 위탁받아 식재·관리하여 오던 나무들을 피해자 모르게 제3자에게 매도하는 계약을 체결하고 제3자로부터 계약금을 수령한 상태에서 피해자에게 적발되어 위 계약이 더 이행되지 아니하고 무위로 그친 경우, 피고인의 행위는 횡령기수가 아니라 횡령미수에 해당한다(대판 2012.8.17. 2011도9113). 정답 ○

제 7 절 배임의 죄

243. (★)주택조합 정산위원회 위원장이 해임되고 후임 위원장이 선출되었는데도 업무인계를 거부하고 있던 중 정산위원회를 상대로 제기된 소송의 소장부본 및 변론기일소환장을 송달받고도 그 제소사실을 정산위원회에 알려주지도 않고 스스로 응소하지도 않아 의제자백에 의한 패소확정판결을 받게 한 경우 업무상배임죄가 성립한다.

해설 大判 1999.6.22. 99도1095. 정답 ○

244. (★)계주가 계원들로부터 월불입금을 모두 징수한 후 정당한 사유 없이 이를 지정된 계원에게 지급하지 아니하고 자의로 소비하였다면 배임죄가 성립한다.

해설 大判 1994.3.8. 93도2221. 정답 ○

245. (★)甲이 계주로서 조직운영한 계는 1981.8.14.에 이미 파계되었음에도 그 후인 1981.9.14.에 甲은 일부 계원들로부터 마치 계가 존속하는 것처럼 가장하여 계금을 징수하였으며, 1981.9.14. 계원 A에게 태워줄 계금을 태워주지 아니하였다. 이 경우 甲에게는 사기죄와 업무상배임죄가 성립한다.

해설 계가 파계된 후에 있어서는 계불입금의 청산의무는 있을지언정 계 존속을 전제로 한 위와 같은 계금 지급의무는 인정할 여지가 없는 것이므로 계주가 파계후에 계원들로부터 계가 존속하는 것처럼 계금을 징수하는 것이 계원들과 사이에 사기죄가 성립함은 별론으로 하고 위와 같이 징수한 금원을 계불입금의 청산금이 아니라 계 존속을 전제로 한 계금으로서 계원에게 지

급할 업무상 임무가 있다고 볼 수 없다(대판 1982.11.9. 82도2093). 　정답　✕

---

246. (★★)낙찰계의 계주가 계원들과의 약정을 위반하여 계불입금을 징수하지 아니한 경우라면, 계주가 계원들에게서 계불입금을 징수하지 않은 상태에서 부담하는 계금지급의무는 배임죄에서 말하는 '타인의 사무'에 해당한다.

　해설　계주가 계원들로부터 계불입금을 징수하지 아니하였다면 그러한 상태에서 부담하는 계금지급의무는 위와 같은 신임관계에 이르지 아니한 단순한 채권관계상의 의무에 불과하여 타인의 사무에 속하지 아니하고, 이는 계주가 계원들과의 약정을 위반하여 계불입금을 징수하지 아니한 경우라 하여 달리 볼 수 없다(대판 2009.8.20. 2009도3143). 　정답　✕

---

247. (★)판례에 의할 때 다음 기술의 옳고 그름을 판단하라.

(1) 부동산매매에서 미리 소유권을 이전받은 매수인이 목적물을 담보로 제공하는 방법으로 매매대금을 마련하여 매도인에게 제공하기로 약정한 경우, 매수인은 배임죄의 '타인의 사무를 처리하는 자'에 해당하지 않는다.
(2) 피고인이 甲에게서 부동산을 매수하면서, 계약금을 지급하는 즉시 피고인 앞으로 소유권을 이전받되 매매잔금은 일정기간 내에 이를 담보로 대출을 받아 지급하고 건축허가를 받지 못하면 계약을 해제하여 원상회복해 주기로 약정하였는데도, 소유권을 이전받은 직후 이에 관하여 다른 용도로 근저당권을 설정한 경우, 피고인에게 배임죄가 성립한다.

　해설　일정한 신임관계의 고의적 외면에 대한 형사적 징벌을 핵심으로 하는 배임의 관점에서 보면, 부동산매매에서 매수인이 대금을 지급하는 것에 대하여 매도인이 계약상 권리의 만족이라는 이익이 있다고 하여도 대금의 지급은 어디까지나 매수인의 법적 의무로서 행하여지는 것이고, 그 사무의 처리에 관하여 통상의 계약에서의 이익대립관계를 넘는 신임관계가 당사자 사이에 발생한다고 할 수 없다. 따라서 그 대금의 지급은 당사자 사이의 신임관계에 기하여 매수인에게 위탁된 매도인의 사무가 아니라 애초부터 매수인 자신의 사무라고 할 것이다. 또한 매도인이 대금을 모두 지급받지 못한 상태에서 매수인 앞으로 목적물에 관한 소유권이전등기를 경료하였다면, 이는 법이 동시이행의 항변권 등으로 마련한 대금 수령의 보장을 매도인이 자신의 의사에 기하여 포기한 것으로서, 다른 특별한 사정이 없는 한 대금을 받지 못하는 위험을 스스로 인수한 것으로 평가된다. 그리고 그와 같이 미리 부동산을 이전받은 매수인이 이를 담보로 제공하여 매매대금지급을 위한 자금을 마련하고 이를 매도인에게 제공함으로써 잔금을 지급하기로 당사자 사이에 약정하였다고 하더라도, 이는 기본적으로 매수인이 매매대금의 재원을 마련하는 방편에 관한 것이고, 그 성실한 이행에 의하여 매도인이 대금을 모두 받게 되는 이익을 얻는다는 것만으로 매수인이 신임관계에 기하여 매도인의 사무를 처리하는 것이 된다고 할 수 없다(대판 2011.4.28. 2011도3247). 　정답　(1)○ (2)✕

248. (★★)甲은 법률상 처가 있음에도 불구하고 乙女와 동거해 왔는데, 乙女가 이에 대한 대가를 요구하자 자신의 임야를 乙女에게 증여하기로 하고 편의상 매매형식을 빌어 매도증서를 작성한 후 이를 공증한 다음 소유권이전등기는 3년 후에 해 주기로 하였으나, 甲은 이 약정에 위반하여 乙女에게 등기를 이전해 주지 아니한 경우에는 배임죄가 성립한다.

[해설] 증여계약이 민법 제103조에 위반하여 무효이므로 甲에게는 이전등기의무가 인정되지 않아 타인의 사무처리자라고 할 수 없다(대판 1986.9.9. 86도1382).　　　　**정답** ✕

249. (★★)甲은 토지거래허가를 받지 않고 국토이용관리법 제21조의2 소정의 규제지역 내의 자신의 토지를 매도하고 중도금까지 받았으나 제3자에게 매도하고 소유권이전등기를 경료한 경우 배임죄가 성립하지 아니한다.

[해설] 국토이용관리법 소정의 토지거래허가를 받은 바 없다면 그 매매계약은 채권적 효력이 없는 것이어서 매도인에게 그 매수인에 대한 소유권이전등기에 협력할 의무가 생겼다고 볼 수 없고, 따라서 매도인은 배임죄의 주체인 타인의 사무를 처리하는 자에 해당하지 않는다(대판 1996.2.9. 95도2891).　　　　**정답** ○

250. (★★)주권발행 전 주식에 대한 양도계약에서의 양도인은 양수인에 대하여 그의 사무를 처리하는 지위에 있지 아니하여, 양도인이 제3자에 대한 대항요건을 갖추어 주지 아니하고 이를 타에 처분하였다 하더라도 형법상 배임죄가 성립하는 것은 아니다.

[해설] 주권발행 전 주식의 양도는 양도인과 양수인의 의사표시만으로 효력이 발생한다. 그 주식 양수인은 특별한 사정이 없는 한 양도인의 협력을 받을 필요 없이 단독으로 자신이 주식을 양수한 사실을 증명함으로써 회사에 대하여 명의개서를 청구할 수 있다. 따라서 양도인이 양수인으로 하여금 회사 이외의 제3자에게 대항할 수 있도록 확정일자 있는 증서에 의한 양도통지 또는 승낙을 갖추어 주어야 할 채무를 부담한다 하더라도 이는 자기의 사무라고 보아야 하고, 이를 양수인과의 신임관계에 기초하여 양수인의 사무를 맡아 처리하는 것으로 볼 수 없다. 그러므로 주권발행 전 주식에 대한 양도계약에서의 양도인은 양수인에 대하여 그의 사무를 처리하는 지위에 있지 아니하여, 양도인이 위와 같은 제3자에 대한 대항요건을 갖추어 주지 아니하고 이를 타에 처분하였다 하더라도 형법상 배임죄가 성립하는 것은 아니다.(대판 2020.6.4. 2015도6057)　　　　**정답** ○

251. (★★)자기 또는 타인의 금전채무를 담보하기 위하여 주식을 채권자에게 양도담보로 제공한 채무자 또는 양도담보설정자가 배임죄의 주체인 '타인의 사무를 처리하는 자'에 해당하지 아니한다.

> 해설 자기 또는 타인의 금전채무를 담보하기 위하여 주식을 채권자에게 양도담보로 제공한 채무자 또는 양도담보설정자(이하 '채무자 등'이라 한다)가 양도담보설정계약에 따라 부담하는 의무, 즉 주식을 담보로 제공할 의무, 주식의 담보가치를 유지·보전하거나 주식을 감소 또는 멸실시키지 않을 소극적 의무 등은 모두 채무자 등이 양도담보설정계약에 따라 부담하게 된 자신의 의무일 뿐이므로, 채무자 등이 통상의 계약에서의 이익대립관계를 넘어서 채권자와의 신임관계에 기초하여 채권자의 사무를 맡아 처리하는 것으로 볼 수 없다. 따라서 채무자 등을 배임죄의 주체인 '타인의 사무를 처리하는 자'에 해당한다고 할 수 없고, 그가 담보물을 제3자에게 처분하는 등으로 담보가치를 감소 또는 상실시켜 채권자의 담보권 실행이나 이를 통한 채권실현에 위험을 초래하더라도 배임죄가 성립한다고 할 수는 없다(대판 2021.1.28. 2014도8714)
>
> 정답 ○

252. (★★)채무자가 금전채무를 담보하기 위한 저당권설정계약에 따라 채권자에게 그 소유의 부동산에 관하여 저당권을 설정할 의무를 부담하게 되었다고 하더라도, 이를 들어 채무자가 통상의 계약에서 이루어지는 이익대립관계를 넘어서 채권자와의 신임관계에 기초하여 채권자의 사무를 맡아 처리하는 것으로 볼 수 없다.

> 해설 채무자가 금전채무를 담보하기 위한 저당권설정계약에 따라 채권자에게 그 소유의 부동산에 관하여 저당권을 설정할 의무를 부담하게 되었다고 하더라도, 이를 들어 채무자가 통상의 계약에서 이루어지는 이익대립관계를 넘어서 채권자와의 신임관계에 기초하여 채권자의 사무를 맡아 처리하는 것으로 볼 수 없다.채무자가 저당권설정계약에 따라 채권자에 대하여 부담하는 저당권을 설정할 의무는 계약에 따라 부담하게 된 채무자 자신의 의무이다. 채무자가 위와 같은 의무를 이행하는 것은 채무자 자신의 사무에 해당할 뿐이므로, 채무자를 채권자에 대한 관계에서 '타인의 사무를 처리하는 자'라고 할 수 없다. 따라서 채무자가 제3자에게 먼저 담보물에 관한 저당권을 설정하거나 담보물을 양도하는 등으로 담보가치를 감소 또는 상실시켜 채권자의 채권실현에 위험을 초래하더라도 배임죄가 성립한다고 할 수 없다.(대판(전) 2020.6.18. 2019도14340)
>
> 정답 ○

253. (★★) 판례에 의할 때 다음 기술의 옳고 그름을 판단하라.

(1) 채무자가 채권양도담보계약에 따라 '담보 목적 채권의 담보가치를 유지·보전할 의무'를 부담하는 경우, 채권자에 대한 관계에서 '타인의 사무를 처리하는 자'에 해당하지 아니한다.

(2) 甲은 A로부터 금전을 차용하면서 甲이 B에 대하여 가지는 채권을 A에게 포괄근담보로 제공하는 채권양도담보계약을 체결하였으나, 甲이 A에게 채권양도담보에 관한 대항요건을 갖추어 주기 전에 담보 목적 채권을 C에게 이중으로 양도하고 B에게 그 채권양도통지를 하여 C로

하여금 금전을 지급받게 하였다. 이 경우 甲은 A와의 신임관계에 의하여 '타인의 사무를 처리하는 자'의 지위에 있다고 볼 수 없어 배임죄는 성립하지 않는다.

> [해설] 채무자가 채권양도담보계약에 따라 부담하는 '담보 목적 채권의 담보가치를 유지·보전할 의무'를 이행하는 것은 채무자 자신의 사무에 해당할 뿐이고, 채무자가 통상의 계약에서의 이익대립관계를 넘어서 채권자와의 신임관계에 기초하여 채권자의 사무를 맡아 처리한다고 볼 수 없으므로, 이 경우 채무자는 채권자에 대한 관계에서 '타인의 사무를 처리하는 자'에 해당한다고 할 수 없다.(대판 2021.7.15. 2015도5184)　　　정답 (1) ○ (2) ○

254. (★★) 판례에 의할 때 다음 기술의 옳고 그름을 판단하라.

(1) 수분양권 매도인이 매매계약에 따라 '매수인에게 수분양권을 이전할 의무'를 부담하는 경우, 매수인에 대한 관계에서 '타인의 사무를 처리하는 자'에 해당하는지 아니한다.
(2) 수분양권 매도인이 위와 같은 의무를 이행하지 아니하고 수분양권 또는 이에 근거하여 향후 소유권을 취득하게 될 목적물을 미리 제3자에게 처분한 경우, 형법상 배임죄가 성립하지 아니한다.

> [해설] 특별한 사정이 없는 한 수분양권 매도인이 수분양권 매매계약에 따라 매수인에게 수분양권을 이전할 의무는 자신의 사무에 해당할 뿐이므로, 매수인에 대한 관계에서 '타인의 사무를 처리하는 자'라고 할 수 없다. 그러므로 수분양권 매도인이 위와 같은 의무를 이행하지 아니하고 수분양권 또는 이에 근거하여 향후 소유권을 취득하게 될 목적물을 미리 제3자에게 처분하였더라도 형법상 배임죄가 성립하는 것은 아니다.(대판 2021.7.8. 2014도12104)
>
> 　　　정답 (1) ○ (2) ○

255. (★★) 판례에 의할 때 다음 기술의 옳고 그름을 판단하라.

(1) 서면으로 부동산 증여의 의사를 표시한 증여자는 '타인의 사무를 처리하는 자'에 해당한다.
(2) 서면으로 부동산 증여의 의사를 표시한 증여자가 수증자에게 증여계약에 따라 부동산의 소유권을 이전하지 않고 부동산을 제3자에게 처분하여 등기를 하는 행위는 배임죄를 구성한다.

> [해설] 서면으로 부동산 증여의 의사를 표시한 증여자는 계약이 취소되거나 해제되지 않는 한 수증자에게 목적부동산의 소유권을 이전할 의무에서 벗어날 수 없다. 그러한 증여자는 '타인의 사무를 처리하는 자'에 해당하고, 그가 수증자에게 증여계약에 따라 부동산의 소유권을 이전하지 않고 부동산을 제3자에게 처분하여 등기를 하는 행위는 수증자와의 신임관계를 저버리는 행위로서 배임죄가 성립한다.(대판 2018.12.13. 2016도19308)　　　정답 (1) ○ (2) ○

256. (★) 서면에 의하지 아니한 증여계약이 행하여진 경우 당사자는 그 증여가 이행되기 전까지는 언제든지 이를 해제할 수 있으므로 증여자가 구두의 증여계약에 따라 수증자에 대하여 증여 목적물의 소유권을 이전하여 줄 의무를 부담한다고 하더라도 그 증여자는 수증자의 사무를 처리하는 자의 지위에 있다고 할 수 없다

[해설] 大判 2005.12.9. 2005도5962. 　　　　　　　　　　　　　　　　　　　 정답 ○

257. (★)청산회사의 대표청산인 甲이 청산회사 소유의 부동산에 관하여 자신의 개인채권자에게 소유권이전등기를 경료해 주었다(청산회사의 채권자에 대한 관계에서 업무상 배임죄의 성부를 판단하라).

[해설] 청산회사의 대표청산인이 처리하는 채무의 변제, 재산의 환가처분 등 회사의 청산의무는 청산인 자신의 사무 또는 청산회사의 업무에 속하는 것이므로, 청산인은 회사의 채권자들에 대한 관계에 있어 직접 그들의 사무를 처리하는 자가 아니다(대판 1990.5.25. 90도6). 　　　　 정답 ×

258. (★)주식회사 한국외환은행의 매각 관련 신주발행에서 은행장 甲 및 부행장 乙이 위 은행에 대한 관계에서 사무처리자의 지위에 있으나, 위 은행의 기존 주주들에 대한 관계에서는 사무처리자의 지위에 있지 않다.

[해설] 신주발행은 주식회사의 자본조달을 목적으로 하는 것으로서, 신주발행과 관련한 대표이사의 업무는 회사의 사무일 뿐이므로 신주발행 과정에서 대표이사가 납입된 주금을 회사를 위하여 사용하도록 관리·보관하는 업무 역시 회사에 대한 선관주의의무 내지 충실의무에 기한 것으로서 회사의 사무에 속하는 것이고, 신주발행에서 대표이사가 일반 주주들에 대하여 그들의 신주인수권과 기존 주식의 가치를 보존하는 임무를 대행한다거나 주주의 재산보전 행위에 협력하는 자로서 타인의 사무를 처리하는 자의 지위에 있다고는 볼 수 없다(대판 2010.10.14. 2010도387). 　　 정답 ○

※ 배임죄의 주체인 '타인의 사무처리자'에 관한 판례이다. 옳고(○) 그름(×)을 판단하시오.

259. 업무상배임죄에 있어서 타인의 사무를 처리하는 자란 고유의 권한으로서 그 처리를 하는 자에 한하지 않고 그 자의 보조기관으로서 직접 또는 간접으로 그 처리에 관한 사무를 담당하는 자도 포함한다.

[해설] 大判 2004.6.24. 2004도520. 　　　　　　　　　　　　　　　　　　　 정답 ○

260. 미성년자와 친생자관계가 없으나 호적상 친모로 등재되어 있는 자가 미성년자의 상속재산 처분에 관여한 경우, 배임죄에 있어서 타인의 사무를 처리하는 자의 지위에 있다.

해설 大判 2002.6.14. 2001도3534. 정답 ○

261. 동산매매계약을 계약의 중요부분에 착오가 있었다거나 기망에 의한 것임을 이유로 취소한 다음 다시 타인에게 매매 또는 임대했다 하더라도 그 경우 매도인을 매수인의 사무를 처리하는 자의 지위에 있다고 할 수 없다.

해설 大判 1986.12.9. 86도1671. 정답 ○

262. (★)건설업자가 피해자들 소유의 토지 위에 다세대주택을 신축하여 그 중 일부를 피해자들에게 분양해 주기로 하면서 분양대금의 선지급 명목으로 토지의 소유권을 이전받은 후 이를 담보로 대출받은 돈을 임의로 사용한 경우, 배임죄가 성립한다.

해설 건설회사가 피해자들로부터 이 사건 다세대주택 분양대금의 선지급 명목으로 피해자들 소유 대지들의 소유권을 이전받았다면, 건설회사의 대표이사인 피고인으로서는 피해자들에 대하여 이 사건 다세대주택 중 각 1세대에 관한 소유권이전등기를 경료해 줄 임무가 있고, 이러한 피고인의 임무는 배임죄에 있어서의 타인의 사무에 해당한다고 볼 수 있으나, 다세대주택의 건설 목적 범위 내에서 위 대출금을 관리·사용하여야 할 임무는 단순한 채무에 불과하지 피해자들의 재산관리 내지 보전의 사무라고 볼 수 없으므로, 피고인에게 그러한 의무가 있더라도 피고인을 배임죄에 있어서의 타인의 사무를 처리하는 자에 해당한다고 할 수 없다(대판 2007.10.11. 2007도6161). 정답 ✕

263. (★★)피고인이 甲에게서 돈을 차용하면서 피고인 소유의 골프회원권을 담보로 제공한 후 제3자에게 임의로 매도한 경우, 피고인에게 배임죄가 성립한다.

해설 회원 가입 시에 일정 금액을 예탁하였다가 탈퇴 등의 경우에 예탁금을 반환받는 이른바 예탁금 회원제로 운영되는 골프장의 회원권을 다른 채무에 대한 담보 목적으로 양도한 경우, 회원권은 양도인과 양수인 사이에서는 동일성을 유지한 채 양도인으로부터 양수인에게 이전하고, 양도인은 양수인에게 귀속된 회원권을 보전하기 위하여 채무자인 골프장 운영 회사에 채권양도 통지를 하거나 채권양도 승낙(필요한 경우에는 명의개서까지)을 받음으로써 양수인으로 하여금 채무자에 대한 대항요건을 갖출 수 있도록 해 줄 의무를 부담하므로, 회원권 양도의 당사자 사이에서는 양도인은 양수인을 위하여 회원권 보전에 관한 사무를 처리하는 자라고 할 것이다(대판 2012.2.23. 2011도16385). 정답 ○

264. (★) 채무자가 투자금반환채무의 변제를 위하여 담보로 제공한 임차권 등의 권리를 그대로 유지할 계약상 의무는 배임죄에서 말하는 '타인의 사무'에 해당하지 아니한다.

[해설] 채무자가 투자금반환채무의 변제를 위하여 담보로 제공한 임차권 등의 권리를 그대로 유지할 계약상 의무가 있다고 하더라도, 이는 기본적으로 투자금반환채무의 변제의 방법에 관한 것이고, 성실한 이행에 의하여 채권자가 계약상 권리의 만족이라는 이익을 얻는다고 하여도 이를 가지고 통상의 계약에서의 이익대립관계를 넘어서 배임죄에서 말하는 신임관계에 기초하여 채권자의 재산을 보호 또는 관리하여야 하는 '타인의 사무'에 해당한다고 볼 수 없다(大判 2015.3.26. 2015도1301)

정답 ○

265. (★★★) 채무자가 동산에 관하여 양도담보설정계약을 체결하여 이를 채권자에게 양도할 의무가 있음에도 제3자에게 처분한 경우, 채무자는 배임죄의 타인의 사무를 처리하는 자에 해당하지 아니하므로 배임죄가 성립하지 아니한다.

[해설] 채무자가 금전채무를 담보하기 위하여 그 소유의 동산을 채권자에게 양도담보로 제공함으로써 채권자인 양도담보권자에 대하여 담보물의 담보가치를 유지·보전할 의무 내지 담보물을 타에 처분하거나 멸실, 훼손하는 등으로 담보권 실행에 지장을 초래하는 행위를 하지 않을 의무를 부담하게 되었더라도, 이를 들어 채무자가 통상의 계약에서의 이익대립관계를 넘어서 채권자와의 신임관계에 기초하여 채권자의 사무를 맡아 처리하는 것으로 볼 수 없다. 따라서 채무자를 배임죄의 주체인 '타인의 사무를 처리하는 자'에 해당한다고 할 수 없고, 그가 담보물을 제3자에게 처분하는 등으로 담보가치를 감소 또는 상실시켜 채권자의 담보권 실행이나 이를 통한 채권실현에 위험을 초래하더라도 배임죄가 성립한다고 할 수 없다.

정답 ○

266. (★★) 동산채권담보법에 따른 동산담보로 제공한 담보물을 채무자가 임의처분한 경우 배임죄가 성립하지 아니한다.

[해설] 채무자가 통상의 계약에서의 이익대립관계를 넘어서 채권자와의 신임관계에 기초하여 채권자의 사무를 맡아 처리하는 것으로 볼 수 없다. 따라서 이러한 경우 채무자를 배임죄의 주체인 '타인의 사무를 처리하는 자'에 해당한다고 할 수 없고, 그가 담보물을 제3자에게 처분하는 등으로 담보가치를 감소 또는 상실시켜 채권자의 담보권 실행이나 이를 통한 채권실현에 위험을 초래하더라도 배임죄가 성립하지 아니한다.(대판(전) 2020.8.27. 2019도14770) 정답 ○

267. (★★) 저당권이 설정된 동산을 임의처분한 경우 및 권리이전에 등기·등록을 요하는 동산에 대한 이중양도의 경우 모두 배임죄가 성립하지 아니한다. (   )

[해설] [1] 저당권설정계약에 따라 채무자가 부담하는 의무는 담보목적의 달성, 즉 채무불이행 시 담보권 실행을 통한 채권의 실현을 위한 것이므로 저당권설정계약의 체결이나 저당권 설정

전후를 불문하고 당사자 관계의 전형적·본질적 내용은 여전히 금전채권의 실현 내지 피담보채무의 변제에 있다.

따라서 채무자가 위와 같은 급부의무를 이행하는 것은 채무자 자신의 사무에 해당할 뿐이고, 채무자가 통상의 계약에서의 이익대립관계를 넘어서 채권자와의 신임관계에 기초하여 채권자의 사무를 맡아 처리한다고 볼 수 없으므로 채무자를 채권자에 대한 관계에서 배임죄의 주체인 '타인의 사무를 처리하는 자'에 해당한다고 할 수 없다. 그러므로 채무자가 담보물을 제3자에게 처분하는 등으로 담보가치를 감소 또는 상실시켜 채권자의 담보권 실행이나 이를 통한 채권실현에 위험을 초래하더라도 배임죄가 성립하지 아니한다.

위와 같은 법리는, 금전채무를 담보하기 위하여 「공장 및 광업재단 저당법」에 따라 저당권이 설정된 동산을 채무자가 제3자에게 임의로 처분한 사안에도 마찬가지로 적용된다.

[2] 동산 매매계약에서의 매도인은 매수인에 대하여 그의 사무를 처리하는 지위에 있지 아니하므로, 매도인이 목적물을 타에 처분하였다 하더라도 형법상 배임죄가 성립하지 아니한다.

위와 같은 법리는 권리이전에 등기·등록을 요하는 동산에 대한 매매계약에서도 동일하게 적용되므로, 자동차 등의 매도인은 매수인에 대하여 그의 사무를 처리하는 지위에 있지 아니하여, 매도인이 매수인에게 소유권이전등록을 하지 아니하고 타에 처분하였다고 하더라도 마찬가지로 배임죄가 성립하지 아니한다.(대판(전) 2020.10.22. 2020도6258) 정답 ○

268. (★★★) 판례에 의할 때 다음 기술의 옳고 그름을 판단하라.

> (1) 채권 담보 목적으로 대물변제예약을 체결한 채무자가 원래의 채무를 변제하기 전에 대물로 제공하기로 한 부동산을 제3자에게 처분한 경우 배임죄가 성립한다.
>
> (2) 甲은 A에게 차용금 3억 원을 변제하지 못할 경우 甲의 어머니 소유인 부동산에 대한 유증상속분을 대물변제하기로 약정하였다. 그 후 甲이 유증을 원인으로 부동산에 관한 소유권이전등기를 마쳤음에도 이를 누나와 자형에게 매도하였다면 배임죄가 성립한다.

[해설] 채무자인 피고인이 채권자 갑에게 차용금을 변제하지 못할 경우 자신의 어머니 소유 부동산에 대한 유증상속분을 대물변제하기로 약정한 후 유증을 원인으로 위 부동산에 관한 소유권이전등기를 마쳤음에도 이를 제3자에게 매도함으로써 갑에게 손해를 입혔다고 하여 배임으로 기소된 사안에서, 피고인이 대물변제예약에 따라 갑에게 부동산의 소유권이전등기를 마쳐줄 의무는 민사상 채무에 불과할 뿐 타인의 사무라고 할 수 없어 피고인이 '타인의 사무를 처리하는 자'의 지위에 있다고 볼 수 없는데도, 피고인이 이에 해당된다고 전제하여 유죄를 인정한 원심판결에 배임죄에서 '타인의 사무를 처리하는 자'의 의미에 관한 법리오해의 위법이 있다고 한 사례(대판(전) 2014.8.21. 2014도3363). 정답 (1) ✕ (2) ✕

269. (★★★) 부동산 매매계약에서 매도인이 중도금 이상을 수령한 이상 매수인에게 가등기를 경료한 경우라도 여전히 타인의 사무처리자에 해당한다.

해설 부동산 매매계약에서 중도금이 지급되는 등 계약이 본격적으로 이행되는 단계에 이른 경우, 그때부터 매도인은 배임죄에서 말하는 '타인의 사무를 처리하는 자'에 해당하며, 매도인이 매수인에게 순위보전의 효력이 있는 가등기를 마쳐주었다고 하더라도 이는 향후 매수인에게 손해를 회복할 수 있는 방안을 마련하여 준 것일 뿐 그 자체로 물권변동의 효력이 있는 것은 아니어서 매도인으로서는 소유권을 이전하여 줄 의무에서 벗어날 수 없으므로, 그와 같은 가등기로 인하여 매수인의 재산보전에 협력하여 재산적 이익을 보호·관리할 신임관계의 전형적·본질적 내용이 변경된다고 할 수 없다.(대판 2020.5.14. 2019도16228)
[판례해설] 매도인이 매수인에게 가등기를 마쳐주었다고 하더라도 매수인으로부터 계약금, 중도금 및 잔금 중 일부까지 지급받은 이상 매수인의 재산보전에 협력하여야 할 신임관계에 있고 따라서 매도인은 매수인에 대한 관계에서 '타인의 사무를 처리하는 자'에 해당한다고 보아야 한다는 취지이다.
정답 ○

270. (★★) 지입차주가 자신이 실질적으로 소유하거나 처분권한을 가지는 자동차에 관하여 지입회사와 지입계약을 체결함으로써 지입회사에 그 자동차의 소유권등록 명의를 신탁하고 운송사업용 자동차로서 등록 및 그 유지 관련 사무의 대행을 위임한 경우, 지입회사 운영자가 지입차주와의 관계에서 '타인의 사무를 처리하는 자'의 지위에 있다.

해설 지입회사 운영자는 지입차주와의 관계에서 '타인의 사무를 처리하는 자'의 지위에 있다 (대판 2021.6.24. 2018도14365).
정답 ○

※ **다음 중 판례에 의할 때 배임죄 또는 업무상 배임죄가 성립하는 사례(○)와 성립하지 않는 사례(×)를 판단하시오.**

271. 부동산을 경락받은 자가 경락허가결정이 확정된 후에 소유자에게 경락을 포기하겠다고 약속하고도 대금을 완납하고 소유권을 취득하였다.

해설 부동산을 경락한 피고인이 그 경락허가결정이 확정된 뒤에 그 경매부동산의 소유자들에게 대하여 그 경락을 포기하겠노라고 약속하여 놓고 그 경매법원에서 경락대금지급명령이 전달되자 위의 약속을 어기고 그 경락대금을 완납함으로써 그 경락부동산에 대한 소유권을 취득한 경우에 피고인은 본조 제2항에서 말하는 타인의 사무를 처리하는 자에 해당하지 아니한다 (대판 1969.2.25. 69도46).
정답 ×

272. (★)주식회사의 이사가 사실상 대주주의 양해를 얻고 지급능력이 없는 타인 발행의 약속어음에 회사 명의로 배서를 하였다.

[해설] 주식회사의 경영을 책임지는 이사는 이사회의 결의가 있더라도 그 결의 내용이 주주 또는 회사 채권자를 해하는 불법한 목적이 있는 경우에는 이에 맹종할 것이 아니라 회사를 위하여 성실한 직무수행을 할 의무가 있으므로, 이사가 임무에 위배하여 주주 또는 회사 채권자에게 손해가 될 행위를 하였다면, 회사 이사회의 결의가 있었다고 하여 그 배임행위가 정당화될 수 없다(대판 2000.5.26. 99도2781). **정답** ○

273. (★)조합이 지출하여야 할 비용이 아닌 경우이지만 조합장이 대의원회의 결의를 받아 비용을 지출하였다.

[해설] 조합이 지출하여야 할 비용이 아닌데도 조합장이 대의원회의 결의를 받아 비용을 지출하는 경우, 업무상배임죄가 성립한다(대판 2009.8.20. 2008도12112). **정답** ○

274. (★)방송사 사장인 피고인이 방송사의 조세소송 관련 사무를 처리하면서 보다 유리한 내용으로 조정안을 관철하지 못하였다고 하더라도 배임행위에 해당하지 않는다.

[해설] 방송사 사장인 피고인이 방송사의 조세소송 관련 사무를 처리하면서 개인적 이익을 위하여 불합리한 내용의 조정안을 제시하고 무리하게 조정을 추진함으로써 방송사에게 손해를 가하였다고 하여 특정경제범죄 가중처벌 등에 관한 법률 위반(배임)으로 기소된 사안에서, 피고인이 보다 유리한 내용으로 조정안을 관철하지 못한 것이 배임행위에 해당하지 않는다는 등의 이유로 무죄를 인정한 원심판결을 수긍한 사례(대판 2012.1.12. 2010도15129). **정답** ○

275. (★)판례에 의할 때 다음 기술의 옳고 그름을 판단하라.

(1) 공무원이 임무에 위배되는 행위로써 제3자로 하여금 재산상 이익을 취득하게 하여 국가에 손해를 가한 경우, 업무상배임죄가 성립한다.

(2) 공무원인 甲이 대통령의 퇴임 후 사용할 사저부지와 그 경호부지를 일괄 매수하는 사무를 처리하면서 매매계약 체결 후 그 매수대금을 대통령의 아들과 국가에 배분함에 있어, 사저부지 가격을 높게 평가하면 경호부지 가격이 내려가고 경호부지 가격을 높게 평가하면 사저부지 가격이 내려가는 관계에 있음에도, 객관적인 감정평가결과와 전혀 다르게 상대적으로 사저부지 가격을 낮게 평가하고 경호부지 가격을 높게 평가하여 매수대금을 배분한 행위는 업무상배임죄에 해당한다.

[해설] (대통령 사저부지 사건) [1] 공무원이 그 임무에 위배되는 행위로써 제3자로 하여금 재산상의 이익을 취득하게 하여 국가에 손해를 가한 경우에 업무상배임죄가 성립한다.
[2] 업무상배임죄에서 '임무에 위배되는 행위'는 당해 사무의 내용·성질 등 구체적 상황에 비추어 법률의 규정, 계약의 내용 또는 신의성실의 원칙상 당연히 할 것으로 기대되는 행위를 하지

않거나 당연히 하지 말아야 할 것으로 기대되는 행위를 함으로써 본인에 대한 신임관계를 저버리는 일체의 행위를 말하고, 그럼으로써 재산상 이익을 취득하거나 제3자로 하여금 이를 취득하게 하고 본인에게 손해를 가한 이상 그에 관한 고의 내지 불법이득의사가 인정된다고 할 것이다(대판 2013.9.27. 2013도6835). **정답** (1) ○ (2) ○

276. (★) 업무상배임죄의 성립요건인 재산상의 손해에는 현실적인 손해가 발생한 경우뿐만 아니라 재산상 실해 발생의 위험을 초래한 경우도 포함되나, 재산상 실해 발생의 위험은 구체적·현실적인 위험이 야기된 정도에 이르러야 하고 단지 막연한 가능성이 있다는 정도로는 부족하다.

[해설] 업무상배임죄는 업무상 타인의 사무를 처리하는 자가 임무에 위배하는 행위를 하고 그러한 임무위배행위로 인하여 재산상의 이익을 취득하거나 제3자로 하여금 이를 취득하게 하여 본인에게 재산상의 손해를 가한 때 성립하는데, 여기서 재산상의 손해에는 현실적인 손해가 발생한 경우뿐만 아니라 재산상 실해 발생의 위험을 초래한 경우도 포함되고, 재산상 손해의 유무에 대한 판단은 법률적 판단에 의하지 않고 경제적 관점에서 파악하여야 한다. 그런데 재산상 손해가 발생하였다고 평가될 수 있는 재산상 실해 발생의 위험이란 본인에게 손해가 발생할 막연한 위험이 있는 것만으로는 부족하고 경제적인 관점에서 보아 본인에게 손해가 발생한 것과 같은 정도로 구체적인 위험이 있는 경우를 의미한다. 따라서 재산상 실해 발생의 위험은 구체적·현실적인 위험이 야기된 정도에 이르러야 하고 단지 막연한 가능성이 있다는 정도로는 부족하다.(대판 2017.10.12. 2017도6151). **정답** ○

277. (★) 배임죄에서 손해액이 구체적으로 명백하게 산정되지 않았더라도 배임죄가 성립한다.

[해설] 부동산 매도인이 매수인 앞으로 소유권이전등기를 마쳐 주기 전에 제3자로부터 금원을 차용하고 그 담보로 근저당권을 설정해 준 경우 매수인이 입은 손해는 그 근저당권이 설정될 당시의 부동산 교환가치 중 근저당권에 이용되어 상실된 담보가치 상당이다. 그리고 배임죄에 있어서 손해액이 구체적으로 명백하게 산정되지 않았더라도 배임죄의 성립에는 영향이 없다고 할 것이나, 발생된 손해액을 구체적으로 산정하여 인정하는 경우 이를 잘못 산정하는 것은 위법하다.(대판 2018.7.11. 2015도12692) **정답** ○

278. (★★)甲 주식회사 직원인 피고인이 대표이사 乙 등이 직무에 관하여 발명한 '재활용 통합 분리수거 시스템'의 특허출원을 하면서 임의로 특허출원서 발명자란에 乙 외에 피고인의 성명을 추가로 기재하여 공동발명자로 등재되게 하였다고 하더라도 업무상배임죄가 성립하지 않는다.

[해설] [1] 배임죄에서 재산상 손해를 가한 때란 현실적인 손해를 가한 경우뿐만 아니라 재산상

실해발생의 위험을 초래한 경우도 포함되고, 재산상 손해 유무에 대한 판단은 본인의 전(前) 재산 상태와의 관계에서 법률적 판단에 의하지 아니하고 경제적 관점에서 파악하여야 하며, 법률적 판단에 의하여 당해 배임행위가 어떠한 효력이 인정되지 않는다고 하더라도 경제적 관점에서 파악하여 배임행위로 인하여 본인에게 현실적인 손해를 가하였거나 재산상 실해발생의 위험을 초래한 경우에는 재산상의 손해를 가한 때에 해당하지만, 그러한 손해발생의 위험이 초래되지 아니한 경우에는 배임죄가 성립하지 않는다.

[2] 甲 주식회사 직원인 피고인이 대표이사 乙 등이 직무에 관하여 발명한 '재활용 통합 분리수거 시스템'의 특허출원을 하면서 임의로 특허출원서 발명자란에 乙 외에 피고인의 성명을 추가로 기재하여 공동발명자로 등재되게 한 사안에서, 발명자에 해당하는지는 특허출원서 발명자란 기재 여부와 관계없이 실질적으로 정해지므로 피고인의 행위만으로 곧바로 甲 회사의 특허권 자체나 그와 관련된 권리관계에 어떠한 영향을 미친다고 볼 수 없어, 결국 그로 인하여 甲 회사에 재산상 손해가 발생하였다거나 재산상 손해발생의 위험이 초래되었다고 볼 수 없고, 달리 공소사실을 인정할 증거가 없으므로 업무상배임죄가 성립하지 않는다고 본 원심판단을 수긍한 사례(대판 2011.12.13. 2011도10525).

정답 ○

279. (★★)타인에 대한 채무의 담보로 제3채무자에 대한 채권에 대하여 권리질권을 설정하고, 질권설정자가 제3채무자에게 질권설정의 사실을 통지하거나 제3채무자가 이를 승낙한 상태에서, 질권설정자가 질권자의 동의 없이 제3채무자에게서 질권의 목적인 채권의 변제를 받은 경우, 질권자에 대한 관계에서 배임죄가 성립한다.

해설 [1] 타인에 대한 채무의 담보로 제3채무자에 대한 채권에 대하여 권리질권을 설정한 경우 질권설정자는 질권자의 동의 없이 질권의 목적된 권리를 소멸하게 하거나 질권자의 이익을 해하는 변경을 할 수 없다(민법 제352조). 또한 질권설정자가 제3채무자에게 질권설정의 사실을 통지하거나 제3채무자가 이를 승낙한 때에는 제3채무자가 질권자의 동의 없이 질권의 목적인 채무를 변제하더라도 이로써 질권자에게 대항할 수 없고, 질권자는 여전히 제3채무자에 대하여 직접 채무의 변제를 청구하거나 변제할 금액의 공탁을 청구할 수 있다(민법 제353조 제2항, 제3항). 그러므로 이러한 경우 질권설정자가 질권의 목적인 채권의 변제를 받았다고 하여 질권자에 대한 관계에서 타인의 사무를 처리하는 자로서 임무에 위배하는 행위를 하여 질권자에게 손해를 가하거나 손해 발생의 위험을 초래하였다고 할 수 없고, 배임죄가 성립하지도 않는다.

[2] 피해자 회사가 대항요건을 갖춘 이상 임대인은 질권자인 피해자 회사의 동의 없이 질권의 목적인 채무를 변제하더라도 이로써 질권자인 피해자 회사에 대항할 수 없고, 피해자 회사는 여전히 제3채무자인 임대인에게 권리를 행사할 수 있으므로 질권설정자인 피고인이 전세보증금을 반환받았다고 하여 배임죄가 성립하지 않는다고 한 사례(대판 2016.4.29. 2015도5665).

정답 ✕

280. (★)갑 조합의 대출업무 등 담당자인 피고인이 갑 조합에 처와 모친 소유의 토지를 담보로 제공하고 그들 명의로 대출을 받은 다음 위임장 등을 위조하여 담보로 제공된 위 토지에 설정된 근저당권설정등기를 말소한 경우, 근저당권설정등기가 원인 없이 부적법하게 말소된 이상 그 회복등기가 마쳐지기 전이라도 물권의 효력에는 아무런 영향이 없어 조합에 어떠한 손해가 발생하였다고 보기 어려우므로 피고인에게는 업무상배임죄가 성립하지 아니한다.

해설 갑 조합의 대출업무 등 담당자인 피고인이 갑 조합에 처와 모친 소유의 토지를 담보로 제공하고 그들 명의로 대출을 받은 다음 위임장 등을 위조하여 담보로 제공된 위 토지에 설정된 근저당권설정등기를 말소하였다고 하여 특정경제범죄 가중처벌 등에 관한 법률 위반(배임)으로 기소된 사안에서, 등기 말소로 갑 조합에 손해가 발생하였다고 할 것임에도, 이와 달리 보아 무죄를 선고한 원심판결에 법리오해의 잘못이 있다고 한 사례(대판 2014.6.12. 2014도2578.).
[판결이유] 피해자 조합의 대출업무 등을 담당하던 피고인이 위임장과 해지증서를 위조하여 피해자 조합의 근저당권설정등기를 말소한 것이라면, 그 등기 말소로 피해자 조합은 당장 위 근저당권을 피담보채권과 함께 처분한다거나 피담보채권 회수를 위한 경매 신청을 할 수 없는 등 자산으로서의 근저당권을 운용·처분하지 못해 사실상 담보를 상실한 것과 다를 바 없는 손해가 발생하였다고 할 것이고, 피해자 조합이 위 말소된 근저당권설정등기의 회복등기를 구할 수 있다고 하여 달리 볼 것은 아니다. 정답 ✕

281. (★)대표이사가 대표권을 남용하여 자신의 개인채무에 대하여 회사 명의의 차용증을 작성하여 주었다면, 그 상대방이 이와 같은 진의를 알았거나 알 수 있었던 경우일지라도, 업무상배임죄가 성립한다.

해설 [1] 배임죄가 성립하려면 경제적 관점에서 파악하여 배임행위로 인하여 본인에게 현실적인 손해를 가하였거나 적어도 재산상 실해 발생의 위험을 초래하였다고 인정되어야 한다.
[2] 대표이사가 대표권의 범위 내에서 한 행위는 설사 대표이사가 회사의 영리목적과 관계없이 자기 또는 제3자의 이익을 도모할 목적으로 그 권한을 남용한 것이라 할지라도 일단 회사의 행위로서 유효하지만, 그 행위의 상대방이 대표이사의 진의를 알았거나 알 수 있었을 때에는 회사에 대하여 무효가 되는 것이다.
[3] 대표이사가 대표권을 남용하여 자신의 개인채무에 대하여 회사 명의의 차용증을 작성하여 주었고, 그 상대방도 이와 같은 진의를 알았거나 알 수 있었던 사안에서, 무효인 차용증을 작성하여 준 것만으로는 회사에 재산상 손해가 발생하였다거나 재산상 실해 발생의 위험이 초래되었다고 볼 수 없어 업무상배임죄가 성립하지 않는다고 한 사례(대판 2010.5.27. 2010도1490). 정답 ✕

282. (★)대표이사가 개인의 차용금 채무에 관하여 개인 명의로 작성·교부한 차용증에 추가로 회사의 법인 인감을 날인한 경우에는 업무상배임죄가 성립한다.

해설 대표이사가 개인의 차용금 채무에 관하여 개인 명의로 작성하여 교부한 차용증에 추가로 회사의 법인 인감을 날인하였다고 하더라도 대표이사로서 행한 적법한 대표행위라고 할 수 없으므로 회사가 위 차용증에 기한 차용금 채무를 부담하게 되는 것이 아님은 물론이고, 나아가 금원의 대여자는 위와 같은 행위가 적법한 대표행위가 아님을 알았거나 알 수 있었다 할 것이어서 회사가 대여자에 대하여 사용자책임이나 법인의 불법행위 등에 따른 손해배상의무도 부담할 여지가 없으므로, 결국 회사에 재산상 손해가 발생하였다거나 재산상 실해 발생의 위험이 초래되었다고 볼 수 없다는 이유로 대표이사의 업무상배임 부분에 대하여 무죄를 선고한 원심판결을 수긍한 사례(대판 2004.4.9. 2004도771).   **정답** ✕

283. (★) 주식회사의 대표이사가 대표권을 남용하는 등 그 임무에 위배하여 약속어음 발행을 한 경우, 상대방이 대표이사의 진의를 알았거나 알 수 있었을 때에 해당되어 어음발행이 무효라 하더라도 그 어음이 실제로 제3자에게 유통되었다면 회사로서는 어음채무를 부담할 위험이 구체적·현실적으로 발생하였다고 보아야 하고, 따라서 그 어음채무가 실제로 이행되기 전이라도 배임죄의 기수범이 된다.

[해설] [1] 배임죄는 타인의 사무를 처리하는 자가 배임의 범의로, 즉 임무에 위배하는 행위를 한다는 점과 이로 인하여 자기 또는 제3자가 이익을 취득하여 본인에게 손해를 가한다는 점에 대한 인식이나 의사를 가지고 임무에 위배한 행위를 개시한 때 배임죄의 실행에 착수한 것이고, 이러한 행위로 인하여 자기 또는 제3자가 이익을 취득하여 본인에게 손해를 가한 때 기수에 이른다.

[2] (가) 주식회사의 대표이사가 대표권을 남용하는 등 그 임무에 위배하여 회사 명의로 의무를 부담하는 행위를 하더라도 일단 회사의 행위로서 유효하고, 다만 상대방이 대표이사의 진의를 알았거나 알 수 있었을 때에는 회사에 대하여 무효가 된다. 따라서 (1) 상대방이 대표권남용 사실을 알았거나 알 수 있었던 경우 그 의무부담행위는 원칙적으로 회사에 대하여 효력이 없고, 경제적 관점에서 보아도 이러한 사실만으로는 회사에 현실적인 손해가 발생하였다거나 실해 발생의 위험이 초래되었다고 평가하기 어려우므로, 달리 그 의무부담행위로 인하여 실제로 채무의 이행이 이루어졌다거나 회사가 민법상 불법행위책임을 부담하게 되었다는 등의 사정이 없는 이상 배임죄의 기수에 이른 것은 아니다. 그러나 이 경우에도 대표이사로서는 배임의 범의로 임무위배행위를 함으로써 실행에 착수한 것이므로 배임죄의 미수범이 된다. 그리고 (2) 상대방이 대표권남용 사실을 알지 못하였다는 등의 사정이 있어 그 의무부담행위가 회사에 대하여 유효한 경우에는 회사의 채무가 발생하고 회사는 그 채무를 이행할 의무를 부담하므로, 이러한 채무의 발생은 그 자체로 현실적인 손해 또는 재산상 실해 발생의 위험이라고 할 것이어서 그 채무가 현실적으로 이행되기 전이라도 배임죄의 기수에 이르렀다고 보아야 한다.

(나) 주식회사의 대표이사가 대표권을 남용하는 등 그 임무에 위배하여 약속어음 발행을 한 행위가 배임죄에 해당하는지도 원칙적으로 위에서 살펴본 의무부담행위와 마찬가지로 보아야 한다. 다만 약속어음 발행의 경우 어음법상 발행인은 종전의 소지인에 대한 인적 관계로 인한 항변으로써 소지인에게 대항하지 못하므로(어음법 제17조, 제77조), 어음발행이 무효라 하더라도 그 어음이 실제로 제3자에게 유통되었다면 회사로서는 어음채무를 부담할 위험이 구체적·현실적으로 발생하였다고 보아야 하고, 따라서 그 어음채무가 실제로 이행되기 전이라도 배임죄의 기수범이

된다. 그러나 약속어음 발행이 무효일 뿐만 아니라 그 어음이 유통되지도 않았다면 회사는 어음발행의 상대방에게 어음채무를 부담하지 않기 때문에 특별한 사정이 없는 한 회사에 현실적으로 손해가 발생하였다거나 실해 발생의 위험이 발생하였다고도 볼 수 없으므로, 이때에는 배임죄의 기수범이 아니라 배임미수죄로 처벌하여야 한다(대판(전) 2017.7.20. 2014도1104).　　정답 ○

284. 주식회사의 주주총회결의에서 자신이 대표이사로 선임된 것으로 주주총회의사록 등을 위조한 자가 회사를 대표하여 대물변제 등의 행위를 한 경우, 특별한 사정이 없는 한 회사에 대한 배임죄를 구성한다.

해설 ┃ 배임죄는 임무에 위배하는 행위로 인한 현실적인 손해의 발생이나 재산상 실해발생의 위험을 요건으로 하므로 그러한 손해발생의 위험이 초래되지 아니한 경우에는 배임죄가 성립하지 아니한다. 또한 주식회사의 주주총회결의에서 자신이 대표이사로 선임된 것으로 주주총회의사록 등을 위조한 자가 회사를 대표하여 한 대물변제 등의 행위는 법률상 효력이 없어 그로 인하여 회사에 어떠한 손해가 발생한다고 할 수 없으므로, 그 행위로 인하여 회사가 상법 제395조의 표현대표이사책임을 부담하는 등의 특별한 사정이 없는 한 그 대표이사를 사칭한 자의 행위는 배임죄를 구성하지 아니한다(대판 2013.3.28. 2010도7439).　　정답 ✕

285. (★)甲 주식회사 대표이사인 피고인이 乙 주식회사 등의 주식에 대한 인위적 주가관리를 하는 과정에서 丙에게서 필요한 자금을 제공받은 후 甲 회사를 채무자로 하는 금전소비대차계약 등의 약정을 체결하였다면 업무상배임죄가 성립한다.(특별형법의 적용은 논외로 함)

해설 ┃ [1] 배임죄에서 '재산상 손해를 가한 때'란 현실적인 손해를 가한 경우뿐만 아니라 재산상 실해발생의 위험을 초래한 경우도 포함되나, 그러한 손해발생의 위험조차 초래되지 아니한 경우에는 배임죄가 성립하지 아니하는데, 법인의 대표자가 법인 명의로 한 채무부담행위가 법률상 효력이 없는 경우에는 특별한 사정이 없는 한 그로 인하여 법인에 어떠한 손해가 발생하거나 발생할 위험이 있다고 할 수 없으므로, 대표자의 행위는 배임죄를 구성하지 아니한다.
[2] 2인 이상이 공모하여 범죄를 실행하는 과정에서, 범죄에 필요한 자금을 제공한 공범에게 자금제공에 대한 대가를 지급하거나 자금제공에 따른 손실을 보전하여 주기로 하는 공범 간 약정은 사회질서에 위배되어 무효이고, 공범 아닌 제3자가 그 무효인 약정에 기한 채무를 부담하거나 이행하기로 하는 약정도 역시 무효이다.
금전소비대차계약 자체가 사기적 부정거래 등을 통한 주가조작 범행을 공모하여 실행한 공범 사이에서 범행에 필요한 자금제공에 대한 대가를 지급하거나 그에 따른 손실을 보전하여 주기로 하는 반사회질서 법률행위에 기초한 것으로 볼 수도 있어 위 채무부담행위는 甲 회사에 대하여 무효이므로, 그로 인하여 甲 회사에 어떠한 재산상 손해가 발생하거나 발생할 위험이 있다고 보기 어려운데도 피고인에게 유죄를 인정한 원심판단에 대표권의 남용, 반사회질서의 법률행위, 배임행위로 인한 손해의 의미 등에 관한 법리오해의 위법이 있다고 한 사례(대판 2011.7.14. 2011도3180).　　정답 ✕

286. (★★)甲 주식회사의 실질적 경영자인 피고인이 자신의 개인사업체가 甲 회사에 골프장 조경용 수목을 매도하였다는 허위의 매매계약을 체결하고 그 매매대금 채권과 甲 회사의 피고인에 대한 채권을 상계처리한 경우, 피고인에게는 업무상배임죄가 성립한다.

해설 甲 주식회사의 실질적 경영자인 피고인이 자신의 개인사업체가 甲 회사에 골프장 조경용 수목을 매도하였다는 허위의 매매계약을 체결하고 그 매매대금 채권과 甲 회사의 피고인에 대한 채권을 상계처리한 사안에서, 피고인의 수목 매매대금 채권이 존재하지 아니하여 상계가 법률상 무효라고 하더라도 甲 회사에 재산상 실해 발생의 위험이 초래되었다고 보아 업무상배임죄가 성립한다고 본 원심판단을 수긍한 사례(대판 2012.2.23. 2011도15857). **정답** ○

287. (★)A신용협동조합의 이사장 甲이 자신의 부동산을 A조합에게 매도하여 유동성의 장애를 발생시킨 경우 업무상배임죄가 성립한다.

해설 A신용협동조합의 이사장 甲이 자신의 부동산을 A조합에게 매도하여 유동성의 장애를 발생시킨 경우, A신용협동조합의 자금을 그 본래의 목적인 금융업무에 사용할 수 없게 되는 유동성의 장애라는 재산상 손해를 가한 것이므로 (비록 재산상 손해의 액수를 구체적으로 산정할 수 없다고 하더라도) 업무상배임죄가 성립한다(대판 2001.11.13. 2001도3531).
[판례해설] 다만 재산상 손해는 인정할 수 있으나 그 가액을 구체적으로 산정할 수 없으므로 재산상 이득액을 기준으로 가중 처벌하는 특정경제범죄가중처벌등에관한법률위반(배임)죄로 의율할 수 없다. **정답** ○

288. (★★)피고인이 甲주식회사로부터 자문료 명목으로 받은 주권 발행 전의 주식을 乙주식회사에 매도하고 대금을 교부받았음에도 甲주식회사와 사이에 벌어진 분쟁을 합의하는 과정에서 주식을 포기하고 甲주식회사에 이를 반환하였다면 피고인에게는 배임죄가 성립한다.

해설 [1] 배임죄가 성립하려면 경제적 관점에서 파악하여 배임행위로 인하여 본인에게 현실적인 손해를 가하였거나 적어도 재산상 실해 발생의 위험을 초래하였다고 인정되어야 할 것이다.
[2] 피고인이 甲 주식회사의 주권 발행 전 주식을 이미 乙 주식회사에 매도하였음에도, 주식 명의개서를 받을 수 있도록 협조할 임무에 위배하여 위 주식을 포기하고 甲 회사에 반환함으로써 乙 회사에 재산상 손해를 가하였다는 내용으로 기소된 사안에서, 피고인이 乙 회사에 현실적인 손해를 가하였거나 재산상 실해 발생의 위험을 초래하였다고 보기 어렵다고 보아 무죄를 인정한 원심의 조치를 수긍한 사례(대판 2011.5.13. 2010도16391).
[판결이유] (1) 乙회사가 피고인으로부터 주식을 적법하게 양수하였다면, 乙회사는 주식 양수인으로서 특별한 사정이 없는 한 양도통지 등 피고인의 협력 없이 단독으로 위 주식 양수 사실을 증명하여 甲주식회사에 대하여 명의개서 청구를 하는 등 자신이 적법한 주주임을 주장할 수 있는 것이고, 주식 양수인이 명의개서 여부를 자유로이 결정할 권리를 가지고 있어 주식 양도인인 피고인에게는 명의개서 청구권이 없으므로 피고인에게 乙회사의 명의개서 절차에 협조할 의무가 있다고 보기 어렵고, (2)

피고인이 주식 양도 이후 임의로 甲주식회사에 대하여 그 주식을 포기한다거나 이를 반환한다는 의사표시를 하였을지라도 이는 무권한자의 행위로서 아무런 효력이 없어 乙회사가 자신이 여전히 적법한 주주임을 주장하는 데에 아무런 장애가 없으므로 이로써 분쟁을 야기하는 등 사실상 불편을 초래하였다고 볼 수 있을지언정 피고인이 乙회사에 현실적인 손해를 가하였거나 재산상 실해 발생의 위험을 초래하였다고 보기 어렵다. 정답 ✕

289. (★★) 피고인이 임차인 갑과 아파트에 관한 임대차계약을 체결하면서 자신이 소유권을 취득하는 즉시 갑에게 알려 갑이 전입신고를 하고 확정일자를 받아 1순위 근저당권자 다음으로 대항력을 취득할 수 있도록 하기로 약정하였는데, 그 후 갑에게서 전세금 전액을 수령하고 소유권을 취득하였음에도 취득 사실을 고지하지 않고 다른 2, 3순위 근저당권을 설정해 주었다면 피고인은 배임죄의 '타인의 사무를 처리하는 자'의 지위가 인정된다.

[해설] 피고인이 임차인 갑과 아파트에 관한 임대차계약을 체결하면서 자신이 소유권을 취득하는 즉시 갑에게 알려 갑이 전입신고를 하고 확정일자를 받아 1순위 근저당권자 다음으로 대항력을 취득할 수 있도록 하기로 약정하였는데, 그 후 갑에게서 전세금 전액을 수령하고 소유권을 취득하였음에도 취득 사실을 고지하지 않고 다른 2, 3순위 근저당권을 설정해 주었다고 하여 배임으로 기소된 사안에서, 피고인이 '타인의 사무를 처리하는 자'의 지위에 있지 않다고 한 사례(大判 2015.11.26. 2015도4976).

[판결이유] ① 일반적으로 임차인이 전입신고를 하고 확정일자를 받는 것은 임대인의 도움 없이 임차인이 일방적으로 할 수 있는 점, ② 이 사건의 경우 임대인인 피고인 측의 필요에 의하여 '임차인의 전입신고는 피고인 측이 소유권을 취득하고 국민은행에 1순위 근저당권을 설정해 준 후에 하기로' 약정하였던 관계로 피고인이 소유권 취득 사실을 고지하지 않은 상태에서 피해자가 전입신고를 하기는 어려웠던 사정은 있으나, 그렇다고 하여 피고인과 피해자 관계의 본질적 내용이 단순한 채권관계상의 의무를 넘어서 피고인과 피해자 간의 신임관계에 기초하여 피해자의 재산을 보호 내지 관리하는 데 있다고까지 보기는 어렵다는 점에서 피고인이 타인의 사무를 처리하는 자의 지위에 있다고 보기 어렵다. 정답 ✕

290. (★★)X 상호저축은행 경영진인 甲이 저축은행의 영업정지가 임박한 상황에서 저축은행에 파견되어 있던 금융감독원 감독관에게 알리지 아니한 채 영업마감 후에 특정 고액 예금채권자들에게 영업정지 예정사실을 알려주어 예금을 인출하도록 하였다면 위계에 의한 업무방해죄와 업무상배임죄가 성립한다. ( )

[해설] [1] 甲이 영업정지 예정사실 통지에 관한 파견감독관의 부지를 이용하여 예금채권자들로 하여금 예금을 인출하도록 한 것이 업무방해죄의 위계에 해당한다고 본 원심판단을 수긍한 사례.

[2] 피고인이 영업정지가 임박한 단계에 있는 저축은행 의 특정 예금채권자들에게만 그 사실을 알려주어 그들로 하여금 예금을 인출하도록 하여 위 각 저축은행의 자산이 감소되게 함으로써 유동성을 악화시키는 등의 재산상 손해를 입게 하고 위 특정 예금채권자들에게 다른 고객들과 달리 영업정지

직전에 예금 전액을 인출할 수 있는 재산상 이익을 취득하게 하였다고 보아 업무상배임죄에 해당한다고 본 원심판단을 수긍한 사례(대판 2013.1.24. 2012도10629).　　　정답 ○

291. (★)대규모 기업집단 내의 어느 계열회사가 주채무자인 다른 계열회사를 위하여 금융기관에 대하여 부당한 지급보증채무를 부담하고 있는 상태에서 그 지급보증채무의 변제를 위하여 주채무자인 계열회사가 다른 금융기관으로부터 신규로 자금을 차입할 때 추가로 지급보증을 제공하는 행위는 별도의 배임죄가 성립한다.

해설 이미 타인의 채무에 대하여 보증을 하였는데, 피보증인이 변제자력이 없어 결국 보증인이 보증채무를 이행하게 될 우려가 있고, 보증인이 피보증인에게 신규로 자금을 제공하거나 피보증인이 신규로 자금을 차용하는 데 담보를 제공하면서 그 신규자금이 이미 보증을 한 채무의 변제에 사용되도록 한 경우라면, 보증인으로서는 기보증채무와 별도로 새로 손해를 발생시킬 위험을 초래한 것이라고 볼 수 없다(대판 2013.9.26. 2013도5214).　　　정답 ×

292. (★)금융기관의 임원이 부실대출을 실행하여 실제로 거래처에 대출금을 새로 교부한 경우에는 특별한 사정이 없는 한 비록 새로운 대출금이 기존 대출금의 원리금으로 상환되도록 약정되어 있다고 하더라도 업무상배임죄가 성립한다.

해설 [1] 금융기관이 거래처의 기존 대출금에 대한 원리금에 충당하기 위하여 거래처에 신규대출을 함에 있어 형식상 신규대출을 한 것처럼 서류상 정리를 하였을 뿐 실제로 거래처에 대출금을 새로 교부한 것이 아니라면 그로 인하여 금융기관에 어떤 새로운 손해가 발생하는 것은 아니라고 할 것이므로 따로 업무상배임죄가 성립된다고 볼 수 없으나, 금융기관이 실제로 거래처에 대출금을 새로 교부한 경우에는 거래처가 그 대출금을 임의로 처분할 수 없다거나 그 밖에 어떠한 이유로든 그 대출금이 기존 대출금의 원리금으로 상환될 수밖에 없다는 등의 특별한 사정이 없는 한 비록 새로운 대출금이 기존 대출금의 원리금으로 상환되도록 약정되어 있다고 하더라도 그 대출과 동시에 이미 손해발생의 위험은 발생하였다고 보아야 할 것이므로 업무상배임죄가 성립한다.
[2] 배임죄에서 '재산상 손해를 가한 때'라 함은 현실적인 손해를 가한 경우뿐만 아니라 재산상 실해 발생의 위험을 초래한 경우도 포함되고, 일단 손해의 위험을 발생시킨 이상 사후에 담보를 취득하였거나 피해가 회복되었다고 하여도 배임죄의 성립에 영향을 주는 것이 아니다.
[3] 상호저축은행의 임원들이 은행의 실질적 최대주주인 甲의 지시에 따라 상당한 담보를 확보하지 아니하고 관계 규정상의 적법한 대출심사를 거치지도 아니한 채 각 부실대출을 실행하여, 甲에게 실제로 귀속된 그 대출금 중 일부를 기존 대출금의 변제충당을 위하여 위 은행에 다시 입금하는 등의 용도로 사용한 사안에서, 위 부실대출을 실행함으로 인하여 그 대출과 동시에 은행으로 하여금 대출금 상당의 손해를 입게 하였다고 보아, 위 각 업무상배임의 점을 유죄로 판단한 원심의 조치를 정당하다고 수긍한 사례(대판 2010.1.28. 2009도10730).　　　정답 ○

293. (★★)새마을금고 임·직원이 동일인 대출한도를 초과하여 대출함으로써 새마을금고 법을 위반한 경우, 특별한 사정이 없는 한 새마을금고에 재산상 손해가 발생하였다고 볼 수는 있으므로 업무상배임죄가 성립한다.

해설 [1] 새마을 금고의 동일인 대출한도 제한규정은 새마을금고 자체의 적정한 운영을 위하여 마련된 것이지 대출채무자의 신용도를 평가해서 대출채권의 회수가능성을 직접적으로 고려하여 만들어진 것은 아니므로 동일인 대출한도를 초과하였다는 사실만으로 곧바로 대출채권을 회수하지 못하게 될 위험이 생겼다고 볼 수 없다.
[2] 새마을금고 임·직원이 동일인 대출한도를 초과하여 대출함으로써 새마을금고법을 위반한 경우, 새마을금고상의 대출한도 제한규정 위반으로 처벌함은 별론으로 하고, 대출채권의 회수에 문제가 있는 것으로 판단되는 것과 같은 특별한 사정이 없는 때에는 동일인 대출한도를 초과하였다는 그 사실만으로 곧바로 새마을금고에 재산상 손해가 발생하였다고 볼 수는 없으므로 업무상배임죄가 성립하지 않는다고 한 사례(대판(전) 2008.6.19. 2006도4879). 정답 ×

294. (★) 전환사채의 발행업무를 담당하는 사람과 전환사채 인수인이 사전 공모하여 제3자에게서 전환사채 인수대금에 해당하는 금액을 차용하여 전환사채 인수대금을 납입하고 전환사채 발행절차를 마친 직후 인출하여 차용금채무의 변제에 사용하는 등 실질적으로 전환사채 인수대금이 납입되지 않았음에도 전환사채를 발행한 경우 특별한 사정이 없는 한, 업무상배임죄의 죄책을 진다.

해설 전환사채는 발행 당시에는 사채의 성질을 갖는 것으로서 사채권자가 전환권을 행사한 때에 비로소 주식으로 전환된다. 전환사채의 발행업무를 담당하는 사람과 전환사채 인수인이 사전 공모하여 제3자에게서 전환사채 인수대금에 해당하는 금액을 차용하여 전환사채 인수대금을 납입하고 전환사채 발행절차를 마친 직후 인출하여 차용금채무의 변제에 사용하는 등 실질적으로 전환사채 인수대금이 납입되지 않았음에도 전환사채를 발행한 경우에, 전환사채의 발행이 주식 발행의 목적을 달성하기 위한 수단으로 이루어졌고 실제로 목적대로 곧 전환권이 행사되어 주식이 발행됨에 따라 실질적으로 신주인수대금의 납입을 가장하는 편법에 불과하다고 평가될 수 있는 등의 특별한 사정이 없는 한, 전환사채의 발행업무를 담당하는 사람은 회사에 대하여 전환사채 인수대금이 모두 납입되어 실질적으로 회사에 귀속되도록 조치할 업무상의 임무를 위반하여, 전환사채 인수인이 인수대금을 납입하지 않고서도 전환사채를 취득하게 하여 인수대금 상당의 이득을 얻게 하고, 회사가 사채상환의무를 부담하면서도 그에 상응하여 취득하여야 할 인수대금 상당의 금전을 취득하지 못하게 하여 같은 금액 상당의 손해를 입게 하였으므로, 업무상배임죄의 죄책을 진다. 그리고 그 후 전환사채의 인수인이 전환사채를 처분하여 대금 중 일부를 회사에 입금하였거나 또는 사채로 보유하는 이익과 주식으로 전환할 경우의 이익을 비교하여 전환권을 행사함으로써 전환사채를 주식으로 전환하였더라도, 이러한 사후적인 사정은 이미 성립된 업무상배임죄에 영향을 주지 못한다(大判 2015.12.10. 2012도235). 정답 ○

295. (★★)A주식회사 대표이사인 甲이 상법과 정관에 위반되어 무효인 주식매수선택권부 여계약을 이러한 사정을 잘 알고 있는 자신을 비롯한 임직원들과 체결하면서, 행사가액 을 주식의 실질 가치보다 현저히 낮게 정하였고 이후 위 계약대로 주식매수선택권이 행 사되어 신주가 발행된 경우, 위 계약 체결 시 A주식회사에 손해발생의 위험이 발생하므 로 업무상배임죄의 기수시기는 위 계약을 체결한 때이다.

[해설] 5. A 주식회사 대표이사인 피고인이 주주총회 의사록을 허위로 작성하고 이를 근거로 피고인을 비롯한 임직원들과 주식매수선택권부여계약을 체결함으로써 A 회사에 재산상 손해를 가하였다고 하며 특정경제범죄 가중처벌 등에 관한 법률 위반(배임)으로 기소된 사안에서, 상 법과 정관에 위배되어 법률상 무효인 계약을 체결한 것만으로는 업무상배임죄 구성요건이 완 성되거나 범행이 종료되었다고 볼 수 없고, 임직원들이 이후 계약에 기초하여 A 회사에 주식매 수선택권을 행사하고, 피고인이 이에 호응하여 주식의 실질가치에 미달하는 금액만을 받고 신 주를 발행해 줌으로써 비로소 A 회사에 현실적 손해가 발생하거나 그러한 실해 발생의 위험이 초래되었다고 볼 수 있으므로, 피고인에 대한 업무상배임죄는 피고인이 의도한 배임행위가 모 두 실행된 때로서 최종적으로 주식매수선택권이 행사되고 그에 따라 신주가 발행된 시점에 종 료되었다고 보아야 한다고 한 사례(대판 2011.11.24. 2010도11394).
[판결이유] 피고인을 포함한 임직원들로서도 이 사건 주식매수선택권이 부여된 경위나 과정을 충분히 알았거나 알 수 있었다고 보지 않을 수 없어 공소외 주식회사가 위 임직원들에 대하여 외관의 신뢰 또는 거래의 안전 등을 이유로 주식매수선택권부여계약에 따른 의무를 이행하여 야 하거나 피고인의 사용자로서 불법행위로 인한 손해배상책임을 지게 될 여지가 있다고 생각 하기 어렵다.

정답 ✕

296. (★★) 판례에 의할 때 다음 기술의 옳고 그름을 판단하라.

(1) 회사직원이 영업비밀 또는 영업상 주요한 자산을 경쟁업체에 유출하거나 스스로의 이익을 위하여 이용할 목적으로 무단으로 반출한 경우, 유출 또는 반출 시에 업무상배임죄의 기수가 된다.

(2) 영업비밀 등을 적법하게 반출하였으나 퇴사 시에 회사에 반환하거나 폐기할 의무가 있음에 도 경쟁업체에 유출하거나 스스로의 이익을 위하여 이용할 목적으로 이를 반환하거나 폐기하 지 아니하였다면, 퇴사 시에 업무상배임죄의 기수가 된다.

(3) 퇴사한 회사직원이 경쟁업체에 유출하거나 스스로의 이익을 위하여 이용할 목적으로 반환하 거나 폐기하지 아니한 영업비밀 등을 경쟁업체에 유출하거나 스스로의 이익을 위하여 이용한 행위는 따로 업무상배임죄를 구성하지 아니한다.

(4) 위 (3)에서 제3자가 퇴사한 직원의 유출 내지 이용행위에 공모·가담한 경우, 업무상배임죄 의 공범이 성립한다.

[해설] 업무상배임죄의 주체는 타인의 사무를 처리하는 지위에 있어야 한다. 따라서 회사직원이 재직 중에 영업비밀 또는 영업상 주요한 자산을 경쟁업체에 유출하거나 스스로의 이익을 위하여

이용할 목적으로 무단으로 반출하였다면 타인의 사무를 처리하는 자로서 업무상의 임무에 위배하여 유출 또는 반출한 것이어서 유출 또는 반출 시에 업무상배임죄의 기수가 된다. 또한 회사직원이 영업비밀 등을 적법하게 반출하여 반출행위가 업무상배임죄에 해당하지 않는 경우라도, 퇴사 시에 영업비밀 등을 회사에 반환하거나 폐기할 의무가 있음에도 경쟁업체에 유출하거나 스스로의 이익을 위하여 이용할 목적으로 이를 반환하거나 폐기하지 아니하였다면, 이러한 행위 역시 퇴사 시에 업무상배임죄의 기수가 된다.

그러나 회사직원이 퇴사한 후에는 특별한 사정이 없는 한 퇴사한 회사직원은 더 이상 업무상배임죄에서 타인의 사무를 처리하는 자의 지위에 있다고 볼 수 없고, 위와 같이 반환하거나 폐기하지 아니한 영업비밀 등을 경쟁업체에 유출하거나 스스로의 이익을 위하여 이용하더라도 이는 이미 성립한 업무상배임 행위의 실행행위에 지나지 아니하므로, 그 유출 내지 이용행위가 부정경쟁방지 및 영업비밀보호에 관한 법률 위반(영업비밀누설등)죄에 해당하는지는 별론으로 하더라도, 따로 업무상배임죄를 구성할 여지는 없다. 그리고 위와 같이 퇴사한 회사직원에 대하여 타인의 사무를 처리하는 자의 지위를 인정할 수 없는 이상 제3자가 위와 같은 유출 내지 이용행위에 공모·가담하였더라도 타인의 사무를 처리하는 자의 지위에 있다는 등의 사정이 없는 한 업무상배임죄의 공범 역시 성립할 수 없다(대판 2017.6.29. 2017도3808).

정답 (1) ○ (2) ○ (3) ○ (4) ✕

297. 회사의 대표이사가 타인의 채무를 회사 이름으로 지급보증 또는 연대보증함에 있어 그 타인이 단순히 채무초과 상태에 있다는 이유만으로는 그러한 지급보증 또는 연대보증이 곧 회사에 대하여 배임행위가 된다고 단정할 수 없다.

[해설] 회사에 손해가 발생할 것이라는 점을 알면서도 이에 나아갔다면 그러한 지급보증 또는 연대보증은 회사에 대하여 배임행위가 된다고 할 것이나, 그 타인이 단순히 채무초과 상태에 있다는 이유만으로는 그러한 지급보증 또는 연대보증이 곧 회사에 대하여 배임행위가 된다고 단정할 수 없다(대판 2004.6.24. 2004도520).

정답 ○

298. (★) 사무처리에 대하여 본인의 동의가 있는 경우에도 배임죄에서 '임무에 위배하는 행위'라고 할 수 있다.

[해설] 배임죄에서 '임무에 위배하는 행위'는 처리하는 사무의 내용, 성질 등에 비추어 법령의 규정, 계약의 내용 또는 신의칙상 당연히 하여야 할 것으로 기대되는 행위를 하지 않거나 당연히 하지 않아야 할 것으로 기대되는 행위를 함으로써 본인과의 신임관계를 저버리는 행위를 말하는 것으로서, 그러한 사무처리에 대하여 본인의 동의가 있는 때에는 임무에 위배하는 행위라고 할 수 없다(大判 2015.6.11. 2012도1352).

정답 ✕

299. (★)판례에 의할 때 다음 기술의 옳고 그름을 판단하라.

> (1) 본인에게 손해를 가하였다고 할지라도 행위자 또는 제3자가 재산상 이익을 취득한 사실이 없다면 배임죄가 성립할 수 없다.
>
> (2) 피고인이 피해 회사가 정한 할인율 제한을 위반하였다 하더라도 시장에서 거래되는 가격에 따라 제품을 판매하였다면 지정 할인율에 의한 제품가격과 실제 판매시 적용된 할인율에 의한 제품가격의 차액 상당을 거래처가 얻은 재산상의 이익이라고 볼 수는 없다.

해설 [1] 업무상배임죄는 본인에게 재산상의 손해를 가하는 외에 배임행위로 인하여 행위자 스스로 재산상의 이익을 취득하거나 제3자로 하여금 재산상의 이익을 취득하게 할 것을 요건으로 하므로, 본인에게 손해를 가하였다고 할지라도 행위자 또는 제3자가 재산상 이익을 취득한 사실이 없다면 배임죄가 성립할 수 없다.

[2] 피고인이 피해 회사의 승낙 없이 임의로 지정 할인율보다 더 높은 할인율을 적용하여 회사가 지정한 가격보다 낮은 가격으로 제품을 판매하는 이른바 '덤핑판매'로 제3자인 거래처에 재산상의 이익이 발생하였는지 여부는 경제적 관점에서 실질적으로 판단하여야 할 것인바, 피고인이 피해 회사가 정한 할인율 제한을 위반하였다 하더라도 시장에서 거래되는 가격에 따라 제품을 판매하였다면 지정 할인율에 의한 제품가격과 실제 판매시 적용된 할인율에 의한 제품가격의 차액 상당을 거래처가 얻은 재산상의 이익이라고 볼 수는 없다고 한 사례(대판 2009.12.24. 2007도2484). **정답** (1)○ (2)○

300. (★)아파트 입주자대표회의 회장인 甲이 열 사용요금의 납부를 위한 지출결의서의 날인을 거부함으로써 아파트 입주자들에게 그 연체료를 부담시킨 경우, 업무상배임죄가 성립한다.

해설 열 사용요금 납부 연체로 인하여 발생한 연체료는 금전채무 불이행으로 인한 손해배상에 해당하므로, 공급업체가 연체료를 지급받았다는 사실만으로 공급업체가 그에 해당하는 재산상의 이익을 취득하게 된 것으로 단정하기 어렵다(대판 2009.6.25. 2008도3792). **정답** ×

301. (★)甲은 자신의 처가 A1에 대하여 부담하던 채무금 6,000,000원에 대한 대물변제조로 甲 자신의 소유인 무허가건물을 A1에게 양도한다는 대지권리증계약서(가옥증여증)를 작성하여 주었다. 그 후 甲은 처가 A2에 대하여 부담하던 채무금 20,000,000원에 대한 대물변제조로 위 무허가건물을 A2에게 다시 양도하고 무허가건물대장상의 소유자 명의를 A2로 변경하여 주었다. 甲의 행위는 배임죄의 실행의 착수가 인정되나 배임죄의 기수가 되는 것은 아니다.

해설 무허가건물대장은 무허가건물의 정비에 관한 행정상의 사무처리의 편의를 위하여 작성 비치되는 것으로써 그 대장에의 기재에 의하여 무허가건물에 관한 권리의 변동이 초래되거나 공시되는 효과가 생기는 것이 아니므로 무허가건물대장에 소유자로 등재되었다는 사정만으로는 그 무허가건물에 대한 소유권 기타의 권리를 취득하거나 권리자로 추정되는 효력은 없다 할 것이나, 무허가건물의 양도인은 특별한 사정이 없는 한 대금수령과 동시에 양수인에게 그 건물을 인도할 의무가 있다 할 것이고, 무허가건물의 양수인은 양도인으로부터 무허가건물을 인도받아 점유함으로써 소유권에 준하는 사용·수익 처분의 포괄적인 권능을 가지게 되므로, 이와 같이 양수인에게 무허가건물을 인도할 의무를 부담하는 양도인이 중도금 또는 잔금까지 수령한 상태에서 양수인의 의사에 반하여 제3자에게 그 <u>무허가건물을 이중으로 양도하고 중도금까지 수령하였다면 이는 양수인에 대한 관계에서 임무위배행위로서 배임죄의 실행의 착수가 있었다고 할 것이고, 더 나아가 제3자로부터 잔금을 수령하고 무허가건물을 인도하였다면 이는 배임죄의 기수에 해당한다</u>(대판 2005.10.28. 2005도5713).   정답 ○

※ 다음 중 판례에 의할 때 업무상 배임죄가 성립하는 사례(○)와 성립하지 않는 사례(×)를 판단하시오.

302. (★)대표이사 甲은 납입을 가장하는 방법에 의하여 주금을 납입함으로써 회사의 재산에 대한 지분가치로서의 기존 주식의 가치를 감소하게 하였다(甲의 주주에 대한 업무상 배임죄의 성부를 판단하라).

해설 <u>신주발행은 주식회사의 자본조달을 목적으로 하는 것으로서 신주발행과 관련한 대표이사의 업무는 회사의 사무일 뿐이므로 신주발행에 있어서 대표이사가 납입된 주금을 회사를 위하여 사용하도록 관리·보관하는 업무 역시 회사에 대한 선관주의의무 내지 충실의무에 기한 것으로서 회사의 사무에 속하는 것이고, 신주발행에 있어서 대표이사가 일반 주주들에 대하여 그들의 신주인수권과 기존 주식의 가치를 보존하는 임무를 대행한다거나 주주의 재산보전 행위에 협력하는 자로서 타인의 사무를 처리하는 자의 지위에 있다고는 볼 수 없을 뿐만 아니라, 납입을 가장하는 방법에 의하여 주금이 납입된 경우 회사의 재산에 대한 지분가치로서의 기존 주식의 가치가 감소하게 될 수는 있으나, 이는 가장납입에 의하여 회사의 실질적 자본의 감소가 초래됨에 따른 것으로서 업무상배임죄에서의 재산상 손해에 해당된다고 보기도 어려우므로, 신주발행에 있어서 대표이사가 납입의 이행을 가장한 경우에는 상법 제628조 제1항에 의한 가장납입죄가 성립하는 이외에 따로 기존 주주에 대한 업무상배임죄를 구성한다고 할 수 없다</u>(대판 2004.5.13. 2002도7340).   정답 ×

303. 금융기관의 직원 甲이 거래처의 기존 대출금에 대한 원리금 및 연체이자에 충당하기 위하여 위 거래처가 신규대출을 받은 것처럼 서류상 정리하였다.

해설 금융기관이 거래처의 기존 대출금에 대한 원리금 및 연체이자에 충당하기 위하여 위 거래처가 신규대출을 받은 것처럼 서류상 정리하였더라도 금융기관이 실제로 위 거래처에게 대출금을 새로 교부한 것이 아니라면 그로 인하여 금융기관에게 어떤 새로운 손해가 발생하는 것은 아니라고 할 것이므로 따로 업무상배임죄가 성립된다고 볼 수 없다(대판 2000.6.27. 2000도1155).   정답 ×

304. 재단법인 불교방송 이사장직무대리인 甲은 평소 알고 지내던 신도 X에게 불교방송프로그램후원회로부터 전달받은 적립금 중 2억원을 이사회의 의결이나 승인 없이 대여하여 주었다. 이때 甲은 X로부터 담보를 위하여 근저당권을 설정받았고, 대여금에 대한 이자도 차질 없이 법인 통장으로 송금받았으며, 사후에 대여행위가 문제되자 즉시 X는 대여금 전액을 법인에 반환하였다.

> 해설 배임죄에서 '재산상의 손해를 가한 때'라 함은 현실적인 손해를 가한 경우뿐만 아니라 재산상 실해 발생의 위험을 초래한 경우도 포함되고 일단 손해의 위험성을 발생시킨 이상 사후에 피해가 회복되었다 하여도 배임죄의 성립에 영향을 주는 것은 아니다(대판 2000.12.8. 99도3338).
> **정답** ○

305. 대학교수인 甲은 판공비 지출용 법인신용카드를 업무와 무관하게 개인적 용도에 사용하였다.

> 해설 대학교수가 판공비 지출용 법인신용카드를 업무와 무관하게 개인적 용도에 사용한 행위는 업무상횡령죄가 아닌 업무상배임죄를 구성한다고 한 사례(대판 2006.5.26. 2003도8095).
> **정답** ○

306. 부동산 신탁회사의 상무이사인 甲이 주의의무를 소홀히 하여 회사에 손해가 발생하였다면, 甲에게 배임의 고의가 인정된다.

> 해설 피고인에게 배임의 고의가 있었다고 하기는 어렵다(대판 2005.6.9. 2004도2786). **정답** ✕

307. 거래상대방을 배임의 실행행위자와 공동정범으로 인정하기 위하여는 배임행위에 적극 가담할 것을 필요로 한다.

> 해설 거래상대방을 배임의 실행행위자와 공동정범으로 인정하기 위하여는 실행행위자의 행위가 피해자 본인에 대한 배임행위에 해당한다는 것을 알면서도 소극적으로 그 배임행위에 편승하여 이익을 취득한 것만으로는 부족하고, 실행행위자의 배임행위를 교사하거나 또는 배임행위의 전 과정에 관여하는 등으로 배임행위에 〈적극 가담〉할 것을 필요로 한다(대판 2006.10.26. 2006도5147).
> **정답** ○

※ 배임죄가 성립하는 사례(○)와 성립하지 않는 사례(×)를 판단하시오.(다툼이 있는 경우 판례에 의함)

308. 자신의 채권자와 부동산양도담보설정계약을 체결한 피고인이 그 소유권이전등기 경료 전에 임의로 기존의 근저당권자인 제3자에게 지상권설정등기를 경료하여 주었으나, 그 지상권 설정이 새로운 채무부담행위에 기한 것이 아니라 기존의 저당권자가 가지는 채권을 저당권과 함께 담보하는 의미밖에 없었다.

[해설] 배임죄에 있어서 손해란 현실적인 손해가 발생한 경우뿐만 아니라 재산상의 위험이 발생된 경우도 포함되므로, 자신의 채권자와 부동산양도담보설정계약을 체결한 피고인이 그 소유권이전등기 경료 전에 임의로 기존의 근저당권자인 제3자에게 지상권설정등기를 경료하여 준 경우, 그 지상권 설정이 새로운 채무부담행위에 기한 것이 아니라 기존의 저당권자가 가지는 채권을 저당권과 함께 담보하는 의미밖에 없다고 하더라도 이로써 양도담보권자의 채권에 대한 담보능력 감소의 위험이 발생한 이상 배임죄를 구성한다(대판 1997.6.24. 96도1218).

정답 ○

309. (★)채무자 甲은 제3자 소유의 부동산을 채무의 담보로 제공하기로 한 약정에 따라 채권자 A를 위하여 그 부동산에 근저당권설정등기를 경료해 준 후 근저당권자인 A의 위임장을 위조하여 위 등기를 말소하였다.

[해설] 채무자가 제3자 소유의 부동산을 채무의 담보로 제공하기로 한 약정에 따라 채권자를 위하여 그 부동산에 근저당권설정등기를 경료하여 준 경우, 이로써 채무자는 담보제공약정상의 의무를 이행한 것이 되고, 그 후 위 근저당권설정등기를 임의로 말소하여서는 안 되는 것은 물권의 대세적 효력의 당연한 귀결로서 채무자를 포함한 모든 사람이 부담하는 의무이고 채무자가 그 담보제공약정에 따라 채권자의 재산의 관리보호를 위하여 특별히 부담하는 의무는 아니므로, 채무자가 등기관계 서류를 위조하여 근저당권설정등기를 말소하였다 하더라도 이는 문서에 관한 범죄를 구성할 뿐이고 달리 배임죄를 구성한다고 할 수 없다(대판 2007.8.24. 2007도3408).

정답 ×

310. (★)甲은 乙에 대한 채권 2,000만원의 담보목적으로 乙의 부동산에 대해 소유권이전등기를 받았으나, 乙이 약정기일까지 변제를 하지 못하자 위 부동산을 丙에게 처분하여 대금 4,500만원을 전액 수령하고서도 2,000만원 등을 공제한 나머지를 乙에게 반환하지 않고 소비하였다.

[해설] 양도담보가 처분정산형인 경우이건 귀속정산형이건 간에 담보권자가 변제기 경과 후에 담보권을 실행하여 그 환가대금 또는 평가액을 채권원리금과 담보권 실행비용 등의 변제에 충당하고, 환가대금 또는 평가액의 나머지가 있어, 이를 담보제공자에게 반환할 의무는 부동산매매에 있어서의 등기의무자인 매도인의 협력 없이는 매수인 앞으로의 소유권이전을 완성할 수 없는 경우와 같은 협력의무로서의 성질이 없으므로 담보계약에 따라 부담하는 자신의 정산의무이고,

그 의무를 이행하는 사무는 곧 자기의 사무처리에 속하는 것이라 할 것이므로 그 정산의무를 이행하지 아니한 소위는 배임죄를 구성하지 아니한다(대판(전) 1985.11.26. 85도1493). **정답** ✕

---

311. (★)甲은 A에게 1천만원을 빌려주고 동채권을 담보하기 위해 시가 1억원 상당의 A 소유의 부동산을 명의이전 받았는데, A가 변제기일에 돈을 갚지 않자 甲은 이 부동산이 8천만원은 충분히 받을 수 있음에도 불구하고 B에게 4천만원에 매각하였다.

[해설] 담보권자가 변제기 경과 후에 담보권을 실행하기 위하여 담보목적물을 처분하는 행위는 담보계약에 따라 담보권자에게 주어진 권능이어서 자기의 사무처리에 속하는 것이지 타인인 채무자의 사무처리에 속하는 것이라고 할 수 없으므로, 담보권자가 담보권을 실행하기 위하여 담보목적물을 처분함에 있어 시가에 따른 적절한 처분을 하여야 할 의무는 담보계약상의 민사채무일 뿐 그와 같은 형법상의 의무가 있는 것은 아니므로 그에 위반한 경우 배임죄가 성립된다고 할 수 없다(대판 1997.12.23. 97도2430). **정답** ✕

- -

312. (★)甲은 금전채무를 담보하기 위하여 점유개정의 방식으로 A은행에 대하여 자기소유 동산에 대한 양도담보를 설정한 후 다른 채권자 B에게도 점유개정의 방식으로 위 동산에 대하여 이중으로 양도담보계약을 체결하였다. 그 후 甲은 위 동산을 C에게 매각하고 인도하였다. 甲은 B에 대하여 배임죄가 성립한다.

[해설] 금전채무를 담보하기 위하여 채무자가 그 소유의 동산을 채권자에게 양도하되 점유개정에 의하여 채무자가 이를 계속 점유하기로 한 경우 특별한 사정이 없는 한 동산의 소유권은 신탁적으로 이전됨에 불과하여 채권자와 채무자 사이의 대내적 관계에서 채무자는 의연히 소유권을 보유하나 대외적인 관계에 있어서 채무자는 동산의 소유권을 이미 채권자에게 양도한 무권리자가 되는 것이어서 다시 다른 채권자와 사이에 양도담보 설정계약을 체결하고 점유개정의 방법으로 인도를 하더라도 선의취득이 인정되지 않는 한 나중에 설정계약을 체결한 채권자는 양도담보권을 취득할 수 없는데, 현실의 인도가 아닌 점유개정으로는 선의취득이 인정되지 아니하므로, 결국 뒤의 채권자는 양도담보권을 취득할 수 없고, 따라서 이와 같이 채무자가 그 소유의 동산에 대하여 점유개정의 방식으로 채권자들에게 이중의 양도담보 설정계약을 체결한 후 양도담보 설정자가 목적물을 임의로 제3자에게 처분하였다면 양도담보권자라 할 수 없는 뒤의 채권자에 대한 관계에서는, 설정자인 채무자가 타인의 사무를 처리하는 자에 해당한다고 할 수 없어 배임죄가 성립하지 않는다(대판 2004.6.25. 2004도1751). **정답** ✕

---

313. (★)점포임차권양도계약을 체결한 후 계약금과 중도금까지 지급받은 후 비록 양도인이 위 임차권을 2중으로 양도하였다 하더라도 배임죄를 구성하지 않는다.

[해설] 점포임차권양도계약을 체결한 후 계약금과 중도금까지 지급받았다 하더라도 잔금의 수령과 동시에 양수인에게 점포를 명도하여 줄 양도인의 의무는 위 양도계약에 따르는 민사상의

채무에 지나지 아니하여 이를 타인의 사무로 볼 수 없으므로 비록 양도인이 위 임차권을 2중으로 양도하였다 하더라도 배임죄를 구성하지 않는다(대판 1986.9.23. 86도811).

[동지판례] 양품점의 임차권만의 양도계약을 체결한 경우 양수인에게 그 점포를 명도하여 줄 양도인의 의무는 양도계약에 따른 민사상의 채무에 불과할 뿐 타인의 사무라고 할 수 없으므로 위 점포의 이중양도행위는 배임죄를 구성하지 않는다(대판 1990.9.25. 90도1216).　정답 ○

314. 토석채취권을 매도한 자는 그 매수인에게 그들이 토석을 채취할 수 있도록 그에 필요한 서류를 넘겨주어 위 허가를 받는데 협력할 의무가 있으므로 위 임무에 위배하여 타인에게 토석채취권을 양도하고 소요서류를 교부하여 토석채취허가를 취득케 한 경우에는 배임죄가 성립한다.

해설　大判 1979.7.10. 79도961.　정답 ○

315. (★★)1인 회사의 주주가 자신의 개인채무를 담보하기 위하여 회사 소유의 부동산에 대하여 근저당권설정등기를 마쳐 주어 배임죄가 성립한 이후에 그 부동산에 대하여 새로운 담보권을 설정해 주는 행위는 선순위 근저당권의 담보가치를 공제한 나머지 담보가치 상당의 재산상 이익을 침해하더라도 별도의 배임죄를 구성하는 것은 아니다.

해설　배임죄는 재산상 이익을 객체로 하는 범죄이므로, 1인 회사의 주주가 자신의 개인채무를 담보하기 위하여 회사 소유의 부동산에 대하여 근저당권설정등기를 마쳐 주어 배임죄가 성립한 이후에 그 부동산에 대하여 새로운 담보권을 설정해 주는 행위는 선순위 근저당권의 담보가치를 공제한 나머지 담보가치 상당의 재산상 이익을 침해하는 행위로서 별도의 배임죄가 성립한다(대판 2005.10.28. 2005도4915).　정답 ×

316. 1인 회사의 주주가 개인적 거래에 수반하여 법인 소유의 부동산을 담보로 제공한다는 사정을 거래상대방이 알면서 가등기의 설정을 요구하고 그 가등기를 경료받은 경우, 거래상대방은 배임행위의 방조범에 해당한다.

해설　거래상대방의 대향적 행위의 존재를 필요로 하는 유형의 배임죄에 있어서 거래상대방으로서는 기본적으로 배임행위의 실행행위자와는 별개의 이해관계를 가지고 반대편에서 독자적으로 거래에 임한다는 점을 감안할 때, 거래상대방이 배임행위를 교사하거나 그 배임행위의 전 과정에 관여하는 등으로 배임행위에 적극가담함으로써 그 실행행위자와의 계약이 반사회적 법률행위에 해당하여 무효로 되는 경우 배임죄의 교사범 또는 공동정범이 될 수 있음은 별론으로 하고, 관여의 정도가 거기에까지 이르지 아니하여 법질서 전체적인 관점에서 살펴볼 때 사회적 상당성을 갖춘 경우에 있어서는 비록 정범의 행위가 배임행위에 해당한다는 점을 알고 거래에 임하였다는 사정이 있어 외견상 방조행위로 평가될 수 있는 행위가 있었다 할지라도 범죄를 구성할 정도의 위법성은 없다고 봄이 상당하다(대판 2005.10.28. 2005도4915).　정답 ×

※ (★★)부동산의 이중매매와 관련한 기술에 대하여 옳고(○), 그름(×)을 판단하시오.

317. 이중매매에 있어서 후매수인에게 소유권이전등기까지 마친 경우에 후매수인에게 이중매매 사실을 고지하지 아니하였다 하여도 사기죄를 구성하지 않는다.

해설 이중매매에 있어서 후매수인에게 소유권이전등기까지 마친 경우에 동인에게는 아무런 손해가 없으므로 매도인이 동인에게 이중매매 사실을 고지하지 아니하였다 하여도 사기죄를 구성하지 않는다(대판 1971.12.21. 71도1480). 정답 ○

318. 매도인이 제1차 매수인에게 부동산을 매도하고 계약금만을 수수한 경우 매도인을 타인의 사무를 처리하는 자라고 볼 수 없다.

해설 매도인이 매수인에게 부동산을 매도하고 계약금만을 수수한 상태에서 매수인이 잔대금의 지급을 거절한 이상 매도인으로서는 이행을 최고할 필요 없이 매매계약을 해제할 수 있는 지위에 있었으므로 위 매도인을 타인의 사무를 처리하는 자라고 볼 수 없다(대판 1984.5.15. 84도315). 정답 ○

319. 부동산의 이중양도에 있어서 매도인이 제2차 매수인으로부터 계약금만을 지급받고 중도금을 수령한 바 없다면 배임죄의 실행의 착수가 있었다고 볼 수 없다.

해설 부동산의 이중양도에 있어서 매도인이 제2차 매수인으로부터 계약금만을 지급받고 중도금을 수령한 바 없다면 배임죄의 실행의 착수가 있었다고 볼 수 없다(대판 2003.3.25. 2002도7134). 정답 ○

320. 부동산의 이중매매에 있어서 배임죄의 기수시기는 2차 매수인 앞으로 소유권이전등기에 착수한 때이다.

해설 부동산의 2중 매매에 있어서 배임죄의 기수시기는 2차 매수인 앞으로 소유권이전등기를 마친 때라고 할 것이다(대판 1990.9.25. 83도1946). 정답 ×

321. 부동산을 이중으로 매도한 경우에 매도인이 선매수인에게 소유권이전의무를 이행하였다고 하여 후매수인에 대한 관계에서 그가 임무를 위법하게 위배한 것이라고 할 수 없다.

해설 [1] 부동산을 이중으로 매도한 경우에 매도인이 선매수인에게 소유권이전의무를 이행하였다고 하여 후매수인에 대한 관계에서 그가 임무를 위법하게 위배한 것이라고 할 수 없다.
[2] 부동산의 이중매매에 있어서 매도인의 선매수인에 대한 매매계약이 특별한 사정에 의하여 선매수인에 대하여 사기죄를 구성하는 경우에도 그 매매계약에 무효의 사유가 있거나 취소되지 않는 한 선매수인에 대한 소유권이전의무가 존재하지 아니하거나 소멸할 리가 없다(대판 1992.12.24. 92도1223). 정답 ○

322. 부동산에 관하여 매수인 A에게 소유권이전등기를 하여 줄 임무가 있는 소유자가 그 임무에 위반하여 이를 B에게 매도하고 소유권이전등기를 경유하여 준 경우에 B가 소유자의 배임행위를 알고서도 부동산을 취득하였다면 장물취득죄가 성립할 수 있다.

[해설] 장물이라 함은 재산권상의 침해를 가져올 위법행위로 인하여 영득한 물건으로서 피해자가 반환청구권을 가지는 것을 말하고, 본 건 대지에 관하여 매수인 "A"에게 소유권이전등기를 하여 줄 임무가 있는 소유자가 그 임무에 위반하여 이를 "B"에게 매도하고 소유권이전등기를 경유하여 준 경우에는, 위 부동산소유자가 배임행위로 인하여 영득한 것은 재산상의 이익이고 위 배임죄 범죄에 제공된 대지는 범죄로 인하여 영득한 것 자체는 아니므로 그 취득자 또는 전득자에게 대하여 배임죄의 가공 여부를 논함은 별문제로 하고 장물취득죄로 처단할 수 없다 (대판 1975.12.9. 74도2804). **정답** ✕

323. 동산의 이중매매에 있어서 이중으로 양수하는 자가 그 부동산이 이미 타인에게 매도되었음을 알고 이중으로 양수하는 경우 양도인의 배임행위에 대한 공동정범이 성립한다.

[해설] 이미 타인에게 매도되었으나 소유권이전등기가 경료되지 아니하고 있는 부동산을 이중으로 매수 기타 양수하는 자에 대하여 배임죄의 죄책을 묻기 위하여는 이중으로 양수하는 자가 단지 그 부동산이 이미 타인에게 매도되었음을 알고 이중으로 양수하는 것만으로는 부족하고 먼저 매수한 자를 해할 목적으로 양도를 교사하거나 기타 방법으로 양도행위에 적극가담 한 경우에 한하여 양도인의 배임행위에 대한 공범이 성립된다(대판 1975.6.10. 74도2455). **정답** ✕

324. (★★★)甲은 '인쇄기'를 A1에게 양도하기로 하고 계약금 및 중도금을 수령하였음에도 이를 자신의 채권자 A2에게 기존 채무 변제에 갈음하여 양도하였다. 甲에게는 배임죄가 성립한다.

[해설] [1] (가) 매매와 같이 당사자 일방이 재산권을 상대방에게 이전할 것을 약정하고 상대방이 그 대금을 지급할 것을 약정함으로써 그 효력이 생기는 계약의 경우(민법 제563조), 쌍방이 그 계약의 내용에 좇은 이행을 하여야 할 채무는 특별한 사정이 없는 한 '자기의 사무'에 해당하는 것이 원칙이다. (나) 매매의 목적물이 동산일 경우, 매도인은 매수인에게 계약에 정한 바에 따라 그 목적물인 동산을 인도함으로써 계약의 이행을 완료하게 되고 그때 매수인은 매매목적물에 대한 권리를 취득하게 되는 것이므로, 매도인에게 자기의 사무인 동산인도채무 외에 별도로 매수인의 재산의 보호 내지 관리 행위에 협력할 의무가 있다고 할 수 없다. 동산매매계약에서의 매도인은 매수인에 대하여 그의 사무를 처리하는 지위에 있지 아니하므로, 매도인이 목적물을 매수인에게 인도하지 아니하고 이를 타에 처분하였다 하더라도 형법상 배임죄가 성립하는 것은 아니다. [2] 甲이 '인쇄기'를 A1에게 양도하기로 하고 계약금 및 중도금을 수령하였음에도 이를 자신의 채권자 A2에게 기존 채무 변제에 갈음하여 양도함으로써 재산상 이익을 취득하고 A1에게 동액 상당의 손해를 입혔다는 배임의 공소사실에 대하여, 甲은 A1에 대하여 그의 사무를 처리하는 지위에 있지

않다는 이유로 무죄를 선고한 원심판단을 수긍한 사례(대판(전) 2011.1.20. 2008도10479). 정답 ✕

325. (★)감귤과수원에 대한 근저당권설정자가 과수원을 폐원하고 담보물인 감귤나무를 굴취함으로써 폐원보상비를 수령하였다면 배임죄가 성립한다.

해설 피고인은 과수원에 대한 근저당권설정자로서 근저당권자인 피해자가 담보목적을 달성할 수 있도록 담보물인 감귤나무를 보관할 의무가 있으므로, 피고인이 과수원에 대한 폐원신청을 하고 감귤나무를 굴취함으로써 폐원보상비 상당의 재산상의 이득을 취득하고 피해자로 하여금 근저당권의 담보가치가 감소되는 손해를 입도록 한 경우 배임죄의 죄책을 면할 수 없다 (대판 2007.8.23. 2007도3082). 정답 ○

326. (★)특별한 사정이 없는 한 근저당권설정자가 그 근저당권의 목적이 되는 토지에 식재된 수목을 처분한 경우에는 배임죄가 성립한다.

해설 근저당권설정자는 채권자가 담보의 목적을 달성할 수 있도록 그 담보물을 보관할 의무를 지게 되어 채권자에 대하여 그의 사무를 처리하는 자의 지위에 있고, 한편 토지에 식재된 수목은 특별한 사정이 없는 한 그 토지의 부합물에 해당하여 그 토지에 설정된 근저당권의 효력이 미치므로, 근저당권설정자가 그 근저당권의 목적이 되는 토지에 식재된 수목을 처분하는 등으로 부당히 그 담보가치를 감소시키는 행위를 한 경우에는 배임죄가 성립하게 된다(대판 2007.1.11. 2006도4215). 정답 ○

327. (★★)저당권이 설정된 자동차를 저당권자의 동의 없이 매도한 행위는 배임죄를 구성한다.

해설 자동차에 대하여 저당권이 설정되는 경우 자동차의 교환가치는 그 저당권에 포섭되고, 저당권설정자가 자동차를 매도하여 그 소유자가 달라지더라도 저당권에는 영향이 없으므로, 특별한 사정이 없는 한 저당권설정자가 단순히 그 저당권의 목적인 자동차를 다른 사람에게 매도한 것만으로는 배임죄가 성립하지 아니한다(대판 2008.8.21. 2008도3651). 정답 ✕

328. (★)甲은 A에게 금원 편취의 목적으로 부동산에 근저당권을 설정하여 주겠다고 속이고 A로부터 7억원을 교부받고서도 A 명의의 근저당권을 설정하여 주지 아니하고, 농협중앙회로부터 2억 3천만원을 차용하면서 농협중앙회 명의의 근저당권을 설정하여 주었다. 이 경우에 甲의 배임행위는 사기죄의 불가벌적 사후행위에 해당하여 별죄를 구성하지 아니한다.

해설 [1] 채무의 담보로 근저당권설정등기를 하여 줄 임무가 있음에도 불구하고 이를 이행하지 않고 임의로 제3자 명의로 근저당권설정등기를 마치는 행위는 배임죄를 구성한다.

[2] 부동산에 피해자 명의의 근저당권을 설정하여 줄 의사가 없음에도 피해자를 속이고 근저당권설정을 약정하여 금원을 편취한 경우라 할지라도, 이러한 약정은 사기 등을 이유로 취소되지 않는 한 여전히 유효하여 피해자 명의의 근저당권설정등기를 하여 줄 임무가 발생하는 것이고, 그럼에도 불구하고 임무에 위배하여 그 부동산에 관하여 제3자 명의로 근저당권설정등기를 마친 경우, 이러한 배임행위는 금원을 편취한 사기죄와는 전혀 다른 새로운 보호법익을 침해하는 행위로서 사기 범행의 불가벌적 사후행위가 되는 것이 아니라 별죄를 구성한다(대판 2008.3.27. 2007도9328). 정답 ×

329. (★)인수자가 기업인수자금을 대출받아 기업을 인수한 후 나중에 임의로 피인수기업의 자산을 그 대출금의 담보로 제공하면서 피인수회사의 담보제공으로 인한 위험부담에 상응하는 반대급부를 제공하지 않은 경우, 인수자에게는 업무상배임죄가 성립한다.

해설 이른바 LBO(Leveraged Buyout) 방식의 기업인수 과정에서, 인수자가 제3자가 주채무자인 대출금 채무에 대하여 아무런 대가 없이 피인수회사의 재산을 담보로 제공하였다면, 설사 주채무자인 제3자가 대출원리금 상당의 정리채권 등을 담보로 제공하고 있었다고 하더라도, 피인수회사로서는 이로 인하여 그 담보가치 상당의 재산상 손해를 입었다고 할 것이므로 배임죄가 성립한다고 한 사례(대판 2008.2.28. 2007도5987). 정답 ○

330. 아파트 건축공사의 시행사가 수분양자들에게 소유권 이전 등기절차를 이행하지 않은 채 분양계약서에 기재된 대출한도금액을 초과한 근저당권설정등기를 경료한 경우, 수분양자들에 대한 배임죄가 성립한다.

해설 [1] 배임죄에서 손해를 가한 때라 함은 현실적으로 실해를 가한 경우뿐만 아니라 실해 발생의 위험을 초래하게 한 경우도 포함되고 일단 손해의 위험성을 발생시킨 이상 사후에 담보를 취득하였거나 피해가 회복되었다 하여도 배임죄의 성립에 영향을 주는 것은 아니라 할 것이며, 부동산의 매도인이 매수인 앞으로 소유권이전등기 등을 경료하기 이전에 제3자로부터 금원을 차용하고 그 담보로 근저당권설정등기를 해준 경우에는 특별한 사정이 없는 한 매도인은 매수인에게 그 근저당권에 의하여 담보되는 피담보채무 상당액의 손해를 가한 것이라고 할 것이다.
[2] 아파트 건축공사의 시행사가 수분양자들에게 소유권 이전 등기절차를 이행하지 않은 채 분양계약서에 기재된 대출한도금액을 초과한 근저당권설정등기를 경료한 사안에서, 수분양자들에 대한 배임죄의 성립을 인정한 사례(대판 2009.5.28. 2009도2086). 정답 ○

331. (★)금융기관의 임·직원이 임의로 예금주의 예금계좌에서 5,000만원을 인출한 경우 예금주에 대한 업무상배임죄가 성립하지 않는다.

해설 [1] 이른바 보통예금은 은행 등 법률이 정하는 금융기관을 수치인으로 하는 금전의 소비임치 계약으로서, 그 예금계좌에 입금된 금전의 소유권은 금융기관에 이전되고, 예금주는 그 예금계좌를 통한 예금반환채권을 취득하는 것이므로, 금융기관의 임·직원은 예금주로부터 예금계좌를 통한 적법한 예금반환 청구가 있으면 이에 응할 의무가 있을 뿐 예금주와의 사이에서 그의 재산관리에 관한 사무를 처리하는 자의 지위에 있다고 할 수 없다.

[2] 임의로 예금주의 예금계좌에서 5,000만원을 인출한 금융기관의 임·직원에게 업무상배임죄가 성립하지 않는다고 한 사례(대판 2008.4.24. 2008도1408).　　정답 ○

※ 배임수증죄에 대한 설명이다. 옳고(○), 그름(×)을 판단하라.

332. (★)타인의 사무처리자의 지위를 취득하기 전에 부정한 청탁을 받은 경우에도 배임수재죄로는 처벌할 수 있다.

해설 [1] 형법 제357조 제1항에 정한 배임수재죄는 타인의 사무를 처리하는 자가 그 임무에 관하여 부정한 청탁을 받고 재물 또는 재산상의 이익을 취득한 경우에 성립하는 범죄로서 원칙적으로 타인의 사무를 처리하는 자라야 그 범죄의 주체가 될 수 있고, 그러한 신분을 가지지 아니한 자는 신분 있는 자의 범행에 가공한 경우에 한하여 그 주체가 될 수 있다.

[2] 배임수재죄는 타인의 사무를 처리하는 지위를 가진 자에게 부정한 청탁을 행하여야 성립하는 것으로 형법 제357조 제1항에 규정되어 있고, 타인의 사무를 처리하는 자의 지위를 취득하기 전에 부정한 청탁을 받은 행위를 처벌하는 별도의 구성요건이 존재하지 않는 이상, 타인의 사무처리자의 지위를 취득하기 전에 부정한 청탁을 받은 경우에 배임수재죄로는 처벌할 수 없다고 보는 것이 죄형법정주의 원칙에 부합한다고 할 것이다.

[3] 시에서 발주한 도시형폐기물종합처리시설 건설사업의 기본설계 적격심의 및 평가위원으로서 그 임무와 관련하여 부정한 청탁을 받고 재물을 취득하였다는 공소사실에 대하여, 청탁을 받을 당시에 위 건설사업에 관한 사무를 처리하는 지위에 있었다고 인정되지 아니하는 이상 배임수재죄로 처벌할 수는 없음에도, 이와 달리 판단하여 유죄로 인정한 원심판결에 법리오해의 위법이 있다고 한 사례(대판 2010.7.22. 2009도12878).　　정답 ×

---

333. (★)형법 제357조 제1항에서 규정한 배임수재죄는 타인의 사무를 처리하는 자가 그 임무에 관하여 부정한 청탁을 받고 재물 또는 재산상의 이익을 취득한 경우에 성립하고, 재물 또는 이익의 취득만으로 바로 기수에 이르며, 그 청탁에 상응하는 부정행위 내지 배임행위에 나아갈 것이 요구되지 아니한다.

해설 형법 제357조 제1항에서 규정한 배임수재죄는 타인의 사무를 처리하는 자가 그 임무에 관하여 부정한 청탁을 받고 재물 또는 재산상의 이익을 취득한 경우에 성립하고, 재물 또는 이익의 취득만으로 바로 기수에 이르며, 그 청탁에 상응하는 부정행위 내지 배임행위에 나아갈 것이 요구되지 아니한다. 여기에서 '임무에 관하여'라 함은 타인의 사무를 처리하는 자가 위탁받은 사무를 말하는 것이나, 이는 그 위탁관계로 인한 본래의 사무뿐만 아니라 그와 밀접한 관계가 있는 범위 내의 사무도 포함되는 것이며, '부정한 청탁'이라 함은 청탁이 사회상규와 신의성실의 원칙에 반하는 것을 말하고, 이를 판단함에 있어서는 청탁의 내용 및 이와 관련되어 교부받거나 공여한 재물의 액수·형식, 보호법익인 사무처리자의 청렴성 등을 종합적으로 고찰하여야 하며, 그 청탁이 반드시 명시적으로 이루어져야 하는 것은 아니고, 묵시적으로 이루어지더라도 무방하다(대판 2010.9.9. 2009도10681).

정답 ○

334. 타인의 사무를 처리하는 자가 그 신임관계에 기한 사무의 범위에 속한 것으로서 장래에 담당할 것이 합리적으로 기대되는 임무에 관하여 부정한 청탁을 받고 재물 또는 재산상 이익을 취득한 후 그 청탁에 관한 임무를 현실적으로 담당하게 되었다면 배임수재죄가 성립한다.

해설 [1] 타인의 사무를 처리하는 자가 그 신임관계에 기한 사무의 범위에 속한 것으로서 장래에 담당할 것이 합리적으로 기대되는 임무에 관하여 부정한 청탁을 받고 재물 또는 재산상 이익을 취득한 후 그 청탁에 관한 임무를 현실적으로 담당하게 되었다면 이로써 타인의 사무를 처리하는 자의 청렴성은 훼손되는 것이어서 배임수재죄의 성립을 인정할 수 있는바, 설령 피고인이 위와 같이 부정한 청탁을 받을 당시에는 그 청탁과 관련한 임무로서 현실적으로 담당하고 있던 것이 없었다 하더라도 피고인에게 배임수재죄가 성립하지 않는다고 할 수 없다.

[2] 방송국 예능담당 프로듀서인 피고인이 연예기획사 운영자로부터 상당한 시세차익이 예상되는 주식의 매수기회를 제공받음으로써 피고인이 제작하는 예능프로그램 등에 그 소속 연예인을 출연시키거나 뮤직비디오를 방영해 달라는 청탁을 받고, 이 주식을 매수함으로써 재산상 이익을 취득한 사안에서, 배임수재죄의 성립을 인정한 사례(대판 2010.4.15. 2009도4791).

정답 ○

335. (★)사후수뢰죄와 같은 사후배임증재죄 규정이 없으므로, 타인의 사무를 처리하는 자가 그 임무에 관하여 부정한 청탁을 받은 후 사직으로 인하여 그 직무를 담당하지 아니하게 된 상태에서 재물을 수수한 경우 배임수재죄가 성립하지 않는다.

해설 타인의 사무를 처리하는 자가 그 임무에 관하여 부정한 청탁을 받은 이상 그 후 사직으로 인하여 그 직무를 담당하지 아니하게 된 상태에서 재물을 수수하게 되었다 하더라도, 그 재물 등의 수수가 부정한 청탁과 관련하여 이루어진 것이라면 배임수재죄가 성립한다(대판 1997.10.24. 97도2042).

정답 ✕

336. (★)지역별 수산업협동조합의 총대가 조합장선거에 출마한 후보자들로부터 자신을 지지하여 달라는 부탁과 함께 금원을 교부받았더라도 배임수재죄로 처벌할 수 없다.

해설 스스로의 권한으로 총회에서 임원선거에 참여하고 의결권을 행사하는 등 자주적으로 업무를 수행하는 것이므로 총회에서의 의결권 또는 선거권의 행사는 자기의 사무이고 이를 선거구역 조합원이나 조합의 사무라고 할 수 없는 것이다(대판 1990.2.27. 89도970).

정답 ○

337. (★)지역화물자동차운송사업협회 대표자인 피고인들이 甲으로부터 전국화물자동차운
송사업연합회 회장 선거에서 자신을 지지해달라는 취지의 부정한 청탁을 받고 돈을 수
수하였다고 하여 배임수재죄가 성립하는 것은 아니다.

해설 각 지역협회 대표자가 연합회 총회에서 총회의 구성원이 되어 회장 선출에 관한 선거권
내지 의결권을 행사하는 것은 연합회 회원인 각 지역협회 업무집행기관으로서 권한을 행사하
는 것에 불과하므로, 이러한 대표자의 권한행사는 자기의 사무를 처리하는 것이 아니라 타인인
'지역협회'의 사무를 처리하는 것으로 보아야 한다고 한 사례(대판 2011.8.25. 2009도5618).

정답 ✕

338. X대학교(사립) 체육학과 교수인 甲은 자격을 갖추지 못한 乙로부터 편입학을 부탁받
았다. 甲은 乙을 편입학시키기 위하여, 총장 등이 날인하지 아니하여 乙에 대한 편입학
사정이 이루어지지 아니한 상태에서 乙을 합격자로 발표하게 하였다. 그 후 甲은 乙로
부터 편입학 사례금을 교부받았다. 甲은 총장에 대한 업무방해죄가 성립하나, 甲과 乙
은 배임수증재죄가 성립하지 아니한다.

해설 대학 편입학업무를 담당하지 아니한 피고인 甲이 피고인 乙로부터 편입학과 관련한 부
정한 청탁을 받고 금품을 수수하였다 하더라도 편입학업무를 담당한 교무처장 등이 피고인 甲이 부
정한 청탁을 받았음을 알았거나 스스로 부정한 청탁을 받지 않은 경우, 피고인 甲을 배임수재로, 피고
인 乙을 배임증재로 처벌할 수 없다고 한 사례(대판 1999.1.15. 98도663).

정답 ○

339. 방송프로그램에 특정가수의 노래만을 자주 방송하여 달라는 청탁은 부정한 청탁에 해
당한다.

해설 大判 1991.1.15. 90도2257.
[동지판례] 대학교수가 특정출판사의 교재를 채택하여 달라는 청탁을 받고 교재 판매대금의 일
정비율에 해당하는 금원을 받은 경우에는 배임수증죄가 성립한다(대판 1996.10.11. 95도2090).

정답 ○

340. 보도의 대상이 되는 자가 언론사 소속 기자에게 소위 '유료 기사' 게재를 청탁하는 행
위는 사실상 '광고'를 '언론 보도'인 것처럼 가장하여 달라는 것으로서 언론 보도의 공정
성 및 객관성에 대한 공공의 신뢰를 저버리는 것이므로, 배임수재죄의 부정한 청탁에
해당한다. 설령 '유료 기사'의 내용이 객관적 사실과 부합하더라도, 언론 보도를 금전적
거래의 대상으로 삼은 이상 그 자체로 배임수재죄의 부정한 청탁에 해당한다.

해설 대판 2021.9.30. 2019도17102.

정답 ○

341. 계약관계를 유지시켜 기존권리를 확보하기 위한 부탁행위는 부정한 청탁이라 할 수 없다.

해설 계약관계를 유지시켜 기존권리를 확보하기 위한 부탁행위는 부정한 청탁이라 할 수 없으므로, 계약관계를 유지시켜 달라는 부탁을 받고 사례금명목으로 금원을 교부받은 행위는 배임수재죄에 해당하지 아니한다(대판 1985.10.22. 85도465).　　정답 ○

342. 기자단 간사를 맡고 있는 甲이 기업체들로부터 묵시적으로 부정적인 기사를 자제해 달라는 취지의 청탁을 받은 경우 이는 부정한 청탁에 해당한다.

해설 형법 제357조 제1항에서 규정한 배임수재죄에 있어서 '부정한 청탁'이라 함은 청탁이 사회상규와 신의성실의 원칙에 반하는 것을 말하고, 이를 판단함에 있어서는 청탁의 내용 및 이와 관련되어 교부받거나 공여한 재물의 액수·형식, 보호법익인 사무처리자의 청렴성 등을 종합적으로 고찰하여야 하며, 그 청탁이 반드시 명시적으로 이루어져야 하는 것은 아니고, 묵시적으로 이루어지더라도 무방하다(대판 2014.5.16. 2012도11259).　　정답 ○

343. 미리 환심을 사두어 후일 범행이 발각되더라도 이를 누설하지 않게끔 하기 위하여 유류부정처분 대가를 미리 나눠주었다 해도 이는 어떠한 구체적이고도 특정한 임무행위에 관하여 부정한 청탁을 한 것이라고는 보기 어렵다.

해설 배임수재죄에 있어서의 부정한 청탁이라 함은 반드시 명시적임을 요하지는 않으나 그 청탁의 내용은 어느 정도 구체적이고 특정한 임무행위에 관한 것임을 요하므로, 미리 환심을 사두어 후일 범행이 발각되더라도 이를 누설하지 않게끔 하기 위하여 유류부정처분 대가를 미리 나눠주었다 해도 이는 어떠한 구체적이고도 특정한 임무행위에 관하여 부정한 청탁을 한 것이라고는 보기 어렵다(대판 1983.12.27. 83도2472).　　정답 ○

344. (★)학교법인의 운영권을 양도하고 양수인으로부터 양수인 측을 학교법인의 임원으로 선임해 주는 대가로 양도대금을 받기로 하는 내용의 '청탁'은 특별한 사정이 없는 한 배임수재죄 구성요건인 '부정한 청탁'에 해당하지 아니한다.

해설 학교법인의 이사장 또는 사립학교경영자가 학교법인 운영권을 양도하고 양수인으로부터 양수인 측을 학교법인의 임원으로 선임해 주는 대가로 양도대금을 받기로 하는 내용의 '청탁'을 받았다 하더라도, 그 청탁의 내용이 당해 학교법인의 설립 목적과 다른 목적으로 기본재산을 매수하여 사용하려는 것으로서 학교법인의 존립에 중대한 위협을 초래할 것임이 명백하다는 등의 특별한 사정이 없는 한, 그 청탁이 사회상규 또는 신의성실의 원칙에 반하는 것을 내용으로 하는 것이라고 할 수 없으므로 이를 배임수재죄의 구성요건인 '부정한 청탁'에 해당한다고 할 수 없다(대판 2014.1.23. 2013도11735).　　정답 ○

345. (★)형법 제357조 제1항의 배임수재죄와 같은조 제2항의 배임증재죄는 통상 필요적 공범의 관계에 있으므로 증재자에게는 정당한 업무에 속하는 청탁이라면 수재자에게는 부정한 청탁이 될 수 없다.

[해설] 형법 제357조 제1항의 배임수재죄와 같은조 제2항의 배임증재죄는 통상 필요적 공범의 관계에 있기는 하나 이것은 반드시 수재자와 증재자가 같이 처벌받아야 하는 것을 의미하는 것은 아니고 증재자에게는 정당한 업무에 속하는 청탁이라도 수재자에게는 부정한 청탁이 될 수도 있는 것이다(대판 1991.1.15. 90도2257). **정답** ✕

346. (★)조합 이사장이 조합이 주관하는 도자기 축제의 대행기획사로부터 조합운영비 명목으로 현금 3,000만원을 교부받아 조합운영비로 사용한 경우 배임수재죄가 성립하지 않는다.

[해설] 이사장이 개인적인 이익을 위해서가 아니라 조합의 이사장으로서 위 금원을 받아 조합의 운영경비로 사용한 것이라는 이유로 배임수재죄의 성립을 부정한 사례(대판 2008.4.24. 2006도1202). **정답** ○

347. (★)배임수재죄가 성립하려면 임무위배행위가 있어야 하나 본인에게 손해를 가할 것을 요하는 것은 아니다.

[해설] 배임수재죄는 타인의 사무를 처리하는 자가 그 임무에 관하여 부정한 청탁을 받고 재물 등을 취득함으로써 성립하는 것이고, 어떠한 임무위배행위나 본인에게 손해를 가할 것을 요건으로 하는 것은 아니다(대판 2011.2.24. 2010도11784). **정답** ✕

348. 건설사 대표이사가 부정한 청탁을 받고 골프장 회원권을 공여받기로 한 경우 그 골프장 회원권에 관한 명의변경이 이루어지지는 아니하였다고 하더라도 배임수재죄가 성립한다.

[해설] 골프장 회원권에 관하여 피고인 명의로 명의변경이 이루어지지 아니한 이상 피고인이 현실적으로 재산상 이익을 취득하지 않았다는 이유로 배임수재죄의 성립을 부정한 사례(대판 1999.1.29. 98도4182). **정답** ✕

349. 여러 사람으로부터 각각 부정한 청탁을 받고 그들로부터 각각 금품을 수수한 경우에는 비록 그 청탁이 동종의 것이라고 하더라도 단일하고 계속된 범의 아래 이루어진 범행으로 보기 어려워 그 전체를 포괄일죄로 볼 수 없다.

[해설] 大判 2008.12.11. 2008도6987. **정답** ○

350. 공동의 사기 범행으로 얻은 돈을 공범자끼리 수수한 행위가 공동정범들의 내부적인 분배행위에 지나지 않는 경우, 돈의 수수행위는 따로 배임수증재죄를 구성하지 아니한다.

해설 공동의 사기 범행으로 인하여 얻은 돈을 공범자끼리 수수한 행위가 공동정범들 사이의 범행에 의하여 취득한 돈이나 재산상 이익의 내부적인 분배행위에 지나지 않는다면 돈의 수수 행위가 따로 배임수증재죄를 구성한다고 볼 수는 없다(大判 2016.5.24. 2015도18795).

정답 ◯

351. (★) 형법은 제357조 제1항에서 배임수재죄를, 제2항에서 배임증재죄를 규정하고, 이어 제3항에서 "범인이 취득한 제1항의 재물은 몰수한다. 그 재물을 몰수하기 불능하거나 재산상의 이익을 취득한 때에는 그 가액을 추징한다."라고 규정하고 있다. 따라서 제3항에서 몰수의 대상으로 규정한 '범인이 취득한 제1항의 재물'에는 배임수재죄의 범인이 취득한 목적물은 포함되나 배임증재죄의 범인이 공여한 목적물은 포함되지 아니한다.

해설 형법은 제357조 제1항에서 배임수재죄를, 제2항에서 배임증재죄를 규정하고, 이어 제3항에서 "범인이 취득한 제1항의 재물은 몰수한다. 그 재물을 몰수하기 불능하거나 재산상의 이익을 취득한 때에는 그 가액을 추징한다."라고 규정하고 있다. 배임수재죄와 배임증재죄는 이른바 대향범으로서 위 제3항에서 필요적 몰수 또는 추징을 규정한 것은 범행에 제공된 재물과 재산상 이익을 박탈하여 부정한 이익을 보유하지 못하게 하기 위한 것이므로, 제3항에서 몰수의 대상으로 규정한 '범인이 취득한 제1항의 재물'은 배임수재죄의 범인이 취득한 목적물이자 배임증재죄의 범인이 공여한 목적물을 가리키는 것이지 배임수재죄의 목적물만을 한정하여 가리키는 것이 아니다. 그러므로 수재자가 증재자로부터 받은 재물을 그대로 가지고 있다가 증재자에게 반환하였다면 증재자로부터 이를 몰수하거나 그 가액을 추징하여야 한다(大判 2017.4.7. 2016도18104).

정답 ✕

제 8 절 장물의 죄

352. 장물을 전당잡힌 전당표는 장물에 해당하지 않는다.

> [해설] 장물을 전당잡힌 전당표는 그것이 장물 그 자체라고 볼 수 없음은 물론 그 장물과 동일성이 있는 변형된 물건이라고 볼 수도 없는 것이다(대판 1973.3.13. 73도5).　　**정답** ○

353. 임산물 단속에 관한 법률 위반죄에 의하여 생긴 임산물도 장물이 될 수 있다.

> [해설] 임산물 단속에 관한 법률 위반죄에 의하여 생긴 임산물은 그것이 재산죄인 범죄행위에 의한 것이 아니기 때문에 장물이 될 수 없다(대판 1975.9.23. 74도1804).　　**정답** ×

354. (★)乙은 부동산의 수탁자 甲이 신탁자의 승낙없이 부동산을 매각처분한다는 정을 알면서도 甲으로부터 부동산을 매입하였다. 이 경우 甲에게 횡령죄가 성립하며, 乙에게 장물취득죄가 성립하지 않는다.

> [해설] [1] 부동산의 수탁자가 신탁자의 승낙없이 매각처분함으로써 횡령죄가 성립하는 경우에 매수인이 그 정을 알고 있었다 하더라도 수탁자와 짜고 불법영득할 것을 공모한 것이 아닌한 그 횡령죄의 공동정범이 되지 아니한다.
> [2] 신탁행위에 있어서는 수탁자가 외부관계에 대하여 소유자로 간주되므로 이를 취득한 제3자는 수탁자가 신탁자의 승낙없이 매각하는 정을 알고 있는 여부에 불구하고 장물취득죄가 성립하지 아니한다(대판 1979.11.27. 79도2410).　　**정답** ○

355. (★)채무자가 채권자에게 양도담보로 제공한 물건을 임의로 양도한다는 사정을 알면서 그 물건을 취득하였다고 하여도 장물취득죄로 처벌할 수 없다.

> [해설] 채무자가 채권자에게 양도담보로 제공한 물건을 임의로 타인에게 양도하는 행위는 배임죄에 해당하나 동 물건은 〈배임행위에 제공한 물건〉이지 배임행위로 인하여 영득한 물건 자체는 아니므로 위 타인이 그러한 사정은 알면서 그 물건을 취득하였다고 하여도 장물취득죄로 처벌할 수 없다(대판 1983.11.8. 82도2119).　　**정답** ○

356. (★)타인이 절취, 운전하는 승용차의 조수석에 편승한 것은 장물운반행위의 실행을 분담하였다고 볼 수 없다.

> [해설] 타인이 절취, 운전하는 승용차의 조수석에 편승한 것을 가리켜 장물운반행위의 실행을 분담하였다고는 할 수 없다(대판 1983.9.13. 83도1146).

[비교판례] 피고인이 본범이 절취한 차량이라는 정을 알면서도 본범 등으로부터 그들이 위 차량을 이용하여 강도를 하려 함에 있어 차량을 운전해 달라는 부탁을 받고 위 차량을 운전해 준 경우, 피고인은 강도예비와 아울러 장물운반의 고의를 가지고 위와 같은 행위를 하였다고 봄이 상당하다(대판 1999.3.26. 98도3030).

정답 ○

357. (★)횡령교사를 한 후 그 횡령한 물건을 취득한 때에는 횡령교사죄와 장물취득죄의 경합범이 성립한다.

해설 大判 1969.6.24. 69도692.

정답 ○

358. 신용카드를 절취한 본범으로부터 보수를 줄 터이니 대신 물건을 구입하여 달라는 부탁을 받고 신용카드가 절취된 것이라는 정을 알면서 그 부탁을 들어줄 생각으로 이를 건네받았다면 장물취득죄가 성립하지 아니한다.

해설 장물취득죄에서 '취득'이라고 함은 점유를 이전받음으로써 그 장물에 대하여 사실상의 처분권을 획득하는 것을 의미하는 것이므로, 단순히 보수를 받고 본범을 위하여 장물을 일시 사용하거나 그와 같이 사용할 목적으로 장물을 건네받은 것만으로는 장물을 취득한 것으로 볼 수 없다(대판 2003.5.13. 2003도1366).

정답 ○

359. (★)甲은 미등록 상태였던 수입자동차를 취득한 다음, 신규등록을 마친 후 위 자동차가 장물일지도 모른다고 생각하면서 이를 타인에게 양도하였다. 이 경우 자동차는 신규등록에 의하여 원시취득된 것이므로 甲에게는 장물양도죄가 성립하지 아니한다.

해설 [1] 장물죄에 있어서 장물의 인식은 확정적 인식임을 요하지 않으며 장물일지도 모른다는 의심을 가지는 정도의 미필적 인식으로서도 충분하다.
[2] 구 자동차관리법(2009. 2. 6. 법률 제9449호로 개정되기 전의 것) 제6조가 "자동차 소유권의 득실변경은 등록을 하여야 그 효력이 생긴다."고 규정하고 있기는 하나, 위 규정은 도로에서의 운행에 제공될 자동차의 소유권을 공증하고 안전성을 확보하고자 하는 데 그 취지가 있는 것이므로, 장물인 수입자동차를 신규등록하였다고 하여 그 최초 등록명의인이 해당 수입자동차를 원시취득하게 된다거나 그 장물양도행위가 범죄가 되지 않는다고 볼 수는 없다.
[3] 피고인이 도난차량인 미등록 수입자동차를 취득하여 신규등록을 마친 후 위 자동차가 장물일지도 모른다고 생각하면서 이를 양도한 경우, 피고인의 선의취득 주장은 인정될 수 없으므로 장물양도죄가 성립한다(대판 2011.5.13. 2009도3552).

정답 ✕

360. (★★★)본인 명의의 예금계좌를 양도하는 방법으로 본범의 사기 범행을 용이하게 한 방조범이 본범의 사기행위 결과 그의 예금계좌에 입금된 돈을 인출한 경우, '장물취득죄'가 성립하지 않는다.

[해설] [1] 사기죄의 객체는 타인이 점유하는 '타인의' 재물 또는 재산상의 이익이므로, 피해자와의 관계에서 살펴보아 그것이 피해자 소유의 재물인지 아니면 피해자가 보유하는 재산상의 이익인지에 따라 '재물'이 객체인지 아니면 '재산상의 이익'이 객체인지 구별하여야 하는 것으로서, 이 사건과 같이 피해자가 본범의 기망행위에 속아 현금을 피고인 명의의 은행 예금계좌로 송금하였다면, 이는 재물에 해당하는 현금을 교부하는 방법이 예금계좌로 송금하는 형식으로 이루어진 것에 불과하여, 피해자의 은행에 대한 예금채권은 당초 발생하지 않는다.
[2] 장물취득죄에서 '취득'이라 함은 장물의 점유를 이전받음으로써 그 장물에 대하여 사실상 처분권을 획득하는 것을 의미하는데, 이 사건의 경우 본범의 사기행위는 피고인이 예금계좌를 개설하여 본범에게 양도한 방조행위가 가공되어 본범에게 편취금이 귀속되는 과정 없이 피고인이 피해자로부터 피고인의 예금계좌로 돈을 송금받아 취득함으로써 종료되는 것이고, 그 후 <u>피고인이 자신의 예금계좌에서 위 돈을 인출하였다 하더라도 이는 예금명의자로서 은행에 예금반환을 청구한 결과일 뿐 본범으로부터 위 돈에 대한 점유를 이전받아 사실상 처분권을 획득한 것은 아니므로, 피고인의 위와 같은 인출행위를 장물취득죄로 벌할 수는 없다</u>(대판 2010.12.9. 2010도6256). **정답** ○

361. 장물인 정을 모르고 장물을 보관하였다가 그 후에 장물인 정을 알게 된 경우에도 점유할 권한이 있는 때에는 계속하여 보관하더라도 장물보관죄가 성립하지 않는다.

[해설] 장물인 정을 모르고 장물을 보관하였다가 그 후에 장물인 정을 알게 된 경우 그 정을 알고서도 이를 계속하여 보관하는 행위는 장물죄를 구성하는 것이나 이 경우에도 점유할 권한이 있는 때에는 이를 계속하여 보관하더라도 장물보관죄가 성립하지 않는다(대판 1986.1.21. 85도2472). **정답** ○

362. (★★)장물인 귀금속의 매도를 부탁받은 甲이 그 귀금속이 장물임을 알면서도 매매를 중개하고 매수인에게 이를 전달하려다가 매수인을 만나기도 전에 추적 중이던 경찰관에게 체포되었다. 이 경우 甲에게는 장물알선죄(기수)가 성립하지 아니한다.

[해설] 형법 제362조 제2항에 정한 장물알선죄에서 '알선'이란 장물을 취득·양도·운반·보관하려는 당사자 사이에 서서 이를 중개하거나 편의를 도모하는 것을 의미한다. 따라서 장물인 정을 알면서, 장물을 취득·양도·운반·보관하려는 당사자 사이에 서서 서로를 연결하여 장물의 취득·양도·운반·보관행위를 중개하거나 편의를 도모하였다면, 그 알선에 의하여 당사자 사이에 실제로 장물의 취득·양도·운반·보관에 관한 계약이 성립하지 아니하였거나 장물의 점유가 현실적으로 이전되지 아니한 경우라도 장물알선죄가 성립한다(대판 2009.4.23. 2009도1203). **정답** ✕

363. 장물인 자기앞수표를 은행에 예금의 형태로 보관하였다가 이를 동일한 액수의 현금으로 인출한 경우에 그 인출된 현금은 당초의 수표와 물리적인 동일성은 상실되었지만 장물로서의 성질은 그대로 유지된다.

〔해설〕 大判 2004.4.16. 2004도353.　　　　　　　　　　　　　　　　　정답 ○

제 9 절 손괴의 죄

364. 해고노동자 등이 복직을 요구하는 집회를 개최하던 중 래커 스프레이를 이용하여 회사 건물 외벽과 1층 벽면 등에 낙서한 행위는 건물의 효용을 해한 것으로 볼 수 있으나, 이와 별도로 계란 30여 개를 건물에 투척한 행위는 건물의 효용을 해하는 정도의 것에 해당하지 않는다.

〔해설〕 大判 2007.6.28. 2007도2590.　　　　　　　　　　　　　　　　정답 ○

365. 갑 주식회사의 직원인 피고인들이 유색 페인트와 래커 스프레이를 이용하여 갑 회사 소유의 도로 바닥에 직접 문구를 기재하거나 도로 위에 놓인 현수막 천에 문구를 기재하여 페인트가 바닥으로 배어 나와 도로에 배게 하였더라도 도로의 효용을 해하는 정도에 이른 것이라고 보기 어렵다.

〔해설〕 대판 2020.3.27. 2017도20455.　　　　　　　　　　　　　　　정답 ○

366. 재건축사업으로 철거할 예정이고 그 입주자들이 모두 이사하여 아무도 거주하지 않는 아파트는 재물손괴죄의 객체가 되지 않는다.

〔해설〕 재건축사업으로 철거예정이고 그 입주자들이 모두 이사하여 아무도 거주하지 않은 채 비어 있는 아파트라 하더라도, 그 객관적 성상이 본래 사용목적인 주거용으로 쓰일 수 없는 상태라거나 재물로서의 이용가치나 효용이 없는 물건이라고도 할 수 없어 재물손괴죄의 객체가 된다고 한 사례(대판 2007.9.20. 2007도5207).　　　　　　　　　　정답 ×

367. 자동문을 자동으로 작동하지 않고 수동으로만 개폐가 가능하게 하여 자동잠금장치로서 역할을 할 수 없도록 한 경우, 재물손괴죄가 성립한다.

〔해설〕 재물손괴죄는 타인의 재물, 문서 또는 전자기록 등 특수매체기록을 손괴 또는 은닉 기타 방법으로 그 효용을 해한 경우에 성립한다(형법 제366조). 여기에서 손괴 또는 은닉 기타 방법으로 그 효용을 해하는 경우에는 물질적인 파괴행위로 물건 등을 본래의 목적에 사용할 수 없는 상태로 만드는 경우뿐만 아니라 일시적으로 물건 등의 구체적 역할을 할 수 없는 상태로

만들어 효용을 떨어뜨리는 경우도 포함된다. 따라서 자동문을 자동으로 작동하지 않고 수동으로만 개폐가 가능하게 하여 자동잠금장치로서 역할을 할 수 없도록 한 경우에도 재물손괴죄가 성립한다(大判 2016.11.25. 2016도9219). **정답 ○**

368. (★) 갑이 홍보를 위해 광고판(홍보용 배너와 거치대)을 1층 로비에 설치해 두었는데, 피고인이 을에게 지시하여 을이 위 광고판을 그 장소에서 컨테이너로 된 창고로 옮겨 놓은 경우, 재물손괴죄에서의 재물의 효용을 해하는 행위에 해당한다.

[해설] 갑이 홍보를 위해 광고판(홍보용 배너와 거치대)을 1층 로비에 설치해 두었는데, 피고인이 을에게 지시하여 을이 위 광고판을 그 장소에서 제거하여 컨테이너로 된 창고로 옮겨 놓아 갑이 사용할 수 없도록 한 경우, 비록 물질적인 형태의 변경이나 멸실, 감손을 초래하지 않은 채 그대로 옮겼더라도 위 광고판은 본래적 역할을 할 수 없는 상태로 되었으므로 피고인의 행위는 재물손괴죄에서의 재물의 효용을 해하는 행위에 해당한다.(대판 2018.7.24. 2017도18807) **정답 ○**

369. (★) 피고인이 평소 자신이 굴삭기를 주차하던 장소에 갑의 차량이 주차되어 있는 것을 발견하고 갑의 차량 앞에 철근콘크리트 구조물을, 뒤에 굴삭기 크러셔를 바짝 붙여 놓아 갑이 17~18시간 동안 차량을 운행할 수 없게 하였다면, '기타 방법'에 의하여 '재물의 효용을 해한 경우'에 해당하여 재물손괴죄가 성립한다.

[해설] 차량 앞뒤에 쉽게 제거하기 어려운 구조물 등을 붙여 놓은 행위는 차량에 대한 유형력 행사로 보기에 충분하고, 차량 자체에 물리적 훼손이나 기능적 효용의 멸실 내지 감소가 발생하지 않았더라도 갑이 위 구조물로 인해 차량을 운행할 수 없게 됨으로써 일시적으로 본래의 사용목적에 이용할 수 없게 된 이상 차량 본래의 효용을 해한 경우라고 한 사례.(대판 2021.5.7. 2019도13764) **정답 ○**

370. (★)어느 문서에 대한 종래의 사용상태가 문서 소유자의 의사에 반하여 또는 문서 소유자의 의사와 무관하게 이루어진 경우에 단순히 종래의 사용상태를 제거하거나 변경시키는 것에 불과한 경우에는 문서의 효용을 일시적으로도 해하였다고 할 수 없어서 문서손괴죄가 성립하지 아니한다.

[해설] 문서손괴죄는 타인 소유의 문서를 손괴 또는 은닉 기타 방법으로 효용을 해함으로써 성립하고, 문서의 효용을 해한다는 것은 문서를 본래의 사용목적에 제공할 수 없게 하는 상태로 만드는 것은 물론 일시적으로 그것을 이용할 수 없는 상태로 만드는 것도 포함한다. 따라서 소유자의 의사에 따라 어느 장소에 게시 중인 문서를 소유자의 의사에 반하여 떼어내는 것과 같이 소유자의 의사에 따라 형성된 종래의 이용상태를 변경시켜 종래의 상태에 따른 이용을 일시적으로 불가능하게 하는 경우에도 문서손괴죄가 성립할 수 있다. 그러나 문서손괴죄는 문서의 소유자가 문서를 소유하면서 사용하는 것을 보호하려는 것이므로, 어느 문서에 대한 종래의 사용상

태가 문서 소유자의 의사에 반하여 또는 문서 소유자의 의사와 무관하게 이루어진 경우에 단순히 종래의 사용상태를 제거하거나 변경시키는 것에 불과하고 손괴, 은닉하는 등으로 새로이 문서 소유자의 문서 사용에 지장을 초래하지 않는 경우에는 문서의 효용, 즉 문서 소유자의 문서에 대한 사용가치를 일시적으로도 해하였다고 할 수 없어서 문서손괴죄가 성립하지 아니한다(大判 2015.11.27. 2014도13083). **정답** ○

371. 甲이 매수하여 계속 경작하여 오던 토지에 A가 함부로 콩을 경작하자 甲은 수확기에 있던 그 콩을 뽑아버렸다. 甲에게는 손괴죄가 성립하지 아니한다.

해설 타인 소유의 토지에 권한 없이 농작물을 경작한 경우라 하더라도 그 농작물의 소유권은 경작한 사람에게 귀속된다 할 것이므로, 피고인이 매수하여 계속 경작하여 오던 토지라 할지라도 피고인이 뽑아버린 콩은 타인이 경작한 것인 이상 피고인은 재물손괴의 죄책을 면할 수 없다(대판 1970.3.10. 70도82). **정답** ✕

372. 기존 경계가 진실한 권리상태와 맞지 않는다는 이유로 당사자의 어느 한쪽이 기존 경계를 무시하고 일방적으로 경계 측량을 하여 이를 실체권리관계에 맞는 경계라고 주장하면서 그 위에 계표를 설치하더라도 이와 같은 경계표는 위 법조에서 말하는 계표에 해당되지 않는다.

해설 大判 1986.12.9. 86도1492.
[비교판례] 형법 제370조에서 말하는 경계는 반드시 법률상의 정당한 경계를 말하는 것이 아니고 비록 법률상의 정당한 경계에 부합되지 아니하는 경계라고 하더라도 이해관계인들의 명시적 또는 묵시적 합의에 의하여 정하여진 것이면 이는 이 법조에서 말하는 경계라고 할 것이다(대판 1999.4.9. 99도480). **정답** ○

제 10 절 권리행사를 방해하는 죄

373. (★) 권리행사방해죄가 성립하기 위하여 현실로 권리행사가 방해되었을 것을 필요로 하지 아니한다.

해설 [1] 형법 제323조의 권리행사방해죄는 타인의 점유 또는 권리의 목적이 된 자기의 물건 또는 전자기록 등 특수매체기록을 취거, 은닉 또는 손괴하여 타인의 권리행사를 방해함으로써 성립한다. 여기서 '은닉'이란 타인의 점유 또는 권리의 목적이 된 자기 물건 등의 소재를 발견하기 불가능하게 하거나 또는 현저히 곤란한 상태에 두는 것을 말하고, 그로 인하여 권리행사가 방해될 우려가 있는 상태에 이르면 권리행사방해죄가 성립하고 현실로 권리행사가 방해되었을 것까지 필요로 하는 것은 아니다.
[2] 피고인이 차량을 구입하면서 피해자로부터 차량 매수대금을 차용하고 담보로 차량에 피해자

명의의 저당권을 설정해 주었는데, 그 후 대부업자로부터 돈을 차용하면서 차량을 대부업자에게 담보로 제공하여 이른바 '대포차'로 유통되게 한 사안에서, 피고인이 피해자의 권리의 목적이 된 피고인의 물건을 은닉하여 권리행사를 방해하였다고 본 원심판단이 정당하다고 한 사례(大判 2016.11.10. 2016도13734).

정답 ○

---

374. (★)주식회사 대표이사가 직무집행으로 타인이 점유하는 회사 물건을 취거한 경우 권리행사방해죄가 성립한다.

[해설] 주식회사의 대표이사가 대표이사의 지위에 기하여 그 직무집행행위로서 타인이 점유하는 위 회사의 물건을 취거한 경우에는, 위 행위는 위 회사의 대표기관으로서의 행위라고 평가되므로, 위 회사의 물건도 권리행사방해죄에 있어서의 "자기의 물건"이라고 보아야 할 것이다(대판 1992.1.21. 91도1170).

[비교판례] 회사의 대표이사였던 자가 회사가 타인에게 담보로 제공한 회사소유의 물건을 다른 회사에게 매도한 경우 … 권리행사방해죄가 성립할 여지가 없다(대판 1985.5.28. 85도494).

정답 ○

---

375. (★)피고인이 택시를 회사명의로 등록한 다음 지입하여 운행하다가 회사의 승낙을 받지 않고 이를 가져간 경우 권리행사방해죄에 해당하지 않는다.

[해설] 피고인이 택시를 회사에 지입하여 운행하였다고 하더라도, 피고인이 회사와 사이에 위 택시의 소유권을 피고인이 보유하기로 약정하였다는 등의 특별한 사정이 없는 한, 위 택시는 그 등록명의자인 회사의 소유이고 피고인의 소유는 아니라고 할 것이므로 회사의 요구로 위 택시를 회사 차고지에 입고하였다가 회사의 승낙을 받지 않고 이를 가져간 피고인의 행위는 권리행사방해죄에 해당하지 않는다(대판 2003.5.30. 2000도5767).

정답 ○

---

376. (★) 甲이 T회사가 유치권을 행사 중인 건물 501호를 강제경매를 통하여 아들인 A의 명의로 매수한 후 열쇠수리공을 불러 잠금장치를 변경하여 T회사의 유치권 행사를 방해하였다면 권리행사방해죄가 성립한다.

[해설] [1] 형법 제323조의 권리행사방해죄는 타인의 점유 또는 권리의 목적이 된 자기의 물건을 취거, 은닉 또는 손괴하여 타인의 권리행사를 방해함으로써 성립하므로 그 취거, 은닉 또는 손괴한 물건이 자기의 물건이 아니라면 권리행사방해죄가 성립할 수 없다.

[2] 부동산경매절차에서 부동산을 매수하려는 사람이 타인과의 명의신탁약정 아래 타인 명의로 매각허가결정을 받아 자신의 부담으로 매수대금을 완납한 때에는 경매목적 부동산의 소유권은 매수대금의 부담 여부와는 관계없이 그 명의인이 취득하게 되므로, 피고인이 위 건물에 대한 갑 회사의 점유를 침탈하였더라도 피고인의 물건에 대한 타인의 권리행사를 방해한 것으로 볼 수 없으므로 권리행사방해죄가 성립하지 아니한다고 한 사례.(대판 2019.12.27. 2019도14623)

정답 ✕

377. (★)甲은 A에게 교부한 약속어음이 부도가 나서 A로부터 원금에 대한 변제독촉을 받자 자기가 사용하던 BMW 차량을 A에게 교부하여 담보로 제공한 후, A의 승낙 없이 위 차량의 보조키를 이용하여 차량을 운전하여 갔다. 그런데 위 차량은 자동차등록원부에 X의 명의로 등록되어 있었다. 甲에게는 권리행사방해죄가 성립하지 않는다.

[해설] 피고인이 피해자에게 담보로 제공한 차량이 그 자동차등록원부에 타인 명의로 등록되어 있는 이상 그 차량은 피고인의 소유는 아니라는 이유로, 피고인이 피해자의 승낙 없이 미리 소지하고 있던 위 차량의 보조키를 이용하여 이를 운전하여 간 행위가 권리행사방해죄를 구성하지 않는다고 한 사례(대판 2005.11.10. 2005도6604).   [정답] ○

378. (★)운수회사 직원인 甲이 회사 대표 등과 공모하여 지입차주들이 점유하는 각 차량 또는 번호판을 지입료 등 연체를 이유로 지입차주들의 동의를 받지 않고 취거한 경우, 지입료 등이 연체된 경우 계약의 일방해지 및 차량의 회수처분이 가능하도록 하고 있는 위수탁계약이 있었다고 하더라도 권리행사방해죄가 성립한다.

[해설] [1] 권리행사방해죄에서의 보호대상인 '타인의 점유'는 반드시 점유할 권원에 기한 점유만을 의미하는 것은 아니고, 일단 적법한 권원에 기하여 점유를 개시하였으나 사후에 점유권원을 상실한 경우의 점유, 점유권원의 존부가 외관상 명백하지 아니하여 법정절차를 통하여 권원의 존부가 밝혀질 때까지의 점유, 권원에 기하여 점유를 개시한 것은 아니나 동시이행항변권 등으로 대항할 수 있는 점유 등과 같이 법정절차를 통한 분쟁해결시까지 잠정적으로 보호할 가치있는 점유는 모두 포함된다고 볼 것이며, 다만 절도범인의 점유와 같이 점유할 권리없는 자의 점유임이 외관상 명백한 경우는 포함되지 아니한다.
[2] 운수회사 직원인 甲이 회사 대표 등과 공모하여 지입차주인 피해자들이 점유하는 각 차량 또는 번호판을 지입료 등 연체를 이유로 무단 취거한 사안에서, 위 권리행사방해 행위가 형법상 정당행위에 해당하지 않는다고 한 사례(대판 2010.10.14. 2008도6578).
[판결이유] 피고인이 원심 공동피고인 1 등과 공모하여 지입차주인 피해자들이 점유하는 각 차량 또는 번호판을 피해자들의 의사에 반하여 무단으로 취거함으로써 피해자들의 차량운행에 관한 권리행사를 방해한 사실을 인정하면서, 이러한 행위가 지입료 등이 연체된 경우 계약의 일방해지 및 차량의 회수처분이 가능하도록 하고 있는 위수탁계약에 따른 것으로서 위법성이 없다는 취지의 피고인의 주장을 배척한 것은 위법 등이 있다고 할 수 없다.   [정답] ○

379. (★)甲 종합건설회사가 유치권 행사를 위하여 점유하고 있던 주택에 피고인이 그 소유자인 처와 함께 출입문 용접을 해제하고 들어가 거주한 경우, 권리행사방해죄가 성립한다.

[해설] [1] 형법 제323조의 권리행사방해죄에 있어서의 타인의 점유라 함은 권원으로 인한 점유, 즉 정당한 원인에 기하여 물건을 점유하는 것을 의미하지만, 반드시 본권에 기한 점유만을 말하는 것이 아니라 유치권 등에 기한 점유도 여기에 해당한다.

[2] 甲 종합건설회사가 유치권 행사를 위하여 점유하고 있던 주택에 피고인이 그 소유자인 처와 함께 출입문 용접을 해제하고 들어가 거주한 사안에서, 유치권자인 甲 회사의 권리행사를 방해하였다고 보아 형법 제323조의 권리행사방해죄의 유죄를 인정한 원심판단을 수긍한 사례(대판 2011.5.13. 2011도2368).

정답 ○

380. 적법한 권원에 의해서 점유한 이상 후에 소유자에게 반환할 사정이 생겼다 하더라도 반환할 때까지는 권리행사방해죄의 객체가 된다.

해설 大判 1977.9.13. 77도1672.

정답 ○

381. (★)무효인 경매절차에서 경매목적물을 경락받아 이를 점유하고 있는 낙찰자의 점유는 적법한 점유로서 그 점유자는 권리행사방해죄에 있어서의 타인의 물건을 점유하고 있는 자라고 할 것이다.

해설 大判 2003.11.28. 2003도4257.

정답 ○

382. (★)권리행사방해죄에서의 보호대상인 타인의 점유는 반드시 점유할 권원에 기한 점유만을 의미하는 것은 아니다.

해설 권리행사방해죄에서의 보호대상인 타인의 점유는 반드시 점유할 권원에 기한 점유만을 의미하는 것은 아니고, 일단 적법한 권원에 기하여 점유를 개시하였으나 사후에 점유 권원을 상실한 경우의 점유, 점유 권원의 존부가 외관상 명백하지 아니하여 법정절차를 통하여 권원의 존부가 밝혀질 때까지의 점유, 권원에 기하여 점유를 개시한 것은 아니나 동시이행항변권 등으로 대항할 수 있는 점유 등과 같이 법정절차를 통한 분쟁 해결시까지 잠정적으로 보호할 가치 있는 점유는 모두 포함된다고 볼 것이고, 다만 절도범인의 점유와 같이 점유할 권리 없는 자의 점유임이 외관상 명백한 경우는 포함되지 아니한다(대판 2006.3.23. 2005도4455).
[비교판례] 권리행사방해죄에 있어서의 타인의 점유라 함은 권원으로 인한 점유 즉 정당한 원인에 기하여 그 물건을 점유하는 권리 있는 자의 점유를 의미하는 것으로서 본권을 갖지 아니하는 절도범인의 점유는 여기에 해당하지 않는다(대판 1994.11.11. 94도343).

정답 ○

※ 다음 중 판례에 의할 때 권리행사방해죄가 성립하는 사례(○)와 성립하지 않는 사례(×)를 판단하시오.

383. 甲과 乙은 "乙이 임야지의 입목을 벌채하는 공사를 완료하면 그 벌채한 원목을 乙에게 인도한다"는 계약을 체결하였다. 그 후 乙은 그 계약상의 의무를 모두 이행하였으나, 甲은 그 원목을 제3자인 丙에게 인도하였다.

해설 권리행사방해죄의 구성요건 중 타인의 '권리'란 반드시 제한물권만을 의미하는 것이 아니라 물건에 대하여 점유를 수반하지 아니하는 채권도 이에 포함된다고 해석되므로, 위 예비적 공소사실대로 피해자가 이 사건 원목에 대한 인도청구권을 가지고 있었다면 이 사건 원목은 피해자의 권리의 목적이 된 물건이라고 볼 여지가 있다(대판 1991.4.26. 90도1958). **정답** ○

384. (★)피고인이 이른바 중간생략등기형 명의신탁 또는 계약명의신탁의 방식으로 자신의 처에게 등기명의를 신탁하여 놓은 점포에 자물쇠를 채워 점포의 임차인을 출입하지 못하게 하였다.

해설 부동산실권리자명의등기에 관한 법률 제8조 배우자 명의로 부동산에 관한 물권을 등기한 경우에 조세포탈, 강제집행의 면탈 또는 법령상 제한의 회피를 목적으로 하지 아니한 때에는 제4조 내지 제7조 및 제12조 제1항, 제2항의 규정을 적용하지 아니한다고 규정하고 있는바, 만일 명의신탁자가 그러한 목적으로 명의신탁을 함으로써 명의신탁이 무효로 되는 경우 제3자인 부동산의 임차인에 대한 관계에서 명의신탁자는 소유자가 될 수 없으므로 신탁한 부동산이 권리행사방해죄에서 말하는 '자기의 물건'이라 할 수 없다(대판 2005.9.9. 2005도626). **정답** ×

385. (★)채권자 乙은 채무자인 甲으로부터 차용금 채무의 담보로 제공받은 甲 소유의 물건을 丙에게 보관시키고 있던 중, 甲은 丙을 기망하여 丙으로부터 그 물건을 교부받아 갔다.

해설 형법 제323조 소정의 권리행사방해죄에 있어서의 취거라 함은 타인의 점유 또는 권리의 목적이 된 자기의 물건을 그 점유자의 의사에 반하여 그 점유자의 점유로부터 자기 또는 제3자의 점유로 옮기는 것을 말하므로 점유자의 의사나 그의 하자 있는 의사에 기하여 점유가 이전된 경우에는 여기에서 말하는 취거로 볼 수는 없다(대판 1988.2.23. 87도1952). **정답** ×

386. (★★)계약명의신탁의 방식으로 명의수탁자가 당사자가 되어 소유자와 부동산에 관한 매매계약을 체결하고 그 명의로 소유권이전등기를 마친 경우, 그 부동산은 채무자인 명의신탁자의 재산으로서 강제집행면탈죄의 객체가 될 수 있다.

해설 (계약명의신탁의 경우) 어느 경우든지 명의신탁자는 그 매매계약에 의해서는 당해 부동산의 소유권을 취득하지 못하게 되어, 결국 그 부동산은 명의신탁자에 대한 강제집행이나 보전처분의 대상이 될 수 없다(대판 2009.5.14. 2007도2168). **정답** ×

387. (★)사업장의 유체동산에 대한 강제집행을 면탈할 목적으로 사업자 등록의 사업자 명의를 변경함이 없이 사업장에서 사용하는 금전등록기의 사업자 이름만을 변경한 경우에는 강제집행면탈죄에 있어서 재산의 '은닉'에 해당하지 아니한다.

해설 사업장의 유체동산에 대한 강제집행을 면탈할 목적으로 사업자 등록의 사업자 명의를 변경함이 없이 사업장에서 사용하는 금전등록기의 사업자 이름만을 변경한 경우, 강제집행면탈죄에 있어서 재산의 '은닉'에 해당한다고 한 사례(대판 2003.10.9. 2003도3387). **정답** ×

388. (★★) 채무자가 제3자 명의로 되어 있던 사업자등록을 또 다른 제3자 명의로 변경하였다면 이는 강제집행면탈죄의 재산의 은닉에 해당한다.

[해설] 형법 제327조에 규정된 강제집행면탈죄에서 재산의 '은닉'이란 강제집행을 실시하는 자에 대하여 재산의 발견을 불능 또는 곤란케 하는 것을 말하는 것으로서, 재산의 소재를 불명케하는 경우는 물론 그 소유관계를 불명하게 하는 경우도 포함하나, 채무자가 제3자 명의로 되어있던 사업자등록을 또 다른 제3자 명의로 변경하였다는 사정만으로는 그 변경이 채권자의 입장에서 볼 때 사업장 내 유체동산에 관한 소유관계를 종전보다 더 불명하게 하여 채권자에게 손해를 입게 할 위험성을 야기한다고 단정할 수 없다(대판 2014.6.12. 2012도2732).

[판결이유] 피고인이 이 사건 식당에 관한 사업자등록 명의를 공소외 3 주식회사에서 공소외 2로 변경하였다고 하더라도 이들이 제3자의 지위에 있는 이상 피해자가 위 식당에 있는 유체동산이 피고인의 소유임을 입증하여 강제집행에 나아갈 수 있음이 달라진 것이 없다. 한편 피고인이 검찰에서 피고인 자신과 공소외 3 주식회사를 동일시하는 취지의 진술을 하였다고 하여도 피해자가 피고인에 대한 채무명의에 기해 바로 공소외 3 주식회사가 점유하는 동산을 집행할수 있는 것은 아니므로 피고인의 위와 같은 사업자 명의의 변경이 피해자의 입장에서 볼 때 위유체동산의 소유관계를 종전보다 더 불분명하게 하는 등의 결과를 초래하였다고 단정할 수 없고, 피해자가 이 사건 식당의 사업자등록이 공소외 2 명의로 되어 있어서 그 내부 유체동산에대하여 압류집행이 이루어지지 못하였다는 사정만으로 이와 달리 볼 것도 아니다. **정답** ✕

389. 강제집행면탈죄의 객체인 '재산'에 '장래의 권리'는 포함되지 않는다.

[해설] 장래의 권리라도 채무자와 제3채무자 사이에 채무자의 장래청구권이 충분하게 표시되었거나 결정된 법률관계가 존재한다면 강제집행면탈죄의 객체인 재산에 해당하는 것으로 보아야 한다(대판 2011.7.28. 2011도6115). **정답** ✕

390. (★) 의료법에 의하여 적법하게 개설되지 아니한 의료기관에서 요양급여가 행하여진 경우, 요양급여비용 채권은 강제집행면탈죄의 객체가 되지 아니한다.

[해설] 형법 제327조는 "강제집행을 면할 목적으로 재산을 은닉, 손괴, 허위양도 또는 허위의 채무를 부담하여 채권자를 해한 자"를 처벌한다고 규정하고 있다. 강제집행면탈죄는 강제집행이 임박한 채권자의 권리를 보호하기 위한 것이므로, 강제집행면탈죄의 객체는 채무자의 재산 중에서 채권자가 민사집행법상 강제집행 또는 보전처분의 대상으로 삼을 수 있는 것이어야 한다.

한편 의료법 제33조 제2항, 제87조 제1항 제2호는 의료기관 개설자의 자격을 의사 등으로 한정한 다음 의료기관의 개설자격이 없는 자가 의료기관을 개설하는 것을 엄격히 금지하고 있고, 이를 위반한 경우 형사처벌하도록 정함으로써 의료의 적정을 기하여 국민의 건강을 보호·증진하는 데 기여하도록 하고 있다. 또한 국민건강보험법 제42조 제1항은 요양급여는 '의료법에 따라 개설된 의료기관'에서 행하도록 정하고 있다. 따라서 의료법에 의하여 적법하게 개설되지 아니한 의료기관에서 요양급여가 행하여졌다면 해당 의료기관은 국민건강보험법상 요양급여비용을 청구할 수 있는 요양기관에 해당되지 아니하여 해당 요양급여비용 전부를 청구할 수 없고, 해당 의료기관의 채권자로서도 위 요양급여비용 채권을 대상으로 하여 강제집행 또는 보전처분의 방법으로 채권의 만족을 얻을 수 없는 것이므로, 결국 위와 같은 채권은 강제집행면탈죄의 객체가 되지 아니한다(大判 2017.4.26. 2016도19982).   정답 ○

391. 채무초과의 상태에 있는 피고인 발행의 약속어음이 부도가 난 때에도 강제집행을 당할 구체적 위험이 있는 상태에 있다고 볼 수 있다.

[해설] 大判 1999.2.9. 96도3141.   정답 ○

392. 가압류나 가처분을 신청하거나 민사소송 등을 제기한 정도의 객관적 상태에 이르러야만 강제집행면탈죄가 성립할 수 있다.

[해설] 강제집행면탈죄는 강제집행을 당할 구체적인 위험이 있는 상태에서 재산을 은닉, 손괴, 허위양도 또는 허위의 채무를 부담하여 채권자를 행할 때 성립된다 할 것이고, 여기서 집행을 당할 구체적인 위험이 있는 상태란 채권자가 이행청구의 소 또는 그 보전을 위한 가압류·가처분 신청을 제기하거나 제기할 기세를 보인 경우를 말한다(대판 1986.10.28. 86도1553).   정답 ×

393. (★)강제처분에 벌금 또는 몰수 등의 재판의 집행이나 국세징수법에 의한 체납처분은 포함되지 않는다.

[해설] 형법 제327조의 강제집행면탈죄가 적용되는 강제집행은 민사집행법의 적용대상인 강제집행 또는 가압류·가처분 등의 집행을 가리키는 것이므로, 국세징수법에 의한 체납처분을 면탈할 목적으로 재산을 은닉하는 등의 행위는 위 죄의 규율대상에 포함되지 않는다(대판 2012.4.26. 2010도5693).   정답 ○

394. (★)채권의 존재가 인정되지 않으면 강제집행면탈죄는 성립하지 않는다.

[해설] 大判 1988.4.12. 88도48.   정답 ○

395. 강제집행면탈죄에 있어서 재산에는 동산·부동산뿐만 아니라 재산적 가치가 있어 민사소송법에 의한 강제집행 또는 보전처분이 가능한 특허 내지 실용신안 등을 받을 수 있는 권리도 포함된다.

[해설] 大判 2001.11.27. 2001도4759.   정답 ○

396. (★)강제집행면탈죄의 '강제집행'에 의사의 진술에 갈음하는 판결의 강제집행도 포함된다.

해설 강제집행면탈죄는 국가의 강제집행권이 발동될 단계에 있는 채권자의 권리를 보호하기 위한 범죄로서, 여기서의 강제집행에는 광의의 강제집행인 의사의 진술에 갈음하는 판결의 강제집행도 포함되고, 강제집행면탈죄의 성립요건으로서의 채권자의 권리와 행위의 객체인 재산은 국가의 강제집행권이 발동될 수 있으면 충분하다(대판 2015.9.15. 2015도9883). 정답 ○

397. (★)허위의 채무를 부담하는 내용의 채무변제계약 공정증서를 작성하고 이에 터 잡아 채권압류 및 추심명령을 받은 경우에는 강제집행면탈죄가 성립한다.

해설 허위의 채무를 부담하는 내용의 채무변제계약 공정증서를 작성하고 이에 터 잡아 채권압류 및 추심명령을 받은 경우에는 강제집행면탈죄가 성립한다.(대판 2018.6.15. 2016도847) 정답 ○

398. (★)장래에 발생할 특정의 조건부채권을 담보하기 위한 방편으로 부동산에 대하여 근저당권을 설정하여 주었다면 강제집행면탈죄는 성립하지 아니한다.

해설 피고인이 장래에 발생할 특정의 조건부채권을 담보하기 위한 방편으로 부동산에 대하여 근저당권을 설정한 것이라면, 특별한 사정이 없는 한 이는 장래 발생할 진실한 채무를 담보하기 위한 것으로서, 피고인의 위 행위를 가리켜 강제집행면탈죄 소정의 '허위의 채무를 부담'하는 경우에 해당한다고 할 수 없다(대판 1996.10.25. 96도1531).
[동지판례] 진실한 양도라면 그것이 강제집행을 면탈할 목적으로 된 것으로서 채권자를 해할 우려가 있는 행위라고 할지라도 위 허위양도에는 해당하지 않는다(대판 1983.9.27. 83도1869). 정답 ○

399. (★)허위양도한 부동산의 시가액보다 그 부동산에 의하여 담보된 채무액이 더 많다고 하여 그 허위양도로 인하여 채권자를 해할 위험이 없다고 할 수 없다.

해설 大判 1999.3.2. 98도2474. 정답 ○

400. 甲이 타인에게 채무를 부담하고 있는 양 가장하는 방편으로 甲 소유의 부동산들에 관하여 소유권이전청구권보전을 위한 가등기를 경료하여 준 경우 강제집행면탈죄가 성립하지 아니한다.

해설 피고인이 타인에게 채무를 부담하고 있는 양 가장하는 방편으로 피고인 소유의 부동산들에 관하여 소유권이전청구권보전을 위한 가등기를 경료하여 주었다 하더라도 그와 같은 가등기는 원래 순위보전의 효력밖에 없는 것이므로 그와 같이 각 가등기를 경료한 사실만으로는 피고인이 강제집행을 면탈한 목적으로 허위채무를 부담하여 채권자를 해한 것이라고 할 수 없다(대판 1987.8.18. 87도1260). **정답** ○

401. 甲이 자기소유의 건물에 대한 명도청구권을 가진 채권자들이 강제집행을 할 기세를 보이자 타인과 공모하여 허위(금전)채무를 부담하고 공모자에게 매매예약을 원인으로 하는 가등기를 경료하였다고 하여 강제집행면탈죄가 성립하는 것은 아니다.

[해설] 현실적으로 강제집행이 있을 것이 예상되는 권리가 피해자들의 건물에 대한 명도청구권인 경우에 허위의 금전채무를 부담하였다 하여 명도청구권의 집행에 어떠한 장애가 된다고 할 수 없고 또 피고인 등 명의로 경료된 가등기는 본등기를 위한 순위보전의 효력밖에 없는 것이므로 가등기가 경료되었는 사실만으로는 피해자들의 건물에 대한 명도청구권에 기한 강제집행을 불능케 하는 사유에 해당한다고 할 수 없고 그 후 가등기말소청구소송에서 피고인 등이 항쟁을 하였다 하여 가등기가 강제집행에 장애사유가 되었다고는 할 수 없으므로 허위채무부담과 가등기경료 사실만으로는 강제집행면탈죄는 성립되지 않는다(대판 1984.2.14. 83도708). **정답** ○

402. 토지 소유자가 그 지상 건물 소유자에 대하여 건물철거 및 토지인도청구권을 갖는 경우, 채무자인 건물 소유자가 제3자에게 허위의 금전채무를 부담하면서 위 건물에 근저당권설정등기를 경료한 행위는 강제집행면탈죄를 구성한다.

[해설] 채권자의 채권이 금전채권이 아니라 토지 소유자로서 그 지상 건물의 소유자에 대하여 가지는 건물철거 및 토지인도청구권인 경우라면, 채무자인 건물 소유자가 제3자에게 허위의 금전채무를 부담하면서 이를 피담보채무로 하여 건물에 관하여 근저당권설정등기를 경료하였다는 것만으로는 직접적으로 토지 소유자의 건물철거 및 토지인도청구권에 기한 강제집행을 불능케 하는 사유에 해당한다고 할 수 없으므로 건물 소유자에게 강제집행면탈죄가 성립한다고 할 수 없다(대판 2008.6.12. 2008도2279). **정답** ×

403. (★)채권자가 채무자의 재산에 대하여 가압류 한 후에 그 목적물의 소유권을 취득한 제3취득자가 허위의 채무에 기하여 근저당권을 설정한 행위는 강제집행면탈죄를 구성한다.

[해설] 가압류에는 처분금지적 효력이 있으므로 가압류 후에 목적물의 소유권을 취득한 제3취득자 또는 그 제3취득자에 대한 채권자는 그 소유권 또는 채권으로써 가압류권자에게 대항할 수 없다. 따라서 가압류 후에 목적물의 소유권을 취득한 제3취득자가 다른 사람에 대한 허위의 채무에 기하여 근저당권설정등기 등을 경료하더라도 이로써 가압류채권자의 법률상 지위에 어떤 영향을 미치지 않으므로, 강제집행면탈죄에 해당하지 아니한다(대판 2008.5.29. 2008도2476). **정답** ×

404. (★★) 압류금지채권의 목적물을 수령하는 데 사용하던 기존 예금계좌가 채권자에 의해 압류된 채무자가 압류되지 않은 다른 예금계좌를 통하여 그 목적물을 수령하는 경우, 강제집행면탈죄가 성립한다.

해설 압류금지채권의 목적물이 채무자의 예금계좌에 입금된 경우에는 그 예금채권에 대하여 더 이상 압류금지의 효력이 미치지 아니하므로 그 예금은 압류금지채권에 해당하지 않지만, 압류금지채권의 목적물이 채무자의 예금계좌에 입금되기 전까지는 여전히 강제집행 또는 보전처분의 대상이 될 수 없으므로, 압류금지채권의 목적물을 수령하는 데 사용하던 기존 예금계좌가 채권자에 의해 압류된 채무자가 압류되지 않은 다른 예금계좌를 통하여 그 목적물을 수령하더라도 강제집행이 임박한 채권자의 권리를 침해할 위험이 있는 행위라고 볼 수 없어 강제집행면탈죄가 성립하지 않는다(대판 2017.8.18. 2017도6229).

[판례해설] 피고인이 장차 지급될 휴업급여(산업재해보상보험법 제88조 제2항에 의하여 압류가 금지되는 채권에 해당한다) 수령계좌를 기존의 압류된 예금계좌에서 압류가 되지 않은 다른 예금계좌로 변경하여 휴업급여를 수령한 사건이다. 휴업급여는 압류가 금지되는 채권으로서 강제집행면탈죄의 객체에 해당하지 않으므로 피고인의 행위는 강제집행면탈죄가 성립하지 않는다는 취지의 판례이다.

정답 ✕

제2편 사회적 법익에 관한 죄

제1장 공공의 안전과 평온에 대한 죄

제2장 공공의 신용에 대한 죄

제3장 사회의 도덕에 관한 죄

제1장 공공의 안전과 평온에 대한 죄

제 1 절 공안을 해하는 죄

1. 범죄단체가 되기 위해서는 단체를 주도하거나 내부질서를 유지하는 최소한의 통솔체계를 갖추어야 한다.

> 해설 형법 제114조 제1항 소정의 범죄를 목적으로 하는 단체라 함은 특정다수인이 일정한 범죄를 수행한다는 공동목적 아래 이루어진 계속적인 결합체로서 그 단체를 주도하는 최소한의 통솔체제를 갖추고 있음을 요한다(대판 1985.10.8. 85도1515). **정답 ○**

2. 구 폭력행위 등 처벌에 관한 법률 제4조 소정의 단체 등의 조직죄는 같은 법에 규정된 범죄를 목적으로 한 단체 또는 집단을 구성함으로써 즉시 성립하고 그와 동시에 완성되는 즉시범이다.

> 해설 大判 1995.1.20. 94도2752. **정답 ○**

제 2 절 방화와 실화의 죄 등

3. 형법 제164조의 현주건조물방화죄는 공중의 안전을 그 제1차적인 보호법익으로 하고 제2차적으로는 개인의 재산권을 보호법익으로 하는 2중의 성격을 가진다.

> 해설 大判 1983.1.18. 82도2341. **정답 ○**

4. 피고인이 사람이 현존하는 선박에 휘발유를 뿌리고 라이터로 점화하려 하였으나 선박이나 휘발유에 점화되지 않은 상태에서 검거되었다면 방화죄의 실행의 착수가 있었다고 볼 수 없다.

> 해설 피고인이 불을 아직 방화목적물 내지 그 도화물체에 점화하지 아니한 이상 방화의 착수로 논단하지 못할 것이다(대판 1960.7.22. 4293형상213). **정답 ○**

5. 자기소유물이지만 보험에 가입되어 있는 경우 형법 제176조에 의하여 현주건조물로 간주
된다.

> 해설 자기소유물이지만 보험에 가입되어 있는 경우 제176조에 의하여 타인소유물로 간주된다.
>
> 정답 ✕

6. 범인이 타인소유의 현주건조물을 연소시킬 목적으로 그것과 근접해 있는 타인소유의 창
고에 불을 놓았지만 통행인의 소화활동에 의하여 창고만을 불태운 경우에는 일반건조물방
화죄가 성립한다.

> 해설 현주건조물방화죄의 미수와 일반건조물방화죄가 경합하는 것처럼 보이나, 이 경우 일반건조물방
> 화죄의 기수는 현주건조물방화죄의 미수에 흡수되어 별도로 처벌되지 않는다.
>
> 정답 ✕

7. 甲은 乙의 주택에 방화하려고 장롱에 불을 놓아 장롱이 전소되고 말았다. 甲의 행위는 현
주건조물방화죄의 미수가 된다.

> 해설 건조물인 가옥의 일부를 구성하기 위해서는 단순히 그것들이 가옥의 일부에 부착되어 있는 것
> 만으로는 부족하고, 이를 훼손하지 않으면 떼어낼 수 없는 상태에 있을 것을 필요로 한다. 따라서 가구를
> 소훼한 것만으로는 현주건조물방화죄의 기수는 되지 않으며 미수가 된다.
>
> 정답 ○

8. (★★)甲이 노상에서 전봇대 주변에 놓인 재활용품과 쓰레기 등(무주물)에 불을 놓아 공공
의 위험을 발생하게 한 경우, 자기소유일반물건방화죄가 성립한다.

> 해설 불을 놓아 무주물을 소훼하여 공공의 위험을 발생하게 한 경우에는 '무주물'을 '자기 소
> 유의 물건'에 준하는 것으로 보아 형법 제167조 제2항을 적용하여 처벌하여야 한다(대판
> 2009.10.15. 2009도7421).
>
> 정답 ○

9. (★★)甲이 지붕과 문짝, 창문이 없고 담장과 일부 벽체가 붕괴된 철거 대상 건물로서 사
실상 기거·취침에 사용할 수 없는 폐가의 내부와 외부에 쓰레기를 모아놓고 태워 그 불길
이 폐가 주변 수목 4~5그루를 태우고 폐가의 벽을 일부 그을리게 하였다면, 甲에게는 형법
제166조의 건조물방화죄가 성립하지 않으나 제167조의 일반물건방화죄가 성립한다. (　)

형법상 방화죄의 객체인 건조물은 토지에 정착되고 벽 또는 기둥과 지붕 또는 천장으로 구성되
어 사람이 내부에 기거하거나 출입할 수 있는 공작물을 말하고, 반드시 사람의 주거용이어야
하는 것은 아니라도 사람이 사실상 기거·취침에 사용할 수 있는 정도는 되어야 한다(대판
2013.12.12. 2013도3950).

[판결이유] 이 사건 폐가는 지붕과 문짝, 창문이 없고 담장과 일부 벽체가 붕괴된 철거 대상 건물로서 사실상 기거·취침에 사용할 수 없는 상태의 것이므로 형법 제166조의 건조물이 아닌 형법 제167조의 물건에 해당하고, 피고인이 이 사건 폐가의 내부와 외부에 쓰레기를 모아놓고 태워 그 불길이 이 사건 폐가 주변 수목 4~5그루를 태우고 폐가의 벽을 일부 그을리게 하는 정도만으로는 방화죄의 기수에 이르렀다고 보기 어려우며, 일반물건방화죄에 관하여는 미수범의 처벌 규정이 없으므로 피고인은 무죄이다. **정답** ✕

10. 甲은 부모가 용돈을 주지 않는다고 자기 집 헛간 지붕 위에 올라가 라이터로 불을 놓고, 이어서 본채, 사랑채 지붕 위에 차례로 올라가 각각 불을 놓아 헛간 지붕 $60cm^2$ 가량 그리고 본채 지붕 $1m^2$ 가량을 태웠다. 甲의 행위는 현주건조물방화죄의 미수에 해당한다.

[해설] 방화죄는 화력이 매개물을 떠나 스스로 연소할 수 있는 상태에 이르렀을 때에 기수가 되고 반드시 목적물의 중요부분이 소실하여 그 본래의 효용을 상실한 때라야만 기수가 되는 것은 아니다(대판 1970.3.14. 70도330). **정답** ✕

11. 범인이 타인소유의 비현주건조물에 방화하여 근접한 타인소유의 비현주건조물을 연소시킨 경우에 연소죄가 성립한다.

[해설] 연소죄는 제166조 제2항(자기소유일반건조물방화)의 또는 167조 제2항(자기소유일반물건방화)의 죄를 범하여 제164조(현주건조물방화), 제165조(공용건조물등방화) 또는 제166조 제1항(타인소유일반건조물방화)에 기재한 물건을 연소한 때 성립되므로 위의 지문은 여기에 해당되지 않는다. **정답** ✕

12. 농촌주택에서 배출되는 생활하수의 배수관(소형 PVC관)을 토사로 막아 하수가 내려가지 못하게 한 경우, 수리방해죄에 해당하지 아니한다.

[해설] [1] 원천 내지 자원으로서의 물의 이용이 아니라, 하수나 폐수 등 이용이 끝난 물을 배수로를 통하여 내려보내는 것은 형법 제184조 소정의 수리에 해당한다고 할 수 없다.
[2] 농촌주택에서 배출되는 생활하수의 배수관(소형 PVC관)을 토사로 막아 하수가 내려가지 못하게 한 경우, 수리방해죄에 해당하지 아니한다(대판 2001.6.26. 2001도404). **정답** ○

제 3 절 교통방해의 죄

13. (★) 판례에 의할 때 다음 기술의 옳고 그름을 판단하라.

> (1) 행위와 결과 사이에 피해자나 제3자의 과실 등 다른 사실이 개재된 때에도 그와 같은 사실이 통상 예견될 수 있는 것이라면 상당인과관계를 인정할 수 있다.
>
> (2) 피고인이 고속도로 2차로를 따라 시속 110~120km 정도로 자동차를 운전하다가 1차로를 진행하던 甲의 차량 앞에 급하게 끼어든 후 약 6초 만에 정차하여, 甲의 차량 및 이를 뒤따르던 차량 두 대는 급정차하였으나, 그 뒤를 따라오던 乙의 차량이 앞의 차량들을 연쇄적으로 추돌하여(추돌 시각은 피고인 차량 정차로부터 5~6초 후였다) 乙이 사망하고 나머지 차량 운전자가 상해를 입었다면, 피고인에게 일반교통방해치사상죄가 성립한다.
>
> (3) 위 사례 (2)에서 피고인이 정차 당시 사상의 결과 발생을 구체적으로 예견하지는 못하였다면 피고인에게 일반교통방해치사상죄가 성립하지 아니한다.

해설　[1] 형법 제188조에 규정된 교통방해에 의한 치사상죄는 결과적 가중범이므로, 위 죄가 성립하려면 교통방해 행위와 사상의 결과 사이에 상당인과관계가 있어야 하고 행위 시에 결과의 발생을 예견할 수 있어야 한다. 그리고 교통방해 행위가 피해자의 사상이라는 결과를 발생하게 한 유일하거나 직접적인 원인이 된 경우만이 아니라, 그 행위와 결과 사이에 피해자나 제3자의 과실 등 다른 사실이 개재된 때에도 그와 같은 사실이 통상 예견될 수 있는 것이라면 상당인과관계를 인정할 수 있다.

[2] 피고인이 고속도로 2차로를 따라 자동차를 운전하다가 1차로를 진행하던 갑의 차량 앞에 급하게 끼어든 후 곧바로 정차하여, 갑의 차량 및 이를 뒤따르던 차량 두 대는 연이어 급제동하여 정차하였으나, 그 뒤를 따라오던 을의 차량이 앞의 차량들을 연쇄적으로 추돌케 하여 을을 사망에 이르게 하고 나머지 차량 운전자 등 피해자들에게 상해를 입힌 사안에서, 편도 2차로의 고속도로 1차로 한가운데에 정차한 피고인은 현장의 교통상황이나 일반인의 운전 습관·행태 등에 비추어 고속도로를 주행하는 다른 차량 운전자들이 제한속도 준수나 안전거리 확보 등의 주의의무를 완전하게 다하지 않을 수도 있다는 점을 알았거나 충분히 알 수 있었으므로, 피고인의 정차 행위와 사상의 결과 발생 사이에 상당인과관계가 있고, 사상의 결과 발생에 대한 예견가능성도 인정된다는 이유로, 피고인에게 일반교통방해치사상죄를 인정한 원심판단이 정당하다고 한 사례(대판 2014.7.24. 2014도6206).

[판결이유] 예견가능성은 일반인을 기준으로 객관적으로 판단되어야 하는 것인데, 피고인이 한 것과 같은 행위로 뒤따르는 차량들에 의하여 추돌 등의 사고가 야기되어 사상자가 발생할 수 있을 것이라는 점은 누구나 쉽게 예상할 수 있다고 할 것이다. 설령 피고인이 정차 당시 사상의 결과 발생을 구체적으로 예견하지는 못하였다고 하더라도, 그와 같은 교통방해 행위로 인하여 실제 그 결과가 발생한 이상 교통방해치사상죄의 성립에는 아무런 지장이 없다.

정답　(1) ○　(2) ○　(3) ✕

14. (★)교통방해를 유발한 집회에 참가한 경우 참가 당시 이미 다른 참가자들에 의해 교통의 흐름이 차단된 상태였더라도 교통방해를 유발한 다른 참가자들과 암묵적·순차적으로 공모하여 교통방해의 위법상태를 지속시켰다고 평가할 수 있다면 일반교통방해죄가 성립한다.

해설 [1] 집회 및 시위에 관한 법률에 따른 신고 없이 이루어진 집회에 참석한 참가자들이 차로 위를 행진하는 등으로 도로 교통을 방해함으로써 통행을 불가능하게 하거나 현저하게 곤란하게 하는 경우에 일반교통방해죄가 성립한다. 그러나 이 경우에도 참가자 모두에게 당연히 일반교통방해죄가 성립하는 것은 아니고, 실제로 참가자가 집회·시위에 가담하여 교통방해를 유발하는 직접적인 행위를 하였거나, 참가자의 참가 경위나 관여 정도 등에 비추어 참가자에게 공모공동정범의 죄책을 물을 수 있는 경우라야 일반교통방해죄가 성립한다.

[2] 일반교통방해죄는 이른바 추상적 위험범으로서 교통이 불가능하거나 또는 현저히 곤란한 상태가 발생하면 바로 기수가 되고 교통방해의 결과가 현실적으로 발생하여야 하는 것은 아니다. 또한 일반교통방해죄에서 교통방해 행위는 계속범의 성질을 가지는 것이어서 교통방해의 상태가 계속되는 한 위법상태는 계속 존재한다. 따라서 교통방해를 유발한 집회에 참가한 경우 참가 당시 이미 다른 참가자들에 의해 교통의 흐름이 차단된 상태였더라도 교통방해를 유발한 다른 참가자들과 암묵적·순차적으로 공모하여 교통방해의 위법상태를 지속시켰다고 평가할 수 있다면 일반교통방해죄가 성립한다.(대판 2018.5.11. 2017도9146)

정답 ○

제2장 공공의 신용에 대한 죄

제1절 통화에 관한 죄

1. (★)위조통화임을 알고 있는 자에게 그 위조통화를 교부한 경우에 피교부자가 이를 유통시키리라는 것을 예상 내지 인식하면서 교부하였다면, 위조통화행사죄가 성립한다.

> 해설 위조통화임을 알고 있는 자에게 그 위조통화를 교부한 경우에 피교부자가 이를 유통시키리라는 것을 예상 내지 인식하면서 교부하였다면, 그 교부행위 자체가 통화에 대한 공공의 신용 또는 거래의 안전을 해할 위험이 있으므로 위조통화행사죄가 성립한다(대판 2003.1.10. 2002도3340).
>
> 정답 ○

2. 일본의 자동판매기 등에 투입하여 일본의 500엔(¥)짜리 주화처럼 사용하기 위하여 한국은행발행 500원짜리 주화의 표면 일부를 깎아내어 손상을 가한 경우는 통화변조에 해당한다.

> 해설 피고인들이 한국은행발행 500원짜리 주화의 표면 일부를 깎아내어 손상을 가하였지만 그 크기와 모양 및 대부분의 문양이 그대로 남아 있어, 이로써 기존의 500원짜리 주화의 명목가치나 실질가치가 변경되었다거나, 객관적으로 보아 일반인으로 하여금 일본국의 500엔짜리 주화로 오신케 할 정도의 새로운 화폐를 만들어 낸 것이라고 볼 수 없고, 일본국의 자동판매기 등이 위와 같이 가공된 주화를 일본국의 500엔짜리 주화로 오인한다는 사정만을 들어 그 명목가치가 일본국의 500엔으로 변경되었다거나 일반인으로 하여금 일본국의 500엔짜리 주화로 오신케 할 정도에 이르렀다고 볼 수도 없다(대판 2002.1.11. 2000도3950).
>
> 정답 ✕

3. 행사할 목적으로 옵셋트 인쇄기를 사용하여 한국은행권 100원권을 사진찍어 그 필림원판 7매와 이를 확대하여 현상한 인화지 7매를 만든 경우에는 통화위조죄의 실행의 착수가 인정된다.

> 해설 피고인이 행사할 목적으로 미리 준비한 물건들과 옵셋트인쇄기를 사용하여 한국은행권 100원권을 사진찍어 그 필림원판 7매와 이를 확대하여 현상한 인화지 7매를 만들었음에 그쳤다면 아직 통화위조의 착수에는 이르지 아니 하였고 그 예비단계에 불과하다고 봄이 상당할 것이다(대판 1966.12.6. 66도1317).
>
> 정답 ✕

4. (★)진정한 통화인 미화 1달러 및 2달러 지폐의 발행연도, 발행번호, 미국 재무부를 상징하는 문양, 재무부장관의 사인, 일부 색상을 고친 경우, 통화변조죄가 성립한다.

해설 [1] 진정한 통화에 대한 가공행위로 인하여 기존 통화의 명목가치나 실질가치가 변경되었다거나 객관적으로 보아 일반인으로 하여금 기존 통화와 다른 진정한 화폐로 오신하게 할 정도의 새로운 물건을 만들어 낸 것으로 볼 수 없다면 통화가 변조되었다고 볼 수 없다.
[2] 진정한 통화인 미화 1달러 및 2달러 지폐의 발행연도, 발행번호, 미국 재무부를 상징하는 문양, 재무부장관의 사인, 일부 색상을 고친 것만으로는 통화가 변조되었다고 볼 수 없다고 한 사례(대판 2004.3.26. 2003도5640).   정답 ×

5. (★★)자신의 신용력을 증명하기 위하여 타인에게 보일 목적으로 통화를 위조한 경우에는 행사할 목적이 있다고 할 수 없다.

해설 형법 제207조에서 정한 '행사할 목적'이란 유가증권위조의 경우와 달리 위조·변조한 통화를 진정한 통화로서 유통에 놓겠다는 목적을 말하므로, 자신의 신용력을 증명하기 위하여 타인에게 보일 목적으로 통화를 위조한 경우에는 행사할 목적이 있다고 할 수 없다(대판 2012.3.29. 2011도7704).   정답 ○

6. 진정한 통화라고 하여 위조통화를 다른 사람에게 증여하는 경우에도 위조통화행사죄가 성립된다.

해설 大判 1979.7.10. 79도840.   정답 ○

제 2 절 유가증권 · 인지와 우표에 관한 죄

7. (★)위조유가증권행사죄에 있어서의 유가증권이라 함은 위조된 유가증권의 원본을 말하는 것이지 전자복사기 등을 사용하여 기계적으로 복사한 사본은 이에 해당하지 않는다.

[해설] 위조유가증권행사죄에 있어서의 유가증권이라 함은 위조된 유가증권의 원본을 말하는 것이지 전자복사기 등을 사용하여 기계적으로 복사한 사본은 이에 해당하지 않는다(대판 2010.5.13. 2008도 10678). **정답** ○

8. 증권이 비록 문방구 약속어음 용지를 이용하여 작성되었다고 하더라도 그 전체적인 형식 · 내용에 비추어 일반인이 진정한 것으로 오신할 정도의 약속어음 요건을 갖추고 있으면 당연히 형법상 유가증권에 해당한다.

[해설] 大判 2001.8.24. 2001도2832. **정답** ○

9. 유가증권은 반드시 유통성을 가질 필요는 없다.

[해설] 형법 제214조의 유가증권이란 증권상에 표시된 재산상의 권리의 행사와 처분에 그 증권의 점유를 필요로 하는 것을 총칭하는 것으로서 그 명칭에 불구하고 재산권이 증권에 화체된다는 것과 그 권리의 행사와 처분에 증권의 점유를 필요로 한다는 두 가지 요소를 갖추면 족하고, 반드시 유통성을 가질 필요는 없다(대판 1995.3.14. 95도20). **정답** ○

10. 허무인 명의로 작성된 것은 유가증권에 해당하지 않는다.

[해설] 유가증권위조죄에 있어서의 유가증권이라 함은 형식상 일반인으로 하여금 유효한 유가증권이라고 오신할 수 있을 정도의 외관을 갖추고 있으면 되므로 그것이 비록 허무인명의로 작성되었거나 유가증권으로서의 요건의 흠결 등 사유로 무효한 것이라 하여도 유가증권위조죄의 성립에는 아무런 영향이 없다(대판 1979.9.25. 78도1980). **정답** ✕

11. (★)카드일련번호식 국제전화카드는 형법상 유가증권에 해당하지 않는다.

[해설] [1] 형법 제214조의 유가증권이란 증권상에 표시된 재산상 권리의 행사와 처분에 그 증권의 점유를 필요로 하는 것을 총칭하는 것으로서 그 명칭에 불구하고 재산권이 증권에 화체된다는 것과 그 권리의 행사와 처분에 증권의 점유를 필요로 한다는 두 가지 요소를 갖추면 족하다.
[2] 카드일련번호식 국제전화카드는 그 소지자가 공중전화기 등에 카드를 넣어 그 카드 자체에

내장된 금액을 사용하여 국제전화서비스를 이용하는 것이 아니라, 카드 뒷면의 은박코팅을 벗기면 드러나는 카드일련번호를 전화기에 입력함으로써 카드일련번호에 의해 전산상 관리되는 통화가능금액을 사용하여 국제전화서비스를 이용하는 것으로서, 그 카드 자체에는 카드일련번호가 적혀 있을 뿐 자기띠 등 전자적인 방법으로 통화가능금액에 관한 정보 등은 입력되어 있지 않은 점, 또한 카드의 소지자가 카드를 분실하는 등으로 카드를 실제 소지하고 있지 않더라도 카드일련번호만 알고 있으면 국제전화서비스를 이용하는 데 아무런 지장이 없을 뿐만 아니라 카드일련번호만을 다른 사람에게 알려주는 방법으로 그 사람으로 하여금 카드를 소지할 필요 없이 국제전화서비스를 이용할 수 있도록 하는 것도 가능한 점 등에 비추어 살펴보면, 카드일련번호식 국제전화카드는 재산권이 증권에 화체되어 있다고 할 수 없고 그 권리의 행사와 처분에 증권의 점유를 필요로 한다고 할 수도 없으므로 형법 제214조의 유가증권에 해당한다고 보기 어렵다(대판 2011.11.10. 2011도9620). **정답** ○

12. (★)피고인이 폐(선불식)공중전화카드의 자기기록 부분에 전자정보를 기록하여 사용가능한 공중전화카드를 만든 행위는 유가증권위조죄에 해당한다.

[해설] 大判 1998.2.27. 97도2483. **정답** ○

13. 약속어음의 액면금액란에 자의로 합의된 금액의 한도를 넘는 금액을 기입하는 것은 유가증권위조죄를 구성한다.

[해설] 약속어음의 액면금액란에 자의로 합의된 금액의 한도를 넘는 금액을 기입하는 것은 백지 보충권의 범위를 초월하여 서명날인 있는 약속어음용지를 이용한 새로운 약속어음의 발행에 해당되는 것으로서 그 행위가 유가증권위조죄를 구성한다(대판 1972.6.13. 72도897). **정답** ○

14. (★)유가증권의 내용 중 권한 없는 자에 의하여 이미 변조된 부분을 다시 권한 없이 변경한 경우 유가증권변조죄가 성립한다.

[해설] 유가증권변조죄에서 '변조'는 진정하게 성립된 유가증권의 내용에 권한 없는 자가 유가증권의 동일성을 해하지 않는 한도에서 변경을 가하는 것을 의미하고, 이와 같이 권한 없는 자에 의해 변조된 부분은 진정하게 성립된 부분이라 할 수 없다. 따라서 유가증권의 내용 중 권한 없는 자에 의하여 이미 변조된 부분을 다시 권한 없이 변경하였다고 하더라도 유가증권변조죄는 성립하지 않는다(대판 2012.9.27. 2010도15206). **정답** ✕

15. 회사의 대표이사로서 주권작성에 관한 일반적인 권한을 가지고 있는 자가 대표권을 남용하여 자기 또는 제3자의 이익을 도모할 목적으로 그들 명의의 주권의 기재사항에 변경을 가한 행위는 유가증권변조죄를 구성하지 아니한다.

해설 大判 1980.4.22. 79도3034. 정답 ○

16. (★)권한이 없는 자가 타인명의의 진정한 유가증권의 내용을 진실에 맞도록 변경한 경우에도 유가증권변조죄가 성립한다.

해설 권한이 없이 유가증권의 내용을 변경한 이상 그 내용이 허위인가 진실인가를 묻지 않고 유가증권변조죄가 성립한다. 정답 ○

17. (★)회사의 대표이사인 甲은 대표이사의 자격으로 주권상의 주주명의를 乙로 기명·발행한 후 乙의 승낙을 얻어 위 주권을 보관하다가 위 주권을 마치 회사설립자인 丙 앞으로 기명·발행하여 甲 자신이 丙으로부터 배서양도 받은 것같이 만들어 행사할 목적으로 주권의 주주란에 고무명판으로 압날기명된 "乙"을 면도칼로 지우고 그 위에 흑색 사인펜으로 "丙"으로 기재하였다. 이 경우 甲에게는 유가증권변조죄가 성립하지 않는다.

해설 유가증권변조죄를 구성하려면 진정하게 성립된 타인명의의 유가증권에 변경을 가하는 행위가 있어야 하고 비록 타인에게 속한 자기명의의 유가증권에 무단히 변경을 가하였다 하더라도 그것이 문서손괴죄나 허위유가증권작성죄에 해당되는 경우가 있음은 별론으로 하고 유가증권변조죄를 구성하는 것은 아니라고 보아야 할 것이다(대판 1978.11.14. 78도1904). 정답 ○

18. (★)甲이 액면란이 백지인 위조 약속어음의 액면란에 권한 없이 금액을 기입하여 그 위조어음을 완성하였다면 별개의 유가증권위조죄가 성립한다.

해설 액면란이 백지인 위조 약속어음의 액면란에 권한 없이 금액을 기입하여 그 위조어음을 완성하는 행위가 당초의 위조행위와는 별개의 유가증권위조죄를 구성한다(대판 1982.6.22. 82도677). 정답 ○

19. (★★)甲은 위조된 약속어음의 금액란을 임의로 변경하였다. 甲에게는 유가증권변조죄는 물론 새로운 유가증권위조죄도 성립하지 아니한다.

해설 [1] 유가증권변조죄에 있어서 변조라 함은 진정으로 성립된 유가증권의 내용에 권한 없는 자가 그 유가증권의 동일성을 해하지 않는 한도에서 변경을 가하는 것을 말하므로, 이미 타인에 의하여 위조된 약속어음의 기재사항을 권한 없이 변경하였다고 하더라도 유가증권변조죄는 성립하지 아니한다.
[2] 약속어음의 액면금액을 권한 없이 변경하는 것은 유가증권변조에 해당할 뿐 유가증권위조는 아니므로, 약속어음의 액면금액을 권한 없이 변경하는 행위가 당초의 위조와는 별개의 새로운 유가증권위조로 된다고 할 수 없다(대판 2006.1.26. 2005도4764).

[동지판례] 甲이 백지 약속어음의 액면란 등을 부당 보충하여 위조한 후 乙이 甲과 공모하여 금액란을 임의로 변경한한 사안에서, 乙의 행위는 유가증권위조나 변조에 해당하지 않는다고 한 사례(대판 2008.12.24. 2008도9494). 정답 ○

※ **판례에 의할 때 (   ) 안에 표시된 甲의 죄책에 대한 옳음(○)과 틀림(×)을 판단하시오.**

20. 甲은 약속어음에 유령회사인 A주식회사 대표이사 甲이라고 기재한 후에 자기명의의 인장을 찍어 발행하였다.(허위유가증권작성죄)

해설 피고인이 실재하지 아니한 유령회사의 대표라 기재하고 자기명의의 인장을 찍어서 회사명의의 약속어음을 발행한 경우에는 실재하지 아니한 회사명의의 어음을 작성한 이상 허위유가증권작성죄가 성립한다(대판 1970.12.29. 70도2389). 정답 ○

21. 甲은 주식회사의 대표이사로 재직하다가 대표이사가 乙로 변경된 상황에서 후임 대표이사의 승낙을 얻어 이전부터 사용하던 자기명의로 된 위 회사 대표이사의 명판을 이용하여 여전히 자신을 위 회사의 대표이사로 표시하여 약속어음을 발행·행사하였다.(유가증권위조죄와 동행사죄)

해설 주식회사 대표이사로 재직하던 피고인이 대표이사가 타인으로 변경되었음에도 불구하고 이전부터 사용하여 오던 피고인 명의로 된 위 회사 대표이사의 명판을 이용하여 여전히 피고인을 위 회사의 대표이사로 표시하여 약속어음을 발행·행사하였다면, 설사 약속어음을 작성·행사함에 있어 후임 대표이사의 승낙을 얻었다거나 위 회사의 실질적인 대표이사로서의 권한을 행사하는 피고인이 은행과의 당좌계약을 변경하는 데에 시일이 걸려 잠정적으로 전임 대표이사인 그의 명판을 사용한 것이라 하더라도 이는 합법적인 대표이사로서의 권한행사라 할 수 없어 자격모용유가증권작성 및 동행사죄에 해당한다(대판 1991.2.26. 90도577).
[비교판례] 회사의 대표이사직에 있었던 자가 재직시에 발행한 약속어음의 발행명의인과 일치시키기 위하여 위 약속어음에 대한 회사명의의 지급각서를 작성함에 있어서 당시의 대표이사의 승낙을 받아 작성하였다면 이는 진정한 문서로서 타인의 자격을 모용하여 문서를 작성하였다고 볼 수 없다(대판 1975.11.25. 75도2067). 정답 ×

22. A회사의 대표이사 甲은 대표이사직무집행정지 가처분결정이 송달되어 일체의 직무집행의 권한이 없게 되었으나, 회사업무의 중단을 막기 위해 인수인계를 하면서 대표이사 명의의 유가증권을 작성 행사하였다.(무 죄)

해설 대표이사직무집행정지 가처분결정은 대표이사의 직무집행만을 정지시킬 뿐 대표이사의 자격까지 박탈하는 것은 아니나 가처분결정이 송달되어 일체의 직무집행이 정지됨으로써 직무집행의 권한이 없게 된 대표이사가 그 권한 밖의 일인 대표이사 명의의 유가증권을 작성 행사하는 행위가 회사업무의 중단을 막기 위한 긴급한 인수인계행위라 하더라도 합법적인 권한행사라 할 수 없으므로 이는 자격모용유가증권작성 및 동행사죄에 해당한다(대판 1987.8.18. 87도145). **정답** ✕

23. (★)유가증권위조죄의 공범 사이에서의 위조유가증권 교부행위는 위조유가증권행사죄에 해당하지 않는다.

[해설] 위조유가증권의 교부자와 피교부자가 서로 유가증권위조를 공모하였거나 위조유가증권을 타에 행사하여 그 이익을 나누어 가질 것을 공모한 공범의 관계에 있다면, 그들 사이의 위조유가증권 교부행위는 그들 이외의 자에게 행사함으로써 범죄를 실현하기 위한 전단계의 행위에 불과한 것으로서 위조유가증권은 아직 범인들의 수중에 있다고 볼 것이지 행사되었다고 볼 수는 없다(대판 2010.12.9. 2010도12553). **정답** ○

- -

※ (★)다음 중 판례에 의할 때 허위유가증권작성죄가 성립하는 사례(○)와 성립하지 않는 사례(✕)를 판단하시오.

24. 은행을 통하여 지급이 이루어지는 약속어음의 발행인이 그 발행을 위하여 은행에 신고된 것이 아닌 발행인의 다른 인장을 날인하였다.

[해설] 은행을 통하여 지급이 이루어지는 약속어음의 발행인이 그 발행을 위하여 은행에 신고된 것이 아닌 발행인의 다른 인장을 날인하였다 하더라도 그것이 발행인의 인장인 이상 그 어음의 효력에는 아무런 영향이 없으므로 허위유가증권작성죄가 성립하지 아니한다(대판 2000.5.30. 2000도883). **정답** ✕

25. 대표이사가 주권발행 전에 주식을 양도받은 자에 대하여 주권을 발행하였으나, 그 주식양도는 주권발행 전에 이루어진 것이어서 상법 제335조에 의하여 무효였다.

[해설] 피고인이 주권발행 전에 주식을 양도받은 자에 대하여 주권을 발행한 경우에 가사 그 주식양도가 주권발행 전에 이루어진 것이어서 상법 제335조에 의하여 무효라 할지라도 권리의 실체관계에 부합되어 허위의 주권발행의 범의가 있다고 할 수 없다(대판 1982.6.22. 81도1935). **정답** ✕

26. 원인채무관계가 존재하지 않음에도 불구하고 약속어음을 발행하였다.

[해설] 발행된 약속어음은 원인채무의 존부와 관계없이 그 어음상의 문언에 따라 어음상의 권리의무관계가 생기는 것이 약속어음의 무인증권성과 설권증권성의 원리에 비추어 명백하다 할 것이므로 원인채무관계가 존재하지 아니하다는 이유만으로는 약속어음의 발행행위를 허위유가증권작성죄로 문의할 수는 없다고 봄이 상당하다(대판 1977.5.24. 76도4132). **정답** ✕

27. 주권발행의 권한을 위임받은 자가 발행일자를 소급 기재하여 그 기재일자에 발행된 것처럼 주권을 발행하였다.

> 해설 허위 유가증권의 작성이란 유가증권의 효력에 영향을 미칠 기재사항에 관하여 진실에 반한 기재를 하는 모든 행위를 말하는 것으로 비록 주권발행의 권한을 위임받았다고 하더라도 행사의 목적으로 발행일자를 소급 기재하여 그 기재일자에 발행된 것처럼 허위내용을 기재한 때는 허위유가증권작성죄를 구성한다(대판 1974.1.15. 73도2041).   **정답** ○

28. 자기앞수표의 발행인 甲은 수표의뢰인으로부터 수표자금을 입금 받지 아니한 채 자기앞수표를 발행하였다.

> 해설 형법 제216조 전단의 허위유가증권작성죄는 작성권한 있는 자가 자기 명의로 기본적 증권행위를 함에 있어서 유가증권의 효력에 영향을 미칠 기재사항에 관하여 진실에 반하는 내용을 기재하는 경우에 성립하는 바, 자기앞수표의 발행인이 수표의뢰인으로부터 수표자금을 입금 받지 아니한 채 자기앞수표를 발행하더라도 그 수표의 효력에는 아무런 영향이 없으므로 허위유가증권작성죄가 성립하지 아니한다(대판 2005.10.27. 2005도4528).   **정답** ✕

29. 甲은 乙에게 약속어음 1장을 배서, 양도함에 있어 후일 위 약속어음이 부도날 경우 乙로부터 소구당할 것을 모면하기 위하여 배서인란에 甲이라고 쓰고 자신의 인장을 날인한 후 자신의 주소를 허위로 기재하였다.

> 해설 배서인의 주소기재는 배서의 요건이 아니므로 약속어음 배서인의 주소를 허위로 기재하였다고 하더라도 그것이 배서인의 인적 동일성을 해하여 배서인이 누구인지를 알 수 없는 경우가 아닌 한 약속어음상의 권리관계에 아무런 영향을 미치지 않는다 할 것이고, 따라서 약속어음상의 권리에 아무런 영향을 미치지 않는 사항은 그것을 허위로 기재하더라도 형법 제216조 소정의 허위유가증권작성죄에 해당되지 않는다(대판 1986.6.24. 84도547).   **정답** ✕

30. 오락실 운영자 甲은 당첨이 된 손님들에게 위조상품권을 직접 교부한 것이 아니라 미리 오락기에 위조된 상품권을 여러 장 투입해 두고 그 후 오락기 이용자가 게임에서 당첨이 되면 오락기에서 자동으로 그 당첨액수에 상응하는 상품권이 배출되도록 하였다. 이 경우 甲에게는 위조유가증권 행사죄가 성립한다.

> 해설 당첨이 된 손님들에게 위조상품권을 직접 교부한 것이 아니라, 미리 오락기에 일련번호가 모두 같은 위조된 상품권을 여러 장 투입해 두고 그 후 오락기 이용자가 게임에서 당첨이 되면 오락기에서 자동으로 그 당첨액수에 상응하는 상품권이 배출되도록 한 경우 위조유가증권행사죄가 성립한다(대판 2007.4.12. 2007도796).   **정답** ○

31. (★)허위작성된 유가증권을 피교부자가 그것을 유통하게 한다는 사실을 인식하고 교부한 때에는 허위작성유가증권행사죄에 해당하고, 행사할 의사가 분명한 자에게 교부하여 그가 이를 행사한 때에는 허위작성유가증권행사죄의 공동정범이 성립된다.

[해설] 大判 1995.9.29. 95도803.　　　　　　　　　　　　　　　　　　　　　　정답 ○

제 3 절 문서에 관한 죄

32. (★)컴퓨터 모니터에 나타나는 이미지는 형법상 '문서'에 해당하지 않는다.

[해설] 컴퓨터 모니터 화면에 나타나는 이미지는 이미지 파일을 보기 위한 프로그램을 실행할 경우에 그때마다 전자적 반응을 일으켜 화면에 나타나는 것에 지나지 않아서 계속적으로 화면에 고정된 것으로는 볼 수 없으므로, 형법상 문서에 관한 죄에 있어서의 문서에는 해당되지 않는다(대판 2010.7.15. 2010도6068).　　　　　　　　　　　　　　　정답 ○

33. (★)담뱃갑의 표면에 그 담배의 제조회사와 담배의 종류를 구별·확인할 수 있는 특유의 도안이 표시되어 있는 경우, 그러한 담뱃갑은 문서 등 위조의 대상인 도화에 해당한다.

[해설] 담뱃갑의 표면에 그 담배의 제조회사와 담배의 종류를 구별·확인할 수 있는 특유의 도안이 표시되어 있는 경우에는 일반적으로 그 담뱃갑의 도안을 기초로 특정 제조회사가 제조한 특정한 종류의 담배인지 여부를 판단하게 된다는 점에 비추어서도 그 담뱃갑은 적어도 그 담뱃갑 안에 들어 있는 담배가 특정 제조회사가 제조한 특정한 종류의 담배라는 사실을 증명하는 기능을 하고 있으므로, 그러한 담뱃갑은 문서 등 위조의 대상인 도화에 해당한다(대판 2010.7.29. 2010도2705).　정답 ○

34. (★)위조된 외국의 화폐, 지폐 또는 은행권이 외국에서 강제통용력이 없고 국내에서 사실상 거래 대가의 지급수단이 되지 않는 경우, 그 화폐 등을 행사한 행위는 위조통화행사죄를 구성하지 아니하나, 위조사문서행사죄 또는 위조사도화행사죄로 처벌할 수 있다.

[해설] 형법상 통화에 관한 죄는 문서에 관한 죄에 대하여 특별관계에 있으므로 통화에 관한 죄가 성립하는 때에는 문서에 관한 죄는 별도로 성립하지 않는다. 그러나 위조된 외국의 화폐, 지폐 또는 은행권이 강제통용력을 가지지 않는 경우에는 형법 제207조 제3항에서 정한 '외국에서 통용하는 외국의 화폐 등'에 해당하지 않고, 나아가 그 화폐 등이 국내에서 사실상 거래 대가의 지급수단이 되고 있지 않는 경우에는 형법 제207조 제2항에서 정한 '내국에서 유통하는 외국의 화폐 등'에도 해당하지 않으므로, 그 화폐 등을 행사하더라도 형법 제207조 제4항에서 정한 위조통화행사죄를 구성하지 않는다고 할 것이고, 따라서 이러한 경우에는 형법 제234조에서 정한 위조사문서행사죄 또는 위조사도화행사죄로 의율할 수 있다고 보아야 한다(대판 2013.12.12. 2012도2249).　　　　　　　　　　　　　　　　　　　　　　　　　정답 ○

35. (★★)甲은 A가 운영하는 다방에 취업하기 위하여 실제 나이보다 4살 어린 1954년생으로 가장하였고 'ㅇㅇㅇ'이라는 가명을 사용하였다. 그런데 甲은 취업하면서 선불금으로 100만 원을 받고 이에 대한 반환을 약속하는 내용의 현금보관증에도 본인의 실명과 실제 주민등록번호 대신에 'ㅇㅇㅇ'이라는 가명과 출생연도 부분이 허위인 주민등록번호를 기재하여 교부하였고 A는 그러한 사실을 모르고 있었다. 甲의 행위는 사문서 위조, 동행사죄에 해당하지 않는다.

[해설] [1] 실제의 본명 대신 가명이나 위명을 사용하여 사문서를 작성한 경우에 그 문서의 작성명의인과 실제 작성자 사이에 인격의 동일성이 그대로 유지되는 때에는 위조가 되지 않으나, 명의인과 작성자의 인격이 상이할 때에는 위조죄가 성립할 수 있다.
[2] 피고인이 다방 업주로부터 선불금을 받고 그 반환을 약속하는 내용의 현금보관증을 작성하면서 가명과 허위의 출생연도를 기재한 후 이를 교부한 행위가, 사문서위조죄 및 동행사죄에 해당하지 않는다고 본 원심판단에 법리오해의 위법이 있다고 한 사례(대판 2010.11.11. 2010도1835).
[판결이유] 현금보관증에 표시된 명칭과 주민등록번호 등으로부터 인식되는 인격은 '1954년에 출생한 52세 가량의 여성인 ㅇㅇㅇ'이고, 1950년생인 피고인과는 다른 인격인 것이 분명하므로, 이 사건 문서의 명의인과 작성자 사이에 인격의 동일성이 인정되지 않는다. … 피고인의 행위는 사문서 위조, 동행사죄에 해당한다고 보아야 한다. **정답** ✕

36. 피고인이 자신의 부(父) 甲에게서 甲 소유 부동산의 매매에 관한 권한 일체를 위임받아 이를 매도하였는데, 그 후 甲이 갑자기 사망하자 부동산 소유권 이전에 사용할 목적으로 甲이 '병안 중'이라는 사유로 자신에게 인감증명서 발급을 위임한다는 취지의 인감증명 위임장을 작성한 후 주민센터 담당직원에게 이를 제출한 경우, 그러한 내용의 문서에 관하여 사망한 명의자의 승낙이 추정되므로 사문서위조죄가 성립하지 아니한다.

[해설] 문서명의인이 이미 사망하였는데도 문서명의인이 생존하고 있다는 점이 문서의 중요한 내용을 이루거나 그 점을 전제로 문서가 작성되었다면 이미 문서에 관한 공공의 신용을 해할 위험이 발생하였다 할 것이므로, 그러한 내용의 문서에 관하여 사망한 명의자의 승낙이 추정된다는 이유로 사문서위조죄의 성립을 부정할 수는 없다(대판 2011.9.29. 2011도6223). **정답** ✕

37. (★) 변호사인 피고인이 대량의 저작권법 위반 형사고소 사건을 수임하여 피고소인 30명을 각 형사고소하기 위하여 20건 또는 10건의 고소장을 개별적으로 수사관서에 제출하면서 각 하나의 고소위임장에만 소속 변호사회에서 발급받은 진정한 경유증표 원본을 첨부한 후 이를 일체로 하여 컬러복사기로 20장 또는 10장의 고소위임장을 각 복사한 다음 고소위임장과 일체로 복사한 경유증표를 고소장에 첨부하여 접수한 경우, 피고인의 행위는 사문서위조죄 및 동행사죄에 해당한다.

[해설] 문서위조 및 동행사죄의 보호법익은 문서에 대한 공공의 신용이므로 '문서가 원본인지 여부'가 중요한 거래에서 문서의 사본을 진정한 원본인 것처럼 행사할 목적으로 다른 조작을 가함이 없이 문서의 원본을 그대로 컬러복사기로 복사한 후 복사한 문서의 사본을 원본인 것처럼

행사한 행위는 사문서위조죄 및 동행사죄에 해당한다. 또한 사문서위조죄는 명의자가 진정으로 작성한 문서로 볼 수 있을 정도의 형식과 외관을 갖추어 일반인이 명의자의 진정한 사문서로 오신하기에 충분한 정도이면 성립한다(大判 2016.7.14. 2016도2081). **정답** ○

38. (★★) 갑 학교법인 이사장인 피고인이 갑 법인의 이사회 회의록 중 '이사장의 이사회 내용 사전 유출로 인한 책임을 물어 회의록 서명을 거부합니다. 을'이라고 기재된 부분 및 그 옆에 있던 이사 을의 서명 부분을 지워버렸다면 사문서변조죄가 성립한다.

[해설] [1] 이사회 회의록에 관한 이사의 서명권한에는 서명거부사유를 기재하고 그에 대해 서명할 권한이 포함된다. 이사가 이사회 회의록에 서명함에 있어 이사장이나 다른 이사들의 동의를 받을 필요가 없는 이상 서명거부사유를 기재하고 그에 대한 서명을 함에 있어서도 이사장 등의 동의가 필요 없다고 보아야 한다. 따라서 이사가 이사회 회의록에 서명 대신 서명거부사유를 기재하고 그에 대한 서명을 하면, 특별한 사정이 없는 한 그 내용은 이사회 회의록의 일부가 되고, 이사회 회의록의 작성권한자인 이사장이라 하더라도 임의로 이를 삭제한 경우에는 이사회 회의록 내용에 변경을 가하여 새로운 증명력을 가져오게 되므로 사문서변조에 해당한다.

[2] 갑 학교법인 이사장인 피고인이 갑 법인의 이사회 회의록 중 '이사장의 이사회 내용 사전 유출로 인한 책임을 물어 회의록 서명을 거부합니다. 을'이라고 기재된 부분 및 그 옆에 있던 이사 을의 서명 부분을 지워 회의록을 변조하고, 이를 행사하였다는 내용으로 기소된 사안에서, 을이 회의록에 대한 서명권한 범위 내에서 회의록에 서명거부사유를 기재하고 그에 대한 서명을 한 이상 위 문구는 회의록의 일부가 되었으므로, 피고인이 임의로 위 문구를 삭제함으로써 회의록의 새로운 증명력을 작출하였다는 이유로, 이와 달리 보아 공소사실을 무죄로 판단한 원심판결에 사문서변조죄 및 변조사문서행사죄의 법리를 오해하는 등의 잘못이 있다고 한 사례.(대판 2018.9.13. 2016도20954) **정답** ○

39. (★)이미 진정하게 성립된 타인 명의의 문서가 존재하지 않는다면 사문서변조죄가 성립할 수 없다.

[해설] 사문서변조죄는 권한 없는 자가 이미 진정하게 성립된 타인 명의의 문서 내용에 대하여 동일성을 해하지 않을 정도로 변경을 가하여 새로운 증명력을 작출케 함으로써 공공적 신용을 해할 위험성이 있을 때 성립한다. 따라서 이미 진정하게 성립된 타인 명의의 문서가 존재하지 않는다면 사문서변조죄가 성립할 수 없다.(대판 2017.12.5. 2014도14924) **정답** ○

40. 일련번호 16번까지 투표지를 받은 사람들의 기명 및 서명이 기재되어 있고, 투표 후 확인업무 담당자인 甲, 乙이 그 하단 공백 부분에 서명한 '건물 임시관리단집회 투표지대장'의 일련번호 17번란에 피고인이 자신의 이름을 기명하고 서명하여, 이를 법원에 증거자료로 제출하였다면 피고인에게는 사문서변조죄 및 동행사죄가 성립한다.

일련번호 16번까지 투표지를 받은 사람들의 기명 및 서명이 기재되어 있고, 투표 후 확인업무 담당자인 甲, 乙이 그 하단 공백 부분에 서명한 '건물 임시관리단집회 투표지대장'의 일련번호 17번란에 피고인이 자신의 이름을 기명하고 서명하여, 甲과 乙 명의의 사문서인 위 투표지대장을 변조하고, 이를 법원에 증거자료로 제출하여 행사하였다는 공소사실에 대하여, 이를 무죄로 판단한 원심판결은 위 투표지대장의 문서성 및 작성명의인에 관한 법리를 오해한 것이라고 하여 파기한 사례(대판 2010.1.28. 2009도9997).   정답 ○

41. 판례에 의할 때 다음 기술의 옳고 그름을 판단하라.

(1) 명의자의 명시적인 승낙이나 동의가 없다는 것을 알고 있으면서도 명의자가 문서작성 사실을 알았다면 승낙하였을 것이라고 기대하거나 예측한 것만으로는 그 승낙이 추정된다고 단정할 수 없다.

(2) 민사소송에서 피고인이 언제부터 乙 회사에서 급여를 받았는지가 중요한 사항이었는데 甲 은행 발행의 피고인 명의 예금통장 기장내용 중 2006. 4. 25.자 입금자 명의를 가리고 복사하여 이를 법원에 증거로 제출한 경우, 피고인에게는 사문서변조 및 동행사죄가 성립한다.

[해설] [1] 사문서변조죄는 권한 없는 자가 이미 진정하게 성립된 타인 명의의 문서내용에 대하여 동일성을 해하지 않을 정도로 변경을 가하여 새로운 증명력을 작출케 함으로써 공공적 신용을 해할 위험성이 있을 때 성립한다.

[2] 사문서의 위·변조죄는 작성권한 없는 자가 타인 명의를 모용하여 문서를 작성하는 것을 말하므로 사문서를 작성·수정할 때 명의자의 명시적이거나 묵시적인 승낙이 있었다면 사문서의 위·변조죄에 해당하지 않고, 한편 행위 당시 명의자의 현실적인 승낙은 없었지만 행위 당시의 모든 객관적 사정을 종합하여 명의자가 행위 당시 그 사실을 알았다면 당연히 승낙했을 것이라고 추정되는 경우 역시 사문서의 위·변조죄가 성립하지 않는다고 할 것이나, 명의자의 명시적인 승낙이나 동의가 없다는 것을 알고 있으면서도 명의자가 문서작성 사실을 알았다면 승낙하였을 것이라고 기대하거나 예측한 것만으로는 그 승낙이 추정된다고 단정할 수 없다.

[3] 피고인이 행사할 목적으로 권한 없이 甲 은행 발행의 피고인 명의 예금통장 기장내용 중 특정 일자에 乙 주식회사로부터 지급받은 월급여의 입금자 부분을 화이트테이프로 지우고 복사하여 통장 1매를 변조한 후 그 통장사본을 법원에 증거로 제출하여 행사하였다는 내용으로 기소된 사안에서, 관련 민사소송에서 피고인이 언제부터 乙 회사에서 급여를 받았는지가 중요한 사항이었는데 2006. 4. 25.자 입금자 명의를 가리고 복사하여 이를 증거로 제출함으로써 2006. 5. 25.부터 乙 회사에서 급여를 수령하였다는 새로운 증명력이 작출되었으므로 공공적 신용을 해할 위험성이 있었다고 볼 수 있고, 제반 사정을 종합할 때 통장 명의자인 甲 은행장이 행위 당시 그러한 사실을 알았다면 이를 당연히 승낙했을 것으로 추정된다고 볼 수 없으며, 피고인이 쟁점이 되는 부분을 가리고 복사함으로써 문서내용에 변경을 가하고 증거자료로 제출한 이상 사문서변조 및 동행사의 고의가 없었다고 할 수 없다고 한 사례(대판 2011.9.29. 2010도14587).   정답 (1)○ (2)○

42. (★)회사의 적법한 대표이사가 직접 주식회사 명의 문서를 작성한 경우라면 그 문서의 내용이 진실에 반하는 허위이거나 대표권을 남용하여 자기 또는 제3자의 이익을 도모할 목적으로 작성된 경우일지라도 자격모용사문서작성죄 또는 사문서위조죄가 성립하지 않는다.

해설 大判 2008.11.27. 2006도2016.   정답 ○

43. (★)주식회사의 대표이사가 그 대표 자격을 표시하는 방식으로 작성한 문서에 표현된 의사 또는 관념이 귀속되는 주체는 대표이사 개인이 아닌 주식회사이므로, 그 문서의 명의자는 주식회사이다.

해설 大判 2008.11.27. 2006도2016.   정답 ○

44. (★★)A회사의 대표이사 甲이 B회사의 대표이사 乙로부터 포괄적 위임을 받아 두 회사의 대표이사 업무를 처리하면서 허위 내용의 영수증과 세금계산서를 B회사 대표이사 乙 또는 A회사 대표이사 丙으로 표시하여 작성·행사하였다. 그런데 甲은 이미 퇴직한 종전의 대표이사인 丙의 승낙 없이 丙을 대표이사로 표시하였다. 이 경우 甲에게 B회사 명의 부분은 사문서위조 및 위조사문서행사죄가 성립하지 않지만, A회사 명의 부분은 사문서위조 및 위조사문서행사죄가 성립한다.

해설 A회사의 대표이사 甲이 B회사의 대표이사 乙로부터 포괄적 위임을 받아 두 회사의 대표이사 업무를 처리하면서 두 회사 명의로 허위 내용의 영수증과 세금계산서를 작성한 사안에서, B회사 명의 부분은 乙의 개별적·구체적 위임 또는 승낙 없는 행위로서 사문서위조 및 위조사문서행사죄가 성립하지만, A회사 명의 부분은 이미 퇴직한 종전의 대표이사를 승낙 없이 대표이사로 표시하였더라도 이에 해당하지 않는다고 한 사례(대판 2008.11.27. 2006도2016).   정답 ×

45. (★)주식회사의 지배인이 자신을 그 회사의 대표이사로 표시하여 연대보증채무를 부담하는 취지의 회사 명의의 차용증을 작성·교부한 경우, 그 문서에 일부 허위 내용이 포함되거나 위 연대보증행위가 회사의 이익에 반하는 것이더라도 사문서위조 및 위조사문서행사에 해당하지 않는다.

해설 [1] 원래 주식회사의 지배인은 회사의 영업에 관하여 재판상 또는 재판 외의 모든 행위를 할 권한이 있으므로, 지배인이 직접 주식회사 명의 문서를 작성하는 행위는 위조나 자격모용사문서작성에 해당하지 않는 것이 원칙이고, 이는 그 문서의 내용이 진실에 반하는 허위이거나 권한을 남용하여 자기 또는 제3자의 이익을 도모할 목적으로 작성된 경우에도 마찬가지이다.
[2] 주식회사의 지배인이 자신을 그 회사의 대표이사로 표시하여 연대보증채무를 부담하는 취지의 회사 명의의 차용증을 작성·교부한 경우, 그 문서에 일부 허위 내용이 포함되거나 위 연대보증행위가 회사의 이익에 반하는 것이더라도 사문서위조 및 위조사문서행사에 해당하지 않는다고 한 사례(대판 2010.5.13. 2010도1040).   정답 ○

46. (★)주취운전자 적발보고서 및 주취운전자 정황진술보고서의 각 운전자란에 타인의 서명을 한 다음 이를 경찰관에게 제출한 것은 사문서위조 및 동행사죄에 해당한다.

> 해설 大判 2004.12.23. 2004도6483.
> 정답 ○

47. 회사의 실질적 경영자가 처음부터 상법상 특별배임죄의 범행에 사용할 목적으로 위 회사에 형식적으로 취임한 대표이사 명의의 문서를 작성한 행위는 사문서위조죄를 구성한다.

> 해설 회사의 실질적 경영자가 처음부터 상법상 특별배임죄의 범행에 사용할 목적으로 위 회사에 형식적으로 취임한 대표이사 명의의 문서를 작성한 행위가 사문서위조죄를 구성한다고 한 사례(대판 2006.9.28. 2006도1545).
> [판결이유] 회사 명의의 문서작성권한을 남용한 정도에 그치는 것이 아니라 위임된 권한의 범위를 벗어나는 것으로서 사문서위조죄를 구성한다고 보기에 충분하다.
> 정답 ○

48. 해산등기를 마쳐 그 법인격이 소멸한 법인 명의의 사문서를 위조한 행위는 사문서위조죄에 해당된다.

> 해설 大判 2005.3.25. 2003도4943.
> 정답 ○

49. 식당의 주·부식 구입 업무를 담당하는 공무원이 주·부식구입요구서의 과장결재란에 권한 없이 자신의 서명을 한 경우, 공문서위조죄가 성립한다.

> 해설 식당의 주·부식 구입 업무를 담당하는 공무원이 주·부식구입요구서의 과장결재란에 권한 없이 자신의 서명을 한 경우, 자격모용공문서작성죄가 성립하고 공문서위조죄는 문제되지 않는다고 한 사례(대판 2008.1.17. 2007도6987).
> 정답 ✕

50. (★)세금계산서의 작성권한자 및 세금계산서상의 공급자가 임의로 공급받는 자 란에 다른 사람을 기재한 경우 그 사람에 대한 관계에서 사문서위조죄가 성립되지 않는다.

> 해설 세금계산서상의 공급받는 자는 그 문서 내용의 일부에 불과할 뿐 세금계산서의 작성명의인은 아니라 할 것이니, 공급받는 자 란에 임의로 다른 사람을 기재하였다 하여 그 사람에 대한 관계에서 사문서위조죄가 성립된다고 할 수 없다(대판 2007.3.15. 2007도169).
> 정답 ○

51. (★)甲은, 중국 중의사 및 침구사 시험에 응시할 사람을 모집한 후 그들을 중국에 데려가 응시원서의 제출을 대행하면서 응시생의 임상경력증명서가 필요하게 되자, 실재하지 않는 한의원 명의의 임상경력서를 만들어 사용하였다. 이 경우 甲에게는 사문서위조죄와 동행사죄가 성립한다.

해설 문서위조죄는 문서의 진정에 대한 공공의 신용을 그 보호법익으로 하는 것이므로 행사할 목적으로 작성된 문서가 일반인으로 하여금 당해 명의인의 권한 내에서 작성된 문서라고 믿게 할 수 있는 정도의 형식과 외관을 갖추고 있으면 문서위조죄가 성립하는 것이고, 위와 같은 요건을 구비한 이상 그 명의인이 실재하지 않는 허무인이거나 또는 문서의 작성일자 전에 이미 사망하였다고 하더라도 그러한 문서 역시 공공의 신용을 해할 위험성이 있으므로 문서위조죄가 성립한다고 봄이 상당하며, 이는 공문서뿐만 아니라 사문서의 경우에도 마찬가지라고 보아야 한다(대판(전) 2005.2.24. 2002도18). **정답** ○

52. 공립학교 교사가 작성하는 교원의 인적사항과 전출희망사항 등을 기재하는 부분과 학교장이 작성하는 학교장의견란 등으로 구성되어 있는 교원실태 조사카드의 교사 명의 부분을 명의자의 의사에 반하여 작성하였다면 공문서위조죄에 해당한다.

해설 공립학교 교사가 작성하는 교원의 인적사항과 전출희망사항 등을 기재하는 부분과 학교장이 작성하는 학교장의견란 등으로 구성되어 있는 교원실태 조사카드는 학교장의 작성명의 부분은 공문서라고 할 수 있으나, 작성자가 교사명의로 된 부분은 개인적으로 전출을 희망하는 의사표시를 한 것에 지나지 아니하여 이것을 가리켜 공무원이 직무상 작성한 공문서라고 할 수는 없을 것이므로 위 카드의 교사 명의 부분을 명의자의 의사에 반하여 작성하였다고 하여도 공문서를 위조한 것이라고 할 수 없다(대판 1991.9.24. 91도1733). **정답** ✕

53. (★)공증인이 인증한 사서증서의 기재 내용을 일부 변조한 행위는 공문서변조죄가 아니라 사문서변조죄에 해당한다.

해설 공증인이 공증인법 제57조 제1항의 규정에 의하여 사서증서에 대하여 하는 인증은 당해 사서증서에 나타난 서명 또는 날인이 작성명의인에 의하여 정당하게 성립하였음을 인증하는 것일 뿐 그 사서증서의 기재 내용을 인증하는 것은 아닌 바, 사서증서 인증서 중 인증기재 부분은 공문서에 해당한다고 하겠으나, 위와 같은 내용의 인증이 있었다고 하여 사서증서의 기재 내용이 공문서인 인증기재 부분의 내용을 구성하는 것은 아니라고 할 것이므로, 사서증서의 기재 내용을 일부 변조한 행위는 공문서변조죄가 아니라 사문서변조죄에 해당한다(대판 2005.3.24. 2003도2144). **정답** ○

54. (★)권한 없는 자가 임의로 인감증명서의 사용용도란의 기재를 고쳐 썼다고 하더라도 공무원 또는 공무소의 문서 내용에 대하여 변경을 가하여 새로운 증명력을 작출한 경우라고 볼 수 없으므로 공문서변조죄나 이를 전제로 하는 변조공문서행사죄가 성립되지는 않는다.

[해설] 인감증명의 신청과 인감증명서의 발급에 관한 법령의 규정에 의하면, 인감의 증명을 신청함에 있어서 그 용도가 부동산매도용일 경우에는 부동산매수자란에 매수자의 성명(법인인 경우 법인명), 주소 및 주민등록번호를 기재하여 신청하여야 하지만 그 이외의 경우에는 신청 당시 사용용도란을 기재하여야 하는 것은 아니고, 필요한 경우에 신청인이 직접 기재하여 사용하도록 되어 있으며, 사용용도에 따른 인감증명서의 유효기간에 관한 종전의 규정도 삭제되어 유효기간의 차이도 없으므로 인감증명서의 사용용도란의 기재는 증명청인 동장이 작성한 증명문구에 의하여 증명되는 부분과는 아무런 관계가 없다고 할 것이므로, 권한 없는 자가 임의로 인감증명서의 사용용도란의 기재를 고쳐 썼다고 하더라도 공무원 또는 공무소의 문서 내용에 대하여 변경을 가하여 새로운 증명력을 작출한 경우라고 볼 수 없어 공문서변조죄나 이를 전제로 하는 변조공문서행사죄가 성립되지는 않는다(대판 2004.8.20. 2004도2767). **정답 ○**

55. 법원이 이혼의사확인서등본 뒤에 이혼신고서를 첨부하고 간인하여 교부하였는데 당사자가 이를 떼어내고 다른 내용의 이혼신고서를 붙여 호적관서에 제출한 경우, 공문서변조 및 변조공문서행사죄가 성립한다.

[해설] 그러한 사정만으로 이혼신고서가 공문서인 이혼의사확인서등본의 일부가 되었다고 볼 수 없다. 따라서 당사자가 이혼의사확인서등본과 간인으로 연결된 이혼신고서를 떼어내고 원래 이혼신고서의 내용과는 다른 이혼신고서를 작성하여 이혼의사확인서등본과 함께 호적관서에 제출하였다고 하더라도, 공문서인 이혼의사확인서등본을 변조하였다거나 변조된 이혼의사확인서등본을 행사하였다고 할 수 없다(대판 2009.1.30. 2006도7777). **정답 ✕**

56. 甲은 홍콩 교통국장이 乙에게 발행한 유효기간이 경과한 국제운전면허증에 붙어있던 乙의 사진을 떼어내고 그 자리에 자기의 사진을 붙였다. 甲에게는 공문서위조죄가 성립한다.

[해설] 문서위조죄는 문서의 진정에 대한 공공의 신용을 그 보호법익으로 하는 것이므로, 피고인이 위조하였다는 국제운전면허증이 그 유효기간을 경과하여 본래의 용법에 따라 사용할 수는 없게 되었다고 하더라도, 이를 행사하는 경우 그 상대방이 유효기간을 쉽게 알 수 없도록 되어 있거나 위 문서 자체가 진정하게 작성된 것으로서 피고인이 명의자로부터 국제운전면허를 받은 것으로 오신하기에 충분한 정도의 형식과 외관을 갖추고 있다면 피고인의 행위는 (사)문서위조죄에 해당한다(대판 1998.4.10. 98도164). **정답 ✕**

※ (   ) 안에 표시된 甲의 죄책에 대한 옳음(○)과 틀림(✕)을 판단하시오.(다툼이 있으면 판례에 의함)

57. 甲은 이사회를 개최함에 있어 그 참석 및 의결권의 행사에 관한 이사들의 권한을 위임받아 실제로는 이사 乙이 이사회에 참석하지 않았음에도 불구하고 마치 참석하여 의결권을 행사한 것처럼 이사회 회의록에 기재하였다.(허위사문서작성죄)

[해설] 피고인들이 작성한 회의록에다 참석한 바 없는 소외인이 참석하여 사회까지 한 것으로 기재한 부분은 사문서의 무형위조에 해당할 뿐이어서 사문서의 유형위조만을 처벌하는 현행 형법하에서는 죄가 되지 아니한다(대판 1984.4.24. 83도2645). **정답** ✕

58. (★)공무원 甲은 시장명의의 환지계획인가신청서에 첨부된 당초의 도면에 잘못 표시된 부분이 있다 하여 임의로 위 도면을 정정도면과 바꿔치기 하였다.(공문서변조죄와 동행사죄)

[해설] 시장명의로 작성하여 도지사에게 송부한 환지계획인가신청서에 첨부된 당초의 도면에 잘못 표시된 부분이 있다고 하여도 시에서 도시계획사무를 담당한 공무원이 적법한 절차를 거침이 없이 임의로 위 도면을 정정도면과 바꿔치기 한 행위에 대하여는 공문서변조, 동행사의 범의를 인정하기에 넉넉하며, 도면에 간인이 없다든가 시장의 승인이 예상된다 하여 그 범의를 부인할 수는 없다(대판 1985.6.25. 85도540). **정답** ○

59. 의사 甲은 환자 乙의 부탁으로 상해가 아니라고 생각하면서 상해진단서를 발급하였으나 X선 필름의 정밀분석 결과 상해를 입었다는 것이 판명되었다.(허위진단서작성죄)

[해설] 乙에 대한 방사선필름을 분석한 결과 척추굴곡의 감소가 있어 경추부와 요추부에 약 21일 이상의 치료를 요하는 상해를 입었다고 볼 수 있는 사실을 인정할 수 있으므로 甲이 최초진단서를 작성함에 있어서 그 내용이 허위라는 주관적 인식을 가지고 있었다 하더라도 그 내용이 객관적으로 진실에 부합하기 때문에 허위진단서작성죄가 성립하지 아니한다(대판 1998.2.24. 97도183). **정답** ✕

60. (★)건축공무원인 甲은 乙의 건축허가신청서를 처리함에 있어 설계에 법정의 요건이 구비되어 있지 않은 것을 알고 있었음에도 불구하고, 기안서인 건축허가통보서를 작성하여 건축허가서의 작성명의인인 군수의 결재를 받아 건축허가서를 작성하였다.(허위공문서작성죄의 간접정범)

[해설] 건축 담당 공무원이 건축허가신청서를 접수·처리함에 있어 건축법상의 요건을 갖추지 못하고 설계된 사실을 알면서도 기안서인 건축허가통보서를 작성하여 건축허가서의 작성명의인인 군수의 결재를 받아 건축허가서를 작성한 경우, 건축허가서는 그 작성명의인인 군수가 건축허가신청에 대하여 이를 관계 법령에 따라 허가한다는 내용에 불과하고 서류에 기재된 내용(건축물의 건축계획)이 건축법의 규정에 적합하다는 사실을 확인하거나 증명하는 것은 아니라 할 것이므로 위 건축허가서에 표현된 허가의 의사표시 내용 자체에 어떠한 허위가 있다고 볼 수는 없다 할 것이어서, 이러한 건축허가에 그 요건을 구비하지 못한 잘못이 있고 이에 담당 공무원의 위법행위가 개입되었다 하더라도 그 위법행위에 대한 책임을 추궁하는 것은 별론으로 하고 위 건축허가서를 작성한 행위를 허위공문서작성죄로 처벌할 수는 없다(대판 2000.6.27. 2000도1858).
[비교판례] 1) 폐기물관리법 제26조 제2항에 의한 폐기물처리사업계획 적합 통보서는 단순히 폐

기물처리사업을 관계 법령에 따라 허가한다는 내용이 아니라, 폐기물처리업을 하려는 자가 폐기물관리법 제26조 제1항에 따라 제출한 폐기물처리사업계획이 폐기물관리법 및 관계 법령의 규정에 적합하다는 사실을 확인하거나 증명하는 것이라 할 것이므로, 그 폐기물처리사업계획이 관계 법령의 규정에 적합하지 아니함을 알면서 적합하다는 내용으로 통보서를 작성한 것이라면 그 통보서는 허위의 공문서라고 보지 아니할 수 없다(대판 2003.2.11. 2002도4293).

2) 농지법 제8조 제1항 소정의 농지취득자격증명은 농지를 취득하는 자가 그 소유권에 관한 등기를 신청할 때에 첨부하여야 할 서류로서(농지법 제8조 제4항), 농지를 취득하는 자에게 농지취득의 자격이 있다는 것을 증명하는 것이므로, 신청인에게 농업경영능력이나 영농의사가 없음을 알거나 이를 제대로 알지 못하면서도 농지취득자격에 아무런 문제가 없다는 내용으로 농지취득자격증명통보서를 작성하였다면, 허위공문서작성죄가 성립한다(대판 2007.1.25. 2006도3996).

정답 ✕

61. (★)甲은 폐품반납증의 내용을 권한 없이 변경하였는데, 그 폐품반납증은 공무원 乙이 허위의 내용으로 작성한 것이었다.(공문서변조죄)

해설 공문서변조라 함은 권한없이 이미 진정하게 성립된 공무원 또는 공무소명의의 문서내용에 대하여 그 동일성을 해하지 아니할 정도로 변경을 가하는 것을 말한다 할 것이므로 이미 허위로 작성된 공문서는 형법 제225조 소정의 공문서변조죄의 객체가 되지 아니한다(대판 1986.11.11. 86도1984).

정답 ✕

62. (★)피고인이 인터넷을 통하여 열람·출력한 등기사항전부증명서 하단의 열람 일시 부분을 수정 테이프로 지우고 복사해 두었다가 이를 타인에게 교부하였다면 공문서변조 및 변조공문서행사죄가 성립한다. ( )

해설 등기사항전부증명서의 열람 일시는 등기부상 권리관계의 기준 일시를 나타내는 역할을 하는 것으로서 권리관계나 사실관계의 증명에서 중요한 부분에 해당하므로, 피고인이 등기사항전부증명서의 열람 일시를 삭제하여 복사한 행위는 등기사항전부증명서가 나타내는 권리·사실관계와 다른 새로운 증명력을 가진 문서를 만든 것에 해당하고 그로 인하여 공공적 신용을 해할 위험성도 발생하였으므로 공문서변조 및 변조공문서행사죄가 성립한다.(대판 2021.2.25. 2018도19043)

정답 ○

63. (★)국립병원의 의사이면서 공무원인 甲이 환자 A를 진찰하고 그의 청탁에 따라 허위내용의 진단서를 작성하여 A에게 교부한 때에는 허위진단서작성죄는 성립하지 아니하며 허위공문서작성죄만 성립한다.

해설 大判 2004.4.9. 2003도7762.

정답 ○

형법각론/제2편 사회적 법익에 관한 죄 405

64. (★★) 의사인 피고인이 환자의 인적사항, 병명, 입원기간 및 그러한 입원사실을 확인하는 내용이 기재된 '입퇴원 확인서'를 허위로 작성하였다고 하여 허위진단서작성죄가 성립하는 것은 아니다.

> 해설 [1] 형법 제233조의 허위진단서작성죄에서 '진단서'란 의사가 진찰의 결과에 관한 판단을 표시하여 사람의 건강상태를 증명하기 위하여 작성하는 문서를 말하고, 위 조항에서 규율하는 진단서에 해당하는지 여부는 서류의 제목, 내용, 작성목적 등을 종합적으로 고려하여 판단하여야 한다.
>
> [2] 의사인 피고인이 환자의 인적사항, 병명, 입원기간 및 그러한 입원사실을 확인하는 내용이 기재된 '입퇴원 확인서'를 허위로 작성하였다고 하여 허위진단서작성으로 기소된 사안에서, 위 '입퇴원 확인서'는 문언의 제목, 내용 등에 비추어 의사의 전문적 지식에 의한 진찰이 없더라도 확인 가능한 환자들의 입원 여부 및 입원기간의 증명이 주된 목적인 서류로서 환자의 건강상태를 증명하기 위한 서류라고 볼 수 없어 허위진단서작성죄에서 규율하는 진단서로 보기 어려운데도, 이와 달리 보아 유죄를 인정한 원심판결에 허위진단서작성죄의 진단서에 관한 법리를 오해한 위법이 있다고 한 사례(대판 2013.12.12. 2012도3173). **정답** ○

65. (★) 의사가 환자의 수형(受刑)생활 또는 수감(收監)생활의 가능 여부에 관하여 기재한 의견이 환자의 건강상태에 기초한 향후 치료 소견의 일부로서 의료적 판단을 기재한 것으로 볼 수 있다면, 이는 환자의 건강상태를 나타내고 있다는 점에서 허위 진단서 작성의 대상이 될 수 있다.

> 해설 [1] 허위 진단서 작성에 해당하는 허위의 기재는 사실에 관한 것이건 판단에 관한 것이건 불문하므로, 현재의 진단명과 증상에 관한 기재뿐만 아니라 현재까지의 진찰 결과로서 발생 가능한 합병증과 향후 치료에 대한 소견을 기재한 경우에도 그로써 환자의 건강상태를 나타내고 있는 이상 허위 진단서 작성의 대상이 될 수 있다.
>
> [2] 의사가 환자의 수형(受刑)생활 또는 수감(收監)생활의 가능 여부에 관하여 기재한 의견이 환자의 건강상태에 기초한 향후 치료 소견의 일부로서 의료적 판단을 기재한 것으로 볼 수 있다면, 이는 환자의 건강상태를 나타내고 있다는 점에서 허위 진단서 작성의 대상이 될 수 있다(대판 2017.11.9. 2014도15129). **정답** ○

66. (★★) 전투비행단 체력단련장 관리사장 甲은 허위의 내용이 기재된 체력단련장 사용·수익에 관한 수정합의서를 기안하여 작성권자인 전투비행단장의 결재를 받지 않았는데도 결재를 받은 것처럼 단장 명의 직인 담당자를 기망하여 그로 하여금 수정합의서에 날인하도록 하였다. 다음 기술의 옳고 그름을 판단하라.

(1) 공문서의 작성권한 없는 사람이 허위공문서를 기안하여 작성권자의 결재를 받지 않고 공문서를 완성한 경우 공문서위조죄가 성립한다.

(2) 공문서의 작성권한 없는 사람이 허위공문서를 기안하여 작성권자의 결재를 받지 않았는데도

결재를 받은 것처럼 직인을 보관하는 담당자를 기망하여 작성권자의 직인을 날인하도록 하여 공문서를 완성한 때에도 공문서위조죄가 성립한다.

(3) 위 사안에서 甲에게는 공문서위조죄가 성립한다.

> 해설 허위공문서작성죄의 주체는 문서를 작성할 권한이 있는 명의인인 공무원에 한하고 그 공무원의 문서작성을 보조하는 직무에 종사하는 공무원은 허위공문서작성죄의 주체가 될 수 없다. 따라서 보조 직무에 종사하는 공무원이 허위공문서를 기안하여 허위임을 모르는 작성권자의 결재를 받아 공문서를 완성한 때에는 허위공문서작성죄의 간접정범이 될 것이지만, 이러한 결재를 거치지 않고 임의로 작성권자의 직인 등을 부정 사용함으로써 공문서를 완성한 때에는 공문서위조죄가 성립한다. 이는 공문서의 작성권한 없는 사람이 허위공문서를 기안하여 작성권자의 결재를 받지 않고 공문서를 완성한 경우에도 마찬가지이다.
>
> 나아가 작성권자의 직인 등을 보관하는 담당자는 일반적으로 작성권자의 결재가 있는 때에 한하여 보관 중인 직인 등을 날인할 수 있을 뿐이다. 이러한 경우 다른 공무원 등이 작성권자의 결재를 받지 않고 직인 등을 보관하는 담당자를 기망하여 작성권자의 직인을 날인하도록 하여 공문서를 완성한 때에도 공문서위조죄가 성립한다(대판 2017.5.17. 2016도13912).
>
> 정답 (1) ○ (2) ○ (3) ○

67. 공무원이 행사할 목적으로 고의로 법령을 잘못 적용하여 공문서를 작성하였다면 그 법령 적용의 전제가 된 사실관계에 대한 내용에 거짓이 없더라도 허위공문서작성죄가 성립한다.

> 해설 허위공문서작성죄란 공문서에 진실에 반하는 기재를 하는 때에 성립하는 범죄이므로, 고의로 법령을 잘못 적용하여 공문서를 작성하였다고 하더라도 그 법령적용의 전제가 된 사실관계에 대한 내용에 거짓이 없다면 허위공문서작성죄가 성립될 수 없다(대판 2003.2.11. 2002도4293).
>
> 정답 ✕

68. 공문서를 작성하는 과정에서 법령 등을 잘못 적용하거나 적용하여야 할 법령 등을 적용하지 아니한 잘못이 있더라도 그 적용의 전제가 된 사실관계에 관하여 거짓된 기재가 없다면 허위공문서작성죄가 성립할 수 없다.

> 해설 허위공문서작성죄는 공문서에 진실에 반하는 기재를 하는 때에 성립하는 범죄이므로, 공문서를 작성하는 과정에서 법령 등을 잘못 적용하거나 적용하여야 할 법령 등을 적용하지 아니한 잘못이 있더라도 그 적용의 전제가 된 사실관계에 관하여 거짓된 기재가 없다면 허위공문서작성죄가 성립할 수 없고, 이는 그와 같은 잘못이 공무원의 고의에 기한 것이라도 달리 볼 수 없다. 공문서 작성 과정에서 법령 등을 잘못 적용하였다고 하여 반드시 진실에 반하는 기재를 하여 공문서를 작성하게 되는 것은 아니므로, 공문서 작성 과정에서 법령 등의 적용에 잘못이 있다는 것과 기재된 공문서 내용이 허위인지 여부는 구별되어야 한다.(대판 2021.9.16. 2019도18394)
>
> 정답 ○

69. (★)매수인으로부터 매도인과의 토지매매계약체결에 관하여 포괄적 위임을 받은 자가 실제 매수가격보다 높은 가격을 매매대금으로 기재하여 매수인 명의의 매매계약서를 작성하였다 하더라도 사문서위조죄가 성립하지 않는다.

해설　작성권한 있는 자가 허위내용의 문서를 작성한 것일 뿐 사문서위조죄가 성립될 수는 없다(대판 1984.7.10. 84도1146).　정답 ○

70. (★)토지매수권한을 위임받은 대리인이 매도인측 대표자와 공모하여 매매대금 일부를 착복하기로 하고 위임받은 특정 매매금액보다 낮은 금액을 허위로 기재한 매매계약서를 작성한 경우, 자격모용 사문서작성죄가 성립한다.

해설　토지매수권한을 위임받은 대리인이 매도인측 대표자와 공모하여 매매대금 일부를 착복하기로 하고 위임받은 특정 매매금액보다 낮은 금액을 허위로 기재한 매매계약서를 작성한 경우, 자격모용 사문서작성죄를 구성하지 않는다고 한 사례(대판 2007.10.11. 2007도5838).　정답 ×

71. (★)부동산중개사무소를 대표하거나 대리할 권한이 없는 甲이 부동산매매계약서의 공인중개사란에 'ㅇㅇ부동산 대표 甲'이라고 기재한 경우, 'ㅇㅇ부동산'이라는 표기는 자격모용 사문서작성죄의 '명의인'에 해당한다.

해설　부동산중개사무소를 대표하거나 대리할 권한이 없는 사람이 부동산매매계약서의 공인중개사란에 'ㅇㅇ부동산 대표 △△△(피고인의 이름)'라고 기재한 사안에서, 'ㅇㅇ부동산'이라는 표기는 단순히 상호를 가리키는 것이 아니라 독립한 사회적 지위를 가지고 활동하는 존재로 취급될 수 있으므로 자격모용사문서작성죄의 '명의인'에 해당한다고 본 사례(대판 2008.2.14. 2007도9606).　정답 ○

72. 공전자기록위작·변작죄에서의 "사무처리를 그르치게 할 목적"이란 위작 또는 변작된 전자기록이 사용됨으로써 시스템을 설치·운영하는 주체의 사무처리를 잘못되게 하는 것을 말한다.

해설　[1] 형법 제227조의2는 "사무처리를 그르치게 할 목적으로 공무원 또는 공무소의 전자기록 등 특수매체기록을 위작 또는 변작한 자는 10년 이하의 징역에 처한다."고 규정하고 있는데, 여기에서 전자기록은 그 자체로는 물적 실체를 가진 것이 아니어서 별도의 표시·출력장치를 통하지 아니하고는 보거나 읽을 수 없고, 그 생성 과정에 여러 사람의 의사나 행위가 개재됨은 물론 추가 입력한 정보가 프로그램에 의하여 자동으로 기존의 정보와 결합하여 새로운 전자기록을 작출하는 경우도 적지 않으며, 그 이용 과정을 보아도 그 자체로서 객관적·고정적 의미를 가지면서 독립적으로 쓰이는 것이 아니라 개인 또는 법인이 전자적 방식에 의한 정보의 생성·처리·저장·출력을 목적으로 구축하여 설치·운영하는 시스템에서 쓰임으로써 예정된 증명적 기능을 수행하는 것이므로, "사무처리를 그르치게 할 목적"이란 위작 또는 변작된 전자기록이 사용됨으로써 위와 같은 시스템을 설치·운영하는 주체의 사무처리를 잘못되게 하는 것을 말한다.

[2] 공군 복지근무지원단 예하 지구대의 부대매점 및 창고관리 부사관이 창고 관리병으로 하여금 위 지원단의 업무관리시스템인 복지전산시스템에 자신이 그 전에 이미 횡령한 바 있는 면세주류를 마치 정상적으로 판매한 것처럼 허위로 입력하게 한 사안에서, 공전자기록위작·변작죄의 '사무처리를 그르치게 할 목적'이 있었다는 취지의 원심판단을 수긍한 사례(대판 2010.7.8. 2010도3545).

정답 ○

---

73. (★)조사계 소속 경찰관인 甲은 사무처리를 그르칠 목적으로, 사실은 A에 대한 고소사건을 처리하지 아니하였음에도 불구하고, 조사계 소속 일용직으로서 그 정을 모르는 乙을 통하여 경찰범죄정보시스템에 검찰에 송치한 것으로 허위사실을 입력하였다. 甲에게는 공전자기록위작죄가 성립한다.

[해설] [1] 형법 제227조의2에서 위작의 객체로 규정한 전자기록은, 그 자체로는 물적 실체를 가진 것이 아니어서 별도의 표시·출력장치를 통하지 아니하고는 보거나 읽을 수 없고, 그 생성 과정에 여러 사람의 의사나 행위가 개재됨은 물론 추가 입력한 정보가 프로그램에 의하여 자동으로 기존의 정보와 결합하여 새로운 전자기록을 작출하는 경우도 적지 않으며, 그 이용 과정을 보아도 그 자체로서 객관적·고정적 의미를 가지면서 독립적으로 쓰이는 것이 아니라 개인 또는 법인이 전자적 방식에 의한 정보의 생성·처리·저장·출력을 목적으로 구축하여 설치·운영하는 시스템에서 쓰임으로써 예정된 증명적 기능을 수행하는 것이므로, 위와 같은 시스템을 설치·운영하는 주체와의 관계에서 전자기록의 생성에 관여할 권한이 없는 사람이 전자기록을 작출하거나 전자기록의 생성에 필요한 단위 정보의 입력을 하는 경우는 물론 시스템의 설치·운영 주체로부터 각자의 직무 범위에서 개개의 단위정보의 입력 권한을 부여받은 사람이 그 권한을 남용하여 허위의 정보를 입력함으로써 시스템 설치·운영 주체의 의사에 반하는 전자기록을 생성하는 경우도 형법 제227조의2에서 말하는 전자기록의 '위작'에 포함된다.

[2] 경찰관이 고소사건을 처리하지 아니하였음에도 경찰범죄정보시스템에 그 사건을 검찰에 송치한 것으로 허위사실을 입력한 행위가 공전자기록위작죄에서 말하는 위작에 해당한다고 한 사례(대판 2005.6.9. 2004도6132).

정답 ○

---

74. (★★)공전자기록위작죄의 '위작'의 의미와 사전자기록위작죄의 '위작'의 의미는 동일하다고 보아야 한다. ( )

[판결요지]

[해설] 시스템을 설치·운영하는 주체와의 관계에서 전자기록의 생성에 관여할 권한이 없는 사람이 전자기록을 작출하거나 전자기록의 생성에 필요한 단위정보의 입력을 하는 경우는 물론 시스템의 설치·운영의 주체로부터 각자의 직무범위에서 개개의 단위정보의 입력권한을 부여받은 사람이 그 권한을 남용하여 허위의 정보를 입력함으로써 시스템 설치·운영주체의 의사에

반하는 전자기록을 생성하는 경우도 형법 제227조의2의 공전자기록위작죄에서 말하는 전자기록의 '위작'에 포함된다. 위 법리는 형법 제232조의2의 사전자기록등위작죄에서 행위의 태양으로 규정한 '위작'에 대해서도 마찬가지로 적용된다.(대판(전) 2020.8.27. 2019도11294)

정답 ○

75. (★★)판례에 의할 때 다음 기술의 옳고 그름을 판단하라.

(1) 공정증서원본 부실기재죄의 객체인 공정증서원본은 그 성질상 허위신고에 의해 부실한 사실이 그대로 기재될 수 있는 공문서이어야 한다.
(2) 법원에 허위 내용의 조정신청서를 제출하여 판사로 하여금 조정조서에 부실의 사실을 기재하게 한 경우 공정증서원본 부실기재죄에 해당한다.

해설 [1] 형법 제228조 제1항이 규정하는 공정증서원본 부실기재죄는 공무원에 대하여 진실에 반하는 허위신고를 하여 공정증서원본에 그 증명하는 사항에 관하여 실체관계에 부합하지 아니하는 부실의 사실을 기재하게 함으로써 성립하는 범죄로서, 위 죄의 객체인 공정증서원본은 그 성질상 허위신고에 의해 부실한 사실이 그대로 기재될 수 있는 공문서이어야 한다고 할 것인바, 민사조정법상 조정신청에 의한 조정제도는 원칙적으로 조정신청인의 신청 취지에 구애됨이 없이 조정담당판사 등이 제반 사정을 고려하여 당사자들에게 상호 양보하여 합의하도록 권유·주선함으로써 화해에 이르게 하는 제도인 점에 비추어, 그 조정절차에서 작성되는 조정조서는 그 성질상 허위신고에 의해 부실한 사실이 그대로 기재될 수 있는 공문서로 볼 수 없어 공정증서원본에 해당하는 것으로 볼 수 없다.
[2] 법원에 허위 내용의 조정신청서를 제출하여 판사로 하여금 조정조서에 부실의 사실을 기재하게 하였다는 취지의 공정증서원본 부실기재의 공소사실에 대하여, 위 조정조서가 공정증서원본에 해당한다고 판단하여 유죄로 인정한 원심판단에 법리오해의 위법이 있다고 한 사례(대판 2010.6.10. 2010도3232).

정답 (1)○ (2)×

76. (★)자동차운전면허증 재교부신청서의 사진란에 본인의 사진이 아닌 다른 사람의 사진을 붙여 제출함으로써 담당공무원으로 하여금 자동차운전면허대장에 부실의 사실을 기재하게 한 경우 공정증서원본부실기재죄가 성립한다.

해설 [1] 도로교통법 시행령 제94조와 같은법 시행규칙 규정 취지를 종합하여 보면, 자동차운전면허대장은 운전면허 행정사무집행의 편의를 위하여 범칙자, 교통사고유발자의 인적사항·면허번호 등을 기재하거나 운전면허증의 교부 및 재교부 등에 관한 사항을 기재하는 것에 불과하며, 그에 대한 기재를 통해 당해 운전면허 취득자에게 어떠한 권리의무를 부여하거나 변동 또는 상실시키는 효력을 발생하게 하는 것으로 볼 수는 없고, 따라서 자동차운전면허대장은 사실증명에 관한 것에 불과하므로 형법 제228조 제1항에서 말하는 공정증서원본이라고 볼 수 없다.
[2] 자동차운전면허증 재교부신청서의 사진란에 본인의 사진이 아닌 다른 사람의 사진을 붙여

제출함으로써 담당공무원으로 하여금 자동차운전면허대장에 부실의 사실을 기재하여 이를 비치하게 하였다는 내용의 공소사실에 대하여, 자동차운전면허대장이 공정증서원본임을 전제로 이를 모두 유죄로 인정한 원심판단에 법리오해의 위법이 있다고 한 사례(대판 2010.6.10. 2010도1125).

정답 ✕

---

77. 부실의 사실이 기재된 공정증서의 정본을 그 정을 모르는 법원 직원에게 교부한 행위는 형법 제229조의 불실기재공정증서원본행사죄에 해당하지 아니한다.

[해설] 형법 제229조, 제228조 제1항의 규정과 형벌법규는 문언에 따라 엄격하게 해석하여야 하고 피고인에게 불리한 방향으로 지나치게 확장해석하거나 유추해석하여서는 아니되는 원칙에 비추어 볼 때, 위 각 조항에서 규정한 '공정증서원본'에는 공정증서의 정본이 포함된다고 볼 수 없으므로 형법 제229조의 불실기재공정증서원본행사죄에 해당하지 아니한다(대판 2002.3.26. 2001도6503).

정답 ○

---

78. (★)甲이 A와 통모하여 A소유의 부동산을 甲에게 가장매매하고 소유권이전등기를 마쳤다면 甲에게 공정증서원본부실기재죄가 성립한다.

[해설] 가장매매를 원인으로 한 소유권이전등기는 당사자간에는 소유권이전의 합의가 있었던 것이었다 할 것이므로 그 등기를 한 것이 공정증서원본부실기재 및 동 행사죄를 구성하지 아니한다(대판 1972.10.31. 72도1971). 가장된 매매계약에 의한 소유권이전등기라 할지라도 등기권리자와 등기의무자간에 소유권이전의 합의가 있고 또한 관계당사자간에 중간등기생략의 합의가 있는 이상 공정증서원본부실기재가 되지 아니한다(대판 1970.5.26. 69도826).

정답 ✕

---

79. (★)토지거래 허가구역 안의 토지에 관하여 실제로는 매매계약을 체결하고서도 처음부터 토지거래허가를 잠탈하려는 목적으로 등기원인을 '증여'로 하여 소유권이전등기를 경료한 경우라고 하더라도, 매도인과 매수인 사이에 실제의 원인과 달리 '증여'를 원인으로 한 소유권이전등기를 경료할 의사의 합치가 있었다면, 허위신고를 하여 공정증서원본에 부실의 사실을 기재하게 한 때에 해당하지 아니한다.

[해설] 토지거래 허가구역 안의 토지에 관하여 실제로는 매매계약을 체결하고서도 처음부터 토지거래허가를 잠탈하려는 목적으로 등기원인을 '증여'로 하여 소유권이전등기를 경료한 경우, 비록 매도인과 매수인 사이에 실제의 원인과 달리 '증여'를 원인으로 한 소유권이전등기를 경료할 의사의 합치가 있더라도, 허위신고를 하여 공정증서원본에 부실의 사실을 기재하게 한 때에 해당한다고 한 사례(대판 2007.11.30. 2005도9922).

정답 ✕

80. **(★★)** 주식회사의 발기인 등이 상법 등 법령에 정한 회사설립의 요건과 절차에 따라 회사설립등기를 함으로써 회사가 성립하였다고 볼 수 있는 경우라도 발기인 등이 회사를 설립할 당시 회사를 실제로 운영할 의사 없이 회사 명의로 통장을 개설하여 이른바 대포통장을 유통시킬 목적이었을 뿐이고, 회사로서의 인적·물적 조직 등 영업의 실질을 갖추지 않았다면 불실의 사실을 법인등기부에 기록하게 한 것으로 볼 수 있다.

[해설] 주식회사의 발기인 등이 상법 등 법령에 정한 회사설립의 요건과 절차에 따라 회사설립등기를 함으로써 회사가 성립하였다고 볼 수 있는 경우 회사설립등기와 그 기재 내용은 특별한 사정이 없는 한 공정증서원본 불실기재죄나 공전자기록 등 불실기재죄에서 말하는 불실의 사실에 해당하지 않는다. 발기인 등이 회사를 설립할 당시 회사를 실제로 운영할 의사 없이 회사를 이용한 범죄 의도나 목적이 있었다거나, 회사로서의 인적·물적 조직 등 영업의 실질을 갖추지 않았다는 이유만으로는 불실의 사실을 법인등기부에 기록하게 한 것으로 볼 수 없다.(대판 2020.2.27. 2019도9293)
정답 ✕

81. **(★)**본인 소유의 자동차를 타인에게 명의신탁 하기 위한 것이거나 이른바 권리 이전 과정이 생략된 중간생략의 소유권 이전등록이라도 그러한 소유권 이전등록이 실체적 권리관계에 부합하는 유효한 등록인 경우 불실의 사실을 기록하게 하였다고 할 수 없다.

[해설] 피고인 소유의 자동차를 타인에게 명의신탁 하기 위한 것이거나 이른바 권리 이전 과정이 생략된 중간생략의 소유권 이전등록이라도 그러한 소유권 이전등록이 실체적 권리관계에 부합하는 유효한 등록이라면 이를 불실의 사실을 기록하게 하였다고 할 수 없다.(대판 2020.11.5. 2019도12042)
정답 ○

82. **(★)**등기공무원에게 허위신고를 하여 예고등기를 말소케 한 경우 공정증서원본부실기재죄가 성립하지 아니한다.

[해설] 공정증서의 권리의무에 관한 사항에 관계없는 것이고 아무런 의미가 없는 상태하에 있는 예고등기는 이를 말소한다 할지라도 공정증서원본부실기재죄가 성립하지 아니한다(대판 1972.10.31. 72도1966).
정답 ○

83. **(★)**관할 세무서장에게 허위내용으로 사업자인적사항, 사업자등록신청사유를 적은 등록신청서를 제출하여 그 정을 모르는 세무서장으로 하여금 사업자등록부에 등재하고 이를 비치케 한 다음 사업자등록증을 교부받았더라도 등록증부실기재죄 및 부실기재등록증행사죄가 성립하지 아니한다.

[해설] 사업자등록증은 단순한 사업사실의 등록을 증명하는 증서에 불과하고 그에 의하여 사업을 할 수 있는 자격이나 요건을 갖추었음을 인정하는 것은 아니라고 할 것이어서 형법 제228조 제1항에 정한 '등록증'에 해당하지 않는다(대판 2005.7.15. 2003도6934).
정답 ○

※ 다음 중 판례에 의할 때 공정증서원본부실기재죄가 성립하는 사례(○)와 성립하지 않는 사례(×)를 판단하시오.

84. 甲은 공동대표이사로 법인등기를 하기로 하여 이사회의사록작성 등 그 등기절차를 위임받았음에도 불구하고 독립대표이사 선임의 이사회의사록을 작성하여 독립대표이사로 법인등기를 경료하였다.

> 해설 사문서위조 및 동행사죄와 공정증서원본부실기재 및 동행사죄에 해당한다(대판 1994.7.29. 93도1091).
>
> 정답 ○

85. 광업출원인이 부정한 방법으로 광업권설정허가를 받아 광업권등록원부에 자신을 광업권자로 등록케 하였다.

> 해설 광업출원인이 부정한 방법을 사용하여 광업권설정허가를 받아 광업권등록원부에 그를 광업권자로 등록케 하였어도 허가가 당연무효이거나 취소되지 않는 한 허가에 기한 광업권설정등록을 진실에 반하는 부실사실의 기재라고 볼 수 없다(대판 1992.11.24. 92도2450).
>
> 정답 ×

86. (★)1인주주회사에서 1인주주 甲은 상법소정의 형식적인 절차를 거치지 아니하고 법인등기부에 이사 乙을 해임하였다는 내용을 기재하였다.

> 해설 1인회사에서 1인주주의 의사는 주주총회나 이사회의 의사와 같으므로 임원변경·해임등기, 지분양도·퇴사등기가 불법하게 되었더라도 1인주주의 의사와 합치하는 이상 부실등기라고 볼 수 없다(대판 1996.6.11. 95도2817).
>
> [비교판례] 임원이 스스로 사임한 데 따른 이사사임등기는 주총이나 이사회의 의결 내지 1인주주의 의사와 무관하므로 당해 임원의 의사에 기하지 않은 이사사임등기는 부실등기이다(대판 1981.6.9. 80도2641).
>
> 정답 ×

87. (★)주식회사의 임시주주총회가 법령 및 정관상 요구되는 이사회의 결의나 소집절차 없이 이루어졌다면, 주주 전원이 참석하여 총회를 개최하는 데 동의하고 아무런 이의 없이 만장일치로 결의가 이루어졌다고 하더라도 그 결의는 특별한 사정이 없는 한 무효이므로, 그 결의에 따른 등기는 불실의 사항을 기재한 등기에 해당한다.

> 해설 주식회사의 임시주주총회가 법령 및 정관상 요구되는 이사회의 결의나 소집절차 없이 이루어졌다고 하더라도, 주주 전원이 참석하여 총회를 개최하는 데 동의하고 아무런 이의 없이 만장일치로 결의가 이루어졌다면 그 결의는 특별한 사정이 없는 한 유효하고, 그 결의에 따른 등기는 실체관계에 부합하는 것으로 이를 불실의 사항을 기재한 등기라고 할 수 없다(대판 2014.5.16. 2013도15895).
>
> 정답 ×

88. (★)甲은 X종중의 종원으로 종중의 적법한 대표자가 아닌데도 종중의 토지들이 소유권보존등기가 되어 있지 아니한 점을 이용하여 자신이 위 종중 대표자인 것처럼 허위의 종중 규약과 회의록을 작성한 후 이를 근거로 위 토지들에 대하여 소유자를 'X종중, 종중 대표자 甲'으로 신고하여 소유권보존등기를 경료하였다.

[해설] 비록 종중 소유의 부동산은 종중 총회의 결의를 얻어야 유효하게 처분할 수 있다 하더라도 거래 상대방으로서는 부동산등기부상에 표시된 종중 대표자를 신뢰하고 거래하는 것이 일반적이라는 점 등에 비추어 보면, 종중 대표자의 기재는 당해 부동산의 처분권한과 관련된 중요한 부분의 기재로서 이에 대한 공공의 신용을 보호할 필요가 있으므로 이를 허위로 등재한 경우에는 공정증서원본부실기재죄의 대상이 되는 부실의 기재에 해당한다(대판 2006.1.13. 2005도4790).   [정답] ○

89. (★)양도인이 허위의 채권에 관하여 그 정을 모르는 양수인과 채권양도 계약을 한 후, 공증인에게 그러한 채권양도의 법률행위에 관한 공정증서를 작성하게 하였다.

[해설] 공정증서원본부실기재죄는 특별한 신빙성이 인정되는 권리의무에 관한 공문서에 대한 공공의 신용을 보장함을 보호법익으로 하는 범죄로서 공무원에 대하여 진실에 반하는 허위신고를 하여 공정증서원본에 그 증명하는 사항에 관하여 실체관계에 부합하지 아니하는 부실의 사실을 기재하게 함으로써 성립하는 것이고, 한편 공증인법에 따르면 공증인은 당사자 기타 관계인의 촉탁에 의하여 법률행위 기타 사권에 관한 사실에 대한 공정증서의 작성 등을 처리함을 그 직무로 하고(제2조), 공증인이 증서를 작성함에는 그 청취한 진술, 그 목도한 사실 기타 실험한 사실을 기록하고 또한, 그 실험의 방법을 기재하여야 하는 바(제34조), 공증인이 채권양도·양수인의 촉탁에 따라 그들의 진술을 청취하여 채권의 양도·양수가 진정으로 이루어짐을 확인하고 채권양도의 법률행위에 관한 공정증서를 작성한 경우 그 공정증서가 증명하는 사항은 채권양도의 법률행위가 진정으로 이루어졌다는 것일 뿐 그 공정증서가 나아가 양도되는 채권이 진정하게 존재한다는 사실까지 증명하는 것으로 볼 수는 없으므로, 양도인이 허위의 채권에 관하여 그 정을 모르는 양수인과 실제로 채권양도의 법률행위를 한 이상, 공증인에게 그러한 채권양도의 법률행위에 관한 공정증서를 작성하게 하였다고 하더라도 그 공정증서가 증명하는 사항에 관하여는 부실의 사실을 기재하게 하였다고 볼 것은 아니고, 따라서 공정증서원본부실기재죄가 성립한다고 볼 수 없다(대판 2004.1.27. 2001도5414).   [정답] ✕

90. (★)실제로는 채권·채무관계가 존재하지 아니함에도 공증인에게 허위신고를 하여 가장된 금전채권에 대하여 집행력이 있는 공정증서원본을 작성하게 하였다.

[해설] 형법 제228조 제1항이 규정하는 공정증서원본부실기재죄는 특별한 신빙성이 인정되는 공문서에 대한 공공의 신용을 보장함을 보호법익으로 하는 범죄로서 공무원에 대하여 진실에 반하는 허위신고를 하여 공정증서원본 또는 이와 동일한 전자기록 등 특수매체기록에 실체관계에 부합하지 아니하는 부실의 사실을 기재 또는 등록하게 함으로써 성립하는 것이므로, 실제로는 채권·채

무관계가 존재하지 아니함에도 공증인에게 허위신고를 하여 가장된 금전채권에 대하여 집행력이 있는 공정증서원본을 작성하고 이를 비치하게 한 것이라면 공정증서원본부실기재죄 및 부실기재 공정증서원본행사죄의 죄책을 면할 수 없다(대판 2007.7.12, 2007도3005).　　**정답** ○

91. (★)협의상 이혼의 의사표시가 기망에 의하여 이루어진 것일지라도, 그에 따라 이혼신고 를 하여 호적에 그 협의상 이혼사실이 기재되었다면, 이는 공정증서원본부실기재죄에 정 한 부실의 사실에 해당하지 않는다.

[해설] 협의상 이혼의 의사표시가 기망에 의하여 이루어진 것일지라도 그것이 취소되기까지는 유효하게 존재하는 것이므로, 협의상 이혼의사의 합치에 따라 이혼신고를 하여 호적에 그 협의 상 이혼사실이 기재되었다면, 이는 공정증서원본부실기재죄에 정한 부실의 사실에 해당하지 않 는다(대판 1997.1.24, 95도448).
[비교판례] 해외이주의 목적으로 위장결혼을 하고 혼인신고를 하여 그 사실이 호적부에 기재되 었다면 공정증서원본부실기재죄를 구성한다(대판 1985.9.10, 85도1481).　　**정답** ○

92. 주주총회의 소집절차 등에 관한 하자가 주주총회결의의 취소사유에 불과하여 그 취소 전에 주주총회의 결의에 따른 감사변경등기를 한 것은 공정증서원본부실기재죄를 구성 하지 않는다.

[해설] 취소사유에 해당되는 하자가 있을 뿐인 경우에는 그 취소 전에 그 사실의 내용이 공정 증서원본에 기재된 이상, 그 기재가 공정증서원본부실기재죄를 구성하지 않는다(대판 2009.2.12, 2008도10248).　　**정답** ○

93. (★★) 판례에 의할 때 다음 기술의 옳고 그름을 판단하라.

(1) 공정증서원본에 기재된 사항이 부존재하거나 외관상 존재하더라도 무효에 해당하는 하자가 있는 경우, 공정증서원본불실기재죄가 성립한다.
(2) 공정증서원본에 기재된 사항이나 그 원인된 법률행위가 객관적으로 존재하고 거기에 취소사 유인 하자가 있는 경우, 공정증서원본불실기재죄가 성성립하지 아니한다.
(3) 주식의 소유가 실질적으로 분산되어 있는 주식회사에서 총 주식의 대다수를 소유한 지배주 주 1인이 실제의 소집절차와 결의절차를 거치지 아니한 채 주주총회의 결의가 있었던 것처 럼 의사록을 허위로 작성한 경우, 그 주주총회의 결의가 존재한다고 볼 수 없다.

[해설] [1] 공정증서원본불실기재죄는 공무원에 대하여 허위신고를 함으로써 공정증서원본에 불실의 사실을 기재하게 하는 경우에 성립한다. 공정증서원본에 기재된 사항이 부존재하거나 외관상 존재한다고 하더라도 무효에 해당되는 하자가 있다면, 그 기재는 불실기재에 해당한다. 그러나 기재된 사항이나 그 원인된 법률행위가 객관적으로 존재하고, 다만 거기에 취소사유인

하자가 있을 뿐인 경우, 취소되기 전에 공정증서원본에 기재된 이상, 그 기재는 공정증서원본의 불실기재에 해당하지는 않는다.

[2] 총 주식을 한 사람이 소유한 이른바 1인 회사와 달리, 주식의 소유가 실질적으로 분산되어 있는 주식회사의 경우, 실제의 소집절차와 결의절차를 거치지 아니한 채 주주총회의 결의가 있었던 것처럼 주주총회 의사록을 허위로 작성한 것이라면, 설사 1인이 총 주식의 대다수를 가지고 있고 그 지배주주에 의하여 의결이 있었던 것으로 주주총회 의사록이 작성되어 있다 하더라도, 도저히 그 결의가 존재한다고 볼 수 없을 정도로 중대한 하자가 있는 때에 해당하여, 그 주주총회의 결의는 부존재하다고 보아야 한다.(대판 2018.6.19. 2017도21783)

[판례해설] 임시주주총회 결의에 기초한 회사의 법인등기부 변경신청은 허위의 사실을 신고한 때에 해당하고, 그에 따라 이루어진 변경등기도 원인무효의 등기로서 불실의 사실이 기재된 것으로 보아야 한다.   **정답** (1) ○ (2) ○ (3) ○

94. 부동산의 관리 및 처분에 관하여 종중규약이 없는 상태에서 종중의 대표자가 종중총회의 결의 없이 종중재산인 부동산에 근저당권설정등기를 마쳤다면 공정증서원본부실기재죄를 구성한다.

[해설] 공정증서원본부실기재죄는 공무원에 대하여 허위신고를 함으로써 공정증서원본에 부실의 사실을 기재하게 하는 경우에 성립하는 바, 공정증서원본에 기재된 사항이 부존재하거나 외관상 존재한다고 하더라도 무효에 해당되는 하자가 있다면 그 기재는 부실기재에 해당한다고 할 것이며, 종중 소유의 재산은 종중원의 총유에 속하는 것이므로 그 관리 및 처분에 관하여 먼저 종중규약에 정하는 바가 있으면 이에 따라야 하고 그 점에 관한 <u>종중규약이 없으면 종중총회의 결의에 의하여야 하므로, 비록 종중의 대표자에 의한 종중재산의 처분이라고 하더라도 그러한 절차를 거치지 아니한 채 한 행위는 무효라 할 것이다</u>(대판 2005.8.25. 2005도4910).   **정답** ○

95. (★)재건축조합 임시총회의 소집절차나 결의방법이 법령이나 정관에 위반되어 임원개임 결의가 사법상 무효라고 하더라도, 실제로 재건축조합의 조합총회에서 그와 같은 내용의 임원개임결의가 이루어졌고 그 결의에 따라 임원변경등기를 마쳤다면 공정증서원본부실기재죄가 성립하지 아니한다.

[해설] 大判 2004.10.15. 2004도3584.   **정답** ○

96. (★)신주발행이 무효임에도 그 신주발행사실을 담당 공무원에게 신고하여 공정증서인 법인등기부에 기재하게 하였다면 공증정서원본부실기재죄에 해당한다.

[해설] [1] 형법 제228조 제1항의 공정증서원본부실기재죄는 특별한 신빙성이 인정되는 공문서에 대한 공공의 신용을 보장함을 보호법익으로 하는 범죄로서 공무원에 대하여 진실에 반하는

허위신고를 하여 공정증서원본 또는 이와 동일한 전자기록 등 특수매체기록에 실체관계에 부합하지 아니하는 부실의 사실을 기재 또는 등록하게 함으로써 성립하는 것이므로, 공정증서원본 등에 기재된 사항이 존재하지 아니하거나 외관상 존재한다고 하더라도 무효에 해당하는 하자가 있다면 그 기재는 불실기재에 해당한다.

[2] 주식회사의 신주발행의 경우 신주발행에 법률상 무효사유가 존재한다고 하더라도 그 무효는 신주발행무효의 소에 의해서만 주장할 수 있고, 신주발행무효의 판결이 확정되더라도 그 판결은 장래에 대하여만 효력이 있으므로(상법 제429조, 제431조 제1항), 그 신주발행이 판결로써 무효로 확정되기 이전에 그 신주발행사실을 담당 공무원에게 신고하여 공정증서인 법인등기부에 기재하게 하였다고 하여 그 행위가 공무원에 대하여 허위신고를 한 것이라거나 그 기재가 불실기재에 해당하는 것이라고 할 수는 없다(대판 2007.5.31. 2006도8488).　　　　　　　　　　　정답 ✕

---

97. (★★★) 부동산의 거래당사자가 거래가액을 시장 등에게 거짓으로 신고하여 신고필증을 받은 뒤 이를 기초로 사실과 다른 내용의 거래가액이 부동산등기부에 등재되도록 하였다면, 공전자기록등불실기재죄 및 불실기재공전자기록등행사죄가 성립한다.

해설 [1] 형법 제228조 제1항이 규정하는 공정증서원본부실기재죄나 공전자기록등부실기재죄에서 '부실의 사실'이라 함은 권리의무관계에 중요한 의미를 갖는 사항이 객관적인 진실에 반하는 것을 말한다고 봄이 상당하다.

[2] 부동산등기부에 기재되는 거래가액은 당해 부동산의 권리의무관계에 중요한 의미를 갖는 사항에 해당한다고 볼 수 없다.

[3] 부동산의 거래당사자가 거래가액을 시장 등에게 거짓으로 신고하여 신고필증을 받은 뒤 이를 기초로 사실과 다른 내용의 거래가액이 부동산등기부에 등재되도록 하였다면, '공인중개사의 업무 및 부동산 거래신고에 관한 법률'에 따른 과태료의 제재를 받게 됨은 별론으로 하고, 형법상의 공전자기록등불실기재죄 및 불실기재공전자기록등행사죄가 성립하지는 아니한다(대판 2013.1.24. 2012도12363).　　　　　　　　　　　정답 ✕

---

98. (★) 위조된 문서를 우송한 경우에는 그 문서가 상대방에게 도달한 때에 위조문서행사죄의 기수가 되고 상대방이 실제로 그 문서를 보아야 하는 것은 아니다

해설 [1] 위조문서행사죄에 있어서의 행사는 위조된 문서를 진정한 것으로 사용함으로써 문서에 대한 공공의 신용을 해칠 우려가 있는 행위를 말하므로, 행사의 상대방에는 아무런 제한이 없고 위조된 문서의 작성 명의인이라고 하여 행사의 상대방이 될 수 없는 것은 아니다.

[2] 위조사문서의 행사는 상대방으로 하여금 위조된 문서를 인식할 수 있는 상태에 둠으로써 기수가 되고 상대방이 실제로 그 내용을 인식하여야 하는 것은 아니므로, 위조된 문서를 우송한 경우에는 그 문서가 상대방에게 도달한 때에 기수가 되고 상대방이 실제로 그 문서를 보아야 하는 것은 아니다(대판 2005.1.28. 2004도4663).　　　　　　　　　　　정답 ○

99. (★★)판례에 의할 때 다음 기술의 옳고 그름을 판단하라.

> (1) 문서가 위조된 것임을 이미 알고 있는 공범자 등에게 행사하는 경우에는 위조문서행 사죄가 성립할 수 없다.
>
> (2) 간접정범을 통한 위조문서행사범행에 있어 도구로 이용된 자가 문서가 위조된 것임 을 알지 못하는 경우일지라도 피이용자는 피고인과 동일시할 수 있는 자와 마찬가지 이므로 위조문서행사죄가 성립하지 아니한다.
>
> (3) 甲은 위조한 전문건설업등록증의 컴퓨터 이미지 파일을 공사 수주에 사용하기 위하 여 발주자인 A 등에게 이메일로 송부하였고, A 등은 이메일로 송부받은 컴퓨터 이미 지 파일을 프린터로 출력할 당시 그 이미지 파일이 위조된 것임을 알지 못하였다. 이 경우 甲의 행위는 위조공문서행사죄를 구성한다.

[해설] [1] 위조문서행사죄에 있어서 행사의 상대방에는 아무런 제한이 없고, 다만 문서가 위조 된 것임을 이미 알고 있는 공범자 등에게 행사하는 경우에는 위조문서행사죄가 성립할 수 없으나, 간접정범을 통한 위조문서행사범행에 있어 도구로 이용된 자라고 하더라고 문서가 위조된 것임을 알 지 못하는 자에게 행사한 경우에는 위조문서행사죄가 성립한다.

[2] 甲이 위조·변조한 공문서의 이미지 파일을 A 등에게 이메일로 송부하여 프린터로 출력하게 함으로써 '행사'하였다는 내용으로 기소되었는데, A 등은 출력 당시 위 파일이 위조된 것임을 알지 못한 사안에서, 피고인의 행위가 위조·변조공문서행사죄를 구성한다고 보아야 하는데도, 이와 달리 보아 무죄를 선고한 원심판결에 법리오해의 위법이 있다고 한 사례(대판 2012.2.23. 2011 도14441). **정답** (1) ○ (2) ✕ (3) ○

100. (★)위조문서를 모사전송(facsimile)의 방법으로 타인에게 제시한 행위는 위조문서행사 죄에 해당한다.

[해설] 사진기나 복사기 등을 사용하여 기계적인 방법으로 원본을 복사한 복사문서는 사본이 라고 하더라도 문서위조죄 및 위조문서행사죄의 객체인 문서에 해당하는 것인 바, 위조한 문서 를 모사전송(facsimile)의 방법으로 타인에게 제시하는 행위도 위조문서행사죄를 구성한다(대판 1994.3.22. 94도4). **정답** ○

101. (★★)甲은 행사할 목적으로 권한 없이 A 명의로 된 휴대전화 신규 가입신청서를 임의로 작성한 후, 이를 컴퓨터에 연결된 스캐너로 읽어 들여 이미지화한 다음, 그 이미지 파일을 이메일로 X에게 마치 진정하게 성립된 것처럼 전송하여 컴퓨터 화면상에서 보게 하였다. 甲에게는 위조사문서행사죄가 성립한다.

[해설] 휴대전화 신규 가입신청서를 위조한 후 이를 스캔한 이미지 파일을 제3자에게 이메일로 전송한 사안에서, 이미지 파일 자체는 문서에 관한 죄의 '문서'에 해당하지 않으나, 이를 전송하여 컴퓨터 화면상으로 보게 한 행위는 이미 위조한 가입신청서를 행사한 것에 해당하므로 위조사문서행사죄가 성립한다고 한 사례(대판 2008.10.23. 2008도5200).   **정답** ○

102. (★) 위조된 문서를 진정한 문서인 것처럼 사용하는 한 행사의 방법에 제한이 없으므로 위조된 문서를 스캐너 등을 통해 이미지화한 다음 이를 전송하여 컴퓨터 화면상에서 보게 하는 경우도 행사에 해당하지만, 이는 문서의 형태로 위조가 완성된 것을 전제로 하는 것이므로, 공문서로서의 형식과 외관을 갖춘 문서에 해당하지 않아 공문서위조죄가 성립하지 않는 경우에는 위조공문서행사죄도 성립할 수 없다.

[해설] 대판 2020.12.24. 2019도8443.   **정답** ○

103. (★)허위 내용이 기재된 공문서를 행사한 이상 그 공문서가 허위공문서작성죄에 의하여 만들어진 것인지를 불문하고 허위작성공문서행사죄로 처벌할 수 있다.

[해설] 허위 내용이 기재된 공문서를 행사하였다고 하더라도 그 공문서가 허위공문서작성죄에 의하여 만들어진 것이 아닌 이상 이를 허위작성공문서행사죄로 처벌할 수는 없는 것이다(대판 2010.1.14. 2009도9963).   **정답** ✕

104. 실질적인 채권·채무관계 없이 당사자 간의 합의로 작성한 '차용증 및 이행각서'를 甲이 그 작성명의인들의 의사에 의하지 아니하고 위 '차용증 및 이행각서'상의 채권이 실제로 존재하는 것처럼 그 지급을 구하는 민사소송을 제기하면서 소지하고 있던 위 '차용증 및 이행각서'를 법원에 제출하였다고 하더라도 사문서부정행사죄에 해당하지 아니한다.

[해설] 실질적인 채권·채무관계 없이 당사자 간의 합의로 작성한 '차용증 및 이행각서'는 그 작성명의인들이 자유의사로 작성한 문서로 그 사용권한자가 특정되어 있다고 할 수 없고 또 그 용도도 다양하므로, 설령 피고인이 그 작성명의인들의 의사에 의하지 아니하고 위 '차용증 및 이행각서'상의 채권이 실제로 존재하는 것처럼 그 지급을 구하는 민사소송을 제기하면서 소지하고 있던 위 '차용증 및 이행각서'를 법원에 제출하였다고 하더라도 그것이 사문서부정행사죄에 해당하지 않는다고 본 사례(대판 2007.3.30. 2007도629).   **정답** ○

105. 타인의 주민등록표등본을 그와 아무런 관련 없는 사람이 마치 자신의 것인 것처럼 행사하였다고 하더라도 공문서부정행사죄가 성립되지 아니한다.

[해설] 주민등록표등본은 그 사용권한자가 특정되어 있다고 할 수 없고, 또 용도도 다양하며, 반드시 본인이나 세대원만이 사용할 수 있는 것이 아니므로, 타인의 주민등록표등본을 그와 아무런 관련 없는 사람이 마치 자신의 것인 것처럼 행사하였다고 하더라도 공문서부정행사죄가 성립되지 아니한다(대판 1999.5.14. 99도206). **정답** ○

106. 甲이 乙女가 남편 몰래 발급 받아 온 공증용 인감증명서를 어음공증을 위하여 사용한 경우에는 공문서부정행사죄가 성립하지 않는다.

[해설] 인감증명서와 같이 사용권한자가 특정되어 있는 것도 아니고 그 용도도 다양한 공문서는 그 명의자 아닌 자가 그 명의자의 의사에 반하여 함부로 행사하더라도 문서 본래의 취지에 따른 용도에 합치된다면 위 죄는 성립되지 않는다(대판 1983.6.28. 82도1985). **정답** ○

107. 신원증명서의 본래의 취지에 따라 사용하였을지라도 피증명인의 의사에 의하지 아니하고 이를 사용하였다면 공문서부정행사죄가 성립한다.

[해설] 신원증명서는 금치산 또는 한정치산의 선고를 받고 취소되지 않은 사실의 해당 여부를 증명하는 문서로서 사용권한자가 특정되어 있다고 할 수 없고 또 용도도 다양하며 반드시 피증명인만이 사용할 수 있는 것이 아니므로 문서상의 피증명인의 의사에 의하지 아니하고 사용하였다 하더라도 그것이 문서 본래의 취지에 따른 용도에 합치되는 이상 공문서부정행사죄는 성립되지 아니한다(대판 1993.5.11. 93도127). **정답** ✕

108. (★)중국집 배달원인 甲은 주민등록증이 말소된 채 살아가다가 주민등록증 일제 갱신기간에 자기 사진 및 지문이 찍힌 乙의 주민등록증을 발급받아 소지하고 있었는데, 자장면 배달 도중 경찰관이 불심검문을 하자 그 주민등록증을 제시하였다. 甲에 대하여는 공문서부정행사죄가 성립한다.

[해설] 피고인이 공소외인인양 허위신고하여 피고인의 사진과 지문이 찍힌 공소외인 명의의 주민등록증을 발급받은 이상 주민등록증의 발행목적상 피고인에게 위 주민등록증에 부착된 사진의 인물이 공소외인의 신원사항을 가진 사람이라는 허위사실을 증명하는 용도로 이를 사용할 수 있는 권한이 없다는 사실을 인식하고 있었다고도 할 것이므로 이를 검문경찰관에게 제시하여 이러한 허위사실을 증명하는 용도로 사용한 것은 공문서부정행사죄를 구성한다(대판 1982.9.28. 82도1297). **정답** ○

109. (★)습득한 타인의 주민등록증을 가족의 것이라고 제시하면서 그 명의로 이동전화 가입신청을 한 경우 공문서부정행사죄에 해당하지 아니한다.

해설 사용권한 없는 자가 공문서를 그 공문서 본래의 용도에 따르지 않고 사용한 경우에는 공문서부정행사죄에 해당하지 않는다는 전제에서 타인의 주민등록증을 이동전화신청시에 이용한 경우에도 공문서부정행사죄에 해당하지 않는다고 판시하였다(대판 2003.2.26. 2002도4935 참조).

정답 ○

110. (★★★) 자동차 등의 운전자가 경찰공무원에게 다른 사람의 운전면허증을 촬영한 이미지파일을 휴대전화 화면을 통하여 보여주는 행위는 공문서부정행사죄를 구성하지 아니한다.

해설 도로교통법 제92조 제2항에서 제시의 객체로 규정한 운전면허증은 적법한 운전면허의 존재를 추단 내지 증명할 수 있는 운전면허증 그 자체를 가리키는 것이지, 그 이미지파일 형태는 여기에 해당하지 않는다.
이와 같은 공문서부정행사죄의 구성요건과 그 입법취지, 도로교통법 제92조의 규정 내용과 그 입법취지 등에 비추어 보면, 자동차 등의 운전자가 운전 중에 도로교통법 제92조 제2항에 따라 경찰공무원으로부터 운전면허증의 제시를 요구받은 경우 운전면허증의 특정된 용법에 따른 행사는 도로교통법 관계법령에 따라 발급된 운전면허증 자체를 제시하는 것이라고 보아야 한다. 이 경우 자동차 등의 운전자가 경찰공무원에게 다른 사람의 운전면허증 자체가 아니라 이를 촬영한 이미지파일을 휴대전화 화면 등을 통하여 보여주는 행위는 운전면허증의 특정된 용법에 따른 행사라고 볼 수 없는 것이어서 그로 인하여 경찰공무원이 그릇된 신용을 형성할 위험이 있다고 할 수 없으므로, 이러한 행위는 결국 공문서부정행사죄를 구성하지 아니한다.(대판 2019.12.12. 2018도2560)

정답 ○

111. (★)돌핀부두 파손사고 및 김양식장 파손사고는 X회사의 대표이사인 甲이 X회사의 명의로 매수한 후 사용 중이던 A선박에 의하여 발생한 것임에도, 甲은 한국해운조합에 공제금청구를 위한 사고신고를 하면서, 마치 위 각 사고가 위 회사에 소속된 다른 B선박에 의하여 발생한 것처럼 위장하기 위하여 검정용 자료로서 B선박의 선박국적증서와 선박검사증서를 제출하였다. 이는 권한 있는 자가 정당한 용법에 반하여 공문서를 부정하게 행사한 경우에 해당하므로 甲에게는 공문서부정행사죄가 성립한다.

해설 어떤 선박이 사고를 낸 것처럼 허위로 사고신고를 하면서 그 선박의 선박국적증서와 선박검사증서를 함께 제출하였다고 하더라도, 선박국적증서와 선박검사증서는 위 선박의 국적과 항행할 수 있는 자격을 증명하기 위한 용도로 사용된 것일 뿐 그 본래의 용도를 벗어나 행사된 것으로 볼 수 없어 공문서부정행사죄에 해당하지 않는다(대판 2009.2.26. 2008도10851). 정답 ✕

제 4 절 인장에 관한 죄

112. (★) 타인의 인장을 조각할 당시에 명의자로부터 명시적이거나 묵시적인 승낙 내지 위임을 받은 경우, 인장위조죄가 성립하지 아니한다.

[해설] 형법 제239조 제1항의 사인위조죄는 그 명의인의 의사에 반하여 위법하게 행사할 목적으로 권한 없이 타인의 인장을 위조한 경우에 성립하므로, 타인의 인장을 조각할 당시에 그 명의자로부터 명시적이거나 묵시적인 승낙 내지 위임을 받았다면 인장위조죄가 성립하지 않는다고 할 것이다(大判 2014.9.26. 2014도9213). **정답** ○

113. (★)甲은 음주 및 무면허운전으로 경찰서에서 조사받음에 있어 조카인 A로 행세하며 조사를 받은 다음, 경찰공무원으로부터 피의자신문조서에 간인 및 서명무인할 것을 요구받고 그 피의자신문조서의 '진술자'란에 'A'라고 기재를 하였으나, 무인 및 간인을 하기 전에 그 경찰공무원이 십지지문 조회를 통하여 甲이 A가 아니라는 사실을 알아내어 이를 추궁하였고, 이에 甲은 자신이 A가 아님을 자백하여 결국 작성자인 경찰공무원도 서명날인을 하지 않아 피의자신문조서가 완성되지 않았다. 甲에게는 사서명위조죄 및 동행사죄가 성립한다.

[해설] [1] 어떤 문서에 권한 없는 자가 타인의 서명을 기재하는 경우에는 그 문서가 완성되기 전이라도 일반인으로서는 그 문서에 기재된 타인의 서명을 그 명의인의 진정한 서명으로 오신할 수도 있으므로, 일단 서명이 완성된 이상 문서가 완성되지 아니한 경우에도 서명의 위조죄는 성립할 수 있는 것이다.
[2] 수사기관이 수사대상자의 진술을 기재한 후 진술자로 하여금 그의 면전에서 조서의 말미에 서명 등을 하도록 한 후 그 자리에서 바로 회수하는 수사서류의 경우에는, 그 진술자가 그 문서에 서명을 하는 순간 바로 수사기관이 열람할 수 있는 상태에 놓이게 되는 것이므로, 그 진술자가 마치 타인인 양 행세하며 타인의 서명을 기재한 경우 그 서명을 수사기관이 열람하기 전에 즉시 파기하였다는 등의 특별한 사정이 없는 이상 그 서명 기재와 동시에 위조사서명행사죄가 성립하는 것이며, 그와 같이 위조사서명행사죄가 성립된 직후에 수사기관이 위 서명이 위조된 것임을 알게 되었다고 하더라도 이미 성립한 위조사서명행사죄를 부정할 수 없다 할 것이다(대판 2005.12.23. 2005도4478). **정답** ○

114. (★)甲은 乙의 자동차를 훔친 후 자신의 낡은 자동차 번호판을 떼어 훔친 차에 부착하고 타고 다녔다. 형법상 甲에게는 절도죄, 공기호부정사용죄가 성립한다.

[해설] 乙의 자동차를 훔친 행위는 절도죄, 자동차 번호판을 떼어 훔친 차에 부착한 행위는 공기호부정사용죄, 자동차에 부착하여 운행한 행위는 부정사용공기호행사죄가 성립한다(대판 1997.7.8. 96도3319). ※ 참고로 번호판을 떼어낸 행위는 자동차 절도죄의 불가벌적 사후행위가 아니라 자동차관리법위반죄에 해당한다. **정답** ✕

제3장 사회의 도덕에 관한 죄

제1절 성풍속에 관한 죄

1. (★)표현물의 음란 여부를 판단함에 있어서는 표현물 제작자의 주관적 의도를 고려하여 그 사회의 평균인의 입장에서 그 시대의 건전한 사회 통념에 따라 객관적이고 규범적으로 평가하여야 한다.

> 해설 표현물 제작자의 주관적 의도가 아니라 그 사회의 평균인의 입장에서 그 시대의 건전한 사회 통념에 따라 객관적이고 규범적으로 평가하여야 한다(대판 2005.7.22. 2003도2911).
>
> **정답** ✕

2. (★)고속도로에서 행패를 부리다가 경찰관이 출동하여 이를 제지하자 주위에 운전자 등 많은 사람이 운집해 있는데 경찰관에 대항하여 옷을 벗고 알몸으로 시위하며 돌아다닌 행위는 공연음란죄에 해당한다.

> 해설 大判 2000.12.22. 2000도4372.
>
> **정답** ○

3. 공연윤리위원회의 심의를 마친 영화의 장면 일부를 포스터 또는 스틸사진 등의 광고물로 제작한 경우이더라도 건전한 성풍속이나 성도덕 관념에 반하는 광고물은 음화에 해당한다.

> 해설 大判 1990.10.16. 90도1485.
>
> **정답** ○

제2절 도박과 복표에 관한 죄

4. 형법 제246조의 도박행위의 요건인 '우연'이란 주관적으로 '당사자에 있어서 확실히 예견 또는 자유로이 지배할 수 없는 사실에 관하여 승패를 결정하는 것'을 말하고, 객관적으로 불확실할 것을 요구하지 아니한다.

> 해설 [1] 형법 제246조에서 도박죄를 처벌하는 이유는 정당한 근로에 의하지 아니한 재물의 취득을 처벌함으로써 경제에 관한 건전한 도덕법칙을 보호하는 데 있다. 그리고 도박은 '재물을 걸고 우연에 의하여 재물의 득실을 결정하는 것'을 의미하는 바, 여기서 '우연'이란 주관적으로

'당사자에 있어서 확실히 예견 또는 자유로이 지배할 수 없는 사실에 관하여 승패를 결정하는 것'을 말하고, 객관적으로 불확실할 것을 요구하지 아니한다. 따라서, 당사자의 능력이 승패의 결과에 영향을 미친다고 하더라도 다소라도 우연성의 사정에 의하여 영향을 받게 되는 때에는 도박죄가 성립할 수 있다.

[2] 피고인들이 각자 핸디캡을 정하고 홀마다 또는 9홀마다 별도의 돈을 걸고 총 26회 내지 32회에 걸쳐 내기 골프를 한 행위가 도박에 해당한다고 한 사례(대판 2008.10.23. 2006도736).

정답 ○

5. (★)당사자의 능력이 승패의 결과에 영향을 미친다고 하더라도 다소라도 우연성의 사정에 의하여 영향을 받게 되는 때에는 도박죄가 성립할 수 있다.

[해설] 위의 해설 참고.

정답 ○

6. (★)판례에 의할 때 다음 기술의 옳고 그름을 판단하라.

> (1) 이른바 '사기도박'의 경우 사기죄 외에 도박죄가 별도로 성립하지 않는다.
> (2) 사기죄는 편취의 의사로 기망행위를 개시한 때에 실행에 착수한 것으로 보아야 하므로, 사기도박의 경우 사기적인 방법으로 도금을 편취하려고 하는 자가 상대방에게 도박에 참가할 것을 권유하는 행위를 개시한 것만으로는 실행의 착수가 있는 것으로 볼 수 없다.
> (3) 피고인 등이 사기도박에 필요한 준비를 갖추고 그러한 의도로 피해자들에게 도박에 참가하도록 권유하여 그 정을 알지 못하는 피해자들이 도박에 참가한 후, 피고인 등이 사기도박을 숨기기 위하여 얼마간 정상적인 도박을 하였다면 피고인에 대하여는 피해자들에 대한 사기죄 이외에 도박죄가 성립한다.
> (4) 피고인 등이 피해자들을 유인하여 사기도박을 하여 도금을 편취한 행위는 사회관념상 1개의 행위로 평가함이 상당하므로, 피해자들에 대한 각 사기죄는 상상적 경합의 관계에 있다.

[해설] [1] 도박이란 2인 이상의 자가 상호간에 재물을 도(賭)하여 우연한 승패에 의하여 그 재물의 득실을 결정하는 것이므로, 이른바 사기도박과 같이 도박당사자의 일방이 사기의 수단으로써 승패의 수를 지배하는 경우에는 도박에서의 우연성이 결여되어 사기죄만 성립하고 도박죄는 성립하지 아니한다.

[2] 사기죄는 편취의 의사로 기망행위를 개시한 때에 실행에 착수한 것으로 보아야 하므로, 사기도박에서도 사기적인 방법으로 도금을 편취하려고 하는 자가 상대방에게 도박에 참가할 것을 권유하는 등 기망행위를 개시한 때에 실행의 착수가 있는 것으로 보아야 한다.

[3] 피고인 등이 사기도박에 필요한 준비를 갖추고 그러한 의도로 피해자들에게 도박에 참가하

도록 권유한 때 또는 늦어도 그 정을 알지 못하는 피해자들이 도박에 참가한 때에는 이미 사기죄의 실행에 착수하였다고 할 것이므로, 피고인 등이 그 후에 사기도박을 숨기기 위하여 얼마간 정상적인 도박을 하였더라도 이는 사기죄의 실행행위에 포함되는 것이어서 피고인에 대하여는 피해자들에 대한 사기죄만이 성립하고 도박죄는 따로 성립하지 아니함에도, 이와 달리 피해자들에 대한 사기죄 외에 도박죄가 별도로 성립하는 것으로 판단하고 이를 유죄로 인정한 원심판결에 사기도박에 있어서의 실행의 착수시기 등에 관한 법리오해의 위법이 있다고 한 사례. [4] 피고인 등이 피해자들을 유인하여 사기도박으로 도금을 편취한 행위는 사회관념상 1개의 행위로 평가하는 것이 타당하므로, 피해자들에 대한 각 사기죄는 상상적 경합의 관계에 있다고 보아야 함에도, 위 각 죄가 실체적 경합의 관계에 있는 것으로 보고 경합범 가중을 한 원심판결에 사기죄의 죄수에 관한 법리오해의 위법이 있다고 한 사례(대판 2011.1.13. 2010도9330).

정답 (1)○ (2)✕ (3)✕ (4)○

---

7. (★)인터넷 고스톱게임 사이트를 유료화 하는 과정에서 사이트를 홍보하기 위하여 고스톱 대회를 개최하면서 참가자들로부터 참가비를 받고 입상자들에게 상금을 지급한 경우 도박개장죄가 성립한다.

[해설] 大判 2002.4.12. 2001도5802.　　　　　　　　　　**정답** ○

---

8. 성인피시방 운영자가 손님들로 하여금 컴퓨터에 접속하여 인터넷 도박게임을 하고 게임머니의 충전과 환전을 하도록 하면서 게임머니의 일정 금액을 수수료 명목으로 받은 행위는 도박개장죄에 해당한다.

[해설] 大判 2008.10.23. 2008도3970.　　　　　　　　　　**정답** ○

---

9. (★★)피고인이 가맹점을 모집하여 인터넷 도박게임이 가능하도록 시설 등을 설치하고 도박게임 프로그램을 가동하던 중 문제가 발생하여 더 이상의 영업으로 나아가지 못한 경우, 실제로 이용자들이 도박게임 사이트에 접속하여 도박을 한 사실이 없더라도 도박개장죄는 이미 '기수'에 이르렀다.

[해설] 형법 제247조의 도박개장죄는 영리의 목적으로 도박을 개장하면 기수에 이르고, 현실로 도박이 행하여졌음은 묻지 않는다. 따라서 영리의 목적으로 속칭 포커나 바둑이, 고스톱 등의 인터넷 도박게임 사이트를 개설하여 운영하는 경우, 현실적으로 게임이용자들로부터 돈을 받고 게임머니를 제공하고 게임이용자들이 위 도박게임 사이트에 접속하여 도박을 하여, 위 게임으로 획득한 게임머니를 현금으로 환전해 주는 방법 등으로 게임이용자들과 게임회사 사이에 있어서 재물이 오고갈 수 있는 상태에 있으면, 게임이용자가 위 도박게임 사이트에 접속하여 실제 게임을 하였는지 여부와 관계없이 도박개장죄는 '기수'에 이른다(대판 2009.12.10. 2008도5282).

정답 ○

10. (★)乙은 단순 오락용 게임을 제공하는 인터넷 게임사이트를 개설하였는 바, 甲은 위 게임사이트의 온라인게임에서 통용되는 사이버머니를 구입하고자 하는 사람을 유인하여 돈을 받고 위 게임사이트에 접속하여 일부러 패하는 방법으로 사이버머니를 판매하였다. 이 경우 甲에게는 도박개장방조죄가 성립한다.

[해설] 인터넷 게임사이트의 온라인게임에서 통용되는 사이버머니를 구입하고자 하는 사람을 유인하여 돈을 받고 위 게임사이트에 접속하여 일부러 패하는 방법으로 사이버머니를 판매한 사람에 대하여, 정범인 위 게임사이트 개설자의 도박개장행위를 인정할 수 없는 이상 종범인 도박개장 방조죄도 성립하지 않는다고 한 사례(대판 2007.11.29. 2007도8050). 정답 ✕

제3편 국가적 법익에 관한 죄

제1장 국가의 존립과 권위에 대한 죄

제2장 국가의 기능에 관한 죄

제1장 국가의 존립과 권위에 대한 죄

제 1 절 내란의 죄

1. 특정인 또는 일정한 범위 내의 한정된 집단에 대한 살해가 내란의 와중에 폭동에 수반하여 일어난 것이라 하더라도 살인행위는 내란에 흡수될 수 없고 내란목적살인죄를 구성한다.

> 해설 내란의 실행과정에서 폭동행위에 수반하여 개별적으로 발생한 살인행위는 내란행위의 한 구성요소를 이루는 것이므로 내란행위에 흡수되어 내란목적살인의 별죄를 구성하지 아니하나, 특정인 또는 일정한 범위 내의 한정된 집단에 대한 살해가 내란의 와중에 폭동에 수반하여 일어난 것이 아니라 그것 자체가 의도적으로 실행된 경우에는 이러한 살인행위는 내란에 흡수될 수 없고 내란목적살인의 별죄를 구성한다(대판 1997.4.17. 96도3376). 정답 ✕

2. (★) 내란선동죄에 대한 다음 설명에 대하여 옳고 그름을 판단하라.

(1) 내란선동죄는 내란이 실행되는 것을 목표로 선동함으로써 성립하는 독립한 범죄이고, 선동으로 말미암아 피선동자들에게 반드시 범죄의 결의가 발생할 것을 요건으로 하지 않는다.

(2) 내란선동죄에서 국헌문란의 목적은 범죄 성립을 위하여 고의 외에 요구되는 초과주관적 위법요소로서 엄격한 증명사항에 속하나, 확정적 인식임을 요하지 아니하며, 다만 미필적 인식이 있으면 족하다.

(3) 내란선동죄에서 국헌문란의 목적은 선동자의 표현 자체에 공격대상인 국가기관과 그를 통해 달성하고자 하는 목표, 실현방법과 계획이 구체적으로 나타나 있어야만 인정되는 것은 아니다.

(4) 내란죄의 구성요건인 폭동의 내용으로서의 폭행 또는 협박은 일체의 유형력의 행사나 외포심을 생기게 하는 해악의 고지를 의미하는 최광의의 폭행·협박을 말하는 것으로서, 이를 준비하거나 보조하는 행위를 전체적으로 파악한 개념이며, 그 정도가 한 지방의 평온을 해할 정도의 위력이 있음을 요한다.

(5) 내란선동이라 함은 내란이 실행되는 것을 목표로 하여 피선동자들에게 내란행위를 결의, 실행하도록 충동하고 격려하는 일체의 행위를 말하며, 내란을 실행시킬 목표를 가지고 있다 하여도 단순히 특정한 정치적 사상이나 추상적인 원리를 옹호하거나 교시하는 것만으로는 내란선동이 될 수 없고, 그 내용이 내란에 이를 수 있을 정도의 폭력적인 행위를 선동하는 것이어야 한다.

(6) 내란선동에 있어 시기와 장소, 대상과 방식, 역할분담 등 내란 실행행위의 주요 내용이 선동 단계에서 구체적으로 제시되어야 하는 것은 아니고, 또 선동에 따라 피선동자가 내란의 실행행위로 나아갈 개연성이 있다고 인정되어야만 내란선동의 위험성이 있는 것으로 볼 수도 없다.

[해설] [1] (1) 우리 헌법은 국민주권주의, 자유민주주의, 국민의 기본권보장, 법치주의 등을 국가의 근본이념 및 기본원리로 하고 있다. 이러한 헌법질서 아래에서 헌법이 정한 민주적 절차가 아니라 폭력 등의 수단에 의하여 헌법기관의 권능행사를 불가능하게 하거나 헌법의 기능을 소멸시키는 행위는 어떠한 경우에도 용인될 수 없다. 일단 국헌문란을 목적으로 한 폭동이 발생하면 이로 인하여 막대한 인명과 재산상의 피해 및 사회적 혼란이 초래될 것은 명백하고, 혹시라도 내란이 성공하여 국민적 합의로 성립한 현재의 헌법질서가 폭력에 의하여 무너지게 되면, 이를 원래대로 회복한다는 것은 대단히 어려운 일이 될 것이므로, 그러한 내란행위는 사전에 차단하는 것이 필요하고, 따라서 직접적인 폭력행위 등의 방법으로 헌법질서를 전복할 것을 선동하는 것 역시 정치적 표현의 자유의 한계를 현저히 일탈한 것으로서 허용될 수 없다.

이에 따라 형법은 국가의 기본조직을 폭력적으로 변혁할 것을 목적으로 하는 집단적 행위로부터 국가의 존립과 헌법질서를 보호하기 위하여 제87조에서 "국토를 참절하거나 국헌을 문란할 목적으로 폭동한 자"를 내란죄로 처벌한다고 규정하면서 제90조 제1항 및 제2항에서 내란 목적으로 예비 또는 음모한 자와 내란을 선동 또는 선전한 자를 모두 3년 이상의 유기징역 또는 유기금고에 처한다고 규정하고 있다.

내란선동죄는 내란이 실행되는 것을 목표로 선동함으로써 성립하는 독립한 범죄이고, 선동으로 말미암아 피선동자들에게 반드시 범죄의 결의가 발생할 것을 요건으로 하지 않는다. 즉 내란선동은 주로 내란행위의 외부적 준비행위에도 이르지 않은 단계에서 이루어지지만, 다수인의 심리상태에 영향을 주는 방법으로 내란의 실행욕구를 유발 또는 증대시킴으로써 집단적인 내란의 결의와 실행으로 이어지게 할 수 있는 파급력이 큰 행위이다. 따라서 내란을 목표로 선동하는 행위는 그 자체로 내란예비·음모에 준하는 불법성이 있다고 보아 내란예비·음모와 동일한 법정형으로 처벌되는 것이다.

(2) 내란선동죄에서 '국헌을 문란할 목적'이라 함은 "헌법 또는 법률에 정한 절차에 의하지 아니하고 헌법 또는 법률의 기능을 소멸시키는 것(형법 제91조 제1호)" 또는 "헌법에 의하여 설치된 국가기관을 강압에 의하여 전복 또는 그 권능행사를 불가능하게 하는 것(같은 조 제2호)"을 말한다. 국헌문란의 목적은 범죄 성립을 위하여 고의 외에 요구되는 초과주관적 위법요소로서 엄격한 증명사항에 속하나, 확정적 인식임을 요하지 아니하며, 다만 미필적 인식이 있으면 족하다. 그리고 국헌문란의 목적이 있었는지 여부는 피고인들이 이를 자백하지 않는 이상 외부적으로 드러난 피고인들의 행위와 그 행위에 이르게 된 경위 등 사물의 성질상 그와 관련성 있는 간접사실 또는 정황사실을 종합하여 판단하면 되고, 선동자의 표현 자체에 공격대상인 국가기관과 그를 통해 달성하고자 하는 목표, 실현방법과 계획이 구체적으로 나타나 있어야만 인정되는 것은 아니다.

또한, 형법상 내란죄의 구성요건인 폭동의 내용으로서의 폭행 또는 협박은 일체의 유형력의 행사나 외포심을 생기게 하는 해악의 고지를 의미하는 최광의의 폭행·협박을 말하는 것으로서, 이를 준비하거나 보조하는 행위를 전체적으로 파악한 개념이며, 그 정도가 한 지방의 평온을 해할 정도의 위력이 있음을 요한다.

내란선동이라 함은 내란이 실행되는 것을 목표로 하여 피선동자들에게 내란행위를 결의, 실행하도록 충동하고 격려하는 일체의 행위를 말한다. 내란선동은 주로 언동, 문서, 도화 등에 의한 표현행위의 단계에서 문제되는 것이므로 내란선동죄의 구성요건을 해석함에 있어서는 국민의 기본권인 표현의 자유가 위축되거나 그 본질이 침해되지 아니하도록 죄형법정주의의 기본정신에 따라 엄격하게 해석하여야 할 것이다. 따라서 내란을 실행시킬 목표를 가지고 있다 하여도 단순히 특정한 정치적 사상이나 추상적인 원리를 옹호하거나 교시하는 것만으로는 내란선동이 될 수 없고, 그 내용이 내란에 이를 수 있을 정도의 폭력적인 행위를 선동하는 것이어야 하고, 나아가 피선동자의 구성 및 성향, 선동자와 피선동자의 관계 등에 비추어 피선동자에게 내란 결의를 유발하거나 증대시킬 위험성이 인정되어야만 내란선동으로 볼 수 있다. 언어적 표현행위는 매우 추상적이고 다의적일 수 있으므로 그 표현행위가 위와 같은 내란선동에 해당하는지를 가림에 있어서는 선동행위 당시의 객관적 상황, 발언 등의 장소와 기회, 표현 방식과 전체적인 맥락 등을 종합하여 신중하게 판단하여야 할 것이다.

다만 선동행위는 선동자에 의하여 일방적으로 행해지고, 그 이후 선동에 따른 범죄의 결의 여부 및 그 내용은 선동자의 지배영역을 벗어나 피선동자에 의하여 결정될 수 있으며, 내란선동을 처벌하는 근거가 선동행위 자체의 위험성과 불법성에 있다는 점 등을 전제하면, 내란선동에 있어 시기와 장소, 대상과 방식, 역할분담 등 내란 실행행위의 주요 내용이 선동 단계에서 구체적으로 제시되어야 하는 것은 아니고, 또 선동에 따라 피선동자가 내란의 실행행위로 나아갈 개연성이 있다고 인정되어야만 내란선동의 위험성이 있는 것으로 볼 수도 없다.

[2] 일부 피고인들에 대한 내란선동의 공소사실을 유죄로 판단한 원심을 수긍한 사례(대판(전) 2015.1.22. 2014도10978).

정답 (1) ○ (2) ○ (3) ○ (4) ○ (5) ○ (6) ○

3. (★★★) 내란음모죄에 대한 다음 설명에 대하여 옳고 그름을 판단하라.

(1) 범죄를 실행하기로 막연하게 합의한 경우나 특정한 범죄와 관련하여 단순히 의견을 교환한 경우까지 모두 범죄실행의 합의가 있는 것으로 보아 음모죄가 성립한다고 한다면 음모죄의 성립범위가 과도하게 확대되어 국민의 기본권인 사상과 표현의 자유가 위축되거나 그 본질이 침해되는 등 죄형법정주의 원칙이 형해화될 우려가 있으므로, 음모죄의 성립범위도 이러한 확대해석의 위험성을 고려하여 엄격하게 제한하여야 한다.

(2) 내란음모가 성립하였다고 하기 위해서는 개별 범죄행위에 관한 세부적인 합의가 있을 필요는 없으나, 공격의 대상과 목표가 설정되어 있고, 그 밖의 실행계획에 있어서 주요 사항의 윤곽을 공통적으로 인식할 정도의 합의가 있어야 한다. 나아가 합의는 실행행위로 나아간다는 확정적인 의미를 가진 것이어야 하고, 단순히 내란에 관한 생각이나 이론을 논의한 것으로는 부족하다.

(3) 내란음모죄에 해당하는 합의가 있다고 하기 위해서는 단순히 내란에 관한 범죄결심을 외부에 표시·전달하는 것만으로는 부족하고 객관적으로 내란범죄의 실행을 위한 합의라는 것이 명백히 인정되고, 그러한 합의에 실질적인 위험성이 인정되어야 할 것이다.

해설 [1] 내란음모죄도 내란시도를 사전에 차단하여 국가의 존립과 헌법질서를 보호하는 것을 입법목적으로 함은 내란선동죄와 마찬가지이다.

음모는 실행의 착수 이전에 2인 이상의 자 사이에 성립한 범죄실행의 합의로서, 합의 자체는 행위로 표출되지 않은 합의 당사자들 사이의 의사표시에 불과한 만큼 실행행위로서의 정형이 없고, 따라서 합의의 모습 및 구체성의 정도도 매우 다양하게 나타날 수밖에 없다. 그런데 어떤 범죄를 실행하기로 막연하게 합의한 경우나 특정한 범죄와 관련하여 단순히 의견을 교환한 경우까지 모두 범죄실행의 합의가 있는 것으로 보아 음모죄가 성립한다고 한다면 음모죄의 성립범위가 과도하게 확대되어 국민의 기본권인 사상과 표현의 자유가 위축되거나 그 본질이 침해되는 등 죄형법정주의 원칙이 형해화될 우려가 있으므로, 음모죄의 성립범위도 이러한 확대해석의 위험성을 고려하여 엄격하게 제한하여야 할 것이다.

한편 내란죄의 주체는 국토를 참절하거나 국헌을 문란할 목적을 이룰 수 있을 정도로 조직화된 집단으로서 다수의 자이어야 하고, 그 역할도 수괴, 중요한 임무에 종사한 자, 부화수행한 자 등으로 나뉜다(형법 제87조 각호 참조). 또한, 실행행위인 폭동행위는 살상, 파괴, 약탈, 단순 폭동 등 여러 가지 폭력행위가 혼합되어 있고, 그 정도가 한 지방의 평온을 해할 정도의 위력이 있음을 요한다.

2인 이상의 자 사이에 어떠한 폭동행위에 대한 합의가 있는 경우에도 공격의 대상과 목표가 설정되어 있지 않고, 시기와 실행방법이 어떠한지를 알 수 없으면 그것이 '내란'에 관한 음모인지를 알 수 없다. 따라서 내란음모가 성립하였다고 하기 위해서는 개별 범죄행위에 관한 세부적인 합의가 있을 필요는 없으나, 공격의 대상과 목표가 설정되어 있고, 그 밖의 실행계획에 있어서 주요 사항의 윤곽을 공통적으로 인식할 정도의 합의가 있어야 할 것이다.

나아가 합의는 실행행위로 나아간다는 확정적인 의미를 가진 것이어야 하고, 단순히 내란에 관한 생각이나 이론을 논의한 것으로는 부족하다. 또한, 내란음모가 단순히 내란에 관한 생각이나 이론을 논의 내지 표현한 것인지 실행행위로 나아간다는 확정적인 의미를 가진 합의인지를 구분하기가 쉽지 않다는 점을 고려하면, 내란음모죄에 해당하는 합의가 있다고 하기 위해서는 단순히 내란에 관한 범죄결심을 외부에 표시·전달하는 것만으로는 부족하고 객관적으로 내란범죄의 실행을 위한 합의라는 것이 명백히 인정되고, 그러한 합의에 실질적인 위험성이 인정되어야 할 것이다.

그리고 내란음모가 실질적 위험성이 있는지 여부는 합의 내용으로 된 폭력행위의 유형, 내용의 구체성, 계획된 실행시기와의 근접성, 합의 당사자의 수와 합의 당사자들 사이의 관계, 합의의 강도, 합의 당시의 사회정세, 합의를 사전에 준비하였는지 여부, 합의의 후속 조치가 있었는지 여부 등을 종합적으로 고려하여 판단하여야 한다.

[2] 피고인들에 대한 내란음모의 공소사실을 무죄로 판단한 원심을 수긍한 사례(대판(전) 2015.1.22. 2014도10978).

정답 (1) ○ (2) ○ (3) ○

제 2 절 외환의 죄

4. 간첩의 목적으로 외국 또는 북한에서 국내에 침투 또는 월남하는 경우에는 기밀탐지가 가능한 국내에 침투 상륙함으로써 간첩죄의 실행의 착수가 인정된다.

> [해설] 간첩의 목적으로 외국 또는 북한에서 국내에 침투 또는 월남하는 경우에는 기밀탐지가 가능한 <u>국내에 침투 상륙함으로써 간첩죄의 실행의 착수가 있다고 할 것이다</u>(대판 1984.9.11. 84도 1381).
> **정답** ○

5. 유학생이 동지포섭, 지하당조직의 지령을 받고 귀국하였다면 간첩죄에 착수한 것이다.

> [해설] 피고인들이 외국에서 학업을 마치고 우리나라로 귀국함에 있어 반국가단체의 구성원으로부터 국내에 돌아가면 동지포섭, 지하당조직과 같은 지령을 받고 돌아왔다면, 반공법 제6조 제4항 소정의 잠입죄에 해당함은 물론이나, 국가보안법 제2조, 형법 제98조 소정의 <u>국가 기밀을 탐지·보고하라는 지령을 전혀 받은 바 없다면 귀국행위가 바로 위법조 소정의 간첩죄의 착수라고는 볼 수 없다</u> 할 것이다(대판 1968.7.30. 68도754).
> **정답** ✕

제2장 국가의 기능에 관한 죄

제1절 공무원의 직무에 관한 죄

1. 경찰서 방범과장인 甲은 부하직원으로부터 음반·비디오물 및 게임물에 관한 법률 위반 혐의로 오락실을 단속하여 증거물로 오락기의 변조 기판을 압수하여 사무실에 보관중임을 보고받아 알고 있었음에도 그 직무상의 의무에 따라 위 압수물을 범죄 혐의의 입증에 사용하도록 하는 등의 적절한 조치를 취하지 않고, 오히려 부하직원에게 압수한 변조 기판을 돌려주라고 지시하여 오락실 업주에게 이를 돌려주었다. 甲에게 직무유기죄는 성립하지 않는다.

> **해설** 경찰서 방범과장이 부하직원으로부터 음반·비디오물 및 게임물에 관한 법률 위반 혐의로 오락실을 단속하여 증거물로 오락기의 변조 기판을 압수하여 사무실에 보관중임을 보고받아 알고 있었음에도 그 직무상의 의무에 따라 위 압수물을 수사계에 인계하고 검찰에 송치하여 범죄 혐의의 입증에 사용하도록 하는 등의 적절한 조치를 취하지 않고, 오히려 부하직원에게 위와 같이 압수한 변조 기판을 돌려주라고 지시하여 오락실 업주에게 이를 돌려준 경우, <u>작위범인 증거인멸죄만이 성립하고 부작위범인 직무유기(거부)죄는 따로 성립하지 아니한다</u>(대판(전) 2006.10.19. 2005도3909). **정답** ○

2. (★)수사업무에 종사하는 경찰관 甲은 乙 등 18명의 도박범행사실을 적발하고 그들의 인적사항을 확인하였음에도 이를 상사인 파출소장에게 즉시 보고하여 그 도금(賭金) 등을 압수하고 乙 등을 도박죄로 형사입건하는 등 범죄수사에 필요한 조치를 다하지 아니하고 乙 등으로부터 이를 묵인하여 달라는 부탁을 받고 그 도박사실을 발견하지 못한 것처럼 근무일지를 허위로 작성하고 소속 파출소장에게 이를 허위로 보고하였다. 甲에게는 직무유기죄가 성립하지 아니한다.

> **해설** 공무원이 어떠한 위법사실을 발견하고도 직무상 의무에 따른 적절한 조치를 취하지 아니하고 위법사실을 적극적으로 은폐할 목적으로 허위공문서를 작성, 행사한 경우에는 직무위배의 위법상태는 허위공문서작성 당시부터 그 속에 포함되는 것으로 작위범인 허위공문서작성, 동행사죄만이 성립하고 부작위범인 직무유기죄는 따로 성립하지 아니한다(대판 1999.12.24. 99도2240). **정답** ○

3. (★)군청의 농어촌개발계에 근무하면서 농지전용허가 및 불법농지전용고발 등 전반적인 농지사무를 담당하고 있던 공무원 甲이 읍사무소 직원으로부터 乙이 토석을 채취하면서 절대농지를 그 채석장의 진입로 및 골재야적장으로 사용하는 등 농지를 불법전용하고 있다는 사실을 통보받고 현장도면 및 사진 등 증거자료를 교부받아 현장을 확인하고도 아무런 조치를 취하지 아니하고, 乙로부터 위 농지에 관한 일시전용허가 신청서를 접수하고 농지전용허가를 하여 주어서는 안 됨을 알면서도 허가하여 줌이 타당하다는 취지의 현장출장복명서 및 심사의견서를 작성하여 결재권자에게 제출한 경우, 甲에게는 직무유기죄가 성립하지 아니한다.

[해설] 공무원이 어떠한 위법사실을 발견하고도 직무상 의무에 따른 적절한 조치를 취하지 아니하고 위법사실을 적극적으로 은폐할 목적으로 허위공문서를 작성 행사한 경우에는 직무위배의 위법상태는 허위공문서작성 당시부터 그 속에 포함되는 것으로 작위범인 허위공문서작성, 동행사죄만이 성립하고 부작위범인 직무유기죄는 따로 성립하지 아니하나, 위 복명서 및 심사의견서를 허위작성한 것이 농지일시전용허가를 신청하자 이를 허가하여 주기 위하여 한 것이라면 직접적으로 농지불법전용 사실을 은폐하기 위하여 한 것은 아니므로 위 허위공문서작성, 동행사죄와 직무유기죄는 실체적 경합범의 관계에 있다(대판 1993.12.24. 92도3334).

정답 ✕

4. (★)공무원이 어업허가를 신청한 자가 어업허가를 받을 수 없는 자라는 사실을 알면서도 그 직무상의 의무에 따른 적절한 조치를 취하지 않고 오히려 어업허가 처리기안문에 중간결재를 한 후 정을 모르는 상관의 최종결재를 받았다. 이 경우 공무원에게는 직무유기죄가 성립하지 아니한다.

[해설] 피고인이 출원인이 어업허가를 받을 수 없는 자라는 사실을 알면서도 그 직무상의 의무에 따른 적절한 조치를 취하지 않고 오히려 부하직원으로 하여금 어업허가처리 기안문을 작성하게 한 다음 피고인 스스로 중간결재를 하는 등 위계로써 농수산국장의 최종결재를 받았다면 직무위배의 위법상태가 위계에 의한 공무집행방해행위 속에 포함되어 있는 것이라고 보아야 할 것이므로, 이와 같은 경우에는 작위범인 위계에 의한 공무집행방해죄만이 성립하고 부작위범인 직무유기죄는 따로 성립하지 아니한다 (대판 1997.2.28. 96도2825).

정답 ○

5. (★)경찰관이 불법체류자의 신병을 출입국관리사무소에 인계하지 않고 훈방하면서 이들의 인적사항조차 기재해 두지 아니하였다면 직무유기죄가 성립한다.

[해설] 경찰관이 불법체류자의 신병을 출입국관리사무소에 인계하지 않고 훈방하면서 이들의 인적사항조차 기재해 두지 아니하였다면 직무유기죄가 성립한다고 한 사례(대판 2008.2.14. 2005도4202).

정답 ○

435 국가적 법익에 관한 죄

6. (★)경찰관인 피고인이 검사의 지휘를 받아 벌금미납자에 대한 노역장유치의 집행을 하면서 벌금미납자로 지명수배되어 있던 甲을 세 차례에 걸쳐 만나고도 그를 검거하여 검찰청에 신병을 인계하는 등 필요한 조치를 취하지 않았다면 직무유기죄가 성립한다.

[해설] 형사소송법 제460조 제1항, 제473조에 의하면 재판의 집행은 검사가 지휘하고, 검사는 신체를 구금하는 자유형의 집행을 위하여 형집행장을 발부하여 수형자를 구인할 수 있으며, 같은법 제475조, 제81조에 의하면 구속영장과 동일한 효력이 있는 형집행장은 검사의 지휘에 의하여 사법경찰관리가 집행하고, 이러한 형의 집행에 관한 규정은 같은법 제492조에 의하여 벌금미납자에 대한 노역장유치의 집행에 준용되고 있다. 이러한 규정을 종합하면 <u>사법경찰관리도 검사의 지휘를 받아 벌금미납자에 대한 노역장유치의 집행을 위하여 형집행장의 집행 등을 할 권한이 있으므로, 이 경우 벌금미납자에 대한 검거는 사법경찰관리의 직무범위에 속한다고 보아야 한다.</u> (대판 2011.9.8. 2009도13371). **정답** ○

7. 교도소 보안과 출정계장이 재소자 25명을 전국의 각 교도소로 이송하는 호송업무를 수행함에 있어서 호송교도관들에게 호송업무 등을 대강 지시하고 구체적인 확인·감독을 하지 아니하여 피호송자들이 집단도주한 경우, 직무유기죄가 성립하지 아니한다.(판례에 의함)

[해설] 출정계장과 감독교사가 재소자의 호송계호업무를 수행함에 있어서 성실하게 그 직무를 수행하지 아니하여 충근의무에 위반한 잘못은 인정되나 고의로 호송계호업무를 포기하거나 직무 또는 직장을 이탈한 것이라고는 볼 수 없으므로 형법상 직무유기죄를 구성하지 아니한다 (대판 1991.6.11. 91도96). **정답** ○

8. 지방자치단체장이 전국공무원노동조합이 주도한 파업에 참가한 소속 공무원들에 대하여 관할 인사위원회에 징계의결요구를 하지 아니하고 가담 정도의 경중을 가려 자체 인사위원회에 징계의결요구를 하거나 훈계처분을 하도록 지시한 행위는 직무유기죄를 구성하지 않는다.

[해설] [1] 직무유기죄는 공무원이 법령·내규 등에 의한 추상적 충근의무를 태만히 하는 일체의 경우에 성립하는 것이 아니라, 직장의 무단이탈이나 직무의 의식적인 포기 등과 같이 국가의 기능을 저해하고 국민에게 피해를 야기시킬 구체적 위험성이 있고 불법과 책임비난의 정도가 높은 법익침해의 경우에 한하여 성립하므로, <u>어떠한 형태로든 직무집행의 의사로 자신의 직무를 수행한 경우에는 그 직무집행의 내용이 위법한 것으로 평가된다는 점만으로 직무유기죄의 성립을 인정할 것은 아니다.</u>
[2] 지방자치단체장이 전국공무원노동조합이 주도한 파업에 참가한 소속 공무원들에 대하여 관할 인사위원회에 징계의결요구를 하지 아니하고 가담 정도의 경중을 가려 자체 인사위원회에 징계의결요구를 하거나 훈계처분을 하도록 지시한 행위가 직무유기죄를 구성하지 않는다고 한 사례(대판 2007.7.12. 2006도1390). **정답** ○

9. (★)검찰의 고위 간부가 특정 사건에 대한 수사가 계속 진행중인 상태에서 해당 사안에 관한 수사책임자의 잠정적인 판단 등 수사팀의 내부 상황을 확인한 뒤 그 내용을 수사 대상자 측에 전달하였다면 공무상 비밀누설에 해당한다.

해설 검찰의 고위 간부가 특정 사건에 대한 수사가 계속 진행중인 상태에서 해당 사안에 관한 수사책임자의 잠정적인 판단 등 수사팀의 내부 상황을 확인한 뒤 그 내용을 수사 대상자 측에 전달한 행위가 형법 제127조에 정한 공무상 비밀누설에 해당한다(대판 2007.6.14. 2004도5561).

정답 ○

10. (★★)구청에서 체납차량 영치 및 공매 등의 업무를 담당하던 공무원인 피고인이 甲의 부탁을 받고 차적 조회 시스템을 이용하여 범죄 현장 부근에서 경찰의 잠복근무에 이용되고 있던 경찰청 소속 차량의 소유관계에 관한 정보를 알아내 甲에게 알려준 경우 공무상비밀누설죄가 성립한다.

해설 재산의 소유 주체에 관한 정보에 불과한 자동차 소유자에 관한 정보를 정부나 공무소 또는 국민이 객관적, 일반적인 입장에서 외부에 알려지지 않는 것에 상당한 이익이 있는 사항으로서 실질적으로 비밀로 보호할 가치가 있다거나, 그 누설에 의하여 국가의 기능이 위협받는다고 볼 수 없고, 경찰청 소속 차량으로 잠복수사에 이용되는 경우 소속이 외부에 드러나지 말아야 할 사실상의 필요성이 있다는 사정만으로 달리 볼 것이 아니어서, 피고인이 甲에게 제공한 차량 소유관계에 관한 정보가 형법 제127조에서 정한 '법령에 의한 직무상 비밀'에 해당한다고 볼 수 없는데도, 이와 달리 보아 유죄를 인정한 원심판결에 법리오해의 위법이 있다고 한 사례(대판 2012.3.15. 2010도14734). 정답 ✕

11. 직권남용죄의 주체인 공무원의 일반적 직무권한은 일정한 행위를 명하고 필요하면 이를 강제할 수 있는 법률상의 강제력을 수반하는 것임을 요한다.

해설 직권남용죄는 공무원이 그 일반적 직무권한에 속하는 사항에 관하여 직권의 행사에 가탁하여 실질적, 구체적으로 위법·부당한 행위를 한 경우에 성립하고, 그 일반적 직무권한은 반드시 법률상의 강제력을 수반하는 것임을 요하지 아니하며, 그것이 남용될 경우 직권행사의 상대방으로 하여금 법률상 의무 없는 일을 하게 하거나 정당한 권리행사를 방해하기에 충분한 것이면 된다(대판 2004.5.27. 2002도6251). 정답 ✕

12. (★) 판례에 의할 때 다음 기술의 옳고 그름을 판단하라.

(1) 공무원이 한 행위가 직권남용에 해당한다고 하여 그러한 이유만으로 상대방이 한 일이 '의무 없는 일'에 해당한다고 인정할 수는 없다.

(2) 직권남용 행위의 상대방이 일반 사인인 경우 특별한 사정이 없는 한 직권에 대응하여 따라야 할 의무가 없으므로 그에게 어떠한 행위를 하게 하였다면 '의무 없는 일을 하게 한 때'에 해당할 수 있다.

(3) 공무원인 피고인이 퇴임한 이후에는 직권남용죄의 성립의 전제인 직권이 존재하지 않으므로, 퇴임 후에도 실질적 영향력을 행사하는 등으로 퇴임 전 공모한 범행에 관한 기능적 행위지배가 계속되었다고 인정할 만한 특별한 사정이 없는 한, 퇴임 후의 범행에 관하여는 공범으로서 책임을 지지 않는다고 보아야 한다.

(4) 공무원인 행위자가 상대방에게 어떠한 이익 등의 제공을 요구한 경우라도 그것이 구체적인 해악의 고지로 인정될 수 없다면 직권남용이나 뇌물 요구 등이 될 수는 있어도 협박을 요건으로 하는 강요죄가 성립하기는 어렵다.

[해설] [1] 공무원이 한 행위가 직권남용에 해당한다고 하여 그러한 이유만으로 상대방이 한 일이 '의무 없는 일'에 해당한다고 인정할 수는 없다. '의무 없는 일'에 해당하는지는 직권을 남용하였는지와 별도로 상대방이 그러한 일을 할 법령상 의무가 있는지를 살펴 개별적으로 판단하여야 한다. 직권남용 행위의 상대방이 일반 사인인 경우 특별한 사정이 없는 한 직권에 대응하여 따라야 할 의무가 없으므로 그에게 어떠한 행위를 하게 하였다면 '의무 없는 일을 하게 한 때'에 해당할 수 있다.

[2] 공무원인 피고인이 퇴임한 이후에는 위와 같은 직권이 존재하지 않으므로, 퇴임 후에도 실질적 영향력을 행사하는 등으로 퇴임 전 공모한 범행에 관한 기능적 행위지배가 계속되었다고 인정할 만한 특별한 사정이 없는 한, 퇴임 후의 범행에 관하여는 공범으로서 책임을 지지 않는다고 보아야 한다.

[3] 공무원인 행위자가 상대방에게 어떠한 이익 등의 제공을 요구한 경우 위와 같은 해악의 고지로 인정될 수 없다면 직권남용이나 뇌물 요구 등이 될 수는 있어도 협박을 요건으로 하는 강요죄가 성립하기는 어렵다.(대판 2020.2.13. 2019도5186) 정답 (1) ○ (2) ○ (3) ○ (4) ○

13. (★)서울특별시 교육감인 甲이 인사담당장학관 등에게 지시하여 승진 또는 자격연수 대상이 될 수 없는 특정 교원들을 승진임용하거나 그 대상자가 되도록 한 경우, 甲에게는 직권남용권리행사방해죄가 성립한다.

[해설] [1] 형법 제123조의 직권남용권리행사방해죄에서 '의무 없는 일을 하게 한 때'란 '사람'으로 하여금 법령상 의무 없는 일을 하게 하는 때를 의미하는바, 공무원이 자신의 직무권한에 속하는 사항에 관하여 실무 담당자로 하여금 그 직무집행을 보조하는 사실행위를 하도록 하더라도 이는 공무원 자신의 직무집행으로 귀결될 뿐이므로 원칙적으로 직권남용권리행사방해죄에서 말하는 '의무 없는 일을 하게 한 때'에 해당한다고 할 수 없으나, 직무집행의 기준과 절차가 법령에 구체적으로 명시되어 있고 실무 담당자에게도 직무집행의 기준을 적용하고 절차에 관여할 고유한 권한과 역할이 부여되어 있다면 실무 담당자로 하여금 그러한 기준과 절차에 위반하여 직무집행을 보조하게 한 경우에는 '의무 없는 일을 하게 한 때'에 해당한다.

[2] 피고인에 대한 직권남용권리행사방해의 공소사실을 유죄로 인정한 원심판단을 수긍한 사례(대판 2011.2.10. 2010도13766). 정답 ○

14. (★)상급 경찰관이 직권을 남용하여 부하 경찰관들의 수사를 중단시키거나 사건을 다른 경찰관서로 이첩하게 한 경우, '권리행사를 방해함으로 인한 직권남용권리행사방해죄'와 '의무 없는 일을 하게 함으로 인한 직권남용권리행사방해죄'가 별개로 성립한다.

[해설] 상급 경찰관이 직권을 남용하여 부하 경찰관들의 수사를 중단시키거나 사건을 다른 경찰관서로 이첩하게 한 경우, 일단 '부하 경찰관들의 수사권 행사를 방해한 것'에 해당함과 아울러 '부하 경찰관들로 하여금 수사를 중단하거나 사건을 다른 경찰관서로 이첩할 의무가 없음에도 불구하고 수사를 중단하게 하거나 사건을 이첩하게 한 것'에도 해당된다고 볼 여지가 있다. 그러나 이는 어디까지나 하나의 사실을 각기 다른 측면에서 해석한 것에 불과한 것으로서, '권리행사를 방해함으로 인한 직권남용권리행사방해죄'와 '의무 없는 일을 하게 함으로 인한 직권남용권리행사방해죄'가 별개로 성립하는 것이라고 할 수는 없다. 따라서 위 두 가지 행위 태양에 모두 해당하는 것으로 기소된 경우, '권리행사를 방해함으로 인한 직권남용권리행사방해죄'만 성립하고 '의무 없는 일을 하게 함으로 인한 직권남용권리행사방해죄'는 따로 성립하지 아니하는 것으로 봄이 상당하다(대판 2010.1.28. 2008도7312). 정답 ✕

15. 인신구속에 관한 직무를 행하는 자 또는 이를 보조하는 자가 피해자를 구속하기 위하여 진술조서 등을 허위로 작성한 후 검사와 영장전담판사를 기망하여 구속영장을 발부받아 피해자를 구금한 행위는 직권남용감금죄를 구성한다.

[해설] 감금죄는 간접정범의 형태로도 행하여질 수 있는 것이므로, 인신구속에 관한 직무를 행하는 자 또는 이를 보조하는 자가 피해자를 구속하기 위하여 진술조서 등을 허위로 작성한 후 이를 기록에 첨부하여 구속영장을 신청하고, 진술조서 등이 허위로 작성된 정을 모르는 검사와 영장전담판사를 기망하여 구속영장을 발부받은 후 그 영장에 의하여 피해자를 구금하였다면 형법 제124조 제1항의 직권남용감금죄가 성립한다(대판 2006.5.25. 2003도3945). 정답 ○

16. (★)'성적 욕구의 충족'도 뇌물의 내용인 이익에 포함된다.

[해설] 뇌물죄에서 뇌물의 내용인 이익이라 함은 금전, 물품 기타의 재산적 이익뿐만 아니라 사람의 수요·욕망을 충족시키기에 족한 일체의 유형·무형의 이익을 포함하며, 제공된 것이 성적 욕구의 충족이라고 하여 달리 볼 것이 아니다(대판 2014.1.29. 2013도13937). 정답 ○

※ 다음 중 판례에 의할 때 뇌물죄의 '직무관련성'이 인정되는 사례(○)와 인정되지 않는 사례(×)를 판단하시오.

17. (★)법원의 공판 참여주사가 형량을 감경케 하여 달라는 청탁과 함께 금품을 수수하였다.

> [해설] 법원의 참여주사가 공판에 참여하여 양형에 관한 사항의 심리내용을 공판조서에 기재한다고 하더라도 이를 가지고 형사사건의 양형이 참여주사의 직무와 밀접한 관계가 있는 사무라고는 할 수 없으므로 참여주사가 형량을 감경케 하여 달라는 청탁과 함께 금품을 수수하였다고 하더라도 뇌물수수죄의 주체가 될 수 없다(대판 1980.10.14. 80도1373). [정답] ×

18. (★)교통계에 근무하는 경찰관이 도박장개설 및 도박범행을 묵인하는 등 편의를 봐주는 데 대한 사례비 명목으로 금원을 교부받은 후, 위 도박장개설 및 도박범행사실을 잘 알면서도 이를 단속하지 않았다.

> [해설] 뇌물죄는 직무집행의 공정과 이에 대한 사회의 신뢰에 기하여 직무행위의 불가매수성을 그 직접의 보호법익으로 하고 있으므로 뇌물성은 의무위반 행위나 청탁의 유무 및 금품수수 시기와 직무집행행위의 전후를 가리지 아니한다 할 것이고, 따라서 뇌물죄에서 말하는 '직무'에는 법령에 정하여진 직무뿐만 아니라 그와 관련 있는 직무, 과거에 담당하였거나 장래에 담당할 직무 외에 사무분장에 따라 현실적으로 담당하지 않는 직무라도 법령상 일반적인 직무권한에 속하는 직무 등 공무원이 그 직위에 따라 공무로 담당할 일체의 직무를 포함한다 할 것이고, 수뢰후부정처사죄에서 말하는 '부정한 행위'라 함은 직무에 위배되는 일체의 행위를 말하는 것으로 직무행위 자체는 물론 그것과 객관적으로 관련 있는 행위까지를 포함한다(대판 2003.6.13. 2003도1060). ※ 수뢰후부정처사죄가 성립한다. [정답] ○

19. (★)서울대학교 의과대학 교수 겸 서울대학교병원 의사인 甲은 구속된 X의 처 Y의 부탁을 받고 6회에 걸쳐 서울구치소로 직접 왕진을 가서 X를 진료하고 진단서를 작성해 주었으며, 구속집행정지신청에 관한 법원의 사실조회에 대해 회신을 보내주었고, 이러한 일련의 구속집행정지와 관련한 과정에서 Y로부터 사례금 명목으로 4회에 걸쳐 합계 1,500만 원을 받았다.

> [해설] 서울대학교 의과대학 교수 겸 서울대학교병원 의사가 구치소로 왕진을 나가 진료하고 진단서를 작성해 주거나 법원의 사실조회에 대하여 회신을 해주는 것은 의사로서의 진료업무이지 교육공무원인 서울대학교 의과대학 교수의 직무와 밀접한 관련 있는 행위라고 할 수 없다는 이유로 뇌물수수의 공소사실에 대하여 무죄를 선고한 원심의 조치를 수긍한 사례(대판 2006.6.15. 2005도1420). [정답] ×

20. 공무원이 그 이익을 수수하는 것으로 인하여 사회일반으로부터 직무집행의 공정성을 의심받게 되는지 여부가 뇌물죄의 성부를 판단함에 있어서 판단기준이 된다.

> [해설] 大判 2000.1.21. 99도4940. [정답] ○

※ 다음 중 뇌물의 요건과 관련하여 '뇌물'이라고 인정되는 사례(○)와 인정되지 않는 사례(×)를 판단하시오(판례에 의함).

21. 재개발주택조합의 조합장이 그 재직 중 고소하거나 고소당한 사건의 수사를 담당한 경찰관에게 액수 미상의 프리미엄이 예상되는 그 조합아파트 1세대를 분양해 주었다.

해설 재개발주택조합의 조합장이 그 재직 중 고소하거나 고소당한 사건의 수사를 담당한 경찰관에게 액수 미상의 프리미엄이 예상되는 그 조합아파트 1세대를 분양해 준 경우, 그 아파트가 당첨자의 분양권 포기로 조합에서 임의분양하기로 된 것으로서 예상되는 프리미엄의 금액이 불확실하였다고 하더라도, 조합, 즉 조합장이 선택한 수분양자가 되어 분양계약을 체결한 것 자체가 경제적인 이익이라고 볼 수 있으므로 뇌물공여죄에 해당한다(대판 2002.11.26. 2002도3539).
[관련판례] 조합아파트 가입권에 붙은 소위 프리미엄도 뇌물에 해당한다(대판 1992.12.22. 92도1762).
정답 ○

22. 군에서 일차진급 평정권자가 그 평정업무와 관련하여 진급대상자로 하여금 자신의 은행대출금채무에 연대보증하게 하였다.

해설 군에서 일차진급 평정권자가 그 평정업무와 관련하여 진급대상자로 하여금 자신의 은행대출금채무에 연대보증하게 한 행위는 직무에 관련하여 이익인 뇌물을 받은 것에 해당된다(대판 2001.1.5. 2000도4714).
정답 ○

23. 수의계약을 체결하는 공무원이 해당 공사업자와 적정한 금액 이상으로 계약금액을 부풀려서 계약하고 부풀린 금액을 자신이 되돌려 받기로 사전에 약정한 다음 그에 따라 금원을 수수하였다.

해설 수의계약을 체결하는 공무원이 해당 공사업자와 적정한 금액 이상으로 계약금액을 부풀려서 계약하고 부풀린 금액을 자신이 되돌려 받기로 사전에 약정한 다음 그에 따라 수수한 돈은 성격상 뇌물이 아니고 횡령금에 해당한다(대판 2007.10.12. 2005도7112).
정답 ×

24. (★★★) 법령에 기한 임명권자에 의하여 임용되어 공무에 종사하여 온 사람이 나중에 그가 임용결격자이었음이 밝혀져 당초의 임용행위가 무효인 경우라면, 그가 임용행위라는 외관을 갖추어 실제로 공무를 수행하였다고 하더라도, 이러한 사람은 형법 제129조에서 규정한 공무원으로 볼 수 없어, 그가 그 직무에 관하여 뇌물을 수수한 경우라도 수뢰죄로 처벌할 수 없다.

해설 형법이 뇌물죄에 관하여 규정하고 있는 것은 공무원의 직무집행의 공정과 그에 대한 사회의 신뢰 및 직무행위의 불가매수성을 보호하기 위한 것이다. 법령에 기한 임명권자에 의하여 임용되어 공무에 종사하여 온 사람이 나중에 그가 임용결격자이었음이 밝혀져 당초의 임용행위가 무효라고 하더라도, 그가 임용행위라는 외관을 갖추어 실제로 공무를 수행한 이상 공무 수행의 공정과 그에 대한 사회의 신뢰 및 직무행위의 불가매수성은 여전히 보호되어야 한다. 따라서 이러한 사람은 형법 제129조에서 규정한 공무원으로 봄이 타당하고, 그가 그 직무에 관하여 뇌물을 수수한 때에는 수뢰죄로 처벌할 수 있다(대판 2014.3.27. 2013도11357).　**정답** ✕

25. (★) 뇌물의 목적물이 이익인 경우에 그 가액이 확정되어 있지 않아도 형법상 뇌물약속 죄가 성립하는 데에는 영향이 없다.

해설 [1] 뇌물약속죄에서 뇌물의 약속은 직무와 관련하여 장래에 뇌물을 주고받겠다는 양 당사자의 의사표시가 확정적으로 합치하면 성립하고, 뇌물의 가액이 얼마인지는 문제되지 아니한다. 또한 뇌물의 목적물이 이익인 경우에 그 가액이 확정되어 있지 않아도 뇌물약속죄가 성립하는 데에는 영향이 없다. 그러나 뇌물약속죄 또는 부정처사후 뇌물약속죄를 범한 데 대하여 「특정범죄 가중처벌 등에 관한 법률」(이하 '특정범죄가중법'이라고 한다) 제2조 제1항 제1호를 적용할 경우에는, 약속한 뇌물의 가액이 1억 원 이상이라는 것이 범죄구성요건의 일부로 되어 있고 그 가액에 따라 형벌이 가중되어 있으므로, 뇌물의 가액은 산정할 수 있어야 한다(大判 2016.6.23. 2016도3753).　**정답** ○

26. (★) 공여자와 수뢰자 사이에 금품 제공에 관한 의사의 합치가 존재하고 또한 지급방법에 관하여 수뢰자가 양해하였다고 인정되는 한, 공여자와 수뢰자 사이에 직접 금품이 수수되지 아니하였다는 사정만으로는 뇌물수수죄의 죄책을 면할 수 없다.

해설 뇌물죄는 공여자의 출연에 의한 수뢰자의 영득의사의 실현으로서, 공여자의 특정은 직무행위와 관련이 있는 이익의 부담 주체라는 관점에서 파악하여야 하므로, 금품이나 재산상 이익 등이 반드시 공여자와 수뢰자 사이에 직접 수수될 필요는 없고, 그 사이에서 제3자가 먼저 공여자를 대신하여 자신의 자금으로 수뢰자에게 지급한 다음 공여자로부터 그 금액을 상환받는 방식으로 수수되었다 할지라도, 공여자와 수뢰자 사이에 금품 제공에 관한 의사의 합치가 존재하고 또한 그러한 지급방법에 관하여 수뢰자가 양해하였다고 인정되는 한, 공여자와 수뢰자 사이에 직접 금품이 수수되지 아니하였다는 사정만으로는 뇌물수수죄의 죄책을 면할 수 없다.(대판 2008.6.12. 2006도8568).　**정답** ○

27. (★)공무원이 직무와 관련하여 뇌물수수를 약속하고 퇴직 후 이를 수수하는 경우라도, 뇌물약속과 뇌물수수가 시간적으로 근접하여 연속되어 있다면, 뇌물수수죄가 성립한다.

해설 뇌물수수죄는 공무원 또는 중재인이 그 직무에 관하여 뇌물을 수수한 때에 성립하는 것이어서 그 주체는 현재 공무원 또는 중재인의 직에 있는 자에 한정되므로, 공무원이 직무와 관련하여 뇌물수수를 약속하고 퇴직 후 이를 수수하는 경우에는, 뇌물약속과 뇌물수수가 시간적으로 근접하여 연속되어 있다고 하더라도, 뇌물약속죄 및 사후수뢰죄가 성립할 수 있음은 별론으로 하고, 뇌물수수죄는 성립하지 않는다(대판 2008.2.1. 2007도5190).　**정답** ✕

28. (★★)뇌물을 수수함에 있어서 공여자를 기망한 점이 있다 하여도 뇌물수수죄, 뇌물공여죄의 성립에는 영향이 없고, 이 경우 뇌물을 수수한 공무원에 대하여는 한 개의 행위가 뇌물죄와 사기죄의 각 구성요건에 해당하므로 형법 제40조에 의하여 상상적 경합으로 처단하여야 한다.

> 해설 [1] 형법 제134조는 뇌물에 공할 금품을 필요적으로 몰수하고 이를 몰수하기 불가능한 때에는 그 가액을 추징하도록 규정하고 있는바, 몰수는 특정된 물건에 대한 것이고 추징은 본래 몰수할 수 있었음을 전제로 하는 것임에 비추어 뇌물에 공할 금품이 특정되지 않았던 것은 몰수할 수 없고 그 가액을 추징할 수도 없다.10)
> [2] 뇌물을 수수함에 있어서 공여자를 기망한 점이 있다 하여도 뇌물수수죄, 뇌물공여죄의 성립에는 영향이 없고, 이 경우 뇌물을 수수한 공무원에 대하여는 한 개의 행위가 뇌물죄와 사기죄의 각 구성요건에 해당하므로 형법 제40조에 의하여 상상적 경합으로 처단하여야 할 것이다(大判 2015.10.29. 2015도12838).
> [비교판례] 공무원이 직무집행의 의사 없이 또는 직무처리와 대가적 관계없이 타인을 공갈하여 재물을 교부하게 한 경우에는 공갈죄만이 성립하고, 이러한 경우 재물의 교부자가 공무원의 해악의 고지로 인하여 외포의 결과 금품을 제공한 것이라면 그는 공갈죄의 피해자가 될 것이고 뇌물공여죄는 성립될 수 없다고 하여야 할 것이다(대판 1994.12.22. 94도2528). 정답 ○

29. (★)뇌물죄에 있어서 금품을 수수한 장소가 공개된 장소이고, 금품을 수수한 공무원이 이를 개인적인 용도가 아닌 회식비나 직원들의 휴가비로 소비하였을 뿐 자신의 사리를 취한 바 없다 하더라도 뇌물죄가 성립한다.

> 해설 大判 1985.5.14. 83도2050. 정답 ○

30. 영득의 의사로 뇌물을 수령한 이상 그 액수가 피고인이 예상한 것보다 너무 많은 액수여서 후에 이를 반환하였다고 하더라도 뇌물죄의 성립에는 영향이 없다.

> 해설 뇌물을 수수한다는 것은 영득의 의사로 금품을 수수하는 것을 말하므로, 뇌물인지 모르고 이를 수수하였다가 뇌물임을 알고 즉시 반환하거나, 증뢰자가 일방적으로 뇌물을 두고 가므로 후일 기회를 보아 반환할 의사로 어쩔 수 없이 일시 보관하다가 반환하는 등 그 영득의 의사가 없었다고 인정되는 경우라면 뇌물을 수수하였다고 할 수 없겠지만, 피고인이 먼저 뇌물을 요구하여 증뢰자가 제공하는 돈을 받았다면 피고인에게는 받은 돈 전부에 대한 영득의 의사가 인정된다고 하지 않을 수 없고, 이처럼 영득의 의사로 뇌물을 수령한 이상 그 액수가 피고인이 예상한 것보다 너무 많은 액수여서 후에 이를 반환하였다고 하더라도 뇌물죄의 성립에는 영향이 없다(대판 2007.3.29. 2006도9182). 정답 ○

---

10) 피고인이 공소외 1에게 돈을 빌려달라고 요구하였으나 공소외 1이 이를 즉각 거부하여 공소외 1이 피고인에게 뇌물로 제공한 금품이 특정되지 않아 이를 몰수할 수 없으므로 그 가액을 추징할 수도 없다.

31. (★)공무원인 피고인이 부동산업자 乙로부터 토지에 관하여 건축허가를 내 줄 것을 부탁받고 乙로부터 1~2일 후 만나 3,000만 원권 자기앞수표가 든 봉투를 건네받았는데, 그 후 수시로 통화하면서도 이를 즉시 乙에게 돌려주지 않고 위 자기앞수표를 10일 가량 가지고 있다가 돌려주었다면, 피고인은 영득의 의사로 위 자기앞수표를 뇌물로 받은 것이다.

[해설] [1] 뇌물인지 모르고 이를 수수하였다가 뇌물임을 알고 즉시 반환하거나, 증뢰자가 일방적으로 뇌물을 두고 가므로 후일 기회를 보아 반환할 의사로 어쩔 수 없이 일시 보관하다가 반환하는 등 그 영득의 의사가 없었다고 인정되는 경우라면 뇌물을 수수하였다고 할 수 없겠지만, 일단 피고인이 영득의 의사로 뇌물을 수령한 이상 후에 이를 반환하였다고 하더라도 뇌물죄의 성립에는 영향이 없다.

[2] 공무원인 피고인이 부동산업자인 공소외 1로부터 토지에 관하여 건축허가를 내 줄 것을 부탁받고 그로부터 1~2일 후 만나 3,000만 원권 자기앞수표가 든 봉투를 건네받았는데, 그 후 공소외 1과 수시로 통화하면서도 이를 즉시 공소외 1에게 돌려주지 않고 위 자기앞수표를 10일 가량 가지고 있다가 돌려주었다면, 자신이 담당하는 건축허가 등 업무와 관련하여 공소외 1로부터 영득의 의사로 위 자기앞수표를 수수하였다가 공무원으로서 고액의 수표를 사용하는 것이 용이하지 아니하고 문제가 될 수도 있다는 생각에 이를 반환한 것으로 보아, 피고인이 영득의 의사로 위 자기앞수표를 뇌물로 받은 것으로 판단한 것은 정당하다(대판 2012.8.23. 2010도6504).

[정답] ○

[판례정리] **뇌물로 인정되는 범위**

1. 공무원이 수수한 이익에 직무행위에 대한 대가로서의 성질과 직무 외의 행위에 대한 사례로서의 성질이 불가분적으로 결합되어 있는 경우에는 그 전부가 직무행위에 대한 대가로서의 성질을 가진다(대판 2013.4.11. 2012도16277).

32. (★)범죄사실에서 뇌물의 액수를 특정할 수 없는 경우라 하더라도 추징을 선고할 수 있다.

[해설] [1] 형법 제134조의 몰수나 추징을 선고하기 위하여는 몰수나 추징의 요건이 공소가 제기된 범죄사실과 관련되어 있어야 하므로, 법원으로서는 범죄사실에서 인정되지 아니한 사실에 관하여는 몰수나 추징을 선고할 수 없다고 보아야 한다.

[2] 범죄사실에서 수수한 뇌물의 액수를 특정할 수 없다면, 추징을 함에 있어서도 그 추징의 대상이 되는 뇌물의 액수를 특정할 수 없는 경우에 해당한다고 보아 추징을 선고하여서는 안 될 것이다.

[3] 공무원이 수수한 금품에 직무행위와 대가관계가 있는 부분과 그렇지 않은 부분이 불가분적으로 결합되어 있다고 보아, 수수한 금품 '전액'이 직무행위에 대한 대가로 수수한 뇌물이라고 한 사례(대판 2009.8.20. 2009도4391).

[정답] ×

33. (★)뇌물에 공할 금품이 특정되지 않았던 경우에는 몰수할 수 없고 그 가액을 추징하여야 한다.

> 해설 몰수는 특정된 물건에 대한 것이고 추징은 본래 몰수할 수 있었음을 전제로 하는 것임에 비추어 뇌물에 공할 금품이 특정되지 않았던 것은 몰수할 수 없고 그 가액을 추징할 수도 없다(대판 1996.5.8. 96도221).
>
> 정답 ✕

34. (★)피고인이 증뢰자와 함께 향응을 하고 증뢰자가 이에 소요되는 금원을 지출한 경우에는 증뢰자가 소비한 비용도 결국 증뢰에 따른 비용으로 지출된 것이므로 이를 모두 피고인의 수뢰액으로 인정하여 그 가액을 추징하여야 한다.

> 해설 피고인이 증뢰자와 함께 향응을 하고 증뢰자가 이에 소요되는 금액을 지출한 경우에 피고인의 수뢰액을 인정함에 있어서는 먼저 피고인의 접대에 요한 비용과 증뢰자가 소비한 비용을 가려내어 전자의 액수를 피고인의 수뢰액으로 하여야 하고, 만약 각자에 요한 비용액이 불명일 때에는 이를 평등하게 분할한 액을 가지고 피고인의 수뢰액으로 인정해야 한다(대판 2001.10.12. 99도5294).
>
> 정답 ✕

35. (★)수뢰자가 자기앞수표를 뇌물로 받아 이를 소비한 후 자기앞수표 상당액을 증뢰자에게 반환한 경우에는 수뢰자로부터 그 가액을 추징하여야 한다.

> 해설 大判 1999.1.29. 98도3584.
>
> 정답 ○

36. 수인이 공모하여 뇌물을 수수한 경우에 개별적으로 받은 액수를 알 수 없는 때에는 평등하게 몰수나 추징을 해야 한다.

> 해설 大判 1975.4.22. 73도1963.
>
> 정답 ○

37. (★)수수한 뇌물상당액을 3개월 후에 증뢰자의 거래은행구좌에 온라인으로 입금하여 반환하였다면 그 가액상당을 수뢰자로부터 추징한 조치는 적법하다.

> 해설 1985.6. 초에 교부받은 뇌물 200만원 상당액을 1985.9.3.에 증뢰자의 거래은행구좌에 온라인으로 입금하여 반환하였다면 그 반환시기 등에 비추어 반환한 돈 200만원이 뇌물로 교부받았던 바로 그 돈이었다고 보기 어려우므로 그 가액상당을 수뢰자로부터 추징한 조치는 적법하다(대판 1986.12.23. 86도2021).
>
> 정답 ○

38. 뇌물로 교부한 당좌수표가 부도나자 이를 반환받고 수표의 액면가액에 상응하는 현금이나 유가증권을 다시 교부하였다면, 이 현금이나 유가증권은 몰수·추징의 대상이 될 수 있다.

해설 증뢰자가 교부한 당좌수표가 부도나자 부도된 당좌수표를 반환받고 그 수표에 대체하여 수표의 액면가액에 상응하는 현금이나 유가증권을 수뢰자에게 다시 교부하고 수뢰자가 이를 수수하였다면, 형법 제134조의 규정취지가 수뢰자로 하여금 불법한 이득을 보유시키지 않으려는 데에 있는 점에 비추어 볼 때, 이 현금이나 유가증권이 몰수, 추징의 대상이 된다(대판 1992.12.8. 92도1995). **정답** ○

39. (★)수뢰자가 수수한 뇌물의 일부를 타인에게 다시 뇌물로 공여하여 증뢰죄를 범한 경우에 첫 번째 수뢰자로부터는 그 잔액만을 추징하여야 한다.

해설 피고인들이 뇌물로 받은 돈을 그 후 다른 사람에게 다시 뇌물로 공여하였다 하더라도 그 수뢰의 주체는 어디까지나 피고인들이고 그 수뢰한 돈을 다른 사람에게 공여한 것은 수뢰한 돈을 소비하는 방법에 지나지 아니하므로 피고인들로부터 그 수뢰액 전부를 각 추징하여야 한다(대판 1986.11.25. 86도1951). **정답** ✕

40. (★)단순히 공무원의 신분이 있다는 것을 이용한 경우에도 알선수뢰죄가 성립한다.

해설 형법 제132조 소정의 알선수뢰죄에 있어서 "공무원이 그 지위를 이용하여"라고 함은 친구·친족관계 등 사적인 관계를 이용하는 경우이거나 단순히 공무원으로서의 신분이 있다는 것만을 이용하는 경우에는 여기에 해당한다고 볼 수 없으나, 다른 공무원이 취급하는 업무처리에 법률상 또는 사실상으로 영향을 줄 수 있는 공무원이 그 지위를 이용하는 경우에 여기에 해당하고 그 사이에 반드시 상하관계, 협동관계, 감독권한 등의 특수한 관계에 있거나 같은 부서에 근무할 것을 요하는 것은 아니다(대판 1994.10.21. 94도852). **정답** ✕

41. (★)알선뇌물요구죄가 성립하기 위하여는 뇌물을 요구할 당시 반드시 상대방에게 알선에 의하여 해결을 도모하여야 할 현안이 존재하여야 할 필요는 없다.

해설 [1] 형법 제132조에서 말하는 '다른 공무원의 직무에 속한 사항의 알선에 관하여 뇌물을 요구한다'고 함은, 다른 공무원의 직무에 속한 사항을 알선한다는 명목으로 뇌물을 요구하는 행위로서 반드시 알선의 상대방인 다른 공무원이나 그 직무의 내용이 구체적으로 특정될 필요까지는 없지만, 알선뇌물요구죄가 성립하려면 알선할 사항이 다른 공무원의 직무에 속하는 사항으로서 뇌물요구의 명목이 그 사항의 알선에 관련된 것임이 어느 정도 구체적으로 나타나야 한다. 단지 상대방으로 하여금 뇌물을 요구하는 자에게 잘 보이면 그로부터 어떤 도움을 받을 수 있다거나 손해를 입을 염려가 없다는 정도의 막연한 기대감을 갖게 하는 정도에 불과하고, 뇌물을 요구하는 자 역시 상대방이 그러한 기대감을 가질 것이라고 짐작하면서 뇌물을 요구하였다는 정도의 사정만으로는 알선뇌물요구죄가 성립한다고 볼 수 없다. 한편, 여기서 말하는 알선행위는 장래의 것이라도 무방하므로, 알선뇌물요구죄가 성립하기 위하여는 뇌물을 요구할 당시 반드시 상대방에게 알선에 의하여 해결을 도모하여야 할 현안이 존재하여야 할 필요는 없다(대판 2009.7.23. 2009도3924).

정답 ○

42. (★)뇌물공여죄가 성립되기 위하여서는 뇌물을 공여하는 행위와 상대방 측에서 금전적으로 가치가 있는 그 물품 등을 받아들이는 행위(부작위 포함)가 필요하고 나아가 상대방 측에서 뇌물수수죄가 성립되어야 한다.

[해설] 뇌물공여죄가 성립되기 위하여서는 뇌물을 공여하는 행위와 상대방측에서 금전적으로 가치가 있는 그 물품 등을 받아들이는 행위(부작위 포함)가 필요할 뿐이지 반드시 상대방측에서 뇌물수수죄가 성립되어야만 한다는 것을 뜻하는 것은 아니다(대판 2006.2.24. 2005도4737).

정답 ✕

43. (★)공여자와 수뢰자 사이에 직접 금품이 수수되지 아니하였다는 사정만으로는 뇌물공여죄의 죄책을 면할 수 없다.

[해설] 뇌물죄는 공여자의 출연에 의한 수뢰자의 영득의사의 실현으로서, 공여자의 특정은 직무행위와 관련이 있는 이익의 부담 주체라는 관점에서 파악하여야 하므로, 금품이나 재산상 이익 등이 반드시 공여자와 수뢰자 사이에 직접 수수될 필요는 없고, 그 사이에서 제3자가 먼저 공여자를 대신하여 자신의 자금으로 수뢰자에게 지급한 다음 공여자로부터 그 금액을 상환받는 방식으로 공여되었다 할지라도, 공여자와 수뢰자 사이에 금품 제공에 관한 의사의 합치가 존재하고 또한 그러한 지급방법에 관하여 수뢰자가 양해하였다고 인정되는 한, 공여자와 수뢰자 사이에 직접 금품이 수수되지 아니하였다는 사정만으로는 뇌물공여죄의 죄책을 면할 수 없다(대판 2014.12.24. 2014도10199).

정답 ○

44. (★) 판례에 의할 때 다음 설명에 대하여 옳고 그름을 판단하라.

(1) 공무원이 아닌 사람(이하 '비공무원'이라 한다)이 공무원과 공동가공의 의사와 이를 기초로 한 기능적 행위지배를 통하여 공무원의 직무에 관하여 뇌물을 수수하는 범죄를 실행하였다면 공무원이 직접 뇌물을 받은 것과 동일하게 평가할 수 있으므로 공무원과 비공무원에게 형법 제129조 제1항에서 정한 뇌물수수죄의 공동정범이 성립한다.

(2) 공무원이 뇌물공여자로 하여금 공무원과 뇌물수수죄의 공동정범 관계에 있는 비공무원에게 뇌물을 공여하게 한 경우에는 공동정범의 성질상 공무원 자신에게 뇌물을 공여하게 한 것으로 볼 수 있다. 공무원과 공동정범 관계에 있는 비공무원은 제3자뇌물수수죄에서 말하는 제3자가 될 수 없고, 공무원과 공동정범 관계에 있는 비공무원이 뇌물을 받은 경우에는 공무원과 함께 뇌물수수죄의 공동정범이 성립하고 제3자뇌물수수죄는 성립하지 않는다.

(3) 뇌물수수죄의 공범들 사이에 직무와 관련하여 금품이나 이익을 수수하기로 하는 명시적 또는 암묵적 공모관계가 성립하고 공모 내용에 따라 공범 중 1인이 금품이나 이익을 주고받았다면, 특별한 사정이 없는 한 이를 주고받은 때 금품이나 이익 전부에 관하여 뇌물수수죄의 공동정범이 성립하고, 금품이나 이익의 규모나 정도 등에 대하여 사전에 서로 의사의 연락이 있거나 금품 등의 구체적 금액을 공범이 알아야 공동정범이 성립하는 것은 아니다.

(4) 금품이나 이익 전부에 관하여 뇌물수수죄의 공동정범이 성립한 이후에 뇌물이 실제로 공동정범인 공무원 또는 비공무원 중 누구에게 귀속되었는지는 이미 성립한 뇌물수수죄에 영향을 미치지 않는다.

(5) 뇌물공여에서 말하는 '공여'란 뇌물을 취득하게 하는 것이다. 여기에서 취득이란 뇌물에 대한 사실상의 처분권을 획득하는 것을 의미하고, 뇌물인 물건의 법률상 소유권까지 취득하여야 하는 것은 아니다.

> [해설] (대판(전) 2019.8.29. 2018도2738)
>
> [정답] (1) ○ (2) ○ (3) ○ (4) ○ (5) ○

45. (★) 배임수재자가 배임증재자에게서 무상으로 빌려준 물건을 인도받아 사용하고 있던 중에 공무원이 되었는데, 배임증재자가 배임수재자에게 뇌물공여의 뜻을 밝히고 물건을 계속하여 배임수재자가 사용할 수 있는 상태로 두는 경우, 처음에 배임증재로 무상 대여할 당시에 정한 사용기간을 추가로 연장해 주는 등 새로운 이익을 제공한 것으로 평가할 만한 사정이 없더라도 뇌물공여죄가 성립한다.

> [해설] 배임수재자가 배임증재자에게서 그가 무상으로 빌려준 물건을 인도받아 사용하고 있던 중에 공무원이 된 경우, 그 사실을 알게 된 배임증재자가 배임수재자에게 앞으로 물건은 공무원의 직무에 관하여 빌려주는 것이라고 하면서 뇌물공여의 뜻을 밝히고 물건을 계속하여 배임수재자가 사용할 수 있는 상태로 두더라도, 처음에 배임증재로 무상 대여할 당시에 정한 사용기간을 추가로 연장해 주는 등 새로운 이익을 제공한 것으로 평가할 만한 사정이 없다면, 이는 종전에 이미 제공한 이익을 나중에 와서 뇌물로 하겠다는 것에 불과할 뿐 새롭게 뇌물로 제공되는 이익이 없어 뇌물공여죄가 성립하지 않는다(대판 2015.10.15. 2015도6232). [정답] ×

46. (★)제3자의 증뢰물전달죄는 제3자가 증뢰자로부터 교부받은 금품을 수뢰할 사람에게 전달하였는지 여부에 관계 없이 제3자가 그 정을 알면서 금품을 교부받음으로써 성립하는 것이며, 나아가 제3자가 그 교부받은 금품을 수뢰할 사람에게 전달하였다고 하여 증뢰물전달죄 외에 별도로 뇌물공여죄가 성립하는 것은 아니다.

> [해설] 大判 1997.9.5. 97도1572. [정답] ○

47. (★)자기 자신의 이득을 취하기 위하여 공무원이 취급하는 사건 또는 사무에 관하여 청탁한다는 등의 명목으로 금품 등을 교부받으면 그로써 곧 구 변호사법 제90조 제1호 위반죄가 성립되고 이와 같은 경우에는 형법 제133조 제2항 증뢰물전달죄는 성립할 여지가 없다.

[해설] 공무원이 취급하는 사건 또는 사무에 관한 청탁을 받고 청탁 상대방인 공무원에게 제공할 금품을 받아 그 공무원에게 단순히 전달한 경우와는 달리, 자기 자신의 이득을 취하기 위하여 공무원이 취급하는 사건 또는 사무에 관하여 청탁한다는 등의 명목으로 금품 등을 교부받으면 그로써 곧 구 변호사법 제90조 제1호 위반죄가 성립되고 이와 같은 경우에는 형법 제133조 제2항 증뢰물전달죄는 성립할 여지가 없다(대판 2006.11.24. 2005도5567). **정답** ○

48. (★)구청장인 피고인이 관내의 공사 인·허가와 관련하여 甲 회사로 하여금 누각을 구(區)에 기부채납하게 한 경우, 지방자치단체인 구는 '제3자뇌물제공죄의 제3자'가 될 수 없다.

[해설] 제3자뇌물제공죄의 경우 '부정한 청탁'을 범죄성립의 구성요건으로 하고 있고 이는 처벌의 범위가 불명확해지지 않도록 하려는 데 취지가 있으므로, 당사자 사이에 청탁의 부정성을 규정짓는 대가관계에 관한 양해가 없었다면 단지 나중에 제3자에 대한 금품제공이 있었다는 사정만으로 어떠한 직무가 소급하여 부정한 청탁에 의한 것이라고 평가될 수는 없다(대판 2011.4.14. 2010도12313).
[판례해설] 구청장인 피고인이 관내의 공사 인·허가와 관련하여 甲 회사로 하여금 누각을 구(區)에 기부채납하게 한 경우, 지방자치단체인 구는 '제3자뇌물제공죄의 제3자'가 될 수 있으나 본 사안에서는 '부정한 청탁'이 인정되지 않아 종국적으로 제3자뇌물제공죄가 인정되지 않았다. **정답** ✕

49. (★★) 판례에 의할 때 다음 기술의 옳고 그름을 판단하라.

  (1) 제3자뇌물수수죄에서 제3자란 행위자와 공동정범 이외의 사람을 말하고, 교사자나 방조자도 포함될 수 있다.

  (2) 공무원 또는 중재인이 부정한 청탁을 받고 제3자에게 뇌물을 제공하게 하고 제3자가 그러한 공무원 또는 중재인의 범죄행위를 알면서 방조한 경우, 제3자에게는 제3자뇌물수수방조죄가 성립하지 아니한다.

  (3) 공무원이 직무관련자에게 제3자와 계약을 체결하도록 요구하여 계약 체결을 하게 한 행위가 제3자뇌물수수죄의 구성요건과 직권남용권리행사방해죄의 구성요건에 모두 해당하는 경우, 제3자뇌물수수죄와 직권남용권리행사방해죄가 각각 성립하며, 두 죄는 상상적 경합범 관계에 있다.

[해설] [1] 제3자뇌물수수죄에서 제3자란 행위자와 공동정범 이외의 사람을 말하고, 교사자나 방조자도 포함될 수 있다. 그러므로 공무원 또는 중재인이 부정한 청탁을 받고 제3자에게 뇌물을 제공하게 하고 제3자가 그러한 공무원 또는 중재인의 범죄행위를 알면서 방조한 경우에는 그에 대한 별도의 처벌규정이 없더라도 방조범에 관한 형법총칙의 규정이 적용되어 제3자뇌물수수방조죄가 인정될 수 있다.

[2] 공무원이 직무관련자에게 제3자와 계약을 체결하도록 요구하여 계약 체결을 하게 한 행위가 제3자뇌물수수죄의 구성요건과 직권남용권리행사방해죄의 구성요건에 모두 해당하는 경우에는, 제3자뇌물수수죄와 직권남용권리행사방해죄가 각각 성립하되, 이는 사회 관념상 하나의 행위가 수 개의 죄에 해당하는 경우이므로 두 죄는 형법 제40조의 상상적 경합관계에 있다(大判 2017.3.15. 2016도19659).　　　정답 (1) ○ (2) × (3) ○

제 2 절 공무방해에 관한 죄

50. (★)甲이 국민기초생활 보장법상 '자활근로자'로 선정되어 주민자치센터 사회복지담당 공무원의 복지도우미로 근무하던 A를 협박하여 그 직무집행을 방해하였다면 공무집행방해죄가 성립한다.

해설 [1] 형법상 공무원이라 함은 국가 또는 지방자치단체 및 이에 준하는 공법인의 사무에 종사하는 자로서 그 노무의 내용이 단순한 기계적 육체적인 것에 한정되어 있지 않은 자를 말한다.
[2] 피고인이 국민기초생활 보장법상 '자활근로자'로 선정되어 주민자치센터 사회복지담당 공무원의 복지도우미로 근무하던 A를 협박하여 그 직무집행을 방해하였다는 내용으로 기소된 사안에서, A가 공무원으로서 공무를 담당하고 있었다고 볼 수 없다고 판단한 원심판결을 수긍한 사례(대판 2011.1.27.2010도14484).　　　정답 ×

※ 다음 중 판례에 의할 때 공무집행방해죄가 성립하는 사례(○)와 성립하지 않는 사례(×)를 판단하시오.

51. 수도검침원이 수도검침을 위해 甲의 집으로 가다가 그 집과 약 30m 떨어진 공터에서 甲으로부터 폭행을 당하였다.

해설 이 경우 피고인이 피해자가 공무원인 사실을 알았다거나 피해자가 폭행을 당할 당시 공무집행중이라고 볼 만한 근접한 행위가 있었다고 볼 수 없으므로 공무집행방해죄에는 해당하지 않는다. 다만 단순폭행죄에 해당할 뿐이다(대판 1979.7.24. 79도1201).　　　정답 ×

52. (★★)불법주차 차량에 불법주차 스티커를 붙였다가 이를 다시 떼어 낸 직후에 있는 주차단속 공무원을 폭행하였다.

해설 불법주차 차량에 불법주차 스티커를 붙였다가 이를 다시 떼어 낸 직후에 있는 주차단속 공무원을 폭행한 경우, 폭행 당시 주차단속 공무원은 일련의 직무수행을 위하여 근무중인 상태에 있었다고 보아야 한다는 이유로 공무집행방해죄의 성립을 인정한 사례(대판 1999.9.21. 99도383).　　　정답 ○

53. (★)야간 당직근무 중인 청원경찰이 불법주차 단속요구에 응하여 현장을 확인만 하고 즉시 단속하지 않는다는 이유로 민원인이 청원경찰을 폭행하였다.

[해설] 야간 당직근무 중인 청원경찰이 불법주차 단속요구에 응하여 현장을 확인만 하고 주간 근무자에게 전달하여 단속하겠다고 했다는 이유로 민원인이 청원경찰을 폭행한 사안에서, 야간 당직 근무자는 불법주차 단속권한은 없지만 민원 접수를 받아 다음날 관련 부서에 전달하여 처리하고 있으므로 불법주차 단속업무는 야간 당직 근무자들의 민원업무이자 경비업무로서 공무집행방해죄의 '직무집행'에 해당하여 공무집행방해죄가 성립한다고 한 사례(대판 2009.1.15. 2008도9919). **정답** ○

54. (★)경찰관이 신분증을 제시하지 않고 불심검문을 한 이상, 검문하는 사람이 경찰관이고 검문하는 이유가 범죄행위에 관한 것임을 피고인이 알고 있었던 경우라도, 그 불심검문은 위법한 공무집행에 해당한다.

[해설] 경찰관직무집행법(이하 '법'이라 한다) 제3조 제4항은 경찰관이 불심검문을 하고자 할 때에는 자신의 신분을 표시하는 증표를 제시하여야 한다고 규정하고, 경찰관직무집행법 시행령 제5조는 위 법에서 규정한 신분을 표시하는 증표는 경찰관의 공무원증이라고 규정하고 있는데, 불심검문을 하게 된 경위, 불심검문 당시의 현장상황과 검문을 하는 경찰관들의 복장, 피고인이 공무원증 제시나 신분 확인을 요구하였는지 여부 등을 종합적으로 고려하여, 검문하는 사람이 경찰관이고 검문하는 이유가 범죄행위에 관한 것임을 피고인이 충분히 알고 있었다고 보이는 경우에는 신분증을 제시하지 않았다고 하여 그 불심검문이 위법한 공무집행이라고 할 수 없다(대판 2014.12.11. 2014도7976). **정답** ✕

55. 음주단속하는 경찰관이 3회에 걸친 음주측정을 하였지만 이를 확인할 수 없게 되자 옆에 있던 동료경찰관에게 재차 확인할 것을 요구하였고, 그도 확인할 수 없자 또 다시 음주측정기로 검사받을 것을 요구하였다. 이에 분개한 운전자는 이들 경찰관의 멱살을 잡고 폭행하였다.

[해설] 위 경찰공무원의 행위는 도로교통법 제41조 제2항에 의한 합리적인 필요한도를 넘은 것이라고 할 수 없어 적법한 공무집행에 해당한다(대판 1992.4.28. 92도220). **정답** ○

56. 공무집행방해죄는 공무원의 적법한 공무집행이 전제로 되는데, 추상적인 권한에 속하는 공무원의 어떠한 공무집행이 적법한지 여부는 행위 당시의 구체적 상황에 기하여 객관적·합리적으로 판단하여야 하고 사후적으로 순수한 객관적 기준에서 판단할 것은 아니다.

[해설] 공무집행방해죄는 공무원의 적법한 공무집행이 전제로 되는데, 추상적인 권한에 속하는 공무원의 어떠한 공무집행이 적법한지 여부는 행위 당시의 구체적 상황에 기하여 객관적·합리적으로 판

단하여야 하고 사후적으로 순수한 객관적 기준에서 판단할 것은 아니다. 마찬가지로 현행범 체포의 적법성은 체포 당시의 구체적 상황을 기초로 객관적으로 판단하여야 하고, 사후에 범인으로 인정되었는지에 의할 것은 아니다(대판 2013.8.23. 2011도4763). **정답** ○

57. 특정 지역에서의 불법집회에 참가하려는 것을 막기 위하여 시간적·장소적으로 근접하지 않은 다른 지역에서 집회예정장소로 이동하는 것을 제지하는 행위는 공무원의 적법한 직무집행이라고 할 수 없다.

[해설] 구 집회 및 시위에 관한 법률(2007.5.11. 법률 제8424호로 개정되기 전의 것)에 의하여 금지되어 그 주최 또는 참가행위가 형사처벌의 대상이 되는 위법한 집회·시위가 장차 특정지역에서 개최될 것이 예상된다고 하더라도, 이와 시간적·장소적으로 근접하지 않은 다른 지역에서 그 집회·시위에 참가하기 위하여 출발 또는 이동하는 행위를 함부로 제지하는 것은 경찰관직무집행법 제6조 제1항의 행정상 즉시강제인 경찰관의 제지의 범위를 명백히 넘어 허용될 수 없다. 따라서 이러한 제지 행위는 공무집행방해죄의 보호대상이 되는 공무원의 적법한 직무집행이 아니다(대판 2008.11.13. 2007도9794). **정답** ○

58. (★)한미FTA 비준동의안에 대한 국회 외교통상 상임위원회의 처리 과정에서 갑 정당 당직자인 피고인들이 갑 정당 소속 외통위 위원들을 회의장으로 들여보내기 위하여 국회 외교통상 상임위원회 회의장 출입문 앞에 배치되어 출입을 막고 있던 국회 경위들을 밀어내기 위해 경위들의 옷을 잡아당기거나 밀치는 등의 행위를 한 경우 공무집행방해죄가 성립하지 않는다.

[해설] [1] 헌법 제49조가 국회에서의 다수결 원리를 선언하고 있으나, 이는 어디까지나 통지가 가능한 국회의원 모두에게 회의에 출석할 기회가 부여된 바탕 위에서 재적의원 과반수의 출석과 출석의원 과반수의 찬성으로 그 결의가 이루어질 것을 전제로 하고 있다고 해석되는 점, 국회 상임위원회의 의사·의결정족수를 규정한 국회법 제54조의 규정 또한 실질적으로 모든 위원회의 구성원에게 출석의 기회가 보장된 상태에서 자유로운 토론의 기회가 부여되는 것을 전제조건으로 하고 있는 점 등에 비추어 보면 누구든지 국회의원이 본회의 또는 위원회에 출석하기 위하여 본회의장 또는 위원회 회의장에 출입하는 것을 방해하여서는 아니 되며, 특히 국회의 경호 업무 등을 담당하는 국회 경위가 상임위원회 위원의 회의장 출입을 막는 것은 이를 정당화할 만한 특별한 사정이 없는 한 위법하다.

[2] 한미FTA 비준동의안에 대한 국회 외교통상 상임위원회(이하 '외통위'라 한다)의 처리 과정에서, 갑 정당 당직자인 피고인들이 갑 정당 소속 외통위 위원 등과 함께 외통위 회의장 출입문 앞에 배치되어 출입을 막고 있던 국회 경위들을 밀어내기 위해 국회 경위들의 옷을 잡아당기거나 밀치는 등의 행위를 한 사안에서, 제반 사정에 비추어 외통위 위원장이 을 정당 소속 외통위 위원들이 위원장실에 이미 입실한 상태에서 회의장 출입구를 폐쇄하고 출입을 봉쇄하여 다른 정당 소속 외통위 위원들의 회의장 출입을 막은 행위는 상임위원회 위원장의 질서유지권 행사의 한계를 벗어난 위법한 조치이고, 회의장 근처에 배치된 국회 경위들이 갑 정당 소속 외통위

위원들의 회의장 출입을 막은 행위는 외통위 위원장의 위법한 조치를 보조한 행위에 지나지 아니하여 역시 위법한 직무집행이며, 피고인들이 갑 정당 소속 외통위 위원들을 회의장으로 들여보내기 위하여 그들과 함께 국회 경위들을 밀어내는 과정에서 경위들의 옷을 잡아당기는 등의 행위를 하였더라도, 이러한 행위는 적법성이 결여된 직무행위를 하는 공무원에게 대항하여 한 것에 지나지 아니하여 공무집행이 적법함을 전제로 하는 공무집행방해죄는 성립하지 않는데도, 이와 달리 보아 피고인들에게 유죄를 인정한 원심판결에 공무집행방해죄에 관한 법리오해의 위법이 있다고 한 사례(대판 2013.6.13. 2010도13609). **정답** ○

59. 공무집행방해죄의 주체는 공무원이 집행하는 직무의 상대방으로 제한된다.

[해설] 제3자도 가능하다. **정답** ×

60. (★)공무원의 직무 수행에 대한 비판이나 시정 등을 요구하는 집회·시위 과정에서 일시적으로 상당한 소음이 발생하였다는 사정만으로는 이를 공무집행방해죄에서의 음향으로 인한 폭행이 있었다고 할 수는 없으나, 의사전달수단으로서 합리적 범위를 넘어서 상대방에게 고통을 줄 의도로 음향을 이용하였다면 이를 폭행으로 인정할 수 있다.

[해설] 민주사회에서 공무원의 직무수행에 대한 시민들의 건전한 비판과 감시는 가능한 한 널리 허용되어야 한다는 점에서 볼 때, 공무원의 직무 수행에 대한 비판이나 시정 등을 요구하는 집회·시위 과정에서 일시적으로 상당한 소음이 발생하였다는 사정만으로는 이를 공무집행방해죄에서의 음향으로 인한 폭행이 있었다고 할 수는 없다. 그러나 의사전달수단으로서 합리적 범위를 넘어서 상대방에게 고통을 줄 의도로 음향을 이용하였다면 이를 폭행으로 인정할 수 있을 것인 바, 구체적인 상황에서 공무집행방해죄에서의 음향으로 인한 폭행에 해당하는지 여부는 음량의 크기나 음의 높이, 음향의 지속시간, 종류, 음향발생 행위자의 의도, 음향발생원과 직무를 집행 중인 공무원과의 거리, 음향발생 당시의 주변 상황을 종합적으로 고려하여 판단하여야 한다(대판 2009.10.29. 2007도3584). **정답** ○

61. 공무원에 대한 폭행·협박행위로 인하여 공무가 현실적으로는 방해되었을 때 공무집행방해죄는 기수가 된다.

[해설] 공무집행방해죄는 추상적 위험범이므로 공무원에 대한 폭행·협박행위로 인하여 공무가 현실적으로는 방해되지 않았을지라도 공무집행방해죄는 기수가 된다. **정답** ×

62. 甲은 교통경찰관 乙이 운전면허증의 제시를 요구하자 이에 불응하고 그대로 출발하려고 하자, 乙은 잡고 있던 차량의 운전사 쪽 열린 유리창 윗부분을 놓지 않은 채 10m 내지 15m 가량을 걸어서 따라가다가 차량의 속도가 빨라지자 더 이상 따라가지 못하고 손을 놓아버렸다. 甲에게는 공무집행방해죄가 성립한다.

해설 이러한 사실만으로는 피고인의 행위가 공무집행방해죄에 있어서의 폭행에 해당한다고 할 수 없다(대판 1996.4.26. 96도281).   정답 ✕

63. 甲은 경찰관의 임의동행 요구에 방으로 피하여 문을 잠근 후 그 방안에서 면도칼로 앞가슴 등을 그어 피를 보이면서 죽어버리겠다고 하였다. 甲에게는 공무집행방해죄가 성립한다.

해설 면도칼로 앞가슴 등을 그어 피를 보이면서 자신이 죽어버리겠다고 불온한 언사를 농하였다 하여도 자해·자학행위가 될지언정 이는 경찰관에 대한 유형력의 행사나 해악의 고지로서의 폭행 또는 협박으로 볼 수 없다(대판 1976.3.9. 75도3779).   정답 ✕

64. (★)甲은 경찰관이 공무를 집행하고 있는 파출소 사무실의 바닥에 인분이 들어 있는 물통을 집어던지고 책상 위에 있던 재떨이에 인분을 퍼담아 사무실 바닥에 던졌다. 甲에게는 공무집행방해죄가 성립한다.

해설 경찰관이 공무를 집행하고 있는 파출소 사무실의 바닥에 인분이 들어 있는 물통을 집어던지고 책상 위에 있던 재떨이에 인분을 퍼담아 사무실 바닥에 던지는 행위는 동 경찰관에 대한 폭행이다(대판 1981.3.24. 81도326).   정답 ○

65. 위계에 의한 공무집행방해죄에서 공무원의 직무집행에 사경제주체로서의 활동을 비롯한 비권력적 작용이 포함되는 것은 아니다.

해설 위계에 의한 공무집행방해죄는 행위목적을 이루기 위하여 상대방에게 오인, 착각, 부지를 일으키게 하여 이를 이용함으로써 법령에 의하여 위임된 공무원의 적법한 직무에 관하여 그릇된 행위나 처분을 하게 하는 경우에 성립하고, 여기에서 공무원의 직무집행이란 법령의 위임에 따른 공무원의 적법한 직무집행인 이상 공권력의 행사를 내용으로 하는 권력적 작용뿐만 아니라 사경제주체로서의 활동을 비롯한 비권력적 작용도 포함되는 것으로 봄이 상당하다(대판 2003.12.26. 2001도6349).   정답 ✕

※ **다음 중 판례에 의할 때 위계에 의한 공무집행방해죄가 성립하는 사례(○)와 성립하지 않는 사례(✕)를 판단하시오.**

66. (★)건물점유자로서 명도집행을 저지할 수 있는 정당한 권능이 있는 자가 실효된 임대차계약서 사본을 제시하면서 자신이 정당한 임차인인 것처럼 주장하였다.

해설 건물점유자로서 명도집행을 저지할 수 있는 정당한 권능이 있는 자가 그 점유사실을 입증하기 위한 수단으로 임대차계약서 사본을 제시하면서 그 실효된 사실을 고지하지 아니하고 자신이 정당한 임차인인 것처럼 주장하였다고 하더라도 이로써 형법 제137조 소정의 위계에 해당한다고는 볼 수 없다(대판 1984.1.31. 83도2290). **정답** ✕

67. (★)민사소송을 제기함에 있어 피고인의 주소를 허위로 기재하여 법원공무원으로 하여금 변론기일소환장 등을 허위주소로 송달케 하였다.

> [해설] 민사소송을 제기함에 있어 피고의 주소를 허위로 기재하여 법원공무원으로 하여금 변론기일소환장 등을 허위주소로 송달케 하였다는 사실만으로는 이로 인하여 법원공무원의 구체적이고 현실적인 어떤 직무집행이 방해되었다고 할 수는 없으므로, 이로써 바로 위계에 의한 공무집행방해죄가 성립한다고 볼 수는 없다(대판 1996.10.11. 96도312). **정답** ✕

68. 심사담당 공무원이 출원인의 출원사유가 허위임을 알면서도 위계에 의한 방법으로 인·허가처분에 대한 결재권자의 결재를 받아내었다.

> [해설] 출원에 대한 심사업무를 담당하는 공무원이 출원인의 출원사유가 허위라는 사실을 알면서도 결재권자로 하여금 오인, 착각, 부지를 일으키게 하고 그 오인, 착각, 부지를 이용하여 인·허가처분에 대한 결재를 받아낸 경우에는 출원자가 허위의 출원사유나 허위의 소명자료를 제출한 경우와는 달리 더 이상 출원에 대한 적정한 심사업무를 기대할 수 없게 되었다고 할 것이어서 그와 같은 행위는 위계로써 결재권자의 직무집행을 방해한 것에 해당하므로 위계에 의한 공무집행방해죄가 성립한다(대판 1997.2.28. 96도2825). **정답** ○

69. 담당자가 아닌 공무원이 출원인의 청탁을 들어줄 목적으로 자신의 업무 범위에 속하지 않는 업무에 관하여 그 일부를 담당공무원을 대신하여 처리하면서 위계를 써서 담당공무원을 이용하여 인·허가 처분을 하게 하였다.

> [해설] 담당자가 아닌 공무원이 출원인의 청탁을 들어줄 목적으로 자신의 업무 범위에 속하지도 않는 업무에 관하여 그 일부를 담당공무원을 대신하여 처리하면서 위계를 써서 담당공무원으로 하여금 오인·착각·부지를 일으키게 하고 그 오인·착각·부지를 이용하여 인·허가 처분을 하게 하였다면, 이는 허가관청의 불충분한 심사가 그의 원인이 된 것이 아니라 담당자가 아닌 공무원의 위계행위가 원인이 된 것이어서 위계에 의한 공무집행방해죄가 성립한다(대판 2008.3.13. 2007도7724).
> [판결이유] 이러한 경우에는 담당공무원으로 하여금 더 이상 출원에 대한 적정한 심사업무를 기대할 수 없게 되었다고 할 것이어서 위와 같은 행위는 위계로써 담당공무원의 직무집행을 방해한 것이라고 하지 않을 수 없다. **정답** ○

70. 행위자가 공무원에게 오인·착각·부지를 일으키게 하였지만 그 공무원이 이에 따라 그릇된 행위나 처분을 하지는 않았다.

[해설] 위계에 의한 공무집행방해죄에 있어서 위계라 함은 행위자의 행위목적을 이루기 위하여 상대방에게 오인, 착각, 부지를 일으키게 하여 그 오인, 착각, 부지를 이용하는 것을 말하는 것으로 상대방이 이에 따라 그릇된 행위나 처분을 하여야만 이 죄가 성립하는 것이고, 만약 범죄행위가 구체적인 공무집행을 저지하거나 현실적으로 곤란하게 하는 데까지는 이르지 아니하고 미수에 그친 경우에는 위계에 의한 공무집행방해죄로 처벌할 수 없다(대판 2003.2.11. 2002도4293).
[정답] ✕

71. (★)음주운전을 하다가 교통사고를 야기한 후 그 형사처벌을 면하기 위하여 타인의 혈액을 자신의 혈액인 것처럼 교통사고 조사 경찰관에게 제출하여 감정하도록 하였다.

[해설] 음주운전을 하다가 교통사고를 야기한 후 그 형사처벌을 면하기 위하여 타인의 혈액을 자신의 혈액인 것처럼 교통사고 조사 경찰관에게 제출하여 감정하도록 한 행위는, 단순히 피의자가 수사기관에 대하여 허위사실을 진술하거나 자신에게 불리한 증거를 은닉하는 데 그친 것이 아니라 수사기관의 착오를 이용하여 적극적으로 피의사실에 관한 증거를 조작한 것으로서 위계에 의한 공무집행방해죄가 성립한다(대판 2003.7.25. 2003도1609).
[정답] ○

72. (★)타인의 소변을 마치 자신의 소변인 것처럼 수사기관에 건네주어 필로폰 음성반응이 나오게 하였다.

[해설] 타인의 소변을 마치 자신의 소변인 것처럼 수사기관에 건네주어 필로폰 음성반응이 나오게 한 경우, 수사기관의 착오를 이용하여 적극적으로 피의사실에 관한 증거를 조작한 것이므로 위계에 의한 공무집행방해죄가 성립한다고 한 사례(대판 2007.10.11. 2007도6101).
[정답] ○

73. (★)자가용 차를 운전하다가 교통사고를 낸 사람이 경찰관서에 신고함에 있어 가해차량이 자가용일 경우 피해자와 합의하는데 불리하다고 생각하여 영업용 택시를 운전하다가 사고를 내었다고 허위신고를 하였다.

[해설] 자가용차를 운전하다가 교통사고를 낸 사람이 경찰관서에 신고함에 있어 가해차량이 자가용일 경우 피해자와 합의하는데 불리하다고 생각하여 영업용택시를 운전하다가 사고를 내었다고 허위신고를 하였다 하더라도 이 사실만으로 공무원의 직무집행을 방해할 의사가 있었다고 단정하기 어려우므로 위계로 인한 공무집행방해죄가 성립하지 않는다(대판 1974.12.10. 74도2841).
[정답] ✕

74. (★)과속단속카메라에 촬영되더라도 불빛을 반사시켜 차량 번호판이 식별되지 않도록 하는 기능이 있는 제품('파워매직세이퍼')을 차량 번호판에 뿌린 상태로 차량을 운행한 행위는, 교통단속 경찰공무원이 충실히 직무를 수행하더라도 통상적인 업무처리과정 하에서 사실상 적발이 어려운 위계를 사용하여 그 업무집행을 하지 못하게 한 것으로 볼 수 있다.

해설 과속단속카메라에 촬영되더라도 불빛을 반사시켜 차량 번호판이 식별되지 않도록 하는 기능이 있는 제품('파워매직세이퍼')을 차량 번호판에 뿌린 상태로 차량을 운행한 행위만으로는, 교통단속 경찰공무원이 충실히 직무를 수행하더라도 통상적인 업무처리과정 하에서 사실상 적발이 어려운 위계를 사용하여 그 업무집행을 하지 못하게 한 것으로 보기 어렵다고 한 사례(대판 2010.4.15. 2007도8024). 정답 ✕

75. (★★)피고인들이 허위의 매매계약서 및 영수증을 소명자료로 첨부하여 가처분신청을 하여 법원으로부터 유체동산에 대한 가처분결정을 받은 경우 위계에 의한 공무집행방해죄가 성립한다.

해설 법원은 당사자의 허위 주장 및 증거 제출에도 불구하고 진실을 밝혀야 하는 것이 그 직무이므로, 가처분신청 시 당사자가 허위의 주장을 하거나 허위의 증거를 제출하였다 하더라도 그것만으로 법원의 구체적이고 현실적인 어떤 직무집행이 방해되었다고 볼 수 없으므로 이로써 바로 위계에 의한 공무집행방해죄가 성립한다고 볼 수 없다(대판 2012.4.26. 2011도17125). 정답 ✕

※ 다음 중 판례에 의할 때 甲에게 위계에 의한 공무집행방해죄가 성립하는 사례(○)와 성립하지 않는 사례(✕)를 판단하시오.

76. (★)甲은 계획적으로 형사 피의자로 가장하여 검사 앞에 출석한 다음 허위진술을 하였다.

해설 수사기관이 범죄사건을 수사함에 있어서는 피의자나 피의자로 자처하는 자 또는 참고인의 진술 여하에 불구하고 피의자를 확정하고 그 피의사실을 인정할 만한 객관적인 제반증거를 수집 조사하여야 할 권리와 의무가 있는 것이라고 할 것이므로 피의자나 참고인이 아닌 자가 자발적이고 계획적으로 피의자를 가장하여 수사기관에 대하여 허위사실을 진술하였다 하여 바로 이를 위계에 의한 공무집행방해죄가 성립된다고 할 수 없다(대판 1977.2.8. 76도3685). 정답 ✕

77. 甲은 丙측의 경매브로커로부터 丙의 입찰가격을 알아낸 후 이를 乙에게 알려주었고, 이에 乙은 법원이 실시하는 경매절차에서 丙보다 높은 가격을 써냄으로써 부동산을 낙찰받았다.

해설 범죄행위가 법원경매업무를 담당하는 집행관의 구체적인 직무집행을 저지하거나 현실적으로 곤란하게 하는 데까지는 이르지 않고 입찰의 공정을 해하는 정도의 행위라면 형법 제

315조의 경매·입찰방해죄에만 해당될 뿐, 형법 제137조의 위계에 의한 공무집행방해죄에는 해당되지 않는다(대판 2000.3.24. 2000도102). **정답** ✕

78. (★)교도관 甲과 재소자 乙이 상호 공모하여 乙이 甲으로부터 소지가 금지된 담배를 교부받아 이를 흡연하고 허가 없이 휴대폰을 교부받아 외부와 통화를 하였다.

[해설] [1] 법령에서 어떤 행위의 금지를 명하면서 이를 위반하는 행위에 대한 벌칙을 두는 한편, 공무원으로 하여금 그 금지규정의 위반 여부를 감시, 단속하게 하고 있는 경우 그 공무원에게는 금지규정 위반행위의 유무를 감시하여 확인하고 단속할 권한과 의무가 있으므로 <u>단순히 공무원의 감시, 단속을 피하여 금지규정에 위반하는 행위를 한 것에 불과하다면 그에 대하여 벌칙을 적용하는 것은 별론으로 하고 그 행위가 위계에 의한 공무집행방해죄에 해당하는 것이라고는 할 수 없다.</u>
[2] 교도관이 수용자의 규율위반행위를 알면서도 이를 방치하거나 도와주었더라도, 이를 다른 교도관 등에 대한 관계에서 위계에 의한 공무집행방해죄가 성립하는 것으로 볼 수는 없다(대판 2003.11.13. 2001도7045). **정답** ✕

79. (★)변호사 甲은 접견을 핑계로 수용자를 위하여 휴대전화와 증권거래용 단말기를 구치소 내로 몰래 반입하여 이용하게 하였다.

[해설] 위계에 의한 공무집행방해죄에 해당한다고 한 원심의 판단을 수긍한 사례(대판 2005.8.25. 2005도1731). **정답** ○

80. (★)판례에 의할 때 다음 기술의 옳고 그름을 판단하라.

(1) 공모자들이 그 공모한 범행을 수행하거나 목적 달성을 위해 나아가는 도중에 부수적인 다른 범죄가 파생되리라고 예상하거나 충분히 예상할 수 있는데도 그러한 가능성을 외면한 채 이를 방지하기에 족한 합리적인 조치를 취하지 아니하고 공모한 범행에 나아갔다가 결국 그와 같이 예상되던 범행들이 발생하였다면, 비록 그 파생적인 범행 하나하나에 대하여 개별적인 의사의 연락이 없었다 하더라도 당초의 공모자들 사이에 그 범행 전부에 대하여 암묵적인 공모는 물론 그에 대한 기능적 행위지배가 존재한다고 보아야 한다.

(2) 甲은 노조원 600명과 함께 경찰관들이 파업투쟁 중인 공장에 진입할 경우에 대비하여 그들의 부재중에 미리 윤활유나 철판조각을 바닥에 뿌려 놓아, 경찰관들이 공장에 진입하는 과정에서 미끄러져 넘어지거나 철판조각에 찔려 다치게 하였다. 甲에게는 특수공무집행방해치상죄가 성립한다.

해설 [1] 공모공동정범의 경우, 범죄의 수단과 태양, 가담하는 인원과 그 성향, 범행 시간과 장소의 특성, 범행과정에서 타인과의 접촉 가능성과 예상되는 반응 등 제반 상황에 비추어, 공모자들이 그 공모한 범행을 수행하거나 목적 달성을 위해 나아가는 도중에 부수적인 다른 범죄가 파생되리라고 예상하거나 충분히 예상할 수 있는데도 그러한 가능성을 외면한 채 이를 방지하기에 족한 합리적인 조치를 취하지 아니하고 공모한 범행에 나아갔다가 결국 그와 같이 예상되던 범행들이 발생하였다면, 비록 그 파생적인 범행 하나하나에 대하여 개별적인 의사의 연락이 없었다 하더라도 당초의 공모자들 사이에 그 범행 전부에 대하여 암묵적인 공모는 물론 그에 대한 기능적 행위지배가 존재한다고 보아야 한다.

[2] 형법 제144조 제2항의 특수공무집행방해치상죄는 단체 또는 다중의 위력을 보이거나 위험한 물건을 휴대하여 직무를 집행하는 공무원에 대하여 폭행 또는 협박하여 공무원을 상해에 이르게 함으로써 성립하는 범죄이고, 여기에서의 폭행은 유형력을 행사하는 것을 말한다.

[3] 피고인이 노조원들과 함께 경찰관인 피해자들이 파업투쟁 중인 공장에 진입할 경우에 대비하여 그들의 부재 중에 미리 윤활유나 철판조각을 바닥에 뿌려 놓은 것에 불과하고, 위 피해자들이 이에 미끄러져 넘어지거나 철판조각에 찔려 다쳤다는 것에 지나지 않은 사안에서, 피고인 등이 위 윤활유나 철판조각을 위 피해자들의 면전에서 그들의 공무집행을 방해할 의도로 뿌린 것이라는 등의 특별한 사정이 있는 경우는 별론으로 하고 이를 가리켜 위 피해자들에 대한 유형력의 행사, 즉 폭행에 해당하는 것으로 볼 수 없는데도, 피고인의 위 행위를 특수공무집행방해치상죄로 의율한 원심의 조치에 법리오해 또는 사실오인의 위법이 있다고 한 사례(대판 2010.12.23. 2010도7412).

정답 (1)○ (2)×

81. 온천수 사용금지 가처분결정이 있기 전부터 온천이용허가권자인 가처분 채무자로부터 이를 양수하고 임대차계약의 형식을 빌어 온천수를 이용하여 온 제3자가 위 금지명령을 위반하여 계속 온천수를 사용한 경우, 위 제3자가 위 가처분 사건 당사자 사이의 권리관계 내용을 잘 알고 있었다거나 그가 실질적으로는 가처분 채무자와 같은 당사자 위치에 있었다는 등의 사정이 있다 하여도 위 위반행위가 공무상표시무효죄를 구성하지 않는다.

해설 [1] 가처분은 가처분 채무자에 대한 부작위 명령을 집행하는 것이므로 가처분의 채무자가 아닌 제3자가 그 부작위 명령을 위반한 행위는 그 가처분집행 표시의 효용을 해한 것으로 볼 수 없다.

[2] 온천수 사용금지 가처분결정이 있기 전부터 온천이용허가권자인 가처분 채무자로부터 이를 양수하고 임대차계약의 형식을 빌어 온천수를 이용하여 온 제3자가 위 금지명령을 위반하여 계속 온천수를 사용한 경우, 위 제3자가 위 가처분 사건 당사자 사이의 권리관계 내용을 잘 알고 있었다거나 그가 실질적으로는 가처분 채무자와 같은 당사자 위치에 있었다는 등의 사정이 있다 하여도 위 위반행위가 공무상표시무효죄를 구성하지 않는다고 한 사례(대판 2007.11.16. 2007도5539).

정답 ○

82. 공무상표시무효죄가 성립하기 위하여는 행위 당시에 강제처분의 표시가 현존할 것을 요한다.

해설 공무상표시무효죄가 성립하기 위하여는 행위 당시에 강제처분의 표시가 현존할 것을 요한다(대판 1997.3.11. 96도2801).　　　　　　　　　　　　　　　　　　　　　정답 ○

83. 집행관이 부작위를 명하는 가처분이 발령되었음을 고시하는 데 그치고 구체적인 집행행위를 하지 아니한 경우, 피신청인이 가처분의 부작위명령을 위반한 것만으로 공무상표시의 효용을 해하는 행위에 해당한다고 볼 수 없다.

해설 형법 제140조 제1항의 공무상표시무효죄는 공무원이 그 직무에 관하여 봉인, 동산의 압류, 부동산의 점유 등과 같은 구체적인 강제처분을 실시하였다는 표시를 손상 또는 은닉하거나 기타 방법으로 그 효용을 해함으로써 성립하는 범죄이다. 따라서 집행관이 법원으로부터 피신청인에 대하여 부작위를 명하는 가처분이 발령되었음을 고시하는 데 그치고 나아가 봉인 또는 물건을 자기의 점유로 옮기는 등의 구체적인 집행행위를 하지 아니하였다면, 단순히 피신청인이 가처분의 부작위명령을 위반하였다는 것만으로는 공무상 표시의 효용을 해하는 행위에 해당하지 아니한다(대판 2016.5.12. 2015도20322).　　　　　　　　　　　　　　　정답 ○

84. (★)직접 점유자에 대한 점유이전금지가처분결정이 집행된 후 그 피신청인인 직접점유자가 가처분 목적물의 간접점유자에게 그 점유를 이전한 경우에는 공무상비밀표시무효죄가 성립한다.

해설 직접 점유자에 대한 점유이전금지가처분결정이 집행된 후 그 피신청인인 직접점유자가 가처분 목적물의 간접점유자에게 그 점유를 이전한 경우에는 그 가처분표시의 효용을 해한 것이 된다(대판 1980.12.23. 80도1963). ※ 공무상표시무효죄가 성립한다는 취지이다.　　　　　정답 ○

85. 압류물을 채권자나 집달관 몰래 원래의 보관장소로부터 상당한 거리에 있는 다른 장소로 이동시킨 경우에는 설사 그것이 집행을 면탈할 목적으로 한 것이 아니라 하여도 공무상비밀표시무효죄가 성립한다.

해설 압류물을 채권자나 집달관 몰래 원래의 보관장소로부터 상당한 거리에 있는 다른 장소로 이동시킨 경우에는 설사 그것이 집행을 면탈할 목적으로 한 것이 아니라 하여도 객관적으로 집행을 현저히 곤란하게 한 것이 되어 형법 제140조 제1항 소정의 '기타의 방법으로 그 효용을 해한' 경우에 해당된다(대판 1986.3.25. 86도69).　　　　　　　　　　　정답 ○

86. (★★) 판례에 의할 때 다음 기술의 옳고 그름을 판단하라.

(1) 집행관이 유체동산을 가압류하면서 이를 채무자에게 보관하도록 하였는데 채무자가 가압류된 유체동산을 제3자에게 양도하고 그 점유를 이전한 경우 특별한 사정이 없는 한 공무상표시무효죄가 성립한다.

(2) 다만 위 (1)의 경우 채무자와 양수인이 가압류된 유체동산을 원래 있던 장소에 그대로 두었던 경우라면 공무상표시무효죄가 성립하지 아니한다.

> 해설 [1] 형법 제140조 제1항이 정한 공무상표시무효죄 중 '공무원이 그 직무에 관하여 실시한 압류 기타 강제처분의 표시를 기타 방법으로 그 효용을 해하는 것'이란 손상 또는 은닉 이외의 방법으로 그 표시 자체의 효력을 사실상으로 감쇄 또는 멸각시키는 것을 의미하는 것이지, 그 표시의 근거인 처분의 법률상 효력까지 상실케 한다는 의미는 아니다.
> [2] 집행관이 유체동산을 가압류하면서 이를 채무자에게 보관하도록 한 경우 그 가압류의 효력은 압류된 물건의 처분행위를 금지하는 효력이 있으므로, 채무자가 가압류된 유체동산을 제3자에게 양도하고 그 점유를 이전한 경우, 이는 가압류집행이 금지하는 처분행위로서, 특별한 사정이 없는 한 가압류표시 자체의 효력을 사실상으로 감쇄 또는 멸각시키는 행위에 해당한다. 이는 채무자와 양수인이 가압류된 유체동산을 원래 있던 장소에 그대로 두었더라도 마찬가지이다.(대판 2018.7.11. 2015도5403)
> 정답 (1) ○ (2) ✕

87. (★)법원의 부당한 가처분결정에 기하여 집달관이 한 강제처분표시일지라도 그 효용을 해치는 행위는 공무상비밀표시무효죄에 해당한다.

> 해설 법원의 가처분결정에 기하여 집달관이 한 강제처분표시의 효력은 그 가처분결정이 적법한 절차에 의하여 취소되지 않는 한 지속되는 것이며, 그 가처분결정이 가령 부당한 것이라 하더라도 그 효력을 부정할 수 없는 것이므로 그 효력이 존속하고 있는 동안에 그 효용을 해치는 행위는 공무상비밀표시무효죄에 해당한다(대판 1985.7.9. 85도1165).
> 정답 ○

88. 집달관이 채무자 겸 소유자의 건물에 대한 점유를 해제하고 이를 채권자에게 인도한 후 채무자의 출입을 봉쇄하기 위하여 출입문을 판자로 막아둔 것을 채무자가 이를 뜯어내고 그 건물에 들어간 경우 공무상표시무효죄에 해당한다.

> 해설 집달관이 채무자 겸 소유자의 건물에 대한 점유를 해제하고 이를 채권자에게 인도한 후 채무자의 출입을 봉쇄하기 위하여 출입문을 판자로 막아둔 것을 채무자가 이를 뜯어내고 그 건물에 들어갔다 하더라도 이는 강제집행이 완결된 후의 행위로서 채권자들의 점유를 침범하는 것은 별론으로 하고 공무상표시무효죄에 해당하지는 않는다(대판 1985.7.23. 85도1092).
> 정답 ✕

89. (★)채무자가 불가피한 사정으로 채권자의 승낙을 얻어 압류물을 이동시켰다고 하더라도 집행관의 승인은 얻지 못한 경우, 공무상표시무효죄가 성립한다.

[해설] 집행관이 그 점유를 옮기고 압류표시를 한 다음 채무자에게 보관을 명한 유체동산에 관하여 채무자가 이를 다른 장소로 이동시켜야 할 특별한 사정이 있고, 그 이동에 앞서 채권자에게 이동사실 및 이동장소를 고지하여 승낙을 얻은 때에는 비록 집행관의 승인을 얻지 못한 채 압류물을 이동시켰다 하더라도 형법 제140조 제1항 소정의 '기타의 방법으로 그 효용을 해한' 경우에 해당한다고 할 수 없다고 할 것이다(대판 2004.7.9. 2004도3029).　　　　　　　정답 ✕

90. (★)출입금지가처분의 대상이 된 건조물 등에 가처분 채권자의 승낙을 얻어 출입한 경우라도 집행관이 실시한 고시에 그러한 취지가 명시되어 있지 않은 이상 공무상비밀표시무효죄가 성립한다.

[해설] 출입금지가처분은 그 성질상 가처분 채권자의 의사에 반하여 건조물 등에 출입하는 것을 금지하는 것이므로 비록 가처분결정이나 그 결정의 집행으로서 집행관이 실시한 고시에 그러한 취지가 명시되어 있지 않다고 하더라도 가처분 채권자의 승낙을 얻어 그 건조물 등에 출입하는 경우에는 출입금지가처분 표시의 효용을 해한 것이라고 할 수 없다(대판 2006.10.13. 2006도4740).　　　　　　　정답 ✕

※ **다음 중 판례에 의할 때 공무상비밀표시무효죄가 성립하는 사례(○)와 성립하지 않는 사례(×)를 판단하시오.**

91. 집달관이 가처분집행 당시 게시한 가처분결정문이 없어진 상태에서 가처분결정에 위배되는 행위를 하였다.

[해설] 공무상표시무효죄가 성립하기 위하여는 행위 당시에 강제처분의 표시가 현존할 것을 요한다(대판 1997.3.11. 96도2801).　　　　　　　정답 ✕

92. 건물명도집행이 완료된 후 채무자가 동 건물에 침입하였다.

[해설] 집달관이 채무자 겸 소유자의 건물에 대한 점유를 해제하고 이를 채권자에게 인도한 후 채무자의 출입을 봉쇄하기 위하여 출입문을 판자로 막아둔 것을 채무자가 이를 뜯어 내고 그 건물에 들어갔다 하더라도 이는 강제집행이 완결된 후의 행위로서 채권자들의 점유를 침범하는 것은 별론으로 하고 공무상표시무효죄에 해당하지 않는다(대판 1985.7.23. 85도1092).　　　　　　　정답 ✕

93. (★)압류된 기름틀의 원동기에 대한 압류표시를 그대로 둔 채 원동기를 가동하였다.

> 해설 압류는 채무자로 하여금 물건의 처분행위를 금지할 뿐이므로 그 압류의 효용을 손상시키지 않는 범위 내에서 압류 그대로의 상태에서 그 용법에 따라 종전과 같은 방법으로 사용하는 것까지 금지하는 것은 아니다(대판 1984.3.13. 83도3291). 　　정답 ✕

제 3 절 도주와 범인은닉의 죄

94. (★)불법체포된 자도 도주죄의 주체가 될 수 있다.

> 해설 사법경찰관이 피고인을 수사관서까지 동행한 것이 사실상의 강제연행, 즉 불법 체포에 해당하고, 불법 체포로부터 6시간 상당이 경과한 후에 이루어진 긴급체포 또한 위법하므로 피고인이 불법체포된 자로서 형법 제145조 제1항에 정한 '법률에 의하여 체포 또는 구금된 자'가 아니어서 도주죄의 주체가 될 수 없다고 한 사례(대판 2006.7.6. 2005도6810). 　　정답 ✕

95. (★)형법 제151조 제1항에서 정한 '죄를 범한 자'는 범죄의 혐의를 받아 수사대상이 되어 있는 사람이면 그가 진범인지 여부를 묻지 않고 이에 해당한다.

> 해설 형법 제151조의 범인도피죄는 수사, 재판 및 형의 집행 등에 관한 국권의 행사를 방해하는 행위를 처벌하려는 것이므로 형법 제151조 제1항에서 정한 '죄를 범한 자'는 범죄의 혐의를 받아 수사대상이 되어 있는 사람이면 그가 진범인지 여부를 묻지 않고 이에 해당한다(대판 2014.3.27. 2013도152). 　　정답 ○

96. (★)게임산업진흥에 관한 법률 위반 혐의로 수사기관에서 조사받는 피의자가 사실은 게임장·오락실·피씨방 등의 실제 업주가 아님에도 불구하고 자신이 실제 업주라고 허위로 진술하였다고 하더라도 그 자체만으로 범인도피죄를 구성하는 것은 아니다.

> 해설 [1] 수사기관은 범죄사건을 수사함에 있어서 피의자나 참고인의 진술 여하에 불구하고, 피의자를 확정하고 그 피의사실을 인정할 만한 객관적인 제반 증거를 수집·조사하여야 할 권리와 의무가 있으므로, 참고인이 수사기관에서 범인에 관하여 조사를 받으면서 그가 알고 있는 사실을 묵비하거나 허위로 진술하였다고 하더라도, 그것이 적극적으로 수사기관을 기만하여 착오에 빠지게 함으로써 범인의 발견 또는 체포를 곤란 내지 불가능하게 할 정도가 아닌 한 범인도피죄를 구성하지 않는 것이고, 이러한 법리는 피의자가 수사기관에서 공범에 관하여 묵비하거나 허위로 진술한 경우에도 그대로 적용된다.

[2] 게임산업진흥에 관한 법률 위반 혐의로 수사기관에서 조사받는 피의자가 사실은 게임장·오락실·피씨방 등의 실제 업주가 아님에도 불구하고 자신이 실제 업주라고 허위로 진술하였다고 하더라도 그 자체만으로 범인도피죄를 구성하는 것은 아니다. 다만, 그 피의자가 실제 업주로부터 금전적 이익 등을 제공받기로 하고 단속이 되면 실제 업주를 숨기고 자신이 대신하여 처벌받기로 하는 역할(이른바 바지사장)을 맡기로 하는 등 수사기관을 착오에 빠뜨리기로 하고, 단순히 실제 업주라고 진술하는 것에서 나아가 게임장 등의 운영 경위, 자금 출처, 게임기 등의 구입 경위, 점포의 임대차계약 체결 경위 등에 관해서까지 적극적으로 허위로 진술하거나 허위 자료를 제시하여 그 결과 수사기관이 실제 업주를 발견 또는 체포하는 것이 곤란 내지 불가능하게 될 정도에까지 이른 것으로 평가되는 경우 등에는 범인도피죄를 구성할 수 있다(대판 2010.2.11. 2009도12164). **정답** ○

---

97. (★★) 공범 중 1인이 그 범행에 관한 수사절차에서 참고인 또는 피의자로 조사받으면서 자기의 범행을 구성하는 사실관계에 관하여 허위로 진술하고 허위 자료를 제출하는 경우, 범인도피죄로 처벌할 수 없으며 및 이때 공범이 이러한 행위를 교사한 경우, 범인도피교사죄가 성립하지 아니한다.

해설 형법 제151조의 범인도피죄는 타인을 도피하게 하는 경우에 성립할 수 있는데, 여기에서 타인에는 공범도 포함되나 범인 스스로 도피하는 행위는 처벌되지 않는다. 또한 공범 중 1인이 그 범행에 관한 수사절차에서 참고인 또는 피의자로 조사받으면서 자기의 범행을 구성하는 사실관계에 관하여 허위로 진술하고 허위 자료를 제출하는 것은 자신의 범행에 대한 방어권 행사의 범위를 벗어난 것으로 볼 수 없다. 이러한 행위가 다른 공범을 도피하게 하는 결과가 된다고 하더라도 범인도피죄로 처벌할 수 없다. 이때 공범이 이러한 행위를 교사하였더라도 범죄가 될 수 없는 행위를 교사한 것에 불과하여 범인도피교사죄가 성립하지 않는다.(대판 2018.8.1. 2015도20396) **정답** ○

---

98. (★★) 범인이 자신을 위하여 타인으로 하여금 허위의 자백을 하게 하여 범인도피죄를 범하게 하는 행위는 방어권의 남용으로 범인도피교사죄에 해당하지만, 만약 그 타인이 형법 제151조 제2항에 의하여 처벌을 받지 아니하는 친족, 동거 가족에 해당하는 경우는 범인도피교사죄에 해당하지 않는다.

해설 범인이 자신을 위하여 타인으로 하여금 허위의 자백을 하게 하여 범인도피죄를 범하게 하는 행위는 방어권의 남용으로 범인도피교사죄에 해당하는바, 이 경우 그 타인이 형법 제151조 제2항에 의하여 처벌을 받지 아니하는 친족, 동거 가족에 해당한다 하여 달리 볼 것은 아니다(대판 2006.12.7. 2005도3707). **정답** ✕

---

99. (★) 甲은 처(妻)가 甲 자신을 위한 범인도피범행을 돕기 위하여 처에게 사고발생 경위, 도주 경위 등에 관하여 상세한 정보를 제공하여 주었다. 이 경우 甲에게는 범인도피방조죄가 성립한다.

[해설] 大判 2008.11.13. 2008도7647. **정답** ○

100. (★★)범인 스스로 도피하는 행위는 처벌되지 아니하므로, 범인이 도피를 위하여 타인에게 도움을 요청하는 행위 역시 도피행위의 범주에 속하는 한 처벌되지 아니하며, 범인의 요청에 응하여 범인을 도운 타인의 행위가 범인도피죄에 해당한다고 하더라도 마찬가지이다.

[해설] 범인 스스로 도피하는 행위는 처벌되지 아니하므로, 범인이 도피를 위하여 타인에게 도움을 요청하는 행위 역시 도피행위의 범주에 속하는 한 처벌되지 아니하며, 범인의 요청에 응하여 범인을 도운 타인의 행위가 범인도피죄에 해당한다고 하더라도 마찬가지이다. 다만 범인이 타인으로 하여금 허위의 자백을 하게 하는 등으로 범인도피죄를 범하게 하는 경우와 같이 그것이 방어권의 남용으로 볼 수 있을 때에는 범인도피교사죄에 해당할 수 있다. 이 경우 방어권의 남용이라고 볼 수 있는지 여부는, 범인을 도피하게 하는 것이라고 지목된 행위의 태양과 내용, 범인과 행위자의 관계, 행위 당시의 구체적인 상황, 형사사법의 작용에 영향을 미칠 수 있는 위험성의 정도 등을 종합하여 판단하여야 한다(대판 2014.4.10. 2013도12079).
[판결이유] 벌금 이상의 형에 해당하는 죄를 범하고 도피 중이던 甲은 자신의 휴대폰을 사용할 경우 소재가 드러날 것을 염려하여 평소 가깝게 지내던 후배인 乙에게 요청하여 대포폰을 개설하여 받은 적이 있으며 또한 甲은 乙에게 전화를 걸어 자신이 있는 곳으로 오도록 한 다음 乙이 운전하는 자동차를 타고 청주시 일대를 이동하여 다닌 적이 있다고 하더라도 피고인의 행위는 형사사법에 중대한 장애를 초래한다고 보기 어려운 통상적 (자기)도피의 한 유형으로 볼 여지가 충분하다. **정답** ○

101. (★★)甲은 사실혼 관계에 있는 남편이 음주 뺑소니 사고를 범하고 도망해 오자 그 남편을 외국으로 도피하게 하였다. 이 경우 甲에게는 친족간의 특례규정이 적용될 수 없다.

[해설] 형법 제151조 제2항 및 제155조 제4항은 친족, 동거의 가족이 본인을 위하여 범인도피죄, 증거인멸죄 등을 범한 때에는 처벌하지 아니한다고 규정하고 있는 바, 사실혼관계에 있는 자는 민법 소정의 친족이라 할 수 없어 위 조항에서 말하는 친족에 해당하지 않는다(대판 2003.12.12. 2003도4533). **정답** ○

※ 다음 중 판례에 의할 때 甲에게 범인은닉·도피죄가 성립하는 사례(○)와 성립하지 않는 사례(×)를 판단하시오.

102. (★)甲은 실제의 범인이 누군지도 정확하게 모르는 상태에서 수사기관에서 실제의 범인이 아닌 어떤 사람을 범인이 아닐지도 모른다고 생각하면서도 그를 범인이라고 지목하는 허위의 진술을 함으로써 범인으로 지목된 사람이 구속기소되었다.

해설 참고인이 수사기관에서 범인에 관하여 조사를 받으면서 그가 알고 있는 사실을 묵비하거나 허위로 진술하였다고 하더라도 그것이 적극적으로 수사기관을 기만하여 착오에 빠지게 함으로써 범인의 발견 또는 체포를 곤란 내지 불가능하게 할 정도의 것이 아니라면 범인도피죄를 구성하지 아니한다. 그리고 참고인이 실제의 범인이 누군지도 정확하게 모르는 상태에서 수사기관에서 실제의 범인이 아닌 어떤 사람을 범인이 아닐지도 모른다고 생각하면서도 그를 범인이라고 지목하는 허위의 진술을 한 경우에는 참고인의 허위 진술에 의하여 범인으로 지목된 사람이 구속기소됨으로써 실제의 범인이 용이하게 도피하는 결과를 초래한다고 하더라도 그것만으로는 그 참고인에게 적극적으로 실제의 범인을 도피시켜 국가의 형사사법의 작용을 곤란하게 할 의사가 있었다고 볼 수 없어 그 참고인을 범인도피죄로 처벌할 수는 없다(대판 1997.9.9. 97도1596).

정답 ✕

103. (★)범인이 기소중지자임을 알고도 범인의 부탁으로 다른 사람 명의로 대신 임대차계약을 체결해 주었다.

해설 大判 2004.3.26. 2003도8226.

정답 ○

104. (★)신원보증인인 甲은 도로교통법위반으로 체포된 피의자가 타인의 성명을 모용한다는 정을 알면서도 신원보증서에 피의자의 인적 사항을 허위로 기재하여 경찰관에게 제출하였다.

해설 수사절차에서 작성되는 신원보증서는 형사사법절차상의 편의를 도모하는 것에 불과하여 보증인에게 법적으로 진실한 서류를 작성·제출할 의무가 부과된 것은 아니므로, 신원보증서를 작성하여 수사기관에 제출하는 보증인이 피의자의 인적 사항을 허위로 기재하였다고 하더라도, 그로써 적극적으로 수사기관을 기망한 결과 피의자를 석방하게 하였다는 등 특별한 사정이 없는 한, 그 행위만으로 범인도피죄가 성립되지 않는다(대판 2003.2.14. 2002도5374).

정답 ✕

105. 피고인이 절도사건과 관련하여 사법경찰리로부터 조사받는 과정에서 공범인 상피고인들의 이름을 묵비하였다.

해설 절도범인을 도피하게 하였다고는 볼 수 없다(대판 1984.4.10. 83도3288).

정답 ✕

106. (★★)甲은 범인이 아니면서도 수사기관에서 범인임을 자처하고 허위사실을 진술하여 진범의 체포와 발견에 지장을 초래하게 하였다.

해설 범인 아닌 자가 수사기관에서 범인임을 자처하고 허위사실을 진술하여 진범의 체포와 발견에 지장을 초래하게 한 행위는 범인은닉죄에 해당한다(대판 1996.6.14. 96도1016).

[동지판례] 혐의를 받아 수사기관으로부터 수사 중인 경우에 범인 아닌 다른 사람으로 하여금 범인으로 가장케 하여 수사를 받도록 함으로써 범인의 발견·체포에 지장을 초래케 하는 행위는 범인은닉 또는 도피에 해당된다(대판 1967.5.23. 67도366).　　　　　**정답** ○

제 4 절 위증과 증거인멸의 죄

107. (★)증인이 자기의 기억에 반하는 증언을 한 이상 그것이 객관적인 사실과 일치하더라도 위증죄는 성립한다.

해설 大判 1989.1.17. 88도580.   정답 ○

108. (★)진술의 내용은 반드시 요증사실일 필요가 없고, 또한 판결에 영향을 미칠 수 있는 것임을 요하지 않는다.

해설 大判 1990.2.23. 89도1212.   정답 ○

109. (★)증언이 기본적인 사항에 관한 것이 아니고 지엽적인 사항에 관한 진술이라 하더라도 그것이 허위 진술인 이상 위증죄 성립에는 영향이 없다.

해설 大判 2018.5.15. 2017도19499   정답 ○

110. (★)증인이 법정에서 선서 후 증인진술서에 기재된 내용이 사실대로라는 취지의 진술만을 한 경우, 그 증인진술서에 기재된 구체적인 내용을 기억하여 반복 진술한 것으로 볼 수 있으므로 그 허위 기재 부분에 관하여 위증죄로 처벌할 수 있다.

해설 증인이 법정에서 선서 후 증인진술서에 기재된 구체적인 내용에 관하여 진술함이 없이 단지 그 증인진술서에 기재된 내용이 사실대로라는 취지의 진술만을 한 경우에는 그것이 증인진술서에 기재된 내용 중 특정 사항을 구체적으로 진술한 것과 같이 볼 수 있는 등의 특별한 사정이 없는 한 증인이 그 증인진술서에 기재된 구체적인 내용을 기억하여 반복 진술한 것으로는 볼 수 없으므로, 가사 거기에 기재된 내용에 허위가 있다 하더라도 그 부분에 관하여 법정에서 증언한 것으로 보아 위증죄로 처벌할 수는 없다고 할 것이다(대판 2010.5.13. 2007도1397).   정답 ✕

111. (★)피고인의 지위에 있는 공동피고인은 다른 공동피고인에 대한 공소사실에 관하여 증인이 될 수 없으나, 소송절차가 분리되어 피고인의 지위에서 벗어나게 되면 다른 공동피고인에 대한 공소사실에 관하여 증인이 될 수 있고, 이는 대향범인 공동피고인의 경우에도 마찬가지이다.

해설 피고인의 지위에 있는 공동피고인은 다른 공동피고인에 대한 공소사실에 관하여 증인이 될 수 없으나, 소송절차가 분리되어 피고인의 지위에서 벗어나게 되면 다른 공동피고인에 대한 공소사실에 관하여 증인이 될 수 있고, 이는 대향범인 공동피고인의 경우에도 다르지 않다(대판 2012.3.29. 2009도11249).   정답 ○

112. (★)민사소송에서의 당사자인 법인의 대표자도 위증죄의 주체가 될 수 있다.

[해설] 민사소송의 당사자는 증인능력이 없으므로 증인으로 선서하고 증언하였다고 하더라도 위증죄의 주체가 될 수 없다(대판 1998.3.10. 97도1168). **정답** ✕

113. (★)제3자가 심문절차로 진행되는 가처분 신청사건에서 증인으로 출석하여 선서를 하고 허위의 공술을 하였다고 하더라도 위증죄는 성립하지 않는다.

[해설] 가처분사건이 변론절차에 의하여 진행될 때에는 제3자를 증인으로 선서하게 하고 증언을 하게 할 수 있으나 심문절차에 의할 경우에는 법률상 명문의 규정도 없고, 또 구 민사소송법(2002.1.26. 법률 제6626호로 전문 개정되기 전의 것)의 증인신문에 관한 규정이 준용되지도 아니하므로 선서를 하게 하고 증언을 시킬 수 없다고 할 것이고, 따라서 제3자가 심문절차로 진행되는 가처분 신청사건에서 증인으로 출석하여 선서를 하고 진술함에 있어서 허위의 공술을 하였다고 하더라도 그 선서는 법률상 근거가 없어 무효라고 할 것이므로 위증죄는 성립하지 않는다(대판 2003.7.25. 2003도180). **정답** ○

114. 乙로부터 위증의 교사를 받은 甲이 관련사건의 제1심 제9회 공판기일에 증인으로 출석하여 한 허위 진술이 철회·시정된 바 없이 증인신문절차가 그대로 종료되었다가, 그 후 증인으로 다시 신청·채택된 甲이 위 관련사건의 제21회 공판기일에 다시 출석하여 종전 선서의 효력이 유지됨을 고지받고 증언하면서 종전 기일에 한 진술이 허위 진술임을 시인하고 이를 철회하는 취지의 진술을 하였다면, 甲에게는 위증죄가 성립할 수 없다.

[해설] 피고인으로부터 위증의 교사를 받은 甲이 관련사건의 제1심 제9회 공판기일에 증인으로 출석하여 한 허위 진술이 철회·시정된 바 없이 증인신문절차가 그대로 종료되었다가, 그 후 증인으로 다시 신청·채택된 甲이 위 관련사건의 제21회 공판기일에 다시 출석하여 종전 선서의 효력이 유지됨을 고지받고 증언하면서 종전 기일에 한 진술이 허위 진술임을 시인하고 이를 철회하는 취지의 진술을 한 사안에서, 甲의 위증죄는 이미 기수에 이른 것으로 보아야 하고, 그 후 다시 증인으로 신청·채택되어 종전 신문절차에서 한 허위 진술을 철회하였더라도 이미 성립한 위증죄에 영향을 미친다고 볼 수는 없음에도, 이와 달리 본 원심판단에 법리오해의 위법이 있다고 한 사례(대판 2010.9.30. 2010도7525). **정답** ✕

115. (★)자신의 강도상해 범행을 일관되게 부인하였으나 유죄판결이 확정된 피고인이 별건으로 기소된 공범의 형사사건에서 자신의 범행사실을 부인하는 증언을 한 경우, 피고인에게 사실대로 진술할 기대가능성이 있으므로 위증죄가 성립한다.

[해설] 자신의 강도상해 범행을 일관되게 부인하였으나 유죄판결이 확정된 피고인이 별건으로 기소된 공범의 형사사건에서 자신의 범행사실을 부인하는 증언을 한 사안에서, 피고인에게 사

실대로 진술할 기대가능성이 있으므로 위증죄가 성립한다고 판단한 사례(대판 2008.10.23. 2005도 10101).

정답 ○

116. (★)증언거부사유가 있음에도 증언거부권을 고지받지 못함으로 인하여 그 증언거부권 을 행사하는 데 사실상 장애가 초래되었다고 볼 수 있는 경우 위증죄가 성립할 수 없다.

해설 자기부죄거부특권에 관한 것이거나 기타 증언거부사유가 있음에도 증인이 증언거부권을 고 지받지 못함으로 인하여 그 증언거부권을 행사하는 데 사실상 장애가 초래되었다고 볼 수 있는 경우 에는 위증죄의 성립을 부정하여야 할 것이다.
사촌관계에 있는 甲의 도박 사실 여부에 관하여 증언거부사유가 발생하게 되었는데도 재판장 으로부터 증언거부권을 고지받지 못한 상태에서 허위 진술을 하게 된 사안에서, 위증죄의 성립 을 부정한 사례(대판 2010.2.25. 2009도13257).

정답 ○

117. (★★)민사소송절차에 증인으로 출석한 피고인이 재판장으로부터 증언거부권을 고지 받지 않은 상태에서 허위의 증언을 한 경우라도, 증인으로서 적법하게 선서를 마치고도 허위진술을 한 이상 위증죄에 해당한다.

해설 [1] 형사소송법은 증언거부권에 관한 규정(제148조, 제149조)과 함께 재판장의 증언거부 권 고지의무에 관하여도 규정하고 있는 반면(제160조), 민사소송법은 증언거부권 제도를 두면 서도(제314조 내지 제316조) 증언거부권 고지에 관한 규정을 따로 두고 있지 않다. 우리 입법자 는 1954. 9. 23. 제정 당시부터 증언거부권 및 그 고지 규정을 둔 형사소송법과는 달리 그 후인 1960. 4. 4. 민사소송법을 제정할 때 증언거부권 제도를 두면서도 그 고지 규정을 두지 아니하였 고, 2002. 1. 26. 민사소송법을 전부 개정하면서도 같은 입장을 유지하였다. 이러한 입법 경위 및 규정 내용에 비추어 볼 때, 이는 양 절차에 존재하는 목적·적용원리 등의 차이를 염두에 둔 입법적 선택으로 보인다. 더구나 민사소송법은 형사소송법과 달리, '선서거부권 제도'(제324조), '선서면제 제도'(제323조) 등 증인으로 하여금 위증죄의 위험에서 벗어날 수 있도록 하는 이중의 장치를 마련하고 있어 증언거부권 고지 규정을 두지 아니한 것이 입법의 불비라거나 증언거부 권 있는 증인의 침묵할 수 있는 권리를 부당하게 침해하는 입법이라고 볼 수도 없다. 그렇다면 민사소송절차에서 재판장이 증인에게 증언거부권을 고지하지 아니하였다 하여 절차위반의 위법 이 있다고 할 수 없고, 따라서 적법한 선서절차를 마쳤는데도 허위진술을 한 증인에 대해서는 달리 특별한 사정이 없는 한 위증죄가 성립한다고 보아야 한다(대판 2011.7.28. 2009도14928).

정답 ○

118. (★)자기의 형사 사건에 관한 증거를 인멸하기 위하여 타인을 교사하여 죄를 범하게 한 자에 대하여는 증거인멸죄의 교사범이 성립한다.

해설 大判 2000.3.24. 99도5275.

정답 ○

119. (★)피고인 자신이 직접 형사처분이나 징계처분을 받게 될 것을 두려워한 나머지 자기의 이익을 위하여 그 증거가 될 자료를 인멸하였는데 그 행위가 동시에 다른 공범자의 형사사건이나 징계사건에 관한 증거를 인멸한 결과가 된 경우에는 증거인멸죄가 성립하지 않는다.

[해설] 증거인멸죄는 타인의 형사사건 또는 징계사건에 관한 증거를 인멸하는 경우에 성립하는 것으로서, 피고인 자신이 직접 형사처분이나 징계처분을 받게 될 것을 두려워한 나머지 자기의 이익을 위하여 그 증거가 될 자료를 인멸하였다면, 그 행위가 동시에 다른 공범자의 형사사건이나 징계사건에 관한 증거를 인멸한 결과가 된다고 하더라도 이를 증거인멸죄로 다스릴 수 없고, 이러한 법리는 그 행위가 피고인의 공범자가 아닌 자의 형사사건이나 징계사건에 관한 증거를 인멸한 결과가 된다고 하더라도 마찬가지이다(대판 1995.9.29. 94도2608). **정답** O

120. (★)형법 제155조 제1항의 증거변조죄가 적용되는 '징계사건'에 사인(私人) 간의 징계사건은 포함되지 않는다.

[해설] 형법 제155조 제1항은 '타인의 형사사건 또는 징계사건에 관한 증거를 인멸·은닉·위조 또는 변조하거나 위조 또는 변조한 증거를 사용한 자'를 처벌한다고 규정하고 있는 바, <u>증거인멸 등 죄는 위증죄와 마찬가지로 국가의 형사사법작용 내지 징계작용을 그 보호법익으로 하므로, 위 법조문에서 말하는 '징계사건'이란 국가의 징계사건에 한정되고 사인(私人) 간의 징계사건은 포함되지 않는다</u>(대판 2007.11.30. 2007도4191). **정답** O

121. (★) 범죄 또는 징계사유의 성립 여부에 관한 것뿐만 아니라 형 또는 징계의 경중에 관계있는 정상을 인정하는 데 도움이 될 자료까지도 형법 제155조 제1항의 증거위조죄에서 '증거'에 포함된다. ( )

[해설] 범죄 또는 징계사유의 성립 여부에 관한 것뿐만 아니라 형 또는 징계의 경중에 관계있는 정상을 인정하는 데 도움이 될 자료까지도 형법 제155조 제1항의 증거위조죄에서 '증거'에 포함된다.(대판 2021.1.28. 2020도2642) **정답** O

122. 참고인이 사건에 관하여 아는 바가 없음에도 불구하고 경찰서에서 참고인으로 조사를 받으면서 피의자가 피해자를 강간하려고 하는 것을 목격하였다고 허위의 진술을 하였더라도 증거위조죄가 성립하지 않는다.

[해설] 형법 제155조 제1항에서 타인의 형사사건에 관한 증거를 위조한다 함은 증거 자체를 위조함을 말하는 것이고, 참고인이 수사기관에서 허위의 진술을 하는 것은 이에 포함되지 아니한다(대판 1995.4.7. 94도3412). **정답** O

123. (★)선서무능력자에게 위증을 교사한 때에는 위증죄의 교사가 될 수 없고, 증거위조죄에도 해당하지 않는다.

> 해설 선서무능력자에게 위증을 교사한 경우는 위증교사는 물론 증거위조에도 해당하지 않는다(대판 1998.2.10. 97도2961).
>
> 정답 ○

124. (★)참고인이 허위의 진술서 등을 작성하여 수사기관에 제출한 경우, 증거위조죄가 성립한다.

> 해설 참고인이 타인의 형사사건 등에서 직접 진술 또는 증언하는 것을 대신하거나 그 진술 등에 앞서서 허위의 사실확인서나 진술서를 작성하여 수사기관 등에 제출하거나 또는 제3자에게 교부하여 제3자가 이를 제출한 것은 존재하지 않는 문서를 이전부터 존재하고 있는 것처럼 작출하는 등의 방법으로 새로운 증거를 창조한 것이 아닐뿐더러, 참고인이 수사기관에서 허위의 진술을 하는 것과 차이가 없으므로, 증거위조죄를 구성하지 않는다고 할 것이다(대판 2011.7.28. 2010도2244).
>
> 정답 ✕

125. (★★★)참고인이 타인의 형사사건 등에 관하여 제3자와 대화를 하면서 허위로 진술하고 그 진술이 담긴 대화 내용을 녹음한 녹음파일 또는 이를 녹취한 녹취록을 만들어 수사기관 등에 제출하는 행위는 증거위조죄를 구성한다.

> 해설 참고인이 타인의 형사사건 등에 관하여 제3자와 대화를 하면서 허위로 진술하고 위와 같은 허위 진술이 담긴 대화 내용을 녹음한 녹음파일 또는 이를 녹취한 녹취록은 참고인의 허위진술 자체 또는 참고인 작성의 허위 사실확인서 등과는 달리 그 진술내용만이 증거자료로 되는 것이 아니고 녹음 당시의 현장음향 및 제3자의 진술 등이 포함되어 있어 그 일체가 증거자료가 된다고 할 것이므로, 이는 증거위조죄에서 말하는 '증거'에 해당한다. 또한 위와 같이 참고인의 허위 진술이 담긴 대화 내용을 녹음한 녹음파일 또는 이를 녹취한 녹취록을 만들어 내는 행위는 무엇보다도 그 녹음의 자연스러움을 뒷받침하는 현장성이 강하여 단순한 허위진술 또는 허위의 사실확인서 등에 비하여 수사기관 등이 그 증거가치를 판단함에 있어 오도할 위험성을 현저히 증대시킨다고 할 것이므로, 이러한 행위는 허위의 증거를 새로이 작출하는 행위로서 증거위조죄에서 말하는 '위조'에도 해당한다고 봄이 상당하다. 따라서 참고인이 타인의 형사사건 등에 관하여 제3자와 대화를 하면서 허위로 진술하고 위와 같은 허위 진술이 담긴 대화 내용을 녹음한 녹음파일 또는 이를 녹취한 녹취록을 만들어 수사기관 등에 제출하는 것은, 참고인이 타인의 형사사건 등에 관하여 수사기관에 허위의 진술을 하거나 이와 다를 바 없는 것으로서 허위의 사실확인서나 진술서를 작성하여 수사기관 등에 제출하는 것과는 달리, 증거위조죄를 구성한다(대판 2013.12.26. 2013도8085).
>
> 정답 ○

126. (★)형법 제155조 제1항의 증거위조죄에서 '증거'라 함은 타인에게 유리한 것이건 불리한 것이건 가리지 아니하며 또 증거가치의 유무 및 정도를 불문한다.

[해설] 타인의 형사사건 또는 징계사건에 관한 증거를 위조한 경우에 성립하는 형법 제155조 제1항의 증거위조죄에서 '증거'라 함은 타인의 형사사건 또는 징계사건에 관하여 수사기관이나 법원 또는 징계기관이 국가의 형벌권 또는 징계권의 유무를 확인하는 데 관계있다고 인정되는 일체의 자료를 의미하고, 타인에게 유리한 것이건 불리한 것이건 가리지 아니하며 또 증거가치의 유무 및 정도를 불문하는 것이다(대판 2007.6.28. 2002도3600). **정답** ○

127. (★)타인의 형사사건과 관련하여 수사기관이나 법원에 제출하거나 현출되게 할 의도로 법률행위 당시에는 존재하지 아니하였던 처분문서를 사후에 그 작성일을 소급하여 작성하는 경우일지라도, 작성자에게 해당 문서의 작성권한이 있고, 또 그와 같은 법률행위가 당시에 존재하였으며 그 법률행위의 내용이 위 문서에 기재된 것과 큰 차이가 없다면 증거위조죄가 성립하지 않는다.

[해설] 형법 제155조 제1항의 증거위조죄에서의 '위조'란 문서에 관한 죄에 있어서의 위조 개념과는 달리 새로운 증거의 창조를 의미하는 것이므로 존재하지 아니한 증거를 이전부터 존재하고 있는 것처럼 작출하는 행위도 증거위조에 해당하며, 증거가 문서의 형식을 갖는 경우 증거위조죄에 있어서의 증거에 해당하는지 여부가 그 작성권한의 유무나 내용의 진실성에 좌우되는 것은 아니다(대판 2007.6.28. 2002도3600). **정답** ✕

128. (★)수사기관에 의하여 범죄의 인지 등으로 수사가 개시되기 이전의 단계일지라도 장차 형사입건될 가능성이 크다는 사정이 인정된다면 형법 제155조 제3항(모해증거위조 등)에서 말하는 '피의자'에 해당한다고 볼 수 있다.

[해설] 형법 제155조 제1항은 "타인의 형사사건 또는 징계사건에 관한 증거를 인멸, 은닉, 위조 또는 변조하거나 위조 또는 변조한 증거를 사용한 자는 5년 이하의 징역 또는 700만 원 이하의 벌금에 처한다"고 하고, 그 제3항은 "피고인, 피의자 또는 징계혐의자를 모해할 목적으로 제1항의 죄를 범한 자는 10년 이하의 징역에 처한다"고 규정하고 있는바, 그 문언 내용 및 입법 목적과 형벌법규 엄격해석의 원칙 등에 비추어 보면 형법 제155조 제3항에서 말하는 '피의자'라고 하기 위해서는 수사기관에 의하여 범죄의 인지 등으로 수사가 개시되어 있을 것을 필요로 하고, 그 이전의 단계에서는 장차 형사입건될 가능성이 크다고 하더라도 그러한 사정만으로 '피의자'에 해당한다고 볼 수는 없다(대판 2010.6.24. 2008도12127). **정답** ✕

129. (★)증거위조죄에서 타인의 형사사건이란 증거위조 행위시에 아직 수사절차가 개시되기 전이라도 장차 형사사건이 될 수 있는 것까지 포함하고, 그 형사사건이 기소되지 아니하거나 무죄가 선고되더라도 증거위조죄의 성립에 영향이 없다.

해설 형법 제155조 제1항의 증거위조죄에서 타인의 형사사건이란 증거위조 행위시에 아직 수사 절차가 개시되기 전이라도 장차 형사사건이 될 수 있는 것까지 포함하고, 그 형사사건이 기소되지 아니하거나 무죄가 선고되더라도 증거위조죄의 성립에 영향이 없다. 여기에서의 '위조'란 문서에 관한 죄에 있어서의 위조 개념과는 달리 새로운 증거의 창조를 의미하는 것이므로 존재하지 아니한 증거를 이전부터 존재하고 있는 것처럼 작출하는 행위도 증거위조에 해당하며, 증거가 문서의 형식을 갖는 경우 증거위조죄에 있어서의 증거에 해당하는지 여부가 그 작성권한의 유무나 내용의 진실성에 좌우되는 것은 아니다. 또한 자기의 형사사건에 관한 증거를 위조하기 위하여 타인을 교사하여 죄를 범하게 한 자에 대하여는 증거위조교사죄가 성립한다(대판 2011.2.10. 2010도15986).

정답 ○

제5절 무고의 죄

130. (★★★)판례에 의할 때 다음 기술의 옳고 그름을 판단하라.

> (1) 변호사에 대한 징계처분은 형법 제156조에서 정하는 '징계처분'에 포함되며, 징계 개시 의 신청권이 있는 지방변호사회의 장은 제156조에서 정한 '공무소 또는 공무원'에 포함 된다.
> (2) 피고인이 변호사로 하여금 징계처분을 받게 할 목적으로 서울지방변호사회에 위 변호 사회 회장을 수취인으로 하는 허위 내용의 진정서를 제출한 경우, 무고죄가 인정된다.

[해설] [1] 형법 제156조는 타인으로 하여금 형사처분 또는 징계처분을 받게 할 목적으로 공무 소 또는 공무원에 대하여 허위의 사실을 신고한 자를 처벌하도록 정하고 있다. 여기서 '징계처 분'이란 공법상의 특별권력관계에 기인하여 질서유지를 위하여 과하여지는 제재를 의미하고, 또한 '공무소 또는 공무원'이란 징계처분에 있어서는 징계권자 또는 징계권의 발동을 촉구하는 직권을 가진 자와 그 감독기관 또는 그 소속 구성원을 말한다.

[2] 구 변호사법(2008. 3. 28. 법률 제8991호로 개정되기 전의 것, 이하 '구 변호사법'이라 한다) 제92조, 제95조, 제96조, 제100조 등 관련 규정에 의하면 변호사에 대한 징계가 대한변호사협회 변호사 징계위원회를 거쳐 최종적으로 법무부의 변호사징계위원회에서 결정되고 이에 불복하는 경우 에는 행정소송을 할 수 있는 점, 구 변호사법 제93조, 제94조, 제101조의2 등은 판사 2명과 검사 2명이 위원으로 참여하여 대한변호사협회 변호사징계위원회나 법무부의 변호사징계위원회를 구성하고, 서류의 송달, 기일의 지정이나 변경 및 증인 · 감정인의 선서와 급여에 관한 사항에 대하여 '형사소송법'과 '형사소송비용 등에 관한 법률'의 규정을 준용하도록 정하고 있는 점, 위 와 같은 절차를 마련한 것은 변호사의 공익적 지위에 기인하여 공법상의 특별권력관계에 준하 여 징계에 관하여도 공법상의 통제를 하려는 의도로 보여지는 점 등을 고려하여 보면, <u>변호사에 대한 징계처분은 형법 제156조에서 정하는 '징계처분'에 포함된다고 봄이 상당하고, 구 변호사법 제 97조의2 등 관련 규정에 의하여 그 징계 개시의 신청권이 있는 지방변호사회의 장은 형법 제156조에 서 정한 '공무소 또는 공무원'에 포함된다.</u>

[3] <u>피고인이 변호사인 피해자로 하여금 징계처분을 받게 할 목적으로 서울지방변호사회에 위 변호사 회 회장을 수취인으로 하는 허위 내용의 진정서를 제출한 사안에서, 무고죄를 인정한 원심판단을 수 긍한 사례</u>(대판 2010.11.25. 2010도10202).

[판례해설] 본 판결에서 (1) '징계처분'이란 공법상의 특별권력관계에 기인한 제재를 의미한다고 판시한 점은 다수설의 입장과 동일하나, (2) 변호사에 대한 징계처분이 제156조(무고죄)에서 정한 징계처분에 포함된다고 판시한 것은 학설과는 다른 결론이므로 학설과 본 판례의 결론을 혼동하 지 않도록 주의하여야 한다(일반적인 학설과 판례의 결론이 상반되는 경우이므로 출제가능성이 아주 높다고 보여진다). **정답** (1)○ (2)○

131. 객관적 사실과 일치하지 않는 것이라도 신고자가 진실이라고 확신하고 신고하였을 때에는 무고죄가 성립하지 않는다.

[해설] 大判 2000.7.4. 2000도1908.　　　　　　　　　　　　　　　　　　　정답 ○

132. (★)비록 외관상으로는 타인 명의의 고소장을 대리하여 작성하고 제출하는 형식으로 고소가 이루어진 경우라 하더라도 그 명의자는 고소의 의사가 없이 이름만 빌려준 것에 불과하고 명의자를 대리한 자가 실제 고소의 의사를 가지고 고소행위를 주도한 경우라면 그 명의자를 대리한 자를 신고자로 보아 무고죄의 주체로 인정하여야 할 것이다.

[해설] 大判 2007.3.30. 2006도6017.　　　　　　　　　　　　　　　　　　정답 ○

133. (★)당초 고소장에 기재하지 않은 사실을 수사기관에서 고소보충조서를 받을 때 자진하여 진술하였다면 이 진술 부분까지 무고의 범위에 포함된다.

[해설] 大判 1996.2.9. 95도2652.　　　　　　　　　　　　　　　　　　　정답 ○

※ **무고죄에 관한 다음 설명에 대하여 옳음(○)과 틀림(×)을 판단하시오(판례에 의함).**

134. (★)허위의 사실은 신고사실의 진실성을 인정할 수 없다는 소극적 증명만으로 충분하다.

[해설] 무고죄는 신고한 사실이 객관적 사실에 반하는 허위사실이라는 요건은 적극적인 증명이 있어야 하며, 신고사실의 진실성을 인정할 수 없다는 소극적 증명만으로 곧 그 신고사실이 객관적 진실에 반하는 허위사실이라고 단정하여 무고죄의 성립을 인정할 수는 없다(대판 1998.2.24. 96도599).　　　　　　　　　　　　　　　　　　정답 ×

135. (★)허위의 신고가 해당 공무소나 공무원에게 도달함으로써 기수가 되므로 그 후 문서를 되돌려 받더라도 무고죄는 성립한다.

[해설] 옳은 설명이다.　　　　　　　　　　　　　　　　　　　　　　　정답 ○

136. (★)수표발행인인 피고인이 은행에 지급제시된 수표가 위조되었다는 내용의 허위의 신고를 하여 그 정을 모르는 은행 직원이 수사기관에 고발을 함에 따라 수사가 개시되고, 피고인이 경찰에 출석하여 위조자로 특정인을 지목하는 진술을 한 경우, 피고인은 자발적으로 수사기관에 대하여 허위의 사실을 신고한 것으로 평가하여야 한다.

해설 수표발행인인 피고인이 은행에 지급제시된 수표가 위조되었다는 내용의 허위의 신고를 하여 그 정을 모르는 은행 직원이 수사기관에 고발을 함에 따라 수사가 개시되고, 피고인이 경찰에 출석하여 수표위조자로 특정인을 지목하는 진술을 한 경우, 이는 피고인이 위조 수표에 대한 부정수표단속법 제7조의 고발의무가 있는 은행원을 도구로 이용하여 수사기관에 고발을 하게 하고 이어 수사기관에 대하여 특정인을 위조자로 지목함으로써 자발적으로 수사기관에 대하여 허위의 사실을 신고한 것으로 평가하여야 한다고 한 사례(대판 2005.12.22. 2005도3203).   정답 ○

---

137. 피무고자의 교사·방조 하에 제3자가 피무고자에 대한 허위의 사실을 신고한 경우에는, 제3자를 교사·방조한 피무고자도 교사·방조범으로서의 죄책을 부담한다.

해설 형법 제156조의 무고죄는 국가의 형사사법권 또는 징계권의 적정한 행사를 주된 보호법익으로 하는 죄이나, 스스로 본인을 무고하는 자기무고는 무고죄의 구성요건에 해당하지 아니하여 무고죄를 구성하지 않는다. 그러나 피무고자의 교사·방조 하에 제3자가 피무고자에 대한 허위의 사실을 신고한 경우에는 제3자의 행위는 무고죄의 구성요건에 해당하여 무고죄를 구성하므로, 제3자를 교사·방조한 피무고자도 교사·방조범으로서의 죄책을 부담한다(대판 2008.10.23. 2008도4852).   정답 ○

138. (★)甲은 乙에게 도박자금을 빌려주었다가 돌려받지 못하게 되자 乙이 단순한 대여금을 변제하지 않고 있으니 처벌하여 달라는 취지로 경찰서에 고소하였다. 이 경우 甲은 신고사실을 과장한 것에 불과하여 무고죄가 성립하지 아니한다.

해설 일부 허위인 사실이 국가의 심판작용을 그르치거나 부당하게 처벌을 받지 아니할 개인의 법적 안정성을 침해할 우려가 있을 정도로 고소사실 전체의 성질을 변경시키는 때에는 무고죄가 성립될 수 있다(대판 2004.1.16. 2003도7178).   정답 ×

139. 무고를 한 자가 조사하는 경찰관에게 그 신고한 내용이 객관적 사실에 반한다고 인정한 것만으로는 무고죄에 있어서 형의 필요적 감면사유에 해당하는 자백이라고 할 수 없다.

해설 무고죄에 있어서 형의 필요적 감면사유에 해당하는 자백이란 자신의 범죄사실, 즉 타인으로 하여금 형사처분 또는 징계처분을 받게 할 목적으로 공무소 또는 공무원에 대하여 허위의 사실을 신고하였음을 자인하는 것을 말하고, 단순히 그 신고한 내용이 객관적 사실에 반한다고 인정함에 지나지 아니하는 것은 이에 해당하지 아니한다(대판 1995.9.5. 94도755).   정답 ○

140. 진정인이 그 사실의 진위 등을 확인하기 위한 검사의 질문을 받으면서, 진정사실 외의 다른 추가적인 질문에 허위의 대답을 한 경우라면, 무고죄가 성립될 수 없다.

해설 大判 1990.8.14. 90도595.   정답 ○

141. 자기무고나 사자에 대한 무고는 무고죄가 성립하지 아니한다.

[해설] 양자 모두 구성요건해당성이 없기 때문이다.　　　　　　　　　　　정답 ○

142. 폭행을 당하지는 않고 상대방과 다투는 과정에서 시비가 되어 서로 허리띠나 옷을 잡고 밀고 당기면서 평소에 좋은 상태가 아니던 요추부에 경도의 염좌증세가 생겼음에도 불구하고 상대방에게 구타를 당하여 상해를 입었다는 내용의 고소를 한 경우 무고죄가 성립한다.

[해설] 폭행을 당하지는 않았더라도 그와 다투는 과정에서 시비가 되어 서로 허리띠나 옷을 잡고 밀고 당기면서 평소에 좋은 상태가 아니던 요추부에 경도의 염좌증세가 생겼을 가능성이 충분히 있다면 피고인의 구타를 당하여 상해를 입었다는 내용의 고소는 다소 과장된 것이라고 볼 수 있을지언정 이를 일컬어 무고죄의 처벌대상인 허위사실을 신고한 것이라고 단정하기는 어렵다(대판 2003.1.24. 2002도5939).　　　　　　　　　　　정답 ×

143. 서로 멱살을 잡고 밀고 당기는 과정에서 스스로 넘어져 입게 된 상처를 상대방의 폭행으로 인한 것이라고 고소한 경우 무고죄가 성립한다.

[해설] 서로 멱살을 잡고 밀고 당기는 과정에서 스스로 넘어져 입게 된 상처를 상대방의 폭행으로 인한 것이라고 고소하였더라도 허위사실을 신고한 것으로 볼 수 없다(대판 1986.7.22. 86도582).　　　　　　　　　　　정답 ×

144. (★)피고인이 A로부터 강간을 당했음에도 불구하고 강간을 당하여 상해를 입었다고 고소한 경우 무고죄가 성립한다.

[해설] 강간을 당하여 상해를 입었다는 고소내용은 하나의 강간행위에 대한 고소사실이고, 이를 분리하여 강간에 관한 고소사실과 상해에 관한 고소사실의 두 가지 고소내용이라고 볼 수는 없으므로, 피고인이 A로부터 강간을 당한 것이 사실인 이상 이를 고소함에 있어서 강간으로 입은 것이 아닌 상해사실을 포함시켰다 하더라도 이는 고소내용의 정황을 과장한 것에 지나지 아니하여 따로이 무고죄를 구성하지 아니한다(대판 1983.1.18. 82도2170).　　　　　　　　　　　정답 ×

145. (★)고소인(피고인)이 차용사기로 고소함에 있어서 차용인이 차용금의 용도를 기망하였다는 내용으로 고소한 경우, 피고인이 차용인이 도박자금으로 사용하는 것을 알고 있었던 사실을 밝히지 않은 경우, 피고인은 허위의 사실을 신고하였다고 할 수 있다.

[해설] 금원을 대여한 고소인이 차용금을 갚지 않는 차용인을 사기죄로 고소함에 있어서, 피고소인이 차용금의 용도를 사실대로 이야기하였더라면 금원을 대여하지 않았을 것인데 차용금의

용도를 속이는 바람에 대여하였다고 주장하는 사안이라면 그 차용금의 실제용도는 사기죄의 성부에 영향을 미치는 것으로서 고소사실의 중요한 부분이 되고 따라서 그 실제용도에 관하여 고소인이 허위로 신고를 할 경우에는 그것만으로도 무고죄에 있어서의 허위의 사실을 신고한 경우에 해당한다 할 것이나, 단순히 차용인이 변제의사와 능력의 유무에 관하여 기망하였다는 내용으로 고소한 경우에는 차용금의 용도와 무관하게 다른 자료만으로도 충분히 차용인의 변제의사나 능력의 유무에 관한 기망사실을 인정할 수 있는 경우도 있을 것이므로 그 차용금의 실제 용도에 관하여 사실과 달리 신고하였다 하더라도 그것만으로는 범죄사실의 성부에 영향을 줄 정도의 중요한 부분을 허위로 신고하였다고 할 수 없는 것이고, 이와 같은 법리는 고소인이 차용사기로 고소함에 있어서 묵비하거나 사실과 달리 신고한 차용금의 실제 용도가 도박자금이었다고 하더라도 달리 볼 것은 아니다 (대판 2004.12.9. 2004도2212).

[판결이유] 공소외인이 변제할 의사 없이 고소인(피고인)으로부터 차용금 명목으로 금원을 교부받아 이를 편취하였다고 신고한 경우, 피고인이 공소외인이 도박자금으로 사용하는 것을 알고 있었던 사실을 밝히지 않았다는 등의 사유만으로는 피고인이 허위의 사실을 신고하였다고 할 수 없다.

정답 ○

146. (★)고소인(피고인)이 차용사기로 고소함에 있어서 차용인이 변제의사와 능력의 유무에 관하여 기망하였다는 내용으로 고소한 경우, 피고인이 차용인이 도박자금으로 사용하는 것을 알고 있었던 사실을 밝히지 않았다는 사유만으로는 피고인이 허위의 사실을 신고하였다고 할 수 없다.

해설 앞의 문제 판결이유 부분 참고.

정답 ○

147. (★) 판례에 의할 때 다음 기술의 옳고 그름을 판단하라.

(1) 허위의 사실을 신고하였더라도 신고 당시 그 사실 자체가 형사범죄를 구성하지 않으면 무고죄는 성립하지 않는다.

(2) 허위로 신고한 사실이 무고행위 당시 형사처분의 대상이 될 수 있었으나 이후 형사범죄가 되지 않는 것으로 판례가 변경된 경우, 특별한 사정이 없는 한 이미 성립한 무고죄에는 영향을 미치지 않는다.

해설 [1] 타인으로 하여금 형사처분 또는 징계처분을 받게 할 목적으로 공무소 또는 공무원에 대하여 허위의 사실을 신고하는 때에 무고죄가 성립한다(형법 제156조). 무고죄는 부수적으로 개인이 부당하게 처벌받거나 징계를 받지 않을 이익도 보호하나, 국가의 형사사법권 또는 징계권의 적정한 행사를 주된 보호법익으로 한다.

[2] 타인에게 형사처분을 받게 할 목적으로 '허위의 사실'을 신고한 행위가 무고죄를 구성하기 위해서는 신고된 사실 자체가 형사처분의 대상이 될 수 있어야 하므로, 가령 허위의 사실을 신고하였더라도 신고 당시 그 사실 자체가 형사범죄를 구성하지 않으면 무고죄는 성립하지 않는다. 그러나 허위로 신고한 사실이 무고행위 당시 형사처분의 대상이 될 수 있었던 경우에는 국가

의 형사사법권의 적정한 행사를 그르치게 할 위험과 부당하게 처벌받지 않을 개인의 법적 안정성이 침해될 위험이 이미 발생하였으므로 무고죄는 기수에 이르고, 이후 그러한 사실이 형사범죄가 되지 않는 것으로 판례가 변경되었더라도 특별한 사정이 없는 한 이미 성립한 무고죄에는 영향을 미치지 않는다(대판 2017.5.30. 2015도15398). **정답** (1) ○ (2) ○

148. (★)"피고소인이 송이의 채취권을 이중으로 양도하여 손해를 입었으니 엄벌하여 달라"는 신고 내용이 허위라고 하더라도 무고죄가 성립할 수 없다.

해설 [1] 타인에게 형사처분을 받게 할 목적으로 '허위의 사실'을 신고한 행위가 무고죄를 구성하기 위하여는 신고된 사실 자체가 형사처분의 원인이 될 수 있어야 할 것이어서, 가령 허위의 사실을 신고하였다 하더라도 그 사실 자체가 형사범죄로 구성되지 아니한다면 무고죄는 성립하지 아니한다.

[2] "피고소인이 송이의 채취권을 이중으로 양도하여 손해를 입었으니 엄벌하여 달라"는 내용의 고소사실이 횡령죄나 배임죄 기타 형사범죄를 구성하지 않는 내용의 신고에 불과하여 그 신고 내용이 허위라고 하더라도 무고죄가 성립할 수 없다고 한 사례(대판 2007.4.13. 2006도558). **정답** ○

149. (★★)피고인 자신이 상대방의 범행에 공범으로 가담하였음에도 자신의 가담사실을 숨기고 상대방만을 고소한 경우, 무고죄가 성립하지 않는다.

해설 [1] 피고인 자신이 상대방의 범행에 공범으로 가담하였음에도 자신의 가담사실을 숨기고 상대방만을 고소한 경우, 피고인의 고소내용이 상대방의 범행 부분에 관한 한 진실에 부합하므로 이를 허위의 사실로 볼 수 없고, 상대방의 범행에 피고인이 공범으로 가담한 사실을 숨겼다고 하여도 그것이 상대방에 대한 관계에서 독립하여 형사처분 등의 대상이 되지 아니할뿐더러 전체적으로 보아 상대방의 범죄사실의 성립 여부에 직접 영향을 줄 정도에 이르지 아니하는 내용에 관계되는 것이므로 무고죄가 성립하지 않는다.

[2] 甲이 乙, 丙과 공모하여 은행으로부터 대출금을 편취한 것과는 별도로 乙이 甲을 기망하여 위 대출금을 편취하였으니 처벌해 달라는 취지로 고소하여 乙에 대해 사기죄로 공소제기까지 된 사안에서, 위 고소는 乙에 대한 관계에서 독립하여 형사처분 등의 대상이 되는 허위사실의 고소로 볼 여지가 있음에도 甲이 공범이었다는 이유로 무고죄가 성립하지 않는다고 판단한 원심판결에 법리오해의 위법이 있다고 한 사례(대판 2010.2.25. 2009도1302). **정답** ○

150. (★)판례에 의할 때 다음 기술의 옳고 그름을 판단하라.

(1) 사립학교 교원에 대한 학교법인 등의 징계처분은 형법 제156조(무고죄)의 '징계처분'에 포함되지 아니한다.

(2) 甲이 사립대학교 교수들을 징계처분을 받게 할 목적으로 범정부 국민포털인 국민신문고에 허위내용의 민원을 제기하였다고 하더라도 무고죄에 해당하지 아니한다.

해설 [1] 형법 제156조는 타인으로 하여금 형사처분 또는 징계처분을 받게 할 목적으로 공무소 또는 공무원에 대하여 허위의 사실을 신고한 자를 처벌하도록 정하고 있다. 여기서 '징계처분'이란 공법상의 감독관계에서 질서유지를 위하여 과하는 신분적 제재를 말하므로 사립학교 교원에 대한 학교법인 등의 징계처분은 형법 제156조의 '징계처분'에 포함되지 않는다고 해석함이 옳다.

[2] 피고인이 사립대학교 교수인 피해자들로 하여금 징계처분을 받게 할 목적으로 국민권익위원회에서 운영하는 범정부 국민포털인 국민신문고에 민원을 제기한 사안에서, 피해자들은 사립학교 교원이므로 피고인의 행위가 무고죄에 해당하지 않는다고 한 사례(대판 2014.7.24. 2014도6377).

정답 (1) ○ (2) ○

151. (★) 무고죄를 범한 자가 그 신고한 사건의 재판이 확정되기 전에 자백한 경우 필요적 감경 또는 면제사유로 정하고 있는바, 여기의 '재판이 확정되기 전'에 피고인의 고소사건 수사 결과 피고인의 무고 혐의가 밝혀져 피고인에 대한 공소가 제기되고 피고소인에 대해서는 불기소결정이 내려져 재판절차가 개시되지 않은 경우도 포함된다.

해설 형법 제157조, 제153조는 무고죄를 범한 자가 그 신고한 사건의 재판 또는 징계처분이 확정되기 전에 자백 또는 자수한 때에는 그 형을 감경 또는 면제한다고 하여 이러한 재판확정 전의 자백을 필요적 감경 또는 면제사유로 정하고 있다. 위와 같은 자백의 절차에 관해서는 아무런 법령상의 제한이 없으므로 그가 신고한 사건을 다루는 기관에 대한 고백이나 그 사건을 다루는 재판부에 증인으로 다시 출석하여 전에 그가 한 신고가 허위의 사실이었음을 고백하는 것은 물론 무고 사건의 피고인 또는 피의자로서 법원이나 수사기관에서의 신문에 의한 고백 또한 자백의 개념에 포함된다.

형법 제153조에서 정한 '재판이 확정되기 전'에는 피고인의 고소사건 수사 결과 피고인의 무고 혐의가 밝혀져 피고인에 대한 공소가 제기되고 피고소인에 대해서는 불기소결정이 내려져 재판절차가 개시되지 않은 경우도 포함된다.(대판 2018.8.1. 2018도7293)

정답 ○

2022 최신판

해커스법원직
이용배
아카데미 형법   OX 문제집

초판 1쇄 발행 2022년 3월 2일

지은이	이용배
펴낸곳	해커스패스
펴낸이	해커스공무원 출판팀

주소	서울특별시 강남구 강남대로 428 해커스공무원
고객센터	1588-4055
교재 관련 문의	gosi@hackerspass.com
	해커스공무원 사이트(gosi.Hackers.com) 교재 Q&A 게시판
	카카오톡 플러스 친구 [해커스공무원강남역], [해커스공무원노량진]
학원 강의 및 동영상강의	gosi.Hackers.com

ISBN	979-11-6880-079-3 (13360)
Serial Number	01-01-01